U0930184

郑州统计年鉴

ZHENGZHOU STATISTICAL YEARBOOK

2017

(总第十九期 NO.19)

郑 州 市 统 计 局

国家统计局郑州调查队

编

中国统计出版社

China Statistics Press

图书在版编目(CIP)数据

郑州统计年鉴. 2017 / 郑州市统计局，国家统计局郑州调查队编. -- 北京 : 中国统计出版社，2017.10
ISBN 978-7-5037-8219-0

Ⅰ. ①郑… Ⅱ. ①郑… ②国… Ⅲ. ①统计资料－郑州－2017－年鉴 Ⅳ. ①C832.611-54

中国版本图书馆CIP数据核字(2017)第174291号

郑州统计年鉴—2017

作　　者/ 郑州市统计局　国家统计局郑州调查队
责任编辑/ 陈越月　白雅茜
装帧设计/ 王西海
出版发行/ 中国统计出版社
地　　址/ 北京市丰台区西三环南路甲6号　邮政编码/100073
印　　刷/ 河南新华印刷集团有限公司
开　　本/ 890mm×1240mm　1/16
字　　数/ 1460千字
印　　张/ 35.875印张
版　　别/ 2017年10月第1版
版　　次/ 2017年10月第1次印刷
定　　价/ 300.00元

如有印装差错，由本社发行部调换。

《郑州统计年鉴——2017》

编委会和编辑人员

郑州统计年鉴

编 辑 说 明

一、《郑州统计年鉴—2017》是一部全面反映郑州地区国民经济和社会发展的资料性统计年刊。本书收录了郑州市及所辖县（市）区2016年经济和社会发展各方面的统计数据，以及重要年份的主要统计数据，是认识和研究郑州市情、经济社会发展、制定宏观政策、指导工作和进行决策的重要经济类工具书。

二、本年鉴以丰富、翔实的统计资料为主，全面反映了郑州市国民经济和社会发展状况。全书分为16部分。即1.综合；2.从业人员和劳动工资；3.固定资产投资及房地产开发；4.价格；5.人民生活；6.城市公用事业和环保；7.农业；8.工业；9.建筑业；10.交通运输和邮电通讯；11.国内贸易；12.对外经济贸易和旅游；13.财政金融；14.教育、文化、卫生、体育和科技；15.产业集聚区；16.统计工作大事记。各篇末均附有《主要统计指标解释》，对主要统计指标的含义、范围、计算方法作了简要说明。

三、本年鉴中使用的计量单位均采用国际统一标准计量单位；统计口径除特别注明外，均包括郑州市及所辖各县（市）区。资料取自郑州市统计局、郑州市经济社会调查队、国家统计局郑州调查队及有关部门的统计报表。

四、本年鉴部分数据合计数或相对数不等于分项之和，是由于单位取舍和不同产业的计算误差，部分指标未作机械调整。

五、本年鉴表中的符号使用说明：

“空格”表示该项统计指标数据不详或无该项数据；

“…”表示数据不足本表最小单位；

“#”表示其中的主要项。

目 录

一、综 合

二、从业人员和劳动工资

三、固定资产投资及房地产开发

四、价 格

五、人民生活

六、城市公用事业和环保

七、农　业

八、工　业

九、建　筑　业

十、交通运输、邮电通讯

十一、国内贸易

十二、对外经济贸易和旅游

十三、财政金融

十四、教育、文化、卫生、体育和科技

十五、产业集聚区

十六、统计工作大事记

一、综　合

1-1 行政区划

(2016 年底)

单位:个

县(市)区	街道办事处	镇	乡	社区	村委会
总　计	**117**	**71**	**14**	**805**	**2231**
市辖区	**97**	**6**	**3**	**631**	**522**
中原区	12			105	46
二七区	14	1	1	147	13
管城区	9	1	1	83	26
金水区	17			163	40
上街区	5	1		34	24
惠济区	6	2		22	53
高新区	5			14	39
经开区	6			18	43
郑东新区	10	1	1	45	66
航空港实验区	13				172
县(市)	**20**	**65**	**11**	**174**	**1709**
中牟县	3	10	1	11	273
巩义市	5	15		30	288
荥阳市	2	9	3	15	289
新密市	4	12	2	48	303
新郑市	3	9	1	50	253
登封市	3	10	4	20	303

注:本表数据为按管理权限划定区域,未经民政部门认定。

1-2 主要气象情况

(2016 年)

指　　标	一月	二月	三月	四月	五月	六月	七月	八月	九月	十月	十一月	十二月
月平均气温	0.5	5.5	12.2	18.6	22.1	27.0	28.9	27.6	24.4	16.6	8.6	5.2
月日照时数	102.1	191.8	156.8	168.9	204.2	227.9	189.4	151.0	164.1	107.5	133.2	118.9
月降水量	4.0	21.8	0.3	42.4	57.2	125.1	243.7	95.0	62.9	116.8	39.0	24.8
月内降水量≥0.1mm 的日数	3	4	1	5	8	8	11	10	8	15	5	5
月极端最高气温	18.8	20.5	25.7	33.4	33.8	37.5	38.3	36.0	36.1	31.5	26.3	20.7
出现日期	2	8	28	30	5	22	29	12	2	3	5	4
月极端最低气温	-9.3	-9.2	0.5	8.4	10.6	18.4	20.3	18.1	13.4	5.7	-6.2	-4.4
出现日期	23	1	14	18	16	4	15	29	29	30	24	29

1-3 县(市)、区所辖乡、镇办事处

(2016 年底)

县(市)区	乡 镇	街道办事处
中原区		林山寨 建设路 棉纺路 秦岭路 桐柏路 三官庙 绿东村 汝河路 航海西路 中原西路 西流湖 须水
二七区	马寨镇 侯寨乡	大学路 五里堡 德化街 解放路 铭功路 嵩山路 长江路 京广路 一马路 蜜蜂张 福华街 建中街 淮河路 人和路
管城区	十八里河镇 南曹乡	北下街 西大街 南关街 城东路 东大街 二里岗 陇海马路 紫荆山南路 航海东路
金水区		经八路 花园路 人民路 杜岭 大石桥 南阳路 南阳新村 文化路 丰产路 东风路 北林路 未来路 兴达路 凤凰台 国基路 杨金路 丰庆路
上街区	峡窝镇	济源路 中心路 新安路 工业路 矿山路
惠济区	古荥镇 花园口镇	刘寨 老鸦陈 新城 迎宾路 长兴路 大河路
高新区		石佛 沟赵 枫杨 梧桐 双桥
经开区		明湖 潮河 京航 前程 九龙 祥云
郑东新区	白沙镇 圃田乡	祭城路 龙子湖 商都路 博学路 如意湖 龙湖 龙源路 金光路 杨桥 豫兴路
航空港实验区		新港 郑港 滨河 银河 三官庙 张庄 龙港 八岗 冯堂 清河 龙王 明港 八千
中牟县	韩寺镇 官渡镇 狼城岗镇 万滩镇 郑庵镇 黄店镇 大孟镇 刘集镇 雁鸣湖镇 姚家镇 刁家乡	青年路 东风路 广惠街
巩义市	米河镇 新中镇 小关镇 竹林镇 大峪沟镇 河洛镇 站街镇 康店镇 北山口镇 西村镇 芝田镇 回郭镇 鲁庄镇 夹津口镇 涉村镇	新华路 杜甫路 永安路 孝义 紫荆路
荥阳市	豫龙镇 广武镇 王村镇 汜水镇 高山镇 刘河镇 崔庙镇 贾峪镇 乔楼镇 高村乡 城关乡 金寨回族乡	索河 京城路
新密市	袁庄乡 尖山景区管委会 米村镇 牛店镇 平陌镇 超化镇 苟堂镇 大隗镇 刘寨镇 曲梁镇 白寨镇 岳村镇 城关镇 来集镇	新华路 青屏街 西大街 矿区
新郑市	新村镇 辛店镇 观音寺镇 梨河镇 和庄镇 薛店镇 孟庄镇 郭店镇 龙湖镇 城关乡	新建路 新华路 新烟
登封市	大金店镇 颍阳镇 卢店镇 告成镇 大冶镇 宣化镇 徐庄镇 东华镇 唐庄镇 君召乡 石道乡 白坪乡 阳城工业区 送表矿区	少林 中岳 嵩阳

1-4　年末人口基本情况

（2016 年底）

县(市)区	总户数(户)	总人口(人)			城镇化率(%)
		合　计	#女　性	城镇人口	
全　市	2916623	9723868	4771004	6905891	71.02
中原区	255091	761628	375202	691101	90.74
二七区	270469	792475	394091	713386	90.02
管城区	184170	555149	270580	477373	85.99
金水区	442754	1286457	620602	1175436	91.37
上街区	46118	138359	70519	126377	91.34
惠济区	92257	291531	146564	214013	73.41
中牟县	123765	493198	242160	238412	48.34
巩义市	250349	827897	410638	449134	54.25
荥阳市	176260	620980	307016	332969	53.62
新密市	221819	806921	397247	450746	55.86
新郑市	168974	635790	323427	357505	56.23
登封市	183196	701432	343196	376108	53.62
经开区	82102	246306	115271	209803	85.18
高新区	93479	272032	131936	230547	84.75
郑东新区	189537	623577	299550	408879	65.57
航空港实验区	136283	670136	323005	454017	67.75

1-5 人口自然变动情况

（2016 年底）

县(市)区	年末平均人口（人）	出生人口（人）	死亡人口（人）	出生率（‰）	死亡率（‰）	自然增长率（‰）
全 市	9646402	116436	52476	12.07	5.44	6.63
中原区	756458	8561	3291	11.32	4.35	6.97
二七区	786960	9562	4069	12.15	5.17	6.98
管城区	550572	7287	2692	13.24	4.89	8.35
金水区	1369873	16099	5918	11.75	4.32	7.43
上街区	137572	1683	890	12.23	6.47	5.76
惠济区	288770	3260	1409	11.29	4.88	6.41
中牟县	487278	6272	3123	12.87	6.41	6.46
巩义市	825748	10058	5078	12.18	6.15	6.03
荥阳市	618385	7848	3842	12.69	6.21	6.48
新密市	805303	8955	4695	11.12	5.83	5.29
新郑市	646261	8059	3903	12.47	6.04	6.43
登封市	697874	9812	4397	14.06	6.30	7.76
经开区	233293	2783	970	11.93	4.16	7.77
高新区	259853	2908	1068	11.19	4.11	7.08
郑东新区	547039	6056	2541	11.07	4.65	6.43
航空港实验区	635164	7233	3523	11.39	5.55	5.84

1-6 国民经济和社会发展总量及速度指标

指 标	单位	1990	1995	2000	2005	2010	2015	2016	2016比上年±%
人口与面积									
人口	万人	557.8	600.3	665.9	716.0	866.1	956.9	972.4	1.6
建城区面积	平方公里	112.0	108.3	133.2	262.0	342.7	437.6	443.0	1.2
宏观经济									
国民经济核算									
地区生产总值	亿元	116.4	386.4	728.4	1660.6	4040.9	7311.5	8114.0	8.5
第一产业	亿元	14.4	28.5	42.4	72.4	124.6	150.9	156.4	3.0
第二产业	亿元	62.5	203.5	343.3	872.8	2269.9	3604.2	3796.9	5.8
第三产业	亿元	39.5	154.3	342.7	715.4	1646.4	3556.4	4160.7	11.4
固定资产投资									
全社会固定资产投资额	亿元	26.9	165.6	258.4	820.0	2757.0	6371.7	7070.4	11.0
固定资产投资	亿元	20.0	132.4	159.4	610.2	2432.5	6288.0	6998.6	11.3
财政									
地方公共财政预算收入	亿元	10.5	17.1	43.6	136.1	386.8	942.9	1011.2	14.3
地方公共财政预算支出	亿元	6.5	17.8	49.0	136.7	426.8	1106.0	1321.6	19.1
价格总指数									
商品零售价格指数	以上年为100	100.8	110.4	99.1	101.2	102.7	99.0	100.2	0.2
居民消费价格指数	以上年为100	101.8	114.5	99.0	102.4	103.0	101.1	102.3	2.3
外商投资									
利用外资									
合同利用外资额	万美元	1132	21086	12860	63766	191632	125514	426930	240.1
实际利用外资额	万美元	768	15020	9211	33549	190015	382661	403305	5.4
产业									
农业									
农林牧渔业总产值	亿元	24.6	51.5	73.2	126.2	221.4	276.6	285.2	3.0
粮食总产量	万吨	154.2	140.1	158.7	153.0	166.7	168.3	161.0	-4.3
工业									

1-6 续表 1

指　标	单位	1990	1995	2000	2005	2010	2015	2016	2016 比上年±%
工业总产值	亿元	174.4	647.9	1005.3	2411.5	7958.3	14779.6	15531.3	7.1
工业增加值	亿元	39.8	87.1	187.5	569.7	1996.0	3312.3	3215.4	6.0
规模以上工业									
资产总计	亿元	142.3	470.3	749.8	1473.6	3898.8	11296.7	13101.6	15.6
负债合计	亿元	89.6	328.6	477.5	946.3	2134.9	6257.4	7623.1	22.3
主营业务收入	亿元	104.6	307.8	530.9	1673.0	5942.3	13587.5	14158.2	3.5
利税总额	亿元	18.0	37.9	67.2	230.2	1058.1	1539.6	1507.3	-0.9
建筑业									
建筑业总产值	亿元	12.7	45.5	106.0	299.4	1352.3	2714.7	2891.1	6.5
施工房屋面积	万平方米	325	805	1217	2937	8876.9	23205.9	25323.5	9.1
竣工房屋面积	万平方米	148	306	440	765	2601.7	4317.9	4829.4	11.8
交通运输									
旅客周转量	亿人公里	69.3	92.0	125.1	189.6	301.4	279.6	311.9	2.7
#铁路	亿人公里	46.0	53.0	60.0	80.0	113.9	134.5	138.2	4.0
公路	亿人公里	23.3	32.1	56.3	82.7	137.7	79.7	107.7	2.2
航空	亿人公里	1.0	6.8	8.8	26.9	49.8	65.4	65.9	0.8
货物周转量	亿吨公里	196.2	212.9	226.5	287.7	479.8	548.2	686.4	6.1
#铁路	亿吨公里	181.6	181.9	156.2	187.9	199.4	172.7	176.8	2.5
公路	亿吨公里	14.7	30.9	70.1	99.4	279.8	370.0	494.8	7.0
航空	万吨公里	150.0	574	1281	3385	5641	54276	147408	24.2
邮电通讯									
邮电业务总量	万元	1.2	8.5	42	108.2	296.3	297.8	427.1	61.5
国内商业									
社会消费品零售总额	亿元	47.4	164.1	381.8	706.7	1702.1	3294.7	3665.8	11.3
批零贸易企业销售额	亿元	44.9	401.0	437.4	1274.3	2339.1	4751.8	6258.5	31.7
对外贸易和旅游									
进出口总值	万美元		16129	19216	110193	452442	5702633	5502878	-3.5
#出口总值	万美元	1119	13072	12313	75659	331272	3124586	3169974	1.5

1-6 续表 2

指 标	单位	1990	1995	2000	2005	2010	2015	2016	2016 比上年±%
旅游外汇收入	万美元			4653	7769	13384	18000	18800	5.6
金融									
金融机构各项存款	亿元	86.3	464.4	1215.4	3116.1	7990.9	16936.3	19000.7	12.2
金融机构各项贷款	亿元	87.0	373.7	881.9	2428.1	5717.5	12650.3	15422.4	21.8
教育									
在校学生数	万人	84.4	114.9	139.7	191.3	222.3	260.2	286.9	10.3
专任教师数	万人	6.2	5.9	7.1	9.4	12.5	15.6	16.2	3.8
人民生活									
城镇居民人均可支配收入	元	1496	4535	5935	10640	18897	31099	33214	6.8
农村居民人均可支配收入	元	692	1555	2912	4774	9225	17125	18426	7.6
城市居民人均居住建筑面积	平方米			15.5	22.3	29.3	36.8	38.2	3.8
农村居民人均居住面积	平方米	21.5	23.8	35.4	43.7	56.0	53.6	55.3	3.2
城乡居民储蓄余额	亿元	56.1	254.2	565.8	1436.1	2911.0	5695.5	6297.6	10.6
工资									
在岗职工年平均工资	元	2126	5226	9017	16694	32779	52987	61149	15.4
卫生									
医疗机构数	个	935	879	688	1637	1347	3922	3964	1.0
卫生技术人员	个	28410	30590	31137	33568	49519	86518	94955	9.7
医疗床位数	张	20937	22122	24472	29295	47094	78242	85929	9.8
市政建设									
自来水供水量	万吨	23037	32506	28783	30448	37724	35181	37259	5.9
城市集中供热面积	万平方米		851	1383	1777	2261	5270	6050	14.8
用气人口	万人	59.5	107.9	149.2	230	439	608	615	1.2
城市道路长度	公里	428	563	684	1131	1338	1809	1932	6.8
公共汽(电)车总数	辆	404	728	1342	3077	4788	6221	6230	0.1

注:1. 1990 年城市居民人均可支配收入以人均生活费收入代替;2. 直接进出口总值、直接出口总值统计范围不包括国家部委及省属进出口公司,1995 年、1990 年为业务统计数,2000 年和 2003 年以来为海关数;3. 2013 年邮电业务总量按 2010 年可比价格计算,2001-2010 年按 2000 年可比价格计算,2000 年以前按 1990 年可比价格计算;4. 固定资产投资 2010 年以前为城镇投资;5. 2010 年以后,工业总产值和增加值包含河南中烟工业公司和河南电力公司。

1-7 国民经济和社会发展比例和效益指标

指　标	单位	1990	1995	2000	2005	2010	2015	2016
就业								
每一就业者负担人口	人	**1.66**	**1.85**	**1.90**	**2.15**	**2.01**	**1.75**	**1.93**
三次产业从业者比例								
第一产业	%	50.1	40.4	41.9	31.5	21.5		
第二产业	%	31.3	32.3	27.0	30.0	33.8		
第三产业	%	18.6	27.3	31.1	38.5	44.6		
城镇登记失业率	%			2.0	3.0	2.8	1.6	1.9
宏观经济								
国民经济核算								
三次产业增加值比例								
第一产业	%	12.4	7.4	5.8	4.4	3.1	2.1	1.9
第二产业	%	53.7	52.6	47.1	52.5	56.2	49.3	46.8
第三产业	%	33.9	40.0	47.1	43.1	40.7	48.6	51.3
人均生产总值	元	2118	6499	11227	23320	47608	77179	84114
固定资产投资								
全社会固定资产占 GDP 比例	%	23.1	42.8	35.5	49.4	68.2	87.1	87.1
财政								
地方财政收入占 GDP 比例	%	9.0	4.4	6.5	9.1	14.6	12.9	12.5

1-7　续表

指　标	单位	1990	1995	2000	2005	2010	2015	2016
产业								
工业								
产品销售率	%	96.6	96.4	97.4	98.1	98.2	97.9	96.0
总资产贡献率	%	30.1	12.8	11.2	18.0	28.4	14.5	12.2
成本费用利润率	%	5.8	3.3	5.2	7.8	13.8	8.3	8.2
资产负债率	%	63.0	69.9	63.7	64.6	54.8	55.4	58.2
建筑业								
产值利税率	%	7.4	4.8	3.3	4.4	8.0	7.0	6.6
全员劳动生产率	元/人	12902	28440	60305	117785	221621	423016	408571
教育								
适龄儿童入学率	%	99.4	99.7	100	100	100	100	100
学校教师负担人数	人	13.6	19.5	17.2	15.5	17.8	16.7	17.7
卫生								
每万人拥有医疗机构数	个	1.68	1.46	1.05	2.29	1.56	4.10	4.08
每万人拥有卫生技术人员	人			48.6	46.88	57.17	90.41	97.65
每万人拥有医院床位数	张	37.5	36.9	37.4	40.91	54.37	81.77	88.37
市政建设								
城市自来水普及率	%		97.6	100	100	100	100	100

1-8 郑州一日

指　　标	单位	2000	2005	2010	2011	2012	2013	2014	2015	2016
生产总值	万元	19956	45496	110709	136434	151634	169912	185671	200316	222300
第一产业	万元	1161	1983	3413	3607	3891	4027	4032	4135	4284
第二产业	万元	9405	23913	62189	78746	85599	95082	95538	98744	104025
第三产业	万元	9389	19600	45108	54081	62144	70803	86101	97437	113991
粮食总产量	吨	4348	4192	4567	4567	4630	4611	4437	4611	4412
全社会固定资产投资	万元	7079	22466	75534	82261	100266	123542	146721	174568	193709
社会消费品零售总额	万元	10460	19361	46633	54441	63462	71877	80970	90266	100434
地方公共财政预算收入	万元	1192	3729	10597	13762	16575	19825	22846	25833	27704
货运量	万吨	43.2	65.1	56.5	66.9	72.8	80.5	62.5	67.5	60.4
客运量	万人	35.8	50.2	82.5	92.5	97.4	105.9	50.4	51.3	44.8
邮电业务总量	万元	1161	2963	8118	3201	3588	3729	5853	8158	11701
出口总值	万美元	33.7	207	908	2579	5526	6867	7303	8561	8685
自来水供水量	万吨	79	83	103	98	98	97	94	96	102
售电量	万千瓦时	2156	3852	9753	10684	10792	10959	9452	9644	9808
接待境外人数	人次	222	573	956	1052	1153	1200	1236	1296	1317

1-9 按行政区划分主要经济指标

（2016年）

指　　标	郑州市	中原区	二七区	管城区	金水区	上街区	惠济区
生产总值（万元）	81139666	6221235	5153575	7138735	13376043	1259417	1235099
第一产业（万元）	1563546	8615	3337	13687	16960	3738	59894
第二产业（万元）	37969300	2374722	912684	3404721	1090673	751902	466235
工业（万元）	33316023	1620648	486084	2719930	122251	632290	211062
第三产业（万元）	41606820	3837898	4237554	3720326	12268411	503777	708970
生产总值指数（%）	108.5	108.1	108.6	112.2	107.9	101.2	108.0
第一产业（%）	103.0	75.4	80.0	106.9	90.8	81.0	94.2
第二产业（%）	105.8	104.4	103.9	107.3	105.7	97.1	104.3
工业（%）	105.6	103.8	101.8	106.8	93.1	95.2	100.1
第三产业（%）	111.4	111.2	109.8	117.7	108.1	108.8	112.6
总人口（人）	9723868	1033660	792475	772913	1681523	138359	291531
固定资产投资（亿元）	6998.64	674.29	395.88	697.50	967.88	110.29	188.08
社会消费品零售总额（万元）	36658275	2579366	4248832	5055099	8103272	542635	1189102

1-9 续表 (2016 年)

指 标	中牟县	巩义市	荥阳市	新密市	新郑市	登封市
生产总值(万元)	8252849	6799975	6296185	6843020	9789423	5719747
第一产业(万元)	431202	117474	293132	208737	226450	176598
第二产业(万元)	5244252	4090093	3739371	3510691	5634121	3204940
工业(万元)	4925822	3853337	3500640	3264641	5359911	3064486
第三产业(万元)	2577395	2592408	2263682	3123592	3928852	2338209
生产总值指数(%)	105.2	108.7	108.1	107.6	110.2	108.3
第一产业(%)	99.3	104.1	104.8	104.7	106.9	104.9
第二产业(%)	103.2	107.9	107.0	105.3	107.1	107.0
工业(%)	103.1	107.8	107.0	105.0	107.1	107.7
第三产业(%)	111.1	110.3	110.6	110.9	115.7	110.6
总人口(人)	1130869	827897	620980	806921	925308	701432
固定资产投资(亿元)	1009.42	543.54	579.27	509.16	854.98	468.35
社会消费品零售总额(万元)	1873807	2767267	2568785	2804982	2714296	2210831

1-10 社会总产出

（2016 年）

单位：万元

项目	郑州市	中原区	二七区	管城区	金水区	上街区	惠济区	中牟县
总产出	**271037627**	**9272089**	**11716814**	**6404233**	**22275499**	**6191557**	**3510568**	**10124876**
第一产业	2806623	6970	6068	10877	15632	6675	125971	429397
第二产业	185505311	3896447	4536713	2597699	4694047	5230508	2121417	6335086
第三产业	82725693	5368672	7174033	3795657	17565820	954374	1263180	3360393
农林牧渔业	2851591	7483	6418	10993	15632	6675	126541	434791
#农林牧渔服务业	44968	513	350	116			570	5394
工业	165298255	2088282	2120526	1658714	556357	4828409	1008499	5505107
采矿业	3608960		14134			85718		394938
#开采辅助活动	5419							
制造业	146727298	594129	1984038	1658714	556357	4316616	996462	5083343
#金属制品、机械和设备修理业	58680							
电力热力燃气及水的生产和供应业	14961997	1494153	122354			426075	12037	26826
建筑业	20271155	1808165	2416187	938985	4137690	402099	1112918	829979
批发和零售业	9281571	466959	1687768	939015	1907847	123449	142032	734289
交通运输、仓储和邮政业	12648545	135975	1508351	393487	464892	147477	152269	571552
住宿和餐饮业	5965066	336874	382036	387875	1100614	115944	154076	262544
信息传输、软件和信息技术服务业	3912420	69393	514612	39436	1239356	30025	13344	197144
金融业	13433164	904805	1181966	651473	4603108	113458	114855	384016
房地产业	7354497	298271	357442	744397	1107664	162426	244123	206570
租赁和商务服务业	9092881	372593	107604	177497	2097111	20507	85357	121167
科学研究和技术服务业	5636131	1425475	148232	22411	730830	20842	24959	131140
水利、环境和公共设施管理业	639843	64515	12537	17948	100792	28592	23875	50011
居民服务、修理和其他服务业	3133492	148084	144973	60882	377927	51020	43501	86213
教育	3603820	141586	256854	84289	773239	29340	150435	100770
卫生和社会工作	2836430	499414	519476	135852	1184955	24659	10685	92445
文化、体育和娱乐业	1913024	95243	96171	39414	816912	9185	34116	90322
公共管理社会保障和社会组织	3165742	408972	255661	101565	1060573	77450	68983	326816

1-10 续表　　(2016 年)　　单位:万元

项　目	巩义市	荥阳市	新密市	新郑市	登封市	经开区	高新区	郑东新区	航空港实验区
总产出	**26676949**	**21434863**	**21637696**	**19362927**	**20111862**	**18085520**	**8863267**	**7261875**	**36236936**
第一产业	205988	505401	365836	338108	300230	71698	9200	117145	216935
第二产业	21343103	16768621	15724916	13115368	15960789	14790572	6331781	824258	32911173
第三产业	5127858	4160841	5546944	5909451	3850843	3223250	2522286	6320472	3108828
农林牧渔业	218196	509689	384328	342102	305242	79448	9200	121139	218920
#农林牧渔服务业	12208	4288	18492	3994	5012	7750		3994	1985
工业	20413716	15980431	14997125	12393067	15589669	13058319	4577660	267965	32764200
采矿业	336574	396895	249890	124812	1273884				
#开采辅助活动	3903			459	1460				
制造业	19803407	15429616	14160295	12070009	12666859	13046724	4404030	192613	32755954
#金属制品、机械和设备修理业	11216	475	3323	2661	1834	914	674		
电力热力燃气及水的生产和供应业	273735	153920	586940	198246	1648926	11595	173630	75352	8246
建筑业	944506	788665	731114	725421	374414	1733167	1754795	556293	146973
批发和零售业	466726	440421	713021	1359507	571783	920134	203011	378213	652490
交通运输、仓储和邮政业	712500	1040431	1146919	1009862	335667	928294	68020	251550	1435781
住宿和餐饮业	667096	513796	575465	390997	644636	58178	92720	900052	120175
信息传输、软件和信息技术服务业	153036	13145	124475	87324	98643	105090	226899	160770	13197
金融业	678665	331581	437680	392520	314275	83842	124974	2496205	47041
房地产业	354066	432492	401254	618741	153557	247263	376501	1158769	654775
租赁和商务服务业	289065	113684	497959	298096	437780	109837	655062	377952	10780
科学研究和技术服务业	34043	62651	33100	58833	100060	203555	181854	212241	2069
水利、环境和公共设施管理业	21536	29085	11183	30891	101850	34335	15080	3605	10700
居民服务、修理和其他服务业	587718	234869	432637	503445	153727	62140	39562	10257	41348
教育	220627	157258	312619	451002	503282	73112	398237	59008	13335
卫生和社会工作	485686	223858	277714	358303	82254	158696	8269	109260	8818
文化、体育和娱乐业	113702	113032	288756	147692	98021	33160	11159	20860	5059
公共管理社会保障和社会组织	316065	449775	272347	195124	247002	196950	120264	177736	91275

1-11 生产总值

（2016 年）　　　　单位:万元

项　　目	郑州市	中原区	二七区	管城区	金水区	上街区	惠济区	中牟县
生产总值	**81139666**	**3578526**	**5153575**	**2851300**	**10507930**	**1259417**	**1235099**	**2848902**
第一产业	1563546	4395	3337	6941	9174	3738	59894	238834
第二产业	37969300	985606	912684	580478	1009378	751902	466235	961577
第三产业	41606820	2588525	4237554	2263881	9489378	503777	708970	1648491
农林牧渔业	1591662	4715	3530	7025	9174	3738	60187	242778
#农林牧渔服务业	28116	320	193	84			293	3944
工业	33316023	522716	486084	318502	122251	632290	211062	740858
采矿业	984191		3053			12258		51490
#开采辅助活动	2151							
制造业	29495243	160602	452992	318502	122251	544587	203863	675536
#金属制品、机械和设备修理业	17283							
电力热力燃气及水的生产和供应业	2836589	362114	30039			75445	7199	13832
建筑业	4672711	462890	426600	261976	887127	119612	255173	220719
批发和零售业	6153852	169391	778914	496443	967927	83062	105038	301360
交通运输、仓储和邮政业	4374033	60440	800510	140230	311225	50205	47473	192523
住宿和餐饮业	2743964	158620	253942	174113	505147	54579	68562	136096
信息传输、软件和信息技术服务业	1780695	33760	356252	24374	666591	15454	6273	127790
金融业	8820012	623291	926542	455798	3001127	62249	84313	233027
房地产业	4786748	179670	287427	500882	641169	103315	202758	121503
租赁和商务服务业	2498328	218102	77634	127630	922690	9746	18529	67501
科学研究和技术服务业	1991867	479992	76781	16656	448292	8355	10164	58632
水利、环境和公共设施管理业	276526	41170	8497	13978	47787	15673	10457	26410
居民服务、修理和其他服务业	1373740	72841	66040	44764	306330	27212	21567	39969
教育	2319877	93055	212675	69973	417556	14356	73713	70132
卫生和社会工作	1529427	219470	174543	75648	473382	11674	4988	35505
文化、体育和娱乐业	880815	47413	61129	32157	368012	4912	16556	73240
公共管理社会保障和社会组织	2029386	190990	156475	91151	412143	42985	38286	160859

1-11 续表 (2016年) 单位:万元

项目	巩义市	荥阳市	新密市	新郑市	登封市	经开区	高新区	郑东新区	航空港实验区
生产总值	**6799975**	**6296185**	**6843020**	**6534760**	**5719747**	**6020229**	**2642709**	**3507504**	**6286425**
第一产业	117474	293132	208737	201562	176598	42086	4220	67700	122002
第二产业	4090093	3739371	3510691	3366937	3204940	4454315	1389116	248150	4752931
第三产业	2592408	2263682	3123592	2966261	2338209	1523828	1249373	3191654	1411492
农林牧渔业	125231	295619	211584	203955	179769	46929	4220	69461	123263
#农林牧渔服务业	7757	2487	2847	2393	3171	4843		1761	1261
工业	3853337	3500640	3264641	3120997	3064486	4002380	1097932	109422	4713504
采矿业	69906	87946	74727	37505	363526				
#开采辅助活动	1413			230	719				
制造业	3711165	3379808	2979253	3044973	2404892	4000263	1078015	87994	4708765
#金属制品、机械和设备修理业	2680	147	2090	774	730	279	111		
电力热力燃气及水的生产和供应业	72266	32886	210661	38519	296068	2117	19917	21428	4739
建筑业	240849	238878	248140	246944	141903	452214	291295	138728	39427
批发和零售业	345656	322987	481556	418787	484101	635048	96972	173363	523901
交通运输、仓储和邮政业	395551	457985	615538	498573	174961	233299	29368	55360	584246
住宿和餐饮业	329082	199380	283512	188574	288889	28136	46624	45824	36046
信息传输、软件和信息技术服务业	89807	6863	82323	79101	86588	35758	115477	60013	8323
金融业	215088	224325	281796	276360	210362	61403	91702	1679205	31991
房地产业	239345	336225	283504	374328	126016	149830	253631	845547	110541
租赁和商务服务业	129303	69301	191465	224754	212859	53469	143680	50540	7093
科学研究和技术服务业	12890	28837	14887	36428	35214	87508	100631	77595	1033
水利、环境和公共设施管理业	9549	13861	7696	13888	46641	8766	5596	1770	9062
居民服务、修理和其他服务业	253340	102209	208489	197293	72179	29385	19679	3201	21042
教育	153557	106167	184869	266826	350811	41502	275805	57667	10890
卫生和社会工作	186073	107833	146772	162129	34413	60284	3686	50598	5556
文化、体育和娱乐业	60439	73656	153476	79635	40521	11599	5317	10285	3374
公共管理社会保障和社会组织	160878	211419	182772	146188	170034	82719	61094	78925	57133

1-12　生产总值指数

（2016 年）

单位：%

项　　目	郑州市	中原区	二七区	管城区	金水区	上街区	惠济区	中牟县
生产总值	**108.5**	**108.1**	**108.6**	**104.0**	**108.4**	**101.2**	**108.0**	**108.4**
第一产业	103.0	59.0	80.0	99.5	94.3	81.0	94.2	105.0
第二产业	105.8	101.9	103.9	93.6	106.9	97.1	104.3	102.5
第三产业	111.4	110.9	109.8	108.7	108.6	108.8	112.6	113.1
农林牧渔业	103.1	59.0	80.0	99.5	94.3	81.0	94.3	105.0
#农林牧渔服务业	107.9	59.1	80.0	95.8			118.6	108.6
工业	105.6	99.2	101.8	88.7	93.1	95.2	100.1	101.9
采矿业	98.7		81.5			62.2		100.5
#开采辅助活动	100.3							
制造业	106.3	78.4	100.9	88.7	93.1	93.8	99.9	102.4
#金属制品、机械和设备修理业	129.0							
电力热力燃气及水的生产和供应业	101.4	112.5	119.8			118.2	109.8	87.2
建筑业	107.6	105.3	106.6	106.4	109.1	108.1	108.5	104.4
批发和零售业	108.0	94.5	103.5	108.8	102.7	104.5	105.0	103.8
交通运输、仓储和邮政业	104.7	102.9	101.2	111.8	101.4	101.9	103.1	106.3
住宿和餐饮业	107.0	107.8	105.7	122.1	105.3	107.5	100.2	121.3
信息传输、软件和信息技术服务业	114.6	104.7	113.1	118.6	109.6	82.5	107.0	121.0
金融业	120.5	114.7	111.7	102.7	117.0	113.8	116.0	143.4
房地产业	109.8	79.7	127.7	107.3	124.8	117.2	132.9	132.1
租赁和商务服务业	114.9	122.5	151.1	106.6	109.9	140.7	104.9	118.7
科学研究和技术服务业	106.9	116.7	112.9	106.3	133.6	113.5	109.8	123.7
水利、环境和公共设施管理业	110.6	124.2	112.9	124.1	106.9	112.5	124.1	83.5
居民服务、修理和其他服务业	108.2	105.2	160.9	98.4	106.4	129.4	104.7	88.9
教育	115.2	109.4	110.5	107.2	87.0	104.2	103.5	110.1
卫生和社会工作	104.8	134.3	111.9	112.5	106.0	97.9	110.9	97.1
文化、体育和娱乐业	113.0	99.8	171.3	125.4	87.9	148.8	102.6	101.0
公共管理社会保障和社会组织	111.2	116.0	102.8	117.7	88.7	100.2	107.2	105.4

1-12 续表 (2016 年) 单位:%

项　　目	巩义市	荥阳市	新密市	新郑市	登封市	经开区	高新区	郑东新区	航空港实验区
生产总值	**108.7**	**108.1**	**107.6**	**108.8**	**108.3**	**104.3**	**108.1**	**114.2**	**113.1**
第一产业	104.1	104.8	104.7	105.0	104.9	98.9	95.0	99.0	92.5
第二产业	107.9	107.0	105.3	104.3	107.0	102.6	106.0	102.8	112.7
第三产业	110.3	110.6	110.9	114.9	110.6	110.2	111.9	115.6	117.0
农林牧渔业	104.3	104.8	104.7	105.0	104.9	98.9	95.0	99.0	92.5
#农林牧渔服务业	107.8	110.8	104.7	104.7	104.9	99.1		99.0	98.0
工业	107.8	107.0	105.0	104.0	107.7	102.1	105.8	97.6	112.7
采矿业	93.2	112.8	87.7	103.9	96.0				
#开采辅助活动	94.1			111.7	105.7				
制造业	108.5	106.9	104.7	104.1	109.4	102.1	108.9	105.1	112.7
#金属制品、机械和设备修理业	91.6	107.7	106.2	106.4	97.1	103.2	93.4		
电力热力燃气及水的生产和供应业	91.1	100.4	119.4	102.3	111.4	109.4	33.6	73.6	
建筑业	109.6	107.8	109.1	107.6	94.8	106.9	107.2	106.9	111.1
批发和零售业	110.5	109.0	110.4	113.0	108.9	107.8	117.6	110.2	115.8
交通运输、仓储和邮政业	93.0	101.0	100.3	108.8	115.6	106.8	102.2	103.8	117.3
住宿和餐饮业	106.7	108.8	109.0	111.6	114.5	107.7	115.3	103.8	104.0
信息传输、软件和信息技术服务业	125.7	114.7	120.6	108.8	131.2	108.5	117.8	341.8	113.6
金融业	122.2	127.2	128.5	123.4	113.3	120.5	101.1	124.9	130.4
房地产业	99.2	125.1	114.9	118.9	116.7	124.7	108.1	103.3	133.7
租赁和商务服务业	123.6	119.3	134.9	125.3	98.2	144.8	117.4	139.7	111.2
科学研究和技术服务业	119.2	106.5	102.9	117.0	91.5	105.0	114.7	92.9	109.0
水利、环境和公共设施管理业	115.6	107.4	108.0	125.7	106.0	121.8	113.3	5.5	109.0
居民服务、修理和其他服务业	123.5	114.2	111.7	107.4	116.5	101.7	117.4	28.0	111.2
教育	121.0	105.4	105.7	121.8	100.8	175.2	110.9	129.3	106.7
卫生和社会工作	120.4	112.7	109.4	110.3	132.2	102.1	112.3	127.8	108.2
文化、体育和娱乐业	123.1	123.7	124.5	128.5	151.1	63.7	120.6	37.8	114.2
公共管理社会保障和社会组织	114.4	102.5	103.4	109.8	125.9	107.8	113.3	149.6	108.9

1-13 全市法人单位数(按地域划分)

(2016 年底)

单位:个

行　　业	全市	中原区	二七区	管城区	金水区	上街区	惠济区	经开区
总　　计	**171676**	**9015**	**11395**	**17462**	**44688**	**2283**	**6685**	**5615**
农、林、牧、渔业	3459	42	88	30	101	22	228	70
采矿业	459	5	10	4	2	7	2	3
制造业	15318	942	807	465	528	443	572	637
电力、热力、燃气及水生产和供应业	229	8	7	8	6	5	7	3
建筑业	10241	594	644	914	2966	129	425	410
批发和零售业	61208	3219	4683	8859	18715	746	2418	2009
交通运输、仓储和邮政业	2914	88	180	401	379	93	154	266
住宿和餐饮业	2471	132	286	214	704	38	91	70
信息传输、软件和信息技术服务业	9033	527	427	991	3936	52	305	327
金融业	958	27	82	73	300	7	41	38
房地产业	7978	526	798	766	2175	113	290	282
租赁和商务服务业	25614	1162	1595	2928	9212	140	862	699
科学研究和技术服务业	8066	396	460	456	2218	62	336	373
水利、环境和公共设施管理业	965	46	63	66	182	28	50	26
居民服务、修理和其他服务业	3025	144	208	404	858	46	171	85
教育	4498	333	334	226	636	72	251	102
卫生和社会工作	3867	87	88	69	144	10	100	71
文化、体育和娱乐业	3091	143	238	239	709	66	149	44
公共管理、社会保障和社会组织	8282	594	397	349	917	204	233	100

1-13 续表　　(2016 年底)　　单位:个

行　业	高新区	郑东新区	航空港实验区	中牟县	巩义市	荥阳市	新密市	新郑市	登封市
总　计	**6534**	**25771**	**1700**	**5727**	**7987**	**6799**	**7462**	**5883**	**6670**
农、林、牧、渔业	45	84	87	296	259	733	677	324	373
采矿业		3		2	61	34	140	9	177
制造业	1416	310	246	488	3042	1891	1474	1189	868
电力、热力、燃气及水生产和供应业	15	10	6	13	50	22	22	21	26
建筑业	410	2267	68	363	129	231	278	249	164
批发和零售业	1871	10002	241	1169	1697	1209	1632	1314	1424
交通运输、仓储和邮政业	39	268	69	214	166	147	191	148	111
住宿和餐饮业	51	307	29	76	84	62	91	71	165
信息传输、软件和信息技术服务业	819	1210	28	55	61	120	61	56	58
金融业	21	220	8	33	20	19	17	23	29
房地产业	192	1396	93	407	133	211	157	272	167
租赁和商务服务业	591	6479	95	369	173	360	376	277	296
科学研究和技术服务业	693	1824	27	345	114	165	150	173	274
水利、环境和公共设施管理业	38	53	11	64	62	56	56	40	124
居民服务、修理和其他服务业	88	399	12	110	111	91	64	143	91
教育	98	177	149	305	282	190	515	340	488
卫生和社会工作	12	116	194	667	333	337	477	400	762
文化、体育和娱乐业	47	294	13	46	455	205	141	96	206
公共管理、社会保障和社会组织	88	352	324	705	755	716	943	738	867

1-14 基本单位按登记注册类型分组情况

（2016 年底）

单位:个

注册类型	单位数	注册类型	单位数
总　计	**171676**	私营合伙企业	1540
内资企业	**171045**	私营有限责任公司	39882
国有企业	6254	私营股份有限公司	1259
集体企业	1909	其他企业	21506
股份合作企业	354	**港、澳、台商投资企业**	**315**
联营企业	209	合资经营企业(港或澳、台资)	125
国有联营企业	28	合作经营企业(港或澳、台资)	9
集体联营企业	63	港、澳、台商独资经营企业	152
国有与集体联营企业	12	港、澳、台商投资股份有限公司	18
其他联营企业	106	其他港、澳、台商投资	11
有限责任公司	85648	**外商投资企业**	**316**
国有独资公司	236	中外合资经营企业	145
其他有限责任公司	85412	中外合作经营企业	15
股份有限公司	1832	外资企业	123
私营企业	53333	外商投资股份有限公司	18
私营独资企业	10652	其他外商投资	15

主要统计指标解释

生产总值 是一个国家(地区)所有常住单位在一定时期内生产活动的最终成果。地区生产总值有三种表现形态,即价值形态、收入形态和产品形态。从价值形态看,它是所有常住单位在一定时期内所生产的全部货物和服务价值超过同期投入的全部非固定资产货物和服务价值的差额,即所有常住单位的增加值之和;从收入形态看,它是所有常住单位在一定时期内所创造并分配给常住单位和非常住单位的初次分配收入之和;从产品形态看,它是最终使用的货物和服务减去进口货物和服务。在实际核算中,地区生产总值的三种表现形态表现为三种计算方法,即生产法、收入法和支出法。三种方法分别从不同的方面反映地区生产总值及其构成。

平均每年增长速度 在我国计算平均增长速度有两种方法,一种是习惯上经常使用的"水平法",又称几何平均法,是以间隔期最后一年的水平同基期水平对比来计算平均每年增长(或下降)速度。另一种是"累计法",又称代数平均法或方程法,是以间隔期内各年水平的总和同基期水平对比来计算平均每年增长(或下降)速度。在一般正常情况下,两种方法计算的平均每年增长速度比较接近,但在经济发展不平衡,出现大起大落时,两种方法计算的结果差别较大。本《年鉴》内所列的平均每年增长速度,除固定资产投资是用"累计法"计算以外,其余均用"水平法"计算。

企业(单位)登记注册类型 是以在工商行政管理机关登记注册的具有法人资格的各类企业为划分对象。行政机关、事业单位和社会团体及其他经济组织参照执行。本项以工商行政管理部门对企业(单位)登记注册的类型为依据,将企业(单位)登记注册类型分为以下几种:

1. 国有企业是指企业全部资产归国家所有,并按《中华人民共和国企业法人登记管理条例》规定登记注册的非公司制的经济组织。不包括有限责任公司中的国有独资公司。

2. 集体企业是指企业资产归集体所有,并按《中华人民共和国企业法人登记管理条例》规定登记注册的经济组织。

3. 股份合作企业是指以合作制为基础,由企业职工共同出资入股,吸收一定比例的社会资产投资组建,实行自主经营,自负盈亏,共同劳动,民主管理,按劳分配与按股分红相结合的一种集体经济组织。

4. 联营企业是指两个及两个以上相同或不同所有制性质的企业法人或事业单位法人,按自愿、平等、互利的原则,共同投资组成的经济组织。联营企业包括国有联营企业、集体联营企业、国有与集体联营企业和其他联营企业。

5. 有限责任公司是指根据《中华人民共和国登记管理条例》规定登记注册,由两个以上,五十个以下的股东共同出资,每个股东以其所认缴的出资额对公司承担有限责任,公司以其全部资产对其债务承担责任的经济组织。

有限责任公司包括国有独资公司以及其他有限责任公司:

(1)国有独资公司是指国家授权的投资机构或者国家授权的部门单独投资设立的有限责任公司。

(2)其他有限责任公司是指国有独资公司以外的其他有限责任公司。

6. 股份有限公司是指根据《中华人民共和国登记管理条例》规定登记注册,其全部注册资本由等额股份构成并通过发行股票筹集资本,股东以其认购的股份对公司承担有限责任,公司以其全部资产对其债务承担责任的经济组织。

7. 私营企业是指由自然人投资设立或由自然人控股,以雇佣劳动为基础的营利性经济组织。包括按照《公司法》、《合伙企业法》、《私营企业暂行条例》规定登记注册的私营有限责任公司、私营股份有限公司、私营合伙企业和私营独资企业。

(1)私营独资企业是指按《私营企业暂行条例》的规定,由一名自然人投资经营,以雇佣劳动为基础,投资者对企业债务承担无限责任的企业。

(2)私营合伙企业是指按《合伙企业法》或《私营企业暂行条例》的规定,由两个以上自然人按照协议共同投资、共同经营、共负盈亏,以雇佣劳动为基础,对债务承担无限责任的企业。

(3)私营有限责任公司是指按《公司法》、《私营企业暂行条例》的规定,由两个以上自然人投资或由单个自然人控股的有限责任公司。

(4)私营股份有限公司是指按《公司法》的规定,由五个以上自然人投资,或由单个自然人控股的有限公司。

8. 其他内资企业是指上述第1条至第7条之外的其他内资经济组织。

9. 与港澳台商合资经营企业是指港澳台地区投资者与内地的企业依照《中华人民共和国中外合资经营企业法》及有关法律的规定，按合同规定的比例投资设立、分享利润和分担风险的企业。

10. 与港澳台商合作经营企业是指港澳台地区投资者与内地企业依照《中华人民共和国中外合作经营企业法》及有关法律的规定，依照合作合同的约定进行投资或提供条件设立、分配利润和分担风险的企业。

11. 港澳台商独资经营企业是指依照《中华人民共和国外资企业法》及有关法律的规定，在内地由港澳台地区投资者全额投资设立的企业。

12. 港澳台商投资股份有限公司是指根据国家有关规定，经外经贸部依法批准设立，其中港、澳、台商的股本占公司注册资本的比例达25%以上的股份有限公司。凡其中港、澳、台商的股本占公司注册资本的比例小于25%的，属于内资企业中的股份有限公司。

13. 中外合资经营企业是指外国企业或外国人与中国内地企业依照《中华人民共和国中外合资经营企业法》及有关法律的规定，按合同规定的比例投资设立、分享利润和分担风险的企业。

14. 中外合作经营企业是指外国企业或外国人与中国内地企业依照《中华人民共和国中外合作经营企业法》及有关法律的规定，依照合作合同的约定进行投资或提供条件设立、分配利润和分担风险的企业。

15. 外资企业是指依照《中华人民共和国外资企业法》及有关法律的规定，在中国内地由外国投资者全额投资设立的企业。

16. 外商投资股份有限公司是指根据国家有关规定，经外经贸部依法批准设立，其中外资的股本占公司注册资本的比例达25%以上的股份有限公司。凡其中外资股本占公司注册资本的比例小于25%的，属于内资企业中的股份有限公司。机关、事业单位和社会团体参照《企业登记注册类型与代码》，主要按其经费来源和管理方式划分。

具体规定如下：

1. 机关包括国家机关和党政机关，原则上均列为“国有”。但有特殊规定的，如供销社等，则列为“集体”。

2. 事业单位包括经国家机构编制部门和有关业务主管部门批准成立的各类事业单位，不包括实行企业化管理的事业单位。事业单位的划分办法如下：

(1)由国家财政预算拨款或列入财政预算外资金管理以及经费主要来源于国有主管部门或国有上级单位的事业单位，列为“国有”。

(2)经费主要来源于集体单位的事业单位，列为“集体”。

(3)公民个人(或个人合伙)开办的事业单位，列为“私营”。

(4)上述以外的其他事业单位，如果其经费来源不明确，按管理方式进行归类。

3. 社会团体包括经民政部门批准成立以及未纳入社会团体管理条例范围的工会、妇联等各类社会团体。社会团体的划分办法如下：

(1)未纳入民政部社会团体管理条例范围的工会、妇联、共青团、青联、工商联、科协、侨联等社会团体，国家拨款设立的基金会或基金管理组织以及经费主要来源于国有业务主管部门或国有上级单位的社会团体，列为“国有”。

(2)经费主要来源于集体单位的社会团体，列为“集体”。

(3)公民个人(或个人合伙)开办的社会团体，划为“私营”。

(4)上述以外的其他社会团体，如果其经费来源不明确，改按管理方式进行归类。

三次产业　根据社会生产活动历史发展的顺序对产业结构的划分，产品直接取自自然界的部门称为第一产业，对初级产品进行再加工的部门称为第二产业。为生产和消费提供各种服务的部门称为第三产业。它是世界上通用的产业结构分类，但各国的划分不尽一致。我国的三次产业划分是：

第一产业是指农、林、牧、渔业。

第二产业是指采矿业，制造业，电力、燃气及水的生产和供应业，建筑业。

第三产业是指除第一、二产业以外的其他行业。第三产业包括：交通运输、仓储和邮政业，信息传输、计算机服务和软件业，批发和零售业，住宿和餐饮业，金融业，房地产业，租赁和商务服务业，科学研究、技术服务和地质勘查业，水利、环境和公共设施管理业，居民服务和其他服务业，教育，卫生、社会保障和社会福利业，文化、体育和娱乐业，公共管理和社会组织，国际组织。

总产出 总产出是指一定时期内一个国家（或地区）常住单位生产的所有货物和服务的价值，即包括新增价值，也包括转移价值。它反映常住单位生产活动的总规模。总产出按生产者价格计算。

增加值 增加值是指常住单位生产过程创造的新增价值和固定资产的转移价值。它可以按生产法计算，也可以按收入法计算，按生产法计算，它等于总产出减去中间投入；按收入法计算，它等于劳动者报酬、生产税净额、固定资产折旧和营业盈余之和。

人口数 指一定时点、一定地区范围内的有生命的个人的总和。

年度统计的年末人口数是指每年 12 月 31 日 24 时的人口数。年度统计的全国人口总数内未包括台湾省和港澳同胞以及海外华侨人数。

出生率（又称粗出生率）指在一定时期内（通常为一年）平均每千人所出生的人数的比率，一般用千分率表示。计算公式：

$$出生率=\frac{年出生人数}{年平均人数}\times 1000‰$$

出生人数 是指活产婴儿，即胎儿脱离母体时（不管怀孕月数），有过呼吸或其他生命现象。

年平均人数 是指年初、年底人口数的平均数，也可用年中人口数代替。

死亡率（又称粗死亡率） 指在一定时期内（通常为一年）一定地区的死亡人数与同期平均人数（或期中人数）之比，一般用千分率表示。计算公式：

$$死亡率=\frac{年死亡人数}{年平均人数}\times 1000‰$$

人口自然增长率 指在一定时期内（通常为一年）人口自然增加数（出生人数减死亡人数）与该时期内平均人数（或期中人数）之比。一般用千分率表示。计算公式：

$$人口自然增长率=\frac{(本年出生人数-本年死亡人数)}{年平均人数}\times 1000‰$$

人口自然增长率=人口出生率-人口死亡率

二、从业人员和劳动工资

2-1 法人单位从业人数(按地域划分)

(2016 年底)

单位:人

项目	全市	中原区	二七区	管城区	金水区	上街区	惠济区	经开区	高新区
合计	**4639166**	**296144**	**479255**	**250275**	**799882**	**52771**	**129303**	**226054**	**176980**
农、林、牧、渔业	47681	638	938	192	1085	235	3539	757	491
采矿业	137984	46286	1205	53	67	1721	7	53	
制造业	1342089	31170	33069	25018	22659	23622	20223	85758	70902
电力、热力、燃气及水生产和供应业	165523	10745	125049	493	286	157	1011	108	1294
建筑业	637540	78231	45281	27642	212214	8307	40864	41652	26948
批发和零售业	597512	21476	42398	73979	150116	3831	15959	30947	18137
交通运输、仓储和邮政业	249058	1686	115813	10191	12029	1694	3183	24960	1407
住宿和餐饮业	78531	4930	7809	3507	28859	800	3396	1188	1222
信息传输、软件和信息技术服务业	109047	3838	7343	7621	50557	289	1728	4292	17685
金融业	57221	3155	2415	1700	25211	62	415	334	547
房地产业	188393	12502	15514	43210	40363	2077	6009	8340	5803
租赁和商务服务业	239328	7709	18463	23181	77857	1134	5410	6057	8316
科学研究和技术服务业	149862	26612	7784	4768	44543	1295	3809	7689	12472
水利、环境和公共设施管理业	33827	2379	1683	580	5477	878	1686	2495	927
居民服务、修理和其他服务业	39510	1434	2346	3455	13436	419	2377	872	961
教育	196847	12256	17015	7240	29137	1791	9499	2937	6916
卫生和社会工作	104452	9068	17219	5299	28403	1038	2176	2921	275
文化、体育和娱乐业	52859	3671	3386	2123	18640	374	2472	1636	508
公共管理、社会保障和社会组织	211902	18358	14525	10023	38943	3047	5540	3058	2169

2-1 续表 (2016 年底) 单位:人

项目	郑东新区	航空港实验区	中牟县	巩义市	荥阳市	新密市	新郑市	登封市
合计	**410358**	**332215**	**178700**	**266756**	**277601**	**263717**	**249997**	**249158**
农、林、牧、渔业	1162	2341	3819	5132	8260	7457	5442	6193
采矿业	18		775	15467	4357	20629	2917	44429
制造业	34634	290963	55346	161660	164494	124745	116589	81237
电力、热力、燃气及水生产和供应业	1169	265	1052	2670	1127	2462	1189	16446
建筑业	43443	1624	27401	7923	27831	27552	13444	7183
批发和零售业	115664	3982	27573	19162	14887	17696	23051	18654
交通运输、仓储和邮政业	36266	15267	3271	5009	2724	5464	6155	3939
住宿和餐饮业	9051	1733	1917	2403	2259	2125	2471	4861
信息传输、软件和信息技术服务业	11398	361	397	599	1072	653	724	490
金融业	18238	102	837	1015	734	693	1057	706
房地产业	21753	3839	6224	3053	5793	3318	7057	3538
租赁和商务服务业	58756	1249	8175	2160	5036	3899	7221	4705
科学研究和技术服务业	17904	256	7482	1783	2603	2284	3957	4621
水利、环境和公共设施管理业	3686	182	3084	1686	2687	1329	1157	3911
居民服务、修理和其他服务业	3930	182	1346	1857	1266	1002	3310	1317
教育	14392	3466	10522	11231	9599	15602	23419	21825
卫生和社会工作	3340	1250	3587	6025	4526	6942	6653	5730
文化、体育和娱乐业	3195	141	2356	4839	2703	1800	1775	3240
公共管理、社会保障和社会组织	12359	5012	13536	13082	15643	18065	22409	16133

2-2 分企事业机关、分行业从业人员人数

（2016 年底）

单位：人、%

类　别	合　计	比上年增长	国有	比上年增长	集体	比上年增长	其他所有制	比上年增长
单位从业人员年末人数	**2008539**	**1.1**	**452062**	**-3.1**	**27274**	**-14.4**	**1529203**	**2.8**
按企事业机关分								
企业	1601974	1.8	96191	-6.1	17164	-20.2	1488619	2.7
事业	291821	-2.3	262502	-3.3	8777	-2.6	20542	12.4
机关	90838	5.4	89630	4.3	29		1179	510.9
非营利组织	15973	3.6	776	-33.8	539	-2.5	14658	7.0
其他	7933	-30.3	2963	-44.9	765	0.9	4205	-19.7
按行业分								
农林牧渔业	2493	52.9	745	28.9	1026	1198.7	722	-25.9
采矿业	50788	-15.8	333	-0.6	285		50170	-16.0
制造业	680627	-2.9	5807	-3.0	6480	-20.5	668340	-2.7
电力、热力、燃气及水的生产和供应业	34811	4.3	8103	-1.0	23		26685	5.9
建筑业	294454	-4.2	16671	3.4	2750	-33.2	275033	-4.3
批发和零售业	103293	8.7	3986	-4.7	1280	-51.6	98027	11.2
交通运输、仓储和邮政业	80997	5.2	19670	-9.9	825	-3.3	60502	11.5
住宿和餐饮业	30947	-3.9	4373	-5.3	800	-10.7	25774	-3.5
信息传输、软件和信息技术服务业	38928	25.2	767	-61.7	102	13.3	38059	31.2
金融业	90557	80.2	6902	-26.8			83655	105.0
房地产业	63249	8.8	1865	-50.8	199	-49.2	61185	13.4
租赁和商务服务业	43154	-0.2	7088	22.0	1864	-8.3	34202	-3.3
科学研究和技术服务业	60877	0.5	19241	-17.3	931	-1.2	40705	11.9
水利、环境和公共设施管理业	20739	1.6	10380	-16.0	1049	237.3	9310	20.3
居民服务、修理和其他服务业	3969	4.7	172	-26.5	310	-28.4	3487	11.6
教育	152937	-5.3	119593	-5.3	4505	-22.3	28839	-2.0
卫生和社会工作	96291	4.4	79620	5.4	4338	2.0	12333	-0.9
文化、体育和娱乐业	23246	-1.8	16432	-8.0	70	-24.7	6744	17.8
公共管理、社会保障和社会组织	136182	2.5	130314	1.8	437	-11.7	5431	23.5

注：2–2 表至 2–13 表范围为中央和地方各类企业，事业和机关的资料，不包括私营企业、个体工商户和乡镇企业。

2-3 分企事业机关、分行业在岗职工人数

（2016 年底）

单位：人、%

类　　别	合　计	比上年增长	国有	比上年增长	集体	比上年增长	其他经济类型	比上年增长
在岗职工年末人数	**1793384**	**-6.0**	**419647**	**-7.0**	**25158**	**-13.7**	**1348579**	**-5.5**
按企事业机关分								
企业	1413261	-6.5	86874	-11.5	15693	-19.3	1310694	-6.0
事业	272763	-4.8	245691	-6.6	8189	-2.5	18883	25.4
机关	85361	1.4	84165	0.3	29		1167	504.7
非营利组织	14972	1.9	775	-33.4	539	-2.5	13658	5.2
其他	7027	-37.1	2142	-58.9	708	-2.3	4177	-20.1
按行业分								
农林牧渔业	2115	29.7	745	28.9	648	720.3	722	-25.9
采矿业	50582	-16.1	333	-0.6	285		49964	-16.3
制造业	659802	-5.4	5214	-7.7	6316	-20.8	648272	-5.2
电力、热力、燃气及水的生产和供应业	33258	1.0	7397	-8.2	23		25838	3.9
建筑业	211583	-23.6	13432	-0.7	2583	-32.4	195568	-24.7
批发和零售业	94868	2.5	3315	-17.2	1267	-49.4	90286	4.9
交通运输、仓储和邮政业	59853	-19.4	17763	-18.4	810	-4.3	41280	-20.1
住宿和餐饮业	29008	-7.8	4135	-6.8	788	-10.9	24085	-7.8
信息传输、软件和信息技术服务业	35203	15.0	729	-63.6	75	-16.7	34399	20.6
金融业	70189	78.6	6696	-29.0			63493	112.6
房地产业	55509	-1.3	1591	-56.3	199	-49.2	53719	2.9
租赁和商务服务业	34062	-13.2	6549	16.3	1375	115.5	26138	-20.7
科学研究和技术服务业	52831	-8.0	16818	-21.7	920	-1.5	35093	0.3
水利、环境和公共设施管理业	16771	-6.4	9839	-19.1	707	262.6	6225	11.9
居民服务、修理和其他服务业	3770	0.1	167	-27.1	151	-65.0	3452	11.2
教育	145967	-6.9	115272	-7.1	4420	-19.7	26275	-3.1
卫生和社会工作	88095	-0.6	72183	-0.7	4084	2.0	11828	-1.0
文化、体育和娱乐业	21906	-4.9	15281	-11.7	70	-19.5	6555	16.2
公共管理、社会保障和社会组织	128012	0.3	122188	-1.8	437	-11.7	5387	104.0

2-4 分企事业机关、分行业在岗职工工资总额

（2016 年底）

单位：千元、%

类别	合计	比上年增长	国有	比上年增长	集体	比上年增长	其他经济类型	比上年增长
在岗职工年工资总额	**108236718**	**10.3**	**30841030**	**15.0**	**1288818**	**-3.7**	**76106870**	**8.7**
按企事业机关分								
企业	81736812	6.8	6713561	-6.4	737650	-10.9	74285601	8.4
事业	19712367	26.2	18284641	26.4	491886	7.9	935840	34.6
机关	5711176	25.0	5639611	23.8	2766	15.5	68799	597.0
非营利组织	679527	12.6	50483	-12.2	24247	7.2	604797	15.5
其他	396836	-51.5	152734	-72.9	32269	7.5	211833	-5.2
按行业分								
农林牧渔业	91207	59.3	39662	68.7	24943	771.5	26602	-13.9
采矿业	2373730	-12.5	14270	8.5	10880	1.0	2348580	-12.7
制造业	33350211	4.0	321971	-1.9	336780	-11.0	32691460	4.2
电力、热力、燃气及水的生产和供应业	2256739	14.1	751605	-5.4	966		1504168	27.0
建筑业	10997235	-19.4	912890	3.0	109031	-24.2	9975314	-20.9
批发和零售业	4593212	8.6	328323	-13.1	51082	-39.1	4213807	11.8
交通运输、仓储和邮政业	3672101	-10.5	1071408	-16.7	31831	1.1	2568862	-7.8
住宿和餐饮业	1120758	-2.2	171216	-2.0	33987	-3.2	915555	-2.1
信息传输、软件和信息技术服务业	2391240	2.7	71971	-55.8	5045	18.9	2314224	7.0
金融业	10708806	135.6	1036581	-27.1			9672225	209.7
房地产业	3241071	3.3	97433	-61.8	5546	-66.8	3138092	9.4
租赁和商务服务业	1835485	-5.6	361756	58.3	48590	116.2	1425139	-15.8
科学研究和技术服务业	3873729	1.9	1469392	-6.7	56525	22.4	2347812	7.7
水利、环境和公共设施管理业	830306	8.1	505895	-0.9	49029	375.2	275382	11.3
居民服务、修理和其他服务业	136502	-12.9	6652	-23.4	9242	-55.0	120608	-5.4
教育	9632404	11.8	8119358	13.4	248436	-12.6	1264610	7.8
卫生和社会工作	7369882	55.9	6523416	64.3	239337	10.0	607129	12.6
文化、体育和娱乐业	1593300	4.4	1095962	-2.1	3543	-9.2	493795	22.3
公共管理、社会保障和社会组织	8168800	22.2	7941269	21.6	24025	-7.4	203506	58.8

2-5 分企事业机关、分行业在岗职工平均工资

（2016 年底）

单位:元、%

类别	合计	比上年增长	国有	比上年增长	集体	比上年增长	其他所有制	比上年增长
在岗职工年平均工资	**61149**	**15.4**	**72980**	**21.8**	**51964**	**10.6**	**57700**	**13.4**
按企事业机关分								
企业	58964	12.6	76827	5.5	48054	9.9	57912	13.6
事业	72085	30.5	74142	33.2	60392	9.6	49750	4.1
机关	65885	20.2	65968	20.3	95379	15.5	58954	15.3
非营利组织	49141	10.0	65370	31.2	44985	8.4	48318	9.0
其他	55314	-25.4	63450	-42.4	46165	10.4	51480	19.6
按行业分								
农林牧渔业	43349	23.5	53962	33.8	38731	8.3	36692	15.0
采矿业	44842	3.7	48373	1.2	38582	1.0	44855	3.7
制造业	53337	9.3	60148	7.3	53662	10.3	53273	9.3
电力、热力、燃气及水的生产和供应业	67837	12.8	101111	0.3	42000		58355	23.2
建筑业	53457	5.7	68188	13.2	47275	15.5	52670	5.1
批发和零售业	48760	5.0	92341	-3.0	41236	22.2	47096	5.7
交通运输、仓储和邮政业	57874	3.6	60624	0.8	39531	6.5	57209	5.1
住宿和餐饮业	38720	7.0	41014	2.3	44759	12.0	38155	7.8
信息传输、软件和信息技术服务业	71067	-7.2	102610	37.5	60694	33.0	70302	-8.5
金融业	151477	28.4	153792	-2.4			151232	42.8
房地产业	57052	0.1	67470	-5.0	27869	-34.5	56849	1.3
租赁和商务服务业	51281	2.7	55180	33.2	33952	-4.7	51242	-0.8
科学研究和技术服务业	71287	7.5	85709	15.8	62115	27.8	65030	4.7
水利、环境和公共设施管理业	49330	16.6	51051	20.9	69250	32.9	44574	5.7
居民服务、修理和其他服务业	42635	6.9	39361	5.6	54936	15.8	41660	6.6
教育	66794	19.5	70787	21.4	56477	9.1	50299	10.6
卫生和社会工作	83068	52.5	88988	60.3	59222	5.0	52918	11.7
文化、体育和娱乐业	72306	10.0	71191	11.5	51348	13.2	75211	4.5
公共管理、社会保障和社会组织	62963	18.9	64072	20.7	55872	6.4	37677	-21.9

2-6 全市及各县(市)区分企事业、机关从业人员人数及工资总额

(2016 年底)

单位:人、元

类 别	单位从业人员	#女性	在岗职工合计	其他从业人员	单位从业人员平均人数	在岗职工	劳务派遣人员	其他从业人员	单位从业人员工资总额(千元)	在岗职工工资总额	劳务派遣人员工资总额	其他从业人员工资总额	在岗职工平均工资(含劳务派遣人员)
总计	**2008539**	**764901**	**1793384**	**77812**	**1941759**	**1742090**	**129801**	**69868**	**117230262**	**108236718**	**6226815**	**2766729**	**61149**
中原区	150063	44731	120016	4625	152650	121850	26280	4520	10089581	8340766	1555538	193277	66808
二七区	144622	57901	120481	5023	139380	119720	15255	4405	8231714	7419109	656340	156265	59829
管城区	99222	36101	89678	2697	95840	87459	5662	2719	5999042	5682745	230469	85828	63500
金水区	394398	135250	328840	37077	384182	324463	28777	30942	23983960	21467782	1309834	1206344	64482
上街区	29285	9078	25175	1089	29026	25402	2455	1169	1276656	1161564	79678	35414	44558
惠济区	51646	16469	48247	1813	50938	47522	1745	1671	2912205	2766162	75036	71007	57669
中牟县	63130	22693	57283	2166	61063	55250	3626	2187	3251093	3038009	134802	78282	53890
巩义市	83787	26113	80796	1560	82557	79615	1463	1479	3686721	3539586	98400	48735	44870
荥阳市	99837	29590	89430	1483	97284	88029	7875	1380	5091604	4591087	437625	62892	52435
新密市	99760	30863	90941	2225	97208	89541	5544	2123	4182377	3905334	202445	74598	43201
新郑市	116555	46341	107169	5009	112239	103868	3975	4396	5933898	5602093	165480	166325	53481
登封市	107322	27118	104249	2312	104493	101368	713	2412	4553788	4451925	23440	78423	43841
经开区	124362	41539	109096	5296	119065	104467	9808	4790	7142906	6428738	462780	251388	60306
高新区	77998	23039	70982	3115	77379	70194	3807	3378	5365870	4989031	202954	173885	70161
郑东新区	58796	15780	55813	1379	58013	55193	1521	1299	8877979	8760809	63358	53812	155591
航空港实验区	307756	202295	295188	943	280442	268149	11295	998	16650868	16091978	528636	30254	59477
企业	**1601974**	**565593**	**1413261**	**63295**	**1541615**	**1366165**	**118593**	**56857**	**89828902**	**81736812**	**5810193**	**2281897**	**58964**
中原区	115011	26478	88686	3060	117734	90773	24000	2961	7282633	5721142	1452084	109407	62499
二七区	108322	36916	85025	4559	103088	83777	14906	4405	5412051	4606307	649479	156265	53259
管城区	78611	24989	71559	1316	75516	69559	4606	1351	4740512	4501393	191808	47311	63281
金水区	300194	92633	241266	33271	292016	238497	26104	27415	16750853	14517417	1190287	1043149	59364
上街区	24057	6303	20718	851	23869	20941	1967	961	1009959	913973	67591	28395	42848
惠济区	36724	8582	33978	1515	36183	33403	1394	1386	1880940	1758872	61151	60917	52304

2-6 续表 1 （2016 年底） 单位：人、元

类别	单位从业人员	#女性	在岗职工合计	其他从业人员	单位从业人员平均人数	在岗职工	劳务派遣人员	其他从业人员	单位从业人员工资总额（千元）	在岗职工工资总额	劳务派遣人员工资总额	其他从业人员工资总额	在岗职工平均工资（含劳务派遣人员）
中牟县	40646	12321	36212	1544	38898	34288	3037	1573	1940951	1769438	115356	56157	50497
巩义市	64066	16904	61210	1455	62908	60101	1433	1374	2569756	2426332	97226	46198	41011
荥阳市	71049	15137	60646	1479	68428	59177	7875	1376	3442579	2942160	437625	62794	50405
新密市	76840	19190	68544	2161	74114	66953	5089	2072	2977515	2712357	191527	73631	40308
新郑市	77587	24703	71937	1734	76111	70633	3785	1693	3442243	3206120	159753	76370	45229
登封市	82400	17365	80792	1161	79889	78230	399	1260	3438478	3367495	13922	57061	43005
经开区	118092	37902	104474	4671	112902	99767	8829	4306	6758069	6083179	434121	240769	60014
高新区	67384	18044	60368	3115	66845	59660	3807	3378	4477485	4100646	202954	173885	67808
郑东新区	39107	8107	37382	781	38480	36935	875	670	7384806	7312903	44046	27857	194577
航空港实验区	301884	200019	290464	622	274634	263471	10487	676	16320072	15797078	501263	21731	59492
事业	**291821**	**150711**	**272763**	**11012**	**287333**	**269954**	**7735**	**9644**	**20387695**	**19712367**	**304735**	**370593**	**72085**
中原区	24838	14117	21569	1346	24689	21320	2045	1324	1902736	1751859	86793	64084	78693
二七区	28501	16372	27674	464	28485	28136	349		2316377	2309516	6861		81319
管城区	16098	8706	13867	1267	15823	13665	909	1249	974810	907561	34881	32368	64666
金水区	73159	31953	67312	3272	71342	65863	2486	2993	5925627	5662543	113069	150015	84502
上街区	2928	1841	2554	77	2894	2548	299	47	146207	136561	8206	1440	50849
惠济区	10617	5872	10037	298	10458	9895	278	285	796053	773778	12185	10090	77260
中牟县	14608	7609	14268	339	14515	14179	1	335	911951	898867	50	13034	63393
巩义市	12717	7001	12618	69	12655	12556	30	69	737166	734171	1174	1821	58426
荥阳市	20080	11182	20080		20063	20063			1170227	1170227			58328
新密市	14535	8532	14307	54	14703	14477	185	41	747949	743578	3656	715	50964
新郑市	28708	16266	25596	2658	27041	24591	183	2267	1828061	1754346	5467	68248	71035
登封市	14520	7475	13881	630	14422	13783	9	630	681258	669724	282	11252	48579
经开区	3096	1732	2775	165	3063	2907	156		210489	203987	6502		68720
高新区	9012	4308	9012		8947	8947			770457	770457			86113

2-6 续表2 （2016年底） 单位：人、元

类　别	单位从业人员	#女性	在岗职工合计	其他从业人员	单位从业人员平均人数	在岗职工	劳务派遣人员	其他从业人员	单位从业人员工资总额（千元）	在岗职工工资总额	劳务派遣人员工资总额	其他从业人员工资总额	在岗职工平均工资（含劳务派遣人员）
郑东新区	14780	6198	14169	347	14638	14002	258	378	1060530	1035296	8228	17006	73178
航空港实验区	3624	1547	3044	26	3595	3022	547	26	207797	189896	17381	520	58077
机关	**90838**	**35478**	**85361**	**2308**	**90411**	**85274**	**2798**	**2339**	**5865462**	**5711176**	**91452**	**62834**	**65885**
中原区	9304	3547	8980	121	9309	8968	204	137	833618	807571	14256	11791	89602
二七区	5085	2532	5068		5093	5093			365550	365550			71775
管城区	3540	1636	3393		3522	3375	147		242811	239031	3780		68941
金水区	18230	9211	17493	490	18062	17381	184	497	1186953	1168840	6376	11737	66907
上街区	2225	891	1828	161	2188	1838	189	161	117977	108517	3881	5579	55450
惠济区	4136	1882	4063		4128	4055	73		230682	228982	1700		55882
中牟县	7056	2275	6117	149	6853	6116	588	149	366322	342630	19396	4296	54001
巩义市	5820	1463	5820		5815	5815			325215	325215			55927
荥阳市	7606	2779	7602	4	7691	7687		4	429587	429489		98	55872
新密市	7407	2621	7124		7415	7148	267		393220	386059	7161		53030
新郑市	5285	2058	5234	44	5242	5192	7	43	431495	430254	260	981	82807
登封市	6628	1904	5802	521	6607	5780	305	522	302560	283214	9236	10110	48061
经开区	1110	510	475	443	1103	475	185	443	44648	32750	4330	7568	56182
高新区	1270	492	1270		1255	1255			88513	88513			70528
郑东新区	4091	1109	3558	137	4116	3586	388	142	391352	376440	11084	3828	97515
航空港实验区	2045	568	1534	238	2012	1510	261	241	114959	98121	9992	6846	61046
民间非营利组织	**15973**	**8702**	**14972**	**998**	**14640**	**13827**	**4**	**809**	**718285**	**679527**	**146**	**38612**	**49141**
中原区	328	188	328		332	332			24070	24070			72500
二七区	2566	1988	2566		2566	2566			129793	129793			50582
管城区	752	568	638	114	761	642		119	32040	25891		6149	40329
金水区	2193	1164	2155	37	2154	2122	2	30	97814	96509	72	1233	45471
上街区	30	26	30		30	30			968	968			32267

2-6 续表 3　　（2016 年底）　　单位：人、元

类　别	单位从业人员	#女性	在岗职工合计	其他从业人员	单位从业人员平均人数	在岗职工	劳务派遣人员	其他从业人员	单位从业人员工资总额（千元）	在岗职工工资总额	劳务派遣人员工资总额	其他从业人员工资总额	在岗职工平均工资（含劳务派遣人员）
惠济区	92	77	92		92	92			2396	2396			26043
中牟县	696	385	562	134	673	543		130	23543	18748		4795	34527
巩义市	335	191	314	21	331	310		21	14911	14467		444	46668
荥阳市	491	230	491		491	491			21410	21410			43605
新密市	28	15	16	10	28	16	2	10	897	571	74	252	35833
新郑市	4591	3085	4023	568	3476	3086		390	204602	183984		20618	59619
登封市	2708	213	2708		2582	2582			94400	94400			36561
高新区	332	195	332		332	332			29415	29415			88599
郑东新区	818	366	704	114	779	670		109	41291	36170		5121	53985
航空港实验区	13	11	13		13	13			735	735			56538
其他	**7933**	**4417**	**7027**	**199**	**7760**	**6870**	**671**	**219**	**429918**	**396836**	**20289**	**12793**	**55314**
中原区	582	401	453	98	586	457	31	98	46524	36124	2405	7995	78953
二七区	148	93	148		148	148			7943	7943			53669
管城区	221	202	221		218	218			8869	8869			40683
金水区	622	289	614	7	608	600	1	7	22713	22473	30	210	37443
上街区	45	17	45		45	45			1545	1545			34333
惠济区	77	56	77		77	77			2134	2134			27714
中牟县	124	103	124		124	124			8326	8326			67145
巩义市	849	554	834	15	848	833		15	39673	39401		272	47300
荥阳市	611	262	611		611	611			27801	27801			45501
新密市	950	505	950		948	947	1		62796	62769	27		66241
新郑市	384	229	379	5	369	366		3	27497	27389		108	74833
登封市	1066	161	1066		993	993			37092	37092			37353
经开区	2064	1395	1372	17	1997	1318	638	41	129700	108822	17827	3051	64749
航空港实验区	190	150	133	57	188	133		55	7305	6148		1157	46226

2-7 全市及各县(市)区国有单位分企事业、机关从业人员人数及工资总额

(2016 年底)

单位:人、元

类别	单位从业人员	#女性	在岗职工合计	其他从业人员	单位从业人员平均人数				单位从业人员工资总额(千元)				在岗职工平均工资(含劳务派遣人员)
						在岗职工	劳务派遣人员	其他从业人员		在岗职工工资总额	劳务派遣人员工资总额	其他从业人员工资总额	
国有单位合计	**452062**	**198236**	**419647**	**15879**	**446099**	**416050**	**15921**	**14128**	**32092540**	**30841030**	**684166**	**567344**	**72980**
中原区	48252	21732	43153	2036	48147	42876	3218	2053	4230705	3967477	163185	100043	89614
二七区	36092	18259	35542	84	36168	35567	598	3	2940835	2911435	29270	130	81314
管城区	27180	11620	24557	1254	26892	24354	1302	1236	1809322	1717742	60120	31460	69296
金水区	119953	48857	111032	4178	117598	109100	4582	3916	8939969	8543619	218142	178208	77073
上街区	7368	3201	6335	440	7256	6320	542	394	345708	322029	13278	10401	48864
惠济区	17310	8786	16487	444	17138	16327	382	429	1191917	1161314	14624	15979	70378
中牟县	22323	10203	20983	481	22007	20874	657	476	1290491	1251700	22275	16516	59169
巩义市	15525	5680	15209	26	15484	15180	278	26	880965	871392	8409	1164	56916
荥阳市	28686	13913	28603	83	28661	28630		31	1620145	1618641		1504	56537
新密市	23804	12007	23206	119	23939	23360	473	106	1270530	1255919	11522	3089	53180
新郑市	31028	15144	29052	1511	30113	28408	194	1511	2204314	2152715	5817	45782	75468
登封市	21301	8565	19741	1176	21117	19546	384	1187	972841	938083	12488	22270	47695
经开区	11004	4158	6416	3156	9718	6487	1385	1846	668678	517512	47252	103914	71743
高新区	13988	5469	13680	24	13899	13597	272	30	1232894	1218386	12575	1933	88756
郑东新区	22830	8795	21494	603	22687	21355	715	617	2177578	2128981	21012	27585	97417
航空港实验区	5418	1847	4157	264	5275	4069	939	267	315648	264085	44197	7366	61558
企业	**96191**	**28127**	**86874**	**4651**	**94329**	**86122**	**4771**	**3436**	**7153198**	**6713561**	**269514**	**170123**	**76827**
中原区	15415	4263	13583	926	15442	13566	938	938	1561789	1471196	59731	30862	105552
二七区	11834	4505	11728	20	11918	11666	249	3	688063	665524	22409	130	57737
管城区	8365	1785	8085	22	8342	8074	246	22	638451	616573	21459	419	76687
金水区	28463	7717	26122	416	28100	25758	1916	426	1825833	1710608	98769	16456	65382
上街区	2306	535	2044	202	2265	2025	54	186	86757	82184	1191	3382	40103
惠济区	2704	1111	2492	182	2699	2482	37	180	170938	162658	989	7291	64965
中牟县	1473	761	1399	6	1410	1336	68	6	53241	50124	2829	288	37716
巩义市	3108	1099	2835	13	3108	2847	248	13	191516	183513	7235	768	61631
荥阳市	1453	234	1374	79	1360	1333		27	45279	43873		1406	32913

2-7 续表 1 （2016 年底） 单位：人、元

类　别	单位从业人员	#女性	在岗职工合计	其他从业人员	单位从业人员平均人数	在岗职工	劳务派遣人员	其他从业人员	单位从业人员工资总额（千元）	在岗职工工资总额	劳务派遣人员工资总额	其他从业人员工资总额	在岗职工平均工资（含劳务派遣人员）
新密市	2151	983	2064	65	2152	2066	21	65	142123	139044	705	2374	66962
新郑市	2542	588	2517	21	2530	2500	4	26	159150	156144	90	2916	62394
登封市	2274	817	2179	25	2221	2116	70	35	93568	89690	2970	908	42388
经开区	5458	1083	2518	2531	4263	2495	406	1362	321570	209682	18593	93295	78688
高新区	3706	669	3398	24	3697	3395	272	30	373924	359416	12575	1933	101443
郑东新区	4542	1851	4309	119	4506	4278	111	117	762468	751628	3145	7695	171969
航空港实验区	397	126	227		316	185	131		38528	21704	16824		121924
事业	**262502**	**133454**	**245691**	**8817**	**258929**	**243021**	**7682**	**8226**	**18911190**	**18284641**	**302920**	**323629**	**74142**
中原区	23243	13701	20417	903	23103	20166	2045	892	1801575	1665099	86793	49683	78875
二七区	20252	12028	19825	64	20236	19887	349		1950851	1943990	6861		96405
管城区	15229	8183	13033	1232	14981	12858	909	1214	925558	859636	34881	31041	64975
金水区	72797	31758	66955	3272	70982	65508	2481	2993	5900762	5637798	112949	150015	84583
上街区	2807	1749	2433	77	2773	2427	299	47	140006	130360	8206	1440	50831
惠济区	10470	5793	9932	262	10311	9790	272	249	790297	769674	11935	8688	77679
中牟县	13627	7022	13300	326	13577	13255	1	321	859997	848015	50	11932	63976
巩义市	6597	3118	6554	13	6561	6518	30	13	364234	362664	1174	396	55565
荥阳市	19616	10894	19616		19599	19599			1144653	1144653			58404
新密市	14246	8403	14018	54	14372	14146	185	41	735187	730816	3656	715	51251
新郑市	23173	12485	21273	1446	22313	20688	183	1442	1611161	1563809	5467	41885	75189
登封市	11876	5811	11237	630	11800	11161	9	630	558889	547355	282	11252	49027
经开区	2470	1236	2149	165	2453	2297	156		178405	171903	6502		72729
高新区	9012	4308	9012		8947	8947			770457	770457			86113
郑东新区	14111	5812	13541	347	13974	13400	216	358	1016997	994152	6783	16062	73512
航空港实验区	2976	1153	2396	26	2947	2374	547	26	162161	144260	17381	520	55338
机关	**89630**	**34616**	**84165**	**2296**	**89203**	**84078**	**2798**	**2327**	**5793609**	**5639611**	**91452**	**62546**	**65968**
中原区	9189	3495	8877	109	9194	8865	204	125	825836	800077	14256	11503	89793
二七区	4006	1726	3989		4014	4014			301921	301921			75217
管城区	3540	1636	3393		3522	3375	147		242811	239031	3780		68941

2-7 续表2　　(2016 年底)　　单位:人、元

类　别	单位从业人员	#女性	在岗职工合计	其他从业人员	单位从业人员平均人数	在岗职工	劳务派遣人员	其他从业人员	单位从业人员工资总额(千元)	在岗职工工资总额	劳务派遣人员工资总额	其他从业人员工资总额	在岗职工平均工资(含劳务派遣人员)
金水区	18230	9211	17493	490	18062	17381	184	497	1186953	1168840	6376	11737	66907
上街区	2225	891	1828	161	2188	1838	189	161	117977	108517	3881	5579	55450
惠济区	4136	1882	4063		4128	4055	73		230682	228982	1700		55882
中牟县	7056	2275	6117	149	6853	6116	588	149	366322	342630	19396	4296	54001
巩义市	5820	1463	5820		5815	5815			325215	325215			55927
荥阳市	7592	2775	7588	4	7677	7673		4	429145	429047		98	55916
新密市	7407	2621	7124		7415	7148	267		393220	386059	7161		53030
新郑市	5285	2058	5234	44	5242	5192	7	43	431495	430254	260	981	82807
登封市	6628	1904	5802	521	6607	5780	305	522	302560	283214	9236	10110	48061
经开区	1110	510	475	443	1103	475	185	443	44648	32750	4330	7568	56182
高新区	1270	492	1270		1255	1255			88513	88513			70528
郑东新区	4091	1109	3558	137	4116	3586	388	142	391352	376440	11084	3828	97515
航空港实验区	2045	568	1534	238	2012	1510	261	241	114959	98121	9992	6846	61046
民间非营利组织	**776**	**326**	**775**		**773**	**772**	**1**		**50531**	**50483**	**48**		**65370**
中原区	66	28	66		66	66			8091	8091			122591
管城区	46	16	46		47	47			2502	2502			53234
金水区	452	168	451		443	442	1		26028	25980	48		58754
上街区	30	26	30		30	30			968	968			32267
中牟县	43	42	43		43	43			2605	2605			60581
荥阳市	25	10	25		25	25			1068	1068			42720
新郑市	28	13	28		28	28			2508	2508			89571
郑东新区	86	23	86		91	91			6761	6761			74297
其他	**2963**	**1713**	**2142**	**115**	**2865**	**2057**	**669**	**139**	**184012**	**152734**	**20232**	**11046**	**63450**
中原区	339	245	210	98	342	213	31	98	33414	23014	2405	7995	104176
金水区	11	3	11		11	11			393	393			35727
中牟县	124	103	124		124	124			8326	8326			67145
登封市	523	33	523		489	489			17824	17824			36450
经开区	1966	1329	1274	17	1899	1220	638	41	124055	103177	17827	3051	65126

2-8 全市及各县(市)区城镇集体单位分企事业从业人员人数及工资总额

(2016 年底)

单位:人、元

类别	单位从业人员	#女性	在岗职工合计	其他从业人员	单位从业人员平均人数	在岗职工	劳务派遣人员	其他从业人员	单位从业人员工资总额(千元)	在岗职工工资总额	劳务派遣人员工资总额	其他从业人员工资总额	在岗职工平均工资(含劳务派遣人员)
城镇集体合计	**27274**	**10854**	**25158**	**1715**	**27192**	**24816**	**573**	**1803**	**1373242**	**1288818**	**30486**	**53938**	**51964**
中原区	2487	518	1893	368	2438	1691	376	371	144192	108692	22263	13237	63355
二七区	897	461	849	19	914	881	33		48715	47205	1510		53299
管城区	2217	732	2160	43	2274	2219	14	41	138585	136580	700	1305	61478
金水区	2513	741	2451	42	2547	2480	20	47	118052	115505	1293	1254	46719
上街区	1037	486	1018	19	1081	1062		19	23914	23428		486	22060
惠济区	298	156	256	36	275	233	6	36	9836	8184	250	1402	35289
中牟县	1912	627	1075	837	1944	1070		874	69112	49779		19333	46522
巩义市	6302	3926	6201	68	6271	6170	33	68	357011	354658	690	1663	57286
荥阳市	2510	690	2505	5	2492	2487		5	135663	135525		138	54493
新密市	1993	699	1953	24	1917	1870	17	30	74471	72094	1175	1202	38828
新郑市	2448	850	2253	187	2403	2198	8	197	139458	129215	215	10028	58672
登封市	1717	377	1699	10	1700	1636	24	40	66130	63396	945	1789	38760
经开区	195	123	195		195	195			10217	10217			52395
高新区	7	2	7		7	7			442	442			63143
郑东新区	557	374	516		552	490	42	20	32007	29618	1445	944	58389
航空港实验区	184	92	127	57	182	127		55	5437	4280		1157	33701
企业	**17164**	**5037**	**15693**	**1122**	**17141**	**15427**	**520**	**1194**	**798548**	**737650**	**28671**	**32227**	**48054**
中原区	1374	259	1145	3	1326	942	376	8	75996	53566	22263	167	57533
二七区	495	211	447	19	512	479	33		25779	24269	1510		50350
管城区	1610	347	1573	23	1684	1649	14	21	105698	104625	700	373	63334
金水区	2304	636	2247	42	2345	2283	15	47	107336	104909	1173	1254	46163
上街区	1037	486	1018	19	1081	1062		19	23914	23428		486	22060
惠济区	159	79	159		136	136			4322	4322			31779
中牟县	1855	611	1018	837	1887	1013		874	66393	47060		19333	46456
巩义市	683	278	638	12	680	635	33	12	21576	20648	690	238	31943
荥阳市	1946	420	1941	5	1928	1923		5	109278	109140		138	56755
新密市	1782	621	1742	24	1706	1659	17	30	65573	63196	1175	1202	38408
新郑市	2245	753	2109	128	2198	2052	8	138	128098	120636	215	7247	58666

2-8 续表 （2016 年底） 单位:人、元

类　别	单位从业人员	#女性	在岗职工合计	其他从业人员	单位从业人员平均人数	在岗职工	劳务派遣人员	其他从业人员	单位从业人员工资总额（千元）	在岗职工工资总额	劳务派遣人员工资总额	其他从业人员工资总额	在岗职工平均工资（含劳务派遣人员）
登封市	1491	269	1473	10	1475	1411	24	40	56625	53891	945	1789	38213
经开区	110	55	110		110	110			5748	5748			52255
高新区	7	2	7		7	7			442	442			63143
航空港实验区	66	10	66		66	66			1770	1770			26818
事业	**8777**	**5005**	**8189**	**536**	**8729**	**8122**	**53**	**554**	**514255**	**491886**	**1815**	**20554**	**60392**
中原区	1057	229	692	365	1056	693		363	64077	51007		13070	73603
二七区	399	250	399		399	399			22842	22842			57248
管城区	607	385	587	20	590	570		20	32887	31955		932	56061
金水区	119	82	114		119	114	5		6319	6199	120		53101
惠济区	139	77	97	36	139	97	6	36	5514	3862	250	1402	39922
中牟县	57	16	57		57	57			2719	2719			47702
巩义市	5036	3205	4980	56	5010	4954		56	309312	307887		1425	62149
荥阳市	116	55	116		116	116			6605	6605			56940
新密市	211	78	211		211	211			8898	8898			42171
新郑市	203	97	144	59	205	146		59	11360	8579		2781	58760
登封市	135	66	135		134	134			5038	5038			37597
经开区	85	68	85		85	85			4469	4469			52576
郑东新区	557	374	516		552	490	42	20	32007	29618	1445	944	58389
航空港实验区	56	23	56		56	56			2208	2208			39429
机关	**29**	**10**	**29**		**29**	**29**			**2766**	**2766**			**95379**
中原区	29	10	29		29	29			2766	2766			95379
民间非营利组织	**539**	**257**	**539**		**539**	**539**			**24247**	**24247**			**44985**
荥阳市	448	215	448		448	448			19780	19780			44152
登封市	91	42	91		91	91			4467	4467			49088
其他	**765**	**545**	**708**	**57**	**754**	**699**		**55**	**33426**	**32269**		**1157**	**46165**
中原区	27	20	27		27	27			1353	1353			50111
二七区	3		3		3	3			94	94			31333
金水区	90	23	90		83	83			4397	4397			52976
巩义市	583	443	583		581	581			26123	26123			44962
航空港实验区	62	59	5	57	60	5		55	1459	302		1157	60400

2-9 全市及各县(市)区其他单位分企事业从业人员人数及工资总额

(2016 年底)

单位:人、元

类别	单位从业人员	#女性	在岗职工合计	其他从业人员	单位从业人员平均人数	在岗职工	劳务派遣人员	其他从业人员	单位从业人员工资总额(千元)	在岗职工工资总额	劳务派遣人员工资总额	其他从业人员工资总额	在岗职工平均工资(含劳务派遣人员)
总计	**1529203**	**555811**	**1348579**	**60218**	**1468468**	**1301224**	**113307**	**53937**	**83764480**	**76106870**	**5512163**	**2145447**	**57700**
中原区	99324	22481	74970	2221	102065	77283	22686	2096	5714684	4264597	1370090	79997	56364
二七区	107633	39181	84090	4920	102298	83272	14624	4402	5242164	4460469	625560	156135	51953
管城区	69825	23749	62961	1400	66674	60886	4346	1442	4051135	3828423	169649	53063	61290
金水区	271932	85652	215357	32857	264037	212883	24175	26979	14925939	12808658	1090399	1026882	58631
上街区	20880	5391	17822	630	20689	18020	1913	756	907034	816107	66400	24527	44274
惠济区	34038	7527	31504	1333	33525	30962	1357	1206	1710452	1596664	60162	53626	51265
中牟县	38895	11863	35225	848	37112	33306	2969	837	1891490	1736530	112527	42433	50973
巩义市	61960	16507	59386	1466	60802	58265	1152	1385	2448745	2313536	89301	45908	40440
荥阳市	68641	14987	58322	1395	66131	56912	7875	1344	3335796	2836921	437625	61250	50543
新密市	73963	18157	65782	2082	71352	64311	5054	1987	2837376	2577321	189748	70307	39891
新郑市	83079	30347	75864	3311	79723	73262	3773	2688	3590126	3320163	159448	110515	45169
登封市	84304	18176	82809	1126	81676	80186	305	1185	3514817	3450446	10007	54364	42992
经开区	113163	37258	102485	2140	109152	97785	8423	2944	6464011	5901009	415528	147474	59473
高新区	64003	17568	57295	3091	63473	56590	3535	3348	4132534	3770203	190379	171952	65872
郑东新区	35409	6611	33803	776	34774	33348	764	662	6668394	6602210	40901	25283	194744
航空港实验区	302154	200356	290904	622	274985	263953	10356	676	16329783	15823613	484439	21731	59451
企业	**1488619**	**532429**	**1310694**	**57522**	**1430145**	**1264616**	**113302**	**52227**	**81877156**	**74285601**	**5512008**	**2079547**	**57912**
中原区	98222	21956	73958	2131	100966	76265	22686	2015	5644848	4196380	1370090	78378	56255
二七区	95993	32200	72850	4520	90658	71632	14624	4402	4698209	3916514	625560	156135	52658
管城区	68636	22857	61901	1271	65490	59836	4346	1308	3996363	3780195	169649	46519	61541
金水区	269427	84280	212897	32813	261571	210456	24173	26942	14817684	12701900	1090345	1025439	58783
上街区	20714	5282	17656	630	20523	17854	1913	756	899288	808361	66400	24527	44254
惠济区	33861	7392	31327	1333	33348	30785	1357	1206	1705680	1591892	60162	53626	51399
中牟县	37318	10949	33795	701	35601	31939	2969	693	1821317	1672254	112527	36536	51128
巩义市	60275	15527	57737	1430	59120	56619	1152	1349	2356664	2222171	89301	45192	40011
荥阳市	67650	14483	57331	1395	65140	55921	7875	1344	3288022	2789147	437625	61250	50580
新密市	72907	17586	64738	2072	70256	63228	5051	1977	2769819	2510117	189647	70055	39540

2-9 续表 1　　（2016 年底）　　单位：人、元

类　别	单位从业人员	#女性	在岗职工合计	其他从业人员	单位从业人员平均人数	在岗职工	劳务派遣人员	其他从业人员	单位从业人员工资总额（千元）	在岗职工工资总额	劳务派遣人员工资总额	其他从业人员工资总额	在岗职工平均工资（含劳务派遣人员）
新郑市	72800	23362	67311	1585	71383	66081	3773	1529	3154995	2929340	159448	66207	44218
登封市	78635	16279	77140	1126	76193	74703	305	1185	3288285	3223914	10007	54364	43114
经开区	112524	36764	101846	2140	108529	97162	8423	2944	6430751	5867749	415528	147474	59509
高新区	63671	17373	56963	3091	63141	56258	3535	3348	4103119	3740788	190379	171952	65746
郑东新区	34565	6256	33073	662	33974	32657	764	553	6622338	6561275	40901	20162	197546
航空港实验区	301421	199883	290171	622	274252	263220	10356	676	16279774	15773604	484439	21731	59428
事业	**20542**	**12252**	**18883**	**1659**	**19675**	**18811**		**864**	**962250**	**935840**		**26410**	**49750**
中原区	538	187	460	78	530	461		69	37084	35753		1331	77555
二七区	7850	4094	7450	400	7850	7850			342684	342684			43654
管城区	262	138	247	15	252	237		15	16365	15970		395	67384
金水区	243	113	243		241	241			18546	18546			76954
上街区	121	92	121		121	121			6201	6201			51248
惠济区	8	2	8		8	8			242	242			30250
中牟县	924	571	911	13	881	867		14	49235	48133		1102	55517
巩义市	1084	678	1084		1084	1084			63620	63620			58690
荥阳市	348	233	348		348	348			18969	18969			54509
新密市	78	51	78		120	120			3864	3864			32200
新郑市	5332	3684	4179	1153	4523	3757		766	205540	181958		23582	48432
登封市	2509	1598	2509		2488	2488			117331	117331			47159
经开区	541	428	541		525	525			27615	27615			52600
郑东新区	112	12	112		112	112			11526	11526			102911
航空港实验区	592	371	592		592	592			43428	43428			73358
机关	**1179**	**852**	**1167**	**12**	**1179**	**1167**		**12**	**69087**	**68799**		**288**	**58954**
中原区	86	42	74	12	86	74		12	5016	4728		288	63892
二七区	1079	806	1079		1079	1079			63629	63629			58970
荥阳市	14	4	14		14	14			442	442			31571
民间非营利组织	**14658**	**8119**	**13658**	**998**	**13328**	**12516**	**3**	**809**	**643507**	**604797**	**98**	**38612**	**48318**
中原区	262	160	262		266	266			15979	15979			60071

2-9 续表 2 （2016 年底） 单位：人、元

类别	单位从业人员	#女性	在岗职工合计	其他从业人员	单位从业人员平均人数	在岗职工	劳务派遣人员	其他从业人员	单位从业人员工资总额（千元）	在岗职工工资总额	劳务派遣人员工资总额	其他从业人员工资总额	在岗职工平均工资（含劳务派遣人员）
二七区	2566	1988	2566		2566	2566			129793	129793			50582
管城区	706	552	592	114	714	595		119	29538	23389		6149	39309
金水区	1741	996	1704	37	1711	1680	1	30	71786	70529	24	1233	41971
惠济区	92	77	92		92	92			2396	2396			26043
中牟县	653	343	519	134	630	500		130	20938	16143		4795	32286
巩义市	335	191	314	21	331	310		21	14911	14467		444	46668
荥阳市	18	5	18		18	18			562	562			31222
新密市	28	15	16	10	28	16	2	10	897	571	74	252	35833
新郑市	4563	3072	3995	568	3448	3058		390	202094	181476		20618	59345
登封市	2617	171	2617		2491	2491			89933	89933			36103
经开区	332	195	332		332	332			29415	29415			88599
高新区	13	11	13		13	13			735	735			56538
郑东新区	732	343	618	114	688	579		109	34530	29409		5121	50793
其他	**4205**	**2159**	**4177**	**27**	**4141**	**4114**	**2**	**25**	**212480**	**211833**	**57**	**590**	**51480**
中原区	216	136	216		217	217			11757	11757			54180
二七区	145	93	145		145	145			7849	7849			54131
管城区	221	202	221		218	218			8869	8869			40683
金水区	521	263	513	7	514	506	1	7	17923	17683	30	210	34937
上街区	45	17	45		45	45			1545	1545			34333
惠济区	77	56	77		77	77			2134	2134			27714
巩义市	266	111	251	15	267	252		15	13550	13278		272	52690
荥阳市	611	262	611		611	611			27801	27801			45501
新密市	950	505	950		948	947	1		62796	62769	27		66241
新郑市	384	229	379	5	369	366		3	27497	27389		108	74833
登封市	543	128	543		504	504			19268	19268			38230
经开区	98	66	98		98	98			5645	5645			57602
航空港实验区	128	91	128		128	128			5846	5846			45672

2-10　全市及各县(市)区分行业从业人员人数及工资总额

(2016 年底)　　　　单位:人、元

行　业	单位从业人员	#女性	在岗职工合计	其他从业人员	单位从业人员平均人数	在岗职工	劳务派遣人员	其他从业人员	单位从业人员工资总额(千元)	在岗职工工资总额	劳务派遣人员工资总额	其他从业人员工资总额	在岗职工平均工资(含劳务派遣人员)
农、林、牧、渔业	**2493**	**912**	**2115**	**378**	**2528**	**2104**		**424**	**99987**	**91207**		**8780**	**43349**
中原区	36	12	36		36	36			2203	2203			61194
金水区	47	14	47		49	49			3671	3671			74918
惠济区	211	62	211		211	211			9511	9511			45076
中牟县	1483	595	1105	378	1515	1091		424	58327	49547		8780	45414
巩义市	42	18	42		36	36			1781	1781			49472
荥阳市	507	144	507		507	507			17909	17909			35323
新密市	6		6		6	6			218	218			36333
新郑市	137	60	137		146	146			5455	5455			37363
登封市	7	3	7		5	5			204	204			40800
郑东新区	7	1	7		7	7			336	336			48000
航空港实验区	10	3	10		10	10			372	372			37200
采矿业	**50788**	**7102**	**50582**	**116**	**53161**	**52964**	**90**	**107**	**2388137**	**2373730**	**5300**	**9107**	**44842**
中原区	26913	4685	26913		29285	29285			1396920	1396920			47701
上街区	1150	171	1150		1184	1184			50779	50779			42888
巩义市	4551	847	4461		5072	4982	90		148652	143352	5300		29308
荥阳市	69	15	69		69	69			2479	2479			35928
新密市	1840	143	1839	1	1587	1586		1	64514	64484		30	40658
新郑市	1583	125	1583		1602	1602			82350	82350			51404
登封市	14682	1116	14567	115	14362	14256		106	642443	633366		9077	44428
制造业	**680627**	**306108**	**659802**	**4477**	**644412**	**623559**	**16195**	**4658**	**34296706**	**33350211**	**772097**	**174398**	**53337**
中原区	7563	3101	7366	158	7644	7461	40	143	286909	281562	1409	3938	37724
二七区	14652	4709	14412	178	14571	14345	61	165	635235	623830	3615	7790	43554
管城区	19009	2506	18864	69	17849	17707	77	65	1725360	1718937	3036	3387	96827
金水区	9020	3818	8867	134	9009	8849	17	143	336647	332163	549	3935	37527
上街区	11929	2902	11506	264	12056	11622	189	245	527394	514355	7022	6017	44143
惠济区	5338	2676	5234	2	5589	5445	139	5	211172	201612	9338	222	37778
中牟县	21349	6932	18798	153	20554	18007	2385	162	1104495	1005643	88846	10006	53672
巩义市	43552	10386	42419	797	42227	41132	356	739	1660333	1622254	13799	24280	39434
荥阳市	41897	8169	41327	233	41384	40824	347	213	2286875	2262854	16179	7842	55355
新密市	40891	10804	40638	231	40188	39932	23	233	1450275	1440647	903	8725	36079
新郑市	51616	17592	47882	636	50719	47160	2946	613	2092187	1941372	125212	25603	41244

2-10 续表 1　　　　(2016 年底)　　　　单位:人、元

类别	单位从业人员	#女性	在岗职工合计	其他从业人员	单位从业人员平均人数	在岗职工	劳务派遣人员	其他从业人员	单位从业人员工资总额(千元)	在岗职工工资总额	劳务派遣人员工资总额	其他从业人员工资总额	在岗职工平均工资(含劳务派遣人员)
登封市	37366	8822	37022	223	35623	35270	122	231	1370145	1355759	4098	10288	38423
经开区	59433	22534	52663	708	57285	50394	6064	827	3512736	3156651	319192	36893	61565
高新区	35587	9193	31931	573	35043	31346	3000	697	2219800	2043370	158647	17783	64113
航空港实验区	281425	191964	280873	118	254671	254065	429	177	14877143	14849202	20252	7689	58428
电力、热力、燃气及水生产和供应业	**34811**	**9371**	**33258**	**942**	**34619**	**33012**	**651**	**956**	**2320427**	**2256739**	**26856**	**36832**	**67837**
中原区	9604	3010	8289	860	9742	8374	491	877	847269	792254	20754	34261	91710
二七区	1391	473	1391		1380	1380			101952	101952			73878
金水区	813	305	813		581	581			49771	49771			85664
上街区	80	32	80		80	80			3567	3567			44588
惠济区	824	293	736		798	700	98		71544	67403	4141		89654
中牟县	482	170	482		488	488			23928	23928			49033
巩义市	1209	301	1209		1219	1219			88558	88558			72648
荥阳市	303	110	276	27	303	276		27	8833	8340		493	30217
新密市	1597	623	1526	3	1560	1526	32	2	102711	101144	1499	68	65881
新郑市	1014	329	1010	4	1008	1005		3	74871	74591		280	74220
登封市	16031	3387	16027	4	15994	15990		4	864392	864002		390	54034
经开区	65	31	58	7	59	53		6	3375	3165		210	59717
高新区	1209	260	1172	37	1219	1182		37	66732	65602		1130	55501
郑东新区	16	2	16		16	16			518	518			32375
航空港实验区	173	45	173		172	142	30		12406	11944	462		72128
建筑业	**294454**	**38996**	**211583**	**22596**	**280505**	**206469**	**53307**	**20729**	**14797317**	**10997235**	**2889658**	**910424**	**53457**
中原区	38294	4994	16557	1300	37993	16083	20705	1205	2348924	969091	1334031	45802	62605
二七区	30584	4350	17668	1897	25648	17298	6702	1648	1421897	1077255	277918	66724	56466
管城区	15994	1820	14387	936	15922	14353	591	978	872761	818519	20690	33552	56157
金水区	82336	10994	65745	7771	81756	66051	8547	7158	4089314	3373765	431933	283616	51016
上街区	5583	860	2844	505	5261	2936	1687	638	235783	157644	57869	20270	46618
惠济区	20880	2140	18959	1273	20209	18304	774	1131	1007749	925361	32677	49711	50217
中牟县	7741	270	7294	307	7037	6458	261	318	263460	235252	13372	14836	37003
巩义市	3287	580	2498	188	3028	2247	600	181	162454	87152	66580	8722	53998
荥阳市	20687	4180	11107	1010	18713	10273	7497	943	832177	370224	420594	41359	44503
新密市	18563	2272	11056	1732	17074	10719	4745	1610	694416	461989	177952	54475	41383
新郑市	8469	1058	7856	556	7844	7230	103	511	429643	395517	4920	29206	54608
登封市	3978	409	3329	432	3762	3210	136	416	170340	155428	3165	11747	47398

2-10 续表 2 （2016 年底） 单位：人、元

类 别	单位从业人员	#女性	在岗职工合计	其他从业人员	单位从业人员平均人数	在岗职工	劳务派遣人员	其他从业人员	单位从业人员工资总额（千元）	在岗职工工资总额	劳务派遣人员工资总额	其他从业人员工资总额	在岗职工平均工资（含劳务派遣人员）
经开区	24736	3437	21232	2821	22719	20098	554	2067	1344713	1190440	23715	130558	58791
高新区	12825	1582	10644	1868	13045	10805	315	1925	892596	754585	18165	119846	69492
郑东新区	244		154		244	154	90		21710	15633	6077		88975
航空港实验区	253	50	253		250	250			9380	9380			37520
批发和零售业	**103293**	**48266**	**94868**	**2328**	**100981**	**93317**	**5008**	**2656**	**4883052**	**4593212**	**201150**	**88690**	**48760**
中原区	3429	1565	3152	170	3521	3222	118	181	161230	150920	5100	5210	46713
二七区	10832	5892	10080	563	10956	10102	207	647	473308	448646	9750	14912	44466
管城区	18871	9783	15452	148	17826	15366	2306	154	761772	661338	94850	5584	42790
金水区	30657	14571	28744	733	30217	28452	943	822	1345708	1293066	30946	21696	45042
上街区	484	254	475	3	486	477	6	3	18836	18572	186	78	38836
惠济区	3275	1087	3077	15	3229	3015	176	38	196966	187693	6626	2647	60896
中牟县	2439	1222	2368	55	2444	2361	25	58	144138	140101	1737	2300	59446
巩义市	2412	1169	2117	206	2358	2041	112	205	98159	89638	3792	4729	43395
荥阳市	1997	651	1959	32	1996	1956	8	32	88138	86223	256	1659	44032
新密市	3658	1437	3426	84	3617	3369	155	93	174279	164975	4965	4339	48224
新郑市	4207	2149	4150	34	4284	4222	20	42	234571	230637	606	3328	54513
登封市	3041	1215	2992	23	2955	2870	44	41	111440	105827	2498	3115	37174
经开区	13236	5134	12193	244	12516	11397	833	286	794279	741794	36555	15930	63643
高新区	3226	1132	3204	8	3145	3086	15	44	223824	220820	605	2399	71404
郑东新区	25		25		25	25			1048	1048			41920
航空港实验区	1504	1005	1454	10	1406	1356	40	10	55356	51914	2678	764	39106
交通运输、仓储和邮政业	**80997**	**27958**	**59853**	**2644**	**79723**	**58615**	**18401**	**2707**	**4567561**	**3672101**	**785161**	**110299**	**57875**
中原区	199	91	199		197	197			9574	9574			48599
二七区	12345	5241	8358	1002	12537	8546	2984	1007	630947	436929	154418	39600	51288
管城区	9418	4418	8265	32	8503	7410	1057	36	439494	400015	38601	878	51803
金水区	24761	8209	19140	167	24419	18831	5425	163	1416355	1237184	169993	9173	58014
上街区	1052	195	1029	10	1024	1001	13	10	43763	43077	308	378	42786
惠济区	570	224	552		581	556	25		33292	32555	737		57301
中牟县	564	280	522	8	551	507	36	8	22628	21260	1019	349	41029
巩义市	2731	719	2724	7	2703	2694	1	8	124869	124407	100	362	46199
荥阳市	323	121	323		323	323			10531	10531			32604
新密市	3495	543	3428	2	3425	3355	64	6	153004	150420	2288	296	44665
新郑市	1475	523	1471		1602	1588	4	10	62821	62514	90	217	39324

2-10 续表 3 （2016 年底） 单位：人、元

类别	单位从业人员	#女性	在岗职工合计	其他从业人员	单位从业人员平均人数	在岗职工	劳务派遣人员	其他从业人员	单位从业人员工资总额（千元）	在岗职工工资总额	劳务派遣人员工资总额	其他从业人员工资总额	在岗职工平均工资（含劳务派遣人员）
登封市	2358	564	2039	319	2360	1979		381	109326	89794		19532	45373
经开区	7672	1900	6714	636	7542	6564	355	623	388497	340464	19894	28139	52082
高新区	110	46	99	6	111	99	6	6	10983	10372	330	281	101924
郑东新区	55	24	55		52	52			3849	3849			74019
航空港实验区	13869	4860	4935	455	13793	4913	8431	449	1107628	699156	397383	11089	82175
住宿和餐饮业	**30947**	**16716**	**29008**	**608**	**31100**	**29078**	**1391**	**631**	**1206627**	**1120758**	**58994**	**26875**	**38720**
中原区	2057	1131	2045	10	1968	1951	6	11	89453	88912	236	305	45553
二七区	3775	2161	3599	3	3871	3678	186	7	150887	144118	6457	312	38969
管城区	1128	611	1120	8	1118	1110		8	45702	45462		240	40957
金水区	15755	8399	15089	194	16074	15312	542	220	616618	587011	22358	7249	38436
上街区	281	130	226	55	278	227		51	8189	6981		1208	30753
惠济区	1119	526	948	171	1116	958		158	47769	42067		5702	43911
中牟县	632	377	574	21	586	536	31	19	22068	20044	1119	905	37325
巩义市	771	487	771		769	768		1	20487	20441		46	26616
荥阳市	659	396	573	86	625	557		68	23887	17053		6834	30616
新密市	675	342	651	9	669	643	12	14	27085	25808	744	533	40537
新郑市	634	397	615	11	649	630	8	11	22726	21785	337	604	34674
登封市	1382	760	1353	20	1335	1270	22	43	40886	38120	852	1914	30164
经开区	357	231	357		377	377			13675	13675			36273
高新区	404	181	394	5	381	371	5	5	15777	15572	100	105	41681
航空港实验区	1318	587	693	15	1284	690	579	15	61418	33709	26791	918	47675
信息传输、软件和信息技术服	**38928**	**15279**	**35203**	**802**	**38112**	**33179**	**4005**	**928**	**2675302**	**2391240**	**251325**	**32737**	**71067**
中原区	468	116	443		466	439	23	4	25058	23939	1027	92	54039
二七区	4097	1680	4070		3948	3732	216		416121	395058	21063		105400
管城区	1757	585	1708		1663	1615	48		151896	151224	672		91339
金水区	25349	10220	21945	680	24831	20422	3623	786	1567327	1316484	223210	27633	64034
上街区	91	63	91		91	91			2804	2804			30813
惠济区	18	10	18		18	18			574	574			31889
中牟县	81	15	81		78	78			3261	3261			41808
巩义市	550	303	446	94	565	450	12	103	21515	18146	324	3045	39978
荥阳市	5	1	5		5	5			210	210			42000
新密市	201	66	201		201	201			8703	8703			43299
登封市	96	27	96		96	96			2743	2743			28573

2-10 续表4 （2016年底） 单位：人、元

类别	单位从业人员	#女性	在岗职工合计	其他从业人员	单位从业人员平均人数	在岗职工	劳务派遣人员	其他从业人员	单位从业人员工资总额（千元）	在岗职工工资总额	劳务派遣人员工资总额	其他从业人员工资总额	在岗职工平均工资（含劳务派遣人员）
经开区	670	130	670		638	638			29104	29104			45618
高新区	5033	1932	4921	24	5025	4912	83	30	400749	394086	5029	1634	79903
郑东新区	416	91	416		391	391			38198	38198			97693
航空港实验区	96	40	92	4	96	91		5	7039	6706		333	73692
金融业	**90557**	**24638**	**70189**	**18071**	**84332**	**69678**	**2072**	**12582**	**11354415**	**10708806**	**159636**	**485973**	**151477**
中原区	2067	999	2067		2067	2067			234721	234721			113556
二七区	6057	4189	6057		6057	6057			368277	368277			60802
管城区	1141	713	1058	20	1120	1046	63	11	189793	178328	11388	77	171069
金水区	40937	10109	22413	17269	35331	22304	1119	11908	3137831	2576915	99786	461130	114277
上街区	3	3	3		3	3			85	85			28333
惠济区	8	2	8		8	8			242	242			30250
中牟县	917	477	857	36	876	833	12	31	69196	67081	461	1654	79931
巩义市	1047	269	1030	15	1089	1072	2	15	127514	127100	142	272	118475
荥阳市	312	90	312		312	312			13990	13990			44840
新密市	577	265	518	47	564	498	22	44	49300	46236	1162	1902	91150
新郑市	698	89	565	30	672	559	85	28	77347	66874	9290	1183	118267
登封市	587	238	587		607	607			26537	26537			43718
经开区	18	15	18		16	16			6690	6690			418125
高新区	341	173	341		341	341			24841	24841			72848
郑东新区	35814	7003	34325	654	35230	33919	766	545	7026363	6969325	37283	19755	202007
航空港实验区	33	4	30		39	36	3		1688	1564	124		43282
房地产业	**63249**	**24298**	**55509**	**1457**	**62141**	**54452**	**6014**	**1675**	**3538750**	**3241071**	**208622**	**89057**	**57052**
中原区	5019	1693	4482	102	4779	4251	430	98	298190	287168	8001	3021	63057
二七区	7361	2915	4956	180	7119	4738	2219	162	356272	287489	63889	4894	50507
管城区	6696	2678	6303	41	6905	6524	339	42	324572	308845	14409	1318	47101
金水区	19505	7157	18554	250	19513	18509	729	275	1186585	1146540	25074	14971	60901
上街区	1119	478	1061	8	1129	1074	47	8	58072	56357	1405	310	51527
惠济区	1256	464	1194	13	1218	1156	49	13	88986	86794	1072	1120	72918
中牟县	2174	860	1906	110	2091	1824	183	84	128959	117904	4990	6065	61233
巩义市	1390	536	1286	100	1389	1331	4	54	54704	51917	170	2617	39016
荥阳市	2205	743	2184	15	2159	2124	18	17	96274	94959	541	774	44585
新密市	1685	629	1655	12	1582	1531	22	29	80707	78372	1173	1162	51220
新郑市	4006	1359	3860	97	3896	3738	56	102	208358	200721	3075	4562	53715

2-10 续表 5 （2016 年底） 单位:人、元

类别	单位从业人员	#女性	在岗职工合计	其他从业人员	单位从业人员平均人数	在岗职工	劳务派遣人员	其他从业人员	单位从业人员工资总额（千元）	在岗职工工资总额	劳务派遣人员工资总额	其他从业人员工资总额	在岗职工平均工资（含劳务派遣人员）
登封市	981	321	952	5	947	914	25	8	41571	40438	859	274	43980
经开区	3657	1491	2652	7	3544	2372	935	237	251775	198732	32192	20851	69829
高新区	3203	1606	2704	497	3166	2638	2	526	200660	174170	310	26180	66091
郑东新区	77	32	62		78	62	16		3382	2806	576		43359
航空港实验区	2915	1336	1698	20	2626	1666	940	20	159683	107859	50886	938	60915
租赁和商务服务业	**43154**	**15826**	**34062**	**3323**	**42371**	**33492**	**5609**	**3270**	**2114127**	**1835485**	**169660**	**108982**	**51281**
中原区	696	290	686	8	701	691	2	8	55882	55478	60	344	80141
二七区	6277	1717	5575	168	6106	5448	549	109	230400	206572	19340	4488	37671
管城区	2571	785	2545	20	2621	2596	6	19	118517	117542	173	802	45240
金水区	20662	8995	14236	2152	20040	13788	4103	2149	1072931	876580	121084	75267	55763
上街区	1636	892	1630	6	1625	1619		6	39211	39077		134	24137
惠济区	466	159	419	10	465	423	32	10	22563	21687	696	180	49193
中牟县	1624	470	1149	466	1613	1118	34	461	75519	63794	855	10870	56119
巩义市	671	143	442	1	654	440	213	1	21468	15558	5888	22	32842
荥阳市	1420	273	1349	66	1376	1305	5	66	37413	33751	55	3607	25806
新密市	672	198	652	11	701	680	10	11	28550	27522	709	319	40914
新郑市	3143	846	2265	343	3152	2279	525	348	129668	104905	14262	10501	42499
登封市	667	131	603	14	663	589	50	24	24334	21359	2450	525	37260
经开区	761	312	708	22	769	717	30	22	48149	47032	585	532	63744
高新区	1076	391	1031	31	1070	1024	15	31	76532	74612	816	1104	72597
郑东新区	576	118	571	5	580	575		5	106811	106524		287	185259
航空港实验区	236	106	201		235	200	35		26179	23492	2687		111400
科学研究和技术服务业	**60877**	**16044**	**52831**	**3350**	**61085**	**52451**	**5355**	**3279**	**4243033**	**3873729**	**247059**	**122245**	**71287**
中原区	16338	3265	14468	247	16971	14693	2046	232	1408459	1325682	73927	8850	83614
二七区	4123	1251	2731	190	4198	2584	1438	176	324739	240261	77781	6697	79076
管城区	2275	458	1059	965	2274	1068	243	963	103563	69551	13041	20971	62999
金水区	22627	6633	19996	1577	22288	19668	1082	1538	1481653	1355683	53903	72067	67932
上街区	214	84	214		214	214			14568	14568			68075
惠济区	1797	547	1664	27	1796	1668	101	27	125119	118477	5864	778	70289
中牟县	1366	551	1350	10	1374	1364	2	8	69827	69307	128	392	50831
巩义市	591	170	578	10	589	561	3	25	26649	25624	147	878	45693
荥阳市	421	112	421		416	416			17917	17917			43070
新密市	456	155	456		458	458			23432	23432			51162

2-10 续表6 （2016年底） 单位：人、元

类别	单位从业人员	#女性	在岗职工合计	其他从业人员	单位从业人员平均人数	在岗职工	劳务派遣人员	其他从业人员	单位从业人员工资总额（千元）	在岗职工工资总额	劳务派遣人员工资总额	其他从业人员工资总额	在岗职工平均工资（含劳务派遣人员）
新郑市	1349	417	1232	117	1306	1202		104	67018	63942		3076	53196
登封市	130	26	127		115	112	3		5198	5081	117		45200
经开区	3908	720	3731	137	3886	3721	40	125	169755	162580	2192	4983	43811
高新区	4082	1364	3639	66	4011	3568	366	77	332918	310543	18952	3423	83756
郑东新区	1148	272	1113	4	1137	1102	31	4	70438	69301	1007	130	62055
航空港实验区	52	19	52		52	52			1780	1780			34231
水利、环境和公共设施管理业	**20739**	**8209**	**16771**	**3217**	**20443**	**16763**	**579**	**3101**	**946133**	**830306**	**25178**	**90649**	**49330**
中原区	1860	402	1248	612	1854	1248		606	111530	92825		18705	74379
二七区	1532	464	1183	31	1526	1155	340	31	75829	60425	15148	256	50551
管城区	860	411	860		851	851			33333	33333			39169
金水区	5298	2003	2716	2499	5267	2818	65	2384	275755	203812	2402	69541	71528
上街区	562	262	562		564	564			15673	15673			27789
惠济区	1153	315	1023		1152	1022	130		62294	56366	5928		54075
中牟县	1304	706	1304		1224	1224			43631	43631			35646
巩义市	568	239	556	12	560	548		12	23397	23025		372	42016
荥阳市	2542	947	2532	10	2533	2523		10	89295	89069		226	35303
新密市	465	183	465		445	445			18435	18435			41427
新郑市	1137	432	927	7	1114	1081	27	6	75536	74112	1232	192	68000
登封市	773	268	773		707	707			26176	26176			37024
经开区	2145	1327	2082	46	2101	2032	17	52	65511	63686	468	1357	31310
高新区	298	169	298		298	298			16240	16240			54497
郑东新区	242	81	242		247	247			13498	13498			54648
居民服务、修理和其他服务业	**3969**	**1454**	**3770**	**31**	**3906**	**3468**	**398**	**40**	**165964**	**136502**	**28324**	**1138**	**42635**
中原区	162	2	36		168	42	126		12252	4989	7263		72929
二七区	496	216	490	2	486	480	4	2	21219	21059	100	60	43717
管城区	692	395	692		653	653			23483	23483			35962
金水区	1012	278	1008	4	1031	797	230	4	55232	35443	19758	31	53750
上街区	48	29	48		48	48			1083	1083			22563
惠济区	117	59	117		115	115			3352	3352			29148
中牟县	52	14	52		52	52			2473	2473			47558
巩义市	438	130	386	19	428	369	33	26	12149	10650	690	809	28209
荥阳市	148	44	148		147	147			6789	6789			46184
新密市	104	46	104		79	79			4052	4052			51291

2-10 续表 7 （2016 年底） 单位:人、元

类　别	单位从业人员	#女性	在岗职工合计	其他从业人员	单位从业人员平均人数	在岗职工	劳务派遣人员	其他从业人员	单位从业人员工资总额（千元）	在岗职工工资总额	劳务派遣人员工资总额	其他从业人员工资总额	在岗职工平均工资（含劳务派遣人员）
新郑市	224	74	213	6	225	214	5	6	10286	9568	513	205	46032
登封市	366	94	366		364	362		2	8590	8557		33	23638
高新区	110	73	110		110	110			5004	5004			45491
教育	**152937**	**85228**	**145967**	**5429**	**149342**	**143485**	**1464**	**4393**	**9857173**	**9632404**	**49373**	**175396**	**66794**
中原区	10517	6424	9322	462	10521	9301	769	451	765758	718575	28845	18338	74222
二七区	16001	8564	15231	723	15894	15443		451	854522	843990		10532	54652
管城区	5356	3740	5006	350	5305	4970		335	319654	305460		14194	61461
金水区	18608	9654	17552	640	18380	17341	405	634	1257796	1221486	10364	25946	69416
上街区	1434	907	1389		1418	1374	44		74761	73516	1245		52723
惠济区	7390	4174	7180	203	7308	7115	3	190	610276	603141	89	7046	84747
中牟县	7394	4420	7101	293	7335	7046		289	461995	450013		11982	63868
巩义市	8346	5049	8298	39	8287	8239	11	37	443146	441782	532	832	53614
荥阳市	13438	7940	13438		13430	13430			850975	850975			63364
新密市	8998	5996	8920	49	9087	9012	29	46	485926	483632	825	1469	53584
新郑市	20042	11574	18115	1878	17524	16213	5	1306	1320956	1266303	127	54526	78088
登封市	9414	3741	9409	4	9222	9217	1	4	431978	431785	49	144	46847
经开区	1773	1296	1487	160	1673	1547	126		98919	94119	4800		59127
高新区	9138	4407	9138		9073	9073			784966	784966			86517
郑东新区	13429	6324	12810	545	13243	12608	66	569	1008096	977225	2161	28710	77275
航空港实验区	1659	1018	1571	83	1642	1556	5	81	87449	85436	336	1677	54947
卫生和社会工作	**96291**	**56836**	**88095**	**3903**	**94442**	**86347**	**4505**	**3590**	**7728972**	**7369882**	**176973**	**182117**	**83068**
中原区	9717	7239	8365	223	9594	8162	1214	218	748347	663314	57857	27176	76917
二七区	14299	9117	13937	46	14269	13920	349		1580671	1573810	6861		110777
管城区	5867	3605	5065	70	5723	4973	677	73	386500	355977	26616	3907	67716
金水区	33917	15669	30607	2272	33140	29929	1218	1993	3232382	3061154	59636	111592	100196
上街区	1027	742	678	77	1010	689	274	47	45004	36084	7480	1440	45238
惠济区	1824	1247	1723	95	1752	1651	6	95	104721	101427	250	3044	61362
中牟县	3811	2042	3636	175	3698	3527		171	261397	255636		5761	72480
巩义市	3477	2527	3408	69	3440	3371		69	207859	206170		1689	61160
荥阳市	2924	1804	2924		2924	2924			166219	166219			56846
新密市	4584	3000	4405	34	4621	4439	148	34	246196	242194	2722	1280	53394
新郑市	7433	5336	6614	819	6984	6141		843	336290	313274		23016	51014
登封市	4402	2748	4396	6	4355	4349		6	215703	215542		161	49561
经开区	1614	1166	983	17	1547	929	577	41	97305	80148	14106	3051	62586
高新区	16	5	16		16	16			1264	1264			79000

2-10 续表 8 （2016 年底） 单位：人、元

类别	单位从业人员	#女性	在岗职工合计	其他从业人员	单位从业人员平均人数	在岗职工	劳务派遣人员	其他从业人员	单位从业人员工资总额（千元）	在岗职工工资总额	劳务派遣人员工资总额	其他从业人员工资总额	在岗职工平均工资（含劳务派遣人员）
郑东新区	779	227	738		769	727	42		62054	60609	1445		80694
航空港实验区	600	362	600		600	600			37060	37060			61767
文化、体育和娱乐业	**23246**	**8717**	**21906**	**410**	**23028**	**21862**	**735**	**431**	**1647910**	**1593300**	**40606**	**14004**	**72306**
中原区	1451	732	1409	42	1458	1419		39	102963	100067		2896	70519
二七区	498	180	488	10	498	498			24123	24123			48440
管城区	414	192	414		413	413			20136	20136			48755
金水区	15713	5568	14801	186	15427	14694	525	208	1158254	1119874	31875	6505	75678
上街区	54	32	48		54	48	6		2572	2290	282		47630
惠济区	711	309	568	4	693	550	139	4	50431	43956	5918	557	72386
中牟县	43	20	41	2	44	42		2	2425	2389		36	56881
巩义市	400	218	400		392	392			15166	15166			38689
荥阳市	529	230	529		527	527			23019	23019			43679
新密市	417	174	417		429	429			25251	25251			58860
新郑市	312	129	306		314	307	6	1	14811	14584	216	11	47284
登封市	785	268	673	112	762	652		110	24011	21528		2483	33018
经开区	1288	558	1215	48	1388	1296	31	61	142390	140044	1030	1316	106310
高新区	55	28	55		55	55			3469	3469			63073
郑东新区	576	79	542	6	574	540	28	6	38889	37404	1285	200	68114
公共管理、社会保障和社会组织	**136182**	**52943**	**128012**	**3730**	**135528**	**127795**	**4022**	**3711**	**8398669**	**8168800**	**130843**	**99026**	**62963**
中原区	13673	4980	12933	431	13685	12928	310	447	1183939	1142572	17028	24339	87596
二七区	10302	4782	10255	30	10316	10316			565315	565315			54800
管城区	7173	3401	6880	38	7094	6804	255	35	482506	474595	6993	918	68223
金水区	27381	12654	26567	549	26829	26068	204	557	1700130	1677180	6963	15987	64104
上街区	2538	1042	2141	161	2501	2151	189	161	134512	125052	3881	5579	55100
惠济区	4689	2175	4616		4680	4607	73		265644	263944	1700		56762
中牟县	9674	3272	8663	152	9503	8694	657	152	493366	466745	22275	4346	52296
巩义市	7754	2022	7725	3	7752	7723	26	3	427861	426865	936	60	55207
荥阳市	9451	3620	9447	4	9535	9531		4	518674	518576		98	54409
新密市	10876	3987	10578	10	10915	10633	282		545323	537820	7503		49961
新郑市	9076	3852	8368	471	9198	8551	185	462	689004	673589	5600	9815	77746
登封市	10276	2980	8931	1035	10259	8913	310	1036	437771	409679	9352	18740	45433
经开区	3029	1257	2333	443	3005	2316	246	443	176033	160414	8051	7568	65755
高新区	1285	497	1285		1270	1270			89515	89515			70484
郑东新区	5392	1526	4737	165	5420	4768	482	170	482789	464535	13524	4730	91059
航空港实验区	3613	896	2553	238	3566	2522	803	241	206287	172404	27037	6846	59982

2-11 全市及各县(市)区国有单位分行业从业人员人数及工资总额

(2016 年底)

单位:人、元

行业	单位从业人员				单位从业人员平均人数				单位从业人员工资总额(千元)				在岗职工平均工资(含劳务派遣人员)
		#女性	在岗职工合计	其他从业人员		在岗职工	劳务派遣人员	其他从业人员		在岗职工工资总额	劳务派遣人员工资总额	其他从业人员工资总额	
农、林、牧、渔业	**745**	**271**	**745**		**735**	**735**			**39662**	**39662**			**53962**
金水区	47	14	47		49	49			3671	3671			74918
惠济区	101	29	101		101	101			5468	5468			54139
中牟县	533	206	533		525	525			27727	27727			52813
巩义市	42	18	42		36	36			1781	1781			49472
新密市	6		6		6	6			218	218			36333
新郑市	16	4	16		18	18			797	797			44278
采矿业	**333**	**3**	**333**		**295**	**295**			**14270**	**14270**			**48373**
荥阳市	15	3	15		15	15			520	520			34667
登封市	318		318		280	280			13750	13750			49107
制造业	**5807**	**1358**	**5214**	**246**	**5797**	**5272**	**305**	**220**	**340444**	**321971**	**13473**	**5000**	**60148**
中原区	139	63	139		150	150			7413	7413			49420
二七区	1139	359	1095	17	1139	1139			55565	55565			48784
管城区	1108	298	1031	15	1118	1040	63	15	57364	54780	2336	248	51782
金水区	379	177	379		373	373			32484	32484			87088
上街区	1715	340	1453	202	1686	1446	54	186	62141	57568	1191	3382	39173
惠济区	5	1	5		5	5			178	178			35600
经开区	62	11	57		62	57	5		6979	6679	300		112565
高新区	1260	109	1055	12	1264	1062	183	19	118320	107304	9646	1370	93936
电力、热力、燃气及水生产和供应业	**8103**	**2666**	**7397**	**623**	**8122**	**7391**	**83**	**648**	**778561**	**751605**	**4096**	**22860**	**101111**
中原区	2616	558	1917	616	2666	1941	83	642	387804	361058	4096	22650	180412
二七区	1391	473	1391		1380	1380			101952	101952			73878
上街区	80	32	80		80	80			3567	3567			44588
中牟县	193	111	193		193	193			10423	10423			54005
巩义市	737	221	737		747	747			68820	68820			92129
新密市	1298	551	1298		1297	1297			88846	88846			68501
新郑市	719	256	719		718	718			62582	62582			87162
登封市	1004	433	1004		982	982			51192	51192			52130
经开区	65	31	58	7	59	53		6	3375	3165		210	59717
建筑业	**16671**	**1958**	**13432**	**2545**	**15403**	**13389**	**701**	**1313**	**1053799**	**912890**	**47880**	**93029**	**68188**

2-11　续表1　（2016年底）　单位：人、元

类别	单位从业人员	#女性	在岗职工合计	其他从业人员	单位从业人员平均人数	在岗职工	劳务派遣人员	其他从业人员	单位从业人员工资总额（千元）	在岗职工工资总额	劳务派遣人员工资总额	其他从业人员工资总额	在岗职工平均工资（含劳务派遣人员）
中原区	5656	910	4999	1	5607	4944	662	1	447669	400734	46886	49	79847
二七区	1098	170	1098		1126	1126			58009	58009			51518
管城区	4920	319	4920		4920	4920			312561	312561			63529
金水区	102	3	99	3	102	99		3	4194	4092		102	41333
荥阳市	137	13	58	79	85	58		27	3602	2196		1406	37862
新密市	74	27	74		74	74			2160	2160			29189
经开区	3256	230	794	2462	2065	783		1282	121123	29651		91472	37868
高新区	1428	286	1390		1424	1385	39		104481	103487	994		73371
批发和零售业	**3986**	**1307**	**3315**	**185**	**3984**	**3298**	**482**	**204**	**357912**	**328323**	**20727**	**8862**	**92341**
中原区	46	15	46		47	47			2454	2454			52213
二七区	137	46	134	3	139	136		3	6847	6717		130	49390
管城区	78	37	69		75	68	7		3875	3699	176		51667
金水区	1123	349	1012	83	1114	1001	27	86	54384	51299	1100	1985	50972
惠济区	155		155		154	143		11	15258	14461		797	101126
中牟县	121	41	121		122	122			4635	4635			37992
巩义市	303	81	266	6	306	266	34	6	24169	22367	1296	506	78877
荥阳市	162	52	162		162	162			15340	15340			94691
新密市	328	93	241	65	329	243	21	65	34351	31272	705	2374	121125
新郑市	295	82	277	18	298	275		23	43763	40923		2840	148811
登封市	355	204	330	10	352	327	15	10	13002	12372	400	230	37345
经开区	840	299	459		843	465	378		138567	121517	17050		164374
航空港实验区	43	8	43		43	43			1267	1267			29465
交通运输、仓储和邮政业	**19670**	**6073**	**17763**	**56**	**19294**	**17412**	**1830**	**52**	**1168553**	**1071408**	**95111**	**2034**	**60624**
中原区	72	32	72		72	72			4463	4463			61986
二七区	149	55	149		149	149			14661	14661			98396
管城区	499	216	484	7	496	482	7	7	42375	41787	417	171	86307
金水区	15023	4195	13194	36	14704	12907	1765	32	927915	834301	92294	1320	63154
上街区	71	22	71		71	71			5143	5143			72437
惠济区	369	164	351		380	355	25		27131	26394	737		71397
中牟县	218	130	218		218	218			10168	10168			46642
巩义市	1467	567	1460	7	1457	1450		7	54311	54049		262	37275

2-11 续表 2　　（2016 年底）　　单位：人、元

类　别	单位从业人员	#女性	在岗职工合计	其他从业人员	单位从业人员平均人数	在岗职工	劳务派遣人员	其他从业人员	单位从业人员工资总额（千元）	在岗职工工资总额	劳务派遣人员工资总额	其他从业人员工资总额	在岗职工平均工资（含劳务派遣人员）
荥阳市	89	57	89		89	89			2590	2590			29101
新密市	7	2	7		7	7			198	198			28286
新郑市	996	386	992		1002	998	4		41696	41606	90		41613
登封市	22	5	22		20	20			731	731			36550
经开区	578	196	555		518	495	23		26188	24945	1243		50556
高新区	110	46	99	6	111	99	6	6	10983	10372	330	281	101924
住宿和餐饮业	**4373**	**2167**	**4135**	**204**	**4416**	**4168**	**55**	**193**	**179897**	**171216**	**1987**	**6694**	**41014**
中原区	548	306	547	1	550	545	4	1	22644	22478	140	26	41199
二七区	974	499	974		978	978			39898	39898			40796
管城区	20	7	20		20	20			747	747			37350
金水区	1514	702	1451	29	1558	1476	51	31	61011	58306	1847	858	39393
上街区	18	8	18		14	14			603	603			43071
惠济区	1010	495	839	171	1007	849		158	46320	40618		5702	47842
荥阳市	19	5	19		19	19			465	465			24474
登封市	270	145	267	3	270	267		3	8209	8101		108	30341
信息传输、软件和信息技术服务业	**767**	**322**	**729**		**913**	**694**	**219**		**93683**	**71971**	**21712**		**102610**
中原区	102	19	81		99	80	19		5988	5052	936		60485
二七区	274	108	274		425	242	183		61465	41912	19553		144624
金水区	219	84	202		217	200	17		17312	16089	1223		79779
上街区	66	48	66		66	66			2218	2218			33606
巩义市	94	58	94		94	94			5060	5060			53830
高新区	12	5	12		12	12			1640	1640			136667
金融业	**6902**	**3378**	**6696**		**6848**	**6642**	**206**		**1053166**	**1036581**	**16585**		**153792**
中原区	1806	872	1806		1806	1806			211286	211286			116991
二七区	241	186	241		241	241			15672	15672			65029
管城区	990	665	927		973	910	63		169165	157777	11388		173859
金水区	830	441	803		815	785	30		110096	108186	1910		135087
巩义市	521	228	519		523	521	2		52029	51887	142		99482
登封市	10		10		9	9			312	312			34667
郑东新区	2504	986	2390		2481	2370	111		494606	491461	3145		199358
房地产业	**1865**	**624**	**1591**	**91**	**1791**	**1554**	**144**	**93**	**116714**	**97433**	**17131**	**2150**	**67470**

2-11 续表3 （2016 年底） 单位：人、元

类别	单位从业人员	#女性	在岗职工合计	其他从业人员	单位从业人员平均人数	在岗职工	劳务派遣人员	其他从业人员	单位从业人员工资总额（千元）	在岗职工工资总额	劳务派遣人员工资总额	其他从业人员工资总额	在岗职工平均工资（含劳务派遣人员）
中原区	210	57	208	2	212	210		2	12100	12046		54	57362
管城区	427	95	427		427	427			26084	26084			61087
金水区	732	299	637	87	737	640	8	89	34566	32363	187	2016	50231
巩义市	56	28	56		56	56			3111	3111			55554
登封市	15	8	8	2	15	8	5	2	395	195	120	80	24231
经开区	71	19	71		71	71			3197	3197			45028
航空港实验区	354	118	184		273	142	131		37261	20437	16824		136487
租赁和商务服务业	**7088**	**1565**	**6549**	**188**	**6972**	**6421**	**343**	**208**	**378967**	**361756**	**11484**	**5727**	**55180**
中原区	140	69	140		140	140			10404	10404			74314
二七区	309	99	250		318	252	66		20423	17567	2856		64223
管城区	26		26		26	26			2274	2274			87462
金水区	2280	656	2126	152	2193	2029	2	162	127758	123101	38	4619	60630
上街区	272	61	272		264	264			5552	5552			21030
惠济区	273	125	261		272	260	12		14918	14666	252		54846
中牟县	129	63	129		164	164			8228	8228			50171
巩义市	447	61	219		429	216	213		13075	7187	5888		30478
荥阳市	963	82	963		922	922			21374	21374			23182
新密市	75	38	75		75	75			2925	2925			39000
新郑市	1337	154	1334	3	1320	1317		3	43101	43025		76	32669
登封市	319	32	259	10	328	258	50	20	7227	4287	2450	490	21873
经开区	101	45	79	22	101	79		22	3205	2673		532	33835
高新区	33	17	33		33	33			2421	2421			73364
郑东新区	384	63	383	1	387	386		1	96082	96072		10	248891
科学研究和技术服务业	**19241**	**5810**	**16818**	**1539**	**19109**	**16723**	**895**	**1491**	**1553400**	**1469392**	**40627**	**43381**	**85709**
中原区	3473	1009	3173	154	3473	3163	170	140	425850	414257	7673	3920	126592
二七区	636	208	636		633	633			53854	53854			85077
管城区	1860	321	663	957	1845	658	230	957	71995	39102	12194	20699	57766
金水区	8625	2888	7953	289	8540	7882	384	274	626779	595668	16182	14929	74020
上街区	206	80	206		206	206			14376	14376			69786
惠济区	53	14	46	7	53	46		7	3293	3058		235	66478
中牟县	840	298	834	6	841	835		6	46684	46396		288	55564

2-11　续表 4　（2016 年底）　单位：人、元

类　别	单位从业人员	#女性	在岗职工合计	其他从业人员	单位从业人员平均人数	在岗职工	劳务派遣人员	其他从业人员	单位从业人员工资总额（千元）	在岗职工工资总额	劳务派遣人员工资总额	其他从业人员工资总额	在岗职工平均工资（含劳务派遣人员）
巩义市	363	49	360		363	360	3		19746	19599	147		54397
荥阳市	135	43	135		135	135			5815	5815			43074
新密市	276	133	276		279	279			14870	14870			53297
新郑市	724	225	609	115	713	611		102	47124	44096		3028	72170
登封市	30	11	27		28	25	3		1478	1361	117		52786
经开区	49	9	14	5	49	19	30		14365	12663	1702		293163
高新区	986	262	932	6	976	927	44	5	144957	143070	1605	282	148996
郑东新区	985	260	954		975	944	31		62214	61207	1007		63809
水利、环境和公共设施管理业	**10380**	**3847**	**9839**	**206**	**10246**	**9877**	**160**	**209**	**517842**	**505895**	**6504**	**5443**	**51051**
中原区	710	227	518	192	711	516		195	43112	38204		4908	74039
二七区	190	85	190		190	190			8506	8506			44768
管城区	832	403	832		823	823			31444	31444			38207
金水区	2128	629	2096	2	2133	2101	30	2	152834	152095	576	163	71643
上街区	56	22	56		56	56			2990	2990			53393
惠济区	1089	297	959		1092	962	130		60012	54084	5928		54956
中牟县	944	514	944		875	875			33616	33616			38418
巩义市	240	44	228	12	238	226		12	12038	11666		372	51619
荥阳市	2290	837	2290		2282	2282			79534	79534			34853
新密市	420	169	420		420	420			17275	17275			41131
新郑市	703	356	528		702	702			42069	42069			59927
登封市	513	163	513		454	454			19475	19475			42896
高新区	44	23	44		44	44			2491	2491			56614
郑东新区	221	78	221		226	226			12446	12446			55071
居民服务、修理和其他服务业	**172**	**38**	**167**	**5**	**174**	**169**		**5**	**6737**	**6652**		**85**	**39361**
金水区	12		12		12	12			370	370			30833
惠济区	12		12		12	12			260	260			21667
荥阳市	20	5	20		20	20			445	445			22250
新密市	53	14	53		53	53			2656	2656			50113
新郑市	75	19	70	5	77	72		5	3006	2921		85	40569
教育	**119593**	**66148**	**115272**	**2826**	**117971**	**113959**	**1417**	**2595**	**8271981**	**8119358**	**47735**	**104888**	**70787**
中原区	9708	5836	8550	428	9715	8530	766	419	718249	672271	28769	17209	75413

2-11 续表5　　(2016年底)　　单位:人、元

类　别	单位从业人员	#女性	在岗职工合计	其他从业人员	单位从业人员平均人数	在岗职工	劳务派遣人员	其他从业人员	单位从业人员工资总额(千元)	在岗职工工资总额	劳务派遣人员工资总额	其他从业人员工资总额	在岗职工平均工资(含劳务派遣人员)
二七区	9845	4789	9780	18	9750	9750			518847	518847			53215
管城区	4141	2807	3954	187	4081	3912		169	262151	255702		6449	65363
金水区	16456	8255	15459	586	16259	15273	400	586	1165613	1131490	10244	23879	72847
上街区	1279	777	1260		1262	1243	19		67644	67200	444		53601
惠济区	7289	4082	7079	203	7207	7014	3	190	607728	600593	89	7046	85604
中牟县	5884	3506	5738	146	5891	5746		145	395056	388971		6085	67694
巩义市	2759	1838	2759		2750	2750			164522	164522			59826
荥阳市	12198	7261	12198		12190	12190			791380	791380			64920
新密市	7885	5262	7815	44	7974	7907	26	41	433299	431868	716	715	54530
新郑市	13431	7474	12789	593	12413	11833	5	575	1047016	1026693	127	20196	86739
登封市	5608	3011	5603	4	5585	5580	1	4	287405	287212	49	144	51471
经开区	834	637	548	160	834	708	126		51005	46205	4800		61157
高新区	8786	4207	8786		8721	8721			754373	754373			86501
郑东新区	12321	5718	11816	431	12185	11679	66	440	948547	923741	2161	22645	78834
航空港实验区	1169	688	1138	26	1154	1123	5	26	59146	58290	336	520	51973
卫生和社会工作	**79620**	**44847**	**72183**	**3204**	**78121**	**70827**	**4402**	**2892**	**6854027**	**6523416**	**171042**	**159569**	**88988**
中原区	8576	6309	7235	223	8428	7006	1204	218	691179	606346	57657	27176	80877
二七区	13568	8616	13206	46	13545	13196	349		1544267	1537406	6861		114010
管城区	5007	3011	4225	50	4885	4155	677	53	343079	313488	26616	2975	70386
金水区	32050	14106	28767	2245	31151	28018	1177	1956	3097328	2933983	55724	107621	102405
上街区	1027	742	678	77	1010	689	274	47	45004	36084	7480	1440	45238
惠济区	1585	1102	1526	59	1513	1454		59	96197	94555		1642	65031
中牟县	3744	2042	3569	175	3631	3460		171	258163	252402		5761	72949
巩义市	518	351	518		513	513			25900	25900			50487
荥阳市	2844	1760	2844		2844	2844			162058	162058			56982
新密市	2450	1668	2307		2454	2310	144		126090	123492	2598		51381
新郑市	3460	2240	3154	306	3458	3117		341	174340	164598		9742	52807
登封市	2324	1476	2318	6	2300	2294		6	125100	124939		161	54463
经开区	1614	1166	983	17	1547	929	577	41	97305	80148	14106	3051	62586
高新区	16	5	16		16	16			1264	1264			79000
郑东新区	598	116	598		587	587			55066	55066			93809
航空港实验区	239	137	239		239	239			11687	11687			48900
文化、体育和娱乐业	**16432**	**5648**	**15281**	**275**	**16226**	**15260**	**658**	**308**	**1142135**	**1095962**	**37253**	**8920**	**71191**

2-11 续表 6 （2016 年底） 单位：人、元

类 别	单位从业人员	#女性	在岗职工合计	其他从业人员	单位从业人员平均人数	在岗职工	劳务派遣人员	其他从业人员	单位从业人员工资总额（千元）	在岗职工工资总额	劳务派遣人员工资总额	其他从业人员工资总额	在岗职工平均工资（含劳务派遣人员）
中原区	1253	619	1253		1266	1266			91312	91312			72126
二七区	255	70	255		255	255			14934	14934			58565
管城区	249	97	249		249	249			13529	13529			54333
金水区	11555	3573	10731	117	11299	10673	488	138	846286	811679	29878	4729	75402
上街区	52	32	46		52	46	6		2528	2246	282		48615
惠济区	680	302	537	4	662	519	139	4	49510	43035	5918	557	74397
中牟县	43	20	41	2	44	42		2	2425	2389		36	56881
巩义市	279	129	279		275	275			11533	11533			41938
荥阳市	363	175	363		363	363			18348	18348			50545
新密市	223	120	223		223	223			8996	8996			40341
新郑市	196	96	196		196	196			9816	9816			50082
登封市	237	97	131	106	235	129		106	6794	4477		2317	34705
经开区	505	258	465	40	564	512		52	27336	26255		1081	51279
高新区	28	12	28		28	28			2449	2449			87464
郑东新区	514	48	484	6	515	484	25	6	36339	34964	1175	200	71000
公共管理、社会保障和社会组织	**130314**	**50206**	**122188**	**3686**	**129682**	**121964**	**4021**	**3697**	**8170790**	**7941269**	**130819**	**98702**	**64072**
中原区	13197	4831	12469	419	13205	12460	310	435	1148778	1107699	17028	24051	88076
二七区	5886	2496	5869		5900	5900			425935	425935			72192
管城区	7023	3344	6730	38	6954	6664	255	35	472679	464768	6993	918	68183
金水区	26878	12486	26064	549	26342	25582	203	557	1677368	1654442	6939	15987	64432
上街区	2526	1037	2129	161	2489	2139	189	161	133942	124482	3881	5579	55139
惠济区	4689	2175	4616		4680	4607	73		265644	263944	1700		56762
中牟县	9674	3272	8663	152	9503	8694	657	152	493366	466745	22275	4346	52296
巩义市	7699	2007	7672	1	7697	7670	26	1	424870	423910	936	24	55203
荥阳市	9451	3620	9447	4	9535	9531		4	518674	518576		98	54409
新密市	10709	3930	10411	10	10748	10466	282		538646	531143	7503		50116
新郑市	9076	3852	8368	471	9198	8551	185	462	689004	673589	5600	9815	77746
登封市	10276	2980	8931	1035	10259	8913	310	1036	437771	409679	9352	18740	45433
经开区	3029	1257	2333	443	3005	2316	246	443	176033	160414	8051	7568	65755
高新区	1285	497	1285		1270	1270			89515	89515			70484
郑东新区	5303	1526	4648	165	5331	4679	482	170	472278	454024	13524	4730	90593
航空港实验区	3613	896	2553	238	3566	2522	803	241	206287	172404	27037	6846	59982

2-12 全市及各县(市)区城镇集体单位分行业从业人员人数及工资总额

(2016 年底)

单位:人、元

行业	单位从业人员	#女性	在岗职工合计	其他从业人员	单位从业人员平均人数	在岗职工	劳务派遣人员	其他从业人员	单位从业人员工资总额(千元)	在岗职工工资总额	劳务派遣人员工资总额	其他从业人员工资总额	在岗职工平均工资(含劳务派遣人员)
农、林、牧、渔业	**1026**	**412**	**648**	**378**	**1068**	**644**		**424**	**33723**	**24943**		**8780**	**38731**
中牟县	950	389	572	378	990	566		424	30600	21820		8780	38551
荥阳市	20	7	20		20	20			565	565			28250
新郑市	56	16	56		58	58			2558	2558			44103
采矿业	**285**	**15**	**285**		**282**	**282**			**10880**	**10880**			**38582**
登封市	285	15	285		282	282			10880	10880			38582
制造业	**6480**	**1673**	**6316**	**142**	**6446**	**6271**	**22**	**153**	**344391**	**336780**	**915**	**6696**	**53662**
中原区	15	7	15		15	15			565	565			37667
二七区	195	63	195		201	201			8941	8941			44483
管城区	496	143	476	6	524	504	14	6	68056	67164	700	192	131012
金水区	488	81	450	38	498	455		43	21462	20353		1109	44732
上街区	765	374	765		804	804			14490	14490			18022
惠济区	159	79	159		136	136			4322	4322			31779
巩义市	189	12	189		186	186			4766	4766			25624
荥阳市	1829	376	1824	5	1811	1806		5	106200	106062		138	58728
新密市	829	196	829		762	762			25885	25885			33970
新郑市	955	257	854	93	954	847	8	99	65477	60005	215	5257	70433
登封市	450	30	450		445	445			18479	18479			41526
经开区	110	55	110		110	110			5748	5748			52255
电力、热力、燃气及水生产和供应业	**23**	**13**	**23**		**23**	**23**			**966**	**966**			**42000**
巩义市	23	13	23		23	23			966	966			42000
建筑业	**2750**	**633**	**2583**	**67**	**2718**	**2369**	**264**	**85**	**127935**	**109031**	**15445**	**3459**	**47275**
中原区	890	145	790		860	605	250	5	39832	24737	15000	95	46476
金水区	480	95	480		509	509			14659	14659			28800
上街区	60	12	41	19	60	41		19	1709	1223		486	29829
中牟县	223	67	220	3	222	219		3	17000	16782		218	76630
新郑市	811	264	776	35	774	735		39	44406	42416		1990	57709
登封市	286	50	276	10	293	260	14	19	10329	9214	445	670	35252
批发和零售业	**1280**	**481**	**1267**	**2**	**1267**	**1247**	**11**	**9**	**52142**	**51082**	**793**	**267**	**41236**
中原区	44	15	44		44	44			2073	2073			47114
二七区	43	23	43		43	43			1490	1490			34651
管城区	6	2	6		6	6			131	131			21833

2-12 续表 1　　　　(2016 年底)　　　　单位:人、元

类　别	单位从业人员	#女性	在岗职工合计	其他从业人员	单位从业人员平均人数	在岗职工	劳务派遣人员	其他从业人员	单位从业人员工资总额(千元)	在岗职工工资总额	劳务派遣人员工资总额	其他从业人员工资总额	在岗职工平均工资(含劳务派遣人员)
金水区	430	141	417	2	421	408	11	2	25420	24578	793	49	60551
上街区	3	1	3		3	3			117	117			39000
中牟县	16	9	16		15	15			509	509			33933
巩义市	225	102	225		225	225			6795	6795			30200
荥阳市	79	33	79		79	79			1964	1964			24861
新密市	190	118	190		190	184		6	5323	5149		174	27984
登封市	178	27	178		175	174		1	6550	6506		44	37391
航空港实验区	66	10	66		66	66			1770	1770			26818
交通运输、仓储和邮政业	**825**	**248**	**810**	**8**	**825**	**810**	**7**	**8**	**32358**	**31831**	**466**	**61**	**39531**
中原区	6		6		6	6			513	513			85500
管城区	151	65	143	8	151	143		8	5010	4949		61	34608
金水区	17	9	17		17	17			1052	1052			61882
上街区	114	34	114		119	119			3916	3916			32908
巩义市	73	35	73		73	73			2065	2065			28288
荥阳市	18	4	18		18	18			549	549			30500
新密市	384	101	377		379	372	7		16521	16055	466		43591
登封市	62		62		62	62			2732	2732			44065
住宿和餐饮业	**800**	**416**	**788**		**799**	**765**	**14**	**20**	**35942**	**33987**	**880**	**1075**	**44759**
二七区	100	60	100		100	100			3412	3412			34120
管城区	90	34	90		90	90			3070	3070			34111
金水区	314	124	310		325	321	4		19598	19218	380		60302
巩义市	66	51	66		66	66			2207	2207			33439
登封市	230	147	222		218	188	10	20	7655	6080	500	1075	33232
信息传输、软件和信息技术服务业	**102**	**43**	**75**		**108**	**75**	**33**		**6555**	**5045**	**1510**		**60694**
中原区	31	12	31		31	31			2920	2920			94194
二七区	36	17	9		42	9	33		2279	769	1510		54262
巩义市	35	14	35		35	35			1356	1356			38743
房地产业	**199**	**58**	**199**		**199**	**199**			**5546**	**5546**			**27869**
金水区	179	53	179		179	179			4856	4856			27128
巩义市	20	5	20		20	20			690	690			34500
租赁和商务服务业	**1864**	**333**	**1375**	**480**	**1904**	**1442**	**10**	**452**	**59710**	**48590**	**709**	**10411**	**33952**

2-12 续表2 （2016年底） 单位：人、元

类　别	单位从业人员	#女性	在岗职工合计	其他从业人员	单位从业人员平均人数	在岗职工	劳务派遣人员	其他从业人员	单位从业人员工资总额（千元）	在岗职工工资总额	劳务派遣人员工资总额	其他从业人员工资总额	在岗职工平均工资（含劳务派遣人员）
二七区	24	19	5	19	24	24			651	651			27125
管城区	822	77	817	5	870	865		5	24086	24010		76	27757
金水区	89	29	89		87	87			4108	4108			47218
中牟县	666	146	210	456	660	213		447	18284	7949		10335	37319
巩义市	52	12	52		52	52			2653	2653			51019
荥阳市	36	11	36		36	36			2444	2444			67889
新密市	175	39	166		175	165	10		7484	6775	709		42766
科学研究和技术服务业	**931**	**324**	**920**	**9**	**917**	**910**		**7**	**56737**	**56525**		**212**	**62115**
中原区	235	79	232	3	217	214		3	18813	18741		72	87575
二七区	95	27	93		100	100			8945	8945			89450
管城区	30	11	26	4	28	26		2	4872	4828		44	185692
金水区	242	84	240	2	242	240		2	12945	12849		96	53538
中牟县	5	2	5		5	5			246	246			49200
新密市	9	6	9		9	9			502	502			55778
新郑市	308	113	308		309	309			9972	9972			32272
高新区	7	2	7		7	7			442	442			63143
水利、环境和公共设施管理业	**1049**	**217**	**707**	**342**	**1050**	**708**		**342**	**61495**	**49029**		**12466**	**69250**
中原区	911	138	569	342	912	570		342	55040	42574		12466	74691
二七区	2	2	2		2	2			61	61			30500
上街区	95	65	95		95	95			3682	3682			38758
新郑市	41	12	41		41	41			2712	2712			66146
居民服务、修理和其他服务业	**310**	**47**	**151**		**313**	**154**	**159**		**17195**	**9242**	**7953**		**54936**
中原区	149		23		149	23	126		11070	3807	7263		74295
金水区	38	6	38		41	41			1662	1662			40537
中牟县	52	14	52		52	52			2473	2473			47558
巩义市	51	23	18		51	18	33		1310	620	690		25686
登封市	20	4	20		20	20			680	680			34000
教育	**4505**	**2683**	**4420**	**80**	**4497**	**4396**	**5**	**96**	**251261**	**248436**	**120**	**2705**	**56477**
中原区	150	92	127	23	148	127		21	9247	8643		604	68055
二七区	183	142	183		183	183			10273	10273			56137

2-12 续表3 (2016年底) 单位:人、元

类别	单位从业人员	#女性	在岗职工合计	其他从业人员	单位从业人员平均人数	在岗职工	劳务派遣人员	其他从业人员	单位从业人员工资总额(千元)	在岗职工工资总额	劳务派遣人员工资总额	其他从业人员工资总额	在岗职工平均工资(含劳务派遣人员)
管城区	150	78	150		148	148			9493	9493			64142
金水区	55	34	50		55	50	5		2876	2756	120		52291
巩义市	2889	1678	2889		2893	2893			163447	163447			56497
荥阳市	448	215	448		448	448			19780	19780			44152
新密市	16	12	16		16	16			731	731			45688
登封市	91	42	91		91	91			4467	4467			49088
经开区	85	68	85		85	85			4469	4469			52576
郑东新区	376	263	376		370	350		20	25019	24075		944	68786
航空港实验区	62	59	5	57	60	5		55	1459	302		1157	60400
卫生和社会工作	**4338**	**3067**	**4084**	**207**	**4277**	**4022**	**48**	**207**	**248838**	**239337**	**1695**	**7806**	**59222**
中原区	2	2	2		2	2			76	76			38000
二七区	68	47	68		68	68			2478	2478			36441
管城区	472	322	452	20	457	437		20	23867	22935		932	52483
金水区	46	40	46		46	46			2751	2751			59804
惠济区	139	77	97	36	139	97	6	36	5514	3862	250	1402	39922
巩义市	2679	1981	2611	68	2647	2579		68	170756	169093		1663	65565
荥阳市	80	44	80		80	80			4161	4161			52013
新密市	223	170	199	24	219	195		24	11348	10320		1028	52923
新郑市	277	188	218	59	267	208		59	14333	11552		2781	55538
登封市	115	62	115		114	114			4358	4358			38228
郑东新区	181	111	140		182	140	42		6988	5543	1445		38396
航空港实验区	56	23	56		56	56			2208	2208			39429
文化、体育和娱乐业	**70**	**40**	**70**		**69**	**69**			**3543**	**3543**			**51348**
中原区	25	18	25		25	25			1277	1277			51080
金水区	45	22	45		44	44			2266	2266			51500
公共管理、社会保障和社会组织	**437**	**151**	**437**		**430**	**430**			**24025**	**24025**			**55872**
中原区	29	10	29		29	29			2766	2766			95379
二七区	151	61	151		151	151			10185	10185			67450
金水区	90	23	90		83	83			4397	4397			52976
新密市	167	57	167		167	167			6677	6677			39982

2-13　全市及各县(市)区其他单位分行业从业人员人数及工资总额

(2016 年底)

单位:人、元

行业	单位从业人员	#女性	在岗职工合计	其他从业人员	单位从业人员平均人数	在岗职工	劳务派遣人员	其他从业人员	单位从业人员工资总额(千元)	在岗职工工资总额	劳务派遣人员工资总额	其他从业人员工资总额	在岗职工平均工资(含劳务派遣人员)
农、林、牧、渔业	**722**	**229**	**722**		**725**	**725**			**26602**	**26602**			**36692**
中原区	36	12	36		36	36			2203	2203			61194
惠济区	110	33	110		110	110			4043	4043			36755
荥阳市	487	137	487		487	487			17344	17344			35614
新郑市	65	40	65		70	70			2100	2100			30000
登封市	7	3	7		5	5			204	204			40800
郑东新区	7	1	7		7	7			336	336			48000
航空港实验区	10	3	10		10	10			372	372			37200
采矿业	**50170**	**7084**	**49964**	**116**	**52584**	**52387**	**90**	**107**	**2362987**	**2348580**	**5300**	**9107**	**44855**
中原区	26913	4685	26913		29285	29285			1396920	1396920			47701
上街区	1150	171	1150		1184	1184			50779	50779			42888
巩义市	4551	847	4461		5072	4982	90		148652	143352	5300		29308
荥阳市	54	12	54		54	54			1959	1959			36278
新密市	1840	143	1839	1	1587	1586		1	64514	64484		30	40658
新郑市	1583	125	1583		1602	1602			82350	82350			51404
登封市	14079	1101	13964	115	13800	13694		106	617813	608736		9077	44453
制造业	**668340**	**303077**	**648272**	**4089**	**632169**	**612016**	**15868**	**4285**	**33611871**	**32691460**	**757709**	**162702**	**53273**
中原区	7409	3031	7212	158	7479	7296	40	143	278931	273584	1409	3938	37485
二七区	13318	4287	13122	161	13231	13005	61	165	570729	559324	3615	7790	43084
管城区	17405	2065	17357	48	16207	16163		44	1599940	1596993		2947	98805
金水区	8153	3560	8038	96	8138	8021	17	100	282701	279326	549	2826	34819
上街区	9449	2188	9288	62	9566	9372	135	59	450763	442297	5831	2635	47137
惠济区	5174	2596	5070	2	5448	5304	139	5	206672	197112	9338	222	37929
中牟县	21349	6932	18798	153	20554	18007	2385	162	1104495	1005643	88846	10006	53672
巩义市	43363	10374	42230	797	42041	40946	356	739	1655567	1617488	13799	24280	39497
荥阳市	40068	7793	39503	228	39573	39018	347	208	2180675	2156792	16179	7704	55201
新密市	40062	10608	39809	231	39426	39170	23	233	1424390	1414762	903	8725	36120
新郑市	50661	17335	47028	543	49765	46313	2938	514	2026710	1881367	124997	20346	40738
登封市	36916	8792	36572	223	35178	34825	122	231	1351666	1337280	4098	10288	38383
经开区	59261	22468	52496	708	57113	50227	6059	827	3500009	3144224	318892	36893	61527

2-13 续表 1 （2016 年底） 单位：人、元

类别	单位从业人员	#女性	在岗职工合计	其他从业人员	单位从业人员平均人数	在岗职工	劳务派遣人员	其他从业人员	单位从业人员工资总额（千元）	在岗职工工资总额	劳务派遣人员工资总额	其他从业人员工资总额	在岗职工平均工资（含劳务派遣人员）
高新区	34327	9084	30876	561	33779	30284	2817	678	2101480	1936066	149001	16413	62991
航空港实验区	281425	191964	280873	118	254671	254065	429	177	14877143	14849202	20252	7689	58428
电力、热力、燃气及水生产和供应业	**26685**	**6692**	**25838**	**319**	**26474**	**25598**	**568**	**308**	**1540900**	**1504168**	**22760**	**13972**	**58355**
中原区	6988	2452	6372	244	7076	6433	408	235	459465	431196	16658	11611	65466
金水区	813	305	813		581	581			49771	49771			85664
惠济区	824	293	736		798	700	98		71544	67403	4141		89654
中牟县	289	59	289		295	295			13505	13505			45780
巩义市	449	67	449		449	449			18772	18772			41808
荥阳市	303	110	276	27	303	276		27	8833	8340		493	30217
新密市	299	72	228	3	263	229	32	2	13865	12298	1499	68	52862
新郑市	295	73	291	4	290	287		3	12289	12009		280	41843
登封市	15027	2954	15023	4	15012	15008		4	813200	812810		390	54158
高新区	1209	260	1172	37	1219	1182		37	66732	65602		1130	55501
郑东新区	16	2	16		16	16			518	518			32375
航空港实验区	173	45	173		172	142	30		12406	11944	462		72128
建筑业	**275033**	**36405**	**195568**	**19984**	**262384**	**190711**	**52342**	**19331**	**13615583**	**9975314**	**2826333**	**813936**	**52670**
中原区	31748	3939	10768	1299	31526	10534	19793	1199	1861423	543620	1272145	45658	59873
二七区	29486	4180	16570	1897	24522	16172	6702	1648	1363888	1019246	277918	66724	56709
管城区	11074	1501	9467	936	11002	9433	591	978	560200	505958	20690	33552	52539
金水区	81754	10896	65166	7768	81145	65443	8547	7155	4070461	3355014	431933	283514	51182
上街区	5523	848	2803	486	5201	2895	1687	619	234074	156421	57869	19784	46768
惠济区	20880	2140	18959	1273	20209	18304	774	1131	1007749	925361	32677	49711	50217
中牟县	7518	203	7074	304	6815	6239	261	315	246460	218470	13372	14618	35668
巩义市	3287	580	2498	188	3028	2247	600	181	162454	87152	66580	8722	53998
荥阳市	20550	4167	11049	931	18628	10215	7497	916	828575	368028	420594	39953	44525
新密市	18489	2245	10982	1732	17000	10645	4745	1610	692256	459829	177952	54475	41441
新郑市	7658	794	7080	521	7070	6495	103	472	385237	353101	4920	27216	54262
登封市	3692	359	3053	422	3469	2950	122	397	160011	146214	2720	11077	48481
经开区	21480	3207	20438	359	20654	19315	554	785	1223590	1160789	23715	39086	59616
高新区	11397	1296	9254	1868	11621	9420	276	1925	788115	651098	17171	119846	68922
郑东新区	244		154		244	154	90		21710	15633	6077		88975

2-13 续表 2　　（2016 年底）　　单位：人、元

类别	单位从业人员	#女性	在岗职工合计	其他从业人员	单位从业人员平均人数	在岗职工	劳务派遣人员	其他从业人员	单位从业人员工资总额（千元）	在岗职工工资总额	劳务派遣人员工资总额	其他从业人员工资总额	在岗职工平均工资（含劳务派遣人员）
航空港实验区	253	50	253		250	250			9380	9380			37520
批发和零售业	**98027**	**46478**	**90286**	**2141**	**95730**	**88772**	**4515**	**2443**	**4472998**	**4213807**	**179630**	**79561**	**47096**
中原区	3339	1535	3062	170	3430	3131	118	181	156703	146393	5100	5210	46628
二七区	10652	5823	9903	560	10774	9923	207	644	464971	440439	9750	14782	44441
管城区	18787	9744	15377	148	17745	15292	2299	154	757766	657508	94674	5584	42759
金水区	29104	14081	27315	648	28682	27043	905	734	1265904	1217189	29053	19662	44591
上街区	481	253	472	3	483	474	6	3	18719	18455	186	78	38835
惠济区	3120	1087	2922	15	3075	2872	176	27	181708	173232	6626	1850	59009
中牟县	2302	1172	2231	55	2307	2224	25	58	138994	134957	1737	2300	60780
巩义市	1884	986	1626	200	1827	1550	78	199	67195	60476	2496	4223	38681
荥阳市	1756	566	1718	32	1755	1715	8	32	70834	68919	256	1659	40148
新密市	3140	1226	2995	19	3098	2942	134	22	134605	128554	4260	1791	43178
新郑市	3912	2067	3873	16	3986	3947	20	19	190808	189714	606	488	47976
登封市	2508	984	2484	13	2428	2369	29	30	91888	86949	2098	2841	37134
经开区	12396	4835	11734	244	11673	10932	455	286	655712	620277	19505	15930	56185
高新区	3226	1132	3204	8	3145	3086	15	44	223824	220820	605	2399	71404
郑东新区	25		25		25	25			1048	1048			41920
航空港实验区	1395	987	1345	10	1297	1247	40	10	52319	48877	2678	764	40058
交通运输、仓储和邮政业	**60502**	**21637**	**41280**	**2580**	**59604**	**40393**	**16564**	**2647**	**3366650**	**2568862**	**689584**	**108204**	**57209**
中原区	121	59	121		119	119			4598	4598			38639
二七区	12196	5186	8209	1002	12388	8397	2984	1007	616286	422268	154418	39600	50671
管城区	8768	4137	7638	17	7856	6785	1050	21	392109	353279	38184	646	49963
金水区	9721	4005	5929	131	9698	5907	3660	131	487388	401831	77699	7858	50123
上街区	867	139	844	10	834	811	13	10	34704	34018	308	378	41658
惠济区	201	60	201		201	201			6161	6161			30652
中牟县	346	150	304	8	333	289	36	8	12460	11092	1019	349	37265
巩义市	1191	117	1191		1173	1171	1	1	68493	68293	100	100	58356
荥阳市	216	60	216		216	216			7392	7392			34222
新密市	3104	440	3044	2	3039	2976	57	6	136285	134167	1822	296	44836
新郑市	479	137	479		600	590		10	21125	20908		217	35437
登封市	2274	559	1955	319	2278	1897		381	105863	86331		19532	45509

2-13 续表 3 （2016 年底） 单位：人、元

类　别	单位从业人员	#女性	在岗职工合计	其他从业人员	单位从业人员平均人数	在岗职工	劳务派遣人员	其他从业人员	单位从业人员工资总额（千元）	在岗职工工资总额	劳务派遣人员工资总额	其他从业人员工资总额	在岗职工平均工资（含劳务派遣人员）
经开区	7094	1704	6159	636	7024	6069	332	623	362309	315519	18651	28139	52206
郑东新区	55	24	55		52	52			3849	3849			74019
航空港实验区	13869	4860	4935	455	13793	4913	8431	449	1107628	699156	397383	11089	82175
住宿和餐饮业	**25774**	**14133**	**24085**	**404**	**25885**	**24145**	**1322**	**418**	**990788**	**915555**	**56127**	**19106**	**38155**
中原区	1509	825	1498	9	1418	1406	2	10	66809	66434	96	279	47251
二七区	2701	1602	2525	3	2793	2600	186	7	107577	100808	6457	312	38501
管城区	1018	570	1010	8	1008	1000		8	41885	41645		240	41645
金水区	13927	7573	13328	165	14191	13515	487	189	536009	509487	20131	6391	37824
上街区	263	122	208	55	264	213		51	7586	6378		1208	29944
惠济区	109	31	109		109	109			1449	1449			13294
中牟县	632	377	574	21	586	536	31	19	22068	20044	1119	905	37325
巩义市	705	436	705		703	702		1	18280	18234		46	25974
荥阳市	640	391	554	86	606	538		68	23422	16588		6834	30833
新密市	675	342	651	9	669	643	12	14	27085	25808	744	533	40537
新郑市	634	397	615	11	649	630	8	11	22726	21785	337	604	34674
登封市	882	468	864	17	847	815	12	20	25022	23939	352	731	29372
经开区	357	231	357		377	377			13675	13675			36273
高新区	404	181	394	5	381	371	5	5	15777	15572	100	105	41681
航空港实验区	1318	587	693	15	1284	690	579	15	61418	33709	26791	918	47675
信息传输、软件和信息技术服务业	**38059**	**14914**	**34399**	**802**	**37091**	**32410**	**3753**	**928**	**2575064**	**2314224**	**228103**	**32737**	**70302**
中原区	335	85	331		336	328	4	4	16150	15967	91	92	48367
二七区	3787	1555	3787		3481	3481			352377	352377			101229
管城区	1757	585	1708		1663	1615	48		151896	151224	672		91339
金水区	25130	10136	21743	680	24614	20222	3606	786	1550015	1300395	221987	27633	63890
上街区	25	15	25		25	25			586	586			23440
惠济区	18	10	18		18	18			574	574			31889
中牟县	81	15	81		78	78			3261	3261			41808
巩义市	421	231	317	94	436	321	12	103	15099	11730	324	3045	36198
荥阳市	5	1	5		5	5			210	210			42000
新密市	201	66	201		201	201			8703	8703			43299
登封市	96	27	96		96	96			2743	2743			28573

2-13 续表4 （2016年底） 单位：人、元

类别	单位从业人员	#女性	在岗职工合计	其他从业人员	单位从业人员平均人数	在岗职工	劳务派遣人员	其他从业人员	单位从业人员工资总额（千元）	在岗职工工资总额	劳务派遣人员工资总额	其他从业人员工资总额	在岗职工平均工资（含劳务派遣人员）
经开区	670	130	670		638	638			29104	29104			45618
高新区	5021	1927	4909	24	5013	4900	83	30	399109	392446	5029	1634	79766
郑东新区	416	91	416		391	391			38198	38198			97693
航空港实验区	96	40	92	4	96	91		5	7039	6706		333	73692
金融业	**83655**	**21260**	**63493**	**18071**	**77484**	**63036**	**1866**	**12582**	**10301249**	**9672225**	**143051**	**485973**	**151232**
中原区	261	127	261		261	261			23435	23435			89789
二七区	5816	4003	5816		5816	5816			352605	352605			60627
管城区	151	48	131	20	147	136		11	20628	20551		77	151110
金水区	40107	9668	21610	17269	34516	21519	1089	11908	3027735	2468729	97876	461130	113526
上街区	3	3	3		3	3			85	85			28333
惠济区	8	2	8		8	8			242	242			30250
中牟县	917	477	857	36	876	833	12	31	69196	67081	461	1654	79931
巩义市	526	41	511	15	566	551		15	75485	75213		272	136503
荥阳市	312	90	312		312	312			13990	13990			44840
新密市	577	265	518	47	564	498	22	44	49300	46236	1162	1902	91150
新郑市	698	89	565	30	672	559	85	28	77347	66874	9290	1183	118267
登封市	577	238	577		598	598			26225	26225			43855
经开区	18	15	18		16	16			6690	6690			418125
高新区	341	173	341		341	341			24841	24841			72848
郑东新区	33310	6017	31935	654	32749	31549	655	545	6531757	6477864	34138	19755	202211
航空港实验区	33	4	30		39	36	3		1688	1564	124		43282
房地产业	**61185**	**23616**	**53719**	**1366**	**60151**	**52699**	**5870**	**1582**	**3416490**	**3138092**	**191491**	**86907**	**56849**
中原区	4809	1636	4274	100	4567	4041	430	96	286090	275122	8001	2967	63324
二七区	7361	2915	4956	180	7119	4738	2219	162	356272	287489	63889	4894	50507
管城区	6269	2583	5876	41	6478	6097	339	42	298488	282761	14409	1318	46173
金水区	18594	6805	17738	163	18597	17690	721	186	1147163	1109321	24887	12955	61605
上街区	1119	478	1061	8	1129	1074	47	8	58072	56357	1405	310	51527
惠济区	1256	464	1194	13	1218	1156	49	13	88986	86794	1072	1120	72918
中牟县	2174	860	1906	110	2091	1824	183	84	128959	117904	4990	6065	61233
巩义市	1314	503	1210	100	1313	1255	4	54	50903	48116	170	2617	38353
荥阳市	2205	743	2184	15	2159	2124	18	17	96274	94959	541	774	44585

2-13 续表 5 （2016 年底） 单位：人、元

类别	单位从业人员	#女性	在岗职工合计	其他从业人员	单位从业人员平均人数	在岗职工	劳务派遣人员	其他从业人员	单位从业人员工资总额（千元）	在岗职工工资总额	劳务派遣人员工资总额	其他从业人员工资总额	在岗职工平均工资（含劳务派遣人员）
新密市	1685	629	1655	12	1582	1531	22	29	80707	78372	1173	1162	51220
新郑市	4006	1359	3860	97	3896	3738	56	102	208358	200721	3075	4562	53715
登封市	966	313	944	3	932	906	20	6	41176	40243	739	194	44257
经开区	3586	1472	2581	7	3473	2301	935	237	248578	195535	32192	20851	70373
高新区	3203	1606	2704	497	3166	2638	2	526	200660	174170	310	26180	66091
郑东新区	77	32	62		78	62	16		3382	2806	576		43359
航空港实验区	2561	1218	1514	20	2353	1524	809	20	122422	87422	34062	938	52072
租赁和商务服务业	**34202**	**13928**	**26138**	**2655**	**33495**	**25629**	**5256**	**2610**	**1675450**	**1425139**	**157467**	**92844**	**51242**
中原区	556	221	546	8	561	551	2	8	45478	45074	60	344	81617
二七区	5944	1599	5320	149	5764	5172	483	109	209326	188354	16484	4488	36222
管城区	1723	708	1702	15	1725	1705	6	14	92157	91258	173	726	53437
金水区	18293	8310	12021	2000	17760	11672	4101	1987	941065	749371	121046	70648	55184
上街区	1364	831	1358	6	1361	1355		6	33659	33525		134	24742
惠济区	193	34	158	10	193	163	20	10	7645	7021	444	180	40792
中牟县	829	261	810	10	789	741	34	14	49007	47617	855	535	62545
巩义市	172	70	171	1	173	172		1	5740	5718		22	33244
荥阳市	421	180	350	66	418	347	5	66	13595	9933	55	3607	28375
新密市	422	121	411	11	451	440		11	18141	17822		319	40505
新郑市	1806	692	931	340	1832	962	525	345	86567	61880	14262	10425	51205
登封市	348	99	344	4	335	331		4	17107	17072		35	51577
经开区	660	267	629		668	638	30		44944	44359	585		67281
高新区	1043	374	998	31	1037	991	15	31	74111	72191	816	1104	72572
郑东新区	192	55	188	4	193	189		4	10729	10452		277	55302
航空港实验区	236	106	201		235	200	35		26179	23492	2687		111400
科学研究和技术服务业	**40705**	**9910**	**35093**	**1802**	**41059**	**34818**	**4460**	**1781**	**2632896**	**2347812**	**206432**	**78652**	**65030**
中原区	12630	2177	11063	90	13281	11316	1876	89	963796	892684	66254	4858	72691
二七区	3392	1016	2002	190	3465	1851	1438	176	261940	177462	77781	6697	77605
管城区	385	126	370	4	401	384	13	4	26696	25621	847	228	66670
金水区	13760	3661	11803	1286	13506	11546	698	1262	841929	747166	37721	57042	64104
上街区	8	4	8		8	8			192	192			24000

2-13 续表 6 （2016 年底） 单位：人、元

类 别	单位从业人员	#女性	在岗职工合计	其他从业人员	单位从业人员平均人数	在岗职工	劳务派遣人员	其他从业人员	单位从业人员工资总额（千元）	在岗职工工资总额	劳务派遣人员工资总额	其他从业人员工资总额	在岗职工平均工资（含劳务派遣人员）
惠济区	1744	533	1618	20	1743	1622	101	20	121826	115419	5864	543	70391
中牟县	521	251	511	4	528	524	2	2	22897	22665	128	104	43333
巩义市	228	121	218	10	226	201		25	6903	6025		878	29975
荥阳市	286	69	286		281	281			12102	12102			43068
新密市	171	16	171		170	170			8060	8060			47412
新郑市	317	79	315	2	284	282		2	9922	9874		48	35014
登封市	100	15	100		87	87			3720	3720			42759
经开区	3859	711	3717	132	3837	3702	10	125	155390	149917	490	4983	40519
高新区	3089	1100	2700	60	3028	2634	322	72	187519	167031	17347	3141	62374
郑东新区	163	12	159	4	162	158		4	8224	8094		130	51228
航空港实验区	52	19	52		52	52			1780	1780			34231
水利、环境和公共设施管理业	**9310**	**4145**	**6225**	**2669**	**9147**	**6178**	**419**	**2550**	**366796**	**275382**	**18674**	**72740**	**44574**
中原区	239	37	161	78	231	162		69	13378	12047		1331	74364
二七区	1340	377	991	31	1334	963	340	31	67262	51858	15148	256	51424
管城区	28	8	28		28	28			1889	1889			67464
金水区	3170	1374	620	2497	3134	717	35	2382	122921	51717	1826	69378	71201
上街区	411	175	411		413	413			9001	9001			21794
惠济区	64	18	64		60	60			2282	2282			38033
中牟县	360	192	360		349	349			10015	10015			28696
巩义市	328	195	328		322	322			11359	11359			35276
荥阳市	252	110	242	10	251	241		10	9761	9535		226	39564
新密市	45	14	45		25	25			1160	1160			46400
新郑市	393	64	358	7	371	338	27	6	30755	29331	1232	192	83734
登封市	260	105	260		253	253			6701	6701			26486
经开区	2145	1327	2082	46	2101	2032	17	52	65511	63686	468	1357	31310
高新区	254	146	254		254	254			13749	13749			54130
郑东新区	21	3	21		21	21			1052	1052			50095
居民服务、修理和其他服务业	**3487**	**1369**	**3452**	**26**	**3419**	**3145**	**239**	**35**	**142032**	**120608**	**20371**	**1053**	**41660**
中原区	13	2	13		19	19			1182	1182			62211
二七区	496	216	490	2	486	480	4	2	21219	21059	100	60	43717

2-13 续表 7 （2016 年底） 单位:人、元

类 别	单位从业人员	#女性	在岗职工合计	其他从业人员	单位从业人员平均人数	在岗职工	劳务派遣人员	其他从业人员	单位从业人员工资总额（千元）	在岗职工工资总额	劳务派遣人员工资总额	其他从业人员工资总额	在岗职工平均工资（含劳务派遣人员）
管城区	692	395	692		653	653			23483	23483			35962
金水区	962	272	958	4	978	744	230	4	53200	33411	19758	31	54588
上街区	48	29	48		48	48			1083	1083			22563
惠济区	105	59	105		103	103			3092	3092			30019
巩义市	387	107	368	19	377	351		26	10839	10030		809	28575
荥阳市	128	39	128		127	127			6344	6344			49953
新密市	51	32	51		26	26			1396	1396			53692
新郑市	149	55	143	1	148	142	5	1	7280	6647	513	120	48707
登封市	346	90	346		344	342		2	7910	7877		33	23032
高新区	110	73	110		110	110			5004	5004			45491
教育	**28839**	**16397**	**26275**	**2523**	**26874**	**25130**	**42**	**1702**	**1333931**	**1264610**	**1518**	**67803**	**50299**
中原区	659	496	645	11	658	644	3	11	38262	37661	76	525	58326
二七区	5973	3633	5268	705	5961	5510		451	325402	314870		10532	57145
管城区	1065	855	902	163	1076	910		166	48010	40265		7745	44247
金水区	2097	1365	2043	54	2066	2018		48	89307	87240		2067	43231
上街区	155	130	129		156	131	25		7117	6316	801		45622
惠济区	101	92	101		101	101			2548	2548			25228
中牟县	1510	914	1363	147	1444	1300		144	66939	61042		5897	46955
巩义市	2698	1533	2650	39	2644	2596	11	37	115177	113813	532	832	43861
荥阳市	792	464	792		792	792			39815	39815			50271
新密市	1097	722	1089	5	1097	1089	3	5	51896	51033	109	754	46833
新郑市	6611	4100	5326	1285	5111	4380		731	273940	239610		34330	54705
登封市	3715	688	3715		3546	3546			140106	140106			39511
经开区	854	591	854		754	754			43445	43445			57619
高新区	352	200	352		352	352			30593	30593			86912
郑东新区	732	343	618	114	688	579		109	34530	29409		5121	50793
航空港实验区	428	271	428		428	428			26844	26844			62720
卫生和社会工作	**12333**	**8922**	**11828**	**492**	**12044**	**11498**	**55**	**491**	**626107**	**607129**	**4236**	**14742**	**52918**
中原区	1139	928	1128		1164	1154	10		57092	56892	200		49048
二七区	663	454	663		656	656			33926	33926			51716
管城区	388	272	388		381	381			19554	19554			51323

2-13 续表 8 （2016 年底） 单位：人、元

类　别	单位从业人员	#女性	在岗职工合计	其他从业人员	单位从业人员平均人数	在岗职工	劳务派遣人员	其他从业人员	单位从业人员工资总额（千元）	在岗职工工资总额	劳务派遣人员工资总额	其他从业人员工资总额	在岗职工平均工资（含劳务派遣人员）
金水区	1821	1523	1794	27	1943	1865	41	37	132303	124420	3912	3971	67331
惠济区	100	68	100		100	100			3010	3010			30100
中牟县	67		67		67	67			3234	3234			48269
巩义市	280	195	279	1	280	279		1	11203	11177		26	40061
新密市	1911	1162	1899	10	1948	1934	4	10	108758	108382	124	252	55989
新郑市	3696	2908	3242	454	3259	2816		443	147617	137124		10493	48695
登封市	1963	1210	1963		1941	1941			86245	86245			44433
航空港实验区	305	202	305		305	305			23165	23165			75951
文化、体育和娱乐业	**6744**	**3029**	**6555**	**135**	**6733**	**6533**	**77**	**123**	**502232**	**493795**	**3353**	**5084**	**75211**
中原区	173	95	131	42	167	128		39	10374	7478		2896	58422
二七区	243	110	233	10	243	243			9189	9189			37815
管城区	165	95	165		164	164			6607	6607			40287
金水区	4113	1973	4025	69	4084	3977	37	70	309702	305929	1997	1776	76713
上街区	2		2		2	2			44	44			22000
惠济区	31	7	31		31	31			921	921			29710
巩义市	121	89	121		117	117			3633	3633			31051
荥阳市	166	55	166		164	164			4671	4671			28482
新密市	194	54	194		206	206			16255	16255			78908
新郑市	116	33	110		118	111	6	1	4995	4768	216	11	42598
登封市	548	171	542	6	527	523		4	17217	17051		166	32602
经开区	783	300	750	8	824	784	31	9	115054	113789	1030	235	140882
高新区	27	16	27		27	27			1020	1020			37778
郑东新区	62	31	58		59	56	3		2550	2440	110		43220
公共管理、社会保障和社会组织	**5431**	**2586**	**5387**	**44**	**5416**	**5401**	**1**	**14**	**203854**	**203506**	**24**	**324**	**37677**
中原区	447	139	435	12	451	439		12	32395	32107		288	73137
二七区	4265	2225	4235	30	4265	4265			129195	129195			30292
管城区	150	57	150		140	140			9827	9827			70193
金水区	413	145	413		404	403	1		18365	18341	24		45458
上街区	12	5	12		12	12			570	570			47500
巩义市	55	15	53	2	55	53		2	2991	2955		36	55755
郑东新区	89		89		89	89			10511	10511			118101

主要统计指标解释

从业人员年末人数 指期末最后一日24时在本单位中工作，并取得工资或其他形式劳动报酬的人员数。该指标为时点指标，不包括最后一日当天及以前已经与单位解除劳动合同关系的人员。是在岗职工、劳务派遣人员及其他从业人员之和。从业人员不包括：

（1）离开本单位仍保留劳动关系，并定期领取生活费的人员；

（2）利用课余时间打工的学生及在本单位实习的各类在校学生；

（3）本单位因劳务外包而使用的人员。

在岗职工 指在本单位工作且与本单位签订劳动合同，并由单位支付各项工资和社会保险、住房公积金的人员，以及上述人员中由于学习、病伤、产假等原因暂未工作仍由单位支付工资的人员。在岗职工还包括：

（1）应订立劳动合同而未订立劳动合同人员（如使用的农村户籍人员）；

（2）处于试用期人员；

（3）编制外招用的人员；

（4）派往外单位工作，但工资仍由本单位发放的人员（如挂职锻炼、外派工作等情况）。

在岗职工不包括：

（1）本单位使用的且由本单位直接支付工资的劳务派遣人员，应统计在本单位“劳务派遣人员”指标中；

（2）本单位因劳务外包而使用的人员，由承包劳务的单位统计为在岗职工。

劳务派遣人员 根据《中华人民共和国劳动合同法》规定，指与劳务派遣单位签订劳动合同，并被劳务派遣单位派遣到实际用工单位工作，且劳务派遣单位与实际用工单位签订《劳务派遣协议》的人员。

注意：无论用工单位是否直接支付劳动报酬，劳务派遣人员均由实际用工单位填报，而劳务派遣单位（派出单位）不填报这些人员。

其他从业人员 指本单位中不能归到在岗职工、劳务派遣人员中的人员。此类人员是实际参加本单位生产或工作并从本单位取得劳动报酬的人员。具体包括：非全日制人员、聘用的正式离退休人员、兼职人员和第二职业者等，以及在本单位中工作的外籍和港澳台方人员。

从业人员工资总额 指根据《关于工资总额组成的规定》（1990年1月1日国家统计局发布的一号令）进行修订，本单位在报告期内（季度或年度）直接支付给本单位全部从业人员的劳动报酬总额。包括计时工资、计件工资、奖金、津贴和补贴、加班加点工资、特殊情况下支付的工资，是在岗职工工资总额、劳务派遣人员工资总额和其他从业人员工资总额之和。

工资总额是税前工资，包括单位从个人工资中直接为其代扣或代缴的房费、水费、电费、住房公积金和社会保险基金个人缴纳部分等。

工资总额不论是计入成本的还是不计入成本的，不论是以货币形式支付的还是以实物形式支付的，均应列入工资总额的计算范围。

在岗职工工资总额 指本单位在报告期内直接支付给本单位全部在岗职工的劳动报酬总额。在岗职工工资总额从构成角度分解为四部分：基本工资、绩效工资、工资性津贴和补贴、其他工资。工资总额不包括病假、事假等情况的扣款，单位在填报在岗职工工资总额四项构成时，应根据实际情况调整对应项目；如不能确定调整项，可扣减基本工资项。

劳务派遣人员工资总额 指实际用工单位（派遣人员的使用方）在一定时期内为使用劳务派遣人员而付出的劳动报酬总额，包括用工单位负担的基本工资、加班工资、绩效工资以及各种津贴、补贴等，但不包含因使用派遣人员而支付的管理费用和其他用工成本。

其他从业人员工资总额 指本单位在报告期内直接支付给本单位其他从业人员的全部劳动报酬。

三、固定资产投资及房地产开发

3-1 全社会固定资产投资

（2016 年）

单位：万元、万平方米

指　　标	全社会投资	固定资产投资	房地产开发	农户投资
总　　计	**70703777**	**69986438**	**27789452**	**717339**
住宅投资	20756376	20417649	19163971	338727
按经济类型分				
内资	**67443534**	**67443534**	**27410860**	
国有经济	9395900	9395900	1865570	
集体经济	189866	189866		
股份合作	183531	183531		
其他联营	5000	5000		
国有独资	3819840	3819840	353350	
其他有限责任公司	39307426	39307426	20118039	
股份有限公司	1700397	1700397	391840	
私营	8784653	8784653	4334469	
其他内资	4056921	4056921	347592	
港澳台商投资	**2289633**	**2289633**	**288962**	
合资经营	446400	446400	26000	
独资	1817897	1817897	244126	
股份有限		16177	16177	
其他	9159	9159		
外商投资	**250771**	**250771**	**89630**	
合资经营	178327	178327	34200	
独资	63228	63228	55430	
股份有限	5016	5016		
其他	4200	4200		
个体经营	**719839**	**2500**		**717339**
本年新增固定资产	**28914401**	**28197216**	**5576734**	**717185**
本年施工房屋面积	**17781**	**17274**	**14230**	**507**
#住宅	11029	10544	9604	485
本年竣工房屋面积	**2360**	**1853**	**1455**	**507**
#住宅	1651	1167	1056	484
本年竣工房屋价值	**4956572**	**4580040**	**3961889**	**376532**
#住宅	3558586	3220014	2925040	338572

3-2 分县(市)区全社会固定资产投资

(2016 年)

单位:万元

县(市)区	全社会投资	固定资产投资	房地产开发	农户投资
总　计	**70703777**	**69986438**	**27789452**	**717339**
各区小计	**37835139**	**37776529**	**22889487**	**58610**
中原区	2835448	2835448	2395564	
二七区	3643904	3642240	3191207	1664
管城区	2712262	2712262	2101213	
金水区	4799627	4799627	3455499	
上街区	1102916	1102916	311514	
惠济区	1916960	1880827	1251238	36133
经开区	3844483	3844483	1397759	
高新区	3590880	3590880	3035909	
郑东新区	7082758	7082758	3993458	
航空港实验区	6305901	6285088	1756126	20813
各县(市)小计	**31285485**	**30626756**	**4899965**	**658729**
中牟县	4011194	3961213	514536	49981
巩义市	5506940	5435402	473411	71538
荥阳市	5916727	5792667	1226018	124060
新密市	5245999	5091624	683454	154375
新郑市	5821906	5662319	1736803	159587
登封市	4782719	4683531	265743	99188

3-3 分产业及行业全社会固定资产投资

（2016 年）

单位：万元

指　　标	全社会投资	固定资产投资	房地产开发	农户投资
合　计	**70703777**	**69986438**	**27789452**	**717339**
按产业及国民经济行业分				
第一产业	**896816**	**824114**		**72702**
农林牧渔业服务业	896816	824114		72702
第二产业	**14913801**	**14860225**		**53576**
工业	14852700	14852700		
采矿业	442785	442785		
制造业	12992736	12992736		
电力煤气及水的生产和供业业	1241367	1241367		
建筑业	61101	7525		53576
第三产业	**54893160**	**54302099**	**27789452**	**591061**
交通运输、仓储和邮政业	4493231	4310381		182850
信息传输、计算机服务和软件业	607455	607455		
批发和零售业	774100	719089		55011
住宿和餐饮业	206571	202913		3658
金融业	210801	210801		
房地产业	36640211	36291592	27789452	348619
租赁和商务服务业	1118066	1117146		920
科学研究和技术服务业	489094	489094		
水利、环境和公共设施管理业	7760973	7760973		
居民服务和其他服务业	184670	184667		3
教育	690560	690560		
卫生和社会工作	780605	780605		
文化、体育和娱乐业	845618	845618		
公共管理、社会保障和社会组织	36117	36117		

3-4 分类型固定资产投资

（2016 年）

单位：万元、平方米

类　　别	固定资产投资	类　　别	固定资产投资
投资总额	**69986438**	国家预算内资金	3209551
按登记注册类型分		国内贷款	5209503
国有经济	13215740	利用外资	173284
集体经济	373397	自筹资金	29421822
城乡个人	2500	其他资金来源	31972278
联营经济	5000	**按构成分**	
股份制经济	41007823	建筑安装工程	49470429
港澳台投资经济	2286974	设备工器具购置	8067524
外商投资经济	250771	其他费用	12448485
私营经济	8784653	**房屋建筑面积**	
其他经济	4056921	施工面积	172742116
按隶属关系分		#住宅	105434367
中央	1230105	竣工面积	18535675
地方	68756333	#住宅	11676534
资金来源			

3-5 按行业和注册类型

（2016 年）

行　业	本年完成投资额	中央	地方	内资	港澳台商投　资
总　计	**69986438**	**1230105**	**68756333**	**67443534**	**2289633**
农、林、牧、渔业	**879202**		**879202**	**879202**	
农业	558249		558249	558249	
林业	95788		95788	95788	
畜牧业	170047		170047	170047	
渔业	30		30	30	
农、林、牧、渔服务业	55088		55088	55088	
工业	**14852700**	**248676**	**14604024**	**12831410**	**1940539**
采矿业	442785		442785	442785	
煤炭开采和洗选业	220557		220557	220557	
有色金属矿采选业	176260		176260	176260	
非金属矿采选业	45968		45968	176260	
制造业	12992736	226770	12765966	10993119	1918866
农副食品加工业	162793		162793	162793	
食品制造业	299275		299275	213875	85400
酒、饮料和精制茶制造业	106815		106815	106815	
烟草制造业	20000		20000	20000	
纺织业	58582		58582	42725	15857
纺织服装、服饰业	316035		316035	316035	
皮革、毛皮、羽毛及其制品和制鞋业	20600		20600	20600	
木材加工及木、竹、藤、棕、草制品业	23900		23900	23900	
家具制造业	131945		131945	131945	
造纸及纸制品业	198624		198624	198624	
印刷和记录媒介复制业	61287		61287	61287	
文教、工美、体育和娱乐用品制造业	89766		89766	83266	6500

分固定资产投资

单位:万元

外商投资	个体经营	国有控股	集体控股	私人控股	港澳台控股	外商控股	其他控股
250771	**2500**	**22941126**	**1590303**	**32522353**	**2139074**	**193682**	**10599900**
		41439	**1859**	**675912**			**159992**
		6292		426561			125396
		9688		63004			23096
				159847			10200
		30					
		25429	1859	26500			1300
78251	**2500**	**1469253**	**200987**	**9347463**	**1848639**	**88228**	**1898130**
		124710	26300	275359			16416
		121720	26300	62239			10298
		2990		173270			
				39850			6118
78251	2500	545035	126190	8535964	1826966	88228	1870353
				138840			23953
				273913			25362
		65000		41815			
		20000					
			9890	30435	15857		2400
				241747			74288
				20600			
				19000			4900
				108440			23505
				173216			25408
				61287			
				81266			8500

3-5　续表 1

行　　业	本年完成投资额	中央	地方	内资	港澳台商投　资
石油加工、炼焦及核燃料加工业	39885		39885	39885	
化学原料及化学制品制造业	301962		301962	301962	
医药制造业	509196		509196	443759	
化学纤维制造业	30312		30312	30312	
橡胶和塑料制品业	321088		321088	321088	
非金属矿物制品业	2517159	157380	2359779	2514659	
黑色金属冶炼和压延加工业	10400		10400	10400	
有色金属冶炼及压延加工业	1134569	50790	1083779	1134569	
金属制品业	460583		460583	460583	
通用设备制造业	1053987		1053987	748987	305000
专业设备制造业	1169594	18600	1150994	1161796	
汽车制造业	629502		629502	624486	
铁路、船舶、航空航天和其他运输设备制造业	204040		204040	204040	
电气机械及器材制造业	832150		832150	832150	
计算机、通信和其他电子设备制造业	2193285		2193285	687176	1506109
仪器仪表制造业	20500		20500	20500	
其他制造业	65826		65826	65826	
废弃资源综合利用业	9076		9076	9076	
电力、燃气及水的生产和供应业	1417179	21906	1395273	1395506	21673
电力、热力生产和供应业	962719	21906	940813	941046	21673
燃气生产和供应业	77712		77712	77712	
水的生产和供应业	376748		376748	376748	
建筑业	**7525**		**7525**	**7525**	
批发和零售业	**719089**		**719089**	**719089**	
批发业	162690		162690	162690	

单位:万元

外商投资	个体经营	国有控股	集体控股	私人控股	港澳台控股	外商控股	其他控股
		1800		38085			
				231318			70644
65437				214589		65437	229170
				3588			26724
		8600		297488			15000
	2500	180180	9400	1966047			361532
				10400			
		50790		1015756			68023
				426648			33935
		28340		618925	305000		101722
7798		19208	9300	947447		7798	185841
5016				462286		5016	162200
		6528		154502			43010
		40800	97600	509672		9977	174101
		123789		353252	1506109		210135
				20500			
				65826			
				9076			
		799508	48497	536140	21673		11361
		440516		497169	21673		3361
		49600	25431	2681			
		309392	23066	36290			8000
				7525			
		98900		**391508**			**228681**
		20000		62290			80400

3-5 续表 2

行　业	本年完成投资额	中央	地方	内资	港澳台商投　资
交通运输、仓储和邮政业	**4310381**	**97691**	**4212690**	**4213181**	**22000**
铁路运输	275304	24550	250754	275304	
道路运输业	2472808		2472808	2450808	22000
航空运输业	152603		152603	152603	
仓储业	1179949	73141	1106808	1104749	
住宿和餐饮业	**202913**		**202913**	**202913**	
住宿业	173524		173524	173524	
信息传输、软件和信息技术服务业	**607455**	**18882**	**588573**	**599323**	**8132**
金融业	**210801**		**210801**	**210801**	
房地产业	**36291592**	**819230**	**35472362**	**35913000**	**288962**
租赁和商务服务业	**1117146**	**1321**	**1115825**	**1087146**	**30000**
科学研究和技术服务业	**489094**	**36446**	**452648**	**485604**	
研究和试验发展	180725	36446	144279	177235	
水利、环境和公共设施管理业	**7760973**		**7760973**	**7760973**	
水利管理业	156538		156538	156538	
生态保护和环境治理业	18119		18119	18119	
公共设施管理业	7586316		7586316	7586316	
居民服务业、修理和其他服务业	**184667**		**184667**	**184667**	
居民服务业	180437		180437	180437	
教育	**690560**		**690560**	**686360**	
卫生和社会工作	**780605**		**780605**	**780605**	
卫生	583845		583845	583845	
文化、体育和娱乐业	**845618**		**845618**	**845618**	
文化艺术业	556366		556366	556366	
公共管理、社会保障和社会组织	**36117**	**7859**	**28258**	**36117**	
国家机构	12459	7859	4600	12459	

单位:万元

外商投资	个体经营	国有控股	集体控股	私人控股	港澳台控股	外商控股	其他控股
75200		**2758783**	**78850**	**1142982**	**22000**		**307766**
		275304					
		2332103	18350	53172	22000		47183
				101100			51503
75200		151376	60500	758993			209080
			26070	**171853**			**4990**
			14830	153704			4990
		358827	**2200**	**160202**	**8132**		**78094**
		60725		**150076**			
89630		**10225565**	**767974**	**17966576**	**260303**	**90865**	**6980309**
		297652	**77379**	**571165**			**170950**
3490		**296132**		**152651**		**10389**	**29922**
3490		124786		37260		10389	8290
		5843503	**263371**	**1208022**			**446077**
		153518					3020
		12399					5720
		5677586	263371	1208022			437337
		171837		**8600**			**4230**
		171837		8600			
4200		**381755**	**134638**	**84136**		**4200**	**85831**
		537315	**951**	**176430**			**65909**
		504915	951	54900			23079
		363323	**36024**	**307252**			**139019**
		360055	29104	165117			2090
		36117					
		12459					

3-6 分行业固定资产资金来源

(2016 年)

单位:万元

行　　业	本年资金来源小计	国家预算资金	国内贷款	利用外资	自筹资金	其他资金来源
总　　计	**69076939**	**3209551**	**8716896**	**173284**	**43527934**	**13449274**
农、林、牧、渔业	**862613**	**4965**	**34580**		**797587**	**25481**
畜牧业	170421		4600		158690	7131
工业	**14131135**	**80119**	**1152268**	**138084**	**12493280**	**267384**
采矿业	394440		27990		362650	3800
煤炭开采和洗选业	209812				209812	
有色金属矿采选业	139018		27990		107228	3800
非金属矿采选业	45610				45610	
制造业	12459704	1900	914013	121647	11181284	240860
农副食品加工业	159611		6680		148929	4002
食品制造业	297705		9950		287755	
酒、饮料和精制茶制造业	106550		1000		105550	
烟草制造业	20000				20000	
纺织业	57810		12000		45810	
纺织服装、服饰业	316048		40000		276048	
皮革、毛皮、羽毛及其制品和制鞋业	16600				16600	
木材加工及木、竹、藤、棕、草制品业	20450				20450	
家具制造业	87965		36300		51665	
造纸及纸制品业	199014		25198		173816	
印刷和记录媒介复制业	60977				60977	
文教、工美、体育和娱乐用品制造业	89716				89716	
石油加工、炼焦及核燃料加工业	39885	1800			38085	

3-6 续表1 （2016年） 单位:万元

行业	本年资金来源小计	国家预算资金	国内贷款	利用外资	自筹资金	其他资金来源
化学原料及化学制品制造业	288765		34570		251004	3191
医药制造业	417283		58900	1327	356648	408
化学纤维制造业	29974				29974	
橡胶和塑料制品业	310389		22500		287689	200
非金属矿物制品业	2407629		106600		2252799	48230
黑色金属冶炼和压延加工业	10400				10400	
有色金属冶炼及压延加工业	1105807		185200		920607	
金属制品业	434821	100	7600	100	426871	150
通用设备制造业	1045871		36500	120220	889151	
专业设备制造业	1155780		35015		1119965	800
汽车制造业	594967		106900		345072	142995
铁路、船舶、航空航天和其他运输设备制造业	179485				179185	300
电气机械及器材制造业	742757		64700		637473	40584
计算机、通信和其他电子设备制造业	2168367		124400		2043967	
仪器仪表制造业	20500				20500	
其他制造业	65702				65702	
废弃资源综合利用业	8876				8876	
电力、燃气及水的生产和供应业	1276991	78219	210265	16437	949346	22724
电力、热力生产和供应业	893167	25397	128977	16437	699632	22724
燃气生产和供应业	77512		15800		61712	
水的生产和供应业	306312	52822	65488		188002	
建筑业	**7525**				**7525**	

3-6 续表2 （2016年） 单位:万元

行　业	本年资金来源小计	国家预算资金	国内贷款	利用外资	自筹资金	其他资金来源
批发和零售业	**697058**		**85900**		**545900**	**65258**
交通运输、仓储和邮政业	**4001317**	**1029076**	**1042194**	**35000**	**1687508**	**207539**
铁路运输	265933	60682	48414		156837	
道路运输业	2345398	894214	819177	22000	405730	204277
仓储业	138875				137575	1300
邮政业	1020623	500	162603	13000	842558	1962
住宿和餐饮业	**191317**		**8900**		**182417**	
信息传输、软件和信息技术服务业	**575939**	**2200**	**31338**		**532201**	**10200**
金融业	**220031**		**107617**		**112342**	**72**
房地产业	**37625154**	**740637**	**4517310**		**19872894**	**12494313**
租赁和商务服务业	**1050658**	**6740**	**67079**		**967104**	**9735**
科学研究和技术服务业	**449660**	**35328**	**12500**		**390144**	**11688**
水利、环境和公共设施管理业	**7077122**	**1050824**	**1442624**		**4309723**	**273951**
水利管理业	152213	29574	5400		65014	52225
生态保护和环境治理业	18119	4078	2955		11086	
公共设施管理业	6906790	1017172	1434269		4233623	221726
居民服务业、修理和其他服务业	**181713**	**11266**	**141285**		**12830**	**16332**
教育	**626142**	**154860**	**22533**		**442163**	**6586**
卫生和社会工作	**588794**	**81686**	**20118**		**462001**	**24989**
卫生	408584	81686	16118		295281	15499
文化、体育和娱乐业	**759711**	**300**	**25150**	**200**	**698315**	**35746**
公共管理、社会保障和社会组织	**31050**	**11550**	**5500**		**14000**	

3-7 县(市)区按三次产业分固定资产投资

(2016年)

单位:万元

县(市)区	投资总额	第一产业	第二产业	工业	第三产业
郑州市	**69986438**	**824114**	**14860225**	**14852700**	**54302099**
中原区	2850407				2850407
二七区	3642240		96506	96506	3545734
管城区	2712262	2200	22864	16064	2687198
金水区	4799627		69511	68786	4730116
上街区	1102916		228145	228145	874771
惠济区	1880827	20378	217552	217552	1642897
中牟县	3989213	16856	658670	658670	3313687
巩义市	5435402	62297	3413998	3413998	1959107
荥阳市	5792667	217968	2525125	2525125	3049574
新密市	5091624	156086	1572705	1572705	3362833
新郑市	5685819	94427	1040862	1040862	4550530
登封市	4683531	240382	1889833	1889833	2553316
经开区	3801524		622113	622113	3179411
高新区	3590880		157406	157406	3433474
郑东新区	7082758	13520	41196	41196	7028042
航空港实验区	6261588		2303739	2303739	3957849

3-8 县(市)区按建设性质分固定资产投资

(2016 年)

单位:万元

县(市)区	投资总额	新建	扩建	改建
郑州市	**69986438**	**35718900**	**2964465**	**1179076**
中原区	2850407	451743	3100	
二七区	3642240	354265		3353
管城区	2712262	575145		
金水区	4799627	1278352		50256
上街区	1102916	664456	1952	104936
惠济区	1880827	568959	44487	16143
中牟县	3989213	3323311	64789	17289
巩义市	5435402	4100499	686692	173700
荥阳市	5792667	3714363	614075	86333
新密市	5091624	3304748	652082	268292
新郑市	5685819	3462242	363654	4220
登封市	4683531	3648826	465004	198108
经开区	3801524	2200941	15000	169224
高新区	3590880	482359		72612
郑东新区	7082758	2977557	53630	14610
航空港实验区	6261588	3027981		

3-9 县(市)区按构成性质分固定资产投资

(2016 年)

单位:万元

县(市)区	投资总额	建筑工程	安装工程	设备工器具购置	其他费用
郑州市	**69986438**	**47573234**	**1897195**	**8067524**	**12448485**
中原区	2850407	2169219	35223	62495	583470
二七区	3642240	2396350	129788	290048	826054
管城区	2712262	1535226	33235	60248	1083553
金水区	4799627	3281981	87159	117553	1312934
上街区	1102916	774519	102732	94795	130870
惠济区	1880827	1248345	133390	119079	380013
中牟县	3989213	2701558	214299	479081	594275
巩义市	5435402	3407944	221210	1717116	89132
荥阳市	5792667	3638915	71608	937968	1144176
新密市	5091624	3780878	69617	642392	598737
新郑市	5685819	4881250	30701	149241	624627
登封市	4683531	2166450	264810	1108326	1143945
经开区	3801524	2815493	178679	249768	557584
高新区	3590880	1954203	59625	63631	1513421
郑东新区	7082758	5685866	60429	96971	1239492
航空港实验区	6261588	4096426	31052	1674706	459404

3-10 各县(市)区分行业

(2016 年)

县(市)区	郑州市	中原区	二七区	管城区	金水区	上街区	惠济区
总　计	**69986438**	**2850407**	**3642240**	**2712262**	**4799627**	**1102916**	**1880827**
农、林、牧、渔业	**841577**						**20378**
畜牧业	161247						
工业	**13782253**		**56511**	**8690**	**68786**	**211925**	**217552**
采矿业	421911						
煤炭开采和洗选业	212271						
有色金属矿采选业	171890						
非金属矿采选业	37750						
制造业	12046211		36000		39750	211725	
农副食品加工业	144273					21	
食品制造业	281404						
酒、饮料和精制茶制造业	98150						
烟草制品业	20000						
纺织业	56182						
纺织服装、服饰业	304835						
皮革、毛皮、羽毛及其制品业和制鞋业	20600		12000				
木材加工及木、竹、藤、棕、草制品业	18200						
家具制造业	117045						
造纸及纸制品业	192824						
印刷和记录媒介复制业	61287						
文教、工美、体育和娱乐用品制造业	81200					2000	
石油加工、炼焦和核燃料加工业	38085						
化学原料及化学制品制造业	248335						
医药制造业	482672						
化学纤维制造业	26724						
橡胶和塑料制品业	297482					4000	
非金属矿物制品业	2242335					13000	
有色金属冶炼和压延加工业	1083378					50790	
金属制品业	409029		24000			12070	
通用设备制造业	951466					2102	
专用设备制造业	1036239				39750	43740	
汽车制造业	609567						

固定资产投资

单位：万元

中牟县	巩义市	荥阳市	新密市	新郑市	登封市	经开区	高新区	郑东新区	航空港实验区
3989213	**5435402**	**5792667**	**5091624**	**5685819**	**4683531**	**3801524**	**3590880**	**7082758**	**6261588**
16856	**43475**	**228180**	**155187**	**93227**	**270784**			**13490**	
	32675	2200			126372				
636141	**3078172**	**2138623**	**1446290**	**979641**	**1838731**	**603680**	**152609**	**41163**	**2303739**
	84000		5190	23400	306331		2990		
			5190	23400	183681				
	83000				85900		2990		
	1000				36750				
541990	2592372	1986533	1329827	893130	1443485	603680	131985	19487	2216247
	44293	5500	12506	52400	29553				
6104	12000	34000	18000	211300					
	65000		20000	4400	8750				
						20000			
	16000	9890		30292					
7788	12500	46700	237847						
					8600				
	9800				8400				
				21900	95145				
		10500	169824	500	12000				
51337		1500		8450					
	44100	28600		6500					
	16085		22000						
	71000	21580	29674	59791	66290				
65437				233863	153400	3000	26972		
			26724						
	15000	149291	14521	26070	88600				
32144	342750	662337	519666	17864	645491		9083		
	935050	19155	33283		45100				
13125	125059	48888	112841	29100	40600				3346
	117548	377843	34800	17000		34000	39930	19487	308756
	277256	433684	72121		137430	22008			10250
193569	38700					377298			

3-10 续表

县(市)区	郑州市	中原区	二七区	管城区	金水区	上街区	惠济区
铁路、船舶、航空航天和其他运输设备制造业	199992					84002	
电气机械及器材制造业	759336						
计算机、通信和其他电子设备制造业	2176969						
仪器仪表制造业	18000						
其他制造业	61526						
废弃资源综合利用业	9076						
电力、燃气及水的生产和供应业	1314131		20511	8690	29036	200	217552
电力、热力的生产和供应业	932263		20511	8690	29036	200	170247
燃气生产和供应业	25431						
水的生产和供应业	356437						47305
建筑业	**6800**			**6800**			
批发和零售业	**659989**	**39600**			**21220**	**5030**	
交通运输、仓储和邮政业	**4169619**		**9736**	**52282**	**46550**	**162243**	**121185**
铁路运输业	275304		9736		24550		
道路运输业	2342296			13025	22000		
航空运输业	152603					134603	
仓储业	1169699			26400		27640	121185
住宿和餐饮业	**192309**						
信息传输、软件和信息技术服务业	**583427**		**61000**		**270833**		
金融业	**210801**						
房地产业	**36156697**	**2417564**	**3220859**	**2101213**	**4045774**	**553775**	**1299330**
租赁和商务服务业	**1104934**	**30476**			**5500**	**19300**	**37049**
科学研究、技术服务和地质勘查业	**482880**			**44457**	**88330**	**74606**	
水利、环境和公共设施管理业	**7213056**	**359667**	**51500**	**117820**	**202800**	**27260**	**113639**
水利管理业	140714						
生态保护和环境治理业	5771						
公共设施管理业	7066571	359667	51500	117820	202800	27260	113639
居民服务和其他服务业	**177531**						
教育	**612333**		**9473**	**27012**		**19327**	**703**
卫生、社会保障和社会福利业	**749109**		**25171**	**24000**			**2177**
卫生	552649		25171	14500			2177
文化、体育和娱乐业	**842685**			**287305**	**3268**		**54900**
公共管理和社会组织	**36117**						

单位:万元

中牟县	巩义市	荥阳市	新密市	新郑市	登封市	经开区	高新区	郑东新区	航空港实验区
	10000	39470	6020		59000	1500			
172486	410231	36069		57700	4050	40800	38000		
	30000			116000	32000	105074			1893895
							18000		
		61526							
					9076				
94151	401800	152090	111273	63111	88915		17634	21676	87492
	376369	134588	111273	21673	23866		17634	18176	
	25431								
94151		17502		41438	65049			3500	87492
249436	**102857**	**20200**	**1120**	**78900**	**55168**	**27500**		**58958**	
522468	**95935**	**56293**	**624920**	**169799**	**184667**	**489116**		**53651**	**384328**
								20050	220968
259865	95935	42193	486821	41748	166667			17596	
					18000				
262603		14100	128499	54351		436116		16005	82800
	26070	**19800**	**19578**	**36900**	**84561**			**5400**	
		28921		**23019**		**55242**	**80138**	**64274**	
								60801	**150000**
1610967	**802325**	**2030402**	**2030591**	**3120554**	**923583**	**2234612**	**3035909**	**4973113**	**1756126**
33300		**78700**	**95000**	**458812**	**145235**	**22827**		**6235**	**172500**
98746	**5294**	**51000**			**17000**			**103447**	
525703	**654212**	**409568**	**441601**	**399950**	**613812**	**277366**	**243151**	**929179**	**1459121**
36135	19720	224	35589	16051	15547			17448	
	2816							2955	
489568	631676	409344	406012	383899	598265	277366	243151	908776	1459121
5391			**8600**					**163540**	
35515		**69422**	**45071**	**55040**	**159093**	**12100**	**9852**	**169725**	
15403	**77800**	**96980**	**22151**	**94200**	**82530**			**308697**	
15403	31800	34000	19101	61800	40000			308697	
113964	**30920**	**106660**		**47469**	**198199**				
				19600				**16517**	

3-11 农户固定

（2016 年）

指　　标	全市	二七区	惠济区	中牟县
本年固定资产投资完成额	**717339**	**1664**	**36133**	**49981**
按投资来源成分	**717339**			
国内贷款	41235			
自筹资金	676104	1664	36133	49981
按投资构成分				
建筑工程	355452	1664	36133	48624
房屋	355452	1664	36133	48624
#住宅	313163	1664	36133	48624
设备工器具购置	58986			1357
#生产设备	58986			1357
其它	302901			
按投资方向分				
农林牧渔业	77032			1357
制造业	15052			
建筑业	53576			
交通运输仓储和邮政业	184273			
批发和零售业	58630			
住宿和餐饮业	3658			
房地产业	323054	1664	36133	48624
租赁和商务服务业	920			
居民服务和其他服务业	1144			
按具体投资项目分				
房屋	355452	1664	36133	48624
#住宅	313163	1664	36133	48624
设备	58986			1357
其它	302901			
本年施工房屋面积	**456**	**3**		**84**
#住宅	421	3		84
#当年新开工	420	3		84
本年竣工房屋面积	**433**	**3**		**84**
#住宅	407	3		84
本年竣工房屋投资完成额	**333583**	**1664**	**36133**	**48624**
#住宅	292809	1664	36133	48624

资产投资

单位:万元、万平方米

巩义市	荥阳市	新密市	新郑市	登封市	航空港实验区
71538	**124061**	**154375**	**159587**	**99188**	**20813**
	41235				
71538	82826	154375	159587	99188	20813
50303	2016	100557	1601	94690	19863
50303	2016	100557	1601	94690	19863
45974	2016	100557	1487	56845	19863
3270	350	53818		191	
3270	350	53818		191	
17964	121695		157986	4306	950
4330	350	32842	116	38037	
15052					
			53576		
1423	121695		56823	4306	26
3619		7426	47585		
		3658			
45973	2016	110449	1487	56845	19863
					920
1141					4
50303	2016	100557	1601	94690	19863
45974	2016	100557	1487	56845	19863
3270	350	53818		191	
17964	121695		157986	4306	950
67	**7**	**167**	**3**	**95**	**31**
54	7	167	2	73	31
59	7	167	3	67	31
45	**7**	**167**	**3**	**94**	**31**
41	7	167	2	72	31
28588	**1862**	**100557**	**1601**	**94690**	**19863**
25774	1862	100557	1487	56845	19863

3-12 分行业固定资产投资

（2016 年）

单位:万元

行 业	本年完成投资	建筑工程	安装工程	设备工器具购置	其他费用	新建	改建	扩建
总 计	**69986438**	**47573234**	**1897195**	**8067524**	**12448485**	**35718900**	**1179076**	**2964465**
农、林、牧、渔业	**879202**	**503555**	**38737**	**124764**	**212146**	**825056**	**11535**	**42611**
农业	558249	302247	19374	79862	156766	509044	10110	39095
林业	95788	49838	4514	4565	36871	92272		3516
畜牧业	170047	109256	14199	32563	14029	170047		
渔业	30	30				30		
农、林、牧、渔服务业	55088	42184	650	7774	4480	53663	1425	
工业	**14852700**	**7625746**	**479040**	**5336719**	**1411195**	**10736303**	**947700**	**1355690**
采矿业	442785	185055	19032	191037	47661	163518	121047	158220
煤炭开采和洗选业	220557	90671	8479	100242	21165	18940	71397	130220
有色金属矿采选业	176260	55071	9653	85729	25807	135360	40900	
非金属矿采选业	45968	39313	900	5066	689	9218	8750	28000
制造业	12992736	6593418	425140	4816263	1157915	9351341	753458	1191923
农副食品加工业	162793	90253	5590	43558	23392	148787		14006
食品制造业	299275	255399	586	17830	25460	298609		666
饮料制造业	106815	80207	2285	20174	4149	106815		
烟草制品业	20000	20000				20000		
纺织业	58582	27462	301	17185	13634	32692		25890
纺织服装、服饰业	316035	227695	5777	54351	28212	296247		12000
皮革、毛皮、羽毛及其制品业和制鞋业	20600	2983	1686	15931		8600		
木材加工及木、竹、藤、棕、草制品业	23900	8534	1258	13078	1030	23900		
家具制造业	131945	63097	1058	36143	31647	131945		
造纸及纸制品业	198624	89981	2555	93137	12951	82546	24566	66104
印刷和记录媒介复制业	61287	55937	2581	869	1900	61287		
文教、工美、体育和娱乐用品制造业	89766	36792	3516	35754	13704	28466	19800	41500

3-12 续表1 (2016年) 单位:万元

行　　业	本年完成投资	建筑工程	安装工程	设备工器具购置	其他费用	新建	改建	扩建
石油加工、炼焦和核燃料加工业	39885	26424	466	4578	8417	38085	1800	
化学原料及化学制品制造业	301962	147466	6088	89216	59192	210119	68590	23253
医药制造业	509196	358577	11330	96686	42603	375216		133980
化学纤维制造业	30312	15616	537	11130	3029	30312		
橡胶和塑料制品业	321088	174725	7025	65929	73409	302088		19000
非金属矿物制品业	2517159	1318302	82127	794687	322043	1984762	301740	227311
黑色金属冶炼和压延加工业	10400	5913	235	3048	1204	10400		
有色金属冶炼和压延加工业	1134569	380542	78009	666285	9733	701559	69590	362320
金属制品业	460583	200156	38218	168971	53238	316276	14900	18220
通用设备制造业	1053987	689693	10258	269028	85008	999885	23450	8452
专用设备制造业	1169594	737895	40224	284602	106873	866467	43106	227221
交通运输设备制造业	833542	604917	43147	139178	46300	700416	129576	
电气机械及器材制造业	832150	429343	39973	326305	36529	807784	21866	
计算机、通信和其他电子设备制造业	2193285	466909	40144	1545613	140619	675176	31974	12000
仪器仪表制造业	20500	19500	50	950		18000	2500	
其他制造业	65826	50524	66	1747	13489	65826		
废弃资源综合利用业	9076	8576	50	300	150	9076		
电力、燃气及水的生产和供应业	1417179	847273	34868	329419	205619	1221444	73195	5547
电力、热力的生产和供应业	962719	547435	24149	275098	116037	770514	73195	2017
燃气生产和供应业	77712	51817	800	19595	5500	77712		
水的生产和供应业	376748	248021	9919	34726	84082	373218		3530
建筑业	**7525**			**7525**				
批发和零售业	**719089**	**506210**	**24304**	**85177**	**103398**	**638013**	**32141**	
批发业	162690	87554	10980	28553	35603	159690	3000	
交通运输、仓储和邮政业	**4310381**	**3042459**	**259603**	**470841**	**537478**	**4183226**	**34653**	**84109**
铁路运输业	275304	273304		2000		275304		

3-12 续表 2　　（2016 年）　　单位:万元

行　　业	本年完成投资	建筑工程	安装工程	设备工器具购置	其他费用	新建	改建	扩建
道路运输业	2472808	1599575	191986	297682	383565	2345653	34653	84109
航空运输业	382320	291437	14140	20310	56433	382320		
仓储业	1179949	878143	53477	150849	97480	1179949		
住宿和餐饮业	**202913**	**152361**	**510**	**14310**	**35732**	**194164**		**3349**
住宿业	173524	131275	390	11610	30249	168124		
信息传输、软件和信息技术服务业	**607455**	**378700**	**50100**	**136267**	**42388**	**538323**		
电信和其他信息传输服务业	230723	65158	27300	123084	15181	161591		
金融业	**210801**	**205258**	**223**	**1000**	**4320**	**210801**		
房地产业	**36291592**	**26133768**	**796095**	**996632**	**8365097**	**7460202**	**12129**	**870467**
租赁和商务服务业	**1117146**	**839010**	**37099**	**83218**	**157819**	**1094768**	**16143**	**6235**
商务服务业	1117146	839010	37099	83218	157819	1094768	16143	6235
科学研究和技术服务业	**489094**	**322846**	**11607**	**11081**	**143560**	**452648**	**36446**	
研究与试验发展	180725	127874	4192	2050	46609	144279	36446	
水利、环境和公共设施管理业	**7760973**	**6293659**	**139289**	**515845**	**812180**	**7187971**	**84976**	**456376**
水利管理业	156538	111233	714	12784	31807	120272	2684	33582
生态保护和环境治理业	18119	16419	100	1600		18119		
公共设施管理业	7586316	6166007	138475	501461	780373	7049580	82292	422794
居民服务、修理和其他服务业	**184667**	**141004**	**300**	**2441**	**40922**	**176067**		**8600**
居民服务业	180437	136974	300	2241	40922	171837		8600
教育	**690560**	**540185**	**14975**	**17029**	**118371**	**563102**	**3353**	**75035**
卫生和社会工作	**780605**	**596593**	**1854**	**85457**	**96701**	**757590**		**4650**
#卫生	583845	455711	1254	77597	49283	560830		4650
文化、体育和娱乐业	**845618**	**260944**	**42648**	**178975**	**363051**	**666549**		**57343**
文化艺术业	556366	100582	16088	108299	331397	433797		843
公共管理、社会保障和社会组织	**36117**	**30936**	**811**	**243**	**4127**	**34117**		

3-13 分行业投资项目个数及新增固定资产

(2016 年)

单位:亿元

行业	在建规模	新开工规模	施工项目个数(个)	新开工	全部投产项目个数(个)	新增固定资产
总计	**10390**	**3589**	**2283**	**1474**	**1386**	**2262**
农、林、牧、渔业	**170**	**64**	**73**	**47**	**54**	**57**
农业	118	46	42	27	28	35
林业	14	6	9	5	6	5
畜牧业	32	6	14	9	13	12
渔业			1		1	
农、林、牧、渔服务业	6	6	7	6	6	5
工业	**2510**	**1139**	**887**	**654**	**635**	**1017**
采矿业	65	33	26	17	19	24
煤炭开采和洗选业	41	11	13	8	10	8
有色金属矿采选业	19	17	6	4	4	11
非金属矿采选业	6	5	7	5	5	5
制造业	2111	976	786	586	576	927
农副食品加工业	31	20	16	9	13	13
食品制造业	39	22	19	14	15	22
酒、饮料和精制茶制造业	11	10	7	5	6	10
烟草制造业	20		1			
纺织业	23	3	5	3	3	1
纺织服装、服饰业	43	18	9	5	9	32
皮革、毛皮、羽毛及其制品和制鞋业	2	1	1	1	1	1
木材加工及木、竹、藤、棕、草制品业	4	1	4	2	4	2
家具制造业	24	4	7	5	6	5
造纸及纸制品业	66	19	15	12	11	13
印刷和记录媒介复制业	15	13	4	3	2	1
文教、工美、体育和娱乐用品制造业	18	7	11	6	8	6
石油加工、炼焦及核燃料加工业	7	2	3	2	3	7
化学原料及化学制品制造业	37	27	47	36	43	23

3-13 续表 1 (2016 年) 单位:亿元

行业	在建规模	新开工规模	施工项目个数(个)	新开工	全部投产项目个数(个)	新增固定资产
医药制造业	102	5	17	7	8	10
化学纤维制造业	3	3	2	2	1	
橡胶和塑料制品业	38	26	22	18	16	28
非金属矿物制品业	428	254	220	167	176	185
黑色金属冶炼和压延加工业	1	1	3	3	3	1
有色金属冶炼及压延加工业	169	120	56	47	40	101
金属制品业	67	34	33	25	23	29
通用设备制造业	148	120	72	59	47	86
专业设备制造业	189	94	90	71	65	90
汽车制造业	128	24	28	14	13	17
铁路、船舶、航空航天和其他运输设备制造业	49	21	12	6	7	14
电气机械及器材制造业	162	52	53	40	37	57
计算机、通信和其他电子设备制造业	266	72	23	20	11	163
仪器仪表制造业	2	2	2	2	2	2
其他制造业	19		3	1	2	7
废弃资源综合利用业	1	1	1	1	1	1
电力、燃气及水的生产和供应业	335	131	75	51	40	66
电力、热力生产和供应业	223	104	43	26	21	41
燃气生产和供应业	22	5	5	4	2	8
水的生产和供应业	90	22	27	21	17	17
建筑业	**1**					**1**
房屋建筑业	1					1
批发和零售业	**181**	**45**	**46**	**34**	**35**	**76**
批发业	18	17	18	17	16	16
交通运输、仓储和邮政业	**1444**	**280**	**131**	**86**	**77**	**122**
铁路运输	54	42	4	3		
道路运输业	959	115	81	59	54	45

3-13 续表 2 (2016 年) 单位:亿元

行　业	在建规模	新开工规模	施工项目个数(个)		全部投产项目个数(个)	新增固定资产
				新开工		
仓储业	311	94	35	19	19	53
住宿和餐饮业	**32**	**19**	**17**	**8**	**11**	**11**
住宿业	28	16	12	6	7	10
信息传输、软件和信息技术服务业	**224**	**94**	**20**	**13**	**6**	**13**
电信、广播电视和卫星传输服务业	112	71	5	4		7
互联网和相关服务			1	1	1	
金融业	**71**	**15**	**4**	**1**	**1**	**15**
货币金融服务	9		1			
房地产业	**2424**	**741**	**255**	**122**	**118**	**366**
租赁和商务服务业	**666**	**129**	**31**	**16**	**16**	**53**
商务服务业	666	129	31	16	16	53
科学研究和技术服务业	**107**	**41**	**26**	**14**	**11**	**33**
研究和试验发展	42	10	9	1	1	5
专业技术服务业	17	15	9	8	4	5
水利、环境和公共设施管理业	**1904**	**829**	**618**	**375**	**343**	**414**
水利管理业	65	57	25	18	14	10
生态保护和环境治理业	3	1	6	4	4	1
公共设施管理业	1837	771	587	353	325	403
居民服务业、修理和其他服务业	**55**	**41**	**20**	**14**	**3**	**1**
居民服务业	55	41	19	13	2	1
教育	**190**	**50**	**97**	**62**	**49**	**29**
卫生和社会工作	**161**	**35**	**27**	**15**	**14**	**35**
卫生	128	21	20	12	9	16
文化、体育和娱乐业	**237**	**68**	**25**	**13**	**12**	**17**
文化艺术业	123	40	12	4	5	4
公共管理、社会保障和社会组织	**13**		**6**		**1**	**2**
国家机构	9		4			

3-14 各县(市)区投资项目个数

(2016 年)

县(市)区	施工项目个数(个)	#本年新开工	本年投产项目个数(个)	全部建成投产率(%)
郑州市	**2283**	**1474**	**1386**	**60.7**
市辖区	6	1		
中原区	12	3		
二七区	57	38	33	57.9
管城区	34	26	21	61.8
金水区	41	38	20	48.8
上街区	59	40	25	42.4
惠济区	27	5	8	29.6
中牟县	186	111	120	64.5
巩义市	384	305	280	72.9
荥阳市	291	216	210	72.2
新密市	240	174	164	68.3
新郑市	169	69	97	57.4
登封市	233	164	192	82.4
经开区	105	79	55	52.4
高新区	74	70	62	83.8
郑东新区	331	107	73	22.1
航空港实验区	34	28	26	76.5

3-15　房地产开发企业(单位)财务情况

(2016 年)

单位:万元

类　别	数　值	类　别	数　值
年初存货	**41787365**	其他收入	482735
期末资产负债		营业成本	10928665
流动资产合计	100281462	主营业务成本	10743181
#应收账款	3733257	营业税金及附加	1160380
#存货	52928739	主营业务税金及附加	1134610
固定资产合计	2914842	其他业务利润	10213
固定资产原价	2476045	销售费用	639621
累计折旧	559378	管理费用	781585
#本年折旧	106417	#税金	42689
在建工程	2100980	财务费用	654119
资产总计	117601033	#利息收入	59861
流动资产合计	80950767	#利息支出	443623
#应付账款	5812055	资产减值损失	-600
非流动负债合计	17209812	公允价值变动收益(损失以“-”号记)	201
负债合计	98160579	投资收益(损失以“-”号记)	205971
所有者权益合计	19440454	营业利润	1077799
实收资本	9651895	营业外收入	93661
损益及分配		#政府补助	7643
营业收入	14820162	营业外支出	126446
主营业务收入	14683593	利润总额	1045818
土地转让收入	203730	应交所得税	394247
商品房屋销售收入	13803257	**人工成本**	
房屋出租收入	193872	应付职工薪酬(本年贷方累计发生额)	360720

3-16 分县(市)区

(2016 年)

县(市)区	固定资产原价	实收资本合计	资产总计	累计折旧	#本年折旧	负债合计	流动资产合计	非流动负债合计
郑州市	**2476045**	**9651895**	**117601033**	**559378**	**106417**	**98160579**	**80950767**	**17209812**
中原区	55271	1123778	14597743	22339	4436	10046958	6912578	3134381
二七区	96495	703724	10764470	39837	5090	9912879	7731112	2181767
管城区	443208	753577	10139808	164375	22648	8754756	7269646	1485110
金水区	504111	1662333	19044244	147703	28014	15360284	12759408	2600876
上街区	7068	294378	2069503	2917	912	1641337	1321389	319948
惠济区	39579	548884	6734060	11841	2538	5863556	4702451	1161105
中牟县	16723	263509	4215666	6979	1546	4133706	3758097	375609
巩义市	77664	100178	486657	8655	3517	340550	328313	12237
荥阳市	22113	366409	4447974	6805	1836	4145193	3803388	341806
新密市	49074	168243	1590757	7034	2976	1189774	1107886	81888
新郑市	62401	395782	6671221	20309	4526	6145403	5806352	339051
登封市	47241	110565	660348	5181	1662	485047	418855	66192
经开区	101148	306348	4525835	25178	4867	3952841	3373338	579503
高新区	26336	370368	5502869	10179	3565	4963525	4148865	814660
郑东新区	919363	1888496	20585487	77654	17533	17124182	13826400	3297782
航空港实验区	8251	595326	5564392	2391	752	4100589	3682692	417897

房地产开发企业财务状况

单位:万元

所有者权益合计	资产负债率(%)	营业收入	主营业务收入	土地转让收入	商品房屋销售收入	房屋出租收入	其他收入	营业税金及附加	主营业务税金及附加	利润总额
19440454	**83.5**	**14820162**	**14683593**	**203730**	**13803257**	**193872**	**482735**	**1160380**	**1134610**	**1045818**
4550785	68.8	777925	757075	1083	588191	7308	160494	59277	59243	-89624
851592	92.1	1488455	1486126	108466	1246689	30700	100271	102600	100636	75006
1385052	86.3	1328793	1325862		1207069	52297	66495	84865	83100	129558
3683960	80.7	1588439	1583242	421	1478053	46130	58639	157804	157624	189704
428166	79.3	232761	232319		230599	1600	120	10390	10390	-7919
870504	87.1	905481	905347		902000	2363	984	76450	76414	80410
81960	98.1	346377	325339		278530		46809	41840	40826	-45578
146107	70.0	295540	295090	4112	290978			13418	13388	41934
302781	93.2	835372	828463		806415	7027	15021	65749	64116	29899
400983	74.8	429752	429027	20	426904	1966	137	23676	23532	78358
525818	92.1	1279177	1279135	856	1265088	1808	11384	101089	95737	72051
175302	73.5	109266	107383	2051	103397	700	1235	6598	6337	13331
572994	87.3	401352	401206	6722	382290	11797	397	24695	21988	11617
539344	90.2	1035662	994592		987899	88	6606	68350	63579	137070
3461304	83.2	2853662	2837994		2794519	29397	14078	300456	294578	260170
1463803	73.7	912148	895394	80000	814635	693	66	23124	23124	69832

3-17　房地产开发企业(单位)投资、资金和土地情况

(2016 年)

单位:万元

类　别	数　值	类　别	数　值
计划总投资	**105556782**	#90-144 平方米	6862009
自开始建设累计完成投资	**72920366**	#144 平方米以上	3349326
本年完成投资	**27789452**	#别墅、高档公寓	104602
按照登记注册类型分		办公楼	1450356
内资	**27410860**	商业营业用房	2907867
国有	1865570	其他	4267258
有限责任公司	20471389	本年新增固定资产	5576734
国有独自公司	353350	待开发土地面积	5105403
其他有限责任公司	20118039	本年土地购置面积	4737031
股份有限公司	391840	本年土地成交价款	3438368
私营	4334469	#拆迁补偿费	176412
其他内资	347592	土地使用权出让金	2713966
港澳台商投资	**288962**	**契税**	**72078**
与港澳台商合资经营	26000	**本年资金来源合计**	**38245410**
港澳台商独资	244126	上年末结余资金	8357109
港澳台商投资股份有限公司	16177	本年资金来源小计	29888301
外商投资	**89630**	#省外资金	342330
中外合资经营	34200	国内贷款	3507393
外资企业	55430	银行贷款	2806305
按构成分		非银行金融机构贷款	701088
建筑工程	19108725	自筹资金	14106112
安装工程	560612	#自有资金	6305865
设备工器具购置	712586	股东投入资金	1680516
其他费用	7407529	借入资金	2359763
旧建筑物购置费	123013	其他资金来源	12274796
土地购置费	4987946	#定金及预收款	5861773
按工程用途分		#个人按揭贷款	5061236
住宅	19163971	本年各项应付款合计	5624182
#90 平方米以下	8952636	#工程款	2390637

3-18 房地产开发企业(单位)施工、销售和空置情况

(2016 年)

单位:万元、平方米

类　别	合计	住宅	90 平米以下住房	144 平米以上住房	别墅、高档公寓	办公楼	商业营业用房	其他房屋
房屋施工面积	142299743	96037437	42665281	12691294	1506040	9744121	14393601	22124584
#新开工面积	52872068	35962668	18084187	4969145	280492	2028258	5142243	9738899
房屋竣工面积	14552430	10562829	4237890	2008602	301980	899163	1197307	1893131
#不可销售面积	1167219	137982	53102	19257		101912	104432	822893
商品住宅竣工套数(套)		97651	51330	11059	861			
竣工房屋价值	3961889	2925040	1198997	532486	83222	228342	333024	475483
批准预售面积	16355702	14101126	4089776	2406905	150751	662009	1216585	375982
批准预售套数(套)		129833	50117	12052	1187			
出租房屋面积	146579	128821	55542			6282	9134	2342
商品房销售面积	28591803	25714430	9998795	3982808	351034	957407	1531492	388474
#现房销售面积	2567726	2039805	495319	588918	34048	113888	327915	86118
#期房销售面积	26024077	23674625	9503476	3393890	316986	843519	1203577	302356
商品房销售额	23338882	20811259	7841757	4339400	400047	983044	1306472	238107
#现房销售额	1536906	1128257	289071	372442	14491	131266	230841	46542
#期房销售额	21801976	19683002	7552686	3966958	385556	851778	1075631	191565
商品住宅销售套数(套)		248121	124977	21683	2802			
#现房销售套数		17722	6210	3246	94			
#期房销售套数		230399	118767	18437	2708			
待售面积	3489792	1993146	497715	539741	50426	519929	697189	279528
#待售 1-3 年面积	1572744	935325	199617	241620	44125	201001	327405	109013

3-19 分县(市)区按工程用途分房地产开发投资情况

(2016 年)

单位:万元

县(市)区	本年完成投资	住宅	90 平方米以下	144 平米以上住房	办公楼	商业营业用房	其他
郑州市	**27789452**	**19163971**	**8952636**	**3349326**	**1450356**	**2907867**	**4267258**
中原区	2395564	1458262	892792	59341	157739	364794	414769
二七区	3191207	2118474	996810	128175	113693	472235	486805
管城区	2101213	1545674	814693	122078	52043	197895	305601
金水区	3455499	2303593	1094455	502478	221142	470185	460579
上街区	311514	238963	82582	24055	380	58630	13541
惠济区	1251238	858700	335174	51933	25459	235023	132056
中牟县	514536	398328	91181	189389	26827	37589	51792
巩义市	473411	326586	51799	86670	20025	51507	75293
荥阳市	1226018	972404	225223	192259	24985	117072	111557
新密市	683454	440574	121631	48554	245	224749	17886
新郑市	1736803	1612569	576278	198613	1190	55571	67473
登封市	265743	135462	31835	46021	12656	43103	74522
经开区	1397759	1090956	526252	173141	139501	47551	119751
高新区	3035909	1360490	1053810	21927	89815	114317	1471287
郑东新区	3993458	2867466	641524	1497964	563662	295715	266615
航空港实验区	1756126	1435470	1416597	6728	994	121931	197731

3-20 分县(市)区房地产开发商品房屋施工面积

(2016年)

单位:平方米

县(市)区	施工房屋面积	住宅	90平方米以下	144平米以上住房	办公楼	商业营业用房	其他
郑州市	**142299743**	**96037437**	**42665281**	**12691294**	**9744121**	**14393601**	**22124584**
中原区	13521514	8810434	5533526	332467	485679	1547078	2678323
二七区	15375884	10653124	4228849	732615	1057995	2105914	1558851
管城区	12170733	8795376	4522722	724574	177733	1022315	2175309
金水区	13332869	8232999	4092136	1393884	1151601	1739735	2208534
上街区	1791272	1259138	494832	130479	790	398418	132926
惠济区	7149237	5175402	1815234	272852	161396	633669	1178770
中牟县	4651345	3331301	714883	634772	216646	423447	679951
巩义市	1938292	1458775	231037	413434	95226	186808	197483
荥阳市	9418652	7196171	1346582	1553535	112694	971349	1138438
新密市	3595385	2273193	697655	290977	7181	944966	370045
新郑市	11583844	10322786	3708114	1391000	5083	471366	784609
登封市	1600169	982431	164360	288390	90649	266575	260514
经开区	4947966	3445320	1821877	597864	563546	269571	669529
高新区	11536391	8059055	5346053	145467	734325	741863	2001148
郑东新区	23098416	11749701	3793051	3743468	4739650	1882002	4727063
航空港实验区	6587774	4292231	4154370	45516	143927	788525	1363091

3-21 分县(市)区房地产开发商品房屋新开工面积

(2016 年)

单位:平方米

县(市)区	新开工房屋面积	住宅	90 平方米以下	144 平米以上住房	办公楼	商业营业用房	其他
郑州市	**52872068**	**35962668**	**18084187**	**4969145**	**2028258**	**5142243**	**9738899**
中原区	5454307	3538370	2152627	192816	99065	406950	1409922
二七区	4418454	3065825	1918547	203795	91566	687249	573814
管城区	4591061	3227010	1430634	291318	31393	170421	1162237
金水区	5022841	3379958	1606073	653226	193720	732787	716376
上街区	525956	323095	142490	14820	390	195648	6823
惠济区	2808861	1788530	650810	59722	114363	252145	653823
中牟县	1523007	1182846	181520	430671	75900	47082	217179
巩义市	1286517	870775	180637	335834	95226	175909	144607
荥阳市	3697927	2627013	473114	563481	101671	420970	548273
新密市	1259879	470145	226892	44738	6500	738037	45197
新郑市	3982315	3511227	1498183	285831	1014	81139	388935
登封市	501962	299355	89445	101590	8600	61893	132114
经开区	2459893	1639821	500303	300660	249449	132585	438038
高新区	3778416	2684944	2329526	15770	60458	257569	775445
郑东新区	6352523	3737718	1132866	1429357	898943	469909	1245953
航空港实验区	5208149	3616036	3570520	45516		311950	1280163

3-22 分县(市)区房地产开发商品房屋竣工面积

(2016 年)

单位:平方米

县(市)区	竣工房屋面积	住宅			办公楼	商业营业用房	其他
			90 平方米以下	144 平米以上住房			
郑州市	**14552430**	**10562829**	**4237890**	**2008602**	**899163**	**1197307**	**1893131**
中原区	332972				96590	228925	7457
二七区	763418	528368	97786	47991	196281	22762	16007
管城区	1909001	1607419	1022232	84286	870	163004	137708
金水区	875281	564411	293057	36051	60675	88940	161255
上街区	192932	156704	56343	3855		36228	
惠济区	1061617	953911	380726	89999		80235	27471
中牟县	143229	114013	18023			22527	6689
巩义市	512583	385000	125400	154600		64927	62656
荥阳市	631376	541494	74058	96221	2257	17143	70482
新密市	236426	236426	18181	25840			
新郑市	1398985	1249633	342378	382583	1600	17222	130530
登封市	187236	153949	34943	35000		25322	7965
经开区	115241	115241					
高新区	722933	606554	342646	20000	10000	29047	77332
郑东新区	4956160	3045367	1127778	1032176	498969	241580	1170244
航空港实验区	513040	304339	304339		31921	159445	17335

3-23 分县(市)区商品房屋销售面积

(2016 年)

单位:平方米

县(市)区	销售面积	住宅			办公楼	商业营业用房	其他
			90 平方米以下	144 平米以上住房			
郑州市	**28591803**	**25714430**	**9998795**	**3982808**	**957407**	**1531492**	**388474**
中原区	1903565	1837314	1251198	83271	23295	32542	10414
二七区	2305598	2080484	961344	133678	61557	110520	53037
管城区	2259496	2075239	689311	233160		128322	55935
金水区	1566978	1392009	644373	310057	94662	77525	2782
上街区	673872	629588	162852	68888		44284	
惠济区	1613064	1504593	455799	134418	38274	64436	5761
中牟县	877436	852289	149395	270127		20901	4246
巩义市	1062929	773018	146520	341118	43000	141051	105860
荥阳市	3390699	3218479	625509	402725	40954	131266	
新密市	1189663	812731	279025	21316		376932	
新郑市	4024842	3938826	1233979	414301		86016	
登封市	243635	192396	34356	53286	4090	45956	1193
经开区	1098190	984039	469636	164779	63798	3224	47129
高新区	2450189	2165311	1793438	43245	187114	48671	49093
郑东新区	3177064	2596599	517893	1305915	396595	130846	53024
航空港实验区	754583	661515	584167	2524	4068	89000	

3-24 分县(市)区房地产开发商品房屋销售额

(2016 年)

单位:万元

县(市)区	商品房屋销售额	住宅			办公楼	商业营业用房	其他
			90 平方米以下	144 平米以上住房			
郑州市	**23338882**	**20811259**	**7841757**	**4339400**	**983044**	**1306472**	**238107**
中原区	1535599	1473447	924443	91119	15399	38279	8474
二七区	1928331	1738414	807215	137827	57122	109146	23649
管城区	2283101	2036193	667265	263339		200186	46722
金水区	1693567	1529820	645302	462075	95359	67180	1208
上街区	325641	284036	65572	51866		41605	
惠济区	1474727	1403935	432630	144699	30570	36172	4050
中牟县	660208	636256	93030	295460		21928	2024
巩义市	484459	304946	55922	130039	36700	86656	56157
荥阳市	2244578	2135366	370680	422415	18162	91050	
新密市	536427	330403	100977	7389		206024	
新郑市	2610915	2520400	823536	313829		90515	
登封市	120102	85436	17043	18556	2745	31800	121
经开区	878808	810802	330537	161286	58809	7962	1235
高新区	2355438	2106501	1739467	22378	174206	54777	19954
郑东新区	3857576	3089594	491997	1815513	488677	204792	74513
航空港实验区	349405	325710	276141	1610	5295	18400	

3-25 分县(市)区房地产开发资金来源

(2016 年)

单位:万元

县(市)区	本年资金来源小计	国内贷款	#银行贷款	自筹资金	#自有资金	#股东投入资金	#借入资金	其他资金来源	定金及预收款	#个人按揭贷款
郑州市	**29888301**	**3507393**	**2806305**	**14106112**	**6305865**	**1680516**	**2359763**	**12274796**	**5861773**	**5061236**
中原区	2491356	365143	289980	1206892	564301	102325	116327	919321	415567	374984
二七区	3538396	293202	215859	1222239	574163	342983	63257	2022955	1150193	586250
管城区	2819848	72970	72970	1247580	962023	111860	49272	1499298	710905	726993
金水区	3320122	204324	78242	2691728	1013363	379233	131348	424070	165386	159266
上街区	316812	8350	7350	263446	175132		23085	45016	24565	18533
惠济区	2120146	342000	147000	693131	109304	137432	176884	1085015	508353	531424
中牟县	644597	64112	64112	262124	127648	19703	105265	318361	148410	130458
巩义市	487711			487711	169111		42500			
荥阳市	1722300	56736	56736	418519	219402	39338	13061	1247045	513218	525690
新密市	674445	119625	119625	384221	95441	63630	46506	170599	60281	76802
新郑市	2655138	235700	205200	694008	348037	69624	90661	1725430	555004	1040017
登封市	300087	10255	10255	279550	102166	16000	1600	10282	5985	1724
经开区	1452765	177380	155380	973673	781453	110930	55428	301712	176472	125240
高新区	1664417	385380	295380	752040	516115	1000	23282	526997	324804	95828
郑东新区	4218730	1059216	975216	1390794	501413	215214	503598	1768720	1002405	643977
航空港实验区	1461431	113000	113000	1138456	46793	71244	917689	209975	100225	24050

3-26　分县(市)区房地产土地购置和开发情况

(2016年)

单位:万元

县(市)区	土地购置费	本年购置土地面积(平方米)	本年土地成交价款			契税
				拆迁补偿费	土地使用权出让金	
郑州市	**4987946**	**4737031**	**3438368**	**176412**	**2713966**	**72078**
中原区	337650	717997	337081	13807	323274	6549
二七区	338022	361833	261065		217114	1422
管城区	370136	439675	294859		176377	4077
金水区	1041267	900860	1036968	1805	671527	13108
上街区	3000	38838	4990		4990	200
惠济区	245988	469700	340390	104000	236390	4010
中牟县	110284	255514	62351		60626	2812
巩义市	37501					
荥阳市	109183	473981	82226		80926	2944
新密市	28383	327	76		76	3
新郑市	150781	211378	71227	16800	52927	1966
登封市	44876	83785	6231			
经开区	399446	88948	53690		53690	1686
高新区	772721	121802	72957	40000	32957	1013
郑东新区	831669	449710	779492		779492	32288
航空港实验区	167039	122683	34765		23600	

主要统计指标解释

固定资产投资额 是以货币表现的建造和购置固定资产活动的工作量，它是反映固定资产投资规模、速度、比例关系和使用方向的综合性指标。全社会固定资产投资包括国有经济单位投资、城乡集体经济单位投资、各种经济类型的单位的投资和城乡居民个人投资。按照我国现行计划管理体制，国有经济单位固定资产投资总额分为基本建设、更新改造、商品房屋建设投资和其他固定资产投资四个部分；城乡集体经济单位投资包括城镇集体所有制单位投资和农村集体所有制单位投资；各种经济类型的单位投资包括联营经济、股份制经济、中外合资经营、中外合作经营、外资、与大陆合资经营、与大陆合作经营、港澳台独资及其他经济类型的单位投资。城镇居民个人投资包括城市、县城、镇、工矿区所辖范围内的个人建房和农村个人建房及购买生产性固定资产的投资。

固定资产投资的资金来源 根据固定资产投资的资金来源不同，分为国家预算内资金、国内贷款、利用外资、自筹资金和其他资金来源。

1. 国家预算内资金 指中央财政和地方财政中由国家统筹安排的基本建设拨款和更新改造拨款，以及中央财政安排的专项拨款中用于基本建设的资金和基本建设拨款改贷款的资金等。

2. 国内贷款 指报告期内企、事业单位向银行及非银行金融机构借入的用于固定资产投资的各种国内贷款。包括银行利用自有资金及吸收的存款发放的贷款、上级主管部门拨入的国内贷款、国家专项贷款（包括煤代油贷款、劳改煤矿专项贷款等）、地方财政专项资金安排的贷款、国内储备贷款、周转贷款等。

3. 利用外资 指报告期内收到的用于固定资产投资的国外资金，包括统借统还、自借自还的国外贷款，中外合资项目中的外资，以及对外发行债券和股票等。国家统借统还的外资指由我国政府出面同外国政府、团体或金融组织签订贷款协议、并负责偿还本息的国外贷款。

4. 自筹资金 指建设单位报告期内收到的，用于进行固定资产投资的上级主管部门、地方和企、事业单位自筹资金。

5. 其他资金来源 指报告期内收到的除以上各种拨款、借款、自筹资金以外，其他用于固定资产投资的资金。

固定资产投资按国民经济行业分 建设项目归哪个行业，按其建成投产后的主要产品或主要用途及社会经济活动性质来确定。基本建设按建设项目划分国民经济行业，更新改造、国有经济单位其他固定资产投资及城镇集体投资根据整个企业、事业单位所属的行业来划分。一般情况下，一个建设项目或一个企业、事业单位只能属于一种国民经济行业。为了更准确地反映国民经济各行业之间的比例关系，联合企业（总厂）所属分厂属于不同行业的，原则上按分厂划分行业。

固定资产投资按建设性质分 建设项目的性质一般分为新建、扩建、改建、迁建、恢复。基本建设按建设项目划分建设性质，更新改造、国有经济单位其他固定资产投资及城镇集体投资按整个企业、事业单位的建设情况确定建设性质。目前基本建设和更新改造是根据我国现行的计划管理体制区分的，所以基本建设和更新改造都可以分别按新建、扩建等划分。

固定资产投资按用途分 固定资产投资按工程的经济用途分为用于为农林牧渔业用、工业建筑业用商业、运输邮电业用、其他五部分的建设，是研究不同用途的固定资产投资之间比例关系的重要指标。基本建设投资、国有经济单位其他固定资产投资及城镇集体投资的用途按单项工程确定，现有企业、事业单位更新改造投资的用途按更新改造项目确定。

固定资产投资按构成分 固定资产投资活动按其工作内容和实现方式分为建筑安装工程，设备、工具、器具购置，其他费用三个部分。

1. 建筑安装工程（建筑工作量）指各种房屋、建筑物的建造工程和各种设备、装置的安装工程。包括各种房屋建造工程，各种用途设备基础和各种工业窑炉的砌筑工程；为施工而进行的各种准备工作和临时工程以及完工后的清理工作等；铁路、道路的铺设，矿井的开凿及石油管道的架设等；水利工程；防空地下建筑等特殊工程；以及各种机械设备的安装工程；为测定安装工程质量，对设备进行的试行工作。在安装工程中,不包括被安装设备本身价值。

2. 设备、工具、器具购置指购置或自制达到固定资产标准的设备、工具、器具的价值,固定资产的标准按财务部门规定。新建单位、扩建单位的新建车间按照设计和计划要求购置或自制的全部设备、工具、器具,不论是否达到固定资产标准均计入“设备、工具、器具购置”中。

3. 其他费用指除建筑安装工程和设备、工具、器具购置以外的投资完成额。它包括两种性质的费用,一种是属于增加固定资产的费用,主要有:建设单位管理费,土地、青苗等补偿费和安置补助费、勘察设计费、研究实验费、农林单位牲畜购置费、各种经济林木的营造费、办公和生活家具、器具购置费、引进技术和进口设备项目的其他费用、联合试运转费等;一种是属于不增加固定资产的费用,主要有:施工机械转移费、生产职工培训费、农业开荒费用及报废工程损失费等。

建筑业统计单位 指从事房屋、构筑物建造和设备安装活动的法人企业。建筑业法人企业应具有建筑业资质并能够独立核算,同时其应具备以下条件:1. 依法成立,有自己的名称、组织机构和场所,能够承担民事责任;2. 独立拥有和使用资产,承担负债,有权与其他单位签订合同;3. 独立核算盈亏,能够编制资产负债表。

施工项目 指报告期内曾进行建筑或安装工程施工活动的建设项目。包括报告期内新开工项目,报告期以前开工跨入报告期继续施工的项目以及报告期施过工并在报告期内全部建设投产或停缓建的项目。

全部建成投产项目工业项目 是指设计文件规定形成生产能力的主体工程及其相应配套的辅助设施全部建成,经负荷试运转,证明具备生产设计规定合格产品的条件,并经过验收鉴定合格或达到竣工验收标准,与生产性工程配套的生产福利设施可以满足近期正常生产的需要,正式移交生产的建设项目。

施工和竣工房屋建筑面积 房屋建筑面积是从房屋外墙线算起的各层平面面积的总和,包括房屋结构(如柱、墙)占用的面积和地下室面积。多层建筑按各自然层面积总和计算,包括房屋内的楼隔层,突出墙面的眺望间、门斗、有柱雨罩的面积。不包括突出墙面结构的构件、艺术装饰等所占的面积,如台阶等。凹阳台、挑阳台按其水平投影面积一半计算建筑面积。

住宅建筑面积 指施工和竣工房屋建筑面积中供居住用的施工和竣工房屋建筑面积。

竣工面积 指在报告期内房屋建筑按照设计要求已全部完工,达到住人和使用条件,经验收鉴定合格,正式移交使用单位的建筑面积。

房屋建筑面积竣工率 指一定时期内房屋竣工面积占同期房屋施工面积的比率。它是从房屋建筑施工速度的角度反映投资效果和建筑业经济效益的指标。

新增固定资产 指通过投资活动所形成的新的固定资产价值。包括已经建成投入生产或交付使用的工程价值和达到固定资产标准的设备、工具、器具的价值及有关应摊入的费用。它是以价值形式表示的固定资产投资成果的综合性指标,可以综合反映不同时期、不同部门、不同地区的固定资产投资成果。

建设项目投产率 指一定时期内全部建成投入生产项目个数占同期正式施工项目个数的比率。它是从项目建设速度的角度反映投资效果的指标。

固定资产交付使用率 指一定时期新增固定资产与同期完成投资额的比率。它是反映各个时期固定资产动用速度,衡量建设过程中投资效果的一个综合性指标。未完工程占用率指年末未完工程累计完成投资额占全年实际完成投资额的比率。它反映未完工程的相对规模,并可从资金占用的角度反映固定资产投资效果。由于未完工程是指已经开工,但尚未建成交付使用的工程,有个跨年度问题,因此未完工程占用率会出现大于1的情况。

实收资本 指企业实际吸收到的所有投资人投入的资金。该指标来源于会计“资产负债表”中“实收资本”项目的期末数。

资产总计 指企业拥有或控制的全部资产,包括活动资产、长期投资、固定资产、无形及递延资产、其他长期资产。该指标来源于会计“资产负债表”中“资产总计”项的期末数。

负债总计 指企业的流动负债和长期负债的合计。

本年施工规模 指报告期内施工的单项工程(或更新改造项目)的设计能力(或工程效益),包括报告期以前已开工跨入本年继续施工的工程的设计能力和报告期新开工工程的设计能力。也包括报告期内建成投产或报告期施工后又停缓建的单项工程设计能力。不包括在报告期以前建成投产或已经停、缓建的工程,以及报告期内尚未正式开工的工程的设计能力。

商品房销售面积 指报告期内出售商品房屋的合同总面积(即双方签署的正式买卖合同中所确定的建筑面积)。由现房销售面积和期房销售面积两部分组成。

商品房销售额 指报告期内出售商品房屋的合同总价款(即双方签署的正式买卖合同中所确定的合同总价)。该指标与商品房销售面积同口径,由现房销售额和期房销售额两部分组成。

四、价 格

4-1 市区居民消费价格指数(2016 年)

(以上年价格为 100)

类别	年度	月份											
		一	二	三	四	五	六	七	八	九	十	十一	十二
居民消费价格总指数	**102.3**	**101.7**	**102.3**	**102.7**	**102.5**	**102.5**	**102.4**	**102.0**	**102.1**	**102.5**	**102.4**	**102.3**	**102.1**
非食品烟酒价格指数	**102.3**	**101.2**	**101.6**	**101.9**	**102.0**	**102.1**	**102.4**	**102.5**	**102.5**	**102.8**	**102.7**	**102.9**	**103.1**
食品(原口径)指数	**102.5**	**103.4**	**104.1**	**104.7**	**104.0**	**103.8**	**102.6**	**101.1**	**101.4**	**102.1**	**102.1**	**101.1**	**99.8**
非食品(原口径)指数	**102.2**	**101.1**	**101.6**	**101.9**	**102.0**	**102.0**	**102.3**	**102.4**	**102.4**	**102.7**	**102.6**	**102.8**	**103.0**
服务价格指数	**103.7**	**102.9**	**103.5**	**103.8**	**103.7**	**104.0**	**103.7**	**103.5**	**103.6**	**104.0**	**104.0**	**104.0**	**104.2**
工业品价格指数	**100.8**	**99.4**	**99.8**	**100.1**	**100.3**	**100.1**	**101.2**	**101.4**	**101.4**	**101.5**	**101.3**	**101.8**	**102.0**
鲜活食品价格指数	**105.6**	**108.1**	**110.4**	**111.3**	**109.3**	**107.8**	**105.2**	**101.2**	**101.1**	**104.0**	**105.6**	**103.3**	**99.3**
消费品价格指数	**101.5**	**101.0**	**101.7**	**102.0**	**101.9**	**101.7**	**101.7**	**101.2**	**101.3**	**101.7**	**101.5**	**101.4**	**101.0**
能源价格指数	**98.9**	**96.4**	**96.8**	**95.1**	**95.8**	**95.5**	**96.8**	**97.4**	**98.5**	**100.6**	**102.3**	**104.9**	**107.2**
非食品价格指数	**102.0**	**101.0**	**101.4**	**101.7**	**101.8**	**101.8**	**102.1**	**102.2**	**102.3**	**102.5**	**102.3**	**102.5**	**102.7**
扣除食品和能源价格指数	**102.2**	**101.2**	**101.7**	**102.1**	**102.2**	**102.2**	**102.5**	**102.5**	**102.5**	**102.6**	**102.3**	**102.4**	**102.5**
扣除鲜菜鲜果价格指数	**102.2**	**101.2**	**101.8**	**102.1**	**102.3**	**102.6**	**102.7**	**102.4**	**102.4**	**102.5**	**102.3**	**102.2**	**102.4**
扣除自有住房价格指数	**101.5**	**101.0**	**101.5**	**101.8**	**101.6**	**101.6**	**101.6**	**101.2**	**101.4**	**101.7**	**101.6**	**101.5**	**101.2**
居住(扣自有住房)价格指数	**105.0**	**103.2**	**103.5**	**103.6**	**103.9**	**105.2**	**105.1**	**105.0**	**105.1**	**105.3**	**106.3**	**106.7**	**107.1**
食品烟酒	**102.3**	**102.9**	**103.8**	**104.3**	**103.7**	**103.5**	**102.3**	**101.0**	**101.2**	**101.9**	**101.8**	**100.9**	**99.8**
食品	103.4	104.7	105.9	106.5	105.6	105.3	103.5	101.3	101.5	102.7	103.0	101.6	99.6
粮食	99.8	99.8	100.0	100.0	100.0	99.6	99.7	99.7	99.6	99.6	99.6	99.8	100.0
大　米	100.6	100.6	101.0	101.0	100.6	100.5	100.5	100.5	100.5	100.5	100.5	100.5	100.5
面　粉	100.6	100.5	100.5	100.5	100.5	100.5	101.0	101.0	100.6	100.6	100.6	100.6	100.6
其他粮食	95.7	94.9	94.9	95.3	95.6	95.6	94.9	94.9	94.9	94.9	95.6	97.7	100.0
粮食制品	99.7	99.9	100.2	100.2	100.2	99.5	99.5	99.5	99.5	99.5	99.5	99.5	99.5
薯类	108.4	110.8	109.6	111.5	118.9	134.0	113.0	102.2	108.3	103.8	96.2	95.5	96.3
豆类	100.3	101.4	100.6	99.9	99.9	99.9	99.9	100.0	100.4	100.4	100.4	100.5	100.5
干　豆	99.4	99.4	99.2	99.2	99.2	99.2	99.2	99.2	99.2	99.2	99.2	99.9	100.6
豆 制 品	100.4	101.5	100.7	100.0	100.0	100.0	100.0	100.1	100.5	100.5	100.5	100.5	100.5
食用油	101.3	93.9	94.9	97.8	97.2	99.3	102.1	103.6	105.3	107.1	106.7	103.1	106.0
食用植物油	100.9	93.7	94.6	97.5	96.8	98.6	101.4	103.1	104.8	106.6	106.3	102.7	105.7
食用动物油	130.2	113.7	114.5	115.6	121.2	150.3	148.8	141.2	139.4	135.0	129.4	126.5	126.5
菜	108.0	123.3	122.7	128.9	118.0	105.7	93.5	88.1	93.6	100.9	108.8	107.8	97.4
鲜　菜	108.2	125.5	124.2	131.3	119.3	105.6	91.8	85.8	92.1	100.4	109.2	108.2	96.7
干菜及菜制品	105.8	105.0	106.4	106.3	106.3	106.3	106.3	106.3	106.3	105.5	105.7	105.0	104.4
畜肉类	111.4	109.6	116.9	114.7	115.7	119.9	117.6	110.9	108.8	108.2	106.6	104.8	104.7
猪　肉	118.4	118.3	130.5	127.3	128.0	132.6	128.0	116.0	112.7	111.8	109.6	106.7	106.4
牛　肉	100.2	100.0	100.6	100.1	100.3	100.4	100.4	100.4	100.4	100.4	100.3	99.6	99.6
羊　肉	96.3	92.8	93.0	93.0	95.3	98.0	98.0	98.0	98.0	97.9	97.1	97.2	98.2
畜肉副产品	111.5	103.1	106.1	104.6	104.6	117.0	117.8	117.4	115.7	114.9	112.4	112.0	112.0

4-1 续表1

类 别	年 度	月份 一	二	三	四	五	六	七	八	九	十	十一	十二
其他畜肉及制品	106.3	103.1	103.4	103.4	106.1	109.2	107.9	107.0	106.9	106.8	107.1	107.1	107.1
禽肉类	99.3	99.9	98.2	101.1	99.8	101.0	101.1	98.4	97.8	98.2	98.7	98.8	98.2
鸡	98.4	98.5	96.4	100.6	98.9	100.7	101.5	97.6	96.6	97.3	97.8	98.1	97.1
鸭	100.7	101.7	101.7	101.7	101.7	101.4	99.7	100.0	100.0	100.0	100.0	100.0	100.0
其他禽肉及制品	101.4	103.7	102.7	102.7	101.8	101.8	100.6	100.4	100.4	100.4	100.8	100.8	100.8
水产品	101.3	99.5	99.1	102.5	100.1	96.9	99.7	100.0	102.1	104.3	104.7	104.2	103.8
淡水鱼	99.1	98.7	93.8	93.5	92.7	93.0	97.8	97.4	102.5	106.7	106.6	104.6	104.0
海水鱼	106.3	103.3	107.1	105.7	105.0	106.1	106.6	106.8	106.8	106.8	106.8	106.8	107.5
虾蟹类	103.9	98.1	102.5	117.6	109.7	96.1	99.2	101.0	100.8	102.8	105.0	107.3	105.7
其他水产品及制品	100.3	100.4	100.4	100.4	100.4	100.4	100.4	100.4	100.4	100.4	100.4	99.8	99.6
蛋类	98.3	96.7	94.6	97.0	102.0	102.1	101.9	99.5	95.5	97.5	101.9	98.1	94.7
鸡蛋	98.2	96.4	94.2	96.8	102.1	102.3	102.1	99.5	95.1	97.4	102.0	97.9	94.3
其他蛋及制品	100.0	100.0	100.0	100.0	100.0	100.0	100.0	100.0	100.0	100.0	100.0	100.0	100.0
奶类	99.0	101.6	101.6	101.6	100.4	100.4	100.0	100.0	100.0	95.6	95.6	95.6	95.6
鲜奶	96.8	100.0	100.0	100.0	100.0	100.0	100.0	100.0	100.0	90.4	90.4	90.4	90.4
酸奶	100.0	100.0	100.0	100.0	100.0	100.0	100.0	100.0	100.0	100.0	100.0	100.0	100.0
奶粉	101.3	104.3	104.3	104.3	102.0	102.0	99.8	99.8	99.8	99.8	99.8	100.0	100.0
其他奶制品	101.1	104.4	104.4	104.4	100.0	100.0	100.0	100.0	100.0	100.0	100.0	100.0	100.0
干鲜瓜果类	98.1	98.9	96.9	94.4	95.5	95.9	97.1	100.9	101.0	104.7	101.8	98.4	93.9
鲜瓜果	98.0	98.5	96.0	92.5	93.9	94.7	96.9	100.5	100.5	107.1	105.8	100.3	93.6
坚果	98.8	99.2	99.0	99.0	99.0	99.5	99.5	103.0	103.5	101.3	94.0	94.5	94.5
瓜果制品	97.4	102.6	100.0	101.6	101.6	97.3	92.6	97.5	97.5	95.6	93.6	93.6	95.6
糖果糕点类	103.4	101.5	101.8	102.4	105.3	105.6	105.1	103.6	102.4	103.7	103.1	103.1	103.2
食糖	110.8	109.0	107.2	109.0	118.0	118.0	115.7	112.9	108.2	108.2	108.2	108.2	108.2
糖果	100.1	99.8	98.0	99.6	100.2	100.2	100.6	100.6	102.2	100.0	100.0	100.0	100.6
糕点	101.8	99.2	101.8	100.9	102.7	102.9	103.1	101.0	100.0	103.5	102.1	102.1	102.1
其他糖果糕点	100.3	97.5	96.8	99.7	99.7	102.8	98.9	101.1	98.9	100.4	102.2	103.7	102.9
调味品	98.6	99.4	97.5	98.4	97.9	98.2	97.9	98.2	99.4	98.9	99.0	99.3	99.6
食用盐	100.0	100.0	100.0	100.0	100.0	100.0	100.0	100.0	100.0	100.0	100.0	100.0	100.0
酱油	97.2	98.1	93.8	95.9	95.9	96.9	93.9	95.1	99.8	99.1	98.7	98.7	100.3
食醋	100.2	100.0	100.3	100.0	100.0	100.6	100.6	100.6	100.6	100.0	100.0	100.0	100.3
调味酱	97.6	99.1	95.7	97.2	97.2	97.2	97.2	97.2	97.8	97.2	97.8	99.0	98.7
味精	100.2	100.0	100.0	100.0	100.0	100.0	100.0	100.0	100.0	100.6	100.6	100.6	100.0
其他调味品	99.6	100.7	100.7	100.7	98.0	98.0	100.0	100.0	100.0	99.3	99.3	99.3	99.3
其他食品类	96.9	103.0	96.0	97.1	97.1	97.5	97.9	97.3	97.3	96.5	96.3	93.4	93.3
方便食品	93.3	105.3	91.6	93.7	93.7	94.5	95.4	94.2	94.2	92.5	92.6	87.1	85.8
淀粉及制品	100.2	100.0	100.0	100.0	100.0	100.0	100.0	100.0	100.0	100.0	100.0	100.0	101.9

4-1　续表2

类　别	年　度	月份 一	二	三	四	五	六	七	八	九	十	十一	十二
膨化食品	100.5	101.7	100.6	100.6	100.6	100.6	100.6	100.6	100.8	100.8	99.5	99.5	99.5
茶及饮料	98.2	99.1	92.0	98.1	98.6	98.0	98.3	98.1	99.9	99.7	99.3	98.8	98.8
茶　叶	100.3	100.0	100.8	101.6	100.8	100.0	100.0	100.0	100.0	100.0	100.0	100.0	100.0
固体咖啡	99.8	99.7	99.7	99.7	99.7	99.7	99.7	99.7	99.7	99.7	100.9	99.9	99.9
其他固体饮料	104.4	105.1	103.1	103.1	107.7	107.7	101.7	106.1	106.9	107.0	108.9	99.1	97.1
饮 用 水	99.4	96.7	100.0	100.0	103.3	103.3	103.3	97.4	94.1	90.7	103.3	101.1	101.1
果汁饮料	92.1	97.1	92.5	92.5	89.8	87.6	87.6	89.5	92.4	92.4	94.9	94.9	94.9
其他液体饮料	98.1	98.9	81.9	96.5	98.8	99.1	100.3	99.3	103.2	103.2	99.3	98.9	98.9
烟酒	100.0	98.6	100.6	100.5	101.2	100.8	100.2	100.2	99.9	99.7	99.5	99.4	99.7
烟草	101.1	103.7	103.7	103.7	103.7	102.1	99.9	99.8	99.8	99.5	99.2	99.2	99.2
酒类	99.2	95.2	98.4	98.3	99.4	99.9	100.5	100.5	100.0	99.8	99.8	99.5	100.1
白　酒	99.2	94.0	98.0	97.9	99.4	100.2	100.4	100.4	100.4	100.0	100.0	100.0	100.4
葡 萄 酒	99.6	100.0	100.0	100.1	100.1	100.1	100.1	100.1	100.1	100.1	100.1	94.0	100.1
啤　酒	100.7	100.0	100.0	100.0	101.4	100.0	103.5	103.5	100.0	100.0	100.0	100.0	100.0
其他酒类	94.2	100.0	100.0	100.0	92.2	92.2	92.2	92.2	92.2	92.2	92.2	92.2	92.2
在外餐饮	100.4	100.3	100.3	100.3	100.3	100.3	100.5	100.6	101.3	100.8	99.9	99.9	100.3
正　餐	99.1	100.0	100.0	100.0	100.0	100.0	100.3	100.6	100.9	98.8	96.3	96.3	96.3
快　餐	101.3	101.1	101.1	101.1	101.1	101.1	101.1	101.1	101.1	101.1	101.6	101.6	102.4
地方小吃	102.4	100.0	100.0	100.0	100.0	100.0	100.0	100.0	103.3	106.4	106.4	106.4	106.4
其他在外餐饮	100.2	100.0	100.0	100.0	100.0	100.0	100.0	100.0	100.0	100.0	100.0	100.0	101.9
衣着	**100.2**	**100.5**	**100.6**	**100.1**	**100.0**	**99.8**	**99.9**	**99.7**	**100.0**	**100.4**	**100.6**	**100.7**	**100.7**
服装	100.0	100.5	100.5	100.0	99.9	99.5	99.7	99.6	99.7	100.1	100.2	100.1	100.1
男式服装	99.7	100.0	100.3	100.3	100.3	99.6	99.5	99.3	99.3	99.5	99.5	99.5	99.5
男式西服	100.3	101.4	101.4	100.1	99.5	99.5	99.5	99.5	100.1	100.8	100.8	100.8	100.8
男式冬衣	102.6	100.0	101.5	103.0	103.0	103.0	103.0	103.0	103.0	103.0	103.0	103.0	103.0
男式夹克衫	100.9	100.0	100.0	100.0	100.0	100.0	100.0	100.0	100.0	101.5	102.9	102.9	102.9
男式毛线衣	100.0	100.0	100.0	100.0	100.0	100.0	100.0	100.0	100.0	100.0	100.0	100.0	100.0
男式运动装	100.9	99.3	99.3	99.3	100.0	100.0	103.1	103.1	103.1	101.1	100.7	100.7	100.7
男式衬衫T恤	97.3	99.1	99.1	98.9	98.8	98.8	96.7	95.8	96.0	96.3	95.9	95.9	95.9
男式裤子	97.9	100.6	100.6	100.6	100.6	96.8	96.8	96.8	96.8	96.8	96.2	96.2	96.2
男式内衣	99.7	99.5	99.9	99.9	99.9	99.9	99.9	99.9	98.7	99.9	99.9	99.9	99.9
女式服装	99.8	100.5	100.3	99.4	99.4	99.4	99.6	99.5	99.5	99.8	100.0	100.0	100.0
女式外套	99.5	100.0	100.0	100.0	100.0	100.0	100.0	100.0	99.7	98.9	98.4	98.4	98.4
女式冬衣	100.8	100.0	100.0	100.0	100.0	100.0	100.0	100.0	100.0	101.3	102.6	102.6	102.6
女式毛线衣	100.0	100.0	100.0	100.0	100.0	100.0	100.0	100.0	100.0	100.0	100.0	100.0	100.0
女式运动装	101.3	98.7	98.7	100.5	100.2	100.2	102.5	102.5	102.5	102.6	102.6	102.6	102.6
女式衬衫T恤	98.3	101.8	101.1	98.5	99.3	99.3	97.9	97.4	97.4	97.4	96.8	96.8	96.8

4-1 续表3

类　　别	年 度	月份 一	二	三	四	五	六	七	八	九	十	十一	十二
女式裤子	99.4	100.0	100.0	100.0	100.6	100.6	100.6	100.6	99.2	97.8	97.8	97.8	97.8
女式裙子	99.1	103.0	101.9	96.6	96.2	95.7	96.6	96.6	98.2	100.6	101.5	101.5	101.5
女式内衣	100.1	100.1	100.1	100.1	100.1	100.1	100.1	100.1	100.1	100.1	100.1	100.1	100.1
儿童服装	101.3	101.7	101.9	100.9	100.5	99.8	100.7	100.7	101.0	102.1	102.4	102.0	102.0
婴幼服装	100.7	100.0	100.0	100.0	100.9	100.9	100.9	100.9	100.9	100.9	100.9	100.9	100.9
儿童上衣	102.6	101.8	102.2	102.0	101.0	100.3	103.5	103.5	103.5	103.5	103.5	103.5	103.5
儿童裤子	98.6	100.1	100.1	97.6	97.1	95.6	95.6	95.6	96.5	99.7	101.9	101.9	101.9
儿童裙子	104.8	106.5	107.0	106.6	105.8	105.8	105.5	105.5	105.5	105.5	103.1	101.0	101.0
服装材料	100.8	100.0	100.0	100.0	100.0	100.0	100.0	100.0	100.0	100.0	101.9	103.8	103.8
其他衣着及配件	102.1	101.3	102.2	103.1	103.1	103.1	101.8	101.8	101.8	101.8	101.8	101.8	101.8
袜　　子	101.1	102.6	102.6	102.6	102.6	102.6	100.0	100.0	100.0	100.0	100.0	100.0	100.0
帽　　子	105.2	100.0	103.0	105.9	105.9	105.9	105.9	105.9	105.9	105.9	105.9	105.9	105.9
其他衣着配件	100.0	100.0	100.0	100.0	100.0	100.0	100.0	100.0	100.0	100.0	100.0	100.0	100.0
衣着加工服务费	109.0	103.6	103.6	103.6	103.6	103.6	103.6	103.6	108.4	113.1	118.0	121.7	120.6
衣着洗涤保养	113.1	106.1	106.1	106.1	106.1	106.1	106.1	106.1	114.0	121.9	125.5	127.1	125.2
衣着加工	102.8	100.0	100.0	100.0	100.0	100.0	100.0	100.0	100.0	100.0	106.9	113.4	113.4
鞋类	100.1	100.3	100.4	100.0	99.7	99.8	99.8	99.5	100.0	100.4	100.4	100.4	100.4
鞋	100.1	100.3	100.4	100.0	99.7	99.8	99.8	99.5	100.0	100.4	100.4	100.4	100.4
男　　鞋	101.1	100.3	100.6	100.6	100.6	100.6	100.6	101.2	101.7	101.7	101.7	101.7	101.7
女　　鞋	99.2	100.4	100.4	99.7	98.9	98.9	98.9	97.9	98.5	99.2	99.2	99.2	99.2
童　　鞋	100.7	100.0	100.0	100.0	100.0	101.1	101.1	101.1	101.1	101.1	101.1	101.1	101.1
鞋类加工服务	100.0	100.0	100.0	100.0	100.0	100.0	100.0	100.0	100.0	100.0	100.0	100.0	100.0
居住	**106.9**	**105.2**	**106.1**	**106.9**	**107.0**	**107.4**	**106.9**	**106.5**	**106.6**	**107.1**	**107.5**	**107.6**	**107.8**
租赁房房租	107.9	106.3	108.1	109.0	108.8	108.6	107.8	107.3	107.3	107.9	107.9	107.9	107.9
公房房租	100.0	100.0	100.0	100.0	100.0	100.0	100.0	100.0	100.0	100.0	100.0	100.0	100.0
私房房租	108.2	106.5	108.5	109.4	109.1	108.9	108.1	107.6	107.6	108.2	108.2	108.2	108.2
住房保养维修及管理	102.3	100.1	100.1	100.1	100.2	103.2	103.2	103.2	103.2	103.3	103.4	103.8	104.0
住房装潢材料	100.7	100.3	100.3	100.3	100.4	100.4	100.4	100.4	100.5	100.6	100.9	101.7	102.1
木 地 板	102.5	101.8	101.8	101.8	101.8	101.8	101.8	101.8	101.8	101.8	103.4	105.0	105.0
瓷　　砖	100.0	100.0	100.0	100.0	100.0	100.0	100.0	100.0	100.0	100.0	100.0	100.0	100.0
水　　泥	101.1	98.1	98.1	98.1	100.0	100.0	100.0	100.0	100.0	100.0	100.0	107.0	112.0
涂　　料	100.0	100.0	100.0	100.0	100.0	100.0	100.0	100.0	100.0	100.0	100.0	100.0	100.0
板　　材	104.5	103.4	103.4	103.4	103.4	103.4	103.4	103.4	104.7	106.1	106.4	106.7	106.7
管　　材	100.0	100.0	100.0	100.0	100.0	100.0	100.0	100.0	100.0	100.0	100.0	100.0	100.0
厨卫设备	100.0	100.0	100.0	100.0	100.0	100.0	100.0	100.0	100.0	100.0	100.0	100.0	100.0
门　　窗	100.0	100.0	100.0	100.0	100.0	100.0	100.0	100.0	100.0	100.0	100.0	100.0	100.0
其他住房装潢材料	100.5	100.0	100.0	100.0	100.0	100.0	100.0	100.0	100.0	100.0	101.2	102.5	102.5

4-1 续表4

类别	年度	月份											
		一	二	三	四	五	六	七	八	九	十	十一	十二
物业管理费	100.0	100.0	100.0	100.0	100.0	100.0	100.0	100.0	100.0	100.0	100.0	100.0	100.0
住房装潢维修	104.7	100.0	100.0	100.0	100.0	107.1	107.1	107.1	107.1	107.1	107.1	107.1	107.1
装潢维修费	108.2	100.0	100.0	100.0	100.0	112.4	112.4	112.4	112.4	112.4	112.4	112.4	112.4
其他住房费用	100.0	100.0	100.0	100.0	100.0	100.0	100.0	100.0	100.0	100.0	100.0	100.0	100.0
水电燃料	106.3	104.8	104.8	104.8	105.3	105.9	105.9	105.9	105.9	106.1	108.1	108.7	109.4
水	170.8	170.8	170.8	170.8	170.8	170.8	170.8	170.8	170.8	170.8	170.8	170.8	170.8
电	100.0	100.0	100.0	100.0	100.0	100.0	100.0	100.0	100.0	100.0	100.0	100.0	100.0
燃气	98.1	94.9	94.9	94.9	96.8	98.9	98.9	98.9	98.9	100.0	100.0	100.0	101.1
管道燃气	100.0	100.0	100.0	100.0	100.0	100.0	100.0	100.0	100.0	100.0	100.0	100.0	100.0
液化石油气	94.0	84.6	84.6	84.6	90.2	96.5	96.5	96.5	96.5	100.0	100.0	100.0	103.7
取暖费	100.0	100.0	100.0	100.0	100.0	100.0	100.0	100.0	100.0	100.0	100.0	100.0	100.0
其他燃料	108.9	100.0	100.0	100.0	100.0	100.0	100.0	100.0	100.0	100.0	127.9	136.3	142.9
自有住房	108.2	106.5	107.9	109.1	109.1	108.9	108.1	107.5	107.6	108.2	108.2	108.2	108.2
生活用品及服务	**100.4**	**100.0**	**99.9**	**100.5**	**101.3**	**101.2**	**100.9**	**100.8**	**100.2**	**100.1**	**99.9**	**99.7**	**99.9**
家具及室内装饰品	99.8	100.8	100.8	100.8	101.1	100.8	100.6	100.6	100.0	99.2	98.8	97.4	97.0
家具	99.9	100.9	100.9	100.8	101.2	100.9	100.6	100.6	100.0	99.3	99.0	97.4	97.0
柜	99.4	100.9	100.9	101.1	101.2	101.2	101.2	101.2	99.1	97.1	97.1	95.1	96.2
床	99.9	100.3	100.3	100.8	101.4	101.4	101.4	101.4	100.4	99.5	98.3	97.5	96.9
桌	101.2	101.4	101.4	101.7	102.0	102.0	102.0	102.0	102.6	102.0	101.0	98.2	98.4
椅	106.0	105.5	105.5	105.9	106.4	105.4	104.4	104.4	106.8	108.8	109.7	107.5	101.6
沙　发	98.1	99.9	99.9	98.9	99.3	98.5	97.8	97.8	97.7	97.7	97.7	96.6	96.0
其他家具	99.6	100.0	100.0	100.0	100.0	99.8	99.5	99.5	100.0	100.5	100.3	98.3	97.2
室内装饰品	99.2	100.0	100.0	100.0	100.0	100.0	100.0	100.0	100.0	98.8	97.4	97.4	97.4
灯　具	98.2	99.9	99.9	99.9	99.9	99.9	100.0	100.0	100.0	97.1	94.1	94.1	94.1
其他室内装饰品	100.0	100.0	100.0	100.0	100.0	100.0	100.0	100.0	100.0	100.0	100.0	100.0	100.0
家用器具	97.5	98.6	98.3	98.7	99.6	99.2	97.6	97.5	96.7	96.3	96.0	95.2	96.3
大型家用器具	97.4	98.4	98.1	98.6	99.7	99.3	97.5	97.4	96.6	96.1	96.0	95.1	96.5
洗衣机	98.5	99.8	99.1	100.1	99.3	98.7	101.3	98.1	97.2	96.0	96.8	97.5	98.3
电冰箱(柜)	97.8	99.2	98.7	100.0	99.7	99.1	95.7	96.8	96.1	94.9	97.3	97.2	98.9
抽油烟机	97.5	100.7	102.0	102.3	102.9	99.4	98.4	96.5	96.6	94.5	92.2	91.3	92.9
空调器	93.9	95.2	94.7	95.3	95.0	95.2	91.8	94.7	93.3	94.0	93.2	91.1	93.4
热水器	101.6	101.8	101.6	101.1	102.4	102.4	102.4	101.9	101.0	100.4	100.9	102.0	100.9
炉具灶具	97.7	98.0	98.0	98.2	100.3	99.9	99.4	97.9	97.3	97.3	96.7	94.4	95.5
微波炉	99.3	100.8	100.2	99.7	99.8	99.7	99.7	99.2	99.0	99.0	99.0	97.6	98.1
其他大型家用器具	100.6	100.2	100.2	100.2	107.1	106.3	103.5	99.8	99.8	98.5	97.4	96.6	97.5
小家电	97.9	100.3	99.5	99.4	99.2	98.9	98.4	98.0	97.1	97.2	95.7	95.7	95.7
厨房小家电	97.8	100.8	99.8	99.8	99.8	99.8	98.0	98.0	96.2	95.6	95.3	95.3	95.3

4-1 续表5

类别	年度	月份											
		一	二	三	四	五	六	七	八	九	十	十一	十二
生活小家电	98.2	99.3	98.7	98.6	97.9	96.8	99.2	97.9	98.9	100.8	96.6	96.6	96.6
家用纺织品	99.9	100.0	100.0	100.0	100.0	100.0	100.0	100.0	99.8	99.5	99.5	99.5	99.5
床上用品	99.8	100.0	100.0	100.0	100.0	100.0	100.0	100.0	99.7	99.4	99.4	99.4	99.4
被　子	99.8	100.0	100.0	100.0	100.0	100.0	100.0	100.0	99.7	99.5	99.5	99.5	99.5
床单被套	100.0	100.0	100.0	100.0	100.0	100.0	100.0	100.0	100.0	100.0	100.0	100.0	100.0
其他床上用品	99.3	100.0	100.0	100.0	100.0	100.0	100.0	100.0	99.1	98.1	98.1	98.1	98.1
窗帘门帘	100.3	100.3	100.3	100.3	100.3	100.3	100.3	100.3	100.3	100.3	100.3	100.3	100.3
其他家用纺织品	100.0	100.0	100.0	100.0	100.0	100.0	100.0	100.0	100.0	100.0	100.0	100.0	100.0
家庭日用杂品	101.1	99.8	99.7	100.7	101.4	101.3	101.8	101.7	100.7	101.3	101.3	101.9	101.9
洗涤卫生用品	101.1	100.1	99.7	101.6	102.0	101.4	102.5	102.1	100.0	101.0	100.5	101.6	100.9
清洗用品	99.8	98.8	98.0	99.0	99.8	100.3	100.3	100.3	100.3	100.3	100.3	100.3	100.3
清洁用具	98.4	100.0	100.0	100.0	99.6	98.1	98.1	98.1	97.4	97.4	97.4	97.4	97.4
清洁用纸	104.2	102.0	102.0	106.3	106.3	104.6	107.6	106.6	100.7	103.5	102.1	105.4	103.3
厨具餐具茶具	101.3	100.3	100.7	100.1	101.1	101.3	101.3	101.3	101.3	101.7	102.2	102.2	102.2
厨　具	100.4	100.5	101.1	99.9	99.9	100.4	100.4	100.4	100.4	100.4	100.4	100.4	100.4
餐　具	102.0	100.0	100.0	100.0	102.6	102.6	102.6	102.6	102.6	102.6	102.6	102.6	102.6
茶　具	102.5	100.5	101.0	101.0	101.0	101.0	101.0	101.0	101.0	103.7	106.3	106.3	106.3
家用手工工具	100.2	100.2	100.2	100.2	100.2	100.2	100.2	100.2	100.2	100.2	100.2	100.2	100.2
其他家庭日用杂品	100.6	96.8	96.8	97.6	99.4	100.5	100.5	100.6	101.9	101.9	102.6	102.5	106.1
配电附件	106.7	100.3	100.3	101.9	105.5	107.3	107.3	107.3	110.1	110.1	110.1	110.1	110.1
雨　具	92.4	90.4	90.4	90.4	90.4	91.5	91.5	91.5	91.5	91.5	93.9	93.9	102.5
其他日用杂品	99.2	100.1	100.1	100.1	100.1	98.6	98.6	99.7	98.9	98.9	98.1	96.9	100.1
个人护理用品	101.7	100.0	100.1	100.8	102.0	102.1	102.1	102.3	102.3	102.4	102.3	102.3	102.3
化妆品	102.4	100.0	100.0	101.0	102.9	103.1	103.1	103.1	103.1	103.1	103.1	103.1	103.1
清洁化妆品	101.2	100.0	100.0	100.0	101.6	101.6	101.6	101.6	101.6	101.6	101.6	101.6	101.6
护肤化妆品	102.4	100.0	100.0	101.5	103.1	103.1	103.1	103.1	103.1	103.1	103.1	103.1	103.1
彩妆化妆品	105.5	100.0	100.0	101.1	105.9	107.3	107.3	107.3	107.3	107.3	107.3	107.3	107.3
化妆器具	100.0	100.0	100.0	100.0	100.0	100.0	100.0	100.0	100.0	100.0	100.0	100.0	100.0
其他护理用品类	100.6	100.1	100.1	100.4	100.4	100.4	100.3	100.8	100.9	101.1	100.9	100.9	100.9
清洁类护理用品	100.1	100.1	100.1	100.1	99.4	99.3	99.6	100.4	100.4	100.4	100.4	100.4	100.4
护发美发用品	100.7	100.2	100.2	100.2	101.2	101.2	101.0	100.0	100.9	100.9	100.9	100.9	100.9
护理器具	101.0	100.0	100.0	100.9	101.4	101.8	100.7	101.8	100.7	101.8	100.9	100.9	100.9
其他护理用品	106.7	100.0	102.0	105.2	106.4	106.4	105.7	107.4	109.4	109.4	109.4	109.4	109.4
家庭服务	107.4	104.6	104.6	105.8	108.6	108.8	108.8	108.8	108.8	107.5	107.5	107.5	107.5
家政服务	106.6	107.2	107.2	109.0	106.9	107.2	107.2	107.2	107.2	105.2	105.2	105.2	105.2
家庭维修服务	108.9	100.0	100.0	100.0	111.8	111.8	111.8	111.8	111.8	111.8	111.8	111.8	111.8
交通和通信	**98.1**	**96.0**	**97.2**	**96.5**	**96.5**	**96.0**	**98.8**	**98.9**	**99.3**	**99.4**	**98.7**	**99.7**	**100.3**

4-1 续表6

类别	年度	月份											
		一	二	三	四	五	六	七	八	九	十	十一	十二
交通	97.7	95.6	96.5	94.8	94.7	94.3	97.6	98.1	98.7	99.9	99.5	100.8	102.2
交通工具	96.0	93.0	93.0	93.0	93.0	93.0	98.3	98.0	98.0	98.1	98.1	98.9	98.7
小型汽车	94.4	90.4	90.4	90.4	90.4	90.4	97.6	97.2	97.2	97.5	97.6	98.7	97.0
电动自行车	100.5	100.0	100.0	100.0	100.0	100.0	100.0	100.0	100.0	100.0	100.0	100.0	105.6
自行车	100.0	100.0	100.0	100.0	100.0	100.0	100.0	100.0	100.0	100.0	100.0	100.0	100.0
其他交通工具	99.5	100.0	100.0	100.0	100.0	100.0	100.0	100.0	100.0	98.2	98.2	98.2	98.9
交通工具用燃料	96.2	92.5	93.7	88.8	89.6	88.1	91.6	93.3	96.2	101.8	101.9	107.9	113.1
汽油	96.1	92.0	93.3	88.1	88.9	87.5	91.1	92.9	95.9	102.0	102.0	108.4	114.6
柴油	95.4	91.1	92.4	86.7	87.8	86.1	90.0	92.3	95.5	102.1	102.0	109.5	113.8
其他车用能源	100.0	100.0	100.0	100.0	100.0	100.0	100.0	100.0	100.0	100.0	100.0	100.0	100.0
交通工具使用和维修	100.8	100.8	100.8	100.8	100.8	100.8	100.8	100.8	100.8	100.8	100.8	100.8	100.9
停车费	100.0	100.0	100.0	100.0	100.0	100.0	100.0	100.0	100.0	100.0	100.0	100.0	100.0
车辆使用费	99.2	100.0	100.0	100.0	100.0	100.0	100.0	100.0	98.1	98.1	98.1	98.1	98.1
交通工具零配件	100.7	100.0	100.0	100.0	100.0	100.0	100.0	100.0	100.0	100.0	100.0	100.0	108.4
车辆修理与保养	100.9	100.9	100.9	100.9	100.9	100.9	100.9	100.9	100.9	100.9	100.9	100.9	100.9
交通费	101.5	102.7	106.1	102.9	101.3	101.2	101.2	102.3	102.2	101.7	99.2	97.9	99.8
市内公共交通	100.0	100.0	100.0	100.0	100.0	100.0	100.0	100.0	100.0	100.0	100.0	100.0	100.0
出租汽车	100.0	100.0	100.0	100.0	100.0	100.0	100.0	100.0	100.0	100.0	100.0	100.0	100.0
飞机票	104.1	97.6	111.6	103.8	108.8	108.3	108.2	108.1	115.7	112.4	93.7	83.8	97.2
火车票	100.0	100.0	100.0	100.0	100.0	100.0	100.0	100.0	100.0	100.0	100.0	100.0	100.0
长途汽车	103.8	112.5	118.0	109.6	100.0	100.0	100.0	104.9	100.0	100.0	100.0	100.0	100.0
其他交通费	100.4	100.0	100.0	100.0	100.0	100.0	100.0	100.0	100.0	100.0	101.0	102.0	102.0
通信	98.8	96.6	98.4	99.5	99.6	99.2	100.9	100.4	100.4	98.5	97.4	97.6	97.1
通信工具	96.0	89.5	95.0	98.3	98.6	97.3	102.9	101.3	101.4	95.0	91.6	92.0	90.3
固定电话机	81.3	97.9	97.9	98.9	100.0	72.5	72.5	72.5	72.5	72.5	72.5	72.5	72.5
移动电话机	96.0	88.7	94.4	98.0	98.3	97.6	103.6	101.9	102.0	95.2	91.5	91.9	90.4
通信工具零配件	102.7	106.0	106.0	106.0	104.0	101.9	101.9	101.9	101.9	101.9	101.9	101.9	96.4
通信服务	100.0	100.0	100.0	100.0	100.0	100.0	100.0	100.0	100.0	100.0	100.0	100.0	100.0
固定电话费	100.0	100.0	100.0	100.0	100.0	100.0	100.0	100.0	100.0	100.0	100.0	100.0	100.0
移动通信费	100.0	100.0	100.0	100.0	100.0	100.0	100.0	100.0	100.0	100.0	100.0	100.0	100.0
上网费	100.0	100.0	100.0	100.0	100.0	100.0	100.0	100.0	100.0	100.0	100.0	100.0	100.0
其他通信服务	100.0	100.0	100.0	100.0	100.0	100.0	100.0	100.0	100.0	100.0	100.0	100.0	100.0
邮递服务	100.0	100.0	100.0	100.0	100.0	100.0	100.0	100.0	100.0	100.0	100.0	100.0	100.0
邮政邮寄	100.0	100.0	100.0	100.0	100.0	100.0	100.0	100.0	100.0	100.0	100.0	100.0	100.0
快递服务	100.0	100.0	100.0	100.0	100.0	100.0	100.0	100.0	100.0	100.0	100.0	100.0	100.0
教育文化和娱乐	**100.7**	**100.7**	**100.5**	**100.4**	**100.5**	**100.5**	**100.4**	**100.5**	**100.4**	**100.8**	**101.0**	**100.9**	**101.3**
教育	101.0	100.5	101.0	101.0	101.0	101.0	101.0	101.0	101.0	101.2	101.2	101.2	101.2

4-1 续表 7

类别	年度	月份											
		一	二	三	四	五	六	七	八	九	十	十一	十二
教育用品	107.3	106.4	106.4	106.4	106.4	106.4	106.4	106.4	106.4	109.2	109.2	109.2	109.2
工具书	100.0	100.0	100.0	100.0	100.0	100.0	100.0	100.0	100.0	100.0	100.0	100.0	100.0
教材	117.0	114.3	114.3	114.3	114.3	114.3	114.3	114.3	114.3	123.0	123.0	123.0	123.0
参考资料	102.5	102.5	102.5	102.5	102.5	102.5	102.5	102.5	102.5	102.5	102.5	102.5	102.5
其他教育用品	100.0	100.0	100.0	100.0	100.0	100.0	100.0	100.0	100.0	100.0	100.0	100.0	100.0
教育服务	100.5	100.0	100.5	100.5	100.5	100.5	100.5	100.5	100.5	100.5	100.5	100.5	100.5
学前教育	102.7	100.0	102.9	102.9	102.9	102.9	102.9	102.9	102.9	102.9	102.9	102.9	102.9
小学初中教育	100.0	100.0	100.0	100.0	100.0	100.0	100.0	100.0	100.0	100.0	100.0	100.0	100.0
高中中职教育	100.0	100.0	100.0	100.0	100.0	100.0	100.0	100.0	100.0	100.0	100.0	100.0	100.0
高等教育	100.0	100.0	100.0	100.0	100.0	100.0	100.0	100.0	100.0	100.0	100.0	100.0	100.0
课外教育	100.0	100.0	100.0	100.0	100.0	100.0	100.0	100.0	100.0	100.0	100.0	100.0	100.0
专业技能培训	100.0	100.0	100.0	100.0	100.0	100.0	100.0	100.0	100.0	100.0	100.0	100.0	100.0
文化娱乐	100.2	100.9	99.8	99.6	99.9	99.9	99.7	99.8	99.6	100.3	100.7	100.4	101.4
文娱耐用消费品	97.5	97.7	97.2	97.7	98.3	97.8	98.0	97.9	98.3	97.2	97.2	95.7	97.6
电视机	90.0	96.2	93.9	94.1	94.1	90.4	88.7	87.7	87.9	86.3	87.4	84.5	88.9
照相机	103.3	103.8	102.6	103.5	104.9	104.9	107.0	107.1	107.2	101.1	98.5	99.5	100.0
台式计算机	103.1	98.4	98.9	99.3	100.2	101.4	102.6	103.6	106.5	108.5	106.7	105.4	106.7
笔记本平板	99.7	96.8	97.4	99.0	99.9	101.2	103.0	103.2	102.1	99.0	99.4	97.4	98.6
乐器	100.0	100.0	100.0	100.0	100.0	100.0	100.0	100.0	100.0	100.0	100.0	100.0	100.0
音响	100.0	100.0	100.0	100.0	100.0	100.0	100.0	100.0	100.0	100.0	100.0	100.0	100.0
其他文娱耐用消费品	99.5	98.1	98.1	98.1	99.2	100.2	100.2	100.2	100.2	100.0	99.8	100.0	100.0
其他文娱用品	99.8	100.0	100.0	99.1	100.0	100.0	100.0	100.0	100.0	100.0	100.0	100.0	99.2
书报杂志	100.0	100.0	100.0	100.0	100.0	100.0	100.0	100.0	100.0	100.0	100.0	100.0	100.0
纸张文具	100.0	100.0	100.0	100.0	100.0	100.0	100.0	100.0	100.0	100.0	100.0	100.0	100.0
体育户外用品	99.6	100.0	100.0	96.8	100.0	100.0	100.0	100.0	100.0	100.0	100.0	100.0	98.9
游戏用品和玩具	99.5	100.0	100.0	100.0	99.8	99.8	99.8	99.8	99.8	99.8	99.8	99.8	96.1
园艺花卉及用品	100.0	100.0	100.0	100.0	100.0	100.0	100.0	100.0	100.0	100.0	100.0	100.0	100.0
宠物及用品	100.0	100.0	100.0	100.0	100.0	100.0	100.0	100.0	100.0	100.0	100.0	100.0	100.0
其他文化娱乐用品	100.0	100.0	100.0	100.0	100.0	100.0	100.0	100.0	100.0	100.0	100.0	100.0	100.0
文化娱乐服务	102.6	102.8	102.8	102.8	102.8	102.8	102.8	103.2	102.6	102.6	102.6	101.5	101.5
电影票	100.0	100.0	100.0	100.0	100.0	100.0	100.0	100.0	100.0	100.0	100.0	100.0	100.0
景点门票	100.0	100.0	100.0	100.0	100.0	100.0	100.0	100.0	100.0	100.0	100.0	100.0	100.0
有线电视	100.0	100.0	100.0	100.0	100.0	100.0	100.0	100.0	100.0	100.0	100.0	100.0	100.0
健身活动	103.0	100.0	100.0	100.0	100.0	100.0	100.0	105.6	106.0	106.0	106.0	106.0	106.0
其他文娱服务	113.1	116.2	116.2	116.2	116.2	116.2	116.2	116.2	111.8	111.8	111.8	105.4	105.4
旅游	101.1	103.7	99.6	98.8	98.5	99.0	97.9	97.9	97.2	102.0	103.8	106.1	108.7

4-1 续表 8

类　　别	年 度	月份											
		一	二	三	四	五	六	七	八	九	十	十一	十二
旅行社收费	101.2	103.7	99.6	98.7	98.5	98.9	97.9	97.9	97.1	101.7	103.6	106.9	109.5
其他旅游	97.2	100.0	100.0	100.0	100.0	100.0	100.0	100.0	100.0	116.7	116.7	66.7	66.7
医疗保健	**102.7**	**101.8**	**101.8**	**103.0**	**103.0**	**102.7**	**103.1**	**103.3**	**103.2**	**103.3**	**102.2**	**102.5**	**102.5**
药品及医疗器具	106.8	104.6	104.6	107.7	107.6	106.9	107.9	108.3	108.0	108.1	105.4	106.1	106.2
中药	104.6	102.5	102.5	105.1	105.1	105.1	106.6	106.6	103.9	103.6	103.6	105.2	105.2
中 药 材	108.0	100.9	100.9	102.1	102.1	102.1	108.5	108.5	114.1	113.9	113.9	114.4	114.4
中 成 药	103.4	103.2	103.2	106.2	106.2	106.2	106.0	106.0	100.3	99.9	99.9	101.9	101.9
西药	106.3	104.8	104.8	106.3	106.2	105.7	107.3	108.1	107.2	107.7	105.6	105.9	106.1
抗微生物药	101.9	102.2	102.2	102.2	102.2	102.2	102.2	102.2	102.2	101.1	101.1	101.1	102.0
消化系统用药	119.3	126.9	126.9	126.9	126.9	126.9	126.9	126.9	114.8	121.7	106.0	106.0	106.0
呼吸系统用药	100.0	106.9	106.9	106.9	104.4	100.0	90.6	90.6	97.8	97.8	97.8	101.1	101.1
解热镇痛药	98.7	101.2	101.2	101.2	101.2	101.4	101.4	101.4	96.6	91.7	95.5	96.0	96.9
抗肿瘤药	100.1	100.0	100.0	100.0	100.0	100.0	100.0	100.0	100.0	100.3	100.3	100.3	99.9
激素及影响内分泌药	105.4	112.0	112.0	109.7	109.7	104.5	104.5	104.5	103.2	105.4	100.5	100.5	100.5
心血管系统用药	108.2	101.3	101.3	101.3	101.3	102.1	114.0	114.0	114.0	114.0	111.7	111.7	111.7
血液系统用药	129.8	100.0	100.0	127.6	127.6	127.6	127.6	141.0	141.0	141.0	141.0	141.0	141.7
治疗精神障碍药	98.9	100.0	100.0	98.7	98.7	98.7	98.7	98.7	98.7	98.7	98.7	98.7	98.7
神经系统用药	100.3	100.0	100.0	100.0	100.0	100.0	100.0	100.0	100.0	100.8	100.8	100.8	100.8
消毒防腐及创伤外科用药	98.0	98.6	98.6	98.6	98.6	100.0	100.0	100.0	98.2	96.0	96.0	96.0	96.0
泌尿系统用药	107.8	100.0	100.0	104.0	104.0	104.0	104.0	104.0	104.0	117.5	117.5	117.5	117.5
维生素、矿物质类药	107.6	106.3	106.3	107.1	107.1	103.3	108.0	108.0	108.9	108.9	108.9	108.9	108.9
调节水、电解质及酸碱平衡药	96.7	100.0	100.0	97.6	97.6	97.6	94.3	94.3	99.2	95.0	95.0	95.0	95.0
滋补保健品	109.1	104.8	104.8	111.2	111.1	111.1	111.1	111.1	113.0	113.0	106.1	106.1	106.1
医疗卫生器具	106.5	105.4	105.4	108.8	108.8	105.4	105.4	105.4	106.1	105.2	105.2	108.6	108.6
保健器具	101.3	102.3	102.3	102.3	102.3	102.3	102.3	102.3	100.0	100.0	100.0	100.0	100.0
医疗服务	100.0	100.0	100.0	100.0	100.0	100.0	100.0	100.0	100.0	100.0	100.0	100.0	100.0
综合医疗类	100.1	100.0	100.0	100.0	100.0	100.0	100.0	100.0	100.4	100.4	100.4	100.4	100.4
一般医疗服务	100.0	100.0	100.0	100.0	100.0	100.0	100.0	100.0	100.0	100.0	100.0	100.0	100.0
一般治疗操作	100.0	100.0	100.0	100.0	100.0	100.0	100.0	100.0	100.0	100.0	100.0	100.0	100.0
护　理	101.7	100.0	100.0	100.0	100.0	100.0	100.0	100.0	104.0	104.0	104.0	104.0	104.0
其他综合医疗服务	100.0	100.0	100.0	100.0	100.0	100.0	100.0	100.0	100.0	100.0	100.0	100.0	100.0
诊断类	100.0	100.0	100.0	100.0	100.0	100.0	100.0	100.0	100.0	100.0	100.0	100.0	100.0
病理学诊断	100.0	100.0	100.0	100.0	100.0	100.0	100.0	100.0	100.0	100.0	100.0	100.0	100.0
实验室诊断	100.0	100.0	100.0	100.0	100.0	100.0	100.0	100.0	100.0	100.0	100.0	100.0	100.0
影像学诊断	100.0	100.0	100.0	100.0	100.0	100.0	100.0	100.0	100.0	100.0	100.0	100.0	100.0
临床诊断	100.0	100.0	100.0	100.0	100.0	100.0	100.0	100.0	100.0	100.0	100.0	100.0	100.0

4-1 续表 9

类别	年度	月份											
		一	二	三	四	五	六	七	八	九	十	十一	十二
治疗类	100.0	100.0	100.0	100.0	100.0	100.0	100.0	100.0	100.0	100.0	100.0	100.0	100.0
临床手术治疗	100.0	100.0	100.0	100.0	100.0	100.0	100.0	100.0	100.0	100.0	100.0	100.0	100.0
临床非手术治疗	100.0	100.0	100.0	100.0	100.0	100.0	100.0	100.0	100.0	100.0	100.0	100.0	100.0
康复类	100.0	100.0	100.0	100.0	100.0	100.0	100.0	100.0	100.0	100.0	100.0	100.0	100.0
中医医疗服务类	100.0	100.0	100.0	100.0	100.0	100.0	100.0	100.0	100.0	100.0	100.0	100.0	100.0
其他医疗服务	98.8	100.0	100.0	100.0	100.0	100.0	100.0	100.0	97.2	97.2	97.2	97.2	97.2
其他用品和服务	**104.8**	**99.3**	**101.0**	**103.0**	**102.0**	**103.6**	**104.3**	**107.6**	**107.6**	**108.4**	**106.4**	**107.9**	**106.1**
其他用品类	109.2	96.0	101.0	106.0	104.4	108.4	110.3	118.8	117.1	115.6	110.5	114.5	109.8
首饰手表	111.8	95.0	101.2	107.7	105.6	110.8	113.3	124.4	121.9	119.9	113.2	118.6	112.2
金 饰 品	115.1	96.2	103.7	111.2	108.3	114.0	116.8	129.3	126.1	124.2	116.6	122.7	114.7
银 饰 品	98.4	102.0	101.9	100.8	101.6	100.5	99.6	103.9	98.8	93.6	92.7	91.7	94.1
铂金饰品	101.3	73.3	78.0	87.5	88.1	98.8	102.9	122.7	125.1	119.0	107.4	118.8	114.3
手 表	100.0	100.0	100.0	100.0	100.0	100.0	100.0	100.0	100.0	100.0	100.0	100.0	100.0
其他杂项用品	100.0	99.9	99.9	99.9	99.7	99.5	99.5	99.6	100.0	100.1	100.4	100.4	101.3
箱 包	99.6	99.9	99.9	99.9	99.3	98.8	98.8	99.0	99.6	99.9	99.9	99.9	99.9
母婴用品	100.3	99.8	99.8	99.8	99.8	99.8	99.8	99.8	100.4	100.4	100.9	100.9	102.8
眼 镜	100.0	100.0	100.0	100.0	100.0	100.0	100.0	100.0	100.0	100.0	100.0	100.0	100.0
其他服务类	101.9	101.5	101.1	101.1	100.5	100.5	100.5	100.5	101.6	103.8	103.8	103.8	103.8
旅馆住宿	101.8	103.9	100.0	100.0	100.0	100.0	100.0	100.0	104.8	103.1	102.9	103.4	103.3
宾馆住宿	99.4	100.5	100.0	100.0	100.0	100.0	100.0	100.0	102.5	98.2	97.5	98.0	96.3
其他住宿	103.2	106.1	100.0	100.0	100.0	100.0	100.0	100.0	106.2	106.2	106.2	106.8	107.7
美容美发洗浴	104.1	102.7	102.7	102.7	101.2	101.2	101.2	101.2	102.6	108.3	108.3	108.3	108.3
美 容	100.0	100.0	100.0	100.0	100.0	100.0	100.0	100.0	100.0	100.0	100.0	100.0	100.0
美 发	103.2	103.2	103.2	103.2	103.2	103.2	103.2	103.2	103.2	103.2	103.2	103.2	103.2
洗 浴	109.6	105.0	105.0	105.0	100.0	100.0	100.0	100.0	104.8	123.8	123.8	123.8	123.8
养老服务	100.0	100.0	100.0	100.0	100.0	100.0	100.0	100.0	100.0	100.0	100.0	100.0	100.0
金融保险	100.0	100.0	100.0	100.0	100.0	100.0	100.0	100.0	100.0	100.0	100.0	100.0	100.0
金融服务	100.0	100.0	100.0	100.0	100.0	100.0	100.0	100.0	100.0	100.0	100.0	100.0	100.0
车辆保险	100.0	100.0	100.0	100.0	100.0	100.0	100.0	100.0	100.0	100.0	100.0	100.0	100.0
旅行保险	100.0	100.0	100.0	100.0	100.0	100.0	100.0	100.0	100.0	100.0	100.0	100.0	100.0
其他保险	100.0	100.0	100.0	100.0	100.0	100.0	100.0	100.0	100.0	100.0	100.0	100.0	100.0
其他服务类	100.0	100.0	100.0	100.0	100.0	100.0	100.0	100.0	100.0	100.0	100.0	100.0	100.0
中介服务	100.0	100.0	100.0	100.0	100.0	100.0	100.0	100.0	100.0	100.0	100.0	100.0	100.0
其他服务	100.0	100.0	100.0	100.0	100.0	100.0	100.0	100.0	100.0	100.0	100.0	100.0	100.0

4-2 市区商品零售价格指数(2016 年)

(以上年价格为 100)

类别	年度	月份 一	二	三	四	五	六	七	八	九	十	十一	十二
商品零售价格指数	**100.2**	**98.8**	**99.4**	**99.8**	**99.9**	**99.5**	**100.4**	**100.3**	**100.5**	**100.7**	**100.7**	**101.0**	**101.0**
食品	**102.6**	**103.8**	**104.7**	**105.3**	**104.2**	**103.7**	**102.2**	**100.7**	**101.2**	**102.1**	**102.3**	**101.3**	**99.7**
粮食	99.8	99.8	100.0	100.0	100.0	99.6	99.7	99.7	99.6	99.6	99.6	99.8	100.0
大　米	100.6	100.6	101.0	101.0	100.6	100.5	100.5	100.5	100.5	100.5	100.5	100.5	100.5
面　粉	100.6	100.5	100.5	100.5	100.5	100.5	101.0	101.0	100.6	100.6	100.6	100.6	100.6
其他粮食	95.7	94.9	94.9	95.3	95.6	95.6	94.9	94.9	94.9	94.9	95.6	97.7	100.0
粮食制品	99.7	99.9	100.2	100.2	100.2	99.5	99.5	99.5	99.5	99.5	99.5	99.5	99.5
薯类	108.4	110.8	109.6	111.5	118.9	134.0	113.0	102.2	108.3	103.8	96.2	95.5	96.3
豆类	100.3	101.4	100.6	99.9	99.9	99.9	99.9	100.0	100.4	100.4	100.4	100.5	100.5
干　豆	99.4	99.4	99.2	99.2	99.2	99.2	99.2	99.2	99.2	99.2	99.2	99.9	100.6
豆制品	100.4	101.5	100.7	100.0	100.0	100.0	100.0	100.1	100.5	100.5	100.5	100.5	100.5
食用油	101.0	93.8	94.7	97.6	96.9	98.8	101.6	103.3	104.9	106.8	106.4	102.9	105.8
食用植物油	100.9	93.7	94.6	97.5	96.8	98.6	101.4	103.1	104.8	106.6	106.3	102.7	105.7
食用动物油	130.2	113.7	114.5	115.6	121.2	150.3	148.8	141.2	139.4	135.0	129.4	126.5	126.5
菜	108.0	123.3	122.7	128.9	118.0	105.7	93.5	88.1	93.6	100.9	108.8	107.8	97.4
鲜　菜	108.2	125.5	124.2	131.3	119.3	105.6	91.8	85.8	92.1	100.4	109.2	108.2	96.7
干菜及菜制品	105.8	105.0	106.4	106.3	106.3	106.3	106.3	106.3	106.3	105.5	105.7	105.0	104.4
畜肉类	111.4	109.6	116.9	114.7	115.7	119.9	117.6	110.9	108.8	108.2	106.6	104.8	104.7
猪　肉	118.4	118.3	130.5	127.3	128.0	132.6	128.0	116.0	112.7	111.8	109.6	106.7	106.4
牛　肉	100.2	100.0	100.6	100.1	100.3	100.4	100.4	100.4	100.4	100.4	100.3	99.6	99.6
羊　肉	96.3	92.8	93.0	93.0	95.3	98.0	98.0	98.0	98.0	97.9	97.1	97.2	98.2
畜肉副产品	111.5	103.1	106.1	104.6	104.6	117.0	117.8	117.4	115.7	114.9	112.4	112.0	112.0
其他畜肉及制品	106.3	103.1	103.4	103.4	106.1	109.2	107.9	107.0	106.9	106.8	107.1	107.1	107.1
禽肉类	99.3	99.9	98.2	101.1	99.8	101.0	101.1	98.4	97.8	98.2	98.7	98.8	98.2
鸡	98.4	98.5	96.4	100.6	98.9	100.7	101.5	97.6	96.6	97.3	97.8	98.1	97.1
鸭	100.7	101.7	101.7	101.7	101.7	101.4	99.7	100.0	100.0	100.0	100.0	100.0	100.0
其他禽肉及制品	101.4	103.7	102.7	102.7	101.8	101.8	100.6	100.4	100.4	100.4	100.8	100.8	100.8
水产品	101.3	99.5	99.1	102.5	100.1	96.9	99.7	100.0	102.1	104.3	104.7	104.2	103.8
淡水鱼	99.1	98.7	93.8	93.5	92.7	93.0	97.8	97.4	102.5	106.7	106.6	104.6	104.0
海水鱼	106.3	103.3	107.1	105.7	105.0	106.1	106.6	106.8	106.8	106.8	106.8	106.8	107.5
虾蟹类	103.9	98.1	102.5	117.6	109.7	96.1	99.2	101.0	100.8	102.8	105.0	107.3	105.7
其他水产品及制品	100.3	100.4	100.4	100.4	100.4	100.4	100.4	100.4	100.4	100.4	100.4	99.8	99.6
蛋类	98.3	96.7	94.6	97.0	102.0	102.1	101.9	99.5	95.5	97.5	101.9	98.1	94.7
鸡　蛋	98.2	96.4	94.2	96.8	102.1	102.3	102.1	99.5	95.1	97.4	102.0	97.9	94.3
其他蛋及制品	100.0	100.0	100.0	100.0	100.0	100.0	100.0	100.0	100.0	100.0	100.0	100.0	100.0
奶类	99.0	101.6	101.6	101.6	100.4	100.4	100.0	100.0	100.0	95.6	95.6	95.6	95.6

4-2 续表 1

类　别	年　度	月份 一	二	三	四	五	六	七	八	九	十	十一	十二
鲜　奶	96.8	100.0	100.0	100.0	100.0	100.0	100.0	100.0	100.0	90.4	90.4	90.4	90.4
酸　奶	100.0	100.0	100.0	100.0	100.0	100.0	100.0	100.0	100.0	100.0	100.0	100.0	100.0
奶　粉	101.3	104.3	104.3	104.3	102.0	102.0	99.8	99.8	99.8	99.8	99.8	100.0	100.0
其他奶制品	101.1	104.4	104.4	104.4	100.0	100.0	100.0	100.0	100.0	100.0	100.0	100.0	100.0
干鲜瓜果类	98.1	98.9	96.9	94.4	95.5	95.9	97.1	100.9	101.0	104.7	101.8	98.4	93.9
鲜 瓜 果	98.0	98.5	96.0	92.5	93.9	94.7	96.9	100.5	100.5	107.1	105.8	100.3	93.6
坚　果	98.8	99.2	99.0	99.0	99.0	99.5	99.5	103.0	103.5	101.3	94.0	94.5	94.5
瓜果制品	97.4	102.6	100.0	101.6	101.6	97.3	92.6	97.5	97.5	95.6	93.6	93.6	95.6
糖果糕点类	103.4	101.5	101.8	102.4	105.3	105.6	105.1	103.6	102.4	103.7	103.1	103.1	103.2
食　糖	110.8	109.0	107.2	109.0	118.0	118.0	115.7	112.9	108.2	108.2	108.2	108.2	108.2
糖　果	100.1	99.8	98.0	99.6	100.2	100.2	100.6	100.6	102.2	100.0	100.0	100.0	100.6
糕　点	101.8	99.2	101.8	100.9	102.7	102.9	103.1	101.0	100.0	103.5	102.1	102.1	102.1
其他糖果糕点	100.3	97.5	96.8	99.7	99.7	102.8	98.9	101.1	98.9	100.4	102.2	103.7	102.9
调味品	98.6	99.4	97.5	98.4	97.9	98.2	97.9	98.2	99.4	98.9	99.0	99.3	99.6
食 用 盐	100.0	100.0	100.0	100.0	100.0	100.0	100.0	100.0	100.0	100.0	100.0	100.0	100.0
酱　油	97.2	98.1	93.8	95.9	95.9	96.9	93.9	95.1	99.8	99.1	98.7	98.7	100.3
食　醋	100.2	100.0	100.3	100.0	100.0	100.6	100.6	100.6	100.6	100.0	100.0	100.0	100.3
调 味 酱	97.6	99.1	95.7	97.2	97.2	97.2	97.2	97.2	97.8	97.2	97.8	99.0	98.7
味　精	100.2	100.0	100.0	100.0	100.0	100.0	100.0	100.0	100.0	100.6	100.6	100.6	100.0
其他调味品	99.6	100.7	100.7	100.7	98.0	98.0	100.0	100.0	100.0	99.3	99.3	99.3	99.3
其他食品类	96.9	103.0	96.0	97.1	97.1	97.5	97.9	97.3	97.3	96.5	96.3	93.4	93.3
方便食品	93.3	105.3	91.6	93.7	93.7	94.5	95.4	94.2	94.2	92.5	92.6	87.1	85.8
淀粉及制品	100.2	100.0	100.0	100.0	100.0	100.0	100.0	100.0	100.0	100.0	100.0	100.0	101.9
膨化食品	100.5	101.7	100.6	100.6	100.6	100.6	100.6	100.6	100.8	100.8	99.5	99.5	99.5
在外餐饮	100.4	100.3	100.3	100.3	100.3	100.3	100.5	100.6	101.3	100.8	99.9	99.9	100.3
正　餐	99.1	100.0	100.0	100.0	100.0	100.0	100.3	100.6	100.9	98.8	96.3	96.3	96.3
快　餐	101.3	101.1	101.1	101.1	101.1	101.1	101.1	101.1	101.1	101.1	101.6	101.6	102.4
地方小吃	102.4	100.0	100.0	100.0	100.0	100.0	100.0	100.0	103.3	106.4	106.4	106.4	106.4
其他在外餐饮	100.2	100.0	100.0	100.0	100.0	100.0	100.0	100.0	100.0	100.0	100.0	100.0	101.9
烟酒	**99.5**	**98.9**	**97.8**	**99.8**	**100.4**	**99.9**	**99.6**	**99.5**	**99.9**	**99.7**	**99.5**	**99.2**	**99.4**
茶及饮料	98.2	99.1	92.0	98.1	98.6	98.0	98.3	98.1	99.9	99.7	99.3	98.8	98.8
茶　叶	100.3	100.0	100.8	101.6	100.8	100.0	100.0	100.0	100.0	100.0	100.0	100.0	100.0
固体咖啡	99.8	99.7	99.7	99.7	99.7	99.7	99.7	99.7	99.7	99.7	100.9	99.9	99.9
其他固体饮料	104.4	105.1	103.1	103.1	107.7	107.7	101.7	106.1	106.9	107.0	108.9	99.1	97.1
饮 用 水	99.4	96.7	100.0	100.0	103.3	103.3	103.3	97.4	94.1	90.7	103.3	101.1	101.1
果汁饮料	92.1	97.1	92.5	92.5	89.8	87.6	87.6	89.5	92.4	92.4	94.9	94.9	94.9
其他液体饮料	98.1	98.9	81.9	96.5	98.8	99.1	100.3	99.3	103.2	103.2	99.3	98.9	98.9

4-2 续表 2

类　别	年　度	月　份											
		一	二	三	四	五	六	七	八	九	十	十一	十二
烟草	101.1	103.7	103.7	103.7	103.7	102.1	99.9	99.8	99.8	99.5	99.2	99.2	99.2
酒类	99.2	95.2	98.4	98.3	99.4	99.9	100.5	100.5	100.0	99.8	99.8	99.5	100.1
白　酒	99.2	94.0	98.0	97.9	99.4	100.2	100.4	100.4	100.4	100.0	100.0	100.0	100.4
葡 萄 酒	99.6	100.0	100.0	100.1	100.1	100.1	100.1	100.1	100.1	100.1	100.1	94.0	100.1
啤　酒	100.7	100.0	100.0	100.0	101.4	100.0	103.5	103.5	100.0	100.0	100.0	100.0	100.0
其他酒类	94.2	100.0	100.0	100.0	92.2	92.2	92.2	92.2	92.2	92.2	92.2	92.2	92.2
鞋帽	**100.1**	**100.5**	**100.6**	**100.1**	**100.0**	**99.7**	**99.8**	**99.7**	**99.8**	**100.2**	**100.3**	**100.3**	**100.3**
服装	100.0	100.5	100.5	99.9	99.9	99.5	99.7	99.6	99.7	100.1	100.2	100.1	100.1
男士服装	99.7	100.0	100.3	100.3	100.3	99.6	99.5	99.3	99.3	99.5	99.5	99.5	99.5
男式西服	100.3	101.4	101.4	100.1	99.5	99.5	99.5	99.5	100.1	100.8	100.8	100.8	100.8
男式冬衣	102.6	100.0	101.5	103.0	103.0	103.0	103.0	103.0	103.0	103.0	103.0	103.0	103.0
男式夹克衫	100.9	100.0	100.0	100.0	100.0	100.0	100.0	100.0	100.0	101.5	102.9	102.9	102.9
男式毛线衣	100.0	100.0	100.0	100.0	100.0	100.0	100.0	100.0	100.0	100.0	100.0	100.0	100.0
男式运动装	100.9	99.3	99.3	99.3	100.0	100.0	103.1	103.1	103.1	101.1	100.7	100.7	100.7
男式衬衫 T 恤	97.3	99.1	99.1	98.9	98.8	98.8	96.7	95.8	96.0	96.3	95.9	95.9	95.9
男式裤子	97.9	100.6	100.6	100.6	100.6	96.8	96.8	96.8	96.8	96.8	96.2	96.2	96.2
男式内衣	99.7	99.5	99.9	99.9	99.9	99.9	99.9	99.9	98.7	99.9	99.9	99.9	99.9
女士服装	99.8	100.5	100.3	99.4	99.4	99.4	99.6	99.5	99.5	99.8	100.0	100.0	100.0
女式外套	99.5	100.0	100.0	100.0	100.0	100.0	100.0	100.0	99.7	98.9	98.4	98.4	98.4
女式冬衣	100.8	100.0	100.0	100.0	100.0	100.0	100.0	100.0	100.0	101.3	102.6	102.6	102.6
女式毛线衣	100.0	100.0	100.0	100.0	100.0	100.0	100.0	100.0	100.0	100.0	100.0	100.0	100.0
女式运动装	101.3	98.7	98.7	100.5	100.2	100.2	102.5	102.5	102.5	102.6	102.6	102.6	102.6
女式衬衫 T 恤	98.3	101.8	101.1	98.5	99.3	99.3	97.9	97.4	97.4	97.4	96.8	96.8	96.8
女式裤子	99.4	100.0	100.0	100.0	100.6	100.6	100.6	100.6	99.2	97.8	97.8	97.8	97.8
女式裙子	99.1	103.0	101.9	96.6	96.2	95.7	96.6	96.6	98.2	100.6	101.5	101.5	101.5
女式内衣	100.1	100.1	100.1	100.1	100.1	100.1	100.1	100.1	100.1	100.1	100.1	100.1	100.1
儿童服装	101.3	101.7	101.9	100.9	100.5	99.8	100.7	100.7	101.0	102.1	102.4	102.0	102.0
婴幼服装	100.7	100.0	100.0	100.0	100.9	100.9	100.9	100.9	100.9	100.9	100.9	100.9	100.9
儿童上衣	102.6	101.8	102.2	102.0	101.0	100.3	103.5	103.5	103.5	103.5	103.5	103.5	103.5
儿童裤子	98.6	100.1	100.1	97.6	97.1	95.6	95.6	95.6	96.5	99.7	101.9	101.9	101.9
儿童裙子	104.8	106.5	107.0	106.6	105.8	105.8	105.5	105.5	105.5	105.5	103.1	101.0	101.0
鞋帽袜	100.6	100.5	100.8	100.7	100.4	100.6	100.3	100.0	100.5	100.8	100.8	100.8	100.8
鞋	100.1	100.3	100.4	100.0	99.7	99.8	99.8	99.5	100.0	100.4	100.4	100.4	100.4
男鞋	101.1	100.3	100.6	100.6	100.6	100.6	100.6	101.2	101.7	101.7	101.7	101.7	101.7
女鞋	99.2	100.4	100.4	99.7	98.9	98.9	98.9	97.9	98.5	99.2	99.2	99.2	99.2
童鞋	100.7	100.0	100.0	100.0	100.0	101.1	101.1	101.1	101.1	101.1	101.1	101.1	101.1

4-2 续表 3

类 别	年 度	月份											
		一	二	三	四	五	六	七	八	九	十	十一	十二
袜子	101.1	102.6	102.6	102.6	102.6	102.6	100.0	100.0	100.0	100.0	100.0	100.0	100.0
帽子	105.2	100.0	103.0	105.9	105.9	105.9	105.9	105.9	105.9	105.9	105.9	105.9	105.9
其他衣着配件	100.0	100.0	100.0	100.0	100.0	100.0	100.0	100.0	100.0	100.0	100.0	100.0	100.0
纺织品	**100.0**	**100.0**	**100.0**	**100.0**	**100.0**	**100.0**	**100.0**	**100.0**	**99.8**	**99.6**	**100.0**	**100.4**	**100.4**
服装材料	100.8	100.0	100.0	100.0	100.0	100.0	100.0	100.0	100.0	100.0	101.9	103.8	103.8
床上用品	99.8	100.0	100.0	100.0	100.0	100.0	100.0	100.0	99.7	99.4	99.4	99.4	99.4
被子	99.8	100.0	100.0	100.0	100.0	100.0	100.0	100.0	99.7	99.5	99.5	99.5	99.5
床单被套	100.0	100.0	100.0	100.0	100.0	100.0	100.0	100.0	100.0	100.0	100.0	100.0	100.0
其他床上用品	99.3	100.0	100.0	100.0	100.0	100.0	100.0	100.0	99.1	98.1	98.1	98.1	98.1
家用电器及音像器材	**95.5**	**97.8**	**97.0**	**97.3**	**98.0**	**96.8**	**95.5**	**95.2**	**94.8**	**93.3**	**93.2**	**92.2**	**94.7**
家庭设备	97.4	98.5	98.2	98.6	99.6	99.2	97.5	97.4	96.6	96.2	95.9	95.1	96.3
洗 衣 机	98.5	99.8	99.1	100.1	99.3	98.7	101.3	98.1	97.2	96.0	96.8	97.5	98.3
电冰箱(柜)	97.8	99.2	98.7	100.0	99.7	99.1	95.7	96.8	96.1	94.9	97.3	97.2	98.9
抽油烟机	97.5	100.7	102.0	102.3	102.9	99.4	98.4	96.5	96.6	94.5	92.2	91.3	92.9
空 调 器	93.9	95.2	94.7	95.3	95.0	95.2	91.8	94.7	93.3	94.0	93.2	91.1	93.4
热 水 器	101.6	101.8	101.6	101.1	102.4	102.4	102.4	101.9	101.0	100.4	100.9	102.0	100.9
炉具灶具	97.7	98.0	98.0	98.2	100.3	99.9	99.4	97.9	97.3	97.3	96.7	94.4	95.5
微 波 炉	99.3	100.8	100.2	99.7	99.8	99.7	99.7	99.2	99.0	99.0	99.0	97.6	98.1
厨房小家电	97.8	100.8	99.8	99.8	99.8	99.8	98.0	98.0	96.2	95.6	95.3	95.3	95.3
生活小家电	98.2	99.3	98.7	98.6	97.9	96.8	99.2	97.9	98.9	100.8	96.6	96.6	96.6
其他大型家用器具	100.6	100.2	100.2	100.2	107.1	106.3	103.5	99.8	99.8	98.5	97.4	96.6	97.5
文娱用耐用消费品	93.7	98.0	96.2	96.5	96.8	94.2	93.4	92.7	92.9	90.8	91.1	89.4	92.4
电 视 机	90.0	96.2	93.9	94.1	94.1	90.4	88.7	87.7	87.9	86.3	87.4	84.5	88.9
照 相 机	103.3	103.8	102.6	103.5	104.9	104.9	107.0	107.1	107.2	101.1	98.5	99.5	100.0
音 响	100.0	100.0	100.0	100.0	100.0	100.0	100.0	100.0	100.0	100.0	100.0	100.0	100.0
其他文娱耐用消费品	99.5	98.1	98.1	98.1	99.2	100.2	100.2	100.2	100.2	100.0	99.8	100.0	100.0
专业音像器材	90.4	93.0	93.0	93.0	93.0	92.1	91.4	91.4	91.4	84.7	84.7	84.7	92.7
专业音响器材	84.0	86.0	86.0	86.0	86.0	84.4	83.2	83.2	83.2	79.0	79.0	79.0	95.0
专业声像器材	96.9	100.0	100.0	100.0	100.0	100.0	100.0	100.0	100.0	90.6	90.6	90.6	90.6
文化办公用品	**100.4**	**98.1**	**98.5**	**99.1**	**99.7**	**100.5**	**101.5**	**101.9**	**102.3**	**101.4**	**101.0**	**99.9**	**100.9**
纸张文具	100.0	100.0	100.0	100.0	100.0	100.0	100.0	100.0	100.0	100.0	100.0	100.0	100.0
台式计算机	103.1	98.4	98.9	99.3	100.2	101.4	102.6	103.6	106.5	108.5	106.7	105.4	106.7
笔记本平板	99.7	96.8	97.4	99.0	99.9	101.2	103.0	103.2	102.1	99.0	99.4	97.4	98.6
电脑附件	98.6	100.0	100.0	100.0	100.0	100.0	100.0	100.0	100.0	95.9	95.9	95.9	95.9
打印复印机	98.3	100.0	100.0	98.0	98.0	98.0	98.0	98.0	98.0	98.0	98.0	98.0	98.0
教学设备	96.7	96.8	96.8	96.8	96.8	96.8	96.8	96.8	96.8	97.6	96.3	94.6	97.8

4-2 续表4

类 别	年 度	月份											
		一	二	三	四	五	六	七	八	九	十	十一	十二
日用品	**100.4**	**99.7**	**99.5**	**100.0**	**100.5**	**100.5**	**100.7**	**100.7**	**100.3**	**100.5**	**100.4**	**100.6**	**101.4**
日用百货	100.9	100.0	100.0	101.0	101.0	100.7	101.4	101.2	99.8	100.5	100.2	101.0	103.2
电动自行车	100.5	100.0	100.0	100.0	100.0	100.0	100.0	100.0	100.0	100.0	100.0	100.0	105.6
自 行 车	100.0	100.0	100.0	100.0	100.0	100.0	100.0	100.0	100.0	100.0	100.0	100.0	100.0
雨 具	92.4	90.4	90.4	90.4	90.4	91.5	91.5	91.5	91.5	91.5	93.9	93.9	102.5
护理器具	101.0	100.0	100.0	100.9	101.4	101.8	100.7	101.8	100.7	101.8	100.9	100.9	100.9
清洁用纸	104.2	102.0	102.0	106.3	106.3	104.6	107.6	106.6	100.7	103.5	102.1	105.4	103.3
化妆器具	100.0	100.0	100.0	100.0	100.0	100.0	100.0	100.0	100.0	100.0	100.0	100.0	100.0
厨具餐具茶具	101.3	100.3	100.7	100.1	101.1	101.3	101.3	101.3	101.3	101.7	102.2	102.2	102.2
厨 具	100.4	100.5	101.1	99.9	99.9	100.4	100.4	100.4	100.4	100.4	100.4	100.4	100.4
餐 具	102.0	100.0	100.0	100.0	102.6	102.6	102.6	102.6	102.6	102.6	102.6	102.6	102.6
茶 具	102.5	100.5	101.0	101.0	101.0	101.0	101.0	101.0	101.0	103.7	106.3	106.3	106.3
清洗用品	99.8	98.8	98.0	99.0	99.8	100.3	100.3	100.3	100.3	100.3	100.3	100.3	100.3
其他日用品	99.7	99.9	100.0	100.1	100.0	99.8	99.8	100.0	100.3	99.6	98.9	98.9	99.4
灯 具	98.2	99.9	99.9	99.9	99.9	99.9	100.0	100.0	100.0	97.1	94.1	94.1	94.1
箱 包	99.6	99.9	99.9	99.9	99.3	98.8	98.8	99.0	99.6	99.9	99.9	99.9	99.9
母婴用品	100.3	99.8	99.8	99.8	99.8	99.8	99.8	99.8	100.4	100.4	100.9	100.9	102.8
眼 镜	100.0	100.0	100.0	100.0	100.0	100.0	100.0	100.0	100.0	100.0	100.0	100.0	100.0
其他护理用品	106.7	100.0	102.0	105.2	106.4	106.4	105.7	107.4	109.4	109.4	109.4	109.4	109.4
其他日用杂品	99.2	100.1	100.1	100.1	100.1	98.6	98.6	99.7	98.9	98.9	98.1	96.9	100.1
体育娱乐用品	**99.7**	**100.0**	**100.0**	**98.2**	**100.0**	**100.0**	**100.0**	**100.0**	**100.0**	**100.0**	**100.0**	**100.0**	**98.9**
体育户外用品	99.6	100.0	100.0	96.8	100.0	100.0	100.0	100.0	100.0	100.0	100.0	100.0	98.9
娱乐用品	99.9	100.0	100.0	100.0	99.9	99.9	99.9	99.9	99.9	99.9	99.9	99.9	98.9
乐 器	100.0	100.0	100.0	100.0	100.0	100.0	100.0	100.0	100.0	100.0	100.0	100.0	100.0
游戏用品和玩具	99.5	100.0	100.0	100.0	99.8	99.8	99.8	99.8	99.8	99.8	99.8	99.8	96.1
园艺花卉及用品	100.0	100.0	100.0	100.0	100.0	100.0	100.0	100.0	100.0	100.0	100.0	100.0	100.0
宠物及用品	100.0	100.0	100.0	100.0	100.0	100.0	100.0	100.0	100.0	100.0	100.0	100.0	100.0
其他文化娱乐用品	100.0	100.0	100.0	100.0	100.0	100.0	100.0	100.0	100.0	100.0	100.0	100.0	100.0
通信用品	**95.6**	**91.1**	**92.9**	**94.0**	**94.1**	**93.7**	**99.4**	**98.8**	**98.9**	**97.0**	**95.9**	**96.6**	**95.5**
交通运输机械	95.4	92.0	92.0	92.0	92.0	92.0	97.9	97.6	97.8	98.0	98.1	98.9	98.0
小型汽车	94.4	90.4	90.4	90.4	90.4	90.4	97.6	97.2	97.2	97.5	97.6	98.7	97.0
大中型客车	99.2	98.6	98.6	98.6	98.6	98.6	98.6	99.3	100.0	100.0	100.0	100.0	100.0
交通工具零配件	100.7	100.0	100.0	100.0	100.0	100.0	100.0	100.0	100.0	100.0	100.0	100.0	108.4
通信器材	95.9	89.3	94.7	98.1	98.4	97.2	102.8	101.2	101.3	94.9	91.5	91.9	90.5
固定电话机	81.3	97.9	97.9	98.9	100.0	72.5	72.5	72.5	72.5	72.5	72.5	72.5	72.5
移动电话机	96.0	88.7	94.4	98.0	98.3	97.6	103.6	101.9	102.0	95.2	91.5	91.9	90.4

4-2 续表 5

类别	年度	月份											
		一	二	三	四	五	六	七	八	九	十	十一	十二
其他通信器材	100.0	100.0	100.0	100.0	100.0	100.0	100.0	100.0	100.0	100.0	100.0	100.0	100.0
家具	**99.9**	**100.9**	**100.9**	**100.8**	**101.2**	**100.9**	**100.6**	**100.6**	**100.0**	**99.3**	**99.0**	**97.4**	**97.0**
柜	99.4	100.9	100.9	101.1	101.2	101.2	101.2	101.2	99.1	97.1	97.1	95.1	96.2
床	99.9	100.3	100.3	100.8	101.4	101.4	101.4	101.4	100.4	99.5	98.3	97.5	96.9
桌	101.2	101.4	101.4	101.7	102.0	102.0	102.0	102.0	102.6	102.0	101.0	98.2	98.4
椅	106.0	105.5	105.5	105.9	106.4	105.4	104.4	104.4	106.8	108.8	109.7	107.5	101.6
沙　发	98.1	99.9	99.9	98.9	99.3	98.5	97.8	97.8	97.7	97.7	97.7	96.6	96.0
其他家具	99.6	100.0	100.0	100.0	100.0	99.8	99.5	99.5	100.0	100.5	100.3	98.3	97.2
化妆品	**101.7**	**100.0**	**100.0**	**100.8**	**102.0**	**102.1**	**102.1**	**102.2**	**102.3**	**102.3**	**102.3**	**102.3**	**102.3**
清洁化妆品	101.2	100.0	100.0	100.0	101.6	101.6	101.6	101.6	101.6	101.6	101.6	101.6	101.6
护肤化妆品	102.4	100.0	100.0	101.5	103.1	103.1	103.1	103.1	103.1	103.1	103.1	103.1	103.1
彩妆化妆品	105.5	100.0	100.0	101.1	105.9	107.3	107.3	107.3	107.3	107.3	107.3	107.3	107.3
清洁类护理用品	100.1	100.1	100.1	100.1	99.4	99.3	99.6	100.4	100.4	100.4	100.4	100.4	100.4
护发美发用品	100.7	100.2	100.2	100.2	101.2	101.2	101.0	100.0	100.9	100.9	100.9	100.9	100.9
金银饰品	**109.4**	**90.7**	**96.5**	**103.5**	**102.1**	**108.3**	**111.0**	**124.1**	**122.0**	**118.7**	**111.1**	**117.2**	**111.6**
金　饰　品	115.1	96.2	103.7	111.2	108.3	114.0	116.8	129.3	126.1	124.2	116.6	122.7	114.7
银　饰　品	98.4	102.0	101.9	100.8	101.6	100.5	99.6	103.9	98.8	93.6	92.7	91.7	94.1
铂金饰品	101.3	73.3	78.0	87.5	88.1	98.8	102.9	122.7	125.1	119.0	107.4	118.8	114.3
中西药品及医疗保健用品	**106.1**	**104.3**	**104.3**	**106.7**	**106.6**	**106.0**	**107.3**	**107.8**	**106.8**	**106.9**	**105.1**	**105.8**	**106.0**
医疗卫生器具	106.5	105.4	105.4	108.8	108.8	105.4	105.4	105.4	106.1	105.2	105.2	108.6	108.6
中药	104.6	102.5	102.5	105.1	105.1	105.1	106.6	106.6	103.9	103.6	103.6	105.2	105.2
中　药　材	108.0	100.9	100.9	102.1	102.1	102.1	108.5	108.5	114.1	113.9	113.9	114.4	114.4
中　成　药	103.4	103.2	103.2	106.2	106.2	106.2	106.0	106.0	100.3	99.9	99.9	101.9	101.9
西药	106.3	104.8	104.8	106.3	106.2	105.7	107.3	108.1	107.2	107.7	105.6	105.9	106.1
抗微生物药	101.9	102.2	102.2	102.2	102.2	102.2	102.2	102.2	102.2	101.1	101.1	101.1	102.0
消化系统用药	119.3	126.9	126.9	126.9	126.9	126.9	126.9	126.9	114.8	121.7	106.0	106.0	106.0
呼吸系统用药	100.0	106.9	106.9	106.9	104.4	100.0	90.6	90.6	97.8	97.8	97.8	101.1	101.1
解热镇痛药	98.7	101.2	101.2	101.2	101.2	101.4	101.4	101.4	96.6	91.7	95.5	96.0	96.9
抗肿瘤药	100.1	100.0	100.0	100.0	100.0	100.0	100.0	100.0	100.0	100.3	100.3	100.3	99.9
激素及影响内分泌药	105.4	112.0	112.0	109.7	109.7	104.5	104.5	104.5	103.2	105.4	100.5	100.5	100.5
心血管系统用药	108.2	101.3	101.3	101.3	101.3	102.1	114.0	114.0	114.0	114.0	111.7	111.7	111.7
血液系统用药	129.8	100.0	100.0	127.6	127.6	127.6	127.6	141.0	141.0	141.0	141.0	141.0	141.7
治疗精神障碍药	98.9	100.0	100.0	98.7	98.7	98.7	98.7	98.7	98.7	98.7	98.7	98.7	98.7
神经系统用药	100.3	100.0	100.0	100.0	100.0	100.0	100.0	100.0	100.0	100.8	100.8	100.8	100.8
消毒防腐及创伤外科用药	98.0	98.6	98.6	98.6	98.6	100.0	100.0	100.0	98.2	96.0	96.0	96.0	96.0
泌尿系统用药	107.8	100.0	100.0	104.0	104.0	104.0	104.0	104.0	104.0	117.5	117.5	117.5	117.5

4-2 续表6

类别	年度	月份 一	二	三	四	五	六	七	八	九	十	十一	十二
矿物质类药	107.6	106.3	106.3	107.1	107.1	103.3	108.0	108.0	108.9	108.9	108.9	108.9	108.9
电解质及酸碱平衡药	96.7	100.0	100.0	97.6	97.6	97.6	94.3	94.3	99.2	95.0	95.0	95.0	95.0
保健器具及用品	107.9	104.4	104.4	109.8	109.8	109.8	109.8	109.8	111.0	111.0	105.2	105.2	105.2
保健器具	101.3	102.3	102.3	102.3	102.3	102.3	102.3	102.3	100.0	100.0	100.0	100.0	100.0
滋补保健品	109.1	104.8	104.8	111.2	111.1	111.1	111.1	111.1	113.0	113.0	106.1	106.1	106.1
书报杂志及电子出版物	**103.5**	**103.0**	**103.0**	**103.0**	**103.0**	**103.0**	**103.0**	**103.0**	**103.0**	**104.3**	**104.3**	**104.3**	**104.3**
教材及参考书	107.3	106.4	106.4	106.4	106.4	106.4	106.4	106.4	106.4	109.2	109.2	109.2	109.2
工具书	100.0	100.0	100.0	100.0	100.0	100.0	100.0	100.0	100.0	100.0	100.0	100.0	100.0
教材	117.0	114.3	114.3	114.3	114.3	114.3	114.3	114.3	114.3	123.0	123.0	123.0	123.0
参考资料	102.5	102.5	102.5	102.5	102.5	102.5	102.5	102.5	102.5	102.5	102.5	102.5	102.5
其他教育用品	100.0	100.0	100.0	100.0	100.0	100.0	100.0	100.0	100.0	100.0	100.0	100.0	100.0
书报杂志	100.0	100.0	100.0	100.0	100.0	100.0	100.0	100.0	100.0	100.0	100.0	100.0	100.0
计算机办公软件	100.0	100.0	100.0	100.0	100.0	100.0	100.0	100.0	100.0	100.0	100.0	100.0	100.0
燃料	97.6	91.7	93.5	90.0	91.6	90.6	93.4	94.8	96.6	100.5	105.0	110.7	115.1
煤炭及制品	102.4	86.7	92.6	90.0	94.2	91.4	95.1	96.2	95.7	96.1	123.2	134.1	137.8
原煤	94.4	71.8	84.3	79.0	87.4	81.2	88.7	91.1	90.0	90.8	116.9	131.1	131.0
煤制品	108.9	100.0	100.0	100.0	100.0	100.0	100.0	100.0	100.0	100.0	127.9	136.3	142.9
石油及制品	96.6	92.8	93.7	89.9	91.1	90.4	93.1	94.5	96.8	101.4	101.4	106.0	110.4
管道燃气	100.0	100.0	100.0	100.0	100.0	100.0	100.0	100.0	100.0	100.0	100.0	100.0	100.0
液化石油气	94.0	84.6	84.6	84.6	90.2	96.5	96.5	96.5	96.5	100.0	100.0	100.0	103.7
汽油	96.1	92.0	93.3	88.1	88.9	87.5	91.1	92.9	95.9	102.0	102.0	108.4	114.6
柴油	95.4	91.1	92.4	86.7	87.8	86.1	90.0	92.3	95.5	102.1	102.0	109.5	113.8
建筑材料及五金电料	101.0	100.2	100.2	100.4	100.7	100.9	100.9	100.9	101.1	101.2	101.4	101.9	102.2
建筑装璜材料	100.7	100.3	100.3	100.3	100.4	100.4	100.4	100.4	100.5	100.6	100.9	101.7	102.1
木地板	102.5	101.8	101.8	101.8	101.8	101.8	101.8	101.8	101.8	101.8	103.4	105.0	105.0
瓷砖	100.0	100.0	100.0	100.0	100.0	100.0	100.0	100.0	100.0	100.0	100.0	100.0	100.0
水泥	101.1	98.1	98.1	98.1	100.0	100.0	100.0	100.0	100.0	100.0	100.0	107.0	112.0
涂料	100.0	100.0	100.0	100.0	100.0	100.0	100.0	100.0	100.0	100.0	100.0	100.0	100.0
板材	104.5	103.4	103.4	103.4	103.4	103.4	103.4	103.4	104.7	106.1	106.4	106.7	106.7
管材	100.0	100.0	100.0	100.0	100.0	100.0	100.0	100.0	100.0	100.0	100.0	100.0	100.0
厨卫设备	100.0	100.0	100.0	100.0	100.0	100.0	100.0	100.0	100.0	100.0	100.0	100.0	100.0
门窗	100.0	100.0	100.0	100.0	100.0	100.0	100.0	100.0	100.0	100.0	100.0	100.0	100.0
其他住房装潢材料	100.5	100.0	100.0	100.0	100.0	100.0	100.0	100.0	100.0	100.0	101.2	102.5	102.5
五金水暖	101.7	100.2	100.2	100.5	101.4	101.8	101.8	101.8	102.5	102.5	102.5	102.5	102.5
家用手工工具	100.2	100.2	100.2	100.2	100.2	100.2	100.2	100.2	100.2	100.2	100.2	100.2	100.2
配电附件	106.7	100.3	100.3	101.9	105.5	107.3	107.3	107.3	110.1	110.1	110.1	110.1	110.1
水暖器材	100.0	100.0	100.0	100.0	100.0	100.0	100.0	100.0	100.0	100.0	100.0	100.0	100.0

4-3　市区居民消费及零售商品平均价格

（2016 年）

品　名	规　格	单位	本年平均价格（元）	品　名	规　格	单位	本年平均价格（元）
大米	东北粳米一等散装	千克	6.28	鲜菜	郑州大白菜一等	千克	3.20
大米	原阳粳米一等散装	千克	5.56	鲜菜	郑州洋白菜一等	千克	3.87
面粉	郑州特一粉神象 25kg 袋装	千克	3.61	鲜菜	郑州菠菜一等	千克	7.74
面粉	郑州精制粉金苑 25kg 袋装	千克	3.29	鲜菜	郑州油菜一等	千克	6.43
其他粮食	郑州小米一等散装	千克	13.44	鲜菜	郑州芹菜一等	千克	4.92
其他粮食	郑州玉米面一等散装	千克	4.20	鲜菜	郑州韭菜一等	千克	5.35
粮食制品	郑州高筋挂面神象 400g	千克	6.00	鲜菜	郑州菜花一等	千克	6.23
粮食制品	郑州馒头（袋装）	千克	5.00	鲜菜	郑州黄瓜一等	千克	6.03
粮食制品	郑州馄饨皮	千克	5.64	鲜菜	郑州冬瓜一等	千克	3.85
薯类	郑州一等土豆	千克	4.72	鲜菜	郑州西红柿一等	千克	6.41
薯类	郑州一等红薯	千克	4.00	鲜菜	郑州茄子一等	千克	6.33
干豆	郑州黄豆一等散装	千克	6.79	鲜菜	郑州白萝卜一等	千克	3.02
干豆	郑州绿豆一等散装	千克	12.40	鲜菜	郑州胡萝卜一等	千克	4.93
豆制品	郑州水豆腐	千克	4.52	鲜菜	郑州青椒一等	千克	7.78
豆制品	许昌腐竹	千克	24.97	鲜菜	郑州四季豆一等	千克	9.54
豆制品	郑州豆腐干	千克	7.80	鲜菜	郑州黄豆芽一等	千克	3.68
食用植物油	周口花生油金龙鱼非转基因压榨一级 5l 桶装	升	22.74	鲜菜	郑州洋葱头一等	千克	4.20
食用植物油	周口大豆油金龙鱼维生素 A 营养 5l 桶装	升	8.68	鲜菜	郑州大葱一等	千克	7.33
植物油制品	山东菏泽调和油福临门天然谷物 5l 桶装	升	11.27	鲜菜	郑州生姜一等	千克	8.89
食用动物油	郑州一级猪板油	千克	16.76	鲜菜	郑州大蒜一等	千克	15.43

4-3　续表 1

品　名	规　格	单位	本年平均价格（元）	品　名	规　格	单位	本年平均价格（元）
鲜菜	郑州莲藕一等	千克	8.59	鸡	郑州鸡胸肉上等	千克	17.62
鲜菜	郑州蒜苔一等	千克	8.74	鸭	郑州半片鸭	千克	11.88
鲜菜	郑州西葫芦一等	千克	5.34	禽制品	郑州烧鸡	千克	38.10
鲜菜	郑州丝瓜一等	千克	9.30	禽制品	郑州鸡爪	千克	40.90
鲜菜	郑州莴笋一等	千克	5.65	禽制品	郑州鸡翅	千克	64.73
干菜及菜制品	东北木耳(干)甲级	千克	104.00	淡水鱼	郑州鲤鱼 0.5kg 以上	千克	13.00
干菜及菜制品	郑州五香大头菜甲级	千克	6.27	淡水鱼	郑州草鱼 0.5 千克以上	千克	12.74
干菜及菜制品	柘城干辣椒甲级	千克	23.20	海水鱼	浙江带鱼 0.5kg 以上	千克	31.70
干菜及菜制品	淮阳黄花菜甲级	千克	75.13	海水鱼	浙江扒皮鱼中等	千克	70.65
猪肉	郑州去骨五花猪肉	千克	32.64	虾蟹类	郑州河蟹	千克	82.31
猪肉	郑州去骨后腿猪肉	千克	32.64	虾蟹类	浙江竹节虾	千克	82.12
猪肉	郑州五花猪肉馅	千克	32.65	其他水产品及制品	浙江虾皮(干)	千克	36.35
牛肉	郑州去骨腿肉	千克	54.51	其他水产品及制品	浙江海带(干)	千克	20.40
牛肉	郑州肋排肉	千克	53.66	其他水产品及制品	浙江紫菜(不加调料)	千克	113.17
羊肉	郑州去骨腿肉	千克	58.00	鸡蛋	郑州鸡蛋新鲜完整	千克	8.06
畜肉副品	郑州猪肝	千克	15.89	鸡蛋	郑州柴鸡蛋新鲜完整	千克	17.69
畜肉副品	郑州猪肚	千克	39.20	蛋制品	郑州咸鸭蛋	千克	20.00
畜肉制品	郑州香肠	千克	41.73	蛋制品	郑州松花蛋	千克	20.00
畜肉制品	郑州五香熟牛肉	千克	103.85	巴氏杀菌乳或灭菌乳	呼和浩特纯牛奶蒙牛 250ml 盒装	升	11.47
畜肉制品	郑州熟猪头肉	千克	42.83	巴氏杀菌乳或灭菌乳	郑州纯牛奶花花牛 200ml 袋装(30 天保质期)	升	9.39
鸡	郑州白条鸡上等	千克	14.37	酸牛乳	郑州酸奶花花牛 180g 袋装	升	9.81

4-3　续表 2

品 名	规 格	单位	本年平均价格（元）	品 名	规 格	单位	本年平均价格（元）
酸牛乳	呼和浩特活性乳酸菌酸牛奶蒙牛 100g * 8 盒	升	14.37	糖果	上海奶糖金丝猴散装	千克	56.85
乳粉	呼和浩特奶粉全脂无糖伊利 400g 袋装(16 * 25g)	千克	78.67	巧克力制品	北京巧克力板糖德芙 80g(丝滑牛奶)	千克	149.65
乳粉	黑龙江双城婴儿奶粉力多精 400g 袋装(1 号)	千克	187.50	糕点	苏州太平梳打饼干(香葱)卡夫 100g 袋装	千克	30.67
冷冻饮品	天津冰激淋小神童	支	2.00	糕点	广东东莞沙琪玛徐福记鸡蛋 470g	千克	33.16
奶酪	呼和浩特产蒙牛未来星儿童成长奶酪 200g(13 片装)	袋	21.83	糕点	郑州桃酥散装	千克	17.00
鲜瓜果	郑州苹果红富士一级	千克	10.23	其他食品	上海冠生园 500g 瓶装蜂蜜	千克	39.17
鲜瓜果	砀山梨一级	千克	4.96	其他食品	郑州喜之郎果冻散装	千克	13.40
鲜瓜果	海南香蕉一级	千克	5.64	食用盐	平顶山加碘精盐卫群 400g	千克	5.00
鲜瓜果	郑州西瓜一级	千克	3.83	酱油	广东草菇老抽李锦记 500ml	升	14.32
鲜瓜果	四川橘子一级	千克	4.97	酱油	广东佛山金标生抽海天 500ml	升	13.98
鲜瓜果	郑州葡萄一级	千克	8.23	食醋	江苏香醋恒顺瓶装 500ml	升	11.66
鲜瓜果	郑州桃子一级	千克	5.71	食醋	山西清徐老陈醋紫林 468ml	升	14.75
鲜瓜果	四川猕猴桃一级	千克	12.36	调味酱	南阳仲景香菇酱 210g	千克	52.70
干(坚)果	新疆干红枣一级	千克	49.00	调味酱	上海味好美番茄沙司 340g	千克	21.55
干(坚)果	郑州生花生米一级	千克	13.04	味精	周口味精莲花含麸酸纳 99% 500g 袋装	千克	20.91
干(坚)果	郑州核桃一级	千克	47.00	料酒	北京王致和 500ml	瓶	4.86
瓜果制品	山东山楂片金泰散装	千克	24.67	水饺	思念猪肉白菜 500g	千克	12.89
瓜果制品	灵宝蜜枣散装	千克	13.53	方便面	天津红烧牛肉面康师傅五连包袋装 103g * 5	千克	28.38
食糖	北京白砂糖厨大妈 450g	千克	19.05	汤圆	郑州黑芝麻大汤圆三全 500g 袋装(15 个)	千克	15.38
食糖	北京红糖厨大妈 450g 袋装	千克	19.06	淀粉及制品	郑州红薯类淀粉	千克	10.63
糖果	上海玉米硬糖金丝猴散装	千克	38.99	淀粉及制品	禹州红薯粉条	千克	15.60

4-3　续表 3

品　名	规　格	单位	本年平均价格（元）	品　名	规　格	单位	本年平均价格（元）
田园薯片	上海上好佳 50g 袋装（番茄味）田园薯片	袋	3.04	葡萄酒	吉林红葡萄酒通化 720ml 瓶装	瓶	43.77
雪饼	安阳旺旺 84g	袋	4.73	葡萄酒	山东烟台干红葡萄酒张裕 750ml 瓶装	瓶	45.26
妙脆角	甜辣双番 65g	袋	5.87	啤酒	青岛青岛啤酒 330ml 听装	瓶	4.40
茶叶	湖南长沙茉莉花茶猴王特级 100g	千克	167.33	啤酒	郑州新一代啤酒金星 550ml 瓶装	瓶	3.00
茶叶	河南信阳碧螺春天潭一级 100g	千克	106.56	黄酒	浙江绍兴女儿红 600ml	瓶	9.23
固体咖啡	广东咖啡醇品雀巢 100g 瓶装	千克	419.33	主食	郑州大米饭二两一碗	份	1.00
固体咖啡	广州麦斯威尔牌 11 条 * 13g（原味）	千克	103.47	主食	郑州烩面四两一碗	份	13.80
固体饮料	上海清凉菊花晶生字 400g 袋装	千克	42.18	炒菜	西芹百合	份	29.99
固体饮料	广州卡夫阳光甜橙味 400g	千克	38.24	炒菜	土芹菜炒腊肉	份	30.61
饮用水	湖北丹江口农夫山泉 550ml	升	2.77	炒菜	蒜蓉上海青	份	14.86
饮用水	河南娃哈哈纯净水 596ml	升	2.45	炒菜	酸辣广肚	份	70.21
果汁饮料	北京汇源果汁 1L100%	升	11.95	炒菜	银杏蒸南瓜	份	25.36
果汁饮料	郑州森雨苹果醋 480ml	升	11.27	炒菜	辣子鸡	份	31.90
液体饮料	浙江绍兴凉茶加多宝罐装 310ml	升	11.74	快餐	西式快餐超级鸡腿堡	份	15.56
液体饮料	郑州可口可乐 2.31 瓶装	升	2.89	快餐	米饭套餐盒饭（两荤一素）	份	9.67
高档卷烟	上海中华软盒	盒	72.43	地方小吃	炒凉粉	份	5.12
中档卷烟	云南玉溪软盒	盒	23.00	地方小吃	胡辣汤	份	3.02
其他	河南安阳黄金叶红旗渠	盒	10.71	地方小吃	豆腐脑	份	2.00
白酒	四川宜宾五粮液 52 度 500ml 瓶装	瓶	697.33	地方小吃	奶茶（原味）	杯	9.01
白酒	河南汝阳杜康 500ml 瓶装	瓶	128.00	西服	广州金利来	套	5760.54
白酒	北京二锅头 55 度普通红星 500ml	瓶	13.10	西服	宁波雅戈尔牌	套	3717.50

4-3 续表4

品 名	规 格	单位	本年平均价格（元）	品 名	规 格	单位	本年平均价格（元）
大衣	宁波雅戈尔牌	件	4084.17	羽绒衣	江苏阿迪达斯牌	件	1432.33
羽绒服	江苏产阿迪达斯牌（灰鸭绒）	件	1499.00	毛线衣	浙江米黄牌女 V 领羊绒衫	件	2246.67
男式夹克衫	宁波雅戈尔	件	2318.89	毛线衣	内蒙古鄂尔多斯羊绒衫	件	2783.33
男式夹克衫	广州金利来	件	2913.33	女运动衫裤	江苏阿迪达斯	条	391.08
毛线衣	米黄牌	件	2913.33	女运动衫裤	江苏耐克牌	条	449.00
毛线衣	内蒙古鄂尔多斯牌	件	3381.67	衬衫	阿玛施女衬衫	件	899.10
运动衫裤	阿迪达斯男	条	375.67	衬衫	衣恋女衬衫	件	631.50
运动衫裤	苏州耐克男	条	447.33	T 恤衫	阿迪达斯女 T 恤衫	件	482.33
衬衫	宁波雅戈尔牌	件	880.00	T 恤衫	耐克女 T 恤衫	件	486.78
衬衫	上海古柏牌	件	925.00	裤子	阿玛施女裤	条	844.83
T 恤衫	江苏阿迪达斯牌	件	377.89	裤子	衣恋女裤	条	709.83
T 恤衫	江苏耐克牌	件	384.56	裙子	衣恋短裙	条	739.29
男式裤子	天津克德克依牌	条	1406.66	裙子	阿玛施短裙	条	740.88
男式裤子	宁波雅戈尔牌	条	1080.00	内衣	宜而爽女棉毛长袖衫裤	套	92.33
男式内衣	宜而爽男 V 领长袖衫裤	套	92.33	内衣	三枪加厚女内衣	套	92.33
男式内衣	三枪三层暖棉男内衣	套	85.67	内裤	蝶安芬牌女士	条	19.17
男式内裤	健将牌男士	条	24.57	儿童内衣	山东莱阳快乐熊牌	套	52.66
女式外套	阿玛施女西服	件（套）	1512.22	儿童家居套装	丽婴房	套	191.17
女式外套	阿玛施女开衫	件（套）	2516.94	上衣	耐克女童针织夹克	件	391.92
女式外套	PRICH 女外套	件（套）	1812.83	上衣	耐克男童针织夹克	件	437.61
大衣	广州阿玛施牌	件	3046.43	裤子	阿迪达斯男儿童梭织男裤	条	331.36

4-3 续表 5

品 名	规 格	单位	本年平均价格（元）	品 名	规 格	单位	本年平均价格（元）
裤子	阿迪达斯少女梭织女裤	条	360.67	女鞋	耐克女慢跑鞋	双	999.00
裙子	依恋短裙童装	条	531.33	女鞋	阿迪达斯女跑鞋	双	1035.11
裙子	侨保马甲裙童装	条	528.42	童鞋	阿迪达斯男训练鞋	双	417.89
棉布	白棉布新疆 3.4m	米	8.60	童鞋	耐克毛毛虫男童鞋	双	469.00
棉布	床单布上海	米	19.40	童鞋	耐克毛毛虫女童鞋	双	469.00
男袜	皮尔卡丹男袜(单)	双	43.00	其他	换鞋跟	双	10.00
女袜	皮尔卡丹女袜(单)	双	36.00	其他	擦皮鞋	次	5.33
男帽	耐克生活男线帽	顶	177.75	公房房租	一级砖混楼房	平方米	1.70
女帽	耐克生活女线帽	顶	177.75	私房房租	高档住房	平方米	30.13
围巾	白井　桑蚕丝	条	332.67	私房房租	中档住房	平方米	21.21
领带	雅戈尔牌　涤纶	条	320.00	私房房租	低档住房	平方米	15.20
皮带	金利来男士	条	198.00	木地板	北美枫林 400mm * 900mm(实木)	平方米	284.63
皮手套	金利来	副	358.00	木地板	广州 400mm * 900mm(强化)	平方米	117.25
清洗	男毛料西服干洗费(深色)	套/次	33.00	砖	民用砖	块	0.50
清洗	干洗羽绒服	件/次	34.74	砖	地板砖广州佛山 300mm * 300mm	块	4.50
其他	锁裤边	次	5.00	水泥	新乡水泥 500 号(42.5 等级)	千克	0.35
其他	换拉链	次	4.94	水泥	新乡白水泥	千克	0.33
男鞋	C. Deny 男牛皮鞋	双	1859.99	涂料	郑州 888(千克)	袋	10.00
男鞋	耐克男慢跑鞋	双	999.00	涂料	顺德聚酯漆	桶	373.33
男鞋	BOSS 男牛皮鞋	双	1975.83	板材	河北三合板 1.22m * 2.44m	张	31.04
女鞋	百丽女小牛皮鞋	双	868.17	板材	河北五合板 1.22m * 2.44m	张	36.76

4-3 续表 6

品 名	规 格	单位	本年平均价格（元）	品 名	规 格	单位	本年平均价格（元）
板材	河北板材 1.2m＊2.44m	张	106.67	自有住房	中档住房	平方米	21.21
管材	金德牌上水管 pvc	米	10.67	自有住房	低档住房	平方米	15.20
管材	下水管铝塑管	米	10.33	柜	五维空间衣柜板式 2m＊0.6m＊2.2m(五门)	个	3600.87
管材	浙江金属暖管	米	22.00	柜	明杨牌床头柜实木 0.3m＊0.3m＊0.4m	个	438.06
厨卫设备	广东佛山座便器	件	279.67	床	华美 1.8m＊2m 实木双人床	张	2808.60
厨卫设备	不锈钢水池	件	78.33	床	宝莱国际单人床实木 1.2m＊2m	张	2156.25
门窗	步阳防盗门	扇	1700.00	桌	明杨餐桌实木 0.8m＊1.6m	张	2823.47
门窗	房间门复合门	扇	583.33	桌	惠隆电脑桌 1.2m＊0.8m	张	627.53
玻璃	洛阳玻璃 5mm	平方米	33.68	椅	森志实木椅普通	把	297.08
粘胶	广东鱼珠万能胶	瓶	38.33	椅	大康实木椅高档	把	442.88
物业管理费	小区一级	月＊平方米	0.41	沙发	聚皇皮沙发(1+2+3)	套	15143.64
装潢维修费	刷墙	平方米	10.44	沙发	广东明杨牌木沙发(1+2+3)	套	9543.06
装潢维修费	铺地板	平方米	24.44	玻璃茶几	鸿晟 1.1m＊0.55m	件	1007.22
其他住房费用	卫生费	月	5.33	床垫	蓝梦（全弹簧）1.8m＊2m＊0.2m	件	1596.81
水	居民用水	吨	4.10	灯具	广东中山冠雅牌护眼灯	个	198.00
电	居民生活用电	百度	57.81	灯具	广东佛山吸顶灯(50＊70cm)	个	626.67
管道燃气	天燃气	立方米	2.25	灯具	广东中山冠雅护眼灯	个	188.79
液化石油气	液化气	千克	6.34	日用普通饰品	广州磨砂喷绘 76＊110	件	325.00
取暖费	暖气费	10 ㎡/天	1.90	日用普通饰品	水晶画 60＊60	件	260.00
取暖费	蜂窝煤(12 孔)	百千克	82.30	洗衣机	合肥三洋 DG-F85322S	台	3992.49
自有住房	高档住房	平方米	30.12	洗衣机	无锡小天鹅 TG80-1229EDS	台	2560.48

4-3　续表7

品　名	规　格	单位	本年平均价格（元）	品　名	规　格	单位	本年平均价格（元）
洗衣机	青岛海尔 XQG70-1011	台	2399.00	热水器	广东万家乐 JSQ22-12JP5	台	1989.00
洗衣机	青岛海尔 XQB70-M918H	台	1414.58	热水器	青岛海尔 ES60H-15(E)	台	1949.00
洗衣机	青岛海尔 XQG70-1011	台	2327.46	热水器	广东万家乐 12JP3	台	1842.50
洗衣机	无锡小天鹅 TG70-1229ES	台	2669.00	热水器	广东万和 EV36/J5Q20	台	2729.29
洗衣机	广东荣事达 TB8007ES	台	1924.10	炉具灶具	广东华帝 JZ20Y-BH807A1	台	2215.83
电冰箱(柜)	青岛海尔 BCD-218SDGW	台	2934.85	炉具灶具	电磁炉　浙江苏泊尔 21-CB29	台	499.00
电冰箱(柜)	广东美的 BCD-241WM	台	2330.28	炉具灶具	燃气灶　广东华帝 JZT-851B	台	1043.62
电冰箱(柜)	新乡新飞 BCD-2221MKS	台	2438.90	炉具灶具	电磁炉　山东九阳 C21-SC007	台	269.00
电冰箱(柜)	青岛海尔 BCD-206STPA	台	1704.42	微波炉	广东美的牌 EG923KX1-NAH	台	1404.42
电冰箱(柜)	新乡新飞 BCD-261YCHGC	台	2620.36	微波炉	广东格兰仕 C2KR5	台	1194.58
电冰箱(柜)	广东容声 BCD245KL/NYC	台	2769.83	微波炉	广东美的 YR1309S-X	台	599.00
电冰箱(柜)	青岛海尔 BCD-245TMJW	台	2532.33	微波炉	广东格兰仕 G70F23N1P-M8(S0)	台	599.00
吸排抽烟机	浙江方太 CXW-200-EM03T	台	4531.33	吸尘器	美的 WD14Q5A	台	1385.96
吸排抽烟机	广东华帝 CXW-200-E618BH	台	3895.04	饮水机	沁园 QY03-1ADJLD8295XZ	台	3053.66
抽油烟机	广东万家乐 QL03	台	1450.99	吸尘器	美的 WD14Q5A	台	1469.83
抽油烟机	杭州老板 CXW-200-8020	台	3503.75	饮水机	沁园 QY03-1ADJLD8396YZ	台	2669.12
抽油烟机	广东华帝 CXW-200-E601C1Z	台	3721.71	电饭煲	广东美的牌 YN402D	个	275.39
空调器	美的 KFR-51LW/BP2DN1Y-YA400(B2)E	台	6664.29	豆浆机	广东美的牌 DE12X12	个	389.28
空调器	青岛海尔 KFR35GW/11WEA22AU1	台	3486.07	电压力	苏泊尔牌 50FC11	个	699.00
空调器	广东格力 KFR-32GW/32583FNHA-A3	台	3723.82	电烤箱	九阳牌 KX-25J09	个	399.00
空调器	广东美的 KFR-35GW/BP2D1Y-PB400(A3)	台	3357.29	电风扇	杭州先锋牌 DD092	个	249.00

4-3 续表 8

品 名	规 格	单位	本年平均价格（元）	品 名	规 格	单位	本年平均价格（元）
电风扇	杭州先锋牌 DK082	个	259.00	清洁用纸	清风手帕纸三层茶语 超质感（11 小包）	包	7.20
加湿器	莱克牌 HU2001	个	326.39	厨具	广东佛山日美砍骨刀	把	37.60
空气净化器	飞利浦牌 AC4016	个	3661.50	厨具	广东佛山日美电铲	个	19.32
春秋被	上海罗莱大豆亲肤被 2m＊2.3m	条	838.21	厨具	广东佛山日美饭勺	个	22.12
羊毛被	上海罗莱华睿水洗 2m＊2.3m	条	1977.38	餐具	安徽含山民生浪漫风情碗 6寸	件	6.48
鸭绒被	上海罗莱悦诗	条	2879.25	餐具	广东俏林牌铁木筷 J-04（6双）	件	9.90
床上四件套	上海罗莱牌 2m ＊ 2.3m AD5626	套	812.46	茶具	乐美雅水杯	件	9.86
床上四件套	深圳富安娜牌 2m ＊ 2.3m 811001522003	套	798.33	茶具	民生隔热双层茶具	套	86.63
其他床上用品	上海罗莱呵护大豆纤维枕	个	256.75	家用手工工具	浙江宁波好力得钢丝钳	把	23.73
其他床上用品	上海罗莱枕芯	个	123.54	家用手工工具	浙江宁波产螺丝刀	把	12.03
窗帘门帘	郑州化纤窗帘 6m＊2.8m	米	52.33	五金工具	临沂铁哥们锤子	把	33.23
窗帘门帘	郑州化纤门帘	米	35.00	电池	福建南孚 7 号（2 节）	节	2.76
其他家用纺织品	山东金浩毛巾	条	21.23	电工电料	浙江子弹头牌插盘 10A 三相	个	47.61
其他家用纺织品	山东金浩浴巾	条	73.53	雨具	浙江杭州天堂折叠伞	把	36.23
清洗用品	雕牌洗洁精 500G	瓶	4.74	雨具	浙江杭州天堂电动自行车雨披	件	49.38
清洗用品	奥妙无磷洗衣粉 3kg	袋	35.90	其他日用杂品	江苏无锡妙洁垃圾袋 45＊50cm（36 只）	个	7.02
清洗用品	雕牌增白皂 242g（清新柠檬）	块	5.07	其他日用杂品	浙江临海龙仕达塑料脸盆	个	14.20
清洁用具	江苏无锡妙洁抹布	个	4.56	其他日用杂品	浙江台州东森垃圾桶	个	8.47
清洁用具	江苏无锡妙钢丝球	个	2.73	净妆乳	美宝莲	瓶	71.50
清洁用具	江苏无锡妙拖把	个	35.72	卸妆液	美宝莲眼部及唇部卸妆液	瓶	59.00
清洁用纸	浙江维达牌 1401g 加长型卷纸	提	25.76	洗面奶	妮维雅丝润柔珠洁面乳 100g	瓶	19.63

4-3 续表9

品 名	规 格	单位	本年平均价格（元）	品 名	规 格	单位	本年平均价格（元）
护肤品	欧莱雅复颜抗皱紧致滋润日霜50ml	瓶	210.00	家庭服务	月嫂	月	5944.44
护肤品	欧泊莱时光锁紧实弹润系列醒活柔润乳130ml	瓶	230.00	加工维修服务	清洗抽油烟机	次	79.17
护肤品	上海百雀羚水嫩倍现保湿精华乳液100ml	瓶	83.47	加工维修服务	配门琐铜钥匙	次	2.00
彩妆化妆品	美宝莲新恒美眉笔（黑）天津1.1g	支	54.14	轿车	上汽POLO1.4L自动挡	辆	87394.02
彩妆化妆品	美宝莲唇膏天津水晶胶原1.9g	支	80.39	轿车	上汽大众朗逸1.4Tsi自动挡	辆	126576.34
彩妆化妆品	玉兰油透白无痕美肌粉底液28g	瓶	140.00	轿车	上汽大众PASST1.8Tsi自动挡御尊	辆	216661.39
化妆器具	女人传说修眉刀	个	10.93	轿车	一汽奔腾B501.6LMT舒适型	辆	67098.49
化妆器具	博友眉夹	个	9.77	轿车	丰田COROLLA1.6LGL至酷版	辆	115252.26
洗浴用品	舒肤佳（纯白清香型）香皂125g	块	5.50	轿车	长城哈佛H6 1.5T自动两驱豪华版	辆	126841.67
洗浴用品	力士滋养柔肤娇肤沐浴乳200ml	瓶	12.33	电动车	洪都牌　蝴蝶四代	辆	1915.66
洗发用品	飘柔焗油护理洗发露400ML	瓶	27.23	电动车	阿米尼牌　雷神	辆	3901.78
护发美容品	迪彩发膜冰海泥深层修复500g+500g	瓶	37.60	自行车	江苏昆山捷安特莱微型	辆	1398.00
护发美容品	迪彩弹力素丰盈波浪300g	瓶	31.83	自行车	女自行车26型天津飞鸽	辆	472.67
护发美容品	美涛啫喱膏清爽保湿240g	瓶	26.80	电动三轮车	深圳阿米尼49019Z型	辆	3471.11
化妆美容器具	飞利浦电吹风HP8210珠海	个	199.00	汽油	97#乙醇	升	6.04
化妆美容器具	飞利浦电动剃须刀IQ6071珠海	个	492.24	汽油	93#乙醇	升	5.71
化妆美容器具	飞利浦卷发器HP8600珠海	个	199.00	柴油	0#柴油	升	5.35
其他护理用品	河南鹿邑护理佳焕彩丝薄夜用绵柔卫生巾11片	包	5.21	柴油	-10#柴油	升	5.35
其他护理用品	广东东莞东方之洁棉签（101支）	包	1.78	充电费	电动车充电	次	1.00
家庭服务	钟点工	小时	35.00	停车费	电动车停车费	辆/次	1.00
家庭服务	保姆费	月	2975.00	车辆上牌费	小轿车	次	127.92

4-3　续表 10

品　名	规　格	单位	本年平均价格（元）	品　名	规　格	单位	本年平均价格（元）
牌照成本费	小轿车	次	100.00	移动电话机	深圳华为牌畅玩 4C	部	961.76
零配件	电动车蓄电池	件	365.28	配件	三星手机壳 A8000	个	37.67
零配件	雨刮器	件	73.33	配件	三星手机无线充电器底座	个	189.38
车辆修理服务费	小轿车补胎	次	20.00	配件	华为手机贴膜	次	10.00
车辆修理服务费	桑塔纳换三芯机油	次	196.67	固定电话费	民用住宅固定电话月租费	月	20.00
市内公共交通	公共汽车市区单程投币票（普通车）	张	1.00	移动通信费	联通沃 4G 本地（30 元套餐）主叫	分钟	0.15
市内公共交通	地铁 1 号线全程单程票	张	5.00	移动通信费	移动全球通 4G 本地（58 元套餐）主叫	分钟	0.15
出租汽车	市内出租车起步价（含 2 公里）	公里	8.00	上网费	网吧上网费	小时	3.00
出租汽车	市内出租车价格（2 公里以上）	公里	1.50	上网费	网通宽带费（20 兆带宽，预付费）	月	100.00
飞机票	郑州——广州 1389 公里 CZ6632 航班 15:20 起飞	人次	963.75	邮政邮寄	信件邮寄外省 100g 以内	封	1.20
飞机票	郑州-上海 887 公里 MU9326 航班 15:35 起飞	人次	894.88	邮政邮寄	包裹邮寄郑州-洛阳 1 公斤以内	件	3.60
火车票	郑州-北京西 K180 次快速空调（硬座）	人次	93.00	其他邮寄	郑州-洛阳 快递费	件	10.67
火车票	郑州东-北京西 G588（高铁二等座）	人次	309.00	快递服务	郑州-北京 快递费用	件	17.33
火车票	郑州-西安 G97（高铁）	人次	229.00	工具书	现代汉语词典 32 开（商务印书馆）第六版	本	95.00
长途汽车	郑州-北京 豪华卧铺 723 公里 18:40	人次	204.67	工具书	牛津高阶双解英汉词典（外语与教学研究出版）	本	118.00
长途汽车	郑州-成都 豪华大巴 1380 公里 15:30	人次	271.50	工具书	辞海 16 开（缩印本）	本	260.00
租车	大众帕萨特汽车费	天	328.06	教材	初一语文（人民教育）普通班	本	9.84
固定电话机	步步高牌 HCD6082	部	56.33	教材	小学一年级语文（人民教育）普通班	本	6.45
移动电话机	广州苹果牌 iphone6S	部	4584.49	参考资料	小学生优秀作文大全	本	29.80
移动电话机	天津三星牌 A7	部	2726.75	参考资料	初中生优秀作文（中国对外翻译出版社）	本	19.80
移动电话机	东莞 VIVO Y29L	部	1389.86	参考资料	高中生优秀作文极品总汇（朝华出版社）	本	48.00

4-3 续表 11

品 名	规 格	单位	本年平均价格（元）	品 名	规 格	单位	本年平均价格（元）
参考资料	轻轻松松背单词(电脑软件)北京大学出版社	册	38.00	电视机	广东康佳 LED43M2600B	台	2410.14
学习机	步步高牌 H8S	台	1998.00	照相机	无锡尼康牌 T530	台	1300.00
点读机	步步高牌 T800	台	698.00	照相机	苏州佳能牌 750D	台	3600.00
学前教育	日托托幼费	月	928.37	电脑	上海惠普牌台式机 430CN	台	3606.43
学前教育	全托托幼费	月	850.00	电脑	福建联想牌台式机 H5050	台	3736.71
学前教育	早教班费	学期	2596.70	笔记本电脑	厦门戴尔牌 M5445R-1828RR	台	4286.76
小学初中教育	民办小学学费	学期	1200.00	笔记本电脑	福建联想牌 G50-75AT	台	3931.04
小学初中教育	民办中学学费	学年	7000.00	乐器	吉它深圳和普轮牌 40 型	件	750.00
中等教育	高中一年级	学期	212.00	乐器	钢琴 广州珠江产	件	16000.00
中等教育	中专一年级	学期	1900.00	乐器	小提琴 广州产 红锦牌 练习琴	件	400.00
高等教育	大专一年级(中州大学)	学年	3600.00	乐器	电子琴雅马哈 61 键 290 型	件	2600.00
高等教育	本科教育(理工专业)	学年	3700.00	音响	山水牌 10D	台	160.00
课外教育	家教 初三数学 一对一	小时	206.67	音响	DCSS 牌 蓝牙音响	台	70.00
课外教育	舞蹈	学期	1450.00	摄像机	上海索尼牌 CX240E	台	1950.00
专业技能培训	中式烹饪培训	学期	850.00	摄像机	上海 JVC 牌 R10	台	1300.00
专业技能培训	计算机应用培训	学期	750.00	书报杂志	红楼梦	本	59.70
电视机	创维 49E6080	台	3153.17	书报杂志	大河报	份	1.00
电视机	海信 LED50K300U	台	4133.56	书报杂志	读者	本	5.00
电视机	三星 UA55JU-5920JXXZ	台	5120.05	纸张文具	墨水英雄纯蓝 203 60ml	件	4.77
电视机	长虹 LEDud49d6000ID	台	3763.49	纸张文具	正姿笔英雄牌 6003	件	20.77
电视机	TCL 50E5800	台	4130.58	纸张文具	稿纸	本	2.36

4-3　续表 12

品　名	规　格	单位	本年平均价格（元）	品　名	规　格	单位	本年平均价格（元）
纸张文具	软抄本江苏常熟亚信牌 32 开（40 页）	本	2.67	健身活动	游泳门票	次	42.81
体育户外用品	篮球福建漳州斯伯丁牌	个	200.44	健身活动	打乒乓球	场	9.00
体育户外用品	足球广州祖迪斯牌	个	93.61	舞票	舞票	次	9.42
体育户外用品	羽毛球拍广州祖迪斯牌 铝碳一体	套	71.63	证件照	证件照相费（2 寸）	次	10.00
积木	广东汕头精灵狗牌	包	45.74	旅行社收费	郑州-海南（双飞五日游）	次/人	3642.48
遥控车	广东汕头精灵狗牌	辆	85.67	旅行社收费	郑州-登封少林寺	次/人	200.00
扑克	浙江义乌 3A 牌	盒	2.78	签证费	郑州-韩国	次/人	500.00
仙人球	小盆仙人球	盆	13.33	国内导游费	国内导游费	天	291.67
其他	洒水壶	个	14.33	中草药	甘草一级	千克	59.19
其他	玻璃花瓶	个	20.00	中草药	银花一级	千克	284.44
其他	狗粮	斤	15.00	中草药	菊花一级	千克	64.69
其他	狗咬胶（小个）	个	6.33	中草药	陈皮一级	千克	22.89
其他	狗沐浴露 400ml	瓶	23.33	中草药	黄连一级	千克	207.94
其他	浙江小红包	个	1.33	中草药	柴胡一级	千克	187.50
其他	浙江请柬	个	6.57	中成药	牛黄解毒片 0.25g＊24s 贵州百灵	盒	0.59
电影票	进口片	张	46.67	中成药	维 C 银翘片 12s 贵州百灵	盒	0.82
电影票	国产片	张	46.67	中成药	复方板蓝根冲剂广州白云山	袋	17.80
景点门票	动物园门票	张	30.00	中成药	霍香正气滴丸 2.6g＊9 包禹州药王	盒	13.73
景点门票	世纪欢乐园门票	张	160.00	中成药	跌打丸 6 克＊6s 广西中华	盒	8.11
有线电视	初装费	次	240.00	中成药	六味地黄丸同仁堂北京 10 丸	盒	11.67
有线电视费	月租费	月	24.00	抗微生物药	阿奇霉素四川 0.25g＊6s	瓶	14.49

4-3 续表 13

品 名	规 格	单位	本年平均价格（元）	品 名	规 格	单位	本年平均价格（元）
抗微生物药	利巴韦林 100g＊24s	袋(瓶、盒)	3.84	消毒防腐及创伤外科用药	创可贴云南白药 100 片	盒	15.29
消化系统用药	雷尼替丁胶囊 150mg＊30s 杭州赛诺菲	盒	4.51	消毒防腐及创伤外科用药	云南白药 4g	瓶	11.16
消化系统用药	丽珠得乐胶囊 0.3g＊40s 广东丽珠	盒	26.97	泌尿系统用药	呋喃妥因肠溶片 20mg＊100s 山西云鹏	盒	14.58
呼吸系统用药	批把膏 300ml 香港念慈庵	瓶	43.27	泌尿系统用药	盐酸左氧氟沙星 0.1g＊6s 浙江京新	盒	4.19
呼吸系统用药	氨茶碱 0.1g＊100s 海南信宜	瓶	1.67	维生素类	维生素 c0.1g＊100s 湖北华中	瓶	1.34
解热镇痛药	芬必得 0.3g＊20s 天津中美史克	盒	15.72	维生素类	维生素 b25mg＊100s 湖北华中	瓶	2.33
解热镇痛药	扶他林 25mg＊30s 北京诺华	盒	20.32	调节水、电解质及酸碱平衡药	葡萄糖粉和平重庆产 500g	袋	4.76
抗肿瘤药	摩昔芬片枸橼酸他 10mg＊60s	瓶	26.20	调节水、电解质及酸碱平衡药	氯化钾缓释片迈特兴化制药广州 0.5g＊24s	盒	6.40
抗肿瘤药	环磷酰胺针 0.2g 江苏恒瑞	支	4.91	滋补保健用品	21 金维他杭州民生牌 100s	瓶	48.00
激素类药	强的松 5mg＊100s 浙江仙琚	瓶	3.96	滋补保健用品	东阿阿胶山东 500g	瓶	2303.67
激素类药	平消片 0.23g＊80s 西安正大	盒	23.11	滋补保健用品	葡萄糖酸钙口服液哈尔滨三精牌 10mg＊12 支	盒	23.80
心血管系统用药	硝酸甘油片 0.5mg＊50s 北京益民	瓶	3.24	医疗器具用品	体温计山东东阿产阿胶华牌	个	3.50
心血管系统用药	尼莫地平 20mg＊50s 山东新华	瓶	3.43	医疗器具及用品	胶布广东徐州产华峰牌	盒	2.18
血液系统用药	叶酸片斯利安北京 93s	瓶	46.86	医疗器具及用品	血压计江苏鱼跃牌	个	111.78
血液系统用药	氯吡格雷深立泰深圳 25mg＊10s	盒	36.81	保健器具	频普仪 W301 北京周林牌 W301	台	710.00
治疗精神障碍药	帕罗西丁中美史克 20mg＊10s	盒	102.17	保健器具	护膝浙江江都	个	19.90
治疗精神障碍药	代力新 20s	盒	56.08	保健器具	足浴盆浙江金鼎牌	个	462.33
中枢神经系统用药	盐酸氯丙嗪片 25mg＊100s 常州康普	瓶	3.03	挂号诊疗费	主治医师	次	2.83
中枢神经系统用药	阿司匹林 25mg＊100s 石家庄欧意	瓶	2.08				

4-3 续表 14

品 名	规 格	单位	本年平均价格（元）	品 名	规 格	单位	本年平均价格（元）
挂号诊疗费	副主任医师	次	4.83	临床非手术治疗	经皮冠状动脉内支架置入术	次	2736.00
床位费	普通病房住院费(四人间)	床/天	11.67	临床非手术治疗	冠状动脉造影术	次	1602.00
一般治疗操作	肌肉注射费	次	2.50	康复医疗	运动疗法	次	29.00
一般治疗操作	大清创缝合	次	45.33	康复医疗	平衡功能训练	次	14.67
一般治疗操作	静脉穿刺置管术	次	13.00	中医治疗	骨折手法整复术	次	256.33
一般治疗操作	一级护理	天	8.00	中医治疗	关节脱位手法整复	次	180.00
一般治疗操作	二级护理	天	5.00	其他医疗服务	超声切割止血刀使用费	次	1186.11
一般治疗操作	特级护理	小时	1.40	金饰品	千足金六福牌	克	343.46
一般治疗操作	救护车使用费(10 公里以内)	次	20.00	银饰品	银镯子华昌牌	克	12.22
病理学诊断	穿刺组织活检检查与诊断	次	72.00	铂金饰品	铂金六福牌 PT950	克	367.13
病理学诊断	手术标本检查与诊断	次	90.00	手表	瑞士 RADO(雷达)男士石英表	块	9900.00
实验室诊断	血细胞分析式血常规	次	20.67	手表	瑞士梅花牌机械女表	块	8100.00
实验室诊断	尿常规自动分析	次	23.33	钱夹	金利来牌	个	450.00
影像学诊断	螺旋 CT16 排	次	280.00	手提包	金利来牌	个	2596.33
影像学诊断	常规彩超多普勒超声检查	次	80.00	手提箱	金利来牌	个	1054.67
临床诊断	无痛胃镜检查	次	720.00	奶瓶	爱德力牌	个	46.30
临床诊断	心电图检查	次	18.00	营养米粉	亨氏牌　广东广州产　一段	袋	25.73
临床手术治疗	阑尾手术费	次	648.00	眼镜	女士太阳镜　暴龙牌	副	315.33
临床手术治疗	剖腹产手术费	次	585.33	眼镜	隐形眼镜　博士伦牌　年抛	副	195.33
				宾馆住宿	三星级宾馆标准间	天/间	270.67

4-3 续表15

品 名	规 格	单位	本年平均价格（元）	品 名	规 格	单位	本年平均价格（元）
宾馆住宿	二星级标准间	天/套	165.25	专业声像器材	摄像机 松下牌 MDH1	台	12400.00
其他住宿	快捷酒店标准间	天/床	166.11	电脑附件	鼠标罗技牌	件	90.00
美容	皮肤护理	次	63.33	电脑附件	键盘双飞燕牌 5520 型	件	61.67
美容	绣眉	次	860.00	打印复印机	激光打印机 北京产 联想牌 2002 型	台	533.33
美发	男理发	次	27.00	打印复印机	复印机 日本产 东芝牌 数码257	台	11916.67
美发	女短烫发	次	106.00	教学设备	投影机爱普生牌 CD/X24	台	3642.61
洗浴	洗澡	次	15.17	教学设备	显微镜宁波 107 双目	台	1125.00
养老服务	养老院护理费	月	733.33	客车	南京依维柯 A30 型 2.8L17 座	辆	184000.00
短信服务	短信服务	月	2.33	客车	宇通客车(25 座)	辆	250000.00
跨行取款费	跨行取款费	次	2.00	客车	宇通客车(45 座)	辆	470000.00
车辆保险	交强险费 自用6座以下	年	950.00	传真机	松下激光	个	633.33
车辆保险	车损险费 25 万以内轿车	年	2773.00	路由器	迅捷	个	80.00
旅行保险	长途汽车意外保险	次	1.00	计算机软件	瑞星杀毒软件	套	110.00
其他保险	城镇医疗保险(18 岁及以上)	年	180.00	原煤	民用煤	吨	382.33
其他保险	房地产中介费(50 万房产)	次	10000.00	煤制品	蜂窝煤(12 孔)	百千克	82.30
其他保险	身份证复印费(正反面复印)	次	0.50	水暖器材	深圳家必备立角阀门 JB-X8343	个	23.30
专业音响器材	放大器 雅马哈牌 P7000S 型	台	5900.00	水暖器材	深圳家必备洗衣机笼头 JB-X8318	个	26.63
专业音响器材	调音台 雅马哈牌 MG16XU 型	台	2950.00				

主要统计指标解释

居民消费价格指数 居民消费价格是居民购买并用于日常生活消费的商品和服务项目的价格。居民消费价格指数是度量消费商品及服务项目的价格水平随时间而变动的相对数,反映居民家庭购买的消费品及服务价格水平的变动情况。它是宏观经济分析和调控、价格总水平监测以及国民经济核算的重要指标。其变动率在一定程度上反映了通货膨胀(或紧缩)的程度。编制居民消费价格指数是根据各调查商品和服务项目的基期和报告期的平均价格采用加权算术平均公式计算。目前,编制居民消费价格指数的商品和服务项目计 8 个大类,262 个基本分类。权数根据住户调查中居民的实际消费构成计算。

商品零售价格指数 商品零售价格是工业、商业、餐饮业和其他零售企业向城乡居民、机关团体出售生活消费品和办公用品的价格。商品零售价格指数是反映市场商品零售价格的变动趋势和变动程度。编制商品零售价格指数是根据各调查商品的基期和报告期的平均价格采用加权算术平均公式计算。目前,编制商品零售价格指数的商品计 16 个大类,197 个基本分类。权数根据典型调查、商品流转统计中商品销售构成及商品零售额计算。

五、人民生活

5-1 全市及县(市)区城镇居民家庭基本情况

(2016 年)

指　　标	单位	全市	中原区	二七区	管城区	金水区
调查户数	**户**	**669**	**99**	**68**	**56**	**107**
期内住户常住成员数	**人**	**2082**	**286**	**182**	**159**	**333**
常住成员从业人数	**人**	**1081**	**127**	**98**	**76**	**147**
从业人员成员受教育程度	**人**	**1081**	**127**	**98**	**76**	**147**
未上过学	人	10	1		1	
小学	人	40	2	4	4	3
初中	人	270	22	17	25	37
高中	人	322	34	33	19	31
大学专科	人	267	34	24	8	52
大学本科	人	155	31	14	17	22
研究生	人	17	3	7	2	2
从事主要行业	**人**	**1081**	**127**	**98**	**76**	**146**
第一产业	人	72			4	4
第二产业	人	186	23	12	4	16
第三产业	人	823	103	87	68	127
可支配收入	**元/人**	**33214.00**	**34313.83**	**35499.25**	**33629.40**	**39193.77**
总收入	**元/人**	**35062.67**	**31620.85**	**38727.16**	**38802.62**	**42406.73**
总支出	**元/人**	**27780.00**	**24163.24**	**29317.56**	**34709.25**	**28721.72**
消费支出	**元/人**	**23210.01**	**20015.00**	**22911.72**	**29790.82**	**24454.84**
恩格尔系数	**%**	**0.29**	**0.31**	**0.25**	**0.36**	**0.27**
年末人均居住面积	**平方米/人**	**38.16**	**33.28**	**29.97**	**36.21**	**31.86**

5-1　续表　(2016 年)

指　　标	单位	上街区	惠济区	中牟县	巩义市	荥阳市	新密市	新郑市	登封市
调查户数	**户**	**37**	**48**	**45**	**58**	**28**	**42**	**40**	**40**
期内住户常住成员数	**人**	**93**	**135**	**174**	**210**	**86**	**154**	**130**	**141**
常住成员从业人数	**人**	**31**	**81**	**94**	**119**	**54**	**97**	**73**	**84**
从业人员成员受教育程度	**人**	**31**	**81**	**94**	**119**	**54**	**97**	**73**	**84**
未上过学	人			3					5
小学	人	2		3	2	1	2	12	5
初中	人	6	13	30	31	14	25	29	21
高中	人	13	35	19	39	23	25	21	31
大学专科	人	7	24	20	32	12	32	6	18
大学本科	人	4	9	17	14	4	13	5	4
研究生	人			2	1				
从事主要行业	**人**	**31**	**81**	**94**	**119**	**54**	**97**	**73**	**84**
第一产业	人		1	23	7		6	18	9
第二产业	人	11	10	7	37	16	13	24	14
第三产业	人	21	70	64	75	38	78	31	61
可支配收入	**元/人**	**38551.49**	**28717.97**	**25966.25**	**27853.66**	**28464.85**	**28337.35**	**28387.68**	**27332.78**
总收入	**元/人**	**30290.77**	**46145.01**	**28379.86**	**29596.22**	**30869.48**	**32483.05**	**28290.61**	**25958.53**
总支出	**元/人**	**24946.96**	**26354.52**	**19285.36**	**22127.21**	**25064.08**	**26806.69**	**30455.00**	**17170.93**
消费支出	**元/人**	**19681.31**	**20513.00**	**13291.50**	**18428.02**	**18971.33**	**23490.44**	**18793.31**	**14908.52**
恩格尔系数	**%**	**0.32**	**0.21**	**0.24**	**0.24**	**0.26**	**0.25**	**0.27**	**0.22**
年末人均居住面积	**平方米/人**	**39.58**	**46.68**	**42.99**	**35.90**	**40.55**	**59.11**	**55.44**	**49.39**

5-2 城镇居民

(2016 年)

指　　标	全市	中原区	二七区	管城区	金水区
可支配收入	**33214.00**	**34313.83**	**35499.25**	**33629.40**	**39193.77**
工资性收入	**20097.04**	**18200.96**	**19407.48**	**18292.65**	**24462.40**
工资	18946.88	17924.80	18084.68	17767.19	23941.59
实物福利	42.45	20.48	11.68	2.54	6.10
其他	1107.99	255.67	1311.12	522.92	514.71
经营净收入	**4060.03**	**1768.34**	**5958.88**	**3336.02**	**1375.35**
第一产业经营净收入	331.07	0.75			-9.77
第二产业经营净收入	219.54	14.33			
第三产业经营净收入	2709.42	1753.26	5958.88	3336.02	1385.13
财产净收入	**4129.62**	**7201.33**	**2747.14**	**6263.75**	**7515.15**
利息净收入	18.25	-67.09	-88.64	-1.73	33.28
红利收入	977.38	1678.33		586.15	1407.51
储蓄性保险净收益	13.53				45.58
转让承包土地经营权租金净收入	209.08	358.16		24.01	
出租房屋财产性收入	3355.07	934.99	184.88	2791.16	3961.99
出租机械专利版权等资产的收入	5.52		5.33	24.01	14.99
其他财产净收入	0.47		-0.33	-0.10	0.15
房屋虚拟租金	2350.32	4296.94	2645.90	2840.24	2051.66
转移净收入	**4927.31**	**7143.20**	**7385.76**	**5736.98**	**5840.87**
转移性收入	**6036.37**	**8438.29**	**9281.54**	**7337.31**	**6959.96**
养老金或离退休金	5163.47	7797.73	8654.68	7299.78	5609.12
社会救济和补助	17.75		21.36		25.12
政策性生活补贴	283.19	401.14	343.67	24.89	592.38
报销医疗费	183.68	62.88	129.31	12.63	271.98
家庭外出从业人员寄回带回收入	129.29				3.18
赡养收入	226.88	52.21	130.11		454.82
其他经常转移收入	24.71	109.51			3.30
从政府和组织得到的实物产品和服务折价	4.22	14.82	2.41		0.06
现金政策性惠农补贴	3.18				
转移性支出	**1109.05**	**1295.09**	**1895.78**	**1600.33**	**1119.09**
个人所得税	32.78	33.52	55.03	77.06	53.40
社会保障支出	871.25	1183.59	1647.27	1499.89	819.62
外来从业人员寄给家人的支出	23.09	0.86			77.36
赡养支出	70.83	9.80	151.39	12.23	121.50
其他转移性支出	111.11	67.31	42.09	11.14	47.21
实物可支配收入	**2195.06**	**4383.83**	**2465.58**	**2609.16**	**3093.91**

人均可支配收入

单位:元

上街区	惠济区	中牟县	巩义市	荥阳市	新密市	新郑市	登封市
38551.49	**28717.97**	**25966.25**	**27853.66**	**28464.85**	**28337.35**	**28387.68**	**27332.78**
13242.99	**12449.70**	**15293.11**	**15884.74**	**18385.00**	**19051.52**	**13692.00**	**16667.23**
12707.58	12214.92	9308.46	14014.28	17786.01	17880.67	13518.40	16662.97
185.54	22.17	18.59	4.58	95.91	372.50	2.14	4.26
349.87	212.61	5966.05	1865.89	503.08	798.35	172.38	
2128.49	**1640.81**	**7060.31**	**9464.00**	**2697.55**	**5808.10**	**5854.00**	**2121.78**
-2.98		2841.47	46.85		93.26	14.12	1567.88
	103.64	86.61	1951.80		439.07	923.42	-3.10
2131.46	1537.16	4132.23	7465.35	2697.55	5275.77	4916.94	556.90
3007.13	**13772.56**	**3555.06**	**932.71**	**1540.36**	**1865.16**	**4155.00**	**4905.83**
518.26		10.89	191.14	71.34	35.90		
841.19	5741.98		22.01	260.55	232.80	341.64	
		47.72	74.49			2983.54	
107.54	4488.20	2826.36		183.88	457.37		4330.30
14.75			2.03	0.95	0.59		
1525.38	3542.38	670.10	643.05	1023.64	1138.51	646.36	575.54
20172.89	**854.90**	**57.76**	**1572.20**	**5841.94**	**1612.57**	**4687.00**	**3637.93**
21442.85	**2049.43**	**580.51**	**1805.43**	**6643.14**	**3513.18**	**4284.83**	**4082.30**
19624.08	2020.62	421.90	1063.29	5212.19	2317.40	3584.13	3463.18
6.80		5.84	100.87	11.79			
		32.02	29.66	94.30		1.50	
432.74	0.03	87.80	184.53	300.59	36.57	697.84	
	0.13		95.14	627.48	960.61		616.71
1200.90			297.66	336.72	198.59		
176.16	9.57		32.21	44.83			
2.18	19.08			15.25		1.36	2.41
		32.95	2.07				
1269.97	**1194.53**	**522.75**	**233.23**	**801.21**	**1900.61**	**408.09**	**444.37**
2.61	10.16	8.50	10.33	0.13	16.33	25.56	
1080.73	1163.63	496.06	176.69	598.51	773.71	346.54	423.80
170.66			40.50	154.25	38.35		12.67
15.97	20.73	18.19	5.71	48.31	1072.21	35.99	7.90
2125.65	**3583.66**	**955.48**	**698.04**	**1345.58**	**1318.75**	**1325.02**	**601.13**

5-3 城镇居民

（2016 年）

指　标	全市	中原区	二七区	管城区	金水区
总收入	**35062.67**	**31620.85**	**38727.16**	**38802.62**	**42406.73**
工资性收入	**20097.04**	**15555.66**	**19056.85**	**19985.25**	**20281.40**
工资	18946.88	15319.64	17757.95	19411.17	19738.68
实物福利	42.45	17.51	11.47	2.78	6.36
其他	1107.99	218.51	1287.43	571.30	536.37
经营性收入	**4432.60**	**2641.27**	**7771.47**	**3928.20**	**1828.40**
第一产业经营收入	388.09	0.64			
第二产业经营收入	293.88	12.24			
第三产业经营收入	3750.63	2628.38	7771.47	3928.20	1828.40
财产性收入	**6852.36**	**6212.04**	**2784.99**	**6872.95**	**13044.09**
利息收入	42.81		0.12	27.63	36.97
红利收入	962.97	1434.40		640.39	1466.74
储蓄性保险净收益	13.33				47.50
转让承包土地经营权租金净收入	206.00	306.11		26.23	
出租房屋财产性净收入	3305.62	799.10	181.54	3049.43	8297.04
出租机械专利版权等资产的净收入	5.44		5.23	26.23	15.62
其他财产净收入	0.50				0.15
房屋虚拟租金	2315.68	3672.43	2598.10	3103.05	3180.07
转移性收入	**5947.40**	**7211.88**	**9113.85**	**8016.22**	**7252.84**
养老金或离退休金	5087.37	6664.42	8498.32	7975.22	5845.15
社会救济和补助	17.48		20.98		26.18
政策性生活补贴	279.02	342.84	337.46	27.19	617.30
家庭外出从业人员寄回带回收入	127.38				3.32
赡养收入	223.53	44.62	127.76		473.95
报销医疗费	180.98	53.74	126.97	13.80	283.43
从政府和组织得到的实物产品和服务折价	4.15	12.67	2.37		0.07
现金政策性惠农补贴	3.13				
其他转移性收入	24.34	93.59			3.44

人均总收入

单位:元

上街区	惠济区	中牟县	巩义市	荥阳市	新密市	新郑市	登封市
30290.77	**46145.01**	**28379.86**	**29596.22**	**30869.48**	**32483.05**	**28290.61**	**25958.53**
9865.40	**19161.25**	**15912.46**	**15884.74**	**19029.56**	**19465.85**	**16707.11**	**14908.00**
9466.55	18799.90	9685.44	14014.28	18409.56	18269.53	16543.54	14904.93
138.22	34.12	19.35	4.58	99.27	380.60	2.00	3.07
260.63	327.23	6207.67	1865.89	520.72	815.71	161.57	
2211.28	**2632.24**	**8160.71**	**10973.33**	**3355.97**	**7473.34**	**3844.44**	**2403.06**
		3469.13	115.94		108.09	14.61	1294.62
	159.52	90.11	2630.48		647.92	1248.74	
2211.28	2472.72	4601.47	8226.91	3355.97	6717.33	2581.09	1108.44
2240.17	**21197.26**	**3702.66**	**932.71**	**1607.91**	**1954.27**	**3722.70**	**5702.76**
386.08		14.95	191.14	87.39	85.23		
626.65	8837.45		22.01	269.68	237.86	320.23	
		49.65	74.49			2796.60	
80.12	6907.75	2940.82		190.33	467.32		5287.60
10.99			2.03	0.99	0.60		
1136.34	5452.05	697.24	643.05	1059.52	1163.27	605.86	415.15
15973.92	**3154.26**	**604.02**	**1805.43**	**6876.04**	**3589.59**	**4016.35**	**2944.71**
14619.02	3109.92	438.98	1063.29	5394.92	2367.80	3359.56	2498.12
5.07		6.08	100.87	12.20			
		33.32	29.66	97.60		1.40	
	0.19		95.14	649.47	981.50		444.86
894.61			297.66	348.52	202.91		
322.37	0.05	91.36	184.53	311.13	37.37	654.12	
1.62	29.36			15.79		1.27	1.74
		34.29	2.07				
131.23	14.72		32.21	46.40			

5-4 城镇居民

（2016 年）

指　　标	全市	中原区	二七区	管城区	金水区
总支出	**27780.00**	**24163.24**	**29317.56**	**34709.25**	**28721.72**
消费支出	23210.01	20015.00	22911.72	29790.82	24454.84
生产经营费用支出	757.63	1120.28	1602.38	14.46	149.39
第一产业经营费用支出	55.55				1.20
第二产业经营费用支出	66.83				
第三产业经营费用支出	635.25	1120.28	1602.38	14.46	148.19
财产性支出	24.87	57.34	87.48	29.63	2.28
生活贷款利息支出	24.83	57.34	87.16	29.52	2.28
其他财产性支出	0.04		0.33	0.11	
转移性支出	1092.69	1106.86	1861.53	1748.40	1166.15
个人所得税	32.29	28.65	54.03	84.19	55.65
社会保障支出	858.41	1011.57	1617.51	1638.68	854.11
外来从业人员寄给家人的支出	22.75	0.73			80.62
赡养支出	69.79	8.38	148.66	13.36	126.61
其他转移性支出	109.45	57.53	41.33	12.17	49.16
部分商业保险支出	119.56	70.05	251.18	558.35	121.22
意外伤害保险	25.61	0.63	1.05	174.74	68.09
商业医疗保险（含大病保险）	32.71	45.64	52.63	194.40	0.38
其他非储蓄性商业保险	27.36		71.75		8.53
其他储蓄性商业保险	33.88	23.78	125.74	189.21	44.22
购置资产及非经常性转移支出	2168.57	1173.99	2245.14	2101.38	2306.90
购置资产支出	398.67	21.97		254.32	11.72
非经常性转移支出	1769.90	1152.02	2245.14	1847.05	2295.18
借贷性支出	406.99	619.71	358.13	466.21	520.94

人均总支出

单位:元

上街区	惠济区	中牟县	巩义市	荥阳市	新密市	新郑市	登封市
24946.96	**26354.52**	**19285.36**	**22127.21**	**25064.08**	**26806.69**	**30455.00**	**17170.93**
19681.31	20513.00	13291.50	18428.02	18971.33	23490.44	18793.31	14908.52
611.05	106.88	766.74	1359.00	470.89	1197.02	1277.63	123.74
2.22		493.15	69.08		12.81	1.38	123.74
			571.42		149.47	377.58	
608.83	106.88	273.58	718.50	470.89	1034.74	898.67	
		3.62		13.55	48.55		
		3.62		13.55	48.55		
945.63	1838.49	543.92	233.23	829.29	1941.95	382.52	320.54
1.94	15.63	8.84	10.33	0.14	16.69	23.96	
805.09	1790.94	516.15	176.69	619.50	790.54	324.82	305.70
127.14			40.50	159.65	39.19		9.14
11.46	31.91	18.93	5.71	50.01	1095.53	33.73	5.70
432.72	271.84	63.28	165.12	7.23	23.55	14.65	
4.21	5.69	2.91	23.40		4.87	14.65	
104.19	246.73	57.78		7.23	18.68		
324.31	19.42	2.59	141.72				
2804.20	3341.00	4074.83	1827.21	4400.31	88.99	1997.35	1724.91
1282.35	215.31	2382.02	22.01	2241.73		643.45	95.67
1521.85	3125.69	1692.82	1805.20	2158.59	88.99	1353.90	1629.24
472.04	283.31	541.47	114.63	371.47	16.18	217.18	93.22

5-5 城镇居民

（2016 年）

指　标	全市	中原区	二七区	管城区	金水区
消费支出	**23210.01**	**20015.00**	**22911.72**	**29790.82**	**24454.84**
食品烟酒	**6620.08**	**5865.49**	**6139.61**	**7266.82**	**6895.01**
食品	4463.54	4052.29	4257.22	4544.30	4550.13
谷物	494.91	529.30	501.87	416.18	508.39
薯类	62.42	48.43	77.06	73.06	55.74
豆类	67.78	81.02	56.59	56.41	59.45
食用油	201.16	179.13	174.60	204.70	200.26
蔬菜和食用菌	586.08	551.52	655.61	549.81	646.33
肉类	822.35	851.98	817.14	956.79	942.14
禽类	148.72	185.59	173.82	161.73	164.91
水产品	200.46	207.69	192.63	263.86	238.29
蛋类	146.90	110.85	150.96	150.25	193.53
奶类	458.72	415.15	451.39	726.77	514.64
干鲜瓜果类	581.49	602.47	546.17	619.43	609.70
糖果糕点类	163.36	126.83	173.10	208.09	183.50
其他食品	229.20	162.33	286.27	157.21	233.25
烟酒	628.29	730.49	422.26	981.98	801.75
烟草	290.70	418.45	196.18	468.23	328.28
酒类	337.59	312.04	226.08	513.75	473.47
饮料	199.97	173.26	164.30	244.54	219.99
饮食服务	1328.29	909.45	1295.83	1496.00	1323.14
食堂用餐	73.11	8.97	53.06	86.29	61.34
其他在外饮食	1253.16	900.48	1241.57	1409.15	1258.26
食品加工服务费	2.02		1.20	0.56	3.54
衣着	**2539.32**	**1544.63**	**1888.62**	**2049.13**	**2518.15**
衣类	2079.02	1159.67	1404.50	1530.86	1941.86
鞋类	460.30	384.96	484.12	518.28	576.29
居住	**4938.26**	**6536.46**	**5805.79**	**7982.14**	**5563.97**
租赁房房租	315.75	189.52	880.73	613.80	430.33
住房维修及管理	497.82	369.35	507.59	569.78	320.76
水电燃料及其他	1050.45	1199.98	826.38	1679.73	1065.75
自有住房折算租金	3074.24	4777.60	3591.08	5118.83	3747.12
#租赁房房租中租赁公房房租	16.85	0.31	47.30	36.57	32.96
租赁房房租中租赁私房房租	298.90	189.22	833.43	577.23	397.37
住房维修及管理中物业管理费	120.17	113.76	137.51	267.42	163.75
生活用品及服务	**2131.06**	**1357.34**	**1669.24**	**2529.32**	**1908.14**

人均消费支出

单位:元

上街区	惠济区	中牟县	巩义市	荥阳市	新密市	新郑市	登封市
19681.31	**20513.00**	**13291.50**	**18428.02**	**18971.33**	**23490.44**	**18793.31**	**14908.52**
6059.08	**4300.00**	**3852.49**	**4069.30**	**4384.21**	**6222.55**	**5463.73**	**2789.84**
4400.32	3302.29	2585.52	2526.09	3135.22	3317.10	3730.81	2189.39
554.45	321.57	169.36	385.40	369.66	498.84	425.25	383.31
60.65	55.95	19.64	47.30	62.27	116.28	58.68	25.40
94.09	37.83	26.37	52.53	71.38	105.48	54.43	35.74
198.08	88.59	59.93	159.27	133.15	355.68	199.88	204.55
574.45	486.65	263.39	301.35	481.37	583.28	522.76	305.59
907.21	694.67	538.73	453.88	583.81	482.55	599.09	412.26
178.52	108.44	106.07	53.83	97.73	55.41	106.04	29.82
276.85	180.37	74.38	50.17	63.72	52.79	484.68	17.99
143.10	82.39	87.96	79.71	133.04	96.16	107.02	85.96
339.47	309.00	351.80	303.72	265.31	236.43	631.44	210.77
710.54	735.69	349.56	379.07	511.85	438.33	359.68	289.94
206.34	115.96	112.70	140.71	155.58	104.36	117.98	98.00
156.59	88.19	425.63	119.14	206.34	191.50	63.89	90.04
434.42	216.43	415.87	381.66	268.89	619.25	445.34	118.31
279.68	91.58	130.63	173.34	216.46	307.06	133.98	59.81
154.74	124.85	285.24	208.32	52.43	312.20	311.35	58.49
159.43	103.31	74.94	159.61	135.46	135.17	477.87	92.49
1064.90	670.57	776.15	1001.94	844.64	2151.03	809.72	389.66
4.06	1.43	45.97	16.89	103.89	377.57	87.06	16.84
1060.21	669.14	729.58	977.86	740.11	1771.91	722.53	372.00
0.63		0.60	7.18	0.64	1.54	0.13	0.83
1438.58	**2426.00**	**1166.61**	**1729.58**	**2255.28**	**3347.64**	**1921.90**	**2742.43**
1046.43	1991.53	899.48	1342.16	1693.97	2537.86	1144.03	2246.45
392.15	434.28	267.13	387.42	561.32	809.78	777.86	495.98
3331.54	**3675.00**	**2668.29**	**3115.15**	**3043.22**	**2701.06**	**2810.04**	**2440.46**
0.22	26.62	196.66	4.35	158.61		1.05	17.83
107.31	721.83	239.16	1352.47	761.38	156.31	621.75	11.09
1453.58	409.53	641.10	551.29	706.88	817.28	835.01	1088.57
1770.43	2522.15	1591.36	1207.05	1416.36	1727.47	1352.23	1322.97
0.22	0.4					1.05	2.74
	26.22	196.66	4.35	158.61			15.08
43.96	170.43	51.28	35.88	16.42	59.97	15.33	8.95
1041.13	**2287.00**	**1265.69**	**1762.27**	**1379.48**	**2133.53**	**1465.12**	**1746.69**

5-5 续表 (2016 年)

指　　标	全市	中原区	二七区	管城区	金水区
家具及室内装饰品	357.44	139.91	335.61	601.47	258.74
家用器具	595.12	514.30	383.10	629.84	580.65
家用纺织品	359.31	136.07	133.87	445.75	186.41
家庭日用杂品	416.41	350.07	363.58	372.50	442.76
个人用品	354.93	202.91	394.11	395.86	383.14
家庭服务	47.85	14.08	58.97	83.90	56.44
#家政服务	20.09	0.92	27.73	54.92	5.82
交通通信	**2583.87**	**1922.31**	**1621.40**	**3767.29**	**3276.55**
交通	1591.68	897.12	755.70	2416.82	2257.08
交通工具	889.60	93.88	77.32	210.61	876.12
交通费	109.84	92.53	206.88	587.02	227.21
交通工具用燃料	386.89	478.74	303.06	1111.20	779.66
交通工具使用及维修	205.34	231.98	168.44	507.99	374.10
#车辆保险支出	70.52	47.07	15.45	49.73	124.46
通信	992.20	1025.19	865.70	1350.48	1019.47
通信工具	320.24	198.15	366.07	437.25	376.44
通信服务	671.95	827.04	499.63	913.23	643.04
教育文化娱乐	**2438.27**	**1746.13**	**3219.25**	**3996.28**	**2448.04**
教育	1186.00	786.23	1675.73	2141.26	1070.72
学前教育	204.34	276.30	299.10	563.37	365.71
小学教育	220.65	93.46	381.34	349.83	193.37
初中教育	181.98	205.46	465.49	463.58	226.57
高中教育	161.40	127.91	163.32	60.18	138.06
中专职高教育	13.40	3.67	0.69	29.35	7.94
大专及以上教育	312.78	42.49	313.46	413.77	93.90
成人教育	91.44	36.92	52.32	261.18	45.17
文化娱乐	1252.27	959.90	1543.52	1855.03	1377.32
文娱耐用消费品	174.69	77.56	239.05	262.37	125.01
其他文娱用品	179.64	146.31	200.47	149.31	291.58
文化娱乐服务	897.93	736.03	1104.00	1443.34	960.73
医疗保健	**1408.60**	**796.51**	**2099.71**	**1415.76**	**1341.86**
医疗器具及药品	665.86	319.48	1169.72	628.55	600.57
医疗服务	742.74	477.03	929.99	787.21	741.29
门诊总费用	291.48	277.53	438.46	284.84	312.71
住院总费用	451.27	199.51	491.52	502.36	428.57
其他用品和服务	**550.55**	**246.13**	**468.11**	**784.07**	**503.13**
其他用品	306.15	123.81	177.94	447.67	254.71
其他服务	244.40	122.32	290.17	336.40	248.42

单位:元

上街区	惠济区	中牟县	巩义市	荥阳市	新密市	新郑市	登封市
240.37	104.74	291.78	666.14	81.46	346.77	570.84	78.79
223.76	680.20	443.85	344.99	501.11	618.11	348.19	383.95
141.64	102.16	63.87	93.74	296.87	314.79	132.02	130.34
199.26	594.77	305.74	258.76	335.36	420.30	294.45	546.43
203.21	792.91	125.01	372.94	153.02	416.13	114.21	599.67
32.88	21.48	35.43	25.70	11.66	17.43	5.42	7.51
10.66		9.15	5.30	1.55			2.01
2653.22	**2322.00**	**1549.56**	**3834.12**	**3063.01**	**4451.89**	**2292.90**	**1168.32**
1944.25	1451.59	922.04	3237.89	2072.09	3684.41	1454.14	287.24
1078.88	420.98	141.21	2851.85	1477.96	2775.60	802.09	145.15
167.34	122.82	37.26	96.19	127.40	82.59	12.45	69.68
367.36	734.32	476.36	161.17	278.79	426.14	492.64	52.94
330.67	173.46	267.21	128.69	187.95	400.08	146.95	19.48
64.81	22.85	56.80	26.13		128.00	32.99	
708.97	872.20	627.53	596.23	990.92	767.47	838.77	881.08
229.00	272.19	193.56	234.36	265.02	253.18	247.25	309.69
479.97	600.00	433.97	361.87	725.89	514.30	591.52	571.39
2339.95	**3355.00**	**1939.69**	**2224.97**	**2696.02**	**3198.69**	**2253.12**	**1512.47**
1425.74	1748.06	909.85	1105.00	1475.08	2084.38	1261.20	1016.71
572.16	112.94	143.27	361.27	20.02	131.48	51.85	355.09
154.66	367.11	58.08	26.57	83.90	591.22	57.21	102.75
130.83	799.52	84.30	106.51	199.03	307.65	76.47	45.54
191.47	10.46	47.76	62.16	200.28	390.68	94.26	280.27
34.84	1.06			170.13			0.22
247.57	90.35	417.70	506.95	746.78	652.89	783.83	214.88
94.21	366.64	158.74	41.53	54.93	10.46	197.59	17.95
914.20	1606.84	1029.84	1119.97	1220.94	1114.32	991.92	495.76
42.34	298.14	91.84	91.44	184.96	279.57	342.85	61.21
134.93	89.44	176.54	126.19	82.11	287.68	175.92	282.69
736.94	1219.26	761.45	902.34	953.86	547.06	473.15	151.87
2078.04	**802.00**	**658.49**	**821.89**	**1442.31**	**628.98**	**2316.55**	**1876.51**
914.31	481.38	300.16	269.46	597.76	381.68	361.95	1672.29
1163.73	320.62	358.33	552.43	844.55	247.30	1954.60	204.23
156.06	156.23	170.34	215.60	246.52	74.55	296.74	139.69
1007.67	164.39	187.99	336.83	598.03	172.75	1657.87	64.54
739.79	**1346.00**	**190.69**	**870.74**	**707.80**	**806.10**	**269.94**	**631.80**
156.32	716.42	143.49	736.98	446.51	372.59	238.11	402.32
583.47	629.50	47.20	133.76	261.29	433.51	31.83	229.48

5-6 全市及县(市)区城镇居民

(2016 年)

指　标	单位	全市	中原区	二七区	管城区	金水区
购买生活消费品	元	**18102.33**	**15160.16**	**19290.43**	**24619.48**	**20591.02**
食品烟酒	元	5667.84	5847.74	6124.85	7264.04	6889.42
食品	元	3810.67	4034.54	4245.69	4541.53	4547.52
谷物	元	450.75	521.44	499.48	416.18	507.79
小麦	公斤	0.15	0.06		0.03	0.14
金额	元	0.41	0.18		0.07	0.44
面粉	公斤	18.25	19.26	12.63	17.13	19.57
金额	元	72.96	80.74	56.75	68.12	82.50
稻谷	公斤	0.07	0.07	0.05	0.27	0.13
金额	元	0.37	0.39	0.24	1.32	0.69
大米	公斤	19.21	24.59	18.52	24.56	26.42
金额	元	121.20	143.30	131.03	147.69	167.88
玉米	公斤	0.73	0.52	0.77	1.52	1.08
金额	元	4.42	3.17	5.27	6.35	7.48
小米	公斤	3.58	4.21	2.98	3.66	3.80
金额	元	36.44	42.83	29.69	36.56	43.12
其他谷物	公斤	1.31	1.17	0.66	0.97	1.40
金额	元	12.33	12.57	6.22	9.09	13.25
面粉制品	公斤	31.18	37.14	36.90	24.98	28.20
金额	元	183.92	219.37	242.84	126.82	176.35
其他谷物制品	公斤	2.10	2.70	1.94	1.73	1.29
金额	元	18.70	18.88	27.44	20.16	16.08
薯类	公斤	10.44	11.32	12.34	15.35	9.98
金额	元	57.31	48.43	77.06	73.06	55.74
红薯	公斤	3.45	2.78	3.89	6.03	3.09
金额	元	10.74	6.99	11.16	16.70	11.35
马铃薯	公斤	4.79	7.45	5.73	7.37	4.59
金额	元	19.67	28.13	24.65	29.78	20.63
其他薯类及制品	公斤	2.21	1.09	2.72	1.95	2.30
金额	元	26.90	13.31	41.25	26.58	23.76
豆类	公斤	9.19	11.50	7.64	9.30	9.08
金额	元	62.23	81.02	56.59	56.41	59.45

家庭人均购买生活消费品

上街区	惠济区	中牟县	巩义市	荥阳市	新密市	新郑市	登封市
17724.23	**28661.47**	**11622.56**	**17174.31**	**17439.91**	**21254.37**	**17403.67**	**13580.75**
5953.56	6568.95	3840.41	4051.41	4282.44	5841.94	5460.36	2785.55
4294.81	5043.88	2583.09	2508.20	3107.15	3314.06	3727.58	2185.10
548.96	487.77	167.41	370.67	363.71	498.31	423.73	383.31
0.04	0.01	0.03	0.03	0.37	0.99	0.05	0.23
0.17	0.03	0.06	0.14	0.37	2.45	0.21	0.80
20.24	12.70	7.91	22.90	14.19	20.34	25.38	27.56
79.52	57.69	28.55	82.64	51.44	75.27	93.53	95.75
0.27	0.03		0.02	0.13			0.02
1.21	0.11		0.10	0.49	0.01		0.07
20.91	15.90	8.44	12.00	9.82	15.25	12.64	10.79
132.30	113.28	47.06	78.87	59.79	104.73	81.16	62.33
1.55	1.45	0.13	0.58	0.76	0.40	0.36	0.45
7.57	7.92	0.64	2.99	2.43	2.28	1.55	1.95
3.30	1.74	0.41	3.82	5.22	5.24	5.82	1.86
31.40	18.54	3.27	35.81	51.54	44.94	58.30	16.03
0.91	1.29	0.68	0.43	1.66	2.57	0.41	4.00
11.39	15.64	5.82	3.46	16.40	23.21	3.78	31.79
35.38	30.40	17.49	22.97	46.70	34.67	27.82	34.47
248.76	221.11	74.69	155.86	156.36	218.79	171.74	168.13
3.10	13.66	0.57	0.88	3.13	2.58	2.40	0.80
36.63	53.46	7.33	10.80	24.89	26.63	13.46	6.45
13.01	15.15	3.64	8.61	15.87	15.32	8.48	5.44
60.65	86.16	19.64	47.30	62.27	116.28	58.68	25.40
4.65	3.93	0.87	2.52	7.98	5.64	4.82	2.18
11.52	13.39	2.31	6.52	17.27	28.47	12.53	3.99
5.82	8.19	1.89	3.86	5.43	5.32	0.03	1.64
20.02	33.77	7.64	11.50	17.55	28.35	0.14	6.34
2.53	3.04	0.88	2.23	2.47	4.37	3.63	1.63
29.11	39.00	9.69	29.28	27.45	59.47	46.01	15.07
12.81	8.88	4.68	7.19	11.85	15.69	6.78	6.04
94.09	58.26	26.37	52.53	71.38	105.48	54.43	35.74

5-6 续表1 (2016年)

指　　标	单位	全市	中原区	二七区	管城区	金水区
大豆	公斤	0.86	1.18	0.40	1.02	1.14
金额	元	6.31	9.07	3.15	6.96	8.29
其他豆类及制品	公斤	8.33	10.33	7.23	8.29	7.94
金额	元	55.92	71.95	53.44	49.45	51.15
食用油	公斤	10.20	11.03	10.05	10.90	10.57
金额	元	182.51	177.67	170.90	201.92	199.70
食用植物油	公斤	10.04	10.77	10.00	10.85	10.50
金额	元	179.37	175.54	170.33	200.10	198.63
食用动物油	公斤	0.17	0.26	0.05	0.05	0.06
金额	元	3.14	2.12	0.57	1.82	1.07
蔬菜和食用菌	公斤	102.95	113.75	115.26	97.28	107.43
金额	元	537.94	551.52	655.61	549.81	646.33
鲜菜	公斤	98.58	109.82	111.15	91.70	101.76
金额	元	454.18	492.21	586.02	451.35	552.66
干菜及菜制品	公斤	1.15	0.27	1.01	1.05	1.63
金额	元	28.90	4.83	19.71	22.60	32.64
鲜菌	公斤	2.89	3.36	2.82	3.98	3.52
金额	元	36.36	40.37	32.75	51.94	44.43
干菌及制品	公斤	0.33	0.31	0.28	0.55	0.52
金额	元	18.51	14.11	17.13	23.92	16.59
肉类	公斤	20.72	23.06	22.31	24.41	25.10
金额	元	753.13	848.38	816.82	956.79	941.98
猪肉	公斤	12.74	15.50	13.73	14.98	14.29
金额	元	371.52	450.25	408.18	462.02	425.11
牛肉	公斤	2.23	2.53	1.62	3.38	2.97
金额	元	126.40	137.55	96.69	180.96	172.36
羊肉	公斤	2.07	2.39	2.89	2.67	2.72
金额	元	104.36	126.14	150.54	142.37	131.75
其他肉类及制品	公斤	3.68	2.63	4.07	3.38	5.12
金额	元	150.85	134.44	161.41	171.44	212.76
禽类	公斤	5.83	7.51	7.61	7.34	7.12
金额	元	136.54	185.59	173.82	161.73	164.91
鸡	公斤	3.92	5.43	5.13	5.32	4.84

上街区	惠济区	中牟县	巩义市	荥阳市	新密市	新郑市	登封市
0.75	0.05	0.24	0.29	0.10	2.16	0.61	0.76
5.28	0.51	1.51	1.97	0.59	15.64	5.62	3.99
12.06	8.83	4.44	6.90	11.75	13.53	6.17	5.28
88.80	57.74	24.85	50.56	70.80	89.84	48.81	31.75
9.61	7.97	3.03	9.26	7.30	16.12	12.98	12.47
179.21	131.32	59.93	159.27	124.75	353.32	199.25	201.48
9.46	7.96	3.03	9.23	7.06	15.80	11.85	12.40
176.52	131.19	59.93	159.10	122.06	348.74	163.84	200.57
0.15	0.01		0.03	0.24	0.31	1.14	0.07
2.69	0.13		0.17	2.69	4.59	35.41	0.92
117.74	128.17	72.70	59.89	113.56	129.68	85.58	78.69
574.45	744.83	263.30	300.13	481.37	583.28	522.24	305.59
111.31	120.04	70.92	57.51	107.98	124.03	82.91	76.79
464.48	599.54	235.97	205.74	397.65	483.71	312.09	275.57
1.09	2.04	0.90	0.85	2.15	1.90	0.84	0.67
17.76	69.50	16.36	49.04	29.01	38.66	90.93	14.63
4.74	6.06	0.82	1.28	3.34	3.63	1.28	1.04
49.76	73.92	8.15	14.16	47.43	52.15	28.62	10.38
0.60	0.03	0.06	0.25	0.09	0.12	0.54	0.19
42.45	1.86	2.82	31.19	7.28	8.76	90.60	5.02
23.95	28.49	17.63	11.55	17.61	14.66	16.06	11.64
869.50	1058.86	538.58	453.88	583.32	482.55	598.79	412.26
16.08	14.04	10.80	7.74	9.48	10.05	11.41	7.79
473.09	425.61	295.50	229.80	280.58	270.85	322.25	216.73
1.90	4.03	1.02	0.37	3.02	1.57	2.00	2.06
96.83	233.44	68.24	19.94	104.78	111.70	109.41	130.58
2.08	4.45	1.04	1.05	1.65	0.46	0.93	0.98
100.41	200.09	50.25	54.65	75.33	28.03	62.64	46.76
3.90	5.97	4.78	2.39	3.46	2.57	1.73	0.82
199.17	199.71	124.59	149.48	122.62	71.96	104.49	18.20
6.57	6.65	5.56	2.04	4.46	2.52	3.48	1.52
178.52	167.00	106.07	53.83	97.73	55.41	106.04	29.82
3.52	3.24	4.34	1.28	2.32	1.28	1.88	1.09

5-6 续表2 (2016年)

指　　标	单位	全市	中原区	二七区	管城区	金水区
金额	元	79.30	115.57	97.55	101.71	99.44
鸭	公斤	0.37	0.32	0.27	0.51	0.71
金额	元	8.73	6.04	5.27	12.02	16.51
鹅	公斤	0.02	0.01		0.02	
金额	元	1.37	0.15		0.47	0.07
其他禽类及制品	公斤	1.52	1.75	2.21	1.49	1.57
金额	元	47.13	63.82	71.00	47.52	48.88
水产品	公斤	6.81	7.82	7.24	9.43	9.80
金额	元	183.90	207.33	192.63	263.86	238.18
鱼类	公斤	5.08	5.84	5.03	6.44	7.78
金额	元	98.43	120.40	104.80	127.36	140.14
虾类	公斤	0.93	1.26	1.08	1.66	1.47
金额	元	52.28	66.78	57.27	94.92	85.26
蟹类	公斤	0.08	0.06	0.09	0.11	0.03
金额	元	12.32	3.30	7.06	10.40	1.87
贝类	公斤	0.10	0.10	0.01	0.32	0.12
金额	元	3.29	2.06	0.28	5.73	2.42
藻类	公斤	0.23	0.20	0.21	0.43	0.11
金额	元	4.91	2.10	3.31	6.07	1.28
其他水产品及制品	公斤	0.40	0.37	0.81	0.47	0.30
金额	元	12.66	12.68	19.90	19.39	7.22
蛋类	公斤	14.61	13.30	14.65	15.47	20.04
金额	元	134.86	110.85	150.96	150.25	193.53
鲜蛋	公斤	13.90	12.91	13.82	14.28	18.88
金额	元	124.46	105.92	138.65	131.25	178.09
蛋制品	公斤	0.72	0.39	0.82	1.19	1.15
金额	元	10.41	4.93	12.31	19.00	15.44
奶类	公斤	22.02	26.32	21.00	27.87	30.54
金额	元	421.14	415.15	451.39	726.77	514.64
鲜奶	公斤	11.81	13.75	10.24	11.89	16.95
金额	元	157.78	163.44	154.22	152.76	234.11
酸奶	公斤	8.11	11.07	6.79	12.78	11.99
金额	元	108.40	148.42	92.75	152.17	149.60

上街区	惠济区	中牟县	巩义市	荥阳市	新密市	新郑市	登封市
76.39	76.85	71.68	20.58	49.85	23.74	46.62	26.63
0.54	0.46	0.15	0.05	0.18	0.05	0.42	0.07
9.03	13.29	3.90	0.45	4.87	0.83	19.30	1.31
0.04						0.42	
0.64	0.17					25.17	
2.47	2.95	1.07	0.72	1.96	1.19	0.77	0.37
92.46	76.68	30.50	32.80	43.01	30.85	14.94	1.89
11.34	9.62	4.34	2.58	2.84	2.60	6.36	1.23
276.85	277.38	74.38	50.17	62.99	52.79	484.68	17.99
7.55	7.54	3.83	1.69	2.31	1.59	3.27	0.62
148.57	197.61	57.85	29.83	42.82	31.08	88.39	10.17
1.01	1.08	0.24	0.11	0.21	0.34	0.55	0.30
54.79	56.07	10.52	6.18	10.41	9.58	70.70	2.70
0.17	0.03	0.02	0.01			0.77	0.02
10.55	1.39	0.12	1.79			189.48	1.55
0.58	0.20					0.35	0.01
10.39	3.03					35.19	0.10
0.79	0.31	0.12	0.52	0.18	0.21	0.77	0.03
12.37	4.30	1.42	6.32	4.38	2.39	46.82	0.28
1.24	0.46	0.13	0.25	0.13	0.46	0.64	0.24
40.17	14.98	4.46	6.04	5.37	9.74	54.11	3.20
16.87	12.57	10.09	9.25	16.04	11.75	10.11	10.65
143.10	126.87	87.96	79.71	133.04	96.16	107.02	85.96
15.68	11.88	9.65	9.01	15.51	11.05	9.47	10.46
128.93	116.89	83.74	75.30	127.70	88.94	79.23	83.69
1.19	0.69	0.44	0.24	0.53	0.71	0.64	0.19
14.17	9.98	4.22	4.41	5.34	7.23	27.79	2.27
24.71	24.84	11.38	13.53	13.93	10.33	10.15	22.25
339.47	475.87	351.80	303.72	265.31	236.43	631.44	210.77
14.70	9.57	7.48	8.48	7.64	6.22	4.52	10.65
165.76	115.91	69.63	138.37	109.84	112.47	95.04	93.53
7.34	10.56	2.19	3.69	3.14	2.62	3.26	9.68
92.27	200.11	39.34	72.24	41.63	42.20	70.30	79.41

5-6 续表3 (2016年)

指 标	单位	全市	中原区	二七区	管城区	金水区
奶粉	公斤	0.77	1.36	0.76	1.74	0.60
金额	元	122.22	98.25	147.65	389.91	111.59
其他奶制品	公斤	1.33	0.14	3.21	1.47	1.00
金额	元	32.73	5.04	56.76	31.94	19.34
干鲜瓜果类	公斤	71.66	85.10	70.11	68.22	68.87
金额	元	532.41	601.27	544.01	619.43	609.35
鲜瓜果	公斤	65.41	80.10	64.18	61.86	61.63
金额	元	385.59	480.88	385.11	425.47	430.59
瓜果制品	公斤	1.36	0.87	1.36	1.59	1.42
金额	元	28.55	20.49	33.55	48.93	26.90
坚果类	公斤	4.89	4.13	4.57	4.77	5.82
金额	元	118.27	99.89	125.36	145.03	151.87
糖果糕点类	公斤	6.52	6.10	5.76	7.96	8.12
金额	元	148.60	124.46	172.41	208.09	182.84
食糖	公斤	0.97	1.06	0.90	1.02	1.02
金额	元	8.67	9.64	8.93	8.99	9.35
糖果	公斤	0.68	0.60	0.54	1.43	1.09
金额	元	20.72	18.44	21.15	42.12	32.39
糕点	公斤	3.96	4.03	3.22	3.93	5.41
金额	元	95.37	83.93	94.46	107.88	123.79
其他糖果糕点	公斤	0.91	0.41	1.10	1.58	0.61
金额	元	23.84	12.44	47.88	49.10	17.32
其他食品	元	209.34	161.44	284.01	157.21	233.08
调味品	元	91.30	80.92	126.90	114.48	102.53
其他食品	元	118.04	80.52	157.11	42.73	130.56
饮料	元	183.58	173.26	164.30	244.54	219.99
茶叶	公斤	0.24	0.24	0.21	0.66	0.37
金额	元	64.51	61.91	40.42	114.87	80.42
咖啡	元	6.49	8.11	14.88	13.08	10.07
其他固体饮料	元	5.58	9.84	11.07	8.99	4.33
瓶装饮用水	元	11.63	11.83	8.46	16.38	14.89
果汁饮料	元	34.77	28.54	12.53	63.30	71.57
其他液体饮料	元	60.60	53.02	76.94	27.93	38.71

上街区	惠济区	中牟县	巩义市	荥阳市	新密市	新郑市	登封市
0.32	0.09	0.88	0.37	0.10	0.80	1.38	0.20
41.11	65.95	174.51	59.36	4.01	66.79	447.85	21.59
2.35	4.61	0.83	0.99	3.05	0.70	1.00	1.72
40.32	93.90	68.32	33.77	109.84	14.97	18.25	16.24
93.25	141.92	60.56	52.25	75.40	66.13	57.86	63.02
700.54	1129.78	349.56	379.07	499.84	438.18	359.41	289.94
82.43	134.57	57.25	45.62	66.16	59.82	52.65	57.12
415.86	926.91	268.67	214.47	338.34	325.96	221.58	226.47
2.62	2.82	0.67	1.54	2.94	0.66	0.83	2.22
73.22	79.78	17.38	35.19	49.73	14.93	12.51	25.98
8.19	4.53	2.64	5.09	6.31	5.65	4.39	3.67
211.46	123.09	63.51	129.41	111.77	97.29	125.32	37.49
7.22	7.44	5.53	5.03	8.96	4.98	3.03	6.33
186.66	168.51	112.46	140.71	155.58	104.36	117.98	98.00
0.68	0.82	0.52	0.82	0.95	1.30	0.71	1.45
7.35	10.08	4.08	7.62	8.95	10.84	5.78	9.85
0.63	0.88	0.20	0.21	0.33	0.54	0.37	0.92
25.70	25.47	6.77	6.38	5.36	19.17	11.43	18.88
5.43	3.44	1.70	3.92	6.42	2.10	1.70	3.47
140.21	84.23	41.34	123.55	113.74	49.35	96.56	62.06
0.49	2.29	3.11	0.08	1.27	1.05	0.25	0.49
13.40	48.74	60.28	3.16	27.54	25.01	4.21	7.22
142.80	131.27	425.63	117.20	205.86	191.50	63.89	88.82
92.91	94.64	66.14	55.21	112.57	93.70	50.90	83.31
49.89	36.63	359.49	61.99	93.29	97.80	12.99	5.51
159.43	159.10	74.94	159.61	135.46	135.17	477.87	92.49
0.26	0.08	0.01	0.12	0.10	0.07	0.52	0.17
58.59	69.89	3.24	61.66	6.18	14.55	268.34	43.08
3.15	5.03	0.12	2.10				0.81
11.75	1.77	0.21	5.21	2.98	1.07	5.67	2.60
20.81	7.19	4.67	8.12	10.61	10.39	9.28	17.78
20.06	12.11	20.79	9.68	18.45	1.08	35.79	24.49
45.07	63.11	45.92	72.83	97.24	108.07	158.78	3.73

5-6　续表 4　（2016 年）

指　标	单位	全市	中原区	二七区	管城区	金水区
烟酒	元	576.81	730.49	422.26	981.98	801.75
烟草	元	266.88	418.45	196.18	468.23	328.28
卷烟	盒	19.02	30.62	12.78	33.74	21.60
金额	元	266.67	418.45	196.12	467.94	327.69
烟丝烟叶	公斤	0.02		0.01	0.06	0.06
金额	元	0.21		0.06	0.28	0.59
酒类	元	309.93	312.04	226.08	513.75	473.47
啤酒	公斤	3.74	4.63	2.45	4.83	5.74
金额	元	31.00	34.10	21.14	37.98	54.74
白酒	公斤	2.66	3.16	1.83	5.04	3.66
金额	元	250.39	223.40	175.77	392.66	400.66
果酒	公斤	0.20	0.38	0.11	0.34	0.19
金额	元	17.95	28.97	6.67	36.65	11.71
其他酒	元	10.58	25.57	22.50	46.47	6.35
饮食服务	元	1096.79	909.45	1292.60	1496.00	1320.16
食堂用餐	元	36.25	8.97	49.83	86.29	58.36
其他在外饮食	元	1058.68	900.48	1241.57	1409.15	1258.26
食品加工服务费	元	1.86		1.20	0.56	3.54
衣着	元	2147.63	1544.63	1888.62	2049.13	2518.15
衣类	元	1633.24	1159.67	1404.50	1530.86	1941.86
服装	元	1560.35	1097.42	1332.02	1457.33	1838.49
服装材料	元	13.69	18.71	13.81	20.48	23.42
其他衣类及配件	元	55.61	42.76	56.60	47.07	72.20
衣类加工服务费	元	3.58	0.78	2.06	5.98	7.74
鞋类	元	514.39	384.96	484.12	518.28	576.29
鞋	双	3.41	2.64	3.65	2.95	3.56
金额	元	509.62	383.77	480.24	514.86	573.99
鞋类配件及加工服务费	元	4.78	1.19	3.88	3.42	2.31
居住	元	1711.29	1758.86	2214.70	2863.30	1816.84
租赁房房租	元	289.88	189.52	880.73	613.80	430.33
租赁公房房租	元	15.47	0.31	47.30	36.57	32.96
租赁私房房租	元	274.41	189.22	833.43	577.23	397.37
住房维修及管理	元	457.03	369.35	507.59	569.78	320.76

上街区	惠济区	中牟县	巩义市	荥阳市	新密市	新郑市	登封市
434.42	333.30	415.87	381.66	268.89	619.25	445.34	118.31
279.68	141.03	130.63	173.34	216.46	307.06	133.98	59.81
35.19	6.92	9.12	15.63	13.10	22.90	9.53	6.09
279.68	139.81	130.63	173.34	216.46	307.06	133.98	59.81
	0.10						
	1.23						
154.74	192.26	285.24	208.32	52.43	312.20	311.35	58.49
2.44	0.93	1.52	1.85	3.04	5.06	1.66	1.57
17.35	6.78	8.41	16.43	20.99	30.80	16.40	10.27
4.37	1.69	2.36	1.63	0.32	3.52	1.29	0.48
117.97	173.23	276.65	173.77	27.38	275.62	165.80	43.24
0.35	0.02		0.20	0.15	0.18	0.42	0.05
18.01	0.42	0.18	13.97	3.12	1.78	125.86	4.73
1.40	11.84		4.15	0.95	4.01	3.30	0.25
1064.90	1032.67	766.51	1001.94	770.94	1773.46	809.58	389.66
4.06	2.20	36.33	16.89	30.19		86.92	16.84
1060.21	1030.47	729.58	977.86	740.11	1771.91	722.53	372.00
0.63		0.60	7.18	0.64	1.54	0.13	0.83
1438.58	4075.36	1166.61	1729.58	2255.28	3347.64	1921.90	2741.91
1046.43	3345.78	899.48	1342.16	1693.97	2537.86	1144.03	2245.93
996.35	3069.02	870.56	1304.62	1622.57	2473.84	1124.42	2212.58
7.53	43.62	0.47	1.18	0.02	2.92	0.89	6.51
39.64	211.43	28.28	35.23	68.86	60.22	18.67	26.34
2.91	21.71	0.17	1.12	2.51	0.89	0.05	0.50
392.15	729.58	267.13	387.42	561.32	809.78	777.86	495.98
3.18	4.41	2.86	2.95	3.94	4.16	3.98	3.80
389.68	725.99	266.81	386.52	553.49	775.65	775.72	487.95
2.47	3.59	0.32	0.90	7.83	34.12	2.14	8.03
1560.60	2813.90	1076.92	1908.10	1626.86	973.59	1457.81	1117.50
0.22	64.70	196.66	4.35	158.61		1.05	17.83
0.22	0.97					1.05	2.74
	63.73	196.66	4.35	158.61			15.08
107.31	1754.05	239.16	1352.47	761.38	156.31	621.75	11.09

5-6 续表5 （2016年）

指　标	单位	全市	中原区	二七区	管城区	金水区
住房装潢	元	307.80	227.15	365.76	153.13	135.12
住房维修	元	36.50	27.67	4.26	72.89	20.81
物业管理费	元	110.33	113.76	137.51	267.42	163.75
其他	元	2.40	0.77	0.05	76.33	1.08
水电燃料及其他	元	964.38	1199.98	826.38	1679.73	1065.75
水	吨	39.76	52.11	35.94	55.98	44.93
金额	元	121.40	156.47	120.81	185.88	168.54
电	度	803.27	775.15	675.06	918.24	901.66
金额	元	465.62	466.06	380.44	543.63	517.61
燃料	元	216.90	174.71	177.30	309.42	247.01
煤炭	公斤	16.85		0.85	0.09	
金额	元	13.92		0.37	0.15	
管道天然气	立方米	62.39	67.87	55.97	126.25	101.90
金额	元	137.50	146.15	128.74	277.21	230.12
管道煤气	立方米	0.05		0.05	0.10	0.16
金额	元	0.16		0.46	0.22	0.36
罐装液化石油气	公斤	9.71	2.56	5.77	0.11	1.57
金额	元	54.12	12.22	33.43	0.23	6.80
汽油	升	1.73	2.59	2.28	5.08	1.54
金额	元	10.59	16.34	14.00	30.99	9.02
柴油	升	0.06				
金额	元	0.35				
其他油	升	0.05		0.06		0.15
金额	元	0.22		0.23		0.63
其他生活燃料	元	0.03		0.06	0.04	0.07
取暖费	元	153.38	396.96	147.83	569.18	132.27
其他	元	7.08	5.77		71.61	0.32
生活用品及服务	元	1678.31	1348.64	1669.24	2529.32	1908.14
家具及室内装饰品	元	282.25	139.91	335.61	601.47	258.74
家具	元	245.17	128.41	312.93	301.81	230.16
家具材料	元	24.87	1.98	3.18	285.85	13.32
室内装饰品	元	12.21	9.52	19.50	13.81	15.26
家用器具	元	491.28	514.30	383.10	629.84	580.65

上街区	惠济区	中牟县	巩义市	荥阳市	新密市	新郑市	登封市
38.80	1325.81	91.51	1267.10	724.19		516.66	
11.70	12.82	96.38	48.17	20.12	94.81	89.76	1.20
43.96	414.14	51.28	35.88	16.42	59.97	15.33	8.95
12.85	1.27		1.32	0.65	1.53		0.95
1453.07	995.16	641.10	551.29	706.88	817.28	835.01	1088.57
51.88	61.79	23.39	14.34	39.15	29.16	45.65	25.96
110.02	159.14	37.67	36.39	77.81	102.63	98.36	52.69
797.34	1043.39	687.78	561.28	704.52	918.43	733.50	981.16
450.27	592.49	404.53	315.87	412.82	523.58	414.52	591.25
195.90	243.53	173.32	135.47	210.70	151.14	286.94	430.66
3.59		0.13	147.64	1.23	16.24	16.76	94.05
1.79		0.16	56.90	1.42	9.61	13.06	163.45
84.26	103.66	28.48	20.08	52.92	6.10	47.72	0.06
186.63	234.95	56.86	46.41	116.33	14.63	77.17	0.30
1.18	0.53	21.06	4.61	24.02	18.70	28.66	40.13
6.54	0.40	116.29	32.16	92.95	126.91	192.03	209.47
0.08	1.23					0.76	8.19
0.66	7.85					4.68	50.52
							1.04
							6.52
							0.07
							0.41
0.28							
685.36		25.58	40.46			35.19	13.73
11.52			23.11	5.55	39.93		0.23
1041.13	2161.90	1265.15	1762.27	1366.20	2133.53	1464.07	1746.69
240.37	99.50	291.78	666.14	81.46	346.77	570.84	78.79
234.48	89.05	286.37	654.70	81.11	279.92	330.96	66.73
	1.61	2.23		0.29	42.10	231.43	4.47
5.89	8.84	3.18	11.44	0.06	24.75	8.45	7.59
223.76	646.19	443.85	344.99	501.11	618.11	348.19	383.95

5-6 续表 6 （2016 年）

指 标	单位	全市	中原区	二七区	管城区	金水区
耐用消费品	元	426.39	478.68	308.46	577.71	474.50
洗衣机	台	0.02	0.02	0.03	0.06	0.03
金额	元	56.43	77.98	38.57	123.78	70.98
电冰箱(柜)	台	0.02	0.03		0.03	0.03
金额	元	81.22	207.11		105.23	84.18
空调器	台	0.05	0.03	0.03	0.05	0.07
金额	元	139.84	80.18	98.68	172.19	183.97
吸尘器	台		0.01	0.01	0.04	
金额	元	0.79	2.25	0.51	10.72	
抽油烟机	台	0.02	0.02	0.02	0.02	0.03
金额	元	12.38	7.08	5.81	38.29	24.84
微波炉	台	0.01		0.02	0.01	0.01
金额	元	4.36		17.32	2.95	6.45
非太阳能热水器	台	0.01	0.01	0.03	0.01	0.02
金额	元	17.82	11.46	48.07	15.51	27.04
太阳能热水器	台					
金额	元	4.23				5.94
燃气炉具	套	0.01	0.02	0.04	0.01	0.01
金额	元	6.70	7.53	15.76	30.37	5.96
洗碗机	台	0.07				0.01
金额	元	8.28				0.74
消毒碗柜	台				0.01	
金额	元	1.10			11.55	
其他	元	88.36	79.01	83.74	67.11	51.29
小家电	元	64.89	35.61	74.64	52.12	106.15
家用纺织品	元	164.62	136.07	133.87	445.75	186.41
床上用品	元	135.03	99.07	121.77	399.56	144.71
窗帘门帘	元	15.41	27.36	1.60	17.70	15.43
其他家用纺织品	元	14.18	9.64	10.50	28.48	26.27
家庭日用杂品	元	379.57	341.38	363.58	372.50	442.76
洗涤及卫生用品	元	150.19	130.22	115.55	180.35	201.87
厨具餐具茶具	元	59.23	72.46	53.62	42.81	77.39
家用手工工具	元	3.13	1.20	2.68	1.29	5.41

上街区	惠济区	中牟县	巩义市	荥阳市	新密市	新郑市	登封市
161.11	370.35	427.25	325.73	474.77	587.22	341.21	296.12
0.01	0.02	0.01	0.03	0.02	0.03	0.01	0.01
27.36	43.41	19.28	55.23	84.54	53.83	16.28	23.62
0.01	0.04	0.02	0.02	0.04	0.01	0.02	
25.62	53.11	37.75	55.94	68.45	42.44	107.82	
	0.03	0.02	0.03	0.01	0.09	0.04	0.05
	159.62	87.11	99.42	29.56	364.41	165.65	144.59
0.01							
3.03	1.60	0.55					
0.09			0.01	0.01	0.01		
23.41			8.46	7.14	13.20	8.39	2.98
					0.01		
					8.46		
	0.07						0.01
	66.56		2.63				12.99
				0.01			
		3.38	6.94	15.84	15.89		
0.01			0.01				
41.94			6.68		1.65		
	0.01	0.82					
	12.12	88.60					
	0.02				13.20		
39.74	33.90	190.57	87.75	269.24	74.17	43.08	111.94
62.66	275.84	16.61	19.26	26.34	30.89	6.98	87.83
141.64	97.05	63.87	93.74	296.87	314.79	132.02	130.34
127.82	59.94	57.01	66.40	291.49	260.37	103.66	123.26
6.84	4.61	5.23	3.72		49.89	26.93	4.27
6.98	32.49	1.64	23.62	5.39	4.53	1.43	2.81
199.26	545.48	305.21	258.76	322.08	420.30	293.40	546.43
51.75	195.42	140.07	51.27	76.87	124.56	87.71	315.97
32.66	104.58	14.50	66.83	63.40	29.18	52.89	31.09
1.54	8.73	5.10	1.00	1.41	0.80	0.13	3.43

5-6　续表 7　　　　　　　　　　　　（2016 年）

指　标	单位	全市	中原区	二七区	管城区	金水区
其他	元	167.02	137.50	191.72	148.05	158.09
个人用品	元	325.85	202.91	394.11	395.86	383.14
化妆品	元	203.47	106.37	192.96	239.16	266.80
其他个人用品	元	122.38	96.54	201.15	156.71	116.34
家庭服务	元	34.75	14.08	58.97	83.90	56.44
家政服务	元	7.43	0.92	27.73	54.92	5.82
家庭设备修理费	元	27.32	13.16	31.24	28.98	50.62
交通通信	元	2581.63	1874.78	1605.95	3717.56	3152.02
交通	元	1670.73	849.59	740.25	2367.09	2132.55
交通工具	元	816.71	93.88	77.32	210.61	876.12
汽车	辆	0.01				0.01
金额	元	689.74			0.24	696.51
摩托车	辆			0.01	0.01	
金额	元	11.07		17.69	68.87	
自行车	辆	0.02	0.01	0.01	0.02	0.02
金额	元	12.74	6.09	4.69	23.52	22.07
电动自行车	辆	0.04	0.04	0.02	0.03	0.06
金额	元	93.15	87.03	54.26	110.70	132.83
其他交通工具	元	10.03	0.75	0.67	7.28	24.71
交通费	元	145.53	92.06	206.88	587.02	227.14
飞机	元	48.16	19.43	78.66	375.54	85.17
火车	元	34.42	18.75	53.91	133.03	62.85
长途汽车	元	14.63	11.77	18.05	10.08	20.94
市内公共交通	元	19.39	29.76	27.82	18.60	25.76
出租汽车费	元	15.55	4.71	18.29	42.18	23.25
其他交通费	元	13.38	7.65	10.15	7.59	9.17
交通工具用燃料	元	511.27	478.74	303.06	1111.20	779.66
汽油	升	86.81	83.24	52.46	186.86	132.19
金额	元	506.50	476.28	297.93	1101.28	774.53
柴油	升	0.30	0.25	0.61	1.24	
金额	元	1.69	1.24	3.76	6.47	
其他燃料和润滑剂	元	3.08	1.22	1.38	3.45	5.13
交通工具使用及维修	元	197.22	184.91	152.99	458.26	249.63

上街区	惠济区	中牟县	巩义市	荥阳市	新密市	新郑市	登封市
113.31	236.75	145.53	139.66	180.40	265.77	152.66	195.93
203.21	753.27	125.01	372.94	153.02	416.13	114.21	599.67
58.63	345.07	72.83	270.40	25.06	234.22	76.30	550.49
144.59	408.20	52.18	102.54	127.96	181.92	37.91	49.18
32.88	20.41	35.43	25.70	11.66	17.43	5.42	7.51
10.66		9.15	5.30	1.55			2.01
22.23	20.41	26.28	20.41	10.11	17.43	5.42	5.50
2554.59	3196.40	1488.82	3807.99	3063.01	4323.89	2259.92	1168.32
1845.62	1984.04	861.30	3211.76	2072.09	3556.41	1421.15	287.24
1078.88	585.16	141.21	2851.85	1477.96	2775.60	802.09	145.15
0.01			0.02	0.01	0.03	0.01	
897.49	404.90		2746.34	1464.06	2667.21	713.06	
0.01					0.01		
89.51					59.00		36.87
0.01	0.05	0.02		0.02			0.03
2.48	30.65	7.60	1.00	9.79	6.19		39.03
0.02	0.04	0.05	0.04		0.02	0.03	0.04
57.97	83.25	133.61	104.50		42.56	89.04	67.94
31.43	66.36			4.10	0.63		1.30
133.53	168.81	33.32	96.19	127.40	82.59	12.45	69.68
46.16		4.63		61.20	16.53		0.18
42.31	37.84	1.28	28.51	7.72	13.84		
22.76	12.00	2.54	28.22	8.32	10.76	0.95	9.76
15.63	15.67	2.88	19.47	10.85	7.86	0.05	6.63
6.66	5.96	10.64	19.11	8.88	29.83	6.38	3.66
	97.34	11.35	0.88	30.44	3.77	5.07	49.45
367.36	1020.71	476.36	161.17	278.79	426.14	492.64	52.94
62.15	176.92	82.82	27.14	47.84	67.27	79.36	7.75
362.13	1015.48	468.16	153.25	271.26	426.14	492.58	46.96
0.04	0.64	1.17					0.97
0.20	3.82	5.92					5.97
5.03	1.41	2.28	7.91	7.53		0.06	
265.86	209.35	210.41	102.56	187.95	272.09	113.96	19.48

5-6 续表 8 (2016 年)

指 标	单位	全市	中原区	二七区	管城区	金水区
交通工具零配件和维修	元	117.74	126.00	89.61	179.02	127.91
停车费	元	8.66	7.39	26.26	109.84	5.42
车辆使用税费(含过桥过路费)	元	43.74	42.84	34.28	70.55	48.36
其他	元	27.07	8.69	2.84	98.84	67.95
通信	元	910.91	1025.19	865.70	1350.48	1019.47
通信工具	元	294.01	198.15	366.07	437.25	376.44
电话机	部			0.02		
金额	元	0.22		0.83		
移动电话机	部	0.16	0.11	0.22	0.21	0.16
金额	元	285.87	194.87	353.17	423.20	367.02
其他通信工具及零配件	元	7.92	3.28	12.07	14.05	9.42
通信服务	元	616.90	827.04	499.63	913.23	643.04
固定电话费	元	20.96	31.39	11.23	25.72	23.22
移动电话费	元	470.16	602.41	391.97	709.10	485.33
上网费	元	120.42	183.26	88.09	169.19	129.41
邮费	元	1.25	0.41	0.84	7.42	1.55
其他通信服务费	元	4.11	9.56	7.49	1.79	3.53
教育文化娱乐	元	2513.92	1746.13	3219.25	3996.28	2448.04
教育	元	1272.44	786.23	1675.73	2141.26	1070.72
学前教育	元	279.41	276.30	299.10	563.37	365.71
教育用品	元	3.97	1.24	2.16	5.30	9.44
学杂费	元	135.49	225.35	133.04	176.31	172.85
培训费	元	47.45	34.07	57.60	111.19	94.67
赞助费	元					
一揽子教育服务(含食宿)	元	56.86	10.41	53.78	24.58	46.35
其他费用	元	35.65	5.24	52.54	245.99	42.41
小学教育	元	202.58	93.46	381.34	349.83	193.37
教育用品	元	9.69	5.50	3.21	10.23	12.34
学杂费	元	9.31	5.66	55.38	1.13	2.02
培训费	元	116.90	42.24	255.14	151.63	93.78
赞助费	元	6.62			28.27	19.13
一揽子教育服务(含食宿)	元	32.52	17.80	30.14	45.08	36.74
其他费用	元	27.54	22.26	37.46	113.48	29.36
初中教育	元	258.88	205.46	465.49	463.58	226.57
教育用品	元	11.83	29.93	3.29	6.22	15.01
学杂费	元	23.90	28.24		2.90	54.27

上街区	惠济区	中牟县	巩义市	荥阳市	新密市	新郑市	登封市
154.39	105.20	185.39	72.43	131.34	130.33	82.81	17.97
28.88	5.09	0.55	0.38	1.67	1.00		
63.22	76.36	24.46	21.89	14.04	127.01	31.12	0.87
19.37	22.71		7.85	40.90	13.75	0.04	0.64
708.97	1212.35	627.53	596.23	990.92	767.47	838.77	881.08
229.00	378.35	193.56	234.36	265.02	253.18	247.25	309.69
					1.83		
0.15	0.23	0.19	0.12	0.18	0.14	0.17	0.24
216.91	364.44	186.63	226.78	251.51	247.79	243.16	303.98
12.09	13.91	6.93	7.58	13.52	3.56	4.09	5.72
479.97	834.01	433.97	361.87	725.89	514.30	591.52	571.39
17.48	40.19	7.98	9.25	12.22	19.53	37.46	15.45
321.76	593.27	348.25	256.62	524.06	436.15	505.22	472.53
132.59	196.98	75.91	87.87	186.00	58.36	48.81	83.37
4.68	3.57		3.97	0.91	0.26	0.04	0.04
3.46		1.82	4.16	2.71			
2339.95	7316.03	1939.69	2224.97	2696.02	3198.69	2253.12	1512.47
1425.74	3812.00	909.85	1105.00	1475.08	2084.38	1261.20	1016.71
572.16	246.28	143.27	361.27	20.02	131.48	51.85	355.09
11.58	2.84		2.82	4.01		1.09	0.32
448.07	194.65	13.50	1.53	0.79	17.94	29.53	222.25
27.11	4.00		55.63		26.57	4.17	6.49
0.15							
54.06	42.68		299.65	13.63	86.97	11.33	126.03
31.18	2.10	129.77	1.64	1.59		5.73	
154.66	800.55	58.08	26.57	83.90	591.22	57.21	102.75
7.53	25.37	1.58	2.23	2.66	11.54	1.37	49.71
54.05	0.54		0.10		0.75	4.43	2.43
36.35	651.37		15.45	1.40	479.23	6.71	8.42
0.15	7.19					2.59	7.62
20.56	54.01	3.55	8.80	75.32	83.23	42.02	17.64
36.02	62.07	52.95		4.52	16.47	0.08	16.93
130.83	1743.52	84.30	106.51	199.03	307.65	76.47	45.54
0.70	2.11		6.55	2.41	13.41	0.38	10.02
	46.05	5.07		5.18	1.25	35.28	

5-6 续表9 (2016 年)

指 标	单位	全市	中原区	二七区	管城区	金水区
培训费	元	94.72	110.04	430.19	254.74	25.48
赞助费	元	2.17			120.03	
一揽子教育服务(含食宿)	元	63.84	28.24	17.53	51.59	108.85
其他费用	元	62.41	9.02	14.49	28.11	22.96
高中教育	元	148.18	127.91	163.32	60.18	138.06
教育用品	元	4.03	2.18		0.75	3.09
学杂费	元	31.42	56.26	38.64	4.81	39.72
培训费	元	20.52	22.31	11.41	13.67	10.88
赞助费	元	4.04				
一揽子教育服务(含食宿)	元	66.50	47.17	112.24	12.42	59.40
其他费用	元	21.66		1.03	28.53	24.97
中专职高教育	元	12.30	3.67	0.69	29.35	7.94
教育用品	元	0.97			6.94	2.05
学杂费	元	0.32			2.17	
培训费	元	1.88	3.67			4.49
一揽子教育服务(含食宿)	元	1.09		0.69	8.74	1.40
其他费用	元	8.05			11.49	
大专及以上教育	元	287.16	42.49	313.46	413.77	93.90
教育用品	元	1.40	0.45			0.59
学杂费	元	69.72	5.54	270.74		14.62
培训费	元	10.04	6.69		52.06	9.00
一揽子教育服务(含食宿)	元	166.46	25.83	42.72	359.52	49.01
其他费用	元	39.53	3.98		2.19	20.68
成人教育	元	83.95	36.92	52.32	261.18	45.17
教育用品	元	6.83	0.94	0.39	9.63	2.21
培训费	元	53.03	23.47	33.84	223.93	31.21
其他费用	元	24.09	12.51	18.10	27.62	11.75
文化娱乐	元	1241.48	959.90	1543.52	1855.03	1377.32
文娱耐用消费品	元	160.38	77.56	239.05	262.37	125.01
组合音响	台					
金额	元	0.18		0.25		0.28
彩色电视机	台	0.02	0.02	0.05	0.04	0.02
金额	元	64.81	43.14	100.04	171.54	69.26
摄像机	台					
金额	元	1.19				
照相机	台					
金额	元	6.45				11.64
家用台式电脑	台			0.01	0.01	

上街区	惠济区	中牟县	巩义市	荥阳市	新密市	新郑市	登封市
20.28	0.07	25.54	27.24	0.65	168.14	5.63	5.59
67.63	93.12	1.91	72.72	142.43	104.72	35.19	22.48
42.23	1602.16	51.78		48.36	20.12		7.45
191.47	22.81	47.76	62.16	200.28	390.68	94.26	280.27
2.74	0.95	6.27	6.20		19.07	3.68	5.21
13.08		0.01	3.08		11.14	33.07	63.78
12.17			15.85		156.71	6.71	
14.05							70.06
124.37	19.15	2.03	37.03	87.92	185.34		126.15
25.06	2.70	39.46		112.36	18.43	50.79	15.09
34.84	2.30			170.13			0.22
11.82							0.22
10.01	2.28						
8.62	0.01			5.82			
4.40				164.31			
247.57	197.02	417.70	506.95	746.78	652.89	783.83	214.88
0.87					11.47	5.85	1.30
23.35				70.76		497.59	93.09
26.69	5.50					91.31	
196.67	156.30	81.06	506.95	657.18	634.96	189.08	95.77
	35.20	336.63		18.84	6.47		24.70
94.21	799.52	158.74	41.53	54.93	10.46	197.59	17.95
	165.90		0.69			25.17	0.97
38.41	221.15	124.27	29.40	54.93	10.46	172.41	13.92
55.81	412.47	34.47	11.45				3.06
914.20	3504.03	1029.84	1119.97	1220.94	1114.32	991.92	495.76
42.34	650.15	91.84	91.44	184.96	279.57	342.85	61.21
0.01							
3.30							
0.01	0.10	0.01	0.02	0.01	0.03		
31.43	300.19	24.47	47.82	15.10	116.75	16.36	8.38
					17.73		
						0.01	
						61.71	
				0.02	0.02	0.01	

5-6 续表 10 （2016 年）

指　　标	单位	全市	中原区	二七区	管城区	金水区
金额	元	15.88		10.50	62.92	
家用笔记本电脑	台	0.01		0.01	0.01	
金额	元	26.34	12.59	65.35	8.35	10.62
中高档乐器	元	7.33	4.22			9.58
健身器材	元	6.76		14.26	6.97	1.36
其他文娱耐用消费品	元	18.20	4.01	16.34	3.09	3.42
文娱耐用消费品的零配件及维修	元	13.24	13.60	32.32	9.51	18.85
其他文娱用品	元	210.83	146.31	200.47	149.31	291.58
书报杂志及音像制品	元	49.40	29.78	53.36	31.29	73.46
文具纸张	元	38.25	10.43	32.36	8.70	39.65
体育户外用品	元	17.58	18.93	10.04	6.78	28.31
游戏用品和玩具	元	50.50	33.04	65.26	70.97	53.79
园艺花卉及有关产品	元	15.53	22.58	9.22	13.64	19.34
宠物及有关产品	元	11.63	24.42	8.07	13.46	19.70
其他文娱用品及维修	元	27.94	7.12	22.17	4.47	57.33
文化娱乐服务	元	870.27	736.03	1104.00	1443.34	960.73
团体旅游	元	684.71	590.02	863.58	1095.87	697.71
景点门票	元	43.32	29.90	52.11	83.51	72.95
体育健身活动	元	13.62	11.47	35.98	31.89	7.23
电影话剧演出票	元	27.48	11.78	38.97	66.01	54.72
有线电视费	元	64.86	72.29	54.54	104.67	93.87
其他文化娱乐服务	元	36.28	20.57	58.81	61.40	34.25
医疗保健	元	1296.31	793.24	2099.71	1415.76	1355.50
医疗器具及药品	元	610.09	316.21	1169.72	628.55	600.02
药品	元	467.51	221.31	691.18	276.44	448.57
滋补保健品	元	101.43	43.76	432.32	337.68	80.59
医疗卫生器具	元	19.34	2.49	6.19	10.11	61.27
保健器具	元	21.80	48.64	40.03	4.33	9.59
医疗服务	元	686.22	477.03	929.99	787.21	755.48
门诊医疗总费用	元	269.83	277.53	438.46	284.84	320.78
住院医疗总费用	元	416.39	199.51	491.52	502.36	434.70
其他用品和服务	元	505.37	246.13	468.11	784.07	502.91
其他用品	元	281.00	123.81	177.94	447.67	254.50
首饰及手表	元	187.74	72.96	54.73	268.20	181.84
其他杂项用品	元	93.25	50.85	123.20	179.47	72.65
其他服务	元	224.38	122.32	290.17	336.40	248.42
旅馆住宿费	元	29.90	19.28	47.10	68.86	43.77
美容美发洗浴	元	134.66	54.58	96.64	168.90	173.59
其他杂项服务	元	59.82	48.46	146.43	98.64	31.05

上街区	惠济区	中牟县	巩义市	荥阳市	新密市	新郑市	登封市
		8.95		80.52	66.16	75.14	12.57
	0.07					0.01	0.01
	179.16					134.96	37.99
	146.84						
	8.42			34.52	1.25	52.79	
1.52	3.51	56.97	32.79	47.59	74.17	1.82	2.24
6.09	12.03	1.45	10.82	7.22	3.50	0.07	0.04
134.93	195.03	176.54	126.19	82.11	287.68	175.92	282.69
14.75	60.10	37.34	16.58	26.96	113.25	28.28	11.50
19.29	7.11	13.02	18.04	25.43	41.92	29.73	245.97
13.55	5.80	1.10	9.92	5.18	26.40	38.06	0.22
37.15	71.99	66.03	24.70	17.16	85.58	67.14	20.90
15.37	19.52	14.94	20.89	6.81	8.36	11.43	
3.88	6.81	3.49	3.17	0.32	0.37	0.02	
30.93	23.70	40.62	32.89	0.25	11.81	1.25	4.10
736.94	2658.85	761.45	902.34	953.86	547.06	473.15	151.87
535.54	1986.81	678.96	814.05	750.38	486.64	435.76	94.94
81.63	121.43	20.73	9.73	23.49	16.32	15.43	0.18
3.24	86.25		1.84	30.73	10.89	6.76	0.63
12.61	73.53	6.85	7.31	4.54	5.21	10.04	3.51
81.85	77.38	33.08	40.84	113.31	10.43	2.76	50.75
22.08	313.45	21.83	28.57	31.40	17.57	2.41	1.86
2096.04	1347.60	654.26	819.25	1442.31	628.98	2316.55	1876.51
914.31	808.86	296.40	266.82	597.76	381.68	361.95	1672.29
806.92	619.19	291.29	180.29	549.72	370.49	288.75	1597.22
79.09	148.88	4.15	81.11	26.64	10.21	68.27	5.57
18.41	8.02	0.09	1.49	0.60	0.98	0.44	0.37
9.89	32.77	0.88	3.93	20.80		4.49	69.13
1181.73	538.74	357.85	552.43	844.55	247.30	1954.60	204.23
155.72	262.51	170.07	215.60	246.52	74.55	296.74	139.69
1026.02	276.23	187.78	336.83	598.03	172.75	1657.87	64.54
739.79	1181.34	190.69	870.74	707.80	806.10	269.94	631.80
156.32	628.64	143.49	736.98	446.51	372.59	238.11	402.32
96.81	560.80	48.64	658.83	269.60	355.19	221.82	19.52
59.51	67.83	94.85	78.15	176.91	17.40	16.29	382.80
583.47	552.70	47.20	133.76	261.29	433.51	31.83	229.48
70.10	15.35		3.44		31.49		67.44
69.45	303.93	46.73	121.95	114.77	386.71	29.42	155.53
443.91	233.42	0.48	8.37	146.52	15.31	2.41	6.51

5-7 全市及县(市)区城镇居民

(2016 年)

指　标	单位	全市	中原区	二七区	管城区	金水区
住户居住空间样式						
单栋楼房	%	6.7	2.4	1.2	1.2	
单栋平房	%	10.3		2.4		
四居室及以上单元房	%	10.7	20.5		6.6	17.4
三居室单元房	%	41.1	37.0	27.1	46.7	48.6
二居室单元房	%	28.9	39.4	59.0	45.5	32.9
一居室单元房	%	1.8	0.7	6.5		1.1
筒子楼或连片平房	%	0.5		3.7		
主要建筑材料						
钢筋混凝土	%	45.0	39.0	63.2	57.0	38.4
砖混材料	%	54.8	61.0	35.6	43.0	61.6
其他	%	0.2		1.2		
现住房房屋来源						
租赁公房	%	0.4				0.9
租赁私房	%	10.0	3.1	19.9	9.8	19.3
自建住房	%	15.8		2.4		
购买商品房	%	31.2	27.4	27.0	23.1	20.4
购买房改住房	%	25.1	44.9	34.3	42.3	33.4
购买保障性住房	%	0.5	2.7			
拆迁安置房	%	14.6	18.5	11.4	24.8	24.5
继承或获赠住房	%	1.2		1.2		1.5
免费借用房	%	1.0	2.6	3.8		
其他来源	%	0.3	0.8			
现住房建筑面积	**平方米/人**	**38.16**	**33.28**	**29.97**	**36.21**	**31.86**

家庭现居住情况

上街区	惠济区	中牟县	巩义市	荥阳市	新密市	新郑市	登封市
		26.9	15.0		21.0	31.3	12.7
2.7	7.9	16.5	28.3		40.9	39.2	56.2
4.8	1.6	5.0	14.1	3.7	10.7		
34.1	59.0	44.7	34.0	96.3	27.4	17.5	31.1
58.3	27.3	7.0	5.2			10.3	
	4.2		3.5			1.7	
48.6	52.5	51.0	18.7	92.5	41.1	59.0	4.0
51.4	47.5	49.0	81.3	7.5	58.9	41.0	96.0
						1.7	
	2.3	9.7	1.7	7.4			
		42.3	43.3		55.6	70.5	71.6
22.5	25.5	48.0	53.3	92.6	42.8	14.0	28.4
52.5	1.3				1.6	13.7	
19.7	55.0						
2.7	15.8						
2.5			1.7				
39.58	**46.68**	**42.99**	**35.90**	**40.55**	**59.11**	**55.44**	**49.39**

5-8 全市及县(市)区城镇居民

(2016 年)

指　标	单位	全市	中原区	二七区	管城区	金水区
家用汽车	辆	50	41	34	47	58
摩托车	辆	21	2	6	22	9
助力车	台	81	73	70	73	93
洗衣机	台	102	100	100	104	101
电冰箱(柜)	台	100	98	106	100	100
微波炉	台	56	53	63	66	62
彩色电视机	台	126	109	113	121	126
#接入有线电视	台	102	102	85	94	108
空调	台	186	158	161	199	211
热水器	台	92	78	84	93	97
#太阳能热水器	台	28	3	8	1	22
消毒碗柜	台	7	7	10	10	3
洗碗机	台	1	2			
排油烟机	台	76	73	75	83	94
固定电话	线	29	36	39	43	30
移动电话	部	234	195	201	189	244
#接入互联网	部	149	148	140	59	175
计算机	台	79	63	67	89	99
#接入互联网	台	67	62	57	73	79
摄像机	台	8	8	4	8	11
照相机	台	31	32	39	39	35
中高档乐器	架	3	3	3	3	
健身器材	台	5		10	2	1
组合音响	套	4	2	4	2	5

每百户耐用消费品拥有量

上街区	惠济区	中牟县	巩义市	荥阳市	新密市	新郑市	登封市
41	48	77	43	57	81	37	23
35		31	54	14	40	77	74
64	50	104	60	113	61	87	75
103	100	105	97	103	110	102	102
103	100	103	92	100	98	101	87
54	81	43	33	57	50	73	33
122	172	126	124	125	188	120	132
108	159	62	87	125	110	91	129
192	299	181	187	199	253	137	104
105	100	103	105	100	93	103	62
46	9	49	43	47	83	73	56
20	13		6		19	2	25
	2	1			7		3
90	97	56	34	100	84	42	41
18	32	12	8	25	19	44	16
202	209	251	266	303	333	218	250
122	182	120	148	194	141	67	158
97	80	66	60	91	112	45	56
95	60	58	45	91	92	37	44
5	8	5		7	10	2	16
41	34	14	14	30	40	15	21
	5	6	2	3	5	10	5
23	14		2	7	6	14	5
11	2	2	2	4	14		14

5-9 全市及县(市)区城镇居民人均食品消费量

(2016 年)

单位:公斤

项目	郑州市	中原区	二七区	管城区	金水区	上街区	惠济区	中牟县	巩义市	荥阳市	新密市	新郑市	登封市
粮食消费量	**113.24**	**132.63**	**109.22**	**111.70**	**120.75**	**128.45**	**110.27**	**103.61**	**100.73**	**121.51**	**125.68**	**106.82**	**112.61**
谷物消费量	101.91	118.83	99.12	99.41	109.54	113.04	98.37	98.20	91.82	106.48	106.92	98.34	105.48
小麦	66.70	75.17	66.11	56.51	64.10	74.19	57.47	74.36	68.89	81.55	74.34	71.30	82.94
稻谷	27.48	35.05	26.64	35.02	37.83	30.02	22.75	22.04	17.17	14.16	21.79	18.05	15.43
玉米	0.74	0.52	0.78	1.52	1.08	1.55	1.45	0.13	0.64	0.76	0.40	0.36	0.45
其他谷物	7.00	8.10	5.60	6.36	6.52	7.28	16.69	1.66	5.13	10.01	10.39	8.62	6.67
薯类消费量	2.09	2.27	2.48	3.07	2.01	2.60	3.03	0.73	1.72	3.17	3.06	1.70	1.09
红薯	0.69	0.55	0.79	1.20	0.61	0.93	0.79	0.17	0.50	1.60	1.13	0.96	0.44
马铃薯	0.96	1.49	1.15	1.47	0.93	1.16	1.64	0.38	0.77	1.09	1.06	0.01	0.33
其他薯类	0.44	0.22	0.55	0.40	0.46	0.51	0.61	0.18	0.45	0.49	0.87	0.73	0.33
豆类消费量	9.23	11.53	7.63	9.23	9.20	12.81	8.88	4.68	7.19	11.85	15.69	6.78	6.04
大豆	0.87	1.18	0.40	1.07	1.17	0.75	0.05	0.24	0.29	0.10	2.16	0.61	0.76
其他豆类	8.36	10.36	7.22	8.16	8.03	12.06	8.83	4.44	6.90	11.75	13.53	6.17	5.28
油脂类消费量	**10.19**	**11.03**	**10.09**	**11.04**	**10.50**	**9.61**	**7.97**	**3.03**	**9.26**	**7.30**	**16.12**	**12.98**	**12.47**
植物油	10.02	10.76	10.04	10.99	10.44	9.46	7.96	3.03	9.23	7.06	15.80	11.85	12.40
动物油	0.17	0.26	0.05	0.05	0.06	0.15	0.01		0.03	0.24	0.31	1.14	0.07
蔬菜及菜制品消费量	**102.97**	**113.71**	**115.25**	**97.53**	**107.34**	**117.70**	**128.17**	**72.74**	**60.47**	**113.56**	**129.68**	**85.83**	**78.69**
鲜菜	98.61	109.77	111.13	91.93	101.67	111.27	120.04	70.96	58.09	107.98	124.03	83.16	76.79
干菜及菜制品	1.16	0.27	1.00	1.06	1.64	1.09	2.04	0.89	0.85	2.15	1.90	0.84	0.67
鲜菌	2.88	3.35	2.83	3.98	3.50	4.74	6.06	0.82	1.28	3.34	3.63	1.28	1.04
干菌及菌制品	0.33	0.31	0.28	0.55	0.53	0.60	0.03	0.06	0.25	0.09	0.12	0.54	0.19
肉类	**20.73**	**23.03**	**22.38**	**24.56**	**25.13**	**23.94**	**28.49**	**17.62**	**11.55**	**17.61**	**14.66**	**16.06**	**11.64**
猪肉	12.74	15.49	13.78	15.04	14.28	16.06	14.04	10.79	7.74	9.48	10.05	11.41	7.79
牛肉	2.23	2.52	1.62	3.41	2.99	1.90	4.03	1.02	0.37	3.02	1.57	2.00	2.06
羊肉	2.08	2.38	2.91	2.72	2.75	2.08	4.45	1.04	1.05	1.65	0.46	0.93	0.98
其他肉类及制品	3.69	2.64	4.06	3.38	5.12	3.90	5.97	4.78	2.39	3.46	2.57	1.73	0.82
禽类	**5.85**	**7.50**	**7.61**	**7.36**	**7.17**	**6.57**	**6.65**	**5.56**	**2.04**	**4.46**	**2.52**	**3.48**	**1.52**
鸡	3.93	5.41	5.15	5.33	4.86	3.52	3.24	4.34	1.28	2.32	1.28	1.88	1.09
鸭	0.37	0.32	0.27	0.51	0.72	0.54	0.46	0.15	0.05	0.18	0.05	0.42	0.07
鹅	0.02	0.01		0.02		0.04						0.42	

5-9 续表 （2016 年）

项目	郑州市	中原区	二七区	管城区	金水区	上街区	惠济区	中牟县	巩义市	荥阳市	新密市	新郑市	登封市
其他禽类及制品	1.52	1.77	2.19	1.50	1.58	2.47	2.95	1.07	0.72	1.96	1.19	0.77	0.37
水产品	**6.81**	**7.85**	**7.23**	**9.41**	**9.82**	**11.34**	**9.62**	**4.34**	**2.58**	**2.84**	**2.60**	**6.36**	**1.23**
鱼类	5.08	5.84	5.04	6.42	7.77	7.55	7.54	3.83	1.69	2.31	1.59	3.27	0.62
虾贝蟹类	1.11	1.43	1.17	2.09	1.64	1.76	1.32	0.25	0.12	0.21	0.34	1.68	0.33
藻类	0.23	0.20	0.21	0.43	0.11	0.79	0.31	0.12	0.52	0.18	0.21	0.77	0.03
其他	0.40	0.37	0.81	0.47	0.30	1.24	0.46	0.13	0.25	0.13	0.46	0.64	0.24
蛋类及蛋制品	**14.60**	**13.29**	**14.63**	**15.56**	**20.00**	**16.84**	**12.57**	**10.10**	**9.25**	**16.04**	**11.75**	**10.11**	**10.65**
鲜蛋	13.88	12.90	13.81	14.39	18.84	15.66	11.88	9.66	9.01	15.51	11.05	9.47	10.46
蛋制品	0.72	0.39	0.83	1.17	1.16	1.19	0.69	0.44	0.24	0.53	0.71	0.64	0.19
奶和奶制品	**22.06**	**26.29**	**21.17**	**27.62**	**30.66**	**24.72**	**24.84**	**11.39**	**13.53**	**13.93**	**10.33**	**10.15**	**22.25**
鲜奶	11.85	13.70	10.38	11.85	17.09	14.70	9.57	7.49	8.48	7.64	6.22	4.52	10.65
酸奶	8.10	11.09	6.81	12.54	11.95	7.34	10.56	2.19	3.69	3.14	2.62	3.26	9.68
奶粉	0.77	1.36	0.76	1.75	0.60	0.32	0.09	0.88	0.37	0.10	0.80	1.38	0.20
其他奶制品	1.34	0.14	3.21	1.48	1.02	2.36	4.61	0.83	0.99	3.05	0.70	1.00	1.72
干鲜瓜果类	**71.71**	**85.20**	**70.24**	**68.53**	**68.90**	**93.31**	**141.92**	**60.63**	**52.25**	**75.40**	**66.13**	**57.87**	**63.02**
鲜瓜果	65.48	80.20	64.34	62.14	61.72	82.48	134.57	57.31	45.62	66.16	59.82	52.66	57.12
瓜果制品	1.36	0.87	1.35	1.59	1.41	2.63	2.82	0.67	1.54	2.94	0.66	0.83	2.22
坚果类	4.88	4.14	4.55	4.80	5.77	8.21	4.53	2.65	5.09	6.31	5.65	4.39	3.67
糖果糕点类	**6.53**	**6.10**	**5.76**	**8.05**	**8.17**	**7.22**	**7.44**	**5.53**	**5.03**	**8.96**	**4.98**	**3.03**	**6.33**
食糖	0.97	1.06	0.88	1.02	1.03	0.68	0.82	0.52	0.82	0.95	1.30	0.71	1.45
糖果	0.68	0.60	0.55	1.44	1.07	0.63	0.88	0.20	0.21	0.33	0.54	0.37	0.92
糕点	3.98	4.02	3.22	3.99	5.46	5.42	3.44	1.70	3.92	6.42	2.10	1.70	3.47
其他糖果糕点	0.91	0.41	1.10	1.60	0.60	0.49	2.29	3.11	0.08	1.27	1.05	0.25	0.49
饮料	**0.24**	**0.24**	**0.21**	**0.67**	**0.36**	**0.26**	**0.08**	**0.01**	**0.12**	**0.10**	**0.07**	**0.52**	**0.17**
茶叶	0.24	0.24	0.21	0.67	0.36	0.26	0.08	0.01	0.12	0.10	0.07	0.52	0.17
烟叶消费量	**19.06**	**30.75**	**12.78**	**33.96**	**21.63**	**35.18**	**7.02**	**9.17**	**15.63**	**13.10**	**22.90**	**9.53**	**6.09**
酒	**6.61**	**8.27**	**4.39**	**10.43**	**9.57**	**7.18**	**2.64**	**3.89**	**3.68**	**3.52**	**8.76**	**3.38**	**2.10**
白酒	2.66	3.15	1.83	5.14	3.67	4.38	1.69	2.36	1.63	0.32	3.52	1.29	0.48
啤酒	3.75	4.75	2.45	4.95	5.70	2.45	0.93	1.52	1.85	3.04	5.06	1.66	1.57
果酒	0.20	0.38	0.11	0.33	0.20	0.36	0.02		0.20	0.15	0.18	0.42	0.05

5-10 全市按相对收入分的城镇居民人均可支配收入情况

（2016 年）

指　标	低收入户	中低收入户	中等收入户	中高收入户	高收入户
可支配收入	**13924.83**	**25037.11**	**33061.93**	**42014.06**	**63546.48**
工资性收入	**10711.68**	**16155.17**	**21016.08**	**21580.89**	**23497.67**
工资	9347.79	14937.59	20060.28	20806.44	22123.41
实物福利	26.30	27.60	63.70	37.89	67.26
其他	1337.59	1189.98	892.10	736.56	1307.00
经营净收入	**97.88**	**2088.68**	**2064.08**	**1356.09**	**13391.71**
第一产业经营净收入	589.58	677.68	49.52	126.14	-24.73
第二产业经营净收入			338.14		955.34
第三产业经营净收入	-491.70	1411.01	1676.42	1229.95	12461.11
财产净收入	**2097.79**	**3821.55**	**6932.92**	**11777.88**	**13224.92**
利息净收入	-16.91	-25.47	4.91	-12.78	187.49
红利收入	276.74	792.16	1152.41	1077.97	1946.16
储蓄性保险净收益			1.12		84.53
转让承包土地经营权租金净收入	72.54	25.56	184.64		934.43
出租房屋财产性收入	798.27	1137.60	3356.88	7282.07	6043.38
出租机械专利版权等资产的收入		1.42	2.89		29.29
其他财产净收入	1.20	0.69	-0.18	-0.01	0.28
房屋虚拟租金	965.95	1889.58	2230.23	3430.64	3999.37
转移净收入	**1017.47**	**2971.70**	**3048.84**	**7299.19**	**13432.17**
转移性收入	1577.34	3870.96	4373.34	8842.56	14868.93
养老金或离退休金	1227.22	3245.25	3652.61	7458.90	13240.87
社会救济和补助	33.32	36.54	2.12		3.71
政策性生活补贴	64.31	170.31	46.30	654.32	673.37
报销医疗费	33.37	99.97	164.68	221.00	513.33
家庭外出从业人员寄回带回收入	77.38	140.57	127.17	179.14	132.93
赡养收入	107.85	122.08	341.54	320.98	295.86
其他经常转移收入	25.24	46.43	28.15	6.77	5.57
从政府和组织得到的实物产品和服务折价	1.31	4.03	10.78	1.45	3.29
现金政策性惠农补贴	7.36	5.78			
转移性支出	**559.87**	**899.25**	**1324.50**	**1543.37**	**1436.76**
个人所得税	2.11	13.16	32.90	30.68	109.56
社会保障支出	422.65	771.16	1101.50	1194.67	1003.89
外来从业人员寄给家人的支出			0.62	12.20	132.55
赡养支出	64.14	37.51	47.41	125.88	92.76
其他转移性支出	70.97	77.43	142.07	179.95	98.00
实物可支配收入	**-36.81**	**1881.77**	**2386.94**	**3725.33**	**4120.15**

5-11 全市按相对收入分的城镇居民人均消费支出情况

(2016 年)

单位:元

指　标	低收入户	中低收入户	中等收入户	中高收入户	高收入户
消费支出	**11138.38**	**17656.40**	**22251.87**	**26653.21**	**35916.12**
食品烟酒	**3199.56**	**4967.52**	**5895.71**	**7354.82**	**8795.29**
食品	**2332.51**	**3341.38**	**3737.39**	**4910.08**	**5841.23**
谷物	332.18	437.19	430.61	535.37	618.77
薯类	42.47	53.25	57.52	62.09	81.62
豆类	46.62	60.55	57.23	72.24	85.44
食用油	128.74	160.59	205.62	212.10	252.41
蔬菜和食用菌	315.05	459.65	498.02	703.33	882.22
肉类	437.68	640.59	745.77	1063.69	1105.88
禽类	70.56	117.07	137.05	184.36	218.13
水产品	68.84	148.39	174.72	257.11	353.56
蛋类	87.02	117.47	115.92	186.28	205.47
奶类	295.22	394.68	425.48	497.33	573.65
干鲜瓜果类	285.52	444.21	522.20	679.48	919.70
糖果糕点类	82.49	123.07	141.35	174.85	281.71
其他食品	140.11	184.66	225.89	281.86	262.68
烟酒	**215.22**	**445.25**	**651.54**	**857.09**	**946.09**
烟草	121.13	236.99	287.95	415.45	355.30
酒类	94.09	208.26	363.59	441.64	590.79
饮料	**92.02**	**140.33**	**195.44**	**249.64**	**305.92**
饮食服务	**559.82**	**1040.56**	**1311.34**	**1338.01**	**1702.05**
食堂用餐	32.91	43.10	77.34	107.61	99.21
其他在外饮食	525.69	994.46	1232.52	1229.48	1600.07
食品加工服务费	1.22	3.00	1.49	0.92	2.77
衣着	**1208.75**	**1661.65**	**2650.19**	**2410.75**	**3422.08**
衣类	901.68	1258.42	2007.94	1849.42	2630.47
鞋类	307.07	403.22	642.25	561.33	791.61
居住	**2559.42**	**3846.84**	**4442.10**	**6365.12**	**8600.39**
租赁房房租	196.17	169.99	50.61	372.17	834.33
住房维修及管理	181.26	150.02	402.85	490.73	1377.01
水电燃料及其他	667.32	885.43	908.69	1172.95	1402.10
自有住房折算租金	1514.67	2641.40	3079.94	4329.28	4986.96
租赁房房租中租赁公房房租	5.08	0.60	3.16	57.39	23.60
租赁房房租中租赁私房房租	191.09	169.39	47.45	314.77	810.73
住房维修及管理中物业管理费	23.43	68.61	109.40	211.82	200.67
生活用品及服务	**827.59**	**1422.58**	**1676.88**	**2125.33**	**2951.07**

5-11　续表　　(2016 年)

指　标	低收入户	中低收入户	中等收入户	中高收入户	高收入户
家具及室内装饰品	125.17	191.54	192.31	372.44	684.56
家用器具	207.81	492.88	524.12	576.15	812.03
家用纺织品	87.18	155.36	146.00	290.04	189.86
家庭日用杂品	236.11	345.08	400.59	429.84	596.32
个人用品	155.76	225.67	387.46	406.37	576.35
家庭服务	15.55	12.05	26.40	50.48	91.95
#家政服务	1.21	1.27	4.24	25.09	11.10
交通通信	**1025.76**	**2529.90**	**2394.25**	**4163.01**	**4108.78**
交通	**467.29**	**1667.05**	**1333.74**	**3033.10**	**2993.27**
交通工具	89.14	1031.28	187.20	1582.49	1665.54
交通费	88.06	71.96	149.73	166.95	322.91
交通工具用燃料	187.51	380.46	720.59	798.01	636.08
交通工具使用及维修	102.58	183.35	276.21	485.65	368.73
#车辆保险支出	26.70	44.69	37.05	177.34	67.59
通信	**558.47**	**862.85**	**1060.51**	**1129.91**	**1115.51**
通信工具	136.70	256.20	440.94	346.81	353.85
通信服务	421.77	606.66	619.57	783.10	761.66
教育文化娱乐	**1421.47**	**1795.64**	**3604.92**	**2753.74**	**3630.08**
教育	**1023.06**	**1133.66**	**1850.66**	**1151.15**	**1256.17**
学前教育	239.95	114.18	521.62	175.62	378.99
小学教育	104.07	149.50	365.53	259.86	163.36
初中教育	137.34	222.61	493.89	249.12	212.67
高中教育	114.99	243.76	105.02	114.16	158.34
中专职高教育	4.49	14.38	6.51	37.63	1.71
大专及以上教育	405.53	305.56	181.14	262.55	234.02
成人教育	16.70	83.67	176.94	52.21	107.08
文化娱乐	**398.40**	**661.98**	**1754.26**	**1602.58**	**2373.91**
文娱耐用消费品	65.85	133.62	174.24	189.09	302.25
其他文娱用品	97.29	162.59	287.89	222.58	350.64
文化娱乐服务	235.26	365.77	1292.13	1190.91	1721.01
医疗保健	**646.28**	**1118.78**	**1041.75**	**976.43**	**3264.87**
医疗器具及药品	312.52	415.76	460.65	594.92	1589.14
医疗服务	333.76	703.02	581.10	381.51	1675.73
门诊总费用	130.16	258.92	199.41	242.13	619.12
住院总费用	203.60	444.11	381.69	139.38	1056.61
其他用品和服务	**249.54**	**313.49**	**546.08**	**504.01**	**1143.56**
其他用品	162.39	163.71	287.44	284.51	629.32
其他服务	87.15	149.78	258.63	219.50	514.24

5-12 农村居民家庭基本情况

（2016 年）

指　标	单位	全市	中原区	二七区	管城区	金水区
调查户数	户	498	10	23	28	29
期内住户常住成员数	人	1865	46	72	126	127
常住成员从业人数	人	1198	26	36	73	65
从业人员成员受教育程度	人	1198	26	36	73	65
未上过学	人	16				
小学	人	146	4	3	14	8
初中	人	643	17	22	40	25
高中	人	266	3	8	18	12
大学专科	人	82	2	2	2	10
大学本科	人	42		2		10
研究生	人	3				
从事主要行业	人	1198	26	36	73	65
第一产业	人	472	23	3	34	36
第二产业	人	286	1	1	5	6
第三产业	人	440	2	33	35	23
可支配收入	元/人	18426.00	19616.50	20828.86	22194.40	22198.94
总收入	元/人	21634.94	17800.74	18425.95	18280.13	22177.36
总支出	元/人	19078.05	21483.05	28525.29	18739.53	25310.50
消费支出	元/人	13594.69	20347.52	24330.08	18258.68	19949.09
恩格尔系数	%	0.23	0.23	0.18	0.18	0.18
年末人均居住面积	平方米/人	55.34	80.43	87.35	99.59	54.61

5-12　续表　　（2016 年）

指　标	单位	上街区	惠济区	中牟县	巩义市	荥阳市	新密市	新郑市	登封市
调查户数	户	30	29	50	50	70	60	60	60
期内住户常住成员数	人	86	115	216	186	239	218	230	204
常住成员从业人数	人	47	90	138	98	171	155	146	152
从业人员成员受教育程度	人	47	90	138	98	171	155	146	152
未上过学	人				1	2	3	1	9
小学	人	2	8	16	7	22	12	13	38
初中	人	15	38	74	47	96	92	104	73
高中	人	19	20	35	35	39	35	17	25
大学专科	人	8	17	6	6	8	9	7	5
大学本科	人	3	6	5	2	4	4	4	2
研究生	人		1	2					
从事主要行业	人	47	90	138	98	171	155	146	152
第一产业	人		26	106	19	51	29	50	96
第二产业	人	12	14	7	48	62	71	29	30
第三产业	人	35	50	25	31	58	55	67	26
可支配收入	元/人	19160.13	21665.67	16561.06	19459.29	17457.52	17459.72	18366.83	15784.44
总收入	元/人	18025.63	22896.17	20874.04	22971.64	22869.40	22904.94	23357.26	18965.81
总支出	元/人	15570.97	36191.91	16990.71	14342.28	22407.76	14409.65	25855.60	15958.57
消费支出	元/人	12595.36	17964.87	12624.00	9282.05	13727.20	11289.93	17361.00	11649.37
恩格尔系数	%	0.24	0.21	0.18	0.23	0.25	0.28	0.28	0.19
年末人均居住面积	平方米/人	36.63	97.67	62.07	43.82	58.57	61.12	56.69	45.09

5-13 农民居民

(2016 年)

指　标	全 市	中原区	二七区	管城区	金水区
可支配收入	**18426.00**	**19616.50**	**20828.86**	**22194.40**	**22198.94**
工资性收入	**11854.31**	**16139.26**	**15216.63**	**16513.10**	**13658.76**
工资	10085.14	16139.26	14443.91	16513.02	13315.63
实物福利	44.30				
其他	1724.87		772.72	0.08	343.13
经营净收入	**4504.45**	**241.35**	**-8.55**	**718.00**	**6390.33**
第一产业经营净收入	1674.89	-29.59	-8.74	-109.36	36.42
第二产业经营净收入	701.20		2.84		2465.04
第三产业经营净收入	2128.36	270.94	-2.65	827.36	3888.88
财产净收入	**1082.73**	**2073.61**	**3001.95**	**2529.93**	**1599.74**
利息净收入	0.79			-98.76	6.80
红利收入	92.31	236.76	0.03		81.65
转让承包土地经营权租金净收入	772.25	1426.47	0.47		1388.03
出租房屋财产性收入	174.04	410.38	2978.93	2628.68	123.25
出租机械专利版权等资产的收入	14.03		22.53		
其他财产净收入	29.30				
转移净收入	**984.51**	**1162.29**	**2618.83**	**2433.38**	**550.11**
转移性收入	1342.86	1425.48	2619.76	2494.05	1058.23
养老金或离退休金	711.42	1351.49	1915.86	0.05	1012.64
社会救济和补助	33.08		0.01		
政策性生活补贴	27.65				
报销医疗费	110.07	69.05		1223.99	
家庭外出从业人员寄回带回收入	163.06		222.26	1163.46	45.59
赡养收入	178.16		481.63	106.55	
其他经常转移收入	12.59				
从政府和组织得到的实物产品和服务折价	5.19	4.93			
现金政策性惠农补贴	101.66				
转移性支出	358.36	263.20	0.93	60.68	508.12
个人所得税	2.75				13.61
社会保障支出	148.96	263.20			444.46
赡养支出	14.17		0.93		31.00
其他转移性支出	192.48			60.67	19.05
实物可支配收入	**350.29**	**-75.07**		**896.99**	**-221.12**

人均可支配收入

单位:元

上街区	惠济区	中牟县	巩义市	荥阳市	新密市	新郑市	登封市
19160.13	**21665.67**	**16561.06**	**19459.29**	**17457.52**	**17459.72**	**18366.83**	**15784.44**
11909.64	**14198.63**	**8755.57**	**11489.64**	**10247.53**	**11925.31**	**11640.00**	**9619.04**
11111.65	13813.69	844.89	10489.43	10065.70	11334.77	9850.49	9611.93
	195.66		10.99	31.63	216.88	1.69	
797.99	189.28	7910.67	989.23	150.20	373.66	15.59	7.11
171.39	**1318.64**	**7328.57**	**6324.62**	**5072.20**	**3511.87**	**3446.00**	**5414.50**
-2.18	927.91	6404.72	1163.26	1271.85	686.06	1907.00	3041.70
		182.86	2163.57	1711.87	441.42	485.00	
173.57	390.73	740.99	2997.78	2088.48	2384.39	1054.00	2372.80
2037.72	**3982.99**	**74.75**	**183.02**	**407.06**	**1166.33**	**2725.00**	**8.98**
14.59		0.77	47.85	-8.10			-10.27
304.59	1.23		12.19	42.18	493.21		
1620.99	16.24		121.77	162.23	599.45	4496.77	16.68
97.55	3981.76		1.14	52.70			
		73.98					
			0.07	158.06	73.68		2.57
5041.38	**2165.41**	**402.18**	**1462.00**	**1730.74**	**856.21**	**556.00**	**741.92**
5171.79	2205.54	437.90	1658.50	1959.09	2049.77	1063.41	881.46
4475.27	410.23	128.60	928.87	814.32	835.66	814.45	729.38
107.28	120.38	76.82	34.19	7.20	6.74	86.91	13.82
15.48	1389.46	101.32	12.75	31.43	1.25	8.08	0.05
45.68	0.16	75.16	207.95	148.08	15.02	46.60	8.69
197.11	15.19		36.13	545.20	301.41		13.28
257.85	269.43	3.85	402.91	285.45	355.20	91.65	67.81
59.61		12.03		66.44	17.90		
0.21	0.68	1.28	0.23	41.53	1.49	0.29	
13.30	0.01	38.84	35.48	19.44	515.10	15.44	48.43
130.40	1096.68	35.72	196.50	228.36	1193.57	129.01	139.54
	35.24					4.12	
59.81	577.94	34.18	177.39	169.91	70.86	99.76	139.08
41.27	40.03		7.88	50.26	4.16	23.22	
29.32	443.47	1.55	11.23	8.19	1118.54	1.91	0.47
41.63	**181.13**	**248.38**	**66.63**	**76.36**	**576.46**	**21.02**	**1461.22**

5-14 农民居民

(2016 年)

指　　标	全市	中原区	二七区	管城区	金水区
总收入	**21634.94**	**17800.74**	**18425.95**	**18280.13**	**22177.36**
工资性收入	**11854.31**	**16139.26**	**13453.01**	**13434.72**	**12964.84**
工资	10085.14	16139.26	12769.85	13434.65	12639.14
实物福利	44.30				
其他	1724.87		683.16	0.07	325.70
经营性收入	**6920.21**	**119.41**	**2.79**	**677.66**	**6689.59**
第一产业经营收入	3113.49			3.95	69.63
第二产业经营收入	1245.99		2.51		2339.80
第三产业经营收入	2560.73	119.41	0.28	673.71	4280.16
财产性收入	**1123.56**	**913.91**	**2654.03**	**2138.64**	**1518.46**
利息收入	8.05				6.46
红利收入	95.17	104.35	0.02		77.50
转让承包土地经营权租金净收入	796.22	628.70	0.41		1317.51
出租房屋财产性净收入	179.44	180.87	2633.67	2138.64	116.99
出租机械专利版权等资产的净收入	14.47		19.92		
其他财产净收入	30.21				
转移性收入	**1384.53**	**628.26**	**2316.13**	**2029.11**	**1004.46**
养老金或离退休金	733.49	595.65	1693.81	0.04	961.19
社会救济和补助	34.11		0.01		
政策性生活补贴	28.51				
家庭外出从业人员寄回带回收入	168.12		196.50	946.57	43.27
赡养收入	183.69		425.80	86.69	
报销医疗费	113.48	30.43		995.81	
从政府和组织得到的实物产品和服务折价	5.35	2.17			
现金政策性惠农补贴	104.81				
其他转移性收入	12.98				

人均总收入

单位:元

上街区	惠济区	中牟县	巩义市	荥阳市	新密市	新郑市	登封市
18025.63	**22896.17**	**20874.04**	**22971.64**	**22869.40**	**22904.94**	**23357.26**	**18965.81**
11088.26	**21382.34**	**9897.74**	**11489.64**	**10878.43**	**13432.99**	**10624.31**	**10082.39**
10345.31	21000.63	955.11	10489.43	10685.41	12767.78	10605.71	10074.94
	194.02		10.99	33.58	244.30	1.81	
742.95	187.69	8942.63	989.23	159.44	420.90	16.79	7.45
225.09	**1026.78**	**10396.77**	**9638.57**	**9470.54**	**5849.24**	**6746.48**	**7939.33**
	410.87	9094.94	3339.68	1891.44	1170.06	5273.08	5404.88
		296.59	2591.23	4050.61	673.78	446.61	
225.09	615.91	1005.24	3707.66	3528.48	4005.40	1026.79	2534.45
1897.18	**234.20**	**84.50**	**184.93**	**440.72**	**1313.79**	**4841.53**	**20.17**
13.58	0.20	0.87	49.76				
283.58			12.19	44.77	555.56		
1509.20	16.10		121.77	172.22	675.23	4841.53	17.48
90.82	217.90		1.14	55.94			
		83.63					
			0.07	167.79	83.00		2.69
4815.10	**252.84**	**495.03**	**1658.50**	**2079.71**	**2308.92**	**1144.94**	**923.92**
4166.62	78.46	145.37	928.87	864.46	941.30	876.89	764.52
99.88	20.51	86.84	34.19	7.64	7.59	93.57	14.49
14.41	91.50	114.54	12.75	33.37	1.40	8.70	0.05
183.52	0.09		36.13	578.76	339.51		13.92
240.07	61.44	4.36	402.91	303.02	400.11	98.67	71.07
42.53	0.16	84.96	207.95	157.19	16.92	50.17	9.10
0.19	0.68	1.45	0.23	44.09	1.68	0.31	
12.38	0.01	43.91	35.48	20.64	580.23	16.62	50.77
55.50		13.60		70.53	20.17		

5-15 农民居民

（2016 年）

指　　标	全市	中原区	二七区	管城区	金水区
总支出	**19078.05**	**21483.05**	**28525.29**	**18739.53**	**25310.50**
消费支出	**13594.69**	**20347.52**	**24330.08**	**18258.68**	**19949.09**
生产经营费用支出	**2087.27**	**13.04**	**10.35**	**66.93**	**421.13**
第一产业经营费用支出	1274.26	13.04	7.73	66.42	35.07
第二产业经营费用支出	340.53				
第三产业经营费用支出	472.48		2.62	0.52	386.07
财产性支出	**7.24**			**80.35**	
生活贷款利息支出	7.24			80.35	
转移性支出	**369.50**	**116.00**	**0.82**	**49.37**	**482.30**
个人所得税	2.83				12.92
社会保障支出	153.58	116.00			421.88
赡养支出	14.61		0.82		29.43
其他转移性支出	198.48			49.36	18.08
部分商业保险支出	**77.36**	**2.17**	**48.50**		**303.25**
意外伤害保险	10.44	2.17			73.65
商业医疗保险（含大病保险）	15.32				28.86
其他非储蓄性商业保险	24.77		48.50		53.80
其他储蓄性商业保险	26.83				146.94
购置资产及非经常性转移支出	**2700.89**	**786.91**	**4128.99**	**284.20**	**3452.65**
购置资产支出	1516.44	0.43		1.06	2367.91
非经常性转移支出	1184.45	786.48	4128.99	283.14	1084.74
借贷性支出	**241.11**	**217.39**	**6.55**		**702.08**

人均总支出

单位:元

上街区	惠济区	中牟县	巩义市	荥阳市	新密市	新郑市	登封市
15570.97	**36191.91**	**16990.71**	**14342.28**	**22407.76**	**14409.65**	**25855.60**	**15958.57**
12595.36	**17964.87**	**12624.00**	**9282.05**	**13727.20**	**11289.93**	**17361.00**	**11649.37**
61.57	**282.49**	**1982.48**	**3126.14**	**3528.34**	**1659.94**	**3429.68**	**2202.42**
2.03	282.44	1748.41	2107.03	532.59	333.67	2765.86	2164.16
		89.88	409.97	2001.66	176.55	236.40	
59.54	0.05	144.19	609.14	994.10	1149.72	427.42	38.26
	42.62		**1.91**	**8.60**			**10.76**
	42.62		1.91	8.60			10.76
121.41	**1087.46**	**40.51**	**196.50**	**242.42**	**1344.47**	**138.90**	**146.26**
	34.95					4.44	
55.69	573.08	38.63	177.39	180.37	79.82	107.41	145.78
38.43	39.69		7.88	53.35	4.69	25.00	
27.30	439.74	1.88	11.23	8.69	1259.95	2.06	0.49
49.41	**391.65**	**101.09**	**34.43**	**81.72**	**16.99**	**0.17**	
1.99	5.33	11.46		4.05	1.87	0.17	
47.42	344.88	11.98					
		77.65	34.43	0.83	0.18		
	41.44			76.85	14.94		
2727.33	**11750.32**	**2115.52**	**1387.60**	**4913.64**	**98.33**	**5120.00**	**1894.49**
876.24	6355.73	724.62	462.67	2540.70	19.23	4376.36	1237.19
1851.08	5394.59	1390.91	924.93	2372.93	79.10	743.63	657.30
15.90	**232.19**	**127.10**	**313.67**	**605.84**		**198.58**	**55.27**

5-16 农民居民

(2016 年)

指　　标	全市	中原区	二七区	管城区	金水区
消费支出	**13594.69**	**20347.52**	**24330.08**	**18258.68**	**19949.09**
食品烟酒	**3059.93**	**4723.16**	**4495.82**	**3317.48**	**3510.71**
食品	2010.69	2876.87	2588.76	2161.79	2294.66
谷物	318.72	289.21	375.52	308.92	284.79
薯类	41.89	34.59	88.33	29.20	39.72
豆类	45.43	31.53	72.33	42.63	27.07
食用油	106.55	79.65	67.99	134.16	71.08
蔬菜和食用菌	279.73	222.03	497.34	318.97	303.31
肉类	365.81	204.80	568.51	411.31	433.52
禽类	46.21	32.39	51.33	105.52	81.45
水产品	69.20	34.60	28.85	84.36	82.31
蛋类	76.44	78.08	119.55	109.84	84.74
奶类	186.56	110.39	121.24	131.42	261.40
干鲜瓜果类	231.29	151.24	326.92	131.74	313.79
糖果糕点类	94.74	41.47	81.11	81.20	149.66
其他食品	148.11	66.89	189.75	272.52	161.83
烟酒	354.54	599.26	747.80	594.23	226.71
烟草	206.57	71.85	424.97	426.24	100.11
酒类	147.97	27.41	322.84	168.00	126.60
饮料	141.89	30.00	112.48	179.57	91.03
饮食服务	552.80	1217.02	1046.78	381.88	898.31
食堂用餐	72.30		4.91	32.73	
其他在外饮食	472.43	212.65	1041.86	349.13	898.31
食品加工服务费	8.07	4.37		0.01	

人均消费支出

单位:元

上街区	惠济区	中牟县	巩义市	荥阳市	新密市	新郑市	登封市
12595.36	**17964.87**	**12624.00**	**9282.05**	**13727.20**	**11289.93**	**17361.00**	**11649.37**
2974.03	**3802.05**	**2212.15**	**2164.17**	**3407.20**	**3179.29**	**4878.00**	**2231.67**
2218.62	2724.01	1271.22	1676.21	2183.82	2176.18	3076.84	1603.34
428.10	354.03	222.09	329.46	316.13	314.78	494.73	303.31
38.79	65.96	13.76	34.50	51.44	53.39	65.37	39.31
62.45	47.01	8.73	42.80	49.23	70.67	65.04	60.62
64.02	52.54	49.52	88.42	101.91	160.10	182.22	126.08
368.60	389.79	180.28	208.92	328.72	357.08	370.18	217.63
346.74	563.74	235.95	314.63	459.83	363.83	499.14	258.42
29.84	43.89	32.20	36.41	55.82	55.78	34.08	12.06
45.01	67.33	18.73	28.04	38.39	32.96	324.72	28.23
132.85	111.40	43.87	66.53	98.67	93.70	68.54	62.61
247.39	450.67	72.68	166.39	141.84	176.40	487.76	96.91
306.54	312.15	156.48	206.85	283.83	241.18	250.64	167.00
72.92	60.03	57.20	71.61	78.27	110.84	170.66	60.58
75.38	205.47	179.72	81.65	179.74	145.46	63.76	170.57
269.87	215.43	431.72	192.49	267.44	209.39	789.51	280.48
209.74	197.57	257.81	152.92	188.99	143.42	284.42	202.22
60.13	131.38	173.91	39.58	78.44	65.98	505.08	78.26
55.58	128.06	30.93	66.26	65.57	168.90	584.41	82.64
429.96	956.51	478.28	229.21	595.69	624.81	704.64	265.22
17.87	2.07	73.58	3.72	50.08	237.96	117.39	51.06
411.71	1453.45	402.31	221.10	538.24	372.19	581.23	185.52
0.38		2.39	4.39	7.37	14.66	6.02	28.63

5-16　续表 1　　　　　　　（2016 年）

指　　标	全市	中原区	二七区	管城区	金水区
衣着	**1088.62**	**1602.41**	**1907.12**	**1084.09**	**1821.51**
衣类	795.29	1488.02	1436.56	693.61	1482.69
鞋类	293.33	114.39	470.56	390.48	338.83
居住	**3639.54**	**6292.67**	**6845.46**	**4526.22**	**7085.33**
租赁房房租	187.75				693.94
住房维修及管理	725.86		217.82	0.05	97.89
水电燃料及其他	698.50	678.71	649.86	620.07	522.50
自有住房折算租金	2027.43	4613.97	5977.79	3906.10	5771.00
#租赁房房租中租赁公房房租	13.75				4.91
租赁房房租中租赁私房房租	174.01				689.03
住房维修及管理中物业管理费	15.30		4.72	0.02	95.75
生活用品及服务	**904.36**	**1208.52**	**983.36**	**921.58**	**1243.81**
家具及室内装饰品	189.64	15.87	291.47	36.67	90.97
家用器具	261.21	515.87	46.01	266.63	311.46
家用纺织品	71.39	10.80	85.76	102.45	112.24
家庭日用杂品	235.97	85.61	385.60	339.76	326.62
个人用品	111.93	561.68	95.26	174.77	370.94
家庭服务	34.22	18.68	79.25	1.30	31.57
#家政服务	7.05				12.87
交通通信	**2392.76**	**2495.00**	**4791.11**	**4251.71**	**2410.17**
交通	1764.14	2202.87	4181.58	714.35	1662.96
交通工具	1220.60	2056.52	3338.83	3448.71	438.76
交通费	66.64	5.65	109.66	1.71	282.92
交通工具用燃料	296.72	55.00	437.78	187.21	463.92
交通工具使用及维修	180.18	85.70	295.32	76.72	477.36

单位:元

上街区	惠济区	中牟县	巩义市	荥阳市	新密市	新郑市	登封市
760.05	**1568.93**	**793.98**	**754.20**	**1378.50**	**1058.05**	**1047.00**	**755.90**
536.36	1134.90	625.43	574.38	1022.19	723.26	599.88	544.60
223.70	434.03	168.55	179.82	356.31	334.79	473.04	211.30
2527.93	**5005.59**	**2081.79**	**2250.92**	**2499.48**	**2074.22**	**4569.00**	**5497.01**
	522.78	263.38		402.35	92.13		
324.45	394.41	194.52	272.32	610.01	119.67	2306.65	2446.85
684.19	619.41	444.10	565.25	564.36	471.32	498.61	1971.55
1519.29	3468.99	1179.79	1413.36	922.76	1391.09	1496.63	1078.61
	0.36	73.43		8.61			
	522.42	189.95		393.74	92.13		
92.96		0.99	1.47	8.59		8.23	
738.74	**1817.81**	**1062.06**	**439.28**	**833.39**	**837.20**	**902.00**	**863.54**
111.60	661.88	336.17	24.05	182.61	95.68	237.93	167.20
256.39	436.66	432.48	101.88	188.70	304.40	336.77	131.43
72.12	195.34	44.22	38.88	98.81	90.61	23.47	75.69
138.22	287.36	189.06	142.80	270.36	223.59	155.61	323.02
134.24	230.74	36.26	110.33	81.77	75.34	64.00	63.55
26.17	5.83	23.87	21.33	11.13	47.60	10.79	102.65
0.06	0.12		5.17	0.03	0.94		39.72
2801.32	**2040.62**	**4551.18**	**1295.28**	**2290.19**	**1586.21**	**2991.00**	**842.15**
2509.33	1162.41	3962.36	902.78	1432.84	906.78	2053.32	364.04
1677.80	245.53	3375.71	662.84	903.37	425.09	1611.13	36.93
141.64	65.77	20.22	19.44	43.90	57.19	61.59	54.59
425.02	498.47	369.09	173.65	307.62	338.00	263.97	67.70
264.87	352.64	197.32	46.85	177.95	86.50	116.62	204.82

5-16 续表2 （2016 年）

指　　标	全市	中原区	二七区	管城区	金水区
#车辆保险支出	46.63		198.33	25.04	147.39
通信	628.62	292.13	609.53	537.36	747.21
通信工具	238.30	51.85	89.16	161.54	376.24
通信服务	390.32	240.28	520.37	375.82	370.96
教育文化娱乐	**1233.62**	**2747.18**	**3243.29**	**2687.36**	**2501.50**
教育	673.51	659.85	1452.31	453.55	1603.13
学前教育	116.07	95.65	286.68	62.56	446.97
小学教育	109.67	463.07	460.13	258.55	356.40
初中教育	94.81	82.30	482.74	74.43	28.79
高中教育	94.49	14.35		57.31	88.63
中专职高教育	11.81				
大专及以上教育	187.02		0.06	0.01	409.47
成人教育	59.63	4.48	222.70	0.70	272.87
文化娱乐	560.11	2087.33	1790.98	233.81	898.38
文娱耐用消费品	186.78	1.96	2.16	88.38	54.82
其他文娱用品	96.38	53.42	119.73	64.92	243.28
文化娱乐服务	276.95	2031.96	1669.09	80.50	600.28
医疗保健	**877.93**	**1246.75**	**1404.76**	**1385.24**	**749.72**
医疗器具及药品	290.89	236.43	337.43	119.70	259.28
医疗服务	587.04	1010.32	1067.33	265.54	490.43
门诊总费用	209.51	340.76	370.16	22.55	332.01
住院总费用	377.52	669.57	697.17	242.99	158.43
其他用品和服务	**397.94**	**31.83**	**659.16**	**84.99**	**626.34**
其他用品	296.71	11.26	465.05	2.26	341.00
其他服务	101.23	20.57	194.10	82.73	285.34

单位:元

上街区	惠济区	中牟县	巩义市	荥阳市	新密市	新郑市	登封市
126.38	151.95	57.5723	7.81	31.73	20.42	23.56	9.52
291.99	878.21	588.82	392.50	857.35	679.43	694.75	478.12
96.69	294.99	238.60	78.03	332.07	340.58	206.26	122.12
195.30	583.22	350.22	314.47	525.28	338.85	488.49	356.00
1854.22	**2617.64**	**912.65**	**1353.38**	**2212.60**	**1223.15**	**1220.00**	**537.37**
401.92	1738.10	678.52	793.29	1345.00	929.59	726.34	308.61
197.13	480.23	46.04	146.36	110.86	79.81	321.57	43.94
55.31	93.23	70.64	72.71	178.77	81.39	139.35	136.78
31.39	52.48	130.56	75.48	150.97	378.15	58.02	53.17
7.88	246.23	159.43	273.50	178.96	123.54	94.97	19.65
	40.20		33.58	43.10	2.90		5.91
97.35	149.99	171.53	144.04	626.19	263.80	93.05	45.03
12.87	131.42	100.33	47.62	56.14		19.38	4.13
1452.29	879.54	234.13	560.09	867.60	293.55	408.35	228.76
116.97	97.31	48.45	46.93	128.57	127.64	218.10	31.76
58.62	178.66	80.81	49.28	68.06	72.36	82.39	104.85
276.71	603.57	104.87	463.88	670.97	93.54	107.86	92.15
817.55	**708.90**	**933.10**	**731.63**	**857.29**	**903.71**	**1461.00**	**660.74**
353.88	201.25	211.31	241.76	340.39	518.44	125.53	396.32
463.67	507.66	721.79	489.87	516.90	385.27	1333.38	264.41
233.91	338.15	257.55	138.50	288.15	100.35	162.13	218.06
229.77	169.51	464.24	351.37	228.75	284.92	1171.25	46.35
121.51	**403.33**	**77.10**	**293.19**	**248.55**	**428.10**	**293.00**	**261.00**
55.63	113.67	56.83	240.20	138.90	272.19	229.17	204.75
65.88	289.66	20.27	53.00	109.64	155.91	38.66	56.25

5-17 农民居民人均

（2016 年）

指　　标	单位	全市	中原区	二七区	管城区	金水区
购买生活消费品	元	**11422.21**	**5731.38**	**18153.96**	**8327.54**	**14030.70**
食品烟酒	元	**2966.76**	**1720.98**	**4495.82**	**3317.48**	**3510.71**
食品	元	**1953.43**	**1374.70**	**2588.76**	**2161.79**	**2294.66**
谷物	元	281.41	289.21	375.52	308.92	284.79
小麦	公斤	0.70				0.01
金额	元	1.55				0.05
面粉	公斤	16.19	3.38	21.68	5.13	16.72
金额	元	55.43	14.76	83.82	22.84	55.06
稻谷	公斤	0.01				
金额	元	0.03				
大米	公斤	10.46	13.14	13.05	17.47	16.22
金额	元	58.03	82.08	76.15	102.20	77.67
玉米	公斤	0.85	0.23	0.20	8.19	0.71
金额	元	2.29	1.58	0.79	16.69	2.98
小米	公斤	2.41	2.02	2.08	3.54	1.61
金额	元	21.91	14.14	19.84	34.64	12.17
其他谷物	公斤	0.42	0.11	1.36	1.50	0.78
金额	元	3.03	0.87	7.27	10.03	4.39
面粉制品	公斤	27.29	38.88	39.76	35.43	26.64
金额	元	128.93	160.95	178.01	119.38	126.73
其他谷物制品	公斤	2.65	2.28	1.33	0.37	0.61
金额	元	10.22	14.83	9.65	3.13	5.74
薯类	公斤	**7.66**	**7.13**	**12.79**	**6.00**	**8.85**
金额	元	41.63	34.59	88.33	29.20	39.72
红薯	公斤	2.38	1.77	1.11	3.24	1.95
金额	元	5.15	6.82	3.12	12.23	4.51
马铃薯	公斤	2.88	4.31	6.14	0.93	5.25
金额	元	9.43	19.68	22.25	3.13	17.97
其他薯类及制品	公斤	2.41	1.04	5.53	1.83	1.64
金额	元	27.05	8.09	62.95	13.83	17.24
豆类	公斤	**7.50**	**7.02**	**12.59**	**8.10**	**5.46**
金额	元	45.43	31.53	72.33	42.63	27.07
大豆	公斤	0.40	0.11	0.28	1.82	0.13

购买生活消费品

上街区	惠济区	中牟县	巩义市	荥阳市	新密市	新郑市	登封市
9949.50	**18056.74**	**11380.33**	**7778.81**	**11884.86**	**9536.17**	**15350.11**	**10557.49**
2973.84	**4438.47**	**2208.45**	**2082.09**	**2968.17**	**2837.05**	**5057.54**	**2228.00**
2218.43	**2525.94**	**1267.52**	**1594.13**	**2060.15**	**2071.63**	**2979.39**	**1599.67**
428.10	280.41	222.09	257.45	247.22	249.17	422.59	300.38
0.36		1.38	3.15		0.06	0.01	
1.15		3.14	6.86		0.13	0.02	
24.37	11.03	28.94	13.41	1.58	4.88	21.09	27.96
83.40	43.07	99.67	45.50	5.89	18.12	70.50	91.52
	0.15	0.01					
	0.82	0.05	0.01				
6.88	7.18	7.55	7.83	9.97	11.58	9.82	10.15
38.12	42.37	37.25	46.31	57.18	65.24	58.78	59.42
0.82	0.80	1.02	0.24	0.38	0.90	0.07	0.10
2.93	2.98	2.20	0.78	1.56	2.60	0.49	0.47
4.93	2.01	0.13	2.92	3.61	4.25	2.96	1.68
42.83	13.77	1.38	25.66	35.02	39.90	25.72	15.70
1.18	0.40	0.34	0.44	0.32	0.21	0.36	0.05
8.87	4.10	2.26	3.03	3.16	1.83	3.35	0.36
42.71	32.42	17.96	19.42	29.30	23.13	31.97	41.25
241.48	158.18	72.55	123.38	139.21	109.38	217.13	132.83
1.10	1.87	1.16	0.53	0.65	2.32	16.89	0.02
9.32	15.13	3.58	5.93	5.21	11.97	46.60	0.06
11.36	**13.67**	**2.17**	**8.18**	**10.13**	**10.61**	**9.63**	**4.36**
38.79	65.96	13.76	34.50	49.65	53.39	64.78	39.31
5.34	3.36	0.50	1.66	3.10	3.94	4.88	1.16
11.69	9.04	0.89	2.97	6.41	8.09	8.84	3.03
4.47	6.57	0.99	4.84	4.67	3.81		
13.28	21.56	2.99	13.12	15.45	14.28		
1.55	3.73	0.68	1.69	2.36	2.86	4.75	3.20
13.82	35.36	9.88	18.41	27.79	31.03	55.94	36.28
12.60	**7.36**	**1.82**	**6.56**	**8.28**	**12.44**	**8.94**	**9.15**
62.45	47.01	8.73	42.80	49.23	70.67	65.04	60.62
0.53	1.27	0.40	0.26	0.27	0.46	0.42	0.14

5-17 续表1 (2016年)

指 标	单位	全市	中原区	二七区	管城区	金水区
金额	元	2.58	0.63	2.85	10.02	0.84
其他豆类及制品	公斤	7.10	6.91	12.31	6.28	5.33
金额	元	42.85	30.90	69.48	32.61	26.23
食用油	**公斤**	**7.71**	**7.15**	**5.24**	**5.39**	**7.39**
金额	元	104.45	79.65	67.99	134.16	71.08
食用植物油	公斤	7.55	7.08	5.24	4.75	7.38
金额	元	97.29	75.74	67.99	115.30	70.98
食用动物油	公斤	0.16	0.07		0.65	0.01
金额	元	7.16	3.91		18.86	0.10
蔬菜和食用菌	公斤	65.11	53.01	109.87	60.11	62.66
金额	元	268.24	222.03	497.34	318.97	303.31
鲜菜	公斤	62.94	51.33	107.02	54.39	60.29
金额	元	226.54	208.91	455.15	238.76	278.00
干菜及菜制品	公斤	0.96	0.46	1.59	2.75	0.47
金额	元	19.96	3.41	25.16	33.79	5.08
鲜菌	公斤	1.04	0.89	1.18	1.91	1.77
金额	元	15.38	7.17	15.26	18.93	17.81
干菌及制品	公斤	0.17	0.33	0.07	1.07	0.12
金额	元	6.36	2.53	1.77	27.50	2.43
肉类	**公斤**	**11.57**	**8.51**	**16.62**	**15.46**	**15.90**
金额	元	362.19	204.80	568.51	411.31	433.52
猪肉	公斤	8.49	7.02	13.40	11.68	10.95
金额	元	229.42	157.10	385.69	285.40	256.75
牛肉	公斤	0.73	0.35	0.81	0.84	1.98
金额	元	44.89	17.91	58.99	34.47	89.33
羊肉	公斤	0.63	0.28	0.59	0.47	1.60
金额	元	32.49	11.41	32.61	20.53	62.06
其他肉类及制品	公斤	1.71	0.85	1.82	2.47	1.37
金额	元	55.40	18.38	91.23	70.91	25.37
禽类	**公斤**	**2.44**	**2.43**	**2.20**	**7.23**	**4.31**
金额	元	46.16	32.39	51.33	105.52	81.45
鸡	公斤	1.78	2.33	1.03	5.75	3.83
金额	元	29.34	31.41	20.70	86.90	72.81
鸭	公斤	0.07	0.09		0.15	0.38

上街区	惠济区	中牟县	巩义市	荥阳市	新密市	新郑市	登封市
3.94	9.86	2.41	1.76	2.04	3.58	2.24	0.52
12.07	6.09	1.42	6.31	8.01	11.98	8.52	9.01
58.51	37.15	6.32	41.05	47.19	67.09	62.80	60.10
4.61	**2.96**	**3.77**	**6.92**	**7.53**	**11.58**	**8.65**	**11.77**
63.83	34.79	48.61	85.61	96.26	157.53	181.90	125.97
4.59	2.96	3.77	6.92	7.46	11.44	7.72	11.74
62.99	34.79	48.61	85.61	95.51	155.42	126.53	125.66
0.02				0.07	0.15	0.92	0.03
0.84				0.75	2.11	55.37	0.30
112.12	58.10	54.72	61.17	67.72	77.80	69.66	59.29
368.60	257.39	180.28	204.52	289.91	328.38	347.93	217.06
110.38	55.61	54.27	59.81	65.88	74.83	65.44	57.78
350.16	231.11	170.57	184.19	265.62	262.39	213.36	193.49
0.54	0.66	0.31	0.34	0.71	2.19	0.96	1.17
6.72	3.31	8.45	9.11	9.71	42.66	48.53	18.64
1.15	1.66	0.14	0.98	0.96	0.60	2.93	0.22
10.15	19.00	1.23	8.87	8.66	9.19	72.14	2.66
0.04	0.17		0.03	0.17	0.18	0.34	0.11
1.57	3.98	0.04	2.36	5.92	14.15	13.90	2.27
11.90	**16.59**	**8.39**	**8.89**	**14.45**	**10.56**	**14.35**	**8.25**
346.74	465.30	233.70	313.15	459.83	362.83	499.14	258.42
9.98	9.90	6.86	6.45	10.70	7.37	9.78	6.94
259.98	248.82	177.95	181.28	302.31	213.47	277.62	195.17
0.65	0.21	0.23	0.23	0.50	1.02	1.05	0.67
33.25	12.62	17.50	12.63	31.76	76.12	73.57	44.18
0.41	0.62	0.22	0.77	0.77	0.43	0.76	0.27
21.62	28.92	12.04	39.55	41.40	23.58	58.63	13.52
0.85	5.86	1.08	1.44	2.48	1.73	2.76	0.36
31.90	174.94	26.21	79.70	84.37	49.66	89.32	5.54
1.43	**3.14**	**2.27**	**1.81**	**2.27**	**2.45**	**2.04**	**0.51**
29.84	68.84	32.20	36.41	55.62	55.78	33.75	12.06
0.94	1.47	2.18	1.38	1.24	1.31	1.06	0.42
18.48	24.43	30.45	20.84	23.95	21.19	15.47	9.96
0.09	0.10	0.03	0.03	0.08	0.03	0.01	

5-17 续表 2 （2016 年）

指 标	单位	全市	中原区	二七区	管城区	金水区
金额	元	1.34	0.54		2.15	7.16
鹅	公斤				0.05	
金额	元	0.05			0.96	
其他禽类及制品	公斤	0.58	0.01	1.17	1.27	0.11
金额	元	15.43	0.43	30.63	15.51	1.48
水产品	**公斤**	**2.35**	**1.84**	**1.81**	**4.03**	**3.79**
金额	元	69.09	34.60	28.85	84.36	82.31
鱼类	公斤	1.70	1.36	1.22	2.92	2.91
金额	元	35.80	29.60	15.28	42.70	50.24
虾类	公斤	0.26	0.08	0.09	0.18	0.67
金额	元	21.19	1.43	5.65	9.19	23.98
蟹类	公斤	0.01				0.03
金额	元	0.15				0.37
贝类	公斤				0.03	0.01
金额	元	0.07			1.12	0.10
藻类	公斤	0.24	0.27	0.43	0.13	0.07
金额	元	7.89	2.07	4.68	3.05	0.77
其他水产品及制品	公斤	0.14	0.13	0.06	0.78	0.10
金额	元	3.99	1.50	3.24	28.29	6.85
蛋类	**公斤**	**9.23**	**9.91**	**14.44**	**12.72**	**11.01**
金额	元	75.08	78.08	119.55	109.84	84.74
鲜蛋	公斤	8.93	9.80	13.75	10.63	10.91
金额	元	71.88	77.08	110.65	92.06	83.95
蛋制品	公斤	0.30	0.11	0.69	2.09	0.10
金额	元	3.20	1.00	8.89	17.78	0.79
奶类	**公斤**	**8.92**	**3.96**	**8.28**	**10.48**	**17.83**
金额	元	186.56	110.39	121.24	131.42	261.40
鲜奶	公斤	4.63	2.10	5.66	2.50	7.71
金额	元	51.11	25.04	77.40	25.89	57.81
酸奶	公斤	2.80	1.12	2.50	7.32	8.34
金额	元	31.65	11.15	23.55	76.06	77.22
奶粉	公斤	0.45	0.71	0.07	0.24	1.15
金额	元	82.33	74.09	19.67	21.95	110.94
其他奶制品	公斤	1.04	0.02	0.05	0.43	0.63

上街区	惠济区	中牟县	巩义市	荥阳市	新密市	新郑市	登封市
1.72	2.60	0.50	0.38	1.70	0.50	0.17	0.08
				0.03			
0.40	1.58	0.07	0.40	0.95	1.10	0.97	0.08
9.64	41.81	1.25	15.19	29.93	34.09	18.11	2.02
2.31	**3.46**	**1.34**	**1.68**	**1.93**	**1.72**	**4.91**	**1.43**
45.01	67.33	18.73	28.04	37.36	32.96	324.72	28.23
1.70	2.46	1.25	1.16	1.28	1.55	2.78	1.04
32.00	40.43	15.66	16.61	23.60	26.26	123.55	20.11
0.14	0.31	0.08	0.05	0.06	0.12	1.05	0.12
5.12	15.02	2.99	2.03	3.44	5.31	144.38	3.63
0.03	0.04			0.02			0.01
0.30	1.41			0.58			0.06
0.06							
2.24							
0.27	0.44	0.01	0.09	0.41		1.06	0.27
2.07	5.87	0.09	1.58	5.48	0.11	56.29	4.44
0.12	0.20		0.38	0.16	0.05	0.03	
3.28	4.61		7.82	4.26	1.28	0.50	
16.95	**11.43**	**4.93**	**8.40**	**11.41**	**11.18**	**8.34**	**8.15**
132.85	111.40	43.87	66.53	93.54	88.47	67.99	62.56
16.75	10.81	4.82	8.33	11.24	10.98	7.85	7.86
130.26	102.24	42.89	65.13	91.42	86.36	61.73	60.09
0.20	0.62	0.11	0.07	0.16	0.20	0.49	0.30
2.59	9.16	0.98	1.40	2.12	2.12	6.26	2.46
12.00	**13.03**	**4.21**	**7.67**	**10.03**	**9.27**	**8.41**	**7.12**
247.39	309.81	72.68	166.39	141.84	176.40	487.76	96.91
6.88	4.31	2.41	6.16	6.14	5.15	3.87	2.70
83.82	49.20	17.30	81.80	52.58	85.33	50.07	20.38
3.50	2.81	0.88	0.86	1.64	1.59	3.11	3.71
49.33	57.63	5.00	14.26	29.62	28.92	31.48	35.52
0.88	0.45	0.13	0.40	0.32	0.13	1.30	0.22
100.42	102.52	18.20	66.13	25.54	18.85	404.30	36.77
0.73	5.46	0.79	0.25	1.93	2.40	0.13	0.49

5-17 续表 3 （2016 年）

指 标	单位	全市	中原区	二七区	管城区	金水区
金额	元	21.47	0.11	0.62	7.51	15.43
干鲜瓜果类	**公斤**	**47.50**	**28.24**	**63.58**	**17.19**	**49.86**
金额	元	231.03	151.24	326.92	131.74	313.79
鲜瓜果	公斤	43.88	25.11	59.32	15.13	46.19
金额	元	173.14	121.99	266.62	101.31	250.60
瓜果制品	公斤	1.06	0.48	0.66	1.33	0.54
金额	元	17.16	3.58	9.19	14.31	9.79
坚果类	公斤	2.55	2.64	3.59	0.73	3.13
金额	元	40.73	25.67	51.11	16.12	53.40
糖果糕点类	**公斤**	**5.64**	**2.78**	**3.10**	**8.93**	**9.38**
金额	元	94.52	39.29	81.11	81.20	149.66
食糖	公斤	1.20	0.14	0.59	1.76	0.75
金额	元	8.35	1.09	4.39	10.71	5.51
糖果	公斤	0.54	0.54	0.79	0.48	1.10
金额	元	9.36	5.53	17.53	6.30	14.09
糕点	公斤	2.58	1.94	1.42	3.19	4.51
金额	元	57.10	29.46	54.73	32.89	101.01
其他糖果糕点	公斤	1.33	0.15	0.29	3.50	3.03
金额	元	19.71	3.22	4.45	31.30	29.05
其他食品	元	147.63	66.89	189.75	272.52	161.83
调味品	元	59.48	56.97	90.17	86.10	51.62
其他食品	元	88.15	9.91	99.58	186.41	110.20
饮料	**元**	**141.89**	**30.00**	**112.48**	**179.57**	**91.03**
茶叶	公斤	0.22	0.20	0.01	0.90	0.05
金额	元	56.84	6.09	0.85	40.97	19.74
咖啡	元	0.31	0.39		3.41	1.58
其他固体饮料	元	2.89	1.30			7.44
瓶装饮用水	元	9.82	1.43	16.05	4.05	10.12
果汁饮料	元	12.84	4.00		23.13	20.19
其他液体饮料	元	59.18	16.78	95.58	108.01	31.96
烟酒	**元**	**354.54**	**99.26**	**747.80**	**594.23**	**226.71**
烟草	元	206.57	71.85	424.97	426.24	100.11
卷烟	盒	19.09	6.95	32.17	40.79	7.38
金额	元	204.27	71.85	424.97	426.24	99.47

上街区	惠济区	中牟县	巩义市	荥阳市	新密市	新郑市	登封市
13.82	100.45	32.18	4.20	34.10	43.30	1.91	4.24
54.18	**74.20**	**43.11**	**39.97**	**59.05**	**50.85**	**51.67**	**44.90**
306.54	524.56	156.48	206.85	283.01	239.96	250.64	167.00
48.12	66.81	41.43	35.65	54.64	46.65	47.54	41.84
200.69	371.98	127.52	133.42	209.13	174.73	189.54	131.17
2.13	2.85	0.37	1.46	0.43	0.81	1.85	1.71
34.19	58.30	8.38	28.32	9.60	15.20	21.70	20.16
3.93	4.54	1.31	2.85	3.97	3.39	2.28	1.34
71.66	94.27	20.59	45.11	64.27	50.03	39.40	15.68
3.73	**7.11**	**2.75**	**4.09**	**4.88**	**7.19**	**5.99**	**6.08**
72.92	126.03	57.20	70.74	78.27	110.84	169.94	60.58
0.47	0.79	0.28	0.84	0.82	1.76	2.01	2.34
5.11	6.52	1.89	6.56	7.94	10.65	14.11	15.33
0.26	0.75	0.44	0.26	0.22	0.65	0.46	0.69
5.32	16.16	7.58	5.20	4.89	14.79	8.01	9.85
2.78	4.40	0.57	2.91	2.95	2.96	1.57	3.04
53.69	83.11	20.06	56.60	51.75	52.67	114.87	35.35
0.22	1.17	1.46	0.08	0.88	1.82	1.95	
8.79	20.24	27.67	2.37	13.69	32.73	32.93	0.06
75.38	167.11	179.18	81.13	178.42	145.23	63.20	170.57
43.14	45.97	39.19	58.72	52.41	78.15	45.92	80.09
32.24	121.14	139.99	22.42	126.01	67.08	17.28	90.48
55.58	**128.06**	**30.93**	**66.26**	**65.57**	**168.90**	**584.41**	**82.64**
0.14	0.03	0.02	0.04	0.01	0.09	1.04	0.30
15.72	13.07	1.87	5.73	0.57	11.59	454.75	10.91
0.42	4.48	0.26	1.45	5.64	3.23	5.11	0.98
15.59	13.03	2.84	5.74	11.03	11.48	17.35	14.87
7.76	2.59	3.19	6.21	8.34	15.27	20.69	24.00
16.09	94.90	22.76	47.13	40.00	127.34	86.51	31.88
269.87	**328.96**	**431.72**	**192.49**	**267.44**	**209.39**	**789.51**	**280.48**
209.74	197.57	257.81	152.92	188.99	143.42	284.42	202.22
22.45	15.89	18.55	15.58	23.42	15.75	23.38	21.49
195.52	197.57	257.81	152.92	188.99	143.11	264.40	202.22

5-17 续表4 (2016年)

指　　标	单位	全市	中原区	二七区	管城区	金水区
烟丝烟叶	公斤	0.07				0.04
金额	元	2.30				0.64
酒类	元	**147.97**	**27.41**	**322.84**	**168.00**	**126.60**
啤酒	公斤	4.63	2.45	9.12	8.66	1.81
金额	元	25.00	12.30	43.75	50.24	11.15
白酒	公斤	1.34	0.52	3.20	3.82	1.15
金额	元	115.40	15.11	279.08	115.55	107.71
果酒	公斤	0.12			0.13	0.16
金额	元	6.33			2.17	0.56
其他酒	元	1.24			0.04	7.18
饮食服务	元	**516.89**	**217.02**	**1046.78**	**381.88**	**898.31**
食堂用餐	元	36.39		4.91	32.73	
其他在外饮食	元	472.43	212.65	1041.86	349.13	898.31
食品加工服务费	元	8.07	4.37		0.01	
衣着	元	**1088.62**	**602.41**	**1907.12**	**1084.09**	**1821.51**
衣类	元	**795.29**	**488.02**	**1436.56**	**693.61**	**1482.69**
服装	元	771.71	462.50	1424.31	681.71	1449.31
服装材料	元	1.43	0.59		3.50	0.14
其他衣类及配件	元	20.70	24.85	8.97	3.56	27.86
衣类加工服务费	元	1.46	0.09	3.27	4.85	5.38
鞋类	元	**293.33**	**114.39**	**470.56**	**390.48**	**338.83**
鞋	双	3.11	1.83	5.01	3.56	2.95
金额	元	289.62	112.20	449.80	390.48	333.24
鞋类配件及加工服务费	元	3.71	2.20	20.76		5.59
居住	元	**1612.10**	**678.71**	**867.67**	**620.12**	**1314.33**
租赁房房租	元	**187.75**				**693.94**
租赁公房房租	元	13.75				4.91
租赁私房房租	元	174.01				689.03
住房维修及管理	元	**725.86**		**217.82**	**0.05**	**97.89**
住房装潢	元	553.32		49.35		2.13
住房维修	元	141.20				
物业管理费	元	15.30		4.72	0.02	95.75
其他	元	16.04		163.75	0.03	
水电燃料及其他	元	**698.49**	**678.71**	**649.86**	**620.07**	**522.50**

上街区	惠济区	中牟县	巩义市	荥阳市	新密市	新郑市	登封市
0.51					0.05	0.50	
14.22					0.30	20.02	
60.13	**131.38**	**173.91**	**39.58**	**78.44**	**65.98**	**505.08**	**78.26**
2.91	3.21	2.77	1.33	2.70	4.53	3.36	14.70
15.19	24.84	14.24	10.16	19.71	33.13	16.11	60.79
0.51	1.86	2.10	0.45	0.72	0.63	2.35	0.71
41.31	104.90	159.67	24.90	57.50	30.63	438.33	16.40
0.09	0.01		0.09	0.15	0.05	0.63	
1.29	1.33		4.40	0.76	0.36	50.50	
2.33	0.31		0.11	0.47	1.87	0.15	1.08
429.96	**1455.51**	**478.28**	**229.21**	**575.01**	**387.12**	**704.24**	**265.22**
17.87	2.06	73.58	3.72	29.40	0.27	116.98	51.06
411.71	1453.45	402.31	221.10	538.24	372.19	581.23	185.52
0.38		2.39	4.39	7.37	14.66	6.02	28.63
760.05	**1883.27**	**793.98**	**754.20**	**1378.50**	**1058.05**	**1072.92**	**755.90**
536.36	**1449.25**	**625.43**	**574.38**	**1022.19**	**723.26**	**599.88**	**544.60**
514.86	1424.83	611.88	549.64	1000.70	696.02	584.97	505.63
0.35	12.99		1.54	1.35	2.70	0.97	0.18
19.46	11.10	13.26	22.05	19.58	23.29	13.24	38.19
1.69	0.34	0.29	1.15	0.56	1.25	0.69	0.60
223.70	**434.03**	**168.55**	**179.82**	**356.31**	**334.79**	**473.04**	**211.30**
2.64	3.20	2.16	2.84	4.03	3.26	3.33	3.27
223.03	431.89	168.25	179.35	355.10	321.65	470.96	209.34
0.66	2.14	0.30	0.47	1.21	13.14	2.09	1.97
1008.64	**1536.60**	**902.00**	**837.56**	**1576.72**	**683.13**	**2805.25**	**4418.32**
	522.78	**263.38**		**402.35**	**92.13**		
	0.36	73.43		8.61			
	522.42	189.95		393.74	92.13		
324.45	**394.41**	**194.52**	**272.32**	**610.01**	**119.67**	**2306.65**	**2446.85**
68.81	232.49	154.47	203.06	66.21	54.94	1959.74	2188.32
72.67	54.79	39.06	67.79	433.01	62.12	338.68	257.94
92.96	92.80	0.99	1.47	8.59		8.23	
90.00	14.33			102.21	2.60		0.59
684.19	**619.41**	**444.10**	**565.25**	**564.36**	**471.32**	**498.61**	**1971.47**

5-17 续表5 (2016年)

指标	单位	全市	中原区	二七区	管城区	金水区
水	吨	15.84		0.80	21.09	10.74
金额	元	32.02		3.27	28.41	35.01
电	度	532.27	993.72	900.91	619.27	437.78
金额	元	311.51	595.66	507.31	506.00	273.11
燃料	元	208.86	83.04	117.00	85.67	209.46
煤炭	公斤	64.29		16.37		
金额	元	35.78		13.10		
管道天然气	立方米	7.81	4.30	4.06		58.00
金额	元	20.46	8.04	9.34		151.26
管道液化石油气	立方米	0.06			1.20	
金额	元	0.46			10.33	
罐装液化石油气	公斤	19.47	9.93	11.38	9.55	16.34
金额	元	113.21	75.00	83.10	68.91	58.20
汽油	升	6.12			0.64	
金额	元	37.22			6.42	
柴油	升	0.11				
金额	元	0.67				
其他油	升	0.01		0.33		
金额	元	0.04		1.64		
其他生活燃料	元	0.86		9.82		
取暖费	元	2.20				4.91
其他	元	143.90		22.27		
生活用品及服务	**元**	**899.63**	**208.52**	**983.36**	**921.58**	**1243.81**
家具及室内装饰品	**元**	**189.64**	**15.87**	**291.47**	**36.67**	**90.97**
家具	元	151.55	14.78	291.47	22.97	49.00
家具材料	元	19.94				35.72
室内装饰品	元	18.15	1.09		13.70	6.26
家用器具	**元**	**261.21**	**15.87**	**46.01**	**266.63**	**311.46**
耐用消费品	元	228.56	11.96	29.15	258.62	225.76
洗衣机	台	0.02	0.02	0.03	0.06	0.01
金额	元	27.41	11.96	21.29	51.07	35.10
电冰箱(柜)	台	0.01				0.01

上街区	惠济区	中牟县	巩义市	荥阳市	新密市	新郑市	登封市
31.45	10.90	16.01	26.94	8.52	13.44	21.37	13.88
70.21	38.22	20.31	55.38	15.85	36.48	34.32	30.94
474.76	739.99	501.94	596.39	637.49	509.56	474.21	384.97
267.74	430.13	284.90	339.55	362.53	284.86	271.49	217.56
163.64	111.90	138.89	168.60	181.00	146.65	192.79	557.17
	2.00		315.37	48.47	11.63	8.77	86.55
	2.80		111.73	42.65	11.48	7.04	100.97
65.79	12.95	4.30		2.49	0.15	0.26	
155.27	35.10	11.01		7.25	0.41	1.72	
1.29							
2.91							
0.81	11.83	20.87	8.36	24.63	19.59	26.89	30.27
2.39	68.34	127.88	56.87	131.10	130.23	175.89	154.44
0.53						1.29	48.93
3.07						8.14	296.25
							0.88
							5.51
					0.01		
					0.04		
					4.48		
93.29	26.64			4.85			
89.31	12.52		1.71	0.13	3.34		1165.80
738.74	**2234.54**	**1062.06**	**439.28**	**789.88**	**837.20**	**828.45**	**863.54**
111.60	**1111.92**	**336.17**	**24.05**	**182.61**	**95.68**	**237.93**	**167.20**
50.31	1053.79	329.37	20.18	167.24	91.45	3.88	147.89
57.61			3.35	12.61		111.63	18.88
3.68	58.13	6.79	0.52	2.76	4.23	122.43	0.43
256.39	**436.66**	**432.48**	**101.88**	**188.70**	**304.40**	**336.77**	**131.43**
240.94	355.68	394.67	88.81	168.05	295.67	315.27	77.14
0.02	0.01	0.01		0.03	0.03	0.04	0.01
52.50	42.30	11.75	3.70	29.09	27.35	70.30	20.96
0.01	0.01		0.01	0.01	0.01	0.01	

5-17 续表6 （2016年）

指 标	单位	全市	中原区	二七区	管城区	金水区
金额	元	21.09			0.03	27.13
空调器	台	0.03				0.03
金额	元	76.57			0.02	71.55
抽油烟机	台	0.01				0.01
金额	元	6.32				9.36
微波炉	台				0.06	
金额	元	2.62			20.98	
非太阳能热水器	台	0.01				0.01
金额	元	5.94				7.75
太阳能热水器	台					
金额	元	1.67				
燃气炉具	套	0.01		0.03		0.01
金额	元	10.18		4.26	0.01	70.19
洗碗机	台					
金额	元	0.72				
其他	元	76.03		3.60	186.53	4.68
小家电	元	32.65	3.91	16.87	8.01	85.71
家用纺织品	**元**	**71.39**	**10.80**	**85.76**	**102.45**	**112.24**
床上用品	元	60.37	10.33	52.66	95.06	97.12
窗帘门帘	元	7.82		16.42	5.14	5.19
其他家用纺织品	元	3.20	0.48	16.67	2.25	9.93
家庭日用杂品	**元**	**231.24**	**85.61**	**385.60**	**339.76**	**326.62**
洗涤及卫生用品	元	93.70	48.35	150.02	109.66	160.70
厨具餐具茶具	元	41.11	14.20	32.85	0.02	91.04
家用手工工具	元	1.15		0.33	0.77	4.66
其他	元	95.28	23.07	202.40	229.31	70.22
个人用品	元	111.93	61.68	95.26	174.77	370.94
化妆品	元	56.02	5.20	66.13	72.63	179.25
其他个人用品	元	55.91	56.49	29.13	102.14	191.69
家庭服务	**元**	**34.22**	**18.68**	**79.25**	**1.30**	**31.57**
家政服务	元	7.05				12.87

上街区	惠济区	中牟县	巩义市	荥阳市	新密市	新郑市	登封市
47.83	50.61	13.93	13.45	19.38	24.25	50.64	11.65
0.03	0.05	0.02	0.02	0.03	0.05	0.03	0.01
73.55	165.14	56.69	57.83	47.14	138.18	167.33	30.69
0.01		0.01			0.02		
28.14		13.60		1.93	19.44		
0.01				0.01			
4.64				15.65			
	0.04			0.01	0.01	0.01	
	52.61	0.65		11.33	11.12	6.45	
						0.01	
						15.76	
		0.01	0.01	0.03		0.01	
		7.25	3.61	9.29		0.81	
					5.08		
34.28	45.02	290.81	10.22	34.24	70.24	3.99	13.84
15.45	80.98	37.81	13.07	20.66	8.73	21.50	54.29
72.12	**162.68**	**44.22**	**38.88**	**98.81**	**90.61**	**23.47**	**75.69**
70.72	105.12	44.22	33.94	81.59	86.19	23.18	47.44
0.26	53.38		1.16	12.96	1.45	0.23	27.23
1.15	4.18		3.78	4.26	2.97	0.05	1.03
138.22	**286.69**	**189.06**	**142.80**	**226.86**	**223.59**	**155.49**	**323.02**
32.36	35.96	67.63	35.21	98.49	124.69	51.24	141.25
20.35	32.47	10.77	21.98	33.34	33.56	11.30	125.42
1.90		1.34	0.99	0.69	1.01		0.30
83.61	218.26	109.32	84.62	94.33	64.32	92.95	56.05
134.24	230.74	36.26	110.33	81.77	75.34	64.00	63.55
65.04	86.05	18.57	52.00	39.98	38.63	20.10	61.19
69.19	144.70	17.70	58.33	41.79	36.71	43.89	2.37
26.17	**5.83**	**23.87**	**21.33**	**11.13**	**47.60**	**10.79**	**102.65**
0.06	0.12		5.17	0.03	0.94		39.72

5-17　续表 7　　　　　　　　　　（2016 年）

指　　标	单位	全市	中原区	二七区	管城区	金水区
家庭设备修理费	元	27.17	18.68	79.25	1.30	18.70
交通通信	元	**2346.13**	**495.00**	**4592.77**	**1226.67**	**2262.78**
交通	元	**1717.51**	**202.87**	**3983.25**	**689.31**	**1515.57**
交通工具	元	1220.60	56.52	3338.83	448.71	438.76
汽车	辆	0.01		0.03		0.01
金额	元	1110.29		3209.47		423.04
摩托车	辆					
金额	元	10.81				
自行车	辆	0.01		0.07	0.02	0.02
金额	元	4.46		20.30	17.37	15.73
电动自行车	辆	0.04	0.02	0.07	0.17	
金额	元	86.77	56.52	109.06	430.44	
其他交通工具	元	8.27			0.90	
交通费	元	**66.64**	**5.65**	**109.66**	**1.71**	**282.92**
飞机	元	17.62				126.16
火车	元	16.88	4.52	10.22		105.76
长途汽车	元	8.95	0.09	22.92		10.67
市内公共交通	元	9.98	0.57	18.84	1.71	10.95
出租汽车费	元	4.76	0.48	11.66		20.41
其他交通费	元	8.45		46.01		8.97
交通工具用燃料	元	**296.72**	**55.00**	**437.78**	**187.21**	**463.92**
汽油	升	48.64	9.83	75.47	29.04	77.57
金额	元	279.15	55.00	427.95	176.51	449.80
柴油	升	1.89		1.21	1.32	0.82
金额	元	12.55		6.55	8.77	4.11
其他燃料和润滑剂	元	5.02		3.27	1.93	10.01
交通工具使用及维修	元	**133.56**	**85.70**	**96.98**	**51.68**	**329.97**
交通工具零配件和维修	元	110.05	57.09	82.37	39.51	232.16
停车费	元	2.91	0.35	0.66	0.65	13.59
车辆使用税费(含过桥过路费)	元	14.77	4.35	11.46	11.52	76.62
其他	元	5.83	23.91	2.49		7.61
通信	元	**628.62**	**292.13**	**609.53**	**537.36**	**747.21**
通信工具	元	**238.30**	**51.85**	**89.16**	**161.54**	**376.24**
电话机	部					

上街区	惠济区	中牟县	巩义市	荥阳市	新密市	新郑市	登封市
26.11	5.71	23.87	16.16	11.10	46.66	10.79	62.93
2674.94	**4888.02**	**4493.61**	**1287.47**	**2258.46**	**1565.78**	**2724.51**	**832.63**
2382.95	**3709.75**	**3904.78**	**894.97**	**1401.11**	**886.36**	**2029.76**	**354.51**
1677.80	2620.79	3375.71	662.84	903.37	425.09	1611.13	36.93
0.02	0.03	0.02	0.01	0.02		0.01	
1565.66	2567.29	3133.82	646.34	734.03	323.79	1575.03	
					0.01		
		35.95			33.81		
0.01		0.01		0.02			0.01
3.14		3.09		6.79			2.93
0.05		0.07	0.01	0.06	0.02	0.03	0.01
108.49	0.04	184.88	16.50	143.72	56.22	36.10	33.84
0.51	53.46	17.98		18.83	11.27		0.16
141.64	**65.77**	**20.22**	**19.44**	**43.90**	**57.19**	**61.59**	**54.59**
55.69	0.06	0.12			0.89	39.46	
47.93	26.90	9.06	1.66	9.90	7.51	7.44	
12.38	0.51	1.40	6.51	17.06	13.90	10.98	9.04
12.86	21.45	1.66	4.37	9.60	28.13	0.92	13.38
7.30	10.49	0.54	6.90	2.92	4.15	0.17	0.27
5.48	6.36	7.44		4.41	2.62	2.62	31.90
425.02	**822.50**	**369.09**	**173.65**	**307.62**	**338.00**	**263.97**	**67.70**
74.96	126.12	62.46	30.35	53.16	59.50	32.83	8.58
416.88	732.11	352.59	170.06	301.66	334.98	203.58	51.64
0.04	15.26	2.55	0.07	0.81	0.27	6.48	0.16
0.20	90.40	12.84	0.36	4.13	1.67	55.80	0.97
7.94		3.67	3.23	1.83	1.35	4.59	15.09
138.49	**200.69**	**139.75**	**39.04**	**146.22**	**66.07**	**93.06**	**195.30**
77.65	103.82	138.76	31.56	109.43	45.27	85.82	192.93
0.42	20.60	0.02	0.02		1.32	6.15	0.05
49.92	31.81	0.97	2.89	19.46	15.70	0.06	
10.50	44.46		4.57	17.33	3.79	1.02	2.33
291.99	**1178.27**	**588.82**	**392.50**	**857.35**	**679.43**	**694.75**	**478.12**
96.69	**595.05**	**238.60**	**78.03**	**332.07**	**340.58**	**206.26**	**122.12**
					0.02		

5-17 续表8 (2016年)

指 标	单位	全市	中原区	二七区	管城区	金水区
金额	元	2.13				
移动电话机	部	0.16	0.11	0.07	0.10	0.17
金额	元	228.34	49.78	84.58	161.53	350.31
其他通信工具及零配件	元	7.83	2.07	4.58	0.01	25.93
通信服务	**元**	**390.32**	**240.28**	**520.37**	**375.82**	**370.96**
固定电话费	元	8.61	0.61	3.27		1.44
移动电话费	元	308.10	160.98	380.78	265.18	318.54
上网费	元	71.93	77.61	133.20	110.64	50.58
邮费	元	0.23				
其他通信服务费	元	1.45	1.09	3.11		0.41
教育文化娱乐	**元**	**1333.62**	**747.18**	**3243.29**	**687.36**	**2501.50**
教育	**元**	**873.51**	**659.85**	**1452.31**	**453.55**	**1603.13**
学前教育	**元**	**156.07**	**95.65**	**286.68**	**62.56**	**446.97**
教育用品	元	2.59		3.04	34.57	3.95
学杂费	元	60.09	95.65	79.25	0.16	133.42
培训费	元	11.45				2.34
赞助费	元	0.13				
一揽子教育服务(含食宿)	元	72.30		191.95	27.82	305.96
其他费用	元	9.52		12.44	0.01	1.29
小学教育	**元**	**149.67**	**463.07**	**460.13**	**258.55**	**356.40**
教育用品	元	8.41	7.20	2.10	33.58	
学杂费	元	22.95	191.39		10.37	
培训费	元	26.35	134.70	294.42	71.58	60.23
赞助费	元	4.07				38.02
一揽子教育服务(含食宿)	元	41.53	37.39	155.59		67.23
其他费用	元	46.36	92.39	8.02	143.01	190.92
初中教育	**元**	**134.81**	**82.30**	**482.74**	**74.43**	**28.79**
教育用品	元	2.57	5.35		1.26	2.52
学杂费	元	5.01	0.43		6.57	
培训费	元	6.34		45.85		
赞助费	元	12.88		328.15		24.22
一揽子教育服务(含食宿)	元	73.47	76.52	82.54	66.59	
其他费用	元	34.55		26.20	0.01	2.05
高中教育	**元**	**134.49**	**14.35**		**57.31**	**88.63**

上街区	惠济区	中牟县	巩义市	荥阳市	新密市	新郑市	登封市
					15.06		
0.09	0.21	0.22	0.07	0.25	0.19	0.12	0.11
87.42	568.35	234.01	75.38	322.98	319.03	204.12	114.49
9.28	26.69	4.59	2.64	9.09	6.49	2.14	7.62
195.30	**583.22**	**350.22**	**314.47**	**525.28**	**338.85**	**488.49**	**356.00**
18.32	3.07	6.69	5.78	8.85	9.82	15.53	18.56
132.92	447.70	308.51	227.72	366.08	279.95	393.82	283.11
39.86	117.94	34.66	78.14	149.71	47.82	78.34	51.73
1.74	0.58		0.50	0.18	0.16	0.48	0.34
2.45	13.93	0.36	2.32	0.45	1.09	0.32	2.27
854.22	**2005.99**	**912.65**	**1353.38**	**1807.29**	**1223.15**	**1134.69**	**537.37**
401.92	**964.77**	**678.52**	**793.29**	**1345.00**	**929.59**	**726.34**	**308.61**
197.13	**251.23**	**46.04**	**146.36**	**110.86**	**79.81**	**321.57**	**43.94**
5.58	5.33			1.86	0.19	1.75	0.19
153.11	108.43	4.99	2.94	55.61	1.66	256.77	42.13
8.88	8.01		17.13	26.59		52.59	
						1.21	
29.55	117.48		126.28	25.46	74.02	0.16	
	11.99	41.06		1.35	3.94	9.09	1.61
55.31	**93.23**	**70.64**	**72.71**	**178.77**	**81.39**	**139.35**	**136.78**
9.86		4.07	0.60	7.31	32.38	2.91	3.00
	0.02				18.49	104.56	60.23
23.02	52.74	24.48	8.41	19.36		1.81	
3.84				1.13			
18.09	39.95	7.60	63.69	116.51	8.94	26.48	19.25
0.50	0.51	34.49		34.46	21.59	3.57	54.29
31.39	**52.48**	**130.56**	**75.48**	**150.97**	**378.15**	**58.02**	**53.17**
0.52			3.09	4.07	7.89	0.51	1.30
		22.71		3.43	0.77	1.00	2.69
		13.60	1.54	1.47		24.72	
			13.99	7.42			
30.87	52.48	12.71	56.86	117.01	245.99	31.78	43.48
		81.54		17.57	123.50		5.70
7.88	**246.23**	**159.43**	**273.50**	**178.96**	**123.54**	**94.97**	**19.65**

5-17 续表9 (2016年)

指 标	单位	全市	中原区	二七区	管城区	金水区
教育用品	元	5.80			27.83	
学杂费	元	13.05			25.28	
培训费	元	5.96	4.57			
赞助费	元	0.50				
一揽子教育服务(含食宿)	元	65.82	9.78			61.59
其他费用	元	43.36			4.19	27.04
中专职高教育	**元**	**11.81**				
培训费	元	1.25				
一揽子教育服务(含食宿)	元	9.50				
其他费用	元	1.07				
大专及以上教育	**元**	**217.02**		**0.06**	**0.01**	**409.47**
教育用品	元	1.75				
学杂费	元	40.85				
培训费	元	5.26				
一揽子教育服务(含食宿)	元	135.93		0.06	0.01	409.47
其他费用	元	33.24				
成人教育	**元**	**69.63**	**4.48**	**222.70**	**0.70**	**272.87**
教育用品	元	2.88	4.48		0.70	25.77
培训费	元	43.85		173.57		201.68
其他费用	元	22.90		49.12		45.42
文化娱乐	**元**	**460.11**	**87.33**	**1790.98**	**233.81**	**898.38**
文娱耐用消费品	**元**	**86.78**	**1.96**	**2.16**	**88.38**	**54.82**
组合音响	台					0.01
金额	元	4.20				5.17
彩色电视机	台	0.02				0.01
金额	元	39.06		0.37	0.01	16.79
照相机	台				0.03	
金额	元	5.73			88.34	
家用台式电脑	台	0.01				0.01
金额	元	16.71				17.55
家用笔记本电脑	台					
金额	元	13.63		0.32	0.03	
中高档乐器	元	1.05				
健身器材	元	0.01				

上街区	惠济区	中牟县	巩义市	荥阳市	新密市	新郑市	登封市
0.45	72.45	0.79	1.20	1.87	13.83		
	56.94	5.45	14.41	7.89	7.89	50.12	
	49.03		30.91				0.20
			3.43				
5.30	59.35	12.34	210.28	168.63	46.35	4.07	
2.14	8.46	140.86	13.27	0.56	55.46	40.78	19.45
	40.20		**33.58**	**43.10**	**2.90**		**5.91**
	40.20						0.54
			33.58	43.10			
					2.90		5.38
97.35	**149.99**	**171.53**	**144.04**	**626.19**	**263.80**	**93.05**	**45.03**
			1.14	12.39	1.74		
				223.76	71.46	61.75	
	66.59		22.88				
97.08	60.75	28.10	119.56	390.04	174.01	25.20	
0.27	22.65	143.43	0.46		16.59	6.10	45.03
12.87	**131.42**	**100.33**	**47.62**	**56.14**		**19.38**	**4.13**
				1.42			
12.56	94.86	40.71	46.95			19.38	4.13
0.31	36.56	59.62	0.67	54.72			
452.29	**1041.21**	**234.13**	**560.09**	**462.29**	**293.55**	**408.35**	**228.76**
116.97	**97.31**	**48.45**	**46.93**	**128.57**	**127.64**	**218.10**	**31.76**
0.01							
44.86					2.25	29.75	
	0.01	0.01	0.02	0.02	0.04	0.02	0.01
	87.56	39.47	39.09	53.47	84.97	27.48	14.53
							15.68
0.01				0.01	0.01	0.01	
33.20		5.08		44.27	29.90	46.04	
0.01						0.01	
37.09				14.89		111.56	
	8.76				5.62		
1.64							

5-17 续表 10 (2016 年)

指标	单位	全市	中原区	二七区	管城区	金水区
其他文娱耐用消费品	元	2.90				5.08
文娱耐用消费品的零配件及维修	元	3.51	1.96	1.47		10.23
其他文娱用品	**元**	**96.38**	**53.42**	**119.73**	**64.92**	**243.28**
书报杂志及音像制品	元	19.14	19.87	29.38	1.76	47.38
文具纸张	元	20.05	10.86	33.48	12.50	29.28
体育户外用品	元	5.07	3.04	2.88	1.61	3.34
游戏用品和玩具	元	21.26	3.59	19.70	2.92	58.99
园艺花卉及有关产品	元	4.47		19.81		19.82
宠物及有关产品	元	4.93		0.65	6.55	30.91
其他文娱用品及维修	元	21.45	16.07	13.82	39.58	53.58
文化娱乐服务	**元**	**276.95**	**31.96**	**1669.09**	**80.50**	**600.28**
团体旅游	元	192.22	15.87	1023.97	0.17	447.81
景点门票	元	21.80	8.26	54.72	44.99	54.06
体育健身活动	元	1.95		3.18	0.01	1.87
电影话剧演出票	元	7.75		16.39	10.24	43.39
有线电视费	元	22.12		45.85	19.27	14.04
其他文化娱乐服务	元	31.11	7.83	524.98	5.82	39.10
医疗保健	**元**	**877.49**	**1246.75**	**1404.76**	**385.24**	**749.72**
医疗器具及药品	**元**	**290.89**	**236.43**	**337.43**	**119.70**	**259.28**
药品	元	238.12	235.89	303.80	92.93	206.98
滋补保健品	元	23.77	0.54	7.37	26.76	41.60
医疗卫生器具	元	2.65		26.27		0.47
保健器具	元	26.34			0.01	10.24
医疗服务	**元**	**586.60**	**1010.32**	**1067.33**	**265.54**	**490.43**
门诊医疗总费用	元	209.39	340.76	370.16	22.55	332.01
住院医疗总费用	元	377.21	669.57	697.17	242.99	158.43
其他用品和服务	**元**	**297.86**	**31.83**	**659.16**	**84.99**	**626.34**
其他用品	**元**	**196.63**	**11.26**	**465.05**	**2.26**	**341.00**
首饰及手表	元	141.21	4.48	417.53	0.03	134.29
其他杂项用品	元	55.42	6.78	47.53	2.23	206.71
其他服务	**元**	**101.23**	**20.57**	**194.10**	**82.73**	**285.34**
旅馆住宿费	元	3.90	5.65			22.02
美容美发洗浴	元	71.33	14.91	53.74	82.10	180.01
其他杂项服务	元	26.00		140.37	0.63	83.31

上街区	惠济区	中牟县	巩义市	荥阳市	新密市	新郑市	登封市
	1.00			14.57	3.31	1.34	1.28
0.18		3.90	7.83	1.38	1.60	1.94	0.27
58.62	**178.66**	**80.81**	**49.28**	**68.06**	**72.36**	**82.39**	**104.85**
16.87	21.45	26.30	2.96	14.33	24.19	9.43	15.07
9.41	26.94	9.88	12.10	16.32	9.04	25.45	46.43
0.40	4.26	0.84	4.63	4.79	0.51	5.66	20.04
15.60	47.50	16.39	8.64	22.88	13.45	25.12	16.85
7.44	7.72	0.67	4.18	3.87	0.55	0.17	3.95
0.13	0.22	0.24	1.25	0.07	0.12	11.16	
8.77	70.57	26.49	15.52	5.80	24.50	5.41	2.51
276.71	**765.25**	**104.87**	**463.88**	**265.66**	**93.54**	**107.86**	**92.15**
206.95	602.83	55.44	405.00	141.75	58.44	90.95	21.99
34.22	75.45	19.05	5.09	34.61	10.76	9.11	3.57
0.60	32.62			6.56	0.12		
4.17	16.65		0.57	0.83	12.48		
16.29	14.19	17.24	43.83	22.68	0.83	4.45	49.63
14.48	23.52	13.13	9.40	59.23	10.91	3.36	16.96
817.55	**708.86**	**930.49**	**731.63**	**857.29**	**903.71**	**1458.91**	**660.74**
353.88	**201.21**	**211.31**	**241.76**	**340.39**	**518.44**	**125.53**	**396.32**
349.58	160.44	209.73	231.92	264.66	468.93	121.55	175.23
0.35	30.00	1.57	8.42	71.41	48.59	0.95	8.93
3.90	10.76		1.08	3.29	0.12	0.43	8.96
0.05			0.33	1.03	0.80	2.59	203.21
463.67	**507.66**	**719.19**	**489.87**	**516.90**	**385.27**	**1333.38**	**264.41**
233.91	338.15	256.84	138.50	288.15	100.35	162.13	218.06
229.77	169.51	462.35	351.37	228.75	284.92	1171.25	46.35
121.51	**361.00**	**77.10**	**293.19**	**248.55**	**428.10**	**267.84**	**261.00**
55.63	**111.01**	**56.83**	**240.20**	**138.90**	**272.19**	**229.17**	**204.75**
35.04	65.82	8.45	196.14	80.62	248.62	205.68	165.37
20.60	45.19	48.38	44.06	58.28	23.57	23.49	39.38
65.88	**249.99**	**20.27**	**53.00**	**109.64**	**155.91**	**38.66**	**56.25**
9.04	10.80		3.15	1.98	3.96		
44.05	107.42	18.03	47.81	76.94	131.85	34.83	31.95
12.78	131.77	2.25	2.03	30.72	20.10	3.84	24.30

5-18 农民居民

（2016 年）

指 标	全市	中原区	二七区	管城区	金水区
住户居住空间样式					
单栋楼房	43.6	100.0	100.0	95.0	39.6
单栋平房	46.2			5.0	10.8
四居室及以上单元房	0.7				4.9
三居室单元房	5.0				24.5
二居室单元房	2.9				14.7
其他	1.6				5.4
主要建筑材料					
钢筋混凝土	31.1		80.0	20.0	75.6
砖混材料	61.0	90.0	20.0	80.0	16.3
砖瓦砖木	3.8	10.0			2.7
其他	4.2				5.4
现住房房屋来源					
租赁公房	0.2				
租赁私房	3.0				15.2
自建住房	87.4	100.0	100.0	100.0	50.4
购买商品房	3.9				34.4
购买房改住房	0.1				
拆迁安置房	3.5				
继承或获赠住房	0.2				
免费借用房	0.2				
其他来源	1.4				
现住房建筑面积	**55.34**	**80.43**	**87.35**	**99.59**	**54.61**

家庭现住房情况

单位:平方米/人

上街区	惠济区	中牟县	巩义市	荥阳市	新密市	新郑市	登封市
	50.4	64.4	44.1	37.5	28.6	39.8	19.3
		35.6	53.8	50.5	69.8	49.3	77.3
3.7							1.8
77.4	27.6			8.4	1.6	2.9	
18.9	22.1		2.1	3.7			
						7.9	1.5
29.3	89.9	23.5	1.9	63.1	6.6	40.7	13.9
70.7	10.1	57.1	95.4	34.5	90.1	40.5	77.8
			2.7	2.4	3.3	10.8	8.4
		19.4				7.9	
		1.6					
	11.0			11.0			
	50.4	79.0	97.9	86.7	98.4	98.5	94.5
			2.1		1.6	1.5	
				1.0			
100.0		19.4		1.2			
							1.8
							1.8
	38.6						1.8
36.63	**97.67**	**62.07**	**43.82**	**58.57**	**61.12**	**56.69**	**45.09**

5-19 农民居民家庭

(2016 年)

指　标	单位	全市	中原区	二七区	管城区	金水区
家用汽车	辆	50	20	70	55	89
摩托车	辆	70		80	30	23
助力车	台	85	60	50	130	81
洗衣机	台	101	100	90	105	100
电冰箱(柜)	台	94	100	90	105	92
微波炉	台	31	80	30	45	42
彩色电视机	台	132	90	160	145	131
#接入有线电视	台	70	80	130	50	58
空调	台	135	80	100	115	220
热水器	台	74	80	70	95	98
#太阳能热水器	台	48	70		65	17
消毒碗柜	台	2				3
洗碗机	台	1				8
排油烟机	台	38	60	50	40	84
固定电话	线	15		10	10	5
移动电话	部	267	100	210	230	264
#接入互联网	部	146	30	60	145	226
计算机	台	59	80	70	90	72
#接入互联网	台	54	60	60	75	72
摄像机	台	2			5	5
照相机	台	12		50	15	45
中高档乐器	架	1				5
健身器材	台					
组合音响	套	4			5	10

每百户耐用消费品用有量

上街区	惠济区	中牟县	巩义市	荥阳市	新密市	新郑市	登封市
41	58	58	26	59	52	54	23
41	5	70	102	53	91	74	82
59	166	110	61	138	48	110	38
100	100	97	100	107	109	109	87
100	100	99	93	100	102	95	75
27	20	17	31	43	30	42	16
110	163	115	145	124	163	123	100
89	125	66	109	53	94	16	51
161	244	78	177	164	153	119	50
103	100	70	66	97	78	95	20
61	50	62	35	73	59	77	14
11	5	2	2		2	2	2
		1			3		
103	89	27	27	37	55	20	10
11	15	23	22	19	10	14	12
213	299	242	274	323	315	270	210
127	272	123	174	221	163	34	87
58	78	49	50	96	70	40	26
51	73	42	40	96	68	27	24
				4	3		
17	5		8	12	13		7
4					2	3	
3				1			2
4	10			4	9	6	

5-20 农民居民

(2016 年)

指　标	全市	中原区	二七区	管城区	金水区
粮食消费量	**107.17**	**88.21**	**120.66**	**101.92**	**91.95**
谷物消费量	**98.14**	**79.76**	**105.51**	**92.62**	**84.72**
小麦	73.34	56.34	81.91	54.07	57.82
稻谷	14.95	18.77	18.64	24.95	23.17
玉米	4.28	0.23	0.20	8.19	0.71
其他谷物	5.56	4.41	4.77	5.40	3.01
薯类消费量	**1.54**	**1.43**	**2.56**	**1.20**	**1.77**
红薯	0.48	0.35	0.22	0.65	0.39
马铃薯	0.58	0.86	1.23	0.19	1.05
其他薯类	0.48	0.21	1.11	0.37	0.33
豆类消费量	**7.49**	**7.02**	**12.59**	**8.10**	**5.46**
大豆	0.40	0.11	0.28	1.82	0.13
其他豆类	7.10	6.91	12.31	6.28	5.33
油脂类消费量	**7.72**	**7.15**	**5.24**	**5.39**	**7.39**
植物油	7.56	7.08	5.24	4.75	7.38
动物油	0.16	0.07		0.65	0.01
蔬菜及菜制品消费量	**70.52**	**53.01**	**109.87**	**60.11**	**62.66**
鲜菜	68.34	51.33	107.02	54.39	60.29
干菜及菜制品	0.96	0.46	1.59	2.75	0.47
鲜菌	1.04	0.89	1.18	1.91	1.77
干菌及菌制品	0.17	0.33	0.07	1.07	0.12
肉类	**11.59**	**8.51**	**16.62**	**15.46**	**15.90**
猪肉	8.52	7.02	13.40	11.68	10.95
牛肉	0.73	0.35	0.81	0.84	1.98
羊肉	0.63	0.28	0.59	0.47	1.60
其他肉类及制品	1.71	0.85	1.82	2.47	1.37
禽类	**2.45**	**2.43**	**2.20**	**7.23**	**4.31**
鸡	1.79	2.33	1.03	5.75	3.83
鸭	0.07	0.09		0.15	0.38
鹅				0.05	

人均食品消费量

单位:公斤

上街区	惠济区	中牟县	巩义市	荥阳市	新密市	新郑市	登封市
122.53	83.81	79.61	105.61	106.45	111.37	154.09	120.28
107.65	73.72	77.38	97.42	96.07	96.81	143.20	110.26
89.80	58.24	63.95	81.04	61.18	62.61	107.12	93.45
9.82	10.40	10.80	11.19	14.24	16.54	14.03	14.51
0.82	0.80	1.02	1.29	15.40	10.88	1.85	0.56
7.21	4.27	1.62	3.90	5.26	6.78	20.21	1.74
2.27	2.73	0.43	1.64	2.09	2.12	1.95	0.87
1.07	0.67	0.10	0.33	0.68	0.79	1.00	0.23
0.89	1.31	0.20	0.97	0.93	0.76		
0.31	0.75	0.14	0.34	0.47	0.57	0.95	0.64
12.60	7.36	1.79	6.56	8.28	12.44	8.94	9.15
0.53	1.27	0.38	0.26	0.27	0.46	0.42	0.14
12.07	6.09	1.41	6.31	8.01	11.98	8.52	9.01
4.61	2.99	3.79	6.92	7.53	11.58	8.67	11.78
4.59	2.99	3.79	6.92	7.46	11.44	7.75	11.75
0.02				0.07	0.15	0.92	0.03
112.12	60.77	54.73	63.26	86.20	90.99	80.26	59.56
110.38	58.28	54.29	61.91	84.37	88.02	76.03	58.05
0.54	0.66	0.30	0.34	0.71	2.19	0.96	1.17
1.15	1.66	0.14	0.98	0.96	0.60	2.93	0.22
0.04	0.17		0.03	0.17	0.18	0.34	0.11
11.90	16.59	8.53	8.89	14.45	10.56	14.35	8.25
9.98	9.90	7.00	6.45	10.70	7.37	9.78	6.94
0.65	0.21	0.23	0.23	0.50	1.02	1.05	0.67
0.41	0.62	0.22	0.77	0.77	0.43	0.76	0.27
0.85	5.86	1.08	1.44	2.48	1.73	2.76	0.36
1.43	3.14	2.28	1.81	2.29	2.45	2.08	0.51
0.94	1.47	2.19	1.38	1.26	1.31	1.10	0.42
0.09	0.10	0.03	0.03	0.08	0.03	0.01	

5-20 续表 1 （2016 年）

指　　标	全市	中原区	二七区	管城区	金水区
其他禽类及制品	0.58	0.01	1.17	1.27	0.11
水产品	**2.35**	**1.84**	**1.81**	**4.03**	**3.79**
鱼类	1.70	1.36	1.22	2.92	2.91
虾贝蟹类	0.27	0.08	0.09	0.21	0.70
藻类	0.24	0.27	0.43	0.13	0.07
其他	0.14	0.13	0.06	0.78	0.10
蛋类及蛋制品	**9.43**	**9.91**	**14.44**	**12.72**	**11.01**
鲜蛋	9.13	9.80	13.75	10.63	10.91
蛋制品	0.30	0.11	0.69	2.09	0.10
奶和奶制品	**8.92**	**3.96**	**8.28**	**10.48**	**17.83**
鲜奶	4.63	2.10	5.66	2.50	7.71
酸奶	2.80	1.12	2.50	7.32	8.34
奶粉	0.45	0.71	0.07	0.24	1.15
其他奶制品	1.04	0.02	0.05	0.43	0.63
干鲜瓜果类	**47.50**	**28.24**	**63.58**	**17.19**	**49.86**
鲜瓜果	43.88	25.11	59.32	15.13	46.19
瓜果制品	1.06	0.48	0.66	1.33	0.54
坚果类	2.55	2.64	3.59	0.73	3.13
糖果糕点类	**5.64**	**2.78**	**3.10**	**8.93**	**9.38**
食糖	1.20	0.14	0.59	1.76	0.75
糖果	0.54	0.54	0.79	0.48	1.10
糕点	2.58	1.94	1.42	3.19	4.51
其他糖果糕点	1.32	0.15	0.29	3.50	3.03
饮料	**0.22**	**0.20**	**0.01**	**0.90**	**0.05**
茶叶	0.22	0.20	0.01	0.90	0.05
烟叶消费量	**19.16**	**6.95**	**32.17**	**40.79**	**7.41**
酒	**6.10**	**2.97**	**12.32**	**12.61**	**3.11**
白酒	1.34	0.52	3.20	3.82	1.15
啤酒	4.63	2.45	9.12	8.66	1.81
果酒	0.12			0.13	0.16

单位:公斤

上街区	惠济区	中牟县	巩义市	荥阳市	新密市	新郑市	登封市
0.40	1.58	0.07	0.40	0.95	1.10	0.97	0.08
2.31	**3.46**	**1.33**	**1.68**	**1.93**	**1.72**	**4.91**	**1.43**
1.70	2.46	1.25	1.16	1.28	1.55	2.78	1.04
0.23	0.35	0.08	0.05	0.08	0.12	1.05	0.12
0.27	0.44	0.01	0.09	0.41		1.06	0.27
0.12	0.20		0.38	0.16	0.05	0.03	
16.95	**11.43**	**4.93**	**8.40**	**12.14**	**11.93**	**8.42**	**8.16**
16.75	10.81	4.82	8.33	11.98	11.73	7.92	7.87
0.20	0.62	0.11	0.07	0.16	0.20	0.49	0.30
12.00	**13.03**	**4.20**	**7.67**	**10.03**	**9.27**	**8.41**	**7.12**
6.88	4.31	2.41	6.16	6.14	5.15	3.87	2.70
3.50	2.81	0.87	0.86	1.64	1.59	3.11	3.71
0.88	0.45	0.13	0.40	0.32	0.13	1.30	0.22
0.73	5.46	0.79	0.25	1.93	2.40	0.13	0.49
54.18	**74.20**	**43.12**	**39.97**	**59.05**	**50.85**	**51.67**	**44.90**
48.12	66.81	41.44	35.65	54.64	46.65	47.54	41.84
2.13	2.85	0.37	1.46	0.43	0.81	1.85	1.71
3.93	4.54	1.31	2.85	3.97	3.39	2.28	1.34
3.73	**7.11**	**2.75**	**4.09**	**4.88**	**7.19**	**5.99**	**6.08**
0.47	0.79	0.28	0.84	0.82	1.76	2.01	2.34
0.26	0.75	0.44	0.26	0.22	0.65	0.46	0.69
2.78	4.40	0.57	2.91	2.95	2.96	1.57	3.04
0.22	1.17	1.46	0.08	0.88	1.82	1.95	
0.14	**0.03**	**0.02**	**0.04**	**0.01**	**0.09**	**1.04**	**0.30**
0.14	0.03	0.02	0.04	0.01	0.09	1.04	0.30
22.96	**15.89**	**18.56**	**15.58**	**23.42**	**15.80**	**23.88**	**21.49**
3.50	**5.08**	**4.87**	**1.88**	**3.57**	**5.21**	**6.34**	**15.41**
0.51	1.86	2.10	0.45	0.72	0.63	2.35	0.71
2.91	3.21	2.77	1.33	2.70	4.53	3.36	14.70
0.09	0.01		0.09	0.15	0.05	0.63	

5-21 农村居民按五等份分组人均可支配收入

（2016 年）

单位：元

指　　标	低收入户	中低收入户	中等收入户	中高收入户	高收入户
可支配收入	**8788.16**	**12777.70**	**16442.15**	**21692.07**	**39566.45**
工资性收入	**6765.17**	**9780.48**	**12375.53**	**15659.26**	**15206.75**
工资	6059.75	7219.59	10784.86	13334.24	13192.59
实物福利	25.12	37.83	32.44	60.00	81.55
其他	680.29	2523.05	1558.23	2265.02	1932.61
经营净收入	**1158.91**	**1688.38**	**2156.72**	**4287.26**	**18967.99**
第一产业经营净收入	838.55	1570.99	1317.21	2232.87	6225.97
第二产业经营净收入	201.35	22.01	112.01	383.28	4227.28
第三产业经营净收入	119.01	95.38	727.50	1671.10	8514.74
财产净收入	**385.87**	**440.25**	**1041.46**	**901.36**	**3179.14**
利息净收入		28.63	-18.15	-9.10	
红利收入	33.01	0.79	17.85	21.41	461.15
转让承包土地经营权租金净收入	274.29	395.90	754.54	570.11	2227.82
出租房屋财产性收入	70.16	9.03	268.08	211.13	387.99
出租机械专利版权等资产的收入	2.15		0.01	57.46	19.93
其他财产净收入	6.26	5.90	19.13	50.35	82.26
转移净收入	**478.21**	**868.59**	**868.45**	**844.20**	**2212.58**
转移性收入	731.62	1060.11	1248.45	1286.80	2858.84
养老金或离退休金	427.80	555.52	393.12	526.58	1959.76
社会救济和补助	46.49	59.21	30.33	4.79	22.71
政策性生活补贴	6.98	35.08	8.92	83.30	12.40
报销医疗费	16.69	134.82	109.62	80.25	244.49
家庭外出从业人员寄回带回收入	33.17	120.83	267.00	304.81	129.59
赡养收入	183.51	80.59	196.33	97.69	389.44
其他经常转移收入		8.52	19.08	31.75	7.33
从政府和组织得到的实物产品和服务折价	2.45	5.24	7.36	6.83	5.03
现金政策性惠农补贴	14.54	60.30	216.69	150.81	88.08
转移性支出	**253.41**	**191.52**	**380.01**	**442.60**	**646.26**
个人所得税			0.48	1.25	14.38
社会保障支出	148.69	65.83	106.40	165.10	315.03
赡养支出	23.63	10.53	18.49	11.19	7.65
其他转移性支出	81.09	115.16	254.64	265.06	309.19
实物可支配收入	**252.97**	**560.72**	**466.75**	**266.41**	**214.06**

5-22 农村居民按五等份分组人均消费支出

(2016年)

单位:元

指　　标	低收入户	中低收入户	中等收入户	中高收入户	高收入户
消费支出	**9423.96**	**12376.87**	**15136.19**	**12736.91**	**18070.64**
食品烟酒	**2472.91**	**2402.89**	**3503.57**	**3118.44**	**4010.69**
食品	**1766.18**	**1607.13**	**2201.36**	**2164.14**	**2427.60**
谷物	309.84	281.30	343.85	318.04	347.27
薯类	37.05	31.33	39.91	51.66	53.21
豆类	40.67	38.23	43.13	56.26	51.70
食用油	112.54	80.59	121.83	117.01	102.59
蔬菜和食用菌	241.68	237.51	304.97	303.58	323.99
肉类	271.94	280.49	410.88	441.86	453.84
禽类	36.84	39.03	39.08	56.79	64.18
水产品	83.42	31.37	123.57	44.55	60.05
蛋类	67.28	69.26	71.56	86.72	91.75
奶类	193.74	140.24	231.99	153.59	216.29
干鲜瓜果类	162.17	180.53	225.33	280.71	334.98
糖果糕点类	93.10	73.21	84.93	94.10	136.43
其他食品	115.93	124.05	160.33	159.26	191.32
烟酒	**260.59**	**332.91**	**513.84**	**294.64**	**367.87**
烟草	142.87	241.60	232.72	188.48	227.74
酒类	117.72	91.31	281.13	106.16	140.13
饮料	**72.41**	**65.35**	**326.00**	**117.65**	**127.19**
饮食服务	**373.73**	**397.49**	**462.36**	**542.02**	**1088.04**
食堂用餐	43.27	99.01	66.30	56.83	97.59
其他在外饮食	318.25	290.00	389.51	477.78	985.43
食品加工服务费	12.20	8.47	6.55	7.41	5.02

5-21　续表1　　单位:元

指　　标	低收入户	中低收入户	中等收入户	中高收入户	高收入户
衣着	**703.99**	**721.63**	**1137.94**	**1246.20**	**1796.54**
衣类	515.71	507.43	772.79	940.03	1375.00
鞋类	188.28	214.21	365.15	306.17	421.53
居住	**2814.58**	**3246.81**	**3482.08**	**3168.27**	**4624.93**
租赁房房租	56.73	125.57	158.04	339.49	302.31
住房维修及管理	951.68	621.46	531.23	286.70	676.52
水电燃料及其他	512.01	761.30	978.82	580.07	634.15
自有住房折算租金	1294.16	1738.48	1813.99	1962.01	3011.95
租赁房房租中租赁公房房租	23.80	24.75	15.42	0.06	
租赁房房租中租赁私房房租	32.93	100.82	142.62	339.44	302.31
住房维修及管理中物业管理费	1.00	0.79	2.40	22.28	59.28
生活用品及服务	**608.36**	**697.34**	**1007.53**	**867.33**	**1442.16**
家具及室内装饰品	119.28	101.71	358.21	140.03	235.86
家用器具	192.00	245.43	250.90	233.74	407.06
家用纺织品	36.23	59.70	62.52	71.84	139.32
家庭日用杂品	166.82	199.96	227.64	265.84	344.52
个人用品	53.06	60.77	73.12	123.85	282.64
家庭服务	40.98	29.77	35.14	32.04	32.77
#家政服务	10.87	7.76	0.56	6.15	10.27
交通通信	**1021.00**	**3743.31**	**3056.93**	**1709.59**	**2283.46**
交通	**494.48**	**3255.49**	**2397.70**	**914.50**	**1564.58**
交通工具	151.47	2910.06	1905.82	399.30	433.80
交通费	35.57	18.88	69.04	40.17	189.89
交通工具用燃料	204.86	219.50	262.96	293.84	550.15
交通工具使用及维修	102.58	107.05	159.88	181.19	390.74

5-21 续表 2

单位:元

指　标	低收入户	中低收入户	中等收入户	中高收入户	高收入户
#车辆保险支出	11.43	8.66	65.05	31.83	130.96
通信	**526.53**	**487.82**	**659.23**	**795.09**	**718.88**
通信工具	178.12	149.30	279.16	386.46	218.90
通信服务	348.41	338.52	380.07	408.63	499.98
教育文化娱乐	**926.19**	**789.22**	**1421.29**	**1550.53**	**2184.66**
教育	**707.77**	**601.60**	**897.70**	**998.53**	**1258.46**
学前教育	195.61	129.39	114.18	113.97	236.26
小学教育	103.49	137.71	153.21	103.76	265.29
初中教育	41.78	112.24	272.43	125.63	120.88
高中教育	242.23	96.69	146.39	132.60	38.20
中专职高教育	0.98	1.87	8.51	49.22	2.16
大专及以上教育	65.43	97.47	144.18	405.83	442.03
成人教育	58.25	26.22	58.79	67.53	153.62
文化娱乐	**218.42**	**187.62**	**523.58**	**551.99**	**926.20**
文娱耐用消费品	47.60	58.69	154.20	93.55	81.79
其他文娱用品	68.78	63.78	98.44	90.99	174.44
文化娱乐服务	102.04	65.15	270.94	367.45	669.97
医疗保健	**674.36**	**681.23**	**1192.35**	**787.97**	**1091.03**
医疗器具及药品	200.21	216.29	359.97	313.54	388.82
医疗服务	474.15	464.94	832.38	474.44	702.21
门诊总费用	155.33	151.11	171.54	326.99	271.44
住院总费用	318.82	313.83	660.84	147.44	430.77
其他用品和服务	**202.57**	**94.46**	**334.52**	**288.58**	**637.17**
其他用品	141.38	45.38	235.76	160.04	446.97
其他服务	61.18	49.08	98.76	128.54	190.20

主要统计指标解释

住户　指居住在一个住宅内,共同分享生活开支或收入的一群人。居住在同一房间内、不共同分享生活开支的人群,每个人都视为一个住户。住家保姆、住家家庭帮工视为单独的住户。

常住成员　指住户成员中,经常在家居住、或者调查期内居住时间超过一半的人员,以及本住户供养的学生。

可支配收入　指调查户在调查期内获得的、可用于最终消费支出和储蓄的总和,即调查户可以用来自由支配的收入。可支配收入既包括现金,也包括实物收入。按照收入的来源,可支配收入包含四项,分别为:工资性收入、经营净收入、财产净收入和转移净收入。可支配收入=工资性收入+经营净收入+财产净收入+转移净收入

工资性收入　指就业人员通过各种途径得到的全部劳动报酬和各种福利,包括受雇于单位或个人、从事各种自由职业、兼职和零星劳动得到的全部劳动报酬和福利。

经营净收入　指住户或住户成员从事生产经营活动所获得的净收入,是全部经营收入中扣除经营费用、生产性固定资产折旧和生产税之后得到的净收入。经营净收入=经营收入-经营费用-生产性固定资产折旧-生产税

财产净收入　指住户或住户成员将其所拥有的金融资产、住房等非金融资产和自然资源交由其他机构单位、住户或个人支配而获得的回报并扣除相关的费用之后得到的净收入。财产净收入包括利息净收入、红利收入、储蓄性保险净收益、转让承包土地经营权租金净收入、出租房屋净收入、出租其他资产净收入和自有住房折算净租金等。财产净收入=财产性收入-财产性支出

转移性收入　指国家、单位、社会团体对住户的各种经营性转移支付和住户之间的经常性收入转移。包括养老金或退休金、社会救济和补助、政策性生产补贴、政策性生活补贴、救灾款、经营性捐赠和赔偿、报销医疗费、住户之间的赡养收入,以及本住户非常住成员寄回带回的收入等。转移净收入=转移性收入-转移性支出

消费支出　指出户用于满足家庭日常生活消费需要的全部支出,包括用于消费品的支出和用于服务性消费的支出。根据用途不同,消费支出可划分为食品烟酒、衣着、居住、生活用品及服务、交通通信、教育文化娱乐、医疗保健、其他用品及服务八大类。根据来源不同,消费支出可划分为现金消费支出、实物消费支出(含自产自用、来自单位、来自政府和其他社会组织)。

六、城市公用事业和环保

6-1　城市设施水平

指　　标	单位	2015 年	2016 年
人口密度	人/平方公里	15055	13868
人均日生活用水量	升	97.1	79.3
用水普及率	%	100	100
每万人拥有公共交通车辆	标台	18	18
燃气普及率	%	92.1	94.5
人均拥有道路面积	平方米	7.1	7.8
排水管道密度	公里/平方公里	8.7	8.9
污水处理率	%	96.0	98.0
人均公园绿地面积	平方米	7.1	7.6
建成区绿地率	%	35.3	35.5
建成区绿化覆盖率	%	40.3	40.4
垃圾粪便无害化处理率	%	100.0	100.0

6-2　城市建设用地情况

指　　标	单位	2015 年	2016 年
城市市区面积	平方公里	1010.3	1010.3
建成区面积	平方公里	437.6	443.0
#城市建设用地面积	平方公里	393.3	410.3
#工业	平方公里	35.2	36.7
物流仓储	平方公里	15.8	16.5
交通设施	平方公里	72.7	75.8
居住	平方公里	100.7	105.1
公共管理与公共服务	平方公里	57.5	59.9
公用设施	平方公里	15.8	16.5
绿地	平方公里	81.2	84.8
商业服务业设施	平方公里	14.5	15.2
本年征用土地面积	平方公里	9.3	8.4

6-3 城市供水、供电情况

指 标	单位	2015 年	2016 年
供 水			
水厂数	个	9	9
自来水综合生产能力	万立方米/日	187	191
#地下水	万立方米/日	42	43
供水管道长度	公里	2997	2997
全年供水总量	万立方米	35181	37259
#生产用水	万立方米	3877	1276
生活用水	万立方米	28692	29763
#家庭用量	万立方米	17381	18192
用水人口	万人	661	661
节约用水			
取水量	万立方米	11258	10387
生产用水重复利用量	万立方米	138227	123188
节约用水量	万立方米	6426	6548
供 电			
公用配电线路长度	公里	23318	19596
全年销售总量	亿千瓦时	352	358
#生活用电	亿千瓦时	53	59
售给居民每千度电售价	元	551.4	542.7

6-4 城市燃气及供热

指 标	单位	2015 年	2016 年
液化石油气			
储气能力	吨	970	970
外购气量	吨	61615	60734
供气总量	吨	61078	60242
#家庭用量	吨	43166	42181
用气家庭户数	户	209601	201467
用气人口数	万人	95	86
天然气			
储气能力	万立方米	240	240
供气总量	万立方米	106894	112864
#家庭用量	万立方米	34280	33813
用气家庭户数	户	1691182	1725216
用气人口数	万人	513	529
输送管道长度	公里	5495	5886
供热能力			
蒸汽	吨/小时	550	390
热水	兆瓦	4023	4099
供热总量			
蒸汽	万吉焦	117	107
热水	万吉焦	1599	1866
管道长度			
蒸汽	公里	91	91
热水	公里	1190	1190
集中供热面积	**万平方米**	**5270**	**6050**
#住宅	万平方米	4370	5017

6-5 市政设施及公共交通

指　　标	单位	2015 年	2016 年
实有铺装道路长度	公里	1809	1932
实有铺装道路面积	万平方米	4720	5125
人行道面积	万平方米	979	1060
实有桥梁数	座	226	243
#立交桥	座	57	60
路灯盏数	盏	93551	97020
排水管道长度	公里	3812	4065
污水年排放量	万立方米	48077	49472
污水处理厂	座	5	7
处理能力	万立方米/日	139	154
污水年处理量	万立方米	46173	48497
公共汽、电车运营车数	辆	6221	6230
标准运营车数	标台	8298.2	8306.4
运营线路网长度	公里	1302.6	1479.9
全年客运总量	万人次	95387	91039
实有出租汽车数	辆	10608	10908

6-6 园林绿化及环境卫生

名　　称	单位	2015 年	2016 年
绿化覆盖面积	公顷	19374	20638
#建成区	公顷	17654	18432
园林绿地面积	公顷	16369	17628
#建成区	公顷	15457	16210
公园绿地面积	公顷	4720	5027
公园个数	个	83	94
公园面积	公顷	2466	2728
实际清扫面积	万平方米	4720	5125
生活垃圾清运量	万吨	207	223
垃圾无害化处理厂(场)	座	2	2
无害化处理能力	吨/日	4700	4700
公厕数量	座	966	966
市容环卫专用车辆总数	台	2355	2846

6-7 房产市场交易

名　称	单位	2015 年	2016 年
房产买卖			
成交面积	万平方米	1289.4	2035.8
#住宅	万平方米	1078.4	1721.6
办公用房	万平方米	129.4	184.4
商服用房	万平方米	68.9	120.7
成交金额	万元	11942244	20175449
#住宅	万元	9550885	16762345
办公用房	万元	1241663	1782529
商服用房	万元	1084363	1581519
房产租赁			
出租面积	万平方米	1088	1109
#住宅	万平方米	228	232
办公用房	万平方米	119	121
商服用房	万平方米	402	443
租金收入	万元	946453	965091
#住宅	万元	309158	314360
办公用房	万元	154514	157058
商服用房	万元	482781	531600
向个人出售住宅			
新建住宅出售			
面积	万平方米	1073.5	1973.1
销售额	万元	9508655	19593075
旧住宅出售			
面积	万平方米	524.7	757.2
销售额	万元	4279543	7088741

6-8　全市工业污染排放及处理利用情况

（2016 年）

指　　标	单位	数量
工业废水		
废水治理设施数	套	403
废水治理处理能力	万吨/日	75.4
废水治理设施运行费用	万元	16525.8
工业废水处理量	万吨	8469.9
工业废水排放量	万吨	6709.9
化学需氧量产生量	吨	32317.3
化学需氧量排放量	吨	5181.6
氨氮产生量	吨	2397.0
氨氮排放量	吨	453.3
工业废气		
工业废气排放量	亿立方米	2693.7
废气治理设施数	套	2303
废气治理设施处理能力	万立方米/时	8446.1
废气治理设施运行费用	万元	92846.7
二氧化硫产生量	吨	192841.5
二氧化硫排放量	吨	22942.7
烟（粉）尘产生量	吨	7868955.3
烟（粉）尘排放量	吨	21097.0
工业固体废物		
一般工业固体废物产生量	万吨	1585.9
一般工业固体废物综合利用量	万吨	1321.1
一般工业固体废物处置量	万吨	204.4
危险废物产生量	万吨	2.3
危险废物综合利用量	万吨	0.1
危险废物处置量	万吨	2.2
企业基本情况		
工业企业数	个	881
工业企业工业总产值	万元	27338095.4
工业锅炉	台/蒸吨	449/30770
工业炉窑数	座	940

6-9 全市工业污染防治投资情况

（2016 年）

指　　标	单位	数量	指　　标	单位	数量
工业企业数	个	**181**	**施工项目本年投资来源**		
施工项目总数	个	**201**	政府其他补助	万元	123
废水治理项目	个	16	企业自筹	万元	106785
废气治理项目	个	121	其中:银行贷款	万元	150
固体废物治理项目	个	12	**竣工项目数**	个	**188**
噪声治理项目	个	1	废水治理项目	个	15
其他治理项目	个	51	废气治理项目	个	116
施工项目本年完成投资	**万元**	**106908**	固体废物治理项目	个	9
废水治理项目	万元	3703	噪声治理项目	个	1
废气治理项目	万元	74013	其他治理项目	个	47
固体废物治理项目	万元	486	**竣工项目新增设计处理能力**		
噪声治理项目	万元	2	治理废水	吨/日	4779
其他治理项目	万元	28704	治理废气	万标立方米/时	732.3

6-10 城镇生活污染排放情况及污水处理厂运行情况

（2016 年）

指　　标	单位	数值	指　　标	单位	数值
污染排放			烟尘排放量	吨	10560.0
城镇生活污水排放系数	升/人·日	324	**污水处理厂运行情况**		
城镇生活污水排放量	万吨	68431.9	污水处理厂数	个	34
生活化学需氧量产生量	吨	136766.9	本年运行费用	万元	42577.3
生活化学需氧量排放量	吨	22796.0	污水设计处理能力	万吨/日	277.9
生活氨氮产生量	吨	17551.7	污水实际处理量	万吨	67781.1
生活氨氮排放量	吨	8965.0	生活污水处理量	万吨	62333.6
二氧化硫排放量	吨	15883.0	工业废水处理量	万吨	5447.5

主要统计指标解释

供水综合生产能力 指按供水设施取水、净化、送水、出厂输水干管等环节设计能力计算的综合生产能力。包括在原设计能力的基础上,经挖、革、改增加的生产能力。计算时,以四个环节中最薄弱的环节为主确定能力。原则上按设计能力填报,对于经过更新改造后,实际生产能力与设计能力相差很大的,按实际能力填报。

年底供水管道长度 指从送水泵至用户水表之间所有管道的长度。不包括新安装尚未使用、水厂内以及用户建筑物内的管道。在同一条街道埋设两条或两条以上管道时,应按每条管道的长度计算。

供水总量 指各种水源为用水户提供的包括输水损失在内的毛水量。

生活用水 指城镇生活用水。城镇生活用水由居民用水和公共用水(含第三产业及建筑业等用水)组成。

城市人口用水普及率 指报告期末城市用水人口数与城区人口总数的比率。计算公式:

$$用水普及率=\frac{城区用水人口(含暂住人口)}{城区人口+城区暂住人口}\times100\%$$

全年供气总量 指报告期燃气企业(单位)向用户供应的燃气数量。包括销售量和损失量。

城市供热管道长度 指从各类热源到热用户建筑物接入口之间的全部蒸汽和热水的管道长度。不包括各类热源厂内部的管道长度。可按管沟敷设方式(管沟、直埋、架空等)分类统计。

道路长度 指道路长度和与道路相通的桥梁、隧道的长度,按车行道中心线计算。

桥梁 指为跨越天然或人工障碍物而修建的构筑物。包括跨河桥、立交桥、人行天桥以及人行地下通道等。

排水管道长度 指所有排水总管、干管、支管、检查井及连接井进出口等长度之和。计算时应按单管计算,即在同一条街道上如有两条或两条以上并排的排水管道时,应按每条排水管道的长度相加计算。

无营运线路长度 指设置的固定营运线路长度,包括郊区营运线路长度。不包括临时行驶的线路长度。

绿地面积 指报告期末用作园林和绿化的各种绿地面积。包括公园绿地、生产绿地、防护绿地、附属绿地和其他绿地的面积。

公园绿地 城市中向公众开放的、以游憩为主要功能,有一定的游憩设施和服务设施,同时兼有健全生态、美化景观、防灾减灾等综合作用的绿化用地。

工业废气排放量 指报告期内企业厂区内燃料燃烧和生产工艺过程中产生的各种排入空气中含有污染物的气体的总量,以标准状态(273K,101325Pa)计算。

工业固体废物产生量 指未被列入《国家危险废物名录》或者根据国家规定的危险废物鉴别标准(GB5085)、固体废物浸出毒性浸出方法(GB5086)及固体废物浸出毒性测定方法(GB/T 15555)鉴别方法判定不具有危险特性的工业固体废物。计算公式是:

一般工业固体废物产生量=(一般工业固体废物综合利用量-其中:综合利用往年贮存量)+一般工业固体废物贮存量+(一般工业固体废物处置量-其中:处置往年贮存量)+一般工业固体废物倾倒丢弃量

工业固体废物处置量 指报告期内企业将工业固体废物焚烧和用其他改变工业固体废物的物理、化学、生物特性的方法,达到减少或者消除其危险成分的活动,或者将工业固体废物最终置于符合环境保护规定要求的填埋场的活动中,所消纳固体废物的量。

工业废水排放量 指报告期内经过企业厂区所有排放口排到企业外部的工业废水量。包括生产废水、外排的直接冷却水、废气治理设施废水、超标排放的矿井地下水和与工业废水混排的厂区生活污水,不包括独立外排的间接冷却水(清浊不分流的间接冷却水应计算在内)。

七、农　业

7-1 农村基本情况及从业人员

（2016 年）

指　　标	单位	总计	中原区	二七区	管城区	金水区	上街区	惠济区	中牟县
乡村人口从业人员									
乡村户数	万户	108.31	2.22	0.76	1.63	0.83	1.09	4.44	10.43
乡村人口数	万人	421.67	7.36	3.22	6.72	3.51	4.10	16.87	42.59
乡村从业人员数	万人	236.93	3.10	1.85	3.15	1.29	1.71	8.90	24.61
按性别分									
#男劳动力	万人	129.05	1.63	0.95	1.69	0.71	0.90	4.85	13.21
女劳动力	万人	107.88	1.48	0.90	1.45	0.58	0.81	4.05	11.39
按行业分									
农业从业人员	万人	91.75	0.03	0.41	1.25	0.33	0.37	4.31	15.67

注：乡镇数不包括县（市）所在地的城关镇。

7-1　续表

指　　标	单位	巩义市	荥阳市	新密市	新郑市	登封市	经开区	高新区	郑东新区	航空港实验区
乡村人口从业人员										
乡村户数	万户	16.27	13.30	15.89	10.91	14.29	2.19	3.95	2.81	7.29
乡村人口数	万人	62.64	49.10	60.94	41.72	57.76	8.78	11.62	12.60	32.16
乡村从业人员数	万人	33.39	31.93	33.33	25.63	34.79	4.52	3.69	5.95	19.10
按性别分										
#男劳动力	万人	18.74	17.07	18.06	13.61	19.26	2.53	2.06	3.35	10.43
女劳动力	万人	14.65	14.86	15.27	12.02	15.53	1.99	1.62	2.60	8.68
按行业分										
农业从业人员	万人	11.48	8.80	8.50	9.28	14.30	2.36	1.22	3.15	10.30

注：乡镇数不包括县（市）所在地的城关镇。

7-2 农业机械、电气、化学、水利情况

（2016 年）

指　　标	单位	合计	中原区	二七区	管城区	金水区	上街区	惠济区	中牟县
农业机械化情况									
实际机耕面积	千公顷	226.25	0.75	0.14	1.52	1.12	0.58	8.27	43.66
当年机播面积	千公顷	363.03	0.86	0.20	1.51	1.66	1.04	7.11	54.64
当年机收面积	千公顷	324.31	0.80	0.19	1.24	1.55	0.83	6.74	50.22
农村用电量	**万千瓦时**	**427893**	**9837**	**1134**	**2323**	**565**	**2931**	**7686**	**18216**
农用化肥施用量									
按折纯量计算	吨	219804	169	305	899	947	1083	4242	38941
氮肥	吨	62987	22	106	163	348	341	1366	9250
磷肥	吨	34102	6	35	202	103	106	636	6260
钾肥	吨	16439	1	16	16	159	59	398	3571
复合肥	吨	106276	140	148	518	337	577	1842	19860
农田水利化情况									
有效灌溉面积	千公顷	191.8	5.1	0.33	5.51	1.81	0.19	8.37	58.7
机电井数量	眼	56080	1007	135	2748	1648	388	4502	20534

7-2　续表

指　　标	单位	巩义市	荥阳市	新密市	新郑市	登封市	经开区	高新区	郑东新区	航空港实验区
农业机械化情况										
实际机耕面积	千公顷	24.00	18.55	28.49	30.84	26.99	6.10	2.66	5.98	26.61
当年机播面积	千公顷	39.53	55.39	53.31	51.25	48.23	6.77	4.75	8.22	28.561
当年机收面积	千公顷	33.45	52.99	46.79	43.96	41.22	6.54	4.43	7.78	25.6
农村用电量	**万千瓦时**	**196495**	**33038**	**44159**	**42550**	**45751**	**3927**	**447**	**7463**	**11373**
农用化肥施用量										
按折纯量计算	吨	28951	30178	27482	33795	25227	3125	829	8527	15104
氮肥	吨	10050	12171	6414	10080	6538	504	184	1534	3916
磷肥	吨	4036	7031	4158	2608	5234	512	109	702	2364
钾肥	吨	1670	1603	813	2383	3125	131	62	458	1974
复合肥	吨	13195	9373	16097	18724	10330	1978	474	5833	6850
农田水利化情况										
有效灌溉面积	千公顷	15.83	30.81	15.79	36.79	12.58				
机电井数量	眼	1973	6072	2219	12369	2485				

7-3 水果产量

（2016 年）　　单位:吨

指　　标	总计	二七区	管城区	金水区	上街区	惠济区	中牟县
水果产量	**272616**	**9093**	**978**	**281**	**1725**	**2476**	**17851**
苹果	54515	111	55		100	323	8394
#红富士	30898	101	45			323	5623
国光	3405	10	10				934
梨	20011	438	39	48	1489	615	599
#雪花梨	5142	236	20				470
鸭梨	2866	201	19			615	
其它	198065	8544	884	233	136	1538	8858
#桃子	43072	370	739	186	26	164	4278
猕猴桃	246	10					
葡萄	41344	6237	8	32	110	941	2797
红枣	57934					76	562
柿子	8411	12		15		357	1221

7-3　续表　　（2016 年）　　单位:吨

指　　标	巩义市	荥阳市	新密市	新郑市	登封市	经开区	郑东新区	航空港实验区
水果产量	**30704**	**47382**	**20072**	**85650**	**25163**	**13360**	**2396**	**15485**
苹果	16522	5020	4283	4320	10479	990	923	2995
#红富士	14098	1483	729	180	6496	990	65	765
国光	568	609	556		268		450	
梨	2553	4856	2101	1459	1978		114	3722
#雪花梨	848	21	257	46	755		114	2375
鸭梨	104	213	710	389	615			
其它	11604	37506	13688	79871	12706	12370	1359	8768
#桃子	1460	4686	3410	4710	2103	7220	11297	2423
猕猴桃	6	100			130			
葡萄	6601	2045	7482	12167	1672		69	1183
红枣	180	130	170	47043	210	5150	25	4388
柿子	2029	2718	455	39	651		140	774

7-4 农业机械主要

(2016 年)

指 标	单位	总计	中原区	二七区	管城区	金水区	上街区	惠济区	中牟县
农业机械总动力	**千瓦**	**4331336**	**15969**	**34602**	**51216**	**29596**	**28384**	**75632**	**619685**
拖拉机及配套机械									
拖拉机	台	125226	97	322	346	94	685	339	36594
	千瓦	1850135	4072	5877	6964	2039	14792	12768	445833
大中型拖拉机	台	16196	94	67	113	44	257	240	3272
	千瓦	780296	4031	2876	4401	1686	9912	11808	145458
小型拖拉机	台	109030	3	255	233	50	428	99	33322
	千瓦	1069839	41	3001	2563	353	4880	960	300375
拖拉机配套农具	部	194330	249	583	642	123	894	1070	51542
种植业机械									
耕整地及种植业机械									
机引犁	台	79823	61	743	268	14	148	270	26087
机引耙	台	68162	38	172	170	24	140		25807
播种机	台	28710	20	72	91	64	314	80	1160
化肥深施机	台	2405		48			8		925
秸秆粉碎还田机	台	10279	24	30	54	40	110	180	1291
农用排灌动力机械									
排灌动力机械	台	91120	282	498	2090	972	500	2880	8578
	千瓦	754607	4629	8932	12456	5786	7898	11610	49339
#柴油机	台	15795		51	243	252	100		4253
	千瓦	134177		638	2309	2268	998		34202
电动机	台	75309	282	447	1847	720	400	2880	4325
	千瓦	620030	4629	8294	10147	3518	6900	11610	15137
农用水泵	台	93180	282	554	2160	1368	400	2420	31716

生产情况

巩义市	荥阳市	新密市	新郑市	登封市	经开区	高新区	郑东新区	航空港实验区
495733	**436987**	**880489**	**585040**	**666389**	**70046**	**18520**	**109514**	**213534**
14331	5175	9994	11210	24488	4644	121	5983	10803
181498	120645	242480	226197	332327	54388	4740	69438	126077
1925	1982	2583	2632	1314	330	112	384	847
77882	79136	148132	143231	75764	14420	4640	19053	37867
12406	3193	7411	8578	23174	4314	9	5599	9956
103616	41509	94349	82966	256563	39968	100	50385	88210
20701	10056	10741	21107	47541	6701	310	8620	13450
8590	4595	2630	7562	15235	3330	75	4768	5447
4293	4303	2042	4692	13949	3390	45	4291	4806
3728	2849	2962	3703	12302	140	26	289	910
164	66	52	311	395	120		145	171
650	1763	1890	2425	894	125	85	199	519
4387	7610	11914	12994	27503	1325	480	3043	6064
48763	106159	178263	97933	154818	12200	7900	17523	30398
73	910	726	2305	3134	555		1080	2113
638	9555	7248	10062	41768	4700		9148	10643
4314	6700	11188	10689	24369	765	470	1962	3951
48125	96604	171015	87871	113050	7100	7900	8375	19755
4402	6120	4807	10659	13569	972	470	7217	6064

7-4 续表

指　标	单位	总计	中原区	二七区	管城区	金水区	上街区	惠济区	中牟县
节水喷灌机械	套	12263	2	97			100	30	736
植保机械									
机动喷雾(粉)机	台	10720	8	178	76	32	100	110	275
	千瓦	32802	23	1562	304	32	100	292	552
收获机械									
联合收获机	台	10681	56	32	47	44	54	128	1165
	千瓦	732313	2917	1625	3055	2440	3184	8263	71773
脱粒烘干机械									
机动脱粒机	台	32519	57	274	45	97	100	22	780
农副产品加工机械									
动力机械	台	46207	79	291	500		400	200	6113
	千瓦	369801	285	2916	3910		2500	1745	23280
#柴油机	台	805							
	千瓦	10321							
电动机	台	45400	79	291	500		400	200	6113
	千瓦	359480	285	2916	3910		2500	1745	23280
加工作业机械									
粮食加工机械	台	23422	51	192	487		300	115	2111
棉花加工机械	台	2007	5				200	10	186
油料加工机械	台	3606	22	97			100	20	331

（2016 年底）

巩义市	荥阳市	新密市	新郑市	登封市	经开区	高新区	郑东新区	航空港实验区
147	1170	380	5037	3806	3	4		751
469	827	907	6438	875	51	11	95	268
607	2481	1374	17423	7027	130	32	159	704
898	1857	2602	1823	1311	78	84	159	343
42860	115859	201109	132411	96338	4526	5465	11709	28779
10586	3102	4336	766	11408	96	73	327	450
10467	8083	10005	2949	4040	400	102	1011	1567
59177	54877	150550	24770	28904	3500	370	4823	8194
9	521	275						
80	4741	5500						
10458	7562	9730	2949	4040	400	100	1011	1567
59097	50136	145050	24770	28904	3500	370	4823	8194
4715	3275	5136	2267	3000	305	68	670	730
113	389	411	115	410	35		63	70
100	470	688	406	920	65	27	155	205

7-5 果园面积

（2016 年）　　单位:公顷

指　　标	总　计	二七区	管城区	金水区	上街区	惠济区	中牟县
果园面积	**22689**	**410**	**454**	**62**	**57**	**205**	**1134**
苹果园	4166	12	10		7	32	568
梨园	1043	26	6	6	38	10	43
桃园	3166	20	226	50	2	15	252
猕猴桃园	17	1					
葡萄园	2210	241	1	4	10	89	118
枣园	7158		198			19	88
柿园	972	10				40	65

7-5　续表　　（2016 年）　　单位:公顷

指　　标	巩义市	荥阳市	新密市	新郑市	登封市	经开区	郑东新区	航空港实验区
果园面积	**2198**	**2923**	**1315**	**7411**	**2596**	**893**	**1666**	**1365**
苹果园	1270	230	439	196	610	19	613	160
梨园	120	165	136	50	165		12	266
桃园	171	360	220	188	269	379	868	146
猕猴桃园	1	5			10			
葡萄园	305	107	396	543	303		13	80
枣园	10	13	32	5444	170	465	50	669
柿园	275	98	29	3	296		110	44

7-6 林业生产情况

（2016 年）

单位:公顷

县(市)区	当年造林面积	经济林	四旁植树(万株)	育苗面积	森林抚育实际面积
总计	**2481**	**502**	**627**	**3458**	**3150**
中原区	6		50	350	7
二七区	6			3	7
管城区	6		20	14	7
金水区				212	47
上街区				20	7
惠济区	45			1030	55
中牟县	477	142	210	480	360
巩义市	249	249		93	1451
荥阳市	414			461	194
新密市	578	111	47	485	330
新郑市	289		90	280	318
登封市	386		210	30	367

7-7 渔业生产情况

（2016 年）

指　　标	单位	合计	二七区	金水区	惠济区	中牟县	巩义市	荥阳市	新密市	新郑市	登封市	郑东新区
水产品总产量	吨	**150570**	**135**	**8600**	**17000**	**64539**	**5264**	**19500**	**880**	**340**	**1100**	**33212**
#鱼类产量	吨	149948	135	8600	17000	64232	5249	19200	880	340	1100	33212
虾蟹类产量	吨	42				42						
#养殖产量	吨	150570	135	8600	17000	64539	5264	19500	880	340	1100	33212
养殖面积	公顷	**8715**	**10**	**320**	**726**	**2800**	**365**	**1934**	**460**	**220**	**660**	**1220**
池塘	公顷	7135	10	320	726	2800	246	1663	130	20		1220
水库	公顷	1580					119	271	330	200	660	

7-8 牧业主要产品产量

（2016 年）

指　　标	单位	合计	中原区	二七区	管城区	金水区	上街区	惠济区	中牟县
猪当年出栏头数	万头	231.74	0.80	0.60	1.22	0.38	0.45	3.59	33.45
牛当年出栏头数	万头	13.23		0.01	0.05			0.79	1.98
羊当年出栏只数	万只	51.93		0.10	0.17	0.09	0.11	0.28	16.52
禽当年出栏只数	万只	3799.37	15.00	27.80	14.31	34.44	6.86	224.47	459.56
肉类总产量	吨	254473	736	816	1118	708	460	6840	40528
#猪肉产量	吨	178718	603	440	871	284	353	2614	29360
牛肉产量	吨	19681		10	63			1096	3311
羊肉产量	吨	6540		16	17	11	18	33	2060
禽肉产量	吨	47094	133	350	167	413	89	3000	5797
兔肉产量	吨	1444							
奶类总产量	吨	326496	990	280	716			29996	95823
#牛奶产量	吨	320523	990	280	716			29956	95823
山羊毛产量	公斤	15288							
绵羊毛产量	公斤	19618							
蜂蜜产量	公斤	84458							
禽蛋产量	吨	201267	265	3000	352	155	2472	4974	15609

7-8 续表　（2016 年）

指　　标	单位	巩义市	荥阳市	新密市	新郑市	登封市	经开区	高新区	郑东新区	航空港实验区
猪当年出栏头数	万头	31.54	40.85	20.55	49.54	22.80	3.76	0.41	1.80	20.01
牛当年出栏头数	万头	0.69	1.98	0.94	0.69	3.04	0.37		0.13	2.57
羊当年出栏只数	万只	3.70	3.54	3.05	4.57	7.32	1.62	0.09	1.19	9.58
禽当年出栏只数	万只	182.91	622.32	461.90	1074.35	300.15	26.36	7.24	10.37	331.33
肉类总产量	吨	29625	43734	22108	49567	27754	3737	411	1849	24482
#猪肉产量	吨	25053	32910	14301	34126	18258	2744	304	1393	15104
牛肉产量	吨	990	2960	1171	1016	4561	500		196	3807
羊肉产量	吨	501	491	335	578	914	200	11	143	1212
禽肉产量	吨	2267	7346	5294	13801	3601	293	96	117	4330
兔肉产量	吨	228	23	947	39	178				29
奶类总产量	吨	6292	74688	29383	36435	2100	3660	336	14196	31601
#牛奶产量	吨	6292	73636	24502	36435	2100	3660	336	14196	31601
山羊毛产量	公斤	11509		1320	753	1706				
绵羊毛产量	公斤	3840		8595	1893	3826				1464
蜂蜜产量	公斤	68971	2191	8255	1415	3626				
禽蛋产量	吨	12196	54013	28455	42872	24497	1125	856	1157	9269

7-9 全市粮经比

单位:%

县(市)区	1995 年	2000 年	2005 年	2010 年	2011 年	2012 年	2013 年	2014 年	2015 年	2016 年
全　市	**79.8:20.2**	**74.9:25.1**	**69.0:31.0**	**70.9:29.1**	**71.2:28.8**	**71.5:28.5**	**72.1:27.9**	**73.2:26.8**	**74.0:26.0**	**74.6:25.4**
中原区		59.0:41.0	51.3:48.7	53.8:46.2	55.0:45.0	55.1:44.9	56.3:43.7	65.7:34.3	68.0:32.0	71.6:28.4
二七区		73.4:26.6	59.9:40.1	63.0:37.0	69.9:30.1	73.1:26.9	77.5:22.5	74.5:25.5	72.9:27.1	81.8:18.2
管城区	79.0:21.0	76.4:23.6	55.2:44.8	60.9:39.1	62.2:37.8	62.0:38.0	58.7:41.3	56.9:43.1	60.2:39.8	59.1:40.9
金水区		87.9:12.1	83.5:16.5	94.1:5.9	89.1:10.9	91.4:8.6	92.7:7.3	90.8:9.2	90.3:9.7	90.4:9.6
上街区	46.1:53.9	66.7:33.3	86.8:13.2	91.2:8.8	91.1:8.9	90.5:9.5	90.6:9.4	94.0:6.0	94.3:5.7	95.0:5.0
惠济区		48.8:51.2	36.9:63.1	37.4:62.6	37.8:62.2	38.7:61.3	38.8:61.2	39.9:60.1	40.2:59.8	42.0:58.0
中牟县	65.9:34.1	56.6:43.4	47.3:52.7	46.4:53.6	46.0:54.0	45.8:54.2	45.1:54.9	44.5:55.5	44.2:55.8	44.1:55.9
巩义市	89.0:11.0	90.0:10.0	86.6;13.4	88.4:11.6	88.4:11.6	88.7:11.3	88.4:11.6	89.6:10.4	89.1:10.9	88.2:11.8
荥阳市	84.9:15.1	82.3:17.7	74.8:25.2	79.0:21.0	79.4:20.6	80.1:19.9	80.0:20.0	80.6:19.4	81.6:18.4	82.2:17.8
新密市	88.7:11.3	86.6:13.4	86.2:13.8	85.1:14.9	84.9:15.1	84.4:15.6	84.4:15.6	85.4:14.6	85.6:14.4	86.0:14.0
新郑市	78.6:21.4	71.8:28.2	71.0:29.0	72.2:27.8	73.8:26.2	74.4:25.6	74.9:25.1	77.9:22.1	78.7:21.3	80.7:19.3
登封市	86.1:13.9	84.8:15.2	81.4:18.6	86.5:13.5	86.7:13.3	87.4:12.6	87.4:12.6	86.6:13.4	86.8:13.2	86.7:13.3
经开区			64.2:35.8	72.8:27.2	74.0:26.0	78.7:21.3	65.0:35.0	65.6:34.4	67.6:32.4	69.1:30.9
高新区			76.2:23.8	86.2:13.8	86.9:13.1	89.6:10.4	89.5:10.5	90.7:9.3	91.4:8.6	92.3:7.7
郑东新区					93.4:6.6	98.9:1.1	73.6:26.4	77.9:22.1	76.0:24.0	78.9:21.1
航空港实验区					67.0:33.0	69.3:30.7	49.2:50.8	52.0:48.0	53.8:46.2	55.3:44.7

7-10 农作物主要

(2016 年)

指　　标	总计	中原区	二七区	管城区	金水区	上街区	惠济区	中牟县
农作物总播种面积	**457.29**	**1.17**	**0.24**	**1.99**	**1.96**	**1.25**	**10.07**	**70.99**
粮食作物播种面积	**341.02**	**0.84**	**0.19**	**1.17**	**1.77**	**1.19**	**4.23**	**31.33**
总产量	1610442	3774	681	5653	8832	5982	22813	184112
夏收粮食播种面积	169.16	0.59	0.10	0.83	0.95	0.61	2.28	12.56
总产量	818036	2645	417	3869	4969	3141	12003	72072
秋收粮食播种面积	171.87	0.25	0.09	0.35	0.82	0.58	1.95	18.77
总产量	792406	1129	264	1784	3863	2841	10810	112040
谷物合计播种面积	320.90	0.84	0.19	1.16	1.74	1.18	4.17	28.73
总产量	1513130	3779	656	5580	8847	5845	22930	168338
稻谷播种面积	0.08						0.08	
总产量	528						528	
小麦播种面积	169.15	0.59	0.10	0.83	0.95	0.61	2.28	12.56
总产量	818028	2645	417	3869	4969	3141	12003	72072
玉米播种面积	150.87	0.25	0.09	0.33	0.79	0.58	1.89	16.17
总产量	692974	1134	239	1711	3878	2704	10927	96266
谷子播种面积	0.85							
总产量	2087							
豆类合计播种面积	9.00				0.03		0.06	1.23
总产量	15419				71		136	3101
大豆播种面积	7.08				0.03		0.06	1.23
总产量	13678				71		136	3101
绿豆播种面积	1.47							
总产量	1688							
红小豆播种面积	0.01							
总产量	24							

产品生产情况

单位：千公顷、吨

巩义市	荥阳市	新密市	新郑市	登封市	经开区	高新区	郑东新区	航空港实验区
48.68	**72.53**	**65.32**	**62.62**	**58.83**	**9.16**	**5.69**	**10.71**	**36.08**
42.94	**59.62**	**56.18**	**50.54**	**51.03**	**6.33**	**5.25**	**8.46**	**19.95**
158108	330326	211019	267966	193019	34856	25483	42708	115110
22.43	31.19	27.65	25.35	24.66	3.16	2.73	3.60	10.47
84265	175852	113909	137384	94899	17213	14931	20381	60086
20.51	28.43	28.53	25.19	26.37	3.17	2.52	4.85	9.49
73843	154474	97110	130582	98120	17643	10552	22327	55024
41.70	57.63	52.13	48.44	45.23	5.93	5.25	8.16	18.40
153838	320747	196589	257845	162768	32198	25266	41905	105999
22.43	31.19	27.65	25.35	24.66	3.16	2.73	3.60	10.47
84257	175852	113909	137384	94899	17213	14931	20381	60086
19.02	26.08	24.42	22.99	20.49	2.77	2.52	4.56	7.93
69152	143951	82409	120092	67754	14985	10335	21524	45913
0.25	0.37	0.06	0.11	0.06				
423	944	271	369	80				
0.46	0.77	2.22	0.91	3.01			0.27	0.05
349	860	3209	2256	4584			756	97
0.23	0.54	1.70	0.81	2.17			0.27	0.04
162	602	2689	2076	3988			756	97
0.23	0.23	0.48	0.10	0.43				0.01
154	258	507	180	576				13
0.003				0.01				
4				20				

7-10 续表 (2016 年)

指 标	总计	中原区	二七区	管城区	金水区	上街区	惠济区	中牟县
红薯播种面积	11.13			0.01		0.004		1.37
总产量	81893			68		48		11388
油料合计播种面积	**40.90**	**0.12**	**0.03**	**0.31**	**0.04**	**0.03**	**0.30**	**9.75**
总产量	147193	395	20	767	78	29	1016	48214
花生播种面积	33.19	0.01	0.004	0.22	0.01	0.01	0.26	9.45
总产量	134643	163	5	642	50	11	958	47519
油菜籽播种面积	6.76	0.11	0.02	0.09	0.03	0.02	0.02	0.30
总产量	11446	232	15	125	28	15	18	695
芝麻播种面积	0.94					0.003	0.02	
总产量	1079					3	18	
向日葵播种面积	0.01						0.01	
总产量	24						22	
棉花播种面积	**2.26**				**0.004**			**0.95**
总产量	2224				11			993
烟叶播种面积	**0.76**							
总产量	1585							
药材播种面积	**0.24**							
蔬菜(含菜用瓜)播种面积	**62.53**	**0.21**	**0.02**	**0.41**	**0.14**	**0.03**	**5.37**	**23.99**
总产量	2596508	6865	456	18393	4343	1693	225021	923418
瓜类(果用瓜)播种面积	**8.76**			**0.09**			**0.004**	**4.98**
总产量	352447			1818			166	204959
#西瓜播种面积	7.66			0.04			0.004	4.53
总产量	321297			538			166	192143
其他作物播种面积	**0.83**						**0.16**	

单位:千公顷、吨

巩义市	荥阳市	新密市	新郑市	登封市	经开区	高新区	郑东新区	航空港实验区
0.78	1.22	1.83	1.19	2.79	0.40		0.03	1.51
3921	8911	13613	6218	25053	2575		156	9942
2.81	**2.97**	**3.23**	**6.46**	**3.76**	**1.60**	**0.12**	**0.38**	**9.02**
4184	8221	9800	22465	5361	5676	300	1211	39456
1.62	2.02	1.74	5.52	1.77	1.37	0.11	0.29	8.80
2471	6059	6935	21032	3296	5166	285	1057	38994
0.93	0.80	1.30	0.85	1.78	0.22	0.01	0.06	0.21
1456	1960	2573	1321	1925	510	15	128	430
0.26	0.15	0.19	0.09	0.21			0.02	0.01
254	202	292	112	140			26.00	32.00
2								
0.62	**0.12**	**0.04**	**0.01**	**0.33**			**0.16**	**0.01**
663	127	17	18	311			79	5
				0.76				
				1585				
0.03	**0.01**	**0.20**						
2.11	**9.70**	**4.96**	**5.31**	**2.20**	**0.86**	**0.32**	**1.25**	**5.65**
59576	440793	250769	215940	106301	40653	10854	54258	237175
0.15	**0.07**	**0.31**	**0.26**	**0.75**	**0.38**		**0.29**	**1.46**
4248	2944	11842	10087	29862	14035		10059	62427
	0.04	0.22	0.18	0.69	0.26		0.27	1.44
	2144	7366	7001	29173	11075		9857	61834
0.02	**0.04**	**0.40**	**0.04**				**0.18**	

7-11 农林牧

（2016 年）

指　　标	全市	中原区	二七区	管城区	金水区	上街区	惠济区	中牟县
农林牧渔业总产值	**2851591**	**7482**	**6352**	**10996**	**15632**	**6675**	**126541**	**434792**
农业	**1632535**	**3891**	**792**	**6085**	**2483**	**3828**	**64336**	**251499**
谷物及其他作物	541108	1090	167	2007	1783	1174	5305	56091
谷物	317018	822	110	1208	1783	1128	4360	31273
#小麦	191370	624	67	859	1091	678	2593	15568
稻谷	214						133	
玉米	114687	198	43	349	692	450	1634	15705
薯类	49136			43		29		5694
油料	83215	209	57	665		17	593	17267
#花生	76208	92	17	597		6	542	17105
油菜籽	5838	117	17	68		8	9	162
豆类	6139						54	1129
棉花	4970							728
烟草	3997							
其他农作物	69538	59		91			298	
蔬菜园艺作物	820534	2801	59	2654	700	939	58055	164459
蔬菜（含菜用瓜）	809057	2801	59	2601	700	280	57079	164442
花卉	3785			42			751	
水果、坚果、饮料和香料作物	268538		566	1424		1715	976	30949
水果（含果用瓜）	207922		566	1424		355	838	30949
#苹果	18754			21		34	111	2888
梨	3602			35		268	111	107
坚果	60077					1360	138	
香料作物	539							
中草药材	2355							
林业	**59365**	**830**	**94**	**122**	**835**	**1**	**4599**	**4132**
林木的培育和种植	51840	794		122	835	1	3949	3182
竹木采运	1787	36	94				650	950
牧业	**920880**	**2110**	**5097**	**4601**	**1128**	**2846**	**36813**	**139400**
牲畜饲养	221920		29	1250	19	68	17901	60066
牛的饲养	52964			195			7250	19165
羊的饲养	12331		29	54	19	68	161	8704
其他牲畜饲养	4182							
奶产品	107696			1001			10490	32197
猪的饲养	372707	1721	1637	2810	520	923	6853	59829
家禽饲养	200810	389	3431	541	589	1855	7728	19505
肉禽	51758	193	220	330	433	105	3723	7071
禽蛋	149053	196	3211	211	156	1750	4005	12434
狩猎和捕捉动物	30000							
其他畜牧业	95443						4331	
渔业	**193843**	**138**	**176**	**72**	**11186**		**20223**	**34367**
鱼类	191707	138	176	72	11186		19353	34367
虾蟹类	121							
其他	1990						870	
农林牧渔服务业	**44968**	**513**	**193**	**116**			**570**	**5394**

渔业总产值

单位:万元

巩义市	荥阳市	新密市	新郑市	登封市	经开区	高新区	郑东新区	航空港实验区
218196	**509687**	**384324**	**342102**	**305242**	**79448**	**9200**	**121139**	**218920**
77184	**286040**	**158742**	**167012**	**133602**	**32430**	**5256**	**41074**	**120441**
38583	77689	61992	70436	70147	17781	5156	18319	50732
29484	62835	38759	49407	43918	13052	4987	16386	20219
18200	37984	24604	29675	26737	3718	3234	3384	12979
11133	24513	14058	19600	17152	2426	1753	3002	7240
2353	5347	3788	3731	20042	1545		84	5965
2410	4645	4234	12696		3184	169	1050	22324
1399	3429	3925	11904		2924	161	522	22071
743	1002		674		260	8	528	219
64	472	1526	982	2748			319	43
1458	93	62	47	684			20	4
2814	4297	13623	3573	2755			460	2177
14620	115502	52898	53471	38417	8934	100	15938	58585
13630	98095	47522	53441	34200	8934	100	15938	58585
700	12030	1376						
23026	92759	31284	43105	25038	5715		6817	11124
13050	88984	11397	42055		5715		6815	11124
5684	1727	1473	1486		341		277	
460	1640	378	263				17	
9635	3259	19696	1050	25038			2	
341	516	191						
955	90	12568						
14232	**8269**	**38994**	**4998**	**44717**	**16100**		**5000**	**3119**
7457	8269	35529	4598	44048	16100		3000	
1037		2268	400	669				
108056	**181238**	**165648**	**165097**	**115204**	**19462**	**3944**	**52612**	**93375**
11383	46510	56575	21344	45039	11141	609	21305	40657
6479	19371	12639	6650	39105	3272		7511	24915
2119	2376	1417	2443	5228	846	4	4488	5124
595		5217	9					
2114	24763	12585	12242	706	1230	605	4486	10618
65531	87081	54410	97136	39632	7178	557	7483	40879
11078	47643	28443	46592	20503	1143	2778	3824	11799
2461	8678	8106	15657	3159	346	148	2996	5208
8618	38965	20337	30935	17344	797	2630	828	6591
		9325						
20064	4	16895	25	10030			20000	40
6516	**29852**	**2448**	**1001**	**6708**	**3706**		**18459**	
6416	29852	1553	1001	4431	3706		18459	
				1600				
100		895		545				
12208	**4288**	**18492**	**3994**	**5011**	**7750**		**3994**	**1985**

7-12 农林牧

（2016 年）

指　标	全市	中原区	二七区	管城区	金水区	上街区	惠济区
合计							
农林牧渔业总产值	2851591	7482	6352	10996	15632	6675	126541
中间消耗	1259928	2767	2822	3971	6458	2937	66354
增加值	1591663	4715	3530	7025	9174	3738	60187
农业							
总产值	1632535	3891	792	6085	2483	3828	64336
中间消耗	697245	1322	462	2475	1243	1684	36221
中间物质消耗	599097	1324	462	2887	1000	1443	34584
生产服务支出	98140			523	243	244	1737
增加值	935290	2569	330	3610	1240	2144	28115
林业							
总产值	59365	830	94	122	835	1	4599
中间消耗	23834	290	42		304		1976
中间物质消耗	19720	290	197	97	228		1913
生产服务支出	3537			15	76		63
增加值	35531	540	52	122	531	1	2623
牧业							
总产值	920880	2110	5097	4601	1128	2846	36813
中间消耗	426426	880	2310	1450	548	1253	18214
中间物质消耗	376698	783	1490	1591	500	1098	17326
生产服务支出	49733	96	207	240	48	152	788
增加值	494454	1230	2787	3151	580	1593	18599
渔业							
总产值	193843	138	176	72	11186		20223
中间消耗	95571	82	7	14	4363		9666
中间物质消耗	86590	82	80	57	2857		9247
生产服务支出	8981			6	1506		419
增加值	98272	56	169	58	6823		10557
农林牧渔服务业							
总产值	44968	513	193	116			570
中间消耗	16852	193		32			277
增加值	28116	320	193	84			293

渔业增加值

单位:万元

中牟县	巩义市	荥阳市	新密市	新郑市	登封市	经开区	高新区	郑东新区	航空港实验区
434792	218196	509687	384324	342102	305242	79448	9200	121139	218920
192014	92965	214068	172740	138147	125473	32519	4200	51678	95657
242778	125231	295619	211584	203955	179769	46929	5000	69461	123263
251499	77184	286040	158742	167012	133602	32430	5256	41074	120441
112206	32698	120136	47528	64634	49433	13089	804	17074	52089
70709	30285	115204	40459	51387	42314	11204	3165	14614	44797
41499	2412	4933	7071	15758	7122	1886	533	2459	7292
139293	44486	165904	111214	102378	84169	19341	4452	24000	68352
4132	14232	8269	38994	4998	44717	16100		5000	3119
1146	5182	3474	10723	1606	18056	6029		2300	1143
848	3334	3140	9455	1129	15862	5295		2014	869
299	1269	333	1263	113	1877	734		279	274
2986	9050	4795	28271	3392	26661	10071		2700	1976
139400	108056	181238	165648	165097	115204	19462	3944	52612	93375
63380	46863	76119	97944	69799	52994	8820	3396	18612	41701
44770	43510	59820	86192	66381	82105	7740	781	16339	36797
18609	3354	16300	11749	1798	11607	1078	110	2275	4904
76020	61193	105119	67704	95298	62210	10642	548	34000	51674
34367	6516	29852	2448	1001	6708	3706		18459	
13832	3771	12538	900	507	3150	1674		11459	
11381	3261	11861	821	254	5053	1519		10402	
2451	511	677	81	90	582	3062		1058	
20535	2745	17314	1548	494	3558	2032		7000	
5394	12208	4288	18492	3994	5011	7750		3994	1985
1450	4451	1801	15645	1601	1840	2907		2233	724
3944	7757	2487	2847	2393	3171	4843		1761	1261

7-13 主要牲畜

（2016 年）

指　　标	合计	中原区	二七区	管城区	金水区	上街区	惠济区	中牟县
大牲畜年末总头数	**13.10**	**0.04**		**0.19**			**0.32**	**2.81**
牛年末总头数	12.94	0.04		0.19			0.32	2.81
肉牛年末总头数	7.94			0.06				0.77
奶牛年末总头数	5.00	0.04		0.12			0.32	2.04
马年末存栏数	0.06							
驴年末存栏数	0.08							
骡年末存栏数	0.02							
猪年末总头数	**146.52**	**0.05**	**0.01**	**0.87**	**0.16**	**0.33**	**0.77**	**14.95**
能繁殖母猪	15.83	0.01		0.04	0.02	0.02	0.09	1.03
羊年末总只数	**36.09**		**0.03**	**0.49**	**0.05**	**0.12**	**0.16**	**7.78**
山羊年末总只数	28.16		0.03	0.49	0.02	0.06	0.15	7.27
绵羊年末总只数	7.93				0.03	0.06	0.01	0.52
家禽期末存栏数	**2101.34**	**0.23**	**5.43**	**17.07**	**8.15**	**9.00**	**53.31**	**196.13**
兔期末总只数	**40.88**							

年末存栏情况

单位:万头(只)

巩义市	荥阳市	新密市	新郑市	登封市	经开区	高新区	郑东新区	航空港实验区
0.81	**1.22**	**1.60**	**1.28**	**1.57**	**0.47**	**0.01**	**0.33**	**2.46**
0.80	1.22	1.52	1.27	1.51	0.47	0.01	0.33	2.46
0.59	0.30	1.22	0.75	1.51	0.25		0.26	2.22
0.22	0.91	0.30	0.52		0.22	0.01	0.07	0.25
		0.02		0.04				
		0.05		0.02				
		0.01						
20.40	**20.60**	**18.56**	**35.62**	**21.20**	**1.17**	**0.07**	**0.46**	**11.29**
2.25	1.79	1.94	3.84	2.40	0.10	0.05	0.13	2.12
3.32	**3.39**	**3.55**	**3.44**	**4.57**	**0.54**	**0.04**	**0.28**	**8.34**
2.12	2.86	2.50	1.85	2.10	0.54	0.04	0.21	7.93
1.20	0.53	1.05	1.58	2.47			0.08	0.41
126.00	**237.79**	**478.34**	**535.83**	**233.25**	**6.01**	**0.37**	**8.69**	**185.74**
5.58	**0.76**	**11.70**	**0.80**	**21.68**				**0.34**

主要统计指标解释

农林牧渔业总产值 是以货币表现的农林牧渔业全部产品的总量和对农林牧渔业生产活动进行的各种支持性服务活动的价值,它反映一定时期内农业生产的总规模和总成果。

农林牧渔五业统计范围是:1.种植业:包括粮、棉、油、糖料、麻类、烟叶、蔬菜、药材、瓜类、采集野生植物和其他农作物的种植以及茶园、桑园、果园的生产经营。

2.林业:包括林木的栽培、林产品的采集和竹木采伐。

3.牧业:包括除渔业以外的一切动物饲养和放牧及捕猎野兽。

4.渔业:包括水生动物和海藻类植物养殖和捕捞。

5.农林牧渔服务业:包括农林牧渔服务业营业收入。

农业总产值的计算方法通常是以农林牧渔业产品的产量乘以该项单位价格而得该项产品产值。少数生产周期较长,当年没有产品或产品不易统计的则采用间接方法匡算产值。五业产品产值之和即为农业总产值。

农业增加值 指各单位生产经营或劳务活动提供最终产品的货币表现,即本单位或本行业对社会所做的贡献。农业增加值是社会各经济单位,即企业、事业单位和行政单位及个体经营户在报告期内生产经营和业务活动最终成果的货币表现。

农业增加值主要采用生产法和分配法(收入法)两种方法计算。

农作物种植业 包括谷物、豆类、薯类、棉、油料、糖料、麻类、烟叶、蔬菜、药材、瓜类和其他农作物的种植,以及茶园、桑园、果园的生产经营。

其他农业 包括采集野生植物的果实、纤维、树胶、树脂、油料以及柴草、野生药材、菌类等。

粮食产量 指全社会的产量。包括国有经济经营的、集体统一经营的和农民家庭经营的粮食产量,还包括工矿企业家属办的农场和其他生产单位的产量。粮食除包括稻谷、小麦、玉米、高粱、谷子及其他杂粮外,还包括薯类和大豆。其产量计算方法,豆类按去豆荚后的干豆计算;薯类(包括甘薯和马铃薯,不包括芋头和木薯)1963 年以前按每 4 公斤鲜薯折 1 公斤粮食计算,从 1964 年开始及以后改为按 5 公斤鲜薯折 1 公斤粮食计算。郑州辖区作为蔬菜的薯类(如:马铃薯等)按鲜品计算,并且不做为粮食统计。其他粮食一律按脱粒后的原粮计算。

油料产量 指全部油料作物的生产量。包括花生、油菜籽、芝麻、向日葵籽、胡麻籽(亚麻籽)和其他油料。不包括大豆,也不包括木本油料和野生油料。花生以带壳干花生计算。

水产品产量 指人工养殖的水产品和天然生长的水产品的捕捞量。包括海水的鱼类、虾蟹类、贝类和藻类以及内陆水域的鱼类、虾蟹类和贝类,不包括淡水生植物。

猪、牛、羊肉产量 指当年出栏并已屠宰后除去头蹄下水 后带骨肉(即胴体重)的重量。

耕地面积 指年初可以用来种植农作物、经常进行耕锄的田地,除包括熟地、当年新开荒地、连续撩荒未满三年的耕地和当年的休闲地(轮歇地)外,还包括以种植农作物为主并附带种植桑树、茶树、果树和其他林木的土地,以及沿海、沿湖地区已围垦利用的"海涂"、"湖田"等面积。但不包括属于专业性的桑园、茶园、果园、果木苗圃、林地、芦苇地、天然或人工草地面积。

农作物播种面积 指实际播种或移植有农作物的面积,凡是实际种植有农作物的面积,不论种植在耕地上还是种植在非耕地上,均包括在农作物播种面积中,同时还包括因遭灾而重新改种和补种的农作物面积,种一公顷算一公顷。

农用化肥施用量 指本年内实际用于农业生产的化肥数量。包括氮肥、磷肥、钾肥和复合肥。化肥施用量要求按折纯量计算数量。折纯法化肥施用量是把氮肥、磷肥和钾肥分别按含氮、含五氧化二磷、含氧化钾的百分之百有效成份计算。复合肥按其所含主要成分折算。

农业机械总动力 指主要用于农、林、牧、渔业的各种动力机械的动力总和。包括耕作机械、排灌机械、收获机械、农产品加工机械、运输机械、植物保护机械、牧业机械、林业机械、渔业机械和其他农业机械〔内燃机按引擎马力折成瓦(特)计算,电动机按功率折成瓦(特)计算〕。不包括专门用于乡、镇、村、组办工业、基本建设、非农业运输、科学试验和教学等非农业生产方面用的动力机械与作业机械。

八、工　业

8-1 规模以上工业总产值、增加值及销售产值

（2016 年）

单位：万元

项　　目	工业总产值	工业增加值	工业销售产值
总　计	**155312713**	**32154329**	**150405940**
按轻重工业分			
轻工业	23816107	7556298	24176292
重工业	131496606	24598031	126229648
按登记注册类型分			
国有控股企业	21966929	6688721	21809572
国有企业	14617145	4193618	14612856
集体企业	1180222	251314	1146322
股份合作企业	19682	4283	19350
股份制企业	98290155	21407382	95999099
外商和港澳台商投资企业	35168095	5035491	32789512
其他	6037414	1262241	5838801
按所有制类型分			
公有制	24339644	7193382	24137277
非公有制	130973069	24960947	126268664
按企业规模分			
大型企业	65164874	13470199	62687269
中型企业	38623307	8148239	37411034
小型企业	51385251	10508585	50170303
微型企业	139281	27306	137334

注：本表工业增加值、总产值、销售产值包含河南中烟工业公司和河南电力公司的全口径统计数据。

8-2 规模以上工业企业分行业总产值、增加值及销售产值

（2016 年）

单位：万元

行　业	工业总产值	工业增加值	工业销售产值
总　计	**155312713**	**32154329**	**150405940**
煤炭开采和洗选业	1350488	490227	919519
石油和天然气开采业	4197	2838	38023
黑色金属矿采选业	38355	9896	562776
有色金属矿采选业	583731	105772	1407553
非金属矿采选业	1515053	360348	9140
农副食品加工业	4010341	770577	3665529
食品制造业	3403425	695747	3669923
酒、饮料和精制茶制造业	1440436	361905	1305807
烟草制品业	3847468	3161639	3868014
纺织业	349477	75568	334209
纺织服装、服饰业	2061364	513824	2009278
皮革、毛皮、羽毛及其制品和制鞋业	27590	6562	24083
木材加工和木、竹、藤、棕、草制品业	203767	45225	182219
家具制造业	593082	142275	524144
造纸和纸制品业	2491736	577805	2450718
印刷和记录媒介复制业	526688	123492	719996
文教、工美、体育和娱乐用品制造业	891158	193378	1017679
石油加工、炼焦和核燃料加工业	188528	34633	157774
化学原料和化学制品制造业	4343285	838873	4138910
医药制造业	1486789	343578	1360667
化学纤维制造业	28795	6997	28093
橡胶和塑料制品业	2461438	534781	2426489
非金属矿物制品业	31952823	7012528	30889667
黑色金属冶炼和压延加工业	2794929	534934	2587829
有色金属冶炼和压延加工业	10940032	1514529	10336009
金属制品业	2882072	590935	2747130
通用设备制造业	6896270	1418593	6821098
专用设备制造业	8678021	1789884	8536438
汽车制造业	11448502	2544484	11292647
铁路、船舶、航空航天和其他运输设备制造业	310504	67074	385099
电气机械和器材制造业	2915298	546689	2854380
计算机、通信和其他电子设备制造业	29949501	3872119	27736123
仪器仪表制造业	646609	177384	456260
其他制造业	5406	1035	14469
废弃资源综合利用业	19230	3762	40036
金属制品、机械和设备修理业	36094	8429	35887
电力、热力生产和供应业	13444868	2515897	14306038
燃气生产和供应业	413688	99161	415555
水的生产和供应业	131677	60953	130737

注：本表工业增加值、总产值、销售产值包含河南中烟工业公司和河南电力公司的全口径统计数据。

8-3 各种分组的规模以上工业增加值指数

上年=100

项　目	2012 年	2013 年	2014 年	2015 年	2016 年
指　数	**117.2**	**111.3**	**111.2**	**110.2**	**106.0**
按注册类型分					
内资企业	112.4	108.8	109.5	108.6	105.9
国有	108.8	107.8	101.9	102.3	108.4
集体	124.4	101.0	111.7	104.2	111.4
股份合作	115.1	112.2	96.8	121.4	97.9
联营	92.1	116.5	96.6	7.0	114.5
有限责任公司	115.1	112.7	112.8	108.5	105.6
股份有限公司	114.1	105.4	104.1	113.1	109.3
私营	112.3	106.4	110.3	108.1	104.8
其他	94.4	144.5	117.2	122.3	125.2
港澳台商投资	213.8	134.6	122.2	122.4	105.6
外商投资	100.4	105.6	109.3	99.6	109.4
按控股类型分					
国有控股	107.0	105.6	102.1	100.1	97.4
集体控股	129.0	104.0	111.6	109.2	108.8
私人控股	112.7	109.4	111.8	110.3	106.2
港澳台控股	212.1	137.0	122.7	121.7	106.3
外商控股	105.5	100.7	102.5	101.5	111.7
按所有制分					
公有制	109.1	105.4	103.1	101.2	98.9
非公有制	119.6	112.7	113.0	111.7	107.1
按轻重工业分					
轻工业	108.4	105.5	106.6	106.4	102.8
重工业	119.5	112.7	112.3	111.1	106.8
按企业规模份					
大型企业	125.4	116.3	110.9	110.5	101.8
中型企业	109.7	109.8	109.3	107.5	102.9
小型企业	117.7	109.1	113.1	112.0	112.9
微型企业	161.1	71.9	142.5	100.7	121.7

8-4 分行业规模以上工业增加值指数

上年=100

项　　目	2012 年	2013 年	2014 年	2015 年	2016 年
总　　计	**117.2**	**111.3**	**111.2**	**110.2**	**106.0**
煤炭开采和洗选业	100.0	102.1	102.0	93.3	90.9
黑色金属矿采选业	85.8	81.2	154.2	199.3	119.5
有色金属矿采选业	115.1	84.7	117.8	119.0	100.5
非金属矿采选业	111.3	120.0	111.0	114.5	107.9
农副食品加工业	123.6	100.8	110.3	110.1	107.6
食品制造业	101.8	112.1	107.0	105.1	105.2
酒、饮料和精制茶制造业	109.2	124.2	102.0	111.0	111.8
烟草制品业	118.5	107.4	100.6	99.8	85.9
纺织业	108.2	97.6	77.9	80.9	96.2
纺织服装、服饰业	100.3	105.6	124.8	112.9	111.2
皮革、毛皮、羽毛及其制品和制鞋业	113.9	67.0	98.9	67.7	103.1
木材加工和木、竹、藤、棕、草制品业	113.1	99.0	104.3	67.7	89.2
家具制造业	132.3	77.3	98.7	112.7	116.7
造纸和纸制品业	94.9	111.3	103.2	106.3	97.0
印刷和记录媒介复制业	104.7	94.7	101.9	93.4	85.8
文教、工美、体育和娱乐用品制造业	106.4	100.3	111.8	115.3	106.9
石油加工、炼焦和核燃料加工业	98.8	78.8	100.5	107.1	107.8
化学原料和化学制品制造业	125.1	109.4	108.7	111.4	100.1
医药制造业	89.0	92.9	117.5	113.5	106.2
化学纤维制造业	115.0	105.2	135.8	100.2	115.2
橡胶和塑料制品业	112.4	112.3	121.1	107.2	114.8
非金属矿物制品业	114.2	109.8	110.4	107.9	104.6
黑色金属冶炼和压延加工业	118.3	114.1	115.8	107.1	81.8
有色金属冶炼和压延加工业	112.3	109.9	107.1	115.3	107.8
金属制品业	102.6	111.0	116.6	105.0	114.0
通用设备制造业	132.8	115.7	113.1	108.3	108.5
专用设备制造业	110.7	103.9	109.8	110.6	106.7
汽车制造业	106.1	115.1	116.6	113.1	113.3
铁路、船舶、航空航天和其他运输设备制造业	119.3	99.1	134.6	150.3	105.8
电气机械和器材制造业	112.9	111.6	116.8	110.1	116.2
计算机、通信和其他电子设备制造业	273.4	137.9	124.5	126.3	113.5
仪器仪表制造业	118.5	147.7	118.1	119.2	110.7
其他制造业	55.8	97.1	149.0	83.7	14.5
废弃资源综合利用业			213.7	118.0	120.7
金属制品、机械和设备修理业	64.9	70.9	32.0	60.1	264.6
电力、热力生产和供应业	103.6	108.2	94.9	96.3	104.3
燃气生产和供应业	115.3	113.0	123.7	98.1	106.7
水的生产和供应业	103.0	108.9	111.5	97.8	150.1

8-5 规模以上工业企业单位数、总产值、增加值及销售产值

(2016 年)

项　　目	单位数（个）	工　业总产值（万元）	工业总产值指数（上年=100）	工　业增加值（万元）	工业销售产值（万元）
总　　计	**2897**	**143650358**	**107.1**	**28474836**	**138743585**
#国有及国有控股企业	103	10304573	100.7	3009229	10147216
集体企业	37	1180222	111.8	251314	1146322
港澳台商投资企业	49	28763900	105.7	3752328	26662852
外商投资企业	60	6404195	113.3	1283164	6126660
按轻重工业分					
轻工业	649	21157486	106.3	5366923	21517671
重工业	2248	122492872	107.2	23107913	117225914
按企业规模分					
大型企业	82	53502518	103.8	9790706	51024913
中型企业	574	38623307	103.4	8148239	37411034
小型企业	2147	51385251	113.9	10508585	50170303
微型企业	94	139282	125.7	27306	137335

8-6 各县(市)、区规模以上工业企业单位数

(2016 年底)

单位:个

县(市)区	合计	#国有及国有控股	#集体	#港澳台投资	#外商投资	轻工业	重工业	#大型	#中型
全　市	**2897**	**103**	**37**	**49**	**60**	**649**	**2248**	**82**	**574**
中原区	31	6		2	2	11	20	3	13
二七区	106	3	1	1	4	43	63	6	7
管城区	15	2	2	2		9	6	2	3
金水区	18	3	1		1	11	7	2	4
上街区	85	9	1	1	2	4	81	4	10
惠济区	22	2	1		3	10	12	3	1
中牟县	122	3	1	3	3	38	84	5	30
巩义市	505	5	4		6	20	485	10	66
荥阳市	474	6	11	1	4	76	398	6	152
新密市	486	5	8	4	3	115	371	6	65
新郑市	301	10	4	7	4	135	166	5	71
登封市	369	9	3	3	1	55	314	5	81
经开区	143	15		12	16	55	88	10	23
高新区	147	18		8	8	39	108	8	35
郑东新区	14	2		1	1	4	10	1	3
航空港实验区	56	2		4	2	24	32	3	10

8-7 各县(市)、区规模以上工业总产值

(2016 年)

单位:万元

县(市)区	合计	#国有及国有控股	#集体	#港澳台投资	#外商投资	轻工业	重工业	#大型	#中型
全 市	**143650358**	**10304573**	**1180222**	**28763900**	**6404195**	**21157486**	**122492872**	**53502518**	**38623307**
中原区	2346514	1591655		382692	49153	242418	2104096	1919959	343770
二七区	1924418	118444	2351	14505	560160	1115144	809275	875834	284579
管城区	1437141	26297	27572	103936		146468	1290673	1240246	121950
金水区	233856	65989	4200		10072	199874	33981	75875	76370
上街区	3476098	805637	14285	4466	25510	68060	3408039	943710	693517
惠济区	881574	19840	2064		584689	721629	159945	674347	11686
中牟县	5014414	1324179	14275	29453	1254184	1256592	3757822	1197086	2049038
巩义市	21445248	202068	102459		2153023	779584	20665663	3999326	7011204
荥阳市	18271959	395690	503213	21184	201769	2409058	15862901	1113395	11004885
新密市	15392062	380949	154043	78216	14174	4059281	11332781	1541702	3271105
新郑市	13095235	776471	132364	105611	278650	5276238	7818997	826599	5777108
登封市	13953306	2046962	213078	128220	21412	1058090	12895216	2280418	4261072
经开区	12849074	2016752		1132367	702610	3025348	9823725	9273566	1834149
高新区	3983163	517911		139191	505990	657936	3325227	1252774	1516009
郑东新区	248971	15024		77479		53280	195691	77479	15024
航空港实验区	29044331	20319		26614932	4020	291039	28753292	26278184	141651

注:本表按当年价格计算。

8-8 各县(市)、区规模以上工业销售产值

(2016 年)

单位:万元

县(市)区	合计	#国有及国有控股	#集体	#港澳台投资	#外商投资	轻工业	重工业	#大型	#中型
全 市	**138743585**	**10147216**	**1146322**	**26662852**	**6126660**	**21517671**	**117225914**	**51024913**	**37411034**
中原区	2331032	1588807		382692	48532	249422	2081610	1919959	324540
二七区	1756994	118569	2351	14505	548657	953992	803002	864456	141460
管城区	1444286	27729	28203	101956		145815	1298471	1247195	122231
金水区	232009	61673	4200		10072	187393	44616	75875	76612
上街区	3430046	801984	13552	4466	27508	67753	3362293	915939	687221
惠济区	886658	19854	2064		591810	728183	158475	681036	11686
中牟县	4769074	1246053	14275	28860	1174781	1179529	3589546	1120070	1953437
巩义市	20400674	201314	99776		1976264	923394	19477280	3818040	6546650
荥阳市	18002399	391000	476034	27651	212224	2375748	15626651	1113640	10836920
新密市	15258012	385249	153315	78051	14080	4023174	11234838	1536219	3253626
新郑市	12839552	767578	132156	99668	278602	5340704	7498849	796607	5699447
登封市	13722025	2018865	210997	123916	20883	1543132	12178894	2246154	4201649
经开区	12804560	2013605		1184350	684999	3045925	9758635	9314523	1778014
高新区	3743666	489761		108662	499160	601037	3142628	1199233	1426032
郑东新区	241315	15182		76961		54923	186392	76961	15182
航空港实验区	26839565	20344		24494767	3989	299645	26539919	24165370	136369

注:本表按当年价格计算。

8-9 各县(市)、区规模以上工业增加值

(2016 年)

单位:万元

县(市)区	合计	#国有及国有控股	#集体	#港澳台投资	#外商投资	轻工业	重工业	#大型	#中型
全　市	**28474836**	**3009229**	**251314**	**3752328**	**1283164**	**5366923**	**23107913**	**9790706**	**8148239**
中原区	477341	292691		102397	10533	78474	398867	383425	76127
二七区	422535	27595	391	3097	132698	248479	174057	207346	58726
管城区	319280	5433	7093	17171		30952	288327	281342	23863
金水区	50810	15701	990		1986	42515	8295	14963	16444
上街区	652900	132258	2528	1053	5345	16348	636551	161959	136187
惠济区	180767	6664	509		118406	146370	34397	132981	5410
中牟县	1075558	292640	3386	5766	283710	264286	811272	271474	430572
巩义市	3853415	39787	19225		381332	163187	3690229	650096	1240017
荥阳市	3949596	101750	103664	2712	35107	536120	3413476	213973	2441069
新密市	3434746	112411	31666	14064	2949	961336	2473409	374555	797780
新郑市	2844391	150897	31009	24258	61626	1134951	1709439	211535	1238096
登封市	3141586	560673	48887	22637	4850	237708	2903879	632292	926627
经开区	3563696	1146380		286504	146450	1336951	2226745	2818084	366926
高新区	839509	121868		32317	90472	143685	695824	248782	317803
郑东新区	66979	3304		20780		10802	56177	20780	3304
航空港实验区	3603787	5192		3229514	835	63371	3540416	3185996	28138

注:本表按当年价格计算。

8-10 历年主要

产品名称	单位	1978 年	1980 年	1985 年	1990 年	1995 年	1998 年	1999 年	2000 年	2001 年	2002 年
原煤	万吨	868	897	1352	1628	2220	2613	1724	1830	2039	2581
饲料	万吨		0.5	3.3	5.3	6.6	11.5	16.3	21.6	27.3	38.8
速冻米面食品	万吨										
方便面	万吨							5.5	6.9	14.7	18.7
啤酒	万千升			0.7	6.9	14.2	34.4	36.7	38.1	37.2	36.0
软饮料	万吨		0.2	1.4	1.6	4.5	2.0	6.8	6.4	8.2	21.1
卷烟	亿支	243.0	350.4	443.2	456.1	476.3	412.2	423.0	428.7	393.1	403.7
纱	万吨	7.7	8.5	7.9	8.8	8.8	7.6	8.4	6.9	7.3	7.4
布	万米	41876	44804	38904	40510	40981	32762	30530	23391	21735	21239
印染布	万米	15086	19188	13210	8758	20321	10321	9884	14620	14833	16258
服装	万件		1529	1730	2260	1619	939	912	1132	1240	1306
人造板	立方米		1548	5622	3788	196849	46744	75312	51276	47750	34895
家具	万件		23.2	66.0	72.1	49.4	8.6	8.2	9.9	6.0	4.7
机制纸机制纸板	万吨	2.7	3.6	9.2	6.7	35.4	59.9	90.9	92.3	101.3	101.9
硫酸	万吨	0.5	0.9	1.3	2.8	13.3	11.5	9.7	9.4	7.3	6.2
化学农药原药	吨			435	768	1976	3264	4772	2684	5390	5126
中成药	吨	422	895	1851	1322	1763	2774	2634	3276	4618	2822
化学肥料	万吨	8.9	3.8	3.4	8.0	11.7	18.2	15.9	15.7	15.1	13.8
塑料制品	万吨			1.5	1.9	5.6	4.2	5.0	5.8	6.3	6.4
水泥	万吨	38	55	119	227	737	881	966	932	1006	1030
工业陶瓷	万件										
耐火材料制品	万吨										
日用玻璃制品	万吨		1.7	3.2	2.6	7.3	4.3	3.5	2.1	1.1	0.8
石墨及炭素制品	万吨										
磨具	万吨	1.3	1.6	1.8	1.9	4.2	9.4	7.1	5.2	4.1	3.8
粗钢	万吨	2.2	3.7	4.5	5.9	13.0	16.3	11.8	1.6	1.1	1.2
钢材	万吨		1.9	4.5	7.4	15.5	25.1	27.6	14.1	14.7	17.6
原铝(电解铝)	万吨	1.8	2.9	3.4	4.0	5.9	13.0	15.5	15.8	26.5	35.5
氧化铝	万吨	40.0	40.6	53.3	60.1	66.6	73.1	87.5	96.6	107.1	127.1
阀门	万吨		0.1	0.2	1.0	3.9	3.5	3.0	3.2	3.7	3.9
小型拖拉机	台	8623	13954	34090	59661	41916	17898	13420	15048	8450	5518
汽车	辆	695	1577	1625	1043	16187	10118	7698	7689	9129	15650
变压器	万千伏安	54.9	36.9	62.5	50.1	94.2	98.3	128.7	169.9	168.4	177.1
电力电缆	千米	2513	3533	6318	7853	5732	4633	11810	7801	6970	5823
移动通信手持机(手机)	万台										
发电量	亿千瓦小时	13.3	11.1	10.6	18.3	65.7	87.8	77.0	85.1	95.1	108.0
供热量	万百万千焦		451	468	464	1901	2297	2040	2862	1166	3060
自来水生产量	万立方米		13127	17570	19435	30119	26427	27766	26079	25465	31013

注:2010 年始卷烟产量含河南中烟工业有限责任公司。从 2010 年至 2016 年郑州地区卷烟产量分别为 572.4 亿支，581.3

工业产品产量

2003 年	2004 年	2005 年	2006 年	2007 年	2008 年	2009 年	2010 年	2011 年	2012 年	2013 年	2014 年	2015 年	2016 年
3297	4096	6217	6699	6707	6629	6660	5963	6914	4568	4084	3554	3223	2512
57.4	62.8	65.1	114.1	126.5	150.8	106.2	148.1	178.4	210.7	266.5	239.3	192.9	176.0
21.5	23.8	32.3	59.6	70.2	87.1	90.9	100.6	125.3	100.6	109.5	125.0	122.4	128.1
22.3	17.9	20.5	25.5	32.8	24.0	30.4	44.5	28.2	26.4	29.0	30.2	37.9	38.5
32.0	39.1	41.6	25.1	28.7	45.3	49.0	56.0	48.4	58.6	63.6	54.3	60.6	83.1
19.2	22.1	25.5	46.0	70.2	108.1	163.4	216.6	236.3	251.1	344.7	300.4	328.5	367.3
404.6	419.0	408.4	436.7	477.1	487.6	559.6	1650.4	1676.1	1691.0	1713.0	1733.25	1674.3	1528.1
7.5	7.7	8.4	7.8	11.1	11.4	3.3	4.1	4.5	6.7	5.3	4.7	4.8	5.2
20442	24063	24647	22513	26034	27388	86063	81715	75968	87995	96156	6053	3505	3323
23138	22574	23949	36615	59217	67429	67446	62277	53171	60895	66909	64582	12557	6804
1483	1784	2974	4804	5681	7377	10117	10950	11708	12987	15590	20820	20410	21743
46920	99406	104698	111770	101649	76398	118077	155128	170786	200844	259772	200494	152393	146812
5.4	5.5	7.2	26.2	97.1	81.9	249.6	196.6	233.5	284.7	223.4	236.8	283	227.0
123.3	143.2	183.4	237.5	273.4	280.8	266.9	260.2	275.1	209.4	218.3	206.8	216.9	212.8
8.8	8.5	9.0	10.2	10.3	10.7	10.0	17.1	29.4	33.4	41.6	13.5	19.2	33.3
2770	3861	5016	4615	12361	3097	18255	14048	20244	22171	13881	37476	42505	49373
3664	2208	3972	11334	13973	65055	106412	3941	3290	5957	7772	8773	9003	9810
13.4	13.8	13.8	13.4	18.7	40.3	25.6	8.3	1.5	5.8	10.6	1.6	6.1	4.5
5.9	5.7	7.5	8.0	11.7	14.3	16.6	112.6	17.6	20.7	20.8	28.7	33.1	40.0
1134	1278	1538	1592	2109	1898	2198	2096	2153	2322	2518	2428	2184	2168
	7397	8844	10100	11211	42277	37670	47209	36348	49585	192593	524363	555763	632299
265.5	406.3	544.1	810.4	1267.7	1368.3	1533.4	1807.7	2080.6	2417.1	2897.6	3235.8	3375.5	3249.5
1.1	1.0	0.6			4.3	3.2	3.6	4.3				3	3.4
						280.5	311.6	439.7	514.2	581.4	590.4	601.2	617.0
3.7	4.8	4.8	4.4	6.1	8.0	20.4	9.4	14.6	45.4	69.4	75.8	73	68.6
1.3	7.6	9.8	13.0	12.2	24.1	19.5	17.3	4.8	4.8	2.2	2.95	0.2	20.9
46.1	103.8	159.7	215.8	326.1	358.7	339.7	377.0	424.7	481.1	525.6	657.2	627.4	536.1
37.3	42.2	49.3	49.1	67.0	66.4	60.1	58.4	56.8	69.7	65.2	53.2	55.7	57.2
138.3	148.1	171.4	234.3	237.8	219.7	167.3	221.8	246.0	253.0	264.9	238.3	260.6	174.4
5.6	7.4	9.9	18.3	29.0	52.4	65.3	79.9	102.5	126.7	144.4	156.3	160.5	172.0
2525	2479	3732	9811	16280	4081	5861	3569						
27327	29806	35855	47688	62261	74044	112874	225196	354985	367597	461479	507047	513908	584702
174.7	112.4	126.3	202.2	168.9	138.9	218.9	247.3	357.9	377.9	350.6	240.2	241.7	192.9
9062	3103	5758	6855	41031	60818	91775	83450	296201	321918.7	401496	401579	313043	222943
								2445	6846	9645	11890	19672	25754
119.0	159.8	204.6	206.1	254.3	285.2	266.8	292.8	386.3	447.4	518.0	494.98	444.2	446.6
3440	3369	3355	3186	3050	2982	2229	2851	3464	4015	3928	3604	3867	3850
31622	32772	24936	25754	26044	27595	27744	29368	26900	29265	44281	58599	61722	71471

亿支,586.4 亿支,594.1 亿支,601.09 亿支,514.7 亿支,469.7 亿支。

8-11 各县(市)、区

(2016 年)

产品名称	计量单位	全市	市直	中原区	二七区	管城区	金水区	上街区	惠济区
小麦粉	吨	2560036				130958	60712		
饲料	吨	1759979			73981	44914	15441		33860
精制食用植物油	吨	524455							
速冻米面食品	吨	1281473			24258		112424		743435
方便面	吨	385038			171632				
饮料酒	千升	837494			1974	246315			
白酒	千升	6424			1974				
啤酒	千升	831071				246315			
软饮料	吨	3672566			852203				
卷烟	万支	15280587							
纱	吨	51741							
布	万米	3323		1188					
印染布	万米	6804		3131					
服装	万件	21743		1186					
人造板	立方米	146812							
家具	件	2269525			101536	46549		48645	
机制纸及机制纸板	吨	2128378							
硫酸(折 100%)	吨	332964							
农用氮、磷、钾化学肥料总计	吨	45020							
化学农药原药	吨	49373				3224			
涂料	吨	179853			60875		15714		
中成药	吨	9810							23
塑料制品	吨	400281		10078	4559				2500

主要工业产品产量

中牟县	巩义市	荥阳市	新密市	新郑市	登封市	经开区	高新区	郑东新区	航空港实验区
		429923		747882	408456	782105			
301316		23804		687894		60986	350892	93124	73767
1667		117373		384434					20981
83367				273308			44681		
38143				74590		81946			18727
			4450	584756					
			4450						
				584756					
43250	208764	97195		1451767	230370	271742	310101		207173
						15280587			
6825				33468		7968		3480	
								2135	
		3673							
4	33	8305	10972	1089	9	34	111		
	64034				82778				
460671		17291			548205	1046628			
			2128378						
		284298	48666						
		45020							
30968					15181				
18041	38011	23030				24182			
		209	831	1664			7083		
22474	18147	3191		320537		12260	4994		1541

8-11　续表　　　　(2016 年)

产品名称	计量单位	全市	市直	中原区	二七区	管城区	金水区	上街区	惠济区
水泥	万吨	2168						79	
工业陶瓷	万件	632299						21155	
耐火材料制品	吨	32495397			53244			139688	
磨具	吨	686327		12086	6952				6378
钢材	吨	5360897		294161	319284				
焊接钢管	吨	1082130		145463	319284				
铁合金	吨	139277							
氧化铝	吨	1743857						1255177	
原铝(电解铝)	吨	572248							
铝材	吨	4982236						133378	
工业锅炉	蒸发量吨	11063							
泵	台	366817				187		84623	
阀门	吨	1719662						455144	
矿山专用设备	吨	777539			227			49280	
水泥专用设备	吨	97649					1781		
汽车	辆	584702				25030			
基本型乘用车(轿车)	辆	86186							
客车	辆	110661				25030			
载货汽车	辆	77187							
改装汽车	辆	21108							925
电动自行车	辆	99065							
变压器	千伏安	1929260		202225					
电力电缆	千米	222943			164565			48450	
电线	公里	1043257							
太阳能电池	千瓦	33573							
移动通信手持机(手机)	台	257544309							
发电量	万千瓦小时	4466448	27840	335642				55846	
自来水生产量	万立方米	71471		35025					9152

中牟县	巩义市	荥阳市	新密市	新郑市	登封市	经开区	高新区	郑东新区	航空港实验区
	433	326	159	249	849			73	
	54852				556111		181		
	15770285	182510	12358065	30630	3960975				
	212788	41948	332560				73615		
1056808	538393	471484		2229674		290539	8353		152201
				617383					
					139277				
					488680				
	460523				111725				
	4032468	159886		26065	384769		227085		18585
		308				7155	3362		238
	1446	280561							
		1263053					1465		
	156289	242303	20883	37147	20344	186025	65042		
1568	94300								
139371		1076				419225			
						86186			
38598		1076				45957			
77187									
8248		6609		5326					
					8945		90120		
			1260	1503131		127485	95159		
	8636						1292		
	982126	697					60434		
					33573				
									257544309
	712200	499966	1137194		1238706		276250	182804	
			1424		18363	2022	2000		3485

8-12 规模以上工业

(2016 年)

指　　标	合 计	#国有及国有控股	#集体	#股份制工 业
企业单位数(个)	2897	103	37	2576
#亏损企业	173	26	4	146
资产总计	131016248	20527633	976547	80026321
应收帐款	23933643	1647870	175018	8805379
存货	10303323	2366309	67754	5419961
#产成品	4163401	409476	26586	2242476
负债合计	76231100	13688815	390111	35941243
主营业务收入	141581682	12419126	1170418	96703994
主营业务成本	122619882	10398571	982389	81897219
营业费用	2855276	220133	31263	2191898
主营业务税金及附加	1275688	743572	5309	525040
管理费用	3204969	575509	28725	2373752
财务费用	1138473	282819	3553	811496
#利息支出	1140943	300013	3543	768295
利润总额	10791408	250160	119593	9028218
亏损企业亏损额	446601	273045	710	321357
利税总额	15072963	1489759	164602	11946195
本年应交增值税	2990313	488542	39642	2380046
全部从业人员年平均人数(人)	1057839	114951	7865	682073

企业主要经济指标

单位:万元

#外商及港澳台投资	按轻重工业分		按企业规模分			
	轻工业	重工业	大型企业	中型企业	小型企业	微型企业
109	649	2248	82	574	2147	94
18	51	122	8	48	111	6
41846737	19918464	111097784	65087606	33153392	29619369	3155882
14373792	1922756	22010886	17175969	3623078	3068058	66538
3901836	2097328	8205995	6377771	1918840	1959291	47420
1795998	680156	3483244	2331347	883374	925652	23028
35472010	9319329	66911771	48541437	13987044	11494645	2207975
33985951	22662034	118919648	54064722	38908765	45973086	2635109
31832633	17899741	104720141	48233264	32622571	39233968	2530078
451271	807184	2048093	977096	898238	968164	11778
61540	756202	519486	841594	223631	204013	6450
607868	674719	2530250	1333073	960719	898263	12913
253902	163055	975419	523215	312999	265929	36330
303303	147393	993550	573394	321030	210605	35914
861671	2342793	8448615	2383777	3862480	4461752	83400
120874	50192	396409	228524	160326	56721	1030
1141293	3840014	11232949	3950924	5170459	5794672	156908
217005	739741	2250572	717956	1077889	1127583	66886
320335	196616	861223	485105	307265	258430	7039

8-13 规模以上工业企业

(2016 年)

项目	企业单位数(个)	资产总计	应收帐款	存货	#产成品
总计	**2897**	**131016248**	**23933643**	**10303323**	**4163401**
按轻重工业分					
轻工业	649	19918464	1922756	2097328	680156
重工业	2248	111097784	22010886	8205995	3483244
按企业规模分					
大型企业	82	65087606	17175969	6377771	2331347
中型企业	574	33153392	3623078	1918840	883374
小型企业	2147	29619369	3068058	1959291	925652
微型企业	94	3155882	66538	47420	23028
按行业分					
煤炭开采和洗选业	34	5504211	392787	519430	65446
黑色金属矿采选业	2	24219	3496	1675	1391
有色金属矿采选业	10	502510	70874	134629	35935
非金属矿采选业	45	905816	36507	46518	39446
农副食品加工业	102	2905260	171036	190927	71604
食品制造业	99	3815746	422566	321822	133217
酒、饮料和精制茶制造业	27	961629	83732	62766	17005
烟草制品业	3	1437548	215707	734087	13616
纺织业	22	790567	77157	51138	24235
纺织服装、服饰业	49	2020429	104971	97914	43456
皮革、毛皮、羽毛及其制品和制鞋业	2	29402	415	21098	16653

分行业主要经济指标

单位:万元

负债合计	主营业务收　入	营业费用	主营业务税金及附加	利润总额	利税总额	全部从业人员年平均人数(人)
76231100	**141581682**	**2855276**	**1275688**	**10791408**	**15072963**	**1057839**
9319329	22662034	807184	756202	2342793	3840014	196616
66911771	118919648	2048093	519486	8448615	11232949	861223
48541437	54064722	977096	841594	2383777	3950924	485105
13987044	38908765	898238	223631	3862480	5170459	307265
11494645	45973086	968164	204013	4461752	5794672	258430
2207975	2635109	11778	6450	83400	156908	7039
4130747	2290013	27464	30814	-83777	55933	62224
12098	38154	1357	173	5482	6389	226
249417	563452	11021	3250	100549	116661	3344
311411	1407792	18722	6205	185544	220723	8073
1555443	3519478	60032	10360	326320	373605	19503
1985541	4338743	235683	17379	326772	466530	42724
509985	1490413	142537	17901	149537	212102	12168
493191	1373738	41544	646428	171766	974077	4978
629062	339215	4110	706	17422	24574	6266
843967	2033435	63794	16058	192545	274931	24378
21518	18665	1615	64	313	906	637

8-13 续表 (2016 年)

项目	企业单位数（个）	资产总计	应收帐款	存货	#产成品
木材加工和木、竹、藤、棕、草制品业	11	208217	14365	13134	5126
家具制造业	24	336601	27828	21274	10293
造纸和纸制品业	83	1349347	83382	76708	35545
印刷和记录媒介复制业	49	631215	50390	46596	25001
文教、工美、体育和娱乐用品制造业	30	567212	26297	25420	12526
石油加工、炼焦和核燃料加工业	8	76161	9650	13783	9125
化学原料和化学制品制造业	161	2870366	246498	150511	82399
医药制造业	39	1575610	249438	98320	41005
化学纤维制造业	2	39147	351	672	369
橡胶和塑料制品业	78	1676194	69479	42933	23649
非金属矿物制品业	964	20934363	2405709	1016842	598894
黑色金属冶炼和压延加工业	45	2044465	66801	130959	36063
有色金属冶炼和压延加工业	136	7276286	470019	625310	151084
金属制品业	114	2491685	251019	246399	138399
通用设备制造业	156	4181669	534087	355938	157508
专用设备制造业	247	7805627	831091	760192	258752
汽车制造业	91	7589279	2012781	407868	174930
铁路、船舶、航空航天和其他运输设备制造业	18	875643	161839	111477	32715
电气机械和器材制造业	108	2750060	438776	414284	261666
计算机、通信和其他电子制造业	50	34058683	13688038	3303943	1596648
仪器仪表制造业	34	1166109	189770	78086	27724
其他制造业	2	11876	2385	306	188
废弃资源综合利用业	5	50234	3059	7858	2917
金属制品、机械和设备修理业	2	33786	6824	941	
电力、热力生产和供应业	22	9128614	402676	157498	18277
燃气生产和供应业	14	1058662	61452	13626	594
水的生产和供应业	9	1331804	50390	441	

单位:万元

负债合计	主营业务收　入	营业费用	主营业务税金及附加	利润总额	利税总额	全部从业人员年平均人数(人)
60743	167050	4550	776	19139	24496	1999
112958	513453	10911	3332	54344	71047	4508
361387	2511699	48204	7144	332794	430371	19467
242580	705979	16149	3087	65240	96106	7983
223718	927364	54091	3523	93160	121598	6965
29090	169715	5711	883	11370	15671	661
1055417	3942175	74905	21722	419126	536677	25990
675625	1360225	45777	8967	198702	264595	14568
15912	28232	515	128	5367	6587	241
568094	2362776	32073	10780	296996	377399	13757
7017536	31504241	876894	192385	3356543	4595032	191841
905711	2616269	31259	7101	243787	315019	11617
4599778	10727774	97425	22138	453513	610250	45075
969746	2544973	73217	13155	195541	272717	22526
1370851	6289906	102229	30189	442390	599669	38174
2796013	8602125	201564	49821	785586	1027678	61530
4421385	11006564	346238	94536	1043978	1261847	50842
407729	604096	12289	3030	53748	54651	6699
1228863	3181655	57233	13648	275651	362667	27759
29615984	27701305	59709	7664	628633	637764	276355
327898	417844	33607	4205	107007	138333	6371
2640	17672	158	43	1054	1284	160
36698	34471	156	279	578	1495	419
18329	36064	8	239	1542	3452	1948
7326114	5476133	10458	18058	160188	327907	28203
566520	513759	42321	4371	113946	128647	3220
531403	205066	9751	5150	39011	63573	4440

8-14 国有及国有控股

（2016 年）

项 目	企 业 单位数 （个）	资产总计	应收帐款	存货	#产成品
总 计	**103**	**20527633**	**1647870**	**2366309**	**409476**
按轻重工业分					
轻工业	22	3162828	272235	811005	41680
重工业	81	17364805	1375635	1555303	367796
按企业规模分					
大型企业	15	13296431	1058919	1833730	220730
中型企业	42	3565414	416473	393224	140881
小型企业	43	1329966	164830	137541	47853
微型企业	3	2335822	7648	1814	12
按行业分					
煤炭开采和洗选业	8	4472555	207722	477996	45903
有色金属矿采选业	1	206692	110	119969	22705
农副食品加工业	3	205512	1381	18237	3050
酒、饮料和精制茶制造业	2	55072	4740	3676	1347
食品制造业	2	158306	21732	12318	1531
烟草制品业	2	1424835	211162	731247	11756
纺织业	2	298230	2178	19734	9140
纺织服装、服饰业	1	4317	96		
印刷和记录媒介复制业	3	91623	6609	12297	9064

工业企业主要经济指标

单位:万元

负债合计	主营业务收入	营业费用	主营业务税金及附加	利润总额	利税总额	全部从业人员年平均人数(人)
13688815	**12419126**	**220133**	**743572**	**250160**	**1489759**	**114951**
1545924	2070452	70338	659604	214828	1046151	14884
12142891	10348674	149795	83968	35333	443608	100067
8918792	7650444	149987	714023	67687	1129180	75236
1972919	1831733	49545	20806	111333	206543	28871
903290	1037502	20601	5531	54355	88784	6097
1893814	1899447		3213	16786	65252	4747
3582251	2014980	19192	27925	-111251	12055	42149
125774	58677			479	6989	1184
119554	314714	3250	704	11183	11043	1357
27540	24174	343	177	1467	2911	492
108892	104699	11326	9050	10726	23558	820
487853	1358400	41472	646320	171803	973045	4635
275376	40291	486	37	-3200	-3045	1265
255	3594	8	74	2	648	344
16759	54812	1690	587	5745	12151	1508

8-14　续表　　　　(2016年)

项　　目	企　业 单位数 (个)	资产总计	应收帐款	存货	#产成品
石油加工、炼焦和核燃料加工业	2	27180	2148	7607	4398
化学原料和化学制品制造业	2	51960	4471	11375	5941
医药制造业	1	231946	3144	5982	2306
橡胶和塑料制品业	3	28338	2208	1379	132
非金属矿物制品业	16	644979	67376	80854	42622
黑色金属冶炼和压延加工业	1	57618	4629	22143	3455
有色金属冶炼和压延加工业	2	764228	41816	97977	7928
金属制品业	2	64455	13119	13465	3058
通用设备制造业	8	248952	107632	31835	12859
专用设备制造业	8	2354518	400119	369811	117251
汽车制造业	6	935917	105220	94087	42893
铁路、船舶、航空航天和其他运输设备制造业	2	405598	79525	72738	19602
电气机械和器材制造业	4	198297	50996	37328	21675
计算机、通信和其他电子设备制造业	1	13477	411	3288	2431
仪器仪表制造业	1	5893	1847	3528	141
电力、热力生产和供应业	12	6331487	258401	116384	18277
燃气生产和供应业	2	14295	1860	787	14
水的生产和供应业	6	1231351	47218	265	

单位:万元

负债合计	主营业务收　　入	营业费用	主营业务税金及附加	利润总额	利税总额	全部从业人员年平均人数(人)
13636	131156	5428	803	6244	9723	208
46715	32636	1252	33	160	436	583
88294	22294	2449	211	102	1992	725
10215	15639	1341	195	938	2340	529
384747	238512	11354	5641	12048	27156	4850
38615	109252	764	205	4305	4669	62
600356	246240	6384	2376	-46074	-35758	3390
38883	50619	1588	336	2110	4357	750
117825	173301	5606	1259	17557	26373	2145
1055493	733913	30056	5679	42469	80799	8310
786744	1256385	47882	24133	-35190	9352	4683
255330	266157	3803	1237	16965	21928	3751
99906	103933	2955	446	6412	14622	2427
7132	20416	1847	63	2288	3107	292
2911	3057		8	222	298	46
4927015	4849956	10401	11171	96016	218521	24097
10881	8657	67	13	-218	-396	106
459864	182666	9190	4891	36854	60882	4243

8-15 规模以上集体工业

（2016 年）

项目	企业单位数（个）	资产总计	应收帐款	存货	#产成品
总计	**37**	**976547**	**175018**	**67754**	**26586**
按轻重工业分					
轻工业	11	228062	63111	17093	7818
重工业	26	748485	111907	50661	18767
按企业规模分					
中型企业	9	717232	137195	43293	14455
小型企业	28	259315	37824	24461	12131
按行业分					
非金属矿采选业	1	22995	4221	3758	1879
烟草制品业	1	12712	4545	2840	1861
纺织业	1	23476	292	75	9
造纸和纸制品业	2	6494	964	974	504
印刷和记录媒介复制业	3	45468	10910	5833	3808
化学原料和化学制品制造业	2	28644	9380	3152	1164
医药制造业	2	105424	45395	7096	1591
橡胶和塑料制品业	1	30022	906	142	113
非金属矿物制品业	11	151332	54252	5308	3155
黑色金属冶炼和压延加工业	1	4432	896	573	381
有色金属冶炼和压延加工业	1	18615	1994	618	484
金属制品业	3	21402	9187	2431	399
通用设备制造业	4	481599	29467	32596	9158
专用设备制造业	2	16184	1355	2142	2014
电气机械和器材制造业	1	591	388	102	70
其他制造业	1	7157	868	115	

企业主要经济指标

单位:万元

负债合计	主营业务收入	营业费用	主营业务税金及附加	利润总额	利税总额	全部从业人员年平均人数(人)
390111	**1170418**	**31263**	**5309**	**119593**	**164602**	**7865**
134536	234790	4916	1076	18982	31172	2372
255575	935629	26347	4234	100611	133431	5493
289291	661022	17702	3754	65914	95215	4819
100820	509397	13561	1555	53680	69387	3046
8949	59108	4137	175	11789	12673	282
5338	15337	72	108	-37	1032	343
20264	6692	173	18	805	936	40
1984	9448	440	38	1476	1987	115
16708	34502	189	258	-311	1826	506
22530	51327	1175	71	1692	2404	950
76529	110599	3732	509	9249	16094	945
9882	60602	432	117	9532	12084	121
76329	320447	6029	1400	40266	50258	1846
2000	3490	65	32	352	426	92
1841	75254	100	36	2550	2926	179
6482	44690	439	233	4827	6690	350
136248	335463	12763	2120	32889	49795	1758
3896	26640	1084	144	3315	3899	206
371	2280	319	23	68	228	27
759	14540	112	28	1131	1345	105

8-16 各县(市)、区规模以上工业企业主要经济指标

(2016 年)

单位:万元

县(市)区	企业单位数(个)	资产总计	应收帐款	存货	#产成品	负债合计
全市	**2897**	**131016248**	**23933643**	**10303323**	**4163401**	**76231100**
中原区	31	3882541	153123	118374	39945	2677969
二七区	106	2529601	239499	183137	68271	1701727
管城区	14	1553811	591592	80154	35054	956464
金水区	18	798926	164509	95790	14585	549500
上街区	85	2467119	171042	340124	90885	1507490
惠济区	22	867424	229121	112830	69997	551821
中牟县	122	2658863	446823	336622	165579	1650421
巩义市	505	12252428	957359	897440	340436	6088205
荥阳市	474	13988871	968846	724268	334867	4031621
新密市	486	13006497	878435	635651	233522	6436897
新郑市	301	14141034	406973	451044	161376	6590641
登封市	369	10804659	1882602	603560	276332	5249027
经开区	143	11410186	2956665	1612972	319559	5365808
高新区	147	6784227	893396	852847	397200	2978792
郑东新区	14	1281190	99369	19428	5586	673190
航空港实验区	56	32543609	12892106	3233630	1609730	29183721

8-16 续表 (2016 年) 单位:万元

县(市)区	主营业务收入	营业费用	主营业务税金及附加	利润总额	利税总额	全部从业人员年平均人数(人)
全市	**141581682**	**2855276**	**1275688**	**10791408**	**15072963**	**1057839**
中原区	2333398	77089	11743	110235	181769	20032
二七区	2273523	93523	4146	87695	110774	21313
管城区	1443133	106134	7173	167735	184266	9259
金水区	568214	47193	1812	8992	26396	11030
上街区	3552534	46804	13760	8183	73458	19774
惠济区	915530	69075	3815	11268	35178	10054
中牟县	4361824	89270	36309	257692	371163	32640
巩义市	20634497	596277	79018	1141652	1717821	104721
荥阳市	18710570	222494	101167	1779424	2254821	129454
新密市	15754431	376835	91295	1518640	2190934	112608
新郑市	13115660	192758	68640	1708746	2308397	90281
登封市	14427003	257583	98133	1684797	2081416	112902
经开区	12701505	384492	724178	1471345	2497638	76067
高新区	3639622	213843	23539	380207	535653	44550
郑东新区	350946	5868	4639	35413	57456	6510
航空港实验区	26777925	75880	6049	420927	446259	256302

8-17 各县(市)、区国有及国有控股工业企业主要经济指标

(2016 年)

单位:万元

县(市)区	企业单位数(个)	资产总计	应收帐款	存货	#产成品	负债合计
全市	**103**	**20527633**	**1647870**	**2366309**	**409476**	**13688815**
中原区	6	2550927	34163	46828	6274	1912315
二七区	3	1423362	100829	71858	9789	1124970
管城区	2	81940	22899	15301	5683	71228
金水区	3	91832	9299	14306	7659	23049
上街区	9	1693920	63105	260715	51216	1260346
惠济区	2	57522	5591	4974	111	28962
中牟县	3	877229	95735	87863	41903	745409
巩义市	5	401790	10510	15346	6606	319396
荥阳市	6	697594	84212	34162	18772	398389
新密市	5	2256361	105748	264141	22848	1872670
新郑市	10	1327565	81083	143077	28380	1084673
登封市	9	3677274	243330	219630	31344	2671880
经开区	15	3364250	603470	1039288	129268	1261664
高新区	18	1212135	148915	131802	47005	653632
郑东新区	2	699056	30214	3534	2140	171391
航空港实验区	2	69614	6586	8031		51036

8-17 续表

(2016 年)

单位:万元

县(市)区	主营业务收入	营业费用	主营业务税金及附加	利润总额	利税总额	全部从业人员年平均人数(人)
全市	**12419126**	**220133**	**743572**	**250160**	**1489759**	**114951**
中原区	1492670	10744	4796	-5263	36325	8629
二七区	534683	2720	1527	17741	25501	5307
管城区	31091	2482	260	-596	484	883
金水区	63431	1632	507	6916	12561	1329
上街区	861026	9967	7313	-22836	11511	7658
惠济区	19885	455	70	3069	3728	616
中牟县	1225901	47348	24036	-35473	8630	4169
巩义市	195346	3476	1917	2374	14047	6309
荥阳市	338035	6340	3267	5035	23496	2528
新密市	1145940	8376	13455	-69716	-13148	18318
新郑市	1086920	21433	14634	20267	57094	9660
登封市	2610107	15994	13037	33507	123292	28914
经开区	2190039	70114	651908	236803	1075150	10353
高新区	494377	18069	3944	36807	69864	8319
郑东新区	82428	448	2460	20018	37377	1221
航空港实验区	25881	378	168	3048	4281	396

8-18 各县(市)、区规模以上集体工业企业主要经济指标

(2016 年) 单位:万元

县(市)区	企业单位数(个)	资产总计	应收帐款	存货	#产成品	负债合计
全 市	**37**	**976547**	**175018**	**67754**	**26586**	**390111**
二七区	1	591	388	102	70	371
管城区	2	42235	10432	5756	3808	14965
金水区	1	3234	478	78		1743
上街区	1	23447	7040	2044	81	19850
惠济区	1	6021	62	4094	249	7476
中牟县	1	7157	868	115		759
巩义市	4	25911	3450	1659	1193	4080
荥阳市	11	633745	78069	39040	12952	237378
新密市	8	44063	4969	3325	2224	11043
新郑市	4	82544	13435	4560	2042	30038
登封市	3	107599	55829	6981	3968	62409

8-18 续表 (2016 年) 单位:万元

县(市)区	主营业务收入	营业费用	主营业务税金及附加	利润总额	利税总额	全部从业人员年平均人数(人)
全 市	**1170418**	**31263**	**5309**	**119593**	**164602**	**7865**
二七区	2280	319	23	68	228	27
管城区	30882	181	242	-331	1651	382
金水区	3620	8	17	19	175	124
上街区	14699	1095	68	-78	500	798
惠济区	4278	2025	22	-58	148	108
中牟县	14540	112	28	1131	1345	105
巩义市	94211	1739	111	5278	6217	461
荥阳市	503945	15935	2943	50226	75550	2988
新密市	154076	3053	353	16804	22607	823
新郑市	135548	775	424	16432	22011	954
登封市	212340	6021	1079	30102	34171	1095

8-19 规模以上工业企业主要经济效益指标

（2016年）

单位:%

项目	总资产贡献率	成本费用利润率	资产负债率	产品销售率
总计	**12.22**	**8.20**	**58.18**	**96.02**
按轻重工业分				
轻工业	19.95	11.75	46.79	95.54
重工业	10.84	7.56	60.23	96.12
按企业规模分				
大型企业	6.70	4.55	74.58	94.40
中型企业	16.49	10.99	42.19	96.95
小型企业	20.24	10.77	38.81	96.92
微型企业	6.09	3.21	69.96	99.04
按行业分				
煤炭开采和洗选业	2.97	-3.64	75.05	98.95
黑色金属矿采选业	30.82	16.87	49.95	99.13
有色金属矿采选业	24.55	21.67	49.63	98.08
非金属矿采选业	25.22	15.26	34.38	98.21
农副食品加工业	13.74	10.14	53.54	87.36
食品制造业	12.83	8.05	52.04	95.74
酒、饮料和精制茶制造业	22.57	11.15	53.03	98.00
烟草制品业	68.05	30.37	34.31	102.31
纺织业	4.41	4.16	79.57	97.03
纺织服装、服饰业	14.38	10.54	41.77	98.04
皮革、毛皮、羽毛及其制品和制鞋业	3.59	1.65	73.19	94.21
木材加工和木、竹、藤、棕、草制品业	12.07	13.01	29.17	97.02
家具制造业	21.97	11.92	33.56	97.95
造纸和纸制品业	32.29	15.31	26.78	99.33
印刷和记录媒介复制业	15.67	10.13	38.43	97.85
文教、工美、体育和娱乐用品制造业	22.08	11.10	39.44	93.87
石油加工、炼焦和核燃料加工业	20.92	7.22	38.20	96.54
化学原料和化学制品制造业	19.16	11.94	36.77	98.03
医药制造业	17.56	17.11	42.88	95.67
化学纤维制造业	16.92	23.60	40.65	97.57
橡胶和塑料制品业	22.79	14.45	33.89	98.33
非金属矿物制品业	22.66	11.98	33.52	96.83
黑色金属冶炼和压延加工业	15.98	10.28	44.30	97.59
有色金属冶炼和压延加工业	11.11	4.31	63.22	98.00
金属制品业	11.78	8.31	38.92	97.14
通用设备制造业	15.03	7.55	32.78	97.40
专用设备制造业	13.74	10.07	35.82	98.20
汽车制造业	17.08	10.20	58.26	96.37
铁路、船舶、航空航天和其他运输设备制造业	6.86	9.72	46.56	97.95
电气机械和器材制造业	13.76	9.24	44.68	93.97
计算机、通信和其他电子设备制造业	1.83	2.32	86.96	92.64
仪器仪表制造业	12.16	30.38	28.12	92.48
其他制造业	12.51	6.36	22.23	99.46
废弃资源综合利用业	3.11	1.61	73.06	93.74
金属制品、机械和设备修理业	9.97	4.50	54.25	49.82
电力、热力生产和供应业	5.42	2.62	80.25	97.90
燃气生产和供应业	13.18	28.05	53.51	98.62
水的生产和供应业	5.73	20.64	39.90	99.50

8-20 国有及国有控股工业企业主要经济效益指标

（2016 年）

单位:%

项目	总资产贡献率	成本费用利润率	资产负债率	产品销售率
总计	**8.56**	**2.02**	**66.68**	**97.41**
按轻重工业分				
轻工业	33.86	16.89	48.88	94.28
重工业	3.95	0.32	69.93	98.19
按企业规模分				
大型企业	9.87	0.88	67.08	98.94
中型企业	6.69	6.13	55.33	96.12
小型企业	8.12	5.53	67.92	87.84
微型企业	4.21	0.87	81.08	100.00
按行业分				
煤炭开采和洗选业	2.60	-5.41	80.09	98.84
有色金属矿采选业	3.46	0.77	60.85	91.08
农副食品加工业	5.59	3.76	58.17	72.09
食品制造业	6.33	6.33	50.01	171.61
酒、饮料和精制茶制造业	14.87	11.96	68.79	99.51
烟草制品业	68.58	31.36	34.24	102.34
纺织业	0.58	-3.58	92.34	97.73
纺织服装、服饰业	13.26	0.04	5.90	100.00
印刷和记录媒介复制业	12.95	10.88	18.29	104.44
石油加工、炼焦和核燃料加工业	36.31	5.03	50.17	97.26
化学原料和化学制品制造业	1.10	0.48	89.91	95.99
医药制造业	3.05	0.42	38.07	55.00
橡胶和塑料制品业	9.91	6.33	36.05	79.69
非金属矿物制品业	4.33	4.57	59.65	107.27
黑色金属冶炼和压延加工业	8.13	4.12	67.02	100.00
有色金属冶炼和压延加工业	-1.07	-13.87	78.56	101.46
金属制品业	7.20	4.40	60.33	98.40
通用设备制造业	10.95	10.50	47.3	95.97
专用设备制造业	3.52	6.02	44.8	97.78
汽车制造业	1.07	-2.69	84.1	94.13
铁路、船舶、航空航天和其他运输设备制造业	6.88	6.77	63.0	98.66
电气机械和器材制造业	8.08	6.26	50.4	76.26
计算机、通信和其他电子设备制造业	23.06	12.67	52.9	100.00
仪器仪表制造业	5.06	7.85	49.4	100.00
电力、热力生产和供应业	4.96	1.74	77.8	99.54
燃气生产和供应业	-2.34	-2.17	76.1	100.00
水的生产和供应业	5.95	22.02	37.4	99.58

8-21 集体工业企业主要经济效益指标

(2016 年)

单位:%

项目	总资产贡献率	成本费用利润率	资产负债率	产品销售率
总计	**17.22**	**11.41**	**39.95**	**97.06**
按轻重工业分				
轻工业	14.01	8.72	58.99	95.71
重工业	18.19	12.11	34.15	97.39
按企业规模分				
中型企业	13.65	11.10	40.33	95.80
小型企业	27.09	11.81	38.88	98.74
按行业分				
非金属矿采选业	55.43	25.01	38.92	99.69
烟草制品业	8.40	-0.21	41.99	97.90
纺织业	4.15	13.72	86.32	90.36
造纸和纸制品业	30.72	18.61	30.56	99.73
印刷和记录媒介复制业	4.07	-0.89	36.75	101.99
化学原料和化学制品制造业	8.61	3.41	78.66	98.29
医药制造业	15.69	9.17	72.59	91.81
橡胶和塑料制品业	40.39	18.71	32.92	100.00
非金属矿物制品业	33.75	14.45	50.44	98.84
黑色金属冶炼和压延加工业	10.20	11.34	45.13	100.77
有色金属冶炼和压延加工业	16.14	3.51	9.89	98.06
金属制品业	31.61	12.19	30.29	97.20
通用设备制造业	10.64	10.95	28.29	95.33
专用设备制造业	25.19	14.30	24.07	96.11
电气机械和器材制造业	38.59	3.13	62.72	100.00
其他制造业	20.97	8.45	10.61	100.00

8-22 各县(市)、区规模以上工业企业主要经济效益指标

(2016 年)

单位:%

县(市)区	总资产贡献率	成本费用利润率	资 产 负债率	产 品 销售率
全 市	**12.22**	**8.2**	**58.18**	**96.02**
中原区	7.27	10.98	59.97	99.04
二七区	5.56	4.06	66.91	92.44
管城区	7.09	4.67	64.13	99.64
金水区	4.42	1.57	68.78	99.16
上街区	4.47	0.15	56.45	98.35
惠济区	4.41	1.22	63.62	99.57
中牟县	14.58	6.23	62.07	94.22
巩义市	15.94	5.81	49.69	95.44
荥阳市	16.94	10.59	28.9	98.43
新密市	21.43	12.18	42.66	98.22
新郑市	17.54	15.5	44.84	94.84
登封市	22.31	13.33	45.22	98.31
经开区	26.84	13.88	47.4	97.15
高新区	8.57	10.94	43.91	93.47
郑东新区	5.86	10.6	52.54	97.91
航空港实验区	1.33	1.59	89.68	92.31

8-23 各县(市)、区国有及国有控股工业企业主要经济效益指标

(2016 年)

单位:%

县(市)区	总资产贡献率	成本费用利润率	资 产 负债率	产 品 销售率
全 市	**8.56**	**2.02**	**66.68**	**97.41**
中原区	-0.07	-10.27	63.65	105.8
二七区	2.89	3.69	78.86	99.25
管城区	1.20	-1.42	86.93	105.45
金水区	13.34	11.35	25.10	93.46
上街区	2.09	-4.47	71.87	100.42
惠济区	6.63	17.49	50.35	100.07
中牟县	1.04	-2.77	84.97	93.99
巩义市	5.65	1.19	79.49	99.74
荥阳市	5.56	1.62	63.63	99.24
新密市	11.78	3.68	68.90	99.36
新郑市	10.15	5.50	79.97	85.99
登封市	6.31	2.36	68.88	98.28
经开区	46.00	23.03	47.19	99.57
高新区	6.90	7.56	53.92	91.05
郑东新区	6.12	25.46	24.52	100.22
航空港实验区	7.77	13.45	73.31	100.12

8-24 各县(市)区集体工业企业主要经济效益指标

(2016年) 单位:%

县(市)区	总资产贡献率	成本费用利润率	资产负债率	产品销售率
全 市	**17.22**	**11.41**	**39.95**	**97.06**
二七区	38.59	3.13	62.72	100.00
管城区	4.01	-1.06	35.43	102.29
金水区	4.80	0.53	53.89	100.00
上街区	2.39	-0.53	84.66	94.87
惠济区	2.98	-1.34	124.15	100.00
中牟县	20.97	8.45	10.61	100.00
巩义市	24.81	5.94	15.75	97.31
荥阳市	12.26	11.14	37.46	94.50
新密市	51.44	12.27	25.06	99.53
新郑市	26.86	13.56	36.39	99.83
登封市	32.41	16.62	58.00	99.02

8-25 规模以上工业企业全员劳动生产率

(2016年) 单位:元/人·年

项 目	合计	#国有及国有控股	#集体	#港澳台投资	#外商投资
全 市	**269179**	**261784**	**319535**	**136171**	**286580**
按企业规模分					
大型企业	201827	317914		133427	317989
中型企业	265186	142978	315470	114633	208373
小型企业	406632	335537	325965	343898	303823
微型企业	38792				
按轻重工业分					
轻工业	272965	758052	186716	124342	190972
重工业	268315	187968	376889	136501	360377

8-26 各县(市)、区规模以上工业企业全员劳动生产率

(2016 年)

单位:元/人·年

县(市)区	合计	#国有及国有控股	#集体	#港澳台投资	#外商投资	轻工业	重工业	大型	中型	小型
全市	**269179**	**261784**	**319535**	**136171**	**286580**	**272965**	**268315**	**201827**	**265186**	**406632**
中原区	238294	594417		243570	239386	95957	489467	544020	103083	93922
二七区	198253	56385	144815	1067931	318221	247958	159994	181342	199071	247020
管城区	344824	61529	185681	133212		137016	1394906	1371731	196081	133033
金水区	46065	118141	79839		4064	42832	75136	19699	84328	119594
上街区	330174	199906	31679	152609	131005	320549	349331	256345	322260	432199
惠济区	179796	108182			203622	174749	204988	178402	151541	188928
中牟县	329521	701943	322476	205196	518571	219470	393860	236930	325550	467157
巩义市	367970	63064	417028		454399	282330	372973	250528	343115	459686
荥阳市	305096	442391	346934	135600	214067	275938	310890	250906	284215	379190
新密市	305017	604360	384763	166241	100993	294473	389489	436595	246914	410080
新郑市	315061	316611	325042	86113	547787	311963	348822	155380	334584	413314
登封市	278258	257947	446457	141747	234300	186350	312353	233292	197921	495725
经开区	468497	1464461		144845	223111	733702	481333	749490	287244	268381
高新区	188442	146494		175540	190067	102823	227572	173367	175718	225297
郑东新区	102886	27060		56086		115160	100820	56086	19131	397913
航空港实验区	140607			135182	85204	122385	140983	129360	54039	814153

8-27 规模以上工业企业分行业全员劳动生产率

（2016年）

单位：元/人·年

行业	合计	#国有及国有控股	#集体	#港澳台投资	#外商投资
全市	**269179**	**261784**	**319535**	**136171**	**286580**
煤炭开采和洗选业	78784	91503			
黑色金属矿采选业	437876				
有色金属矿采选业	316304				
非金属矿采选业	446362		496064		
农副食品加工业	395107	429256		405028	1265000
食品制造业	162847	32114		42399	134471
酒、饮料和精制茶制造业	297424			490832	258713
烟草制品业	1953124	2429821	155306		
纺织业	120600	65534		90630	107333
纺织服装、服饰业	210774	22703		26000	390231
皮革、毛皮、羽毛及其制品和制鞋业	103014				
木材加工和木、竹、藤、棕、草制品业	226238				
家具制造业	315606				
造纸和纸制品业	296813		188522	25196	
印刷和记录媒介复制业	154694	82480	110356	100616	
文教、工美、体育和娱乐用品制造业	277642				
石油加工、炼焦和核燃料加工业	523949	1215192			
化学原料和化学制品制造业	322768	182762	81589	60789	
医药制造业	235844	238979	277735		#DIV/0!
化学纤维制造业	290332				
橡胶和塑料制品业	388734	53762	1093967	100863	516475
非金属矿物制品业	365539	165340	386246	115596	475106
黑色金属冶炼和压延加工业	460475	5049355			144572
有色金属冶炼和压延加工业	336002	249959	809385	121584	333715
金属制品业	262335	212440	259429	431190	64865
通用设备制造业	371612	78690	400848		141441
专用设备制造业	290896	178513	269126	600368	28150
汽车制造业	500469	645830			440307
铁路、船舶、航空航天和其他运输设备制造业	100125	33783			
电气机械和器材制造业	196941	82040	164444		
计算机、通信和其他电子设备制造业	140114	294452		133690	95101
仪器仪表制造业	278424	303043		295415	
其他制造业	64688				
废弃资源综合利用业	89785				
金属制品、机械和设备修理业	43270				
电力、热力生产和供应业	363713	300622		205820	5158689
燃气生产和供应业	307953	216321		274742	
水的生产和供应业	137282	136618			150784

8-28 工业企业能源购进、消费与库存情况

（2016 年）

指标	计量单位	年初库存量	购进量		消费量					年末库存量
			实物量	金额（千元）	合计	工业生产消费	用于原材料	非工业生产消费	合计中：运输工具消费	
原煤	**吨**	**1098919.87**	**31290649.44**	**2155738.33**	**30834114.19**	**30817206.88**	**166521.08**	**16907.31**	**60.00**	**986949.39**
采矿业	吨	12916	1166133		1174351	1160026	1089	14324	21	20309
煤炭开采和洗选业	吨	12916	1163724		1171942	1159615	1089	12327		20309
有色金属矿采选业	吨		2032		2032	35		1997		
非金属矿采选业	吨		376		376	376			21	
制造业	吨	239427	6961813	1592285	6834198	6831615	165432	2583	39	334039
农副食品加工业	吨	1416	51545		51150	51078		72		1269
食品制造业	吨	3460	158097	83197	158860	158428		432		271
酒、饮料和精制茶制造业	吨	1222	40006	21978	40482	40339		143		747
纺织业	吨	6	3738		3736	3736				7
纺织服装、服饰业	吨		60152		60142	60142				10
木材加工和木、竹、藤、棕、草制品业	吨		361		361	361				
造纸和纸制品业	吨	3878	297161	225085	297144	297103		41		3902
印刷和记录媒介复制业	吨	38	6140	130	5670	5639	31	31		71
文教、工美、体育和娱乐用品制造业	吨	727	1506	600	1625	1625				44
化学原料和化学制品制造业	吨	5623	271626	96623	272260	272260	60227			2925
医药制造业	吨	3390	20585	4585	23705	23705				263
橡胶和塑料制品业	吨	76	31792		23666	23651		15		20
非金属矿物制品业	吨	42729	1946515	521022	1935229	1933500	76069	1729	39	33488
黑色金属冶炼和压延加工业	吨	2211	46566		47078	47078	2			1699
有色金属冶炼和压延加工业	吨	174323	3958732	638150	3845688	3845688	7671			289080
金属制品业	吨	120	31343	100	31409	31333	4696	76		80
通用设备制造业	吨	117	22459	816	22484	22477	16736	8		92
专用设备制造业	吨	18	11340		11340	11304		36		18
汽车制造业	吨	72	1132		1151	1151				53
电气机械和器材制造业	吨		978		978	978				
计算机、通信和其他电子设备制造业	吨		40		40	40				
电力、热力、燃气及水生产和供应业	吨	846577	23162704	563453	22825565	22825565				632602
电力、热力生产和供应业	吨	846577	23162704	563453	22825565	22825565				632602
其他洗煤	**吨**	**1332**	**31087**	**2343**	**30571**	**30571**	**26774**			**1820**
制造业	吨	355	4286	2343	4316	4316	519			296
造纸及纸制品业	吨		313		313	313				
化学原料及化学制品制造业	吨	219	1383		1383	1383				190
塑料制品业	吨	136	2590	2343	2621	2621	519			106
电力、燃气及水的生产和供应业	吨	977	26801		26254	26254	26254			1524
电力、热力的生产和供应业	吨	977	26801		26254	26254	26254			1524

8-28 续表 1 （2016 年）

指　　标	计量单位	年初库存量	购进量		消费量					年末库存量
			实物量	金额（千元）	合计	工业生产消费	用于原材料	非工业生产消费	合计中:运输工具消费	
煤制品	**吨**	**122**	**417**		**413**	**413**				**126**
制造业	吨	122	417		413	413				126
饮料制造业	吨	113	177		173	173				117
专用设备制造业	吨	9	240		240	240				9
焦炭	**吨**	**7933**	**120500**	**3692**	**122833**	**122833**	**53936**			**3950**
制造业	吨	7933	120500	3692	122833	122833	53936			3950
食品制造业	吨		165		165	165				
化学原料和化学制品制造业	吨		29030	2128	29030	29030	16608			
非金属矿物制品业	吨		25987	1564	25987	25987	25670			
黑色金属冶炼和压延加工业	吨	4947	53302		55605	55605	81			2594
有色金属冶炼和压延加工业	吨	2926	8046		8046	8046	7896			1326
通用设备制造业	吨	60	3970		4000	4000	3681			30
其他焦化产品	**吨**	**48**	**23626**		**23626**	**23626**	**23601**			
制造业	吨		692		692	692	667			
造纸和纸制品业	吨		25		25	25				
非金属矿物制品业	吨		667		667	667	667			
电力、热力、燃气及水生产和供应业	吨	48	22934		22934	22934	22934			
电力、热力生产和供应业	吨	48	22934		22934	22934	22934			
天然气（气态）	**万立方米**	**33**	**150757**		**151217**	**150390**	**2990**	**827**	**4**	**9**
采矿业	万立方米		22		22	22				
非金属矿采选业	万立方米		22		22	22				
制造业	万立方米	33	114628		115089	114265	2625	824	4	9
农副食品加工业	万立方米		1365		1318	1312	23	6		
食品制造业	万立方米		2365		2483	2439	261	43		
酒、饮料和精制茶制造业	万立方米		801		801	799	82	2		
烟草制品业	万立方米		651		651	614		38		
纺织业	万立方米		134		134	134				
纺织服装、服饰业	万立方米		3297		3297	3297				
皮革、毛皮、羽毛及其制品和制鞋业	万立方米		8		8	8				
造纸和纸制品业	万立方米		524		524	521		4	4	
印刷和记录媒介复制业	万立方米	1	47		47	47		1		
文教、工美、体育和娱乐用品制造业	万立方米		76		76	76				2
化学原料和化学制品制造业	万立方米	1	4463		4462	4461		1		1
医药制造业	万立方米		276		276	276				
橡胶和塑料制品业	万立方米		588		588	588				
非金属矿物制品业	万立方米	2	68047		68245	68052	1275	193		6
黑色金属冶炼和压延加工业	万立方米		213		213	213	173			
有色金属冶炼和压延加工业	万立方米		24681		24681	24617	641	64		
金属制品业	万立方米		1987		1987	1985	28	2		
通用设备制造业	万立方米		409		409	403		6		

8-28 续表 2 (2016 年)

指标	计量单位	年初库存量	购进量		消费量					年末库存量
			实物量	金额(千元)	合计	工业生产消费	用于原材料	非工业生产消费	合计中:运输工具消费	
专用设备制造业	万立方米	6	301		361	291	10	70		
汽车制造业	万立方米	23	3826		3959	3564	132	395		
电气机械和器材制造业	万立方米		85		85	84		1		
计算机、通信和其他电子设备制造业	万立方米		452		452	452				
废弃资源综合利用业	万立方米		32		32	32				
电力、热力、燃气及水生产和供应业	万立方米		36107		36107	36104	365	3		
电力、热力生产和供应业	万立方米		36107		36107	36104	365	3		
液化天然气	**吨**		**22062**	**12910**	**22065**	**22049**	**10**	**16**		
制造业	吨		22062	12910	22065	22049	10	16		
纺织服装、服饰业	吨		77		77	77				
化学原料和化学制品制造业	吨		46		46	46				
非金属矿物制品业	吨		6983		6983	6983				
黑色金属冶炼和压延加工业	吨		460		460	460				
有色金属冶炼和压延加工业	吨		12900	12900	12900	12900				
金属制品业	吨		1218	10	1218	1210	10	8		
通用设备制造业	吨		147		147	147				
专用设备制造业	吨		108		108	108				
汽车制造业	吨		15		15	10		5		
电气机械和器材制造业	吨		105		105	105				
仪器仪表制造业	吨		3		6	3		3		
煤层气	**万立方米**		**1405**		**2697**	**2697**				
制造业	万立方米		1405		1405	1405				
黑色金属冶炼和压延加工业	万立方米		266		266	266				
有色金属冶炼和压延加工业	万立方米		1139		1139	1139				
电力、热力、燃气及水生产和供应业	万立方米				1292	1292				
电力、热力生产和供应业	万立方米				1292	1292				
原油	**吨**		**5**		**5**	**5**				
制造业	吨		5		5	5				
橡胶和塑料制品业	吨		5		5	5				
汽油	**吨**	**516**	**40484**	**1341**	**40644**	**31839**	**2702**	**8710**	**8747**	**193**
采矿业	吨	91	1322	6	1347	956	63	391	595	71
黑色金属矿采选业	吨		1		1	1			1	
有色金属矿采选业	吨	91	301		322	322			73	71
非金属矿采选业	吨		218	6	223	131		92	74	
制造业	吨	241	36455	599	36594	28708	2639	7791	6667	111
农副食品加工业	吨		959	2	945	918	90	27	243	
食品制造业	吨	4	1781		1784	1749		36	46	
酒、饮料和精制茶制造业	吨	1	180	1	179	173		6	161	
烟草制品业	吨		95		95				95	
纺织业	吨		101		101	94		7	6	
纺织服装、服饰业	吨	3	427		427	230		196	29	3
皮革、毛皮、羽毛及其制品和制鞋业	吨		51	30	51	46		5	5	
木材加工和木、竹、藤、棕、草制品业	吨		80		80	80	70		7	
家具制造业	吨		124		124	109		15		

8-28　续表3　　　　（2016年）

指　　标	计量单位	年初库存量	购进量		消费量					年末库存量
			实物量	金　额（千元）	合　计	工业生产消费	用于原材料	非工业生产消费	合计中：运输工具消费	
造纸和纸制品业	吨	8	3408	2	3412	3124	11	288	81	1
印刷和记录媒介复制业	吨		472		472	343	13	129	124	
文教、工美、体育和娱乐用品制造业	吨		289	32	289	231	4	59	186	
石油加工、炼焦和核燃料加工业	吨		23		23	11		12	12	
化学原料和化学制品制造业	吨	55	5023	117	5049	4847	1756	202	295	35
医药制造业	吨		1025		1025	855		170	331	
化学纤维制造业	吨		1		1	1				
橡胶和塑料制品业	吨		3309	17	3309	3271	10	38	23	
非金属矿物制品业	吨	6	6420	20	6440	3839	7	2601	2400	1
黑色金属冶炼和压延加工业	吨		252		252	190		62		
有色金属冶炼和压延加工业	吨	51	1774	6	1768	1627	104	141	282	61
金属制品业	吨		1051	2	1051	317	67	734	176	
通用设备制造业	吨		2205	6	2291	1790	419	502	414	
专用设备制造业	吨	54	2197	117	2218	1387		830	632	3
汽车制造业	吨	60	2544		2521	2277	88	244	434	7
铁路、船舶、航空航天和其他运输设备制造业	吨		491		491	41		449	6	
电气机械和器材制造业	吨		1049	14	1048	708		340	387	1
计算机、通信和其他电子设备制造业	吨		556	1	556	272		285	118	
仪器仪表制造业	吨		269		293	171		122	173	
废弃资源综合利用业	吨		11		11	9		2		
金属制品、机械和设备修理业	吨		288	232	288			288		
电力、热力、燃气及水生产和供应业	吨	183	2708	736	2703	2176		528	1485	10
电力、热力生产和供应业	吨	177	1901	736	1901	1403		498	1179	
燃气生产和供应业	吨		409		409	385		24	278	
水的生产和供应业	吨	6	397		393	388		6	28	10
煤油	**吨**	**4714**	**192**	**9**	**190**	**179**		**11**	**5**	
制造业	吨	4714	192	9	190	179		11	5	
印刷和记录媒介复制业	吨		6		6			6		
化学原料和化学制品制造业	吨	4714								
黑色金属冶炼和压延加工业	吨		145		145	145				
通用设备制造业	吨		21		21	21				
专用设备制造业	吨		7	1	7	2		5	5	
汽车制造业	吨		12	8	10	10				
电气机械和器材制造业	吨		1		1	1				
柴油	**吨**	**1877**	**40478**	**238**	**40782**	**36487**	**592**	**4268**	**10515**	**1560**
采矿业	吨	281	5538		5710	4813		897	2649	111
煤炭开采和洗选业	吨	7	2686		2691	2618		73	1875	
黑色金属矿采选业	吨		2		2	2			2	
有色金属矿采选业	吨	274	1718		1882	1858		24	235	111
非金属矿采选业	吨		1132		1135	335		800	538	
制造业	吨	646	31046	238	31228	27855	592	3346	7645	490
农副食品加工业	吨	1	397	1	396	392		4	53	1
食品制造业	吨		4476		4476	4287		189	161	

8-28　续表 4　　　　　　　　　　　　（2016 年）

指标	计量单位	年初库存量	购进量		消费量					年末库存量
			实物量	金额（千元）	合计	工业生产消费	用于原材料	非工业生产消费	合计中:运输工具消费	
酒、饮料和精制茶制造业	吨		495		495	486		9	492	
烟草制品业	吨		26		26				26	
纺织业	吨		2544		2544	2544			5	
纺织服装、服饰业	吨		13		13			13		
家具制造业	吨		80		80	80				
造纸和纸制品业	吨	4	497	1	494	360	4	134		7
印刷和记录媒介复制业	吨		288		288	285	30	3	8	
文教、工美、体育和娱乐用品制造业	吨		13		13	13			13	
化学原料和化学制品制造业	吨	2	1168	6	1169	847	489	322	375	1
医药制造业	吨		758	9	758	747		11	321	
橡胶和塑料制品业	吨		93		93	93				
非金属矿物制品业	吨	5	6829	46	6854	5625	16	1228	3163	3
黑色金属冶炼和压延加工业	吨	7	2510		2523	2523				5
有色金属冶炼和压延加工业	吨	135	2607		2664	2047	3	617	2058	73
金属制品业	吨	9	189	5	186	171		15	64	11
通用设备制造业	吨		406		406	336		70	185	
专用设备制造业	吨	12	1549	137	1580	970	12	610	571	4
汽车制造业	吨	122	5653	34	5708	5684	31	25	90	36
铁路、船舶、航空航天和其他运输设备制造业	吨		3		3	3				
电气机械和器材制造业	吨	6	293		292	238	8	54	54	7
计算机、通信和其他电子设备制造业	吨		116		116	79		37		
仪器仪表制造业	吨		14		20	14		5	5	
废弃资源综合利用业	吨	344	30		30	30				343
电力、热力、燃气及水生产和供应业	吨	950	3895		3845	3819		25	221	959
电力、热力生产和供应业	吨	945	3715		3669	3644		25	200	950
燃气生产和供应业	吨		21		21	21			21	
水的生产和供应业	吨	5	159		155	155				9
燃料油	吨	3994	58467	1926	58277	58181		96	24	4242
制造业	吨	3603	56447	1926	56600	56504		96	24	3507
非金属矿物制品业	吨	252	4655	1926	4647	4647				261
有色金属冶炼和压延加工业	吨	3350	51696		51800	51800				3246
专用设备制造业	吨		60		117	57		60		
汽车制造业	吨		24		24			24	24	
电气机械和器材制造业	吨		12		12			12		
电力、热力、燃气及水生产和供应业	吨	392	2020		1676	1676				735
电力、热力生产和供应业	吨	392	2020		1676	1676				735
液化石油气	**吨**	**6**	**2359**		**2383**	**2318**	**97**	**65**	**15**	**30**
制造业	吨	6	2359		2383	2318	97	65	15	30
印刷和记录媒介复制业	吨		47		47	47	35			
化学原料和化学制品制造业	吨		15		15	15				
非金属矿物制品业	吨		408		452	408		44		
黑色金属冶炼和压延加工业	吨		42		42	42				
有色金属冶炼和压延加工业	吨		659		659	659				

8-28 续表 5 （2016 年）

指标	计量单位	年初库存量	购进量		消费量					年末库存量
			实物量	金额（千元）	合计	工业生产消费	用于原材料	非工业生产消费	合计中：运输工具消费	
金属制品业	吨		610		610	610				
通用设备制造业	吨		178		178	178				
专用设备制造业	吨	6	289		275	269		6		24
汽车制造业	吨		78		78	63	63	15	15	
仪器仪表制造业	吨		34		28	28				6
润滑油	**吨**	**1**	**54**	**15**	**54**	**54**	**1**			
制造业	吨	1	54	15	54	54	1			
汽车制造业	吨		53	15	53	53				
铁路、船舶、航空航天和其他运输设备制造业	吨	1	1		1	1	1			
石蜡	**吨**		**150**		**150**	**150**				
制造业	吨		150		150	150				
橡胶制品业	吨		150		150	150				
石油焦	**吨**	**12753**	**299793**	**20782**	**304616**	**304616**	**304409**			**7876**
制造业	吨	6417	162192	20782	164629	164629	164422			3926
非金属矿物制品业	吨	1993	78647	20782	77774	77774	77774			2813
有色金属冶炼和压延加工业	吨	4424	83545		86855	86855	86648			1113
电力、热力、燃气及水生产和供应业	吨	6336	137601		139987	139987	139987			3950
电力、热力生产和供应业	吨	6336	137601		139987	139987	139987			3950
石油沥青	**吨**	**370**	**30952**		**30767**	**30767**	**29024**			**555**
制造业	吨		1743		1743	1743				
非金属矿物制品业	吨		1743		1743	1743				
电力、热力、燃气及水生产和供应业	吨	370	29209		29024	29024	29024			555
电力、热力生产和供应业	吨	370	29209		29024	29024	29024			555
其他石油制品	**吨**	**319**	**8714**	**4818**	**8733**	**8733**	**6096**			**123**
制造业	吨	219	8389	4818	8408	8408	6096			23
非金属矿物制品业	吨	60	7631	4669	7691	7691	6096			
有色金属冶炼和压延加工业	吨	159	486	149	445	445				23
通用设备制造业	吨		25		25	25				
专用设备制造业	吨		248		248	248				
电力、热力、燃气及水生产和供应业	吨	100	325		325	325				100
电力、热力生产和供应业	吨	100	325		325	325				100
热力	**百万千焦**		**5127678**		**9360090**	**9321299**		**38790**		
制造业	百万千焦		1181096		5413508	5374717		38790		
农副食品加工业	百万千焦		452628		452628	452628				
食品制造业	百万千焦		65830		65830	58958		6872		
酒、饮料和精制茶制造业	百万千焦		147905		147905	147905				
烟草制品业	百万千焦		2376		2376			2376		
纺织业	百万千焦		145461		145461	145461				
纺织服装、服饰业	百万千焦		143017		143017	143017				
印刷和记录媒介复制业	百万千焦		8517		8517	8517				
石油加工、炼焦和核燃料加工业	百万千焦		3080		3080	3080				
化学原料和化学制品制造业	百万千焦		29128		29128	29128				

8-28 续表 6 （2016 年）

指标	计量单位	年初库存量	购进量		消费量					年末库存量
			实物量	金额（千元）	合计	工业生产消费	用于原材料	非工业生产消费	合计中：运输工具消费	
医药制造业	百万千焦		16433		16433	16433				
橡胶和塑料制品业	百万千焦		10158		10158	10146		12		
非金属矿物制品业	百万千焦		1295		1295	1295				
有色金属冶炼和压延加工业	百万千焦				4232412	4232412				
通用设备制造业	百万千焦		1643		1643	1643				
专用设备制造业	百万千焦		56688		56688	56688				
汽车制造业	百万千焦		91967		91967	64976		26991		
计算机、通信和其他电子设备制造业	百万千焦		4970		4969	2429		2540		
电力、热力、燃气及水生产和供应业	百万千焦		3946582		3946582	3946582				
电力、热力生产和供应业	百万千焦		3946582		3946582	3946582				
电力	**万千瓦时**		**2660147**	**4967**	**3625707**	**3592215**		**33492**	**3391**	
采矿业	万千瓦时		121820		129539	115397		14142	112	
煤炭开采和洗选业	万千瓦时		99303		106998	94030		12968		
黑色金属矿采选业	万千瓦时		179		179	179				
有色金属矿采选业	万千瓦时		6325		6325	5175		1150		
非金属矿采选业	万千瓦时		16012		16036	16012		24	112	
制造业	万千瓦时		2059003		2748731	2734408		14323	3279	
农副食品加工业	万千瓦时		44865		45988	44324		1664	190	
食品制造业	万千瓦时		54198		54741	53515		1226		
酒、饮料和精制茶制造业	万千瓦时		32870		25220	25193		27		
烟草制品业	万千瓦时		5348		5348	4732		616		
纺织业	万千瓦时		14015		16766	16763		3		
纺织服装、服饰业	万千瓦时		32805		32862	32829		33		
皮革、毛皮、羽毛及其制品和制鞋业	万千瓦时		102		102	102				
木材加工和木、竹、藤、棕、草制品业	万千瓦时		1664		1664	1664				
家具制造业	万千瓦时		5765		5849	5762		86		
造纸和纸制品业	万千瓦时		51410		51010	50961		49		
印刷和记录媒介复制业	万千瓦时		29507		18544	17052		1492	901	
文教、工美、体育和娱乐用品制造业	万千瓦时		11237		11237	11197		40	42	
石油加工、炼焦和核燃料加工业	万千瓦时		1954		1954	1920		34		
化学原料和化学制品制造业	万千瓦时		125479		125719	125398		321		
医药制造业	万千瓦时		27528		27558	27239		319		
化学纤维制造业	万千瓦时		426		426	426				
橡胶和塑料制品业	万千瓦时		28295		28458	28259		199		
非金属矿物制品业	万千瓦时		764972		780075	777864		2211	383	
黑色金属冶炼和压延加工业	万千瓦时		134149		134044	133539		506	1080	
有色金属冶炼和压延加工业	万千瓦时		215435		903332	902369		963	25	
金属制品业	万千瓦时		76231		76231	76069		163	288	
通用设备制造业	万千瓦时		52262		52184	52020		164	63	

8-28 续表7 （2016年）

指标	计量单位	年初库存量	购进量		消费量					年末库存量
			实物量	金额（千元）	合计	工业生产消费	用于原材料	非工业生产消费	合计中：运输工具消费	
专用设备制造业	万千瓦时		102635		102516	101025		1491	14	
汽车制造业	万千瓦时		59426		60352	58430		1923	19	
铁路、船舶、航空航天和其他运输设备制造业	万千瓦时		4649		4649	4649				
电气机械和器材制造业	万千瓦时		33650		33691	33265		426	110	
计算机、通信和其他电子设备制造业	万千瓦时		145045		144957	144813		144	18	
仪器仪表制造业	万千瓦时		1958		2007	1842		165	147	
其他制造业	万千瓦时		27		27	27				
废弃资源综合利用业	万千瓦时		627		751	751				
金属制品、机械和设备修理业	万千瓦时		467		468	409		59		
电力、热力、燃气及水生产和供应业	万千瓦时		479324	4967	747438	742411		5027		
电力、热力生产和供应业	万千瓦时		465104	4967	733220	728469		4751		
燃气生产和供应业	万千瓦时		3217		3214	3208		6		
水的生产和供应业	万千瓦时		11004		11004	10733		271		
煤矸石用于燃料	**吨**	**53**	**304**	**97**	**247**	**247**				
制造业	吨	53	304	97	247	247				
塑料制品业	吨	53	304	97	247	247				
城市生活垃圾用于燃烧	**吨**		**426061**		**426061**	**426061**				
电力、热力、燃气及水生产和供应业	吨		426061		426061	426061				
电力、热力生产和供应业	吨		426061		426061	426061				
生物燃料	**吨标准煤**	**120**	**20863**	**972**	**20749**	**20360**		**388**		**175**
制造业	吨标准煤	120	20863	972	20749	20360		388		175
农副食品加工业	吨标准煤	38	1787		1813	1813				3
食品制造业	吨标准煤		3861		3861	3861				
酒、饮料和精制茶制造业	吨标准煤		2615	972	2589	2200		388		26
烟草制品业	吨标准煤	7	517		497	497				27
造纸和纸制品业	吨标准煤		288		273	273				15
医药制造业	吨标准煤		8609		8609	8609				
非金属矿物制品业	吨标准煤		2860		2756	2756				104
金属制品业	吨标准煤	75	282		307	307				
电气机械和器材制造业	吨标准煤		44		44	44				
余热余压	**百万千焦**		**1656267**		**2675938**	**2675938**				
采矿业	百万千焦		539174		539174	539174				
煤炭开采和洗选业	百万千焦		539174		539174	539174				
制造业	百万千焦		1117093		2136764	2136764				
非金属矿物制品业	百万千焦		1117093		2136764	2136764				
其他燃料	**吨标准煤**		**489**		**3906**	**3889**		**18**		
制造业	吨标准煤		489		3906	3889		18		
农副食品加工业	吨标准煤				3318	3318				
纺织服装、服饰业	吨标准煤		80		80	80				
有色金属冶炼和压延加工业	吨标准煤				86	69		18		
金属制品业	吨标准煤		409		409	409				
通用设备制造业	吨标准煤				13	13				

8-29 规模以上工业企业分行业能耗情况

（2016 年）

行　　业	企业数	综合能源消费量（吨标准煤）	同比增速（%）
全市	**2801**	**17853165**	**-7.96**
轻工业	627	1124948	-6.21
重工业	2174	16728218	-8.08
采矿业	104	415375	-25.96
煤炭开采和洗选业	45	384659	-27.42
黑色金属矿采选业	3	225	-61.42
有色金属矿采选业	10	9566	4.40
非金属矿采选业	46	20925	-1.64
制造业	2654	9153841	-13.24
农副食品加工业	94	130971	4.19
食品制造业	86	208689	-4.65
酒、饮料和精制茶制造业	26	82442	10.98
烟草制品业	2	14294	-5.75
纺织业	24	33863	-7.81
纺织服装、服饰业	54	132582	3.38
皮革、毛皮、羽毛及其制品和制鞋业	2	301	-14.56
木材加工和木、竹、藤、棕、草制品业	9	2421	-4.75
家具制造业	27	7359	6.98
造纸和纸制品业	84	287147	-13.34
印刷和记录媒介复制业	51	26941	-28.12
文教、工美、体育和娱乐用品制造业	27	16155	-2.14
石油加工、炼焦和核燃料加工业	7	2481	-5.35
化学原料和化学制品制造业	164	449851	-37.48
医药制造业	38	65558	-1.16
化学纤维制造业	2	525	15.30
橡胶和塑料制品业	75	63672	2.56
非金属矿物制品业	913	3367806	-12.08
黑色金属冶炼和压延加工业	47	263777	-19.39
有色金属冶炼和压延加工业	139	3244577	-14.20
金属制品业	109	143511	-4.96
通用设备制造业	142	93051	-10.03
专用设备制造业	237	143228	-8.57
汽车制造业	90	133468	8.40
铁路、船舶、航空航天和其他运输设备制造业	14	5780	5.59
电气机械和器材制造业	105	44324	3.69
计算机、通信和其他电子设备制造业	50	184608	3.59
仪器仪表制造业	27	2588	9.41
其他制造业	2	33	-75.64
废弃资源综合利用业	5	1333	-51.12
金属制品、机械和设备修理业	2	503	-100.00
电力、热力、燃气及水生产和供应业	43	8283950	-0.02
电力、热力生产和供应业	21	8265423	0.00
燃气生产和供应业	14	4540	-12.28
水的生产和供应业	8	13987	-10.37

主要统计指标解释

按照国家统计方法制度规定,1998 年独立核算工业统计范围由原乡及乡以上调整为全部国有及年销售收入 500 万元及以上非国有工业企业(即新口径)。2007 年起为规模以上工业企业,即年主营业务收入为 500 万元及以上的法人工业企业。2011 年起为年主营业务收入为 2000 万元及以上的法人工业企业。同时,统计分类中的原经济组织类型分组相应地调整为按企业登记注册类型分组。

工业 指从事自然资源的开采,对采掘品和农产品进行加工和再加工的物质生产部门。具体包括:1. 对自然资源的开采,如采矿、晒盐、森林采伐等(但不包括禽兽捕猎和水产捕捞);2. 对农副产品的加工、再加工,如粮油加工、食品加工、轧花、缫丝、纺织、制革等;3. 对采掘品的加工、再加工,如炼铁、炼钢、化工生产、石油加工、机器制造、木材加工等,以及电力、自来水、煤气的生产和供应等;4. 对工业品的修理、翻新,如机器设备的修理,交通运输工具(包括小卧车)的修理等。1984 年以前农村的村及村以下办工业归属农业,1984 年以后划归工业。

工业统计调查单位工业统计调查单位分为两类:独立核算法人工业企业和工业活动单位。

1. 独立核算法人工业企业是指从事工业生产经营活动的单位。独立核算法人工业企业应同时具备以下条件:(1)依法成立,有自己的名称、组织机构和场所,能够承担民事责任;(2)独立拥有和使用资产,承担负债,有权与其他单位签订合同;(3)独立核算盈亏,并能够编制资产负债表。

2. 工业活动单位是指在一个场所从事一种或主要从事一种工业生产活动的经济单位。它包括独立核算工业企业按主营业务活动(即工业生产活动)划分的主营业务活动单位和非工业企业所属的工业生产活动单位(即原非独立核算工业生产单位)。工业活动单位,一般应同时具备以下三个条件:(1)具有一个场所,从事一种或主要从事一种工业活动;(2)单独组织工业生产、经营或业务活动;(3)单独核算收入和支出。

轻工业 主要是指生产消费资料的工业部门。如:食品、纺织、皮革、造纸、日用化工、文教艺术体育用品工业等。

轻工业主要指提供生活消费品的工业部门,包括:①以农产品为原料的。如棉、毛、麻、丝的纺织及缝纫,皮革及其制品,纸浆及造纸,食品制造等工业;②以非农产品为原料的。如日用金属、日用化工、日用玻璃、日用陶瓷、化学纤维及其织品、火柴、生活用木制品等工业。轻工业产品大部门是生产消费品,一部分作为原料和半成品用于生产,如化学纤维、工业用布、纸张、盐等。

重工业 指为国民经济各部门提供物质技术基础的主要生产资料的工业。按其生产性质和产品用途,可以分为下列三类:1. 采掘(伐)工业,是指对自然资源的开采,包括石油开采、煤炭开采、金属矿开采、非金属矿开采和木材采伐等工业;2. 原材料工业,指向国民经济各部门提供基本材料、动力和燃料的工业。包括金属冶炼及加工、炼焦及焦炭化学、化工原料、水泥、人造板以及电力、石油和煤炭加工业等工业;3. 加工工业,是指对工业原材料进行再加工制造的工业。包括装备国民经济各部门的机械设备制造工业、金属结构、水泥制品等工业,以及为农业提供的生产资料如化肥、农药等工业。

根据上述划分原则,修理业中以重工业产品为修理作业对象的划为重工业,反之划为轻工业。

工业增加值 指工业行业在报告期内以货币表现的工业生产活动的最终成果。

成本费用利润率 指在一定时期内实现的利润与成本费用之比,是反映工业生产成本及费用投入的经济效益指标,同时也是反映降低成本的经济效益的指标。计算公式:工业成本费用

$$利润率(\%)=\frac{利润总额}{成本费用总额}\times100\%$$

全员劳动生产率 指根据产品的价值量指标计算的平均每个职工在单位时间内的产品生产量。是考核企业经济活动的重要指标,是企业生产技术水平、经营管理水平、职工技术熟练程度和劳动积极性的综合表现。目前我国的全员劳动生产率是将工业企业的工业增加值除以同一时期全部职工的平均人数来计算的。计算公式:

$$全员劳动生产率=\frac{工业增加值}{全部职工平均人数}\times100\%$$

总资产贡献率 该指标反映企业全部资产的获利能力,是企业经营业绩和管理水平的集中体现,是

评价和考核企业盈利能力的核心指标。计算公式为：

$$总资产贡献率=(利润总额+税金总额+利息支出)/平均资产总额\times\frac{12}{累计月数}$$

#税金总额为产品销售税金及附加与应交增值税之和；平均资产总额为期初期末资产总计的算术平均值。

资产负债率 该指标既反映企业经营风险的大小，也反映企业利用债权人提供的资金从事经营活动的能力。计算公式为：

资产负债率=负债总额/资产总额

产品销售率 该指标反映工业产品已实现销售的程度，是分析工业产销衔接情况、研究工业产品满足社会需求的指标。计算公式为：

产品销售率=工业销售产值/工业总产值(现价)

主营业务收入 指企业销售产品的销售收入和提供劳务等主要经营业务取得的业务收入总额。

主营业务成本 指企业销售产品和提供劳务等主要经营业务的实际成本。

营业费用 指企业在报告期内在产品销售和提供工业性劳务等主要经营业务过程中所发生的各项费用，包括运输费、装卸费、包装费、保险费、展览费、广告费，以及为销售本企业产品而专设的销售机构的职工工资、福利费、业务费等经常费用。

主营业务税金及附加指企业在报告期销售产品和提供工业性劳务等应负担的销售税金及附加，包括产品税、增值税、营业税、城市维护建设税、资源税和教育费附加。

利润总额 指企业在报告期内实现的利润，反映企业最终的财务成果。亏损以"—"表示，计算公式为：

利润总额=营业利润+投资收益+补贴收入+营业外收入-营业外支出+以前年度损益调整

利税总额 指企业产品销售税金及附加和利润总额之和。

总资产 指企业拥有或控制的全部资产。包括流动资产、长期投资、固定资产、无形及递延资产、其他资产等，即为企业资产负债表的资产总计项。

1. 流动资产指企业可以在一年内或者超过一年的一个生产周期内变现或耗用的资产合计。包括现金及各种存款、短期投资、应收及预付款项、存货等。

2. 固定资产指企业固定资产净值、固定资产清理、在建工程、待处理固定资产损失所占用的资金合计。

3. 无形资产指企业长期使用而没有实物形态的资产。包括专利权、非专利技术、商标权、著作权、土地使用权、商誉等。

总负债 指企业承担并需要偿还的全部债务。包括流动负债和长期负债等。即为企业资产负债表的负债合计项。

1. 流动负债指企业在一年内或者超过一年的一个营业周期内需要偿还的债务合计，其中包括短期借款、应付及预收款项、应付工资、应交税金和应交利润等。

2. 长期负债指企业在一年以上或者超过一年的一个生产周期以上需要偿还的债务合计，其中包括长期借款、应付债务、长期应付款项等。

所有者权益 指企业投资人对企业净资产的所有权。企业净资产等于企业全部资产减去全部负债后的余额，其中包括投资者对企业的最初投入，以及公积金、盈余公积金和未分配利润，对股份制企业即为股东权益。

从业人员平均人数 是指报告期内平均拥有的从业人员人数。

成本费用利润率 反映企业投入的生产成本及费用的经济效益，同时也反映企业降低成本所取得的经济效益。

流动资产周转次数 指一定时期内流动资产完成的周转次数，反映投入工业企业流动资金的周转速度。

应交增值税 指企业按税法规定，从事货物销售或提供加工、修理修配劳务等增加货物价值的活动本期应交纳的税金。计算公式为：

应交增值税=销项税额-(进项税额-进项税额转出)-出口抵减内销产品应纳税额-减免税款+出口退税

进项税额指工业企业在报告期内购入货物或接受应税劳务而支付的、准予从销项税额中抵扣的增值税额。

销项税额指工业企业在报告期内销售货物或提供应税劳务应收取的增值税额。

能源生产总量 指一定时期内，全国一次能源生产量的总和。该指标是观察全国能源生产水平、规模、构成和发展速度的总量指标。一次能源生产量包括原煤、原油、天然气、水电、核能及其他动力能（如风能、地热能等）发电量，不包括低热值燃料生产量、生物质能、太阳能等的利用和由一次能源加工转换而成的二次能源产量。

能源消费总量 指一定时期内，全国各行业和居民生活消费的各种能源的总和。该指标是观察能源消费水平、构成和增长速度的总量指标。能源消费总量包括原煤和原油及其制品、天然气、电力，不包括低热值燃料、生物质能和太阳能等的利用。能源消费总量分为终端能源消费量、能源加工转换损失量和能源损失量三部分。

九、建　筑　业

9-1 建筑业生产情况

（2016 年）

指　　标	合　计	内资企业			港、澳、台商投资企业	外商投资企业
			国有企业	集体企业		
建筑业企业个数（个）	1447	1438	15	17	5	4
签订的合同额（千元）	579326892	577961772	29277294	1011298	1313538	51582
上年结转合同额	232501436	231964070	19727315	307697	533484	3882
本年新签合同额	346825456	345997702	9549979	703601	780054	47700
承包工程完成情况（千元）						
直接从建设单位承揽工程完成的产值	286988902	286612496	8513125	782303	337661	38745
自行完成施工产值	282808235	282431829	8440388	782303	337661	38745
分包出去工程的产值	4180667	4180667	72737			
从建设单位以外承揽工程完成的产值	6305771	6305771	533506			
建筑业总产值（千元）	289114006	288737600	8973894	782303	337661	38745
#装饰装修产值	19968100	19648237			285000	34863
建筑工程产值	250462170	250376253	7375244	390537	47172	38745
安装工程产值	26831778	26826289	1342680	356579	5489	
其他产值	11820058	11535058	255970	35187	285000	
建筑业竣工产值（千元）	118841658	118514652	1903932	611054	288261	38745
从事生产建筑业活动的从业人员平均人数（人）	707623	707152	31374	3278	285	186
年末从业人数	677127	676785	27582	3039	156	186
#工程技术人员	97563	97487	3498	554	58	18
全员劳动生产率按总产值计算（元/人）	408571	408311	286030	238653	1184775	208306
房屋建筑施工面积（平方米）	253235080	252801271	213579	257304	433809	
#本年新开工面积	62429547	62023717	59398	71881	405830	
#实行投标承包面积	207694934	207694934	213579	257304		
房屋建筑竣工面积（平方米）	48294206	48256242	34584	145960	37964	
房屋竣工率（%）	19.07	19.09	16.19	56.73	8.75	
招投标率按房屋施工面积计算（%）	82.02	82.16	100.00	100.00		
年末自有施工机械设备（净值）（千元）	8383499	8379263	351139	63039	21	4215
年末自有施工机械设备（总台数）（台）	138072	138034	8789	1585	3	35
年末自有施工机械设备（总功率）（千瓦）	4433993	4430633	168816	28084	160	3200
技术装备率（元/人）	12381	12381	12731	20743	135	22661
动力装备率（千瓦/人）	6.5	6.5	6.1	9.2	1.0	17.2

9-1　续表

指　　标	合　计	房屋建筑业	土木工程建筑业	建筑安装业	建筑装饰和其他建筑业	建筑装饰业	其他建筑业
建筑业企业个数(个)	1447	329	308	264	546	391	125
签订的合同额(千元)	579326892	313859170	186190901	56151135	23125686	14899773	4971172
上年结转合同额	232501436	141625409	67820362	18152225	4903440	2630157	1529445
本年新签合同额	346825456	172233761	118370539	37998910	18222246	12269616	3441727
承包工程完成情况(千元)							
直接从建设单位承揽工程完成的产值	286988902	138714671	100319425	31874858	16079948	11228119	3754623
自行完成施工产值	282808235	138485430	100159868	28146682	16016255	11215830	3718663
分包出去工程的产值	4180667	229241	159557	3728176	63693	12289	35960
从建设单位以外承揽工程完成的产值	6305771	553498	776877	4685165	290231	101765	159474
建筑业总产值(千元)	289114006	139038928	100936745	32831847	16306486	11317595	3878137
#装饰装修产值	19968100	2498631	475631	7749320	9244518	9142114	102404
建筑工程产值	250462170	130259417	95707166	12744028	11751559	8469429	2217649
安装工程产值	26831778	5261901	4207851	14963220	2398806	1226221	1172145
其他产值	11820058	3517610	1021728	5124599	2156121	1621945	488343
建筑业竣工产值(千元)	118841658	68228414	20635491	21383422	8594331	5601295	2358721
从事生产建筑业活动的从业人员平均人数(人)	707623	423969	153643	64258	65753	49350	13973
年末从业人数	677127	403191	132143	65962	75831	59875	13834
#工程技术人员	97563	41031	27218	19048	10266	6755	3020
全员劳动生产率按总产值计算(元/人)	408571	327946	656956	510938	247996	229333	277545
房屋建筑施工面积(平方米)	253235080	240241081	2982196	4634394	5377409	4955417	169284
#本年新开工面积	62429547	58091199	1699454	2412542	226352	101871	34074
#实行投标承包面积	207694934	201912957	2063499	3364646	353832		101124
房屋建筑竣工面积(平方米)	48294206	44958373	1587619	1552859	195355		147355
房屋竣工率(%)	19.07	18.71	53.24	33.51	3.63		87.05
招投标率按房屋施工面积计算(%)	82.02	84.05	69.19	72.60	6.58		59.74
年末自有施工机械设备(净值)(千元)	8383499	2037677	4924223	1069305	352294	178753	100292
年末自有施工机械设备(总台数)(台)	138072	64122	39549	19417	14984	11490	2832
年末自有施工机械设备(总功率)(千瓦)	4433993	1765055	2166546	348168	154224	70899	40564
技术装备率(元/人)	12381	5054	37264	16211	4646	2985	7250
动力装备率(千瓦/人)	6.5	4.4	16.4	5.3	2.0	1.2	2.9

9-2 建筑业主要经济指标

（2016 年）

单位：千元

指　　标	合　计	内资企业			港澳台投资企业	外商投资企业
			国有	集体		
年初存货	**44461298**	**44261247**	**1066412**	**93176**	**166604**	**33447**
年末资产负债						
流动资产合计	236691565	235439946	9793335	571408	1120044	131575
应收工程款	65147547	65091226	3190096	205900	41946	14375
#存货	48123855	47892808	1493422	122387	228650	2397
固定资产合计	21655067	21610542	1521343	123571	40923	3602
固定资产减值准备	676557	676557	7000			
固定资产原价	29628395	29560845	2303139	193634	50822	16728
累计折旧	13130490	13105230	1129928	73438	9899	15361
#本年折旧	2238255	2236575	196806	5285	1575	105
在建工程	2609586	2607351	264629	2947		2235
资产合计	282060187	280706502	12279032	711478	1215893	137792
流动负债合计	178337403	177250043	9193871	306649	1060549	26811
应付账款	72270230	72048222	4049161	200394	220634	1374
非流动负债合计	8195823	8194293	377736		1530	
负债合计	189272667	188183777	9571607	310799	1062079	26811
所有者权益合计	92787489	92522694	2707425	400679	153814	110981
#实收资本	64643358	64515672	2089926	192684	51109	76577
#国家资本	15352999	15352999	1389466	25000		
#集体资本	1035707	1035707		134454		
#法人资本	21834421	21801950	700180	28230	21880	10591
#个人资本	26370238	26285373	280	5000	24471	60394
#港澳台资本	43119	38361			4758	
#外商资本	6874	1282				5592
损益及分配						
营业收入	287978722	287012281	10432901	863747	875063	91378
主营业务收入	284393753	283429576	10385308	782353	872799	91378
营业成本	260662620	259789242	9437385	732709	791510	81868
主营业务成本	254911565	254038187	9408889	632212	791510	81868
营业税金及附加	5496028	5470803	120736	16853	24200	1025
主营业务税金及附加	5213957	5188732	120518	13482	24200	1025
其他业务利润	196360	196360	19498	15353		
销售费用	730854	730049	20	1682	2	803
管理费用	9061434	9036427	764788	88539	18143	6864
#税金	489913	489066	14256	598	821	26
财务费用	1586209	1579840	91741	4810	6160	209
#利息收入	915707	916015	19180	113	−321	13
#利息支出	1750340	1743909	87150	60	6431	
资产减值损失	303781	303781	150527			
公允价值变动收益	−462	−462				
投资收益	181432	181432	10637			
营业利润	10469761	10434104	−121659	40030	35048	609
营业外收入	211962	211947	43608	1519		15
政府补贴	43732	43722	10648			10
营业外支出	141604	141500	18112	2430	43	61
利润总额	10506480	10470912	−96163	39118	35005	563
应交所得税	2887038	2878282	53896	14538	8429	327
应付职工薪酬（本年贷方累计发生额）	39276040	39239536	1737728	146033	25523	10981
建筑业企业在境外完成的营业收入	5146516	5146516	1002675			
应交增值税	3506796	3502819	184047	7055	1129	2848
利税总额	19717146	19651529	222658	60253	61155	4462

9-3 劳务分包建筑企业生产经营情况

（2016 年）

单位：千元、人

指标名称	总计	内资企业	私营企业
企业个数	373	373	242
企业个数（有工作量）	248	248	155
建筑业总产值	2326657	2326657	1496853
#装饰装修产值	180706	180706	158162
从业人员期末人数	18983	18983	12693
#工程技术人员	3368	3368	2261
#现场施工工人	13248	13248	8645
从事建筑业活动的平均人数	21724	21724	15362
资产负债			
固定资产原价	164098	164098	88484
本年折旧	22022	22022	13198
资产总计	1915210	1915210	966501
负债合计	989087	989087	489696
实收资本	638666	638666	377318
损益及分配			
营业收入合计	2507474	2507474	1640538
#主营业务收入（工程结算收入）	2143471	2143471	1424360
营业成本	2444275	2444275	1636920
主营业务成本（工程结算成本）	1991771	1991771	1386370
营业税金及附加	54556	54556	27617
主营业务税金及附加（工程结算税金及附加）	46033	46033	27024
销售费用	49130	49130	2793
管理费用	227102	227102	157396
#税金	6679	6679	2692
财务费用	7232	7232	6495
营业利润	107387	107387	33623
利润总额	99930	99930	32016
应付职工薪酬	850913	850913	615581
应交增值税	31099	31099	19375

9-4 建筑业企业房屋建筑工程完成情况

单位:万平方米

指　　标	房屋建筑竣工面积	
	2015 年	2016 年
合计	**4317.89**	**4829.42**
住宅房屋	3049.46	3556.05
商业及服务用房屋	147.35	198.07
商厦房屋(批发和零售用房)	45.77	86.59
宾馆用房屋(住宿用房)	11.72	0.03
餐饮用房屋(餐饮用房)	0.98	1.10
商务会展用房屋	7.61	9.17
其他商业及服务用房屋(居民服务业用房)	81.27	101.18
办公用房屋	267.00	328.51
科研、教育、医疗用房屋	234.67	217.01
科学研究用房屋	29.35	5.85
教育用房屋	162.82	148.16
医疗用房屋(卫生医疗用房)	42.50	63.00
文化、体育、娱乐用房屋	38.70	17.24
厂房及建筑物	438.32	325.45
厂房	190.63	175.34
仓库	55.24	118.69
其他未列明的房屋建筑物	87.16	68.41

9-5 各县(市)区建筑业企业个数

(2016 年)

县(市)区	企业个数(个)	国有控股	集体控股	年末从业人数(人)	直接从事生产经营活动的平均人数	国有控股	集体控股
郑州市	**1447**	**68**	**34**	**677127**	**707623**	**102115**	**11708**
中原区	114	12	5	85967	87287	21642	1837
二七区	134	11	4	52072	40876	12077	602
管城区	109	6	1	56688	57286	6763	81
金水区	505	19	4	239623	251050	42153	1016
上街区	28	2	2	10146	10585	4329	40
惠济区	52	1	1	39274	38979	325	180
中牟县	33	2	1	17817	16980	63	230
巩义市	29		2	6344	14065		682
荥阳市	28	1	1	24060	27091	97	97
新密市	52	1	3	28988	30372	70	444
新郑市	40	1	6	13471	13289	420	5289
登封市	28	1	4	5866	5999	35	1210
经开区	87	6		40287	41534	8208	
高新区	86	3		23854	33091	5718	
郑东新区	117	2		30977	36600	215	
航空港实验区	5			1693	2539		

9-6 各县(市)区建筑业合同及承包工程完成情况

(2016 年)

单位:千元

县(市)区	签订的合同额			直接从建设单位承揽工程完成的产值			从建设单位以外承揽工程完成的产值
		上年结转合同额	本年新签合同额		自行完成施工产值	分包出去工程的产值	
郑州市	**579326892**	**232501436**	**346825456**	**286988902**	**282808235**	**4180667**	**6305771**
中原区	63963983	31753459	32210524	26842396	26822336	20060	618950
二七区	49002183	27424451	21577732	23944989	23932352	12637	229512
管城区	33188064	18598253	14589811	14447565	14436438	11127	33549
金水区	219085019	83963736	135121283	105363237	101568476	3794761	4421381
上街区	4910352	1885293	3025059	3226262	3226257	5	33331
惠济区	22332871	11524420	10808451	10082806	10006050	76756	44396
中牟县	5766972	1518760	4248212	3068579	3014099	54480	57084
巩义市	3161399	1714963	1446436	1485884	1484634	1250	151191
荥阳市	15505494	6546113	8959381	7866067	7854952	11115	31690
新密市	10899271	3397331	7501940	6962602	6918080	44522	168943
新郑市	5256522	1632304	3624218	3343575	3327952	15623	45020
登封市	2422331	888045	1534286	1018701	1017741	960	1760
经开区	59109263	6030197	53079066	44607819	44572285	35534	1871
高新区	61613138	25458304	36154834	22362149	22310907	51242	165166
郑东新区	22224266	9759774	12464492	11368741	11318146	50595	301927
航空港实验区	885764	406033	479731	997530	997530		

9-7 各县(市)区企业总产值

(2016 年)

单位:千元

县(市)区	建筑业总产值			建筑工程产值		
		国有控股	集体控股		国有控股	集体控股
郑州市	**289114006**	**57149416**	**3481491**	**250462170**	**50631739**	**2408609**
中原区	27441286	9007552	469654	22159577	6971849	330956
二七区	24161864	8565917	835761	21577980	8135068	835761
管城区	14469987	1973833	10167	12725790	1822663	10167
金水区	105989857	25399119	589229	87331714	24037052	49273
上街区	3259588	1033066	9661	2966205	899740	
惠济区	10050446	132830	21541	8725160		21541
中牟县	3071183	14815	258355	2425629	14815	
巩义市	1635825		94362	1434677		91362
荥阳市	7886642	23661	3320	7657563		3320
新密市	7087023	405	14511	6495729		13091
新郑市	3372972	125259	889510	3051598	100572	773912
登封市	1019501	9800	285420	837090		279226
经开区	44574156	4814541		43419523	4756458	
高新区	22476073	5807364		18717743	3676160	
郑东新区	11620073	241254		10225352	217362	
航空港实验区	997530			710840		

9-8 各县(市)区建筑业竣工产值

(2016 年)

单位:千元

县(市)区	竣工产值	国有控股	集体控股
郑州市	**118841658**	**14410435**	**2601150**
中原区	14028468	1516876	346629
二七区	5939489	1032630	554625
管城区	6724974	256866	9920
金水区	51514974	8876913	482909
上街区	2336279		8460
惠济区	7425757	93500	
中牟县	2575353	3169	258355
巩义市	684873		19003
荥阳市	3472917	23661	3320
新密市	5141114		13261
新郑市	2110371		552718
登封市	898823	9000	351950
经开区	4548560	1522975	
高新区	4249767	886180	
郑东新区	6194389	188665	
航空港实验区	995550		

9-9 各县(市)区建筑业全员劳动生产率

(2016 年)

单位:元/人

县(市)区	按总产值计算全员劳动生产率	国有控股	集体控股
郑州市	**408571**	**559657**	**297360**
中原区	314380	416207	255664
二七区	591101	709275	1388307
管城区	252592	291858	125519
金水区	422186	602546	579950
上街区	307944	238638	241525
惠济区	257843	408708	119672
中牟县	180871	235159	1123283
巩义市	116305		138361
荥阳市	291117	243928	34227
新密市	233341	5786	32682
新郑市	253817	298236	168181
登封市	169945	280000	235884
经开区	1073197	586567	
高新区	679220	1015629	
郑东新区	317488	1122112	
航空港实验区	392883		

9-10 各县(市)区建筑业施工、竣工面积

(2016 年)

单位:平方米

县(市)区	施工面积	国有控股	集体控股	竣工面积	国有控股	集体控股
郑州市	**253235080**	**28877512**	**1568376**	**48294206**	**4398362**	**633482**
中原区	77782789	4980540	182695	7915440	66696	93055
二七区	7298006	485147	129912	1701480	247139	
管城区	12816098	110983	36650	3496821	98152	9600
金水区	97846450	18612385	41354	14631530	2411307	31850
上街区	2073279	380515		1129039		
惠济区	16748228			4498596		
中牟县	1745440			1344211		
巩义市	1542799		86890	403449		9645
荥阳市	10802596		2540	4228967		2400
新密市	3683173			2139877		
新郑市	2529541		910626	910707		336844
登封市	1566071		177709	582096		150088
经开区	4994152	3603012		1665813	1027963	
高新区	2450337	704930		969929	547105	
郑东新区	9109812			2434066		
航空港实验区	246309			242185		

9-11 各县(市)区建筑业自有机械设备情况

(2016 年)

单位:千瓦、千元

县(市)区	总功率	国有控股	集体控股	设备净值	国有控股	集体控股
郑州市	**4433993**	**940012**	**37109**	**8383499**	**1556084**	**139951**
中原区	224013	96194	7892	611703	272739	62857
二七区	519439	345177	2794	886609	389318	4462
管城区	504516	28531	630	278846	15907	191
金水区	1551626	292380	57	2097420	550269	2299
上街区	48308	35990	2	76387	29650	78
惠济区	168076	575		253760	2804	
中牟县	60539	2420	100	116697	4186	51
巩义市	19029		1736	114620		24037
荥阳市	66748		1463	69044		103
新密市	37541		900	134792		150
新郑市	40162	50	17548	59732	100	21272
登封市	30927		3987	52431		24451
经开区	732031	44260		1656703	177423	
高新区	310973	89795		1722556	106706	
郑东新区	119100	4640		251559	6982	
航空港实验区	965			640		

9-12 各县(市)区建筑业实收资本及资产合计

(2016 年)

单位:千元

县(市)区	实收资本			资产合计		
		国有控股	集体控股		国有控股	集体控股
郑州市	**64643358**	**8521846**	**834679**	**282060187**	**76184048**	**2991275**
中原区	5378858	2582418	154360	25849161	13851300	481621
二七区	6144082	2724790	70000	29560755	12686674	591363
管城区	10463731	215099	20050	17210988	6746694	47798
金水区	21339664	1980910	68000	101954430	27269165	429468
上街区	526293	71282	10024	4590446	1968707	32884
惠济区	2177718	23800	5000	7696885	604405	21098
中牟县	912249	10000	12230	4823704	31866	100105
巩义市	743400		171441	2310086		549290
荥阳市	1509189	2407	6060	4940881	22073	8155
新密市	1231029	12000	15000	4609426	17934	84319
新郑市	1460024	20000	142419	4243991	80059	312754
登封市	843818	24000	160095	1688251	53829	332420
经开区	4636659	497580		38966068	6533262	
高新区	3139204	302160		19286895	5991814	
郑东新区	4017440	55400		13651270	326266	
航空港实验区	120000			676950		

9-13 各县(市)区建筑业流动资产及固定资产

(2016 年)

单位:千元

县(市)区	流动资产合计			固定资产合计		
		国有控股	集体控股		国有控股	集体控股
郑州市	**236691565**	**68358136**	**2249124**	**21655067**	**4284575**	**718837**
中原区	21578198	12076408	323486	2154393	940602	147814
二七区	26473760	11318556	563449	1793210	677806	27036
管城区	14472066	6030792	16680	1361084	439099	31118
金水区	83315103	24528471	399472	5932514	1279621	29995
上街区	4047381	1751893	27114	320555	216254	5728
惠济区	6245349	603329	17346	880353	1065	3752
中牟县	3228797	27707	95688	1243305	4159	4142
巩义市	1581678		255636	565914		293654
荥阳市	4245345	6307	3892	461295	14742	4263
新密市	3697867	17194	77330	467900	740	6988
新郑市	3637966	79962	234168	417248	97	69987
登封市	1331189	12567	234863	309288	39413	94360
经开区	34668254	6093461		2732943	322629	
高新区	16756666	5534304		1881874	302753	
郑东新区	10749334	277185		1118853	45595	
航空港实验区	662612			14338		

9-14 各县(市)区建筑业工程结算收入及负债合计

(2016 年)

单位:千元

县(市)区	负债合计	国有控股	集体控股	工程结算收入	国有控股	集体控股
郑州市	**189272667**	**63622248**	**1688030**	**284393753**	**60384984**	**3468786**
中原区	16815159	10033301	208825	29587378	11613548	474748
二七区	21564267	9672432	456019	25840209	9716264	678012
管城区	12667958	6210418	23660	14520420	2882536	10167
金水区	69194684	23662451	313738	95582636	23291648	457802
上街区	3865450	1893182	22318	3568998	1207248	10712
惠济区	4125218	376259	598	11164070	326821	21541
中牟县	808005	19153	77921	3603288	15679	258355
巩义市	877028		317952	1774523		250168
荥阳市	2897703	11009	2095	7394420	27935	3320
新密市	2319322	5254	63991	5477380	1252	35987
新郑市	1700043	46170	89574	3208763	101548	902060
登封市	498914	22880	111339	1633272	9163	365914
经开区	30906410	5880055		44556852	4690243	
高新区	14130523	5525533		22863617	6153481	
郑东新区	6299416	264151		12587480	347618	
航空港实验区	602567			1030447		

9-15 各县(市)区建筑业利润、利税总额

(2016 年)

单位:千元

县(市)区	利润总额	国有控股	集体控股	利税总额	国有控股	集体控股
郑州市	**10506480**	**1691759**	**116741**	**19717146**	**3638050**	**243859**
中原区	1047717	477008	19291	2406329	983368	38858
二七区	1161915	700027	8857	1810992	976469	30761
管城区	639079	63068	159	1101934	143018	403
金水区	3517565	337332	15757	6321639	866426	35815
上街区	168528	63914	241	254282	69412	695
惠济区	504656	117906	1723	893120	132440	2801
中牟县	196651	168	5016	336676	233	7745
巩义市	122681		7783	199135		15002
荥阳市	301728	2760	222	522772	3318	341
新密市	446341	40	24	713870	19	1313
新郑市	151490	6178	31591	283248	13668	71816
登封市	134040	4318	26077	193429	5275	38309
经开区	1045501	72660		2378291	303162	
高新区	415235	-156964		1160517	126289	
郑东新区	636790	3344		1100501	14953	
航空港实验区	16563			40411		

主要统计指标解释

建筑业统计单位 指从事房屋、构筑物建造和设备安装活动的法人企业。建筑业法人企业应同时具备的条件是:①依法成立,有自己的名称、组织机构和场所,能够承担民事责任;②独立拥有和使用资产,承担负债,有权与其他单位签订合同;③独立核算盈亏,能够编制资产负债表。

建筑业总产值(即自行完成施工产值) 是以货币表现的建筑安装企业在一定时期内生产的建筑业产品的总和。建筑业总产值包括:

(1)建筑工程产值:指列入建筑工程预算内的各种工程价值。

(2)设备安装工程产值:指设备安装工程价值,不包括被安装设备本身价值。

(3)房屋、构筑物修理产值:指房屋、构筑物修理所完成的价值,但不包括被修理房屋、构筑物本身的价值和生产设备的修理价值。

(4)非标准设备制造产值:指加工制造没有定型的、非标准的生产设备的加工费和原材料价值,以及附属加工厂为本企业承建工程制作的非标准设备的价值。

建筑业增加值 指建筑业企业在报告期内以货币表现的建筑业生产经营活动的最终成果。目前建筑业增加值采用分配法(收入法)计算,即从收入的角度出发,根据生产要素在生产过程中应得的收入份额计算。具体计算公式为:

建筑业增加值=本年提取的固定资产折旧+应付工资+应付福利费+管理费用中的劳动待业保险金、税金+工程结算税金及附加+工程结算利润

房屋建筑施工面积 指在报告期内施工的全部房屋建筑面积,包括本期新开工的房屋面积、上期施工跨入本期继续施工的房屋面积、上期停缓建在本期恢复施工的房屋面积、本期竣工的房屋面积及本期施工后又停缓建的房屋面积。

房屋建筑竣工面积 指在报告期内房屋建筑按照设计要求全部完工,达到了住人和使用条件,经验收鉴定合格,正式移交使用单位的房屋建筑面积。

自有机械设备年末总台数 指归本企业所有,属于本企业固定资产的生产性机械设备年末总台数。包括施工机械、生产设备、运输设备以及其他设备。

自有机械设备年末总功率 指本企业自有施工机械、生产设备、运输设备以及其他设备等列为在册固定资产的生产性机械设备年末总功率,按设定能力或查定能力计算。包括机械本身的动力和为该机械服务的单独动力设备,如电动机等。计算单位用千瓦,动力换算可按 1 马力=0.735 千瓦折合成千瓦数。电焊机、变压器、锅炉不计算动力。

工程结算收入 指企业承包工程实现的工程价款结算收入,以及向发包单位收取的除工程价款以外的按规定列作营业收入的各种款项,如临时设施费、劳动保险费、施工机械调迁费等以及向发包单位收取的各种索赔款。

工程结算利润 指已结算工程实现的利润,如亏损以“-”号表示。计算公式为:

工程结算利润=工程结算收入-工程结算成本-工程结算税金及附加

企业总收入 指与企业生产经营直接有关的各项收入,包括工程结算收入和其他业务收入。计算公式为:

企业总收入=工程结算收入+其他业务收入

十、交通运输、邮电通讯

10-1 公路里程、涵洞年报

（2016 年）

指　标	单位	合计	国道	省道	县道	乡道	村道
公路里程合计	**公里**	**11098**	**508**	**1029**	**1295**	**2859**	**5406**
等级公路合计	公里	10130	499	1018	1276	2787	4550
一级公路	公里	471	147	324			
二级公路	公里	1879	285	443	544	396	211
三级公路	公里	1189	34	160	358	494	143
四级公路	公里	6592	33	90	374	1898	4196
等外公路	公里	967	9	11	19	72	856
按路面等级分							
有铺装路面里程合计	公里	9393	435	966	1227	2611	4154
沥青混凝土	公里	3779	410	827	857	1077	608
水泥混凝土	公里	5615	26	139	371	1533	3546
简易铺装路面里程	公里	747	64	57	49	174	404
未铺装路面里程	公里	957	9	6	19	74	849
公路绿化里程							
可绿化里程	公里	10063	482	999	1268	2727	4587
绿化里程	公里	5950	406	916	1188	1741	1698
养护里程	**公里**	**10681**	**508**	**1029**	**1295**	**2826**	**5023**
涵洞	**道**	**3074**	**346**	**666**	**525**	**663**	**874**
	米	44811	8973	18751	6712	5300	5076

10-2 民用车辆拥有量

(2016 年)

单位:辆

指　　标	总　计	营运	非营运	校车	进口	个人	新注册	报废
合　计	**3427543**	**187971**	**3113159**	**1188**	**149396**	**3020698**	**388222**	**383801**
汽车	2724155	158637	2564330	1188	146539	2480081	379708	296008
载客汽车	2532311	31022	2500101	1188	146177	2359493	358072	93838
#大型	19202	14343	4045	814	189	208	1991	13613
中型	6013	1101	4538	374	280	1534	443	9189
小型	2454746	15564	2439182		145504	2310094	354751	51381
微型	52350	14	52336		204	47657	887	19655
#轿车	1553212	15437	1537775		50028	1469218	200764	34288
载货汽车	164446	116607	47839		361	94922	21636	117202
#重型	44430	41768	2662		44	18308	6646	33908
中型	8764	7560	1204		3	5454	512	19646
轻型	110524	67123	43401		314	72229	14478	41515
微型	728	156	572			494		22133
#普通载货	65353	33051	32302		290	50529		45287
其它汽车	27398	11008	16390		1	25666		84968
#三轮汽车	15671	5187	10484		1	14728		64396
低速货车	11727	5821	5906			10938		20572
摩托车	**534579**	**15**	**534564**		**2106**	**528647**	**2461**	**78221**
普通	517347	15	517332		2093	511523	2447	69431
轻便	17232		17232		13	17124	14	8790
拖拉机	**125226**		**1**			**1**		**21**
挂车	**17588**	**16170**	**1418**		**39**	**3551**	**2404**	**3277**
其他类型车	**25995**	**13149**	**12846**		**712**	**8418**	**3649**	**6274**

补充资料:1. 机动车驾驶员(29)3627855 人;2. 数据来源:郑州市公安局。

10-3 邮电通信行业基本情况

（2016 年）

指标名称	计量单位	本年实际	指标名称	计量单位	本年实际
邮政业网点及邮递线路			#期刊数	万份	745
营业网点	处	245	国定本地电话通话时长	万分钟	185104
#邮政局所	处	245	国定长途电话通话时长	万分钟	33870
邮政信筒信箱	个	535	移动电话通话时长合计	万分钟	4903278
邮路条数	条	363	#去话通话时长	万分钟	2631419
邮路总长度	公里	148844	非漫游	万分钟	3861666
#汽车邮路	公里	89593	国内漫游	万分钟	692990
铁路邮路	公里	6984	国际及港澳台漫游	万分钟	827
航空邮路	公里	52268	移动短信业务量	亿条	34
农村投递线路总长度	公里	17184	移动电话年末用户	户	13733718
城市投递线路总长度	公里	10310	#3G 移动电话用户	户	916720
通信业务量			本年移动电话新增用户	户	1210669
邮电业务总量（2010 年不变价）	万元	4270832	固定本地电话年末用户	户	1954375
邮政业务总量	万元	868954	#公用电话用户	户	297786
电信业务总量	万元	3401877	城市电话用户	户	1399364
函件	万件	4300	#住宅电话用户	户	688524
包裹	万件	42	农村电话用户	户	298033
汇票	万笔	55	#住宅电话用户	户	226046
快递	万件	42375	互联网接入用户数	户	3582202
#国内同城快递	万件	9482	#互联网宽带接入用户	户	2744737
国内异地快递	万件	32428	**电信主要通信能力**		
国际及港澳台快递	万件	465	光缆线路长度	公里	88920
快递业务收入	亿元	52	固定长途电话交换机容量	万门	8
订销报刊期发数	万份	88	局用电话交换机容量	万门	69
#期刊数	万份	34	移动电话交换机容量	万门	2092
订销报刊累计数	万份	12316	移动电话基站	万个	3

10-4 社会客货运输量

（2016 年）

指　标	单位	总　计	铁路	航空	公路	天然气管道
货运量	万吨	22038	2750	19	19269	82
货运周转量	万吨公里	6863696	1768182	147408	4948106	82
客运量	万人	16361	4875	479	11007	
客运周转量	万人公里	3119000	1382269	659266	1077465	
换算周转量	万吨公里	8401140	3150451	194837	5055853	82

注:1. 天然气管道外购量:116697 万立方;2. 换算货运量周转量 81.7 万吨;3. 换算比例 0.7 千克。

10-5 电话用户情况

（2016 年）

县(市)区	计量单位	移动电话用户期末数	本地电话用户期末数
市区	户	8289528	1352519
上街区	户	181028	37184
中牟县	户	812206	63850
巩义市	户	712002	99700
荥阳市	户	633112	101965
新密市	户	733620	84722
新郑市	户	838061	102689
登封市	户	621902	96178
航空港实验区	户	312205	2562

10-6 新郑国际机场运输生产情况

（2016 年）

指　　标	单位	工作量	增长%	份额%
旅客吞吐量	**人次**	**20763217**	**20.0**	**100.0**
航线				
国内航线	人次	19497410	21.1	93.9
国际地区航线	人次	1265807	5.7	6.1
流向				
出港人数	人次	11345801	18.7	54.6
进港人数	人次	9417416	21.7	45.4
货邮吞吐量	**吨**	**456708.8**	**13.2**	**100.0**
航线				
国内航线	吨	181636.0	3.3	39.8
国际地区航线	吨	275072.8	20.9	60.2
流向				
出港货邮	吨	253804.6	13.8	55.6
进港货邮	吨	202904.2	12.5	44.4
总起降架次	**架次**	**178054**	**15.3**	**-**
其中运输飞行架次	**架次**	**177451**	**15.3**	**100.0**
航线				
国内航线	架次	159469	16.5	89.9
国际地区航线	架次	17982	5.8	10.1
流向				
出港架次	架次	88722	15.3	50.0
进港架次	架次	88729	15.3	50.0

主要统计指标解释

公路里程 指在一定时期内实际达到《公路工程技术标准 JTJ01—88》规定的等级公路,并经公路主管部门正式验收交付使用的公路里程数。其计算单位为:km。它包括大中城市的郊区公路以及通过小城镇街道部分的公路里程,也包括桥梁、渡口的长度,但不包括大中城市的街道、厂矿、林区生产用道和农业生产用道的里程。两条或多条公路共同经由同一路段,只计算一次,不得重复计算里程长度。公路里程是反映公路建设发展规模的重要指标,也是计算运输网密度等指标的基础资料。

货(客)运量 指在一定时期内,各运输部门实际运送的货物(旅客)数量。是反映运输业为国民经济和人民生活服务的数量指标,也是制定和检查运输生产计划,研究运输发展规模和速度的重要指标。货运按吨计算,客运按人计算。货物不论运输距离长短,货物类别,均按实际重量统计;旅客不论里程远近或票价多少,均按一人一次作为客运量统计。半价票、小孩票也按一人统计。

货物(旅客)周转量 指在一定时期内,由各种运输工具运送的货物(旅客)数量与其相应运输距离的乘积之总和,是反映运输业生产总成果的重要指标,也是编制和检查运输生产计划,计算运输效率、劳动生产率以及核算运输单位成本的主要基础资料。通常以吨公里和人公里为计算单位。计算货物周转量通常按发出站到达站之间的最短距离,也就是计费距离计算。

邮电业务总量 指以货币表现的邮电部门用于传递信息和提供其他邮电服务的总数量。它综合反映了一定时期邮电工作的总成果,是研究邮电业务量构成和发展趋势的重要指标。根据邮电管理体制不同,分为中央国营业务总量和地方国营业务总量。它用各种邮电分类业务量,如函件件数、电报份数、长话张数、市内电话和农村电话的年均户数、订销报刊累计份数等,分别乘以相应的平均单价(不变价),加总后再加上出租电路和设备的收入、代用户维护电话交换机和线路等设备的收入、其他业务收入求得。

十一、国内贸易

11-1 社会消费品零售总额

(2016 年)

单位:万元

类 别	合 计	限额以上单位	限额以下单位
社会消费品零售总额	**36658275**	**18785568**	**17872707**
按销售单位所在地分			
城镇	33330694	18025196	15305498
乡村	3327581	760372	2567209
按行业分			
批发业	4370178	2339104	2031074
零售业	26443160	15398699	11044461
住宿业	237091	176327	60764
餐饮业	5607846	871438	4736408

11-2 分县(市)区社会消费品零售总额

(2016 年)

单位:万元

县(市)区	合 计	批发零售业	住宿餐饮业
中原区	1586343	1259674	326669
二七区	4248832	3828285	420547
管城区	2836090	2694922	141168
金水区	7207380	5894209	1313171
上街区	542635	462900	79735
惠济区	1189102	1119564	69538
中牟县	1061567	997468	64099
巩义市	2767267	2140551	626716
荥阳市	2568785	1959776	609009
新密市	2804982	2274212	530770
新郑市	2331063	1990018	341045
登封市	2210831	1920981	289850
经开区	1806113	1793470	12643
高新区	993023	960845	32178
郑东新区	1585686	1516143	69543
航空港实验区	918575	705739	212836

11-3 限额以上批发和零售业商品

（2016 年）

指　　标	法人企业数（个）	个体（产业）单位数（个）	从业人员期末人数（人）	商品购进额	进口
总计	**2014**	**540**	**143487**	**57847988**	**1516334**
批发业	**901**	**42**	**63208**	**43620061**	**905709**
按批发行业小类分					
农、林、牧产品批发	**44**	**2**	**3179**	**1060227**	**435328**
谷物、豆及薯类批发	8		199	191062	6185
种子批发	11		774	52745	
饲料批发	7	1	233	122151	2586
棉、麻批发	6		100	50469	
林业产品批发	2		37	5146	
牲畜批发	3	1	1652	156350	
其他农牧产品批发	7		184	482305	426557
食品、饮料及烟草制品批发	**65**	**12**	**18440**	**8363526**	**8563**
米、面制品及食用油批发	15		1358	248340	6
糕点、糖果及糖批发	4	1	340	141669	
果品、蔬菜批发	8	2	13570	6801577	
肉、禽、蛋、奶及水产品批发	6	2	365	33551	
盐及调味品批发	6	6	613	64506	
酒、饮料及茶叶批发	12	1	406	62261	
烟草制品批发	2		880	883799	6611
其他食品批发	12		908	127823	1946
纺织、服装及家庭用品批发	**64**	**2**	**4556**	**2225795**	**66047**
纺织品、针织品及原料批发	16		500	267787	54303
服装批发	22		1295	159957	4051
鞋帽批发	2		30	5422	
化妆品及卫生用品批发	4	1	397	38813	
厨房、卫生间用具及日用杂货批发	3	1	104	14998	
灯具、装饰物品批发	1		62	1571	
家用电器批发	13		2073	1716226	
其他家庭用品批发	3		95	21021	7694
文化、体育用品及器材批发	**26**		**1846**	**1387712**	
文具用品批发	6		115	134333	
体育用品及器材批发	2		274	84877	
图书批发	5		888	511247	
首饰、工艺品及收藏品批发	4		270	396751	
其他文化用品批发	9		299	260504	
医药及医疗器材批发	**112**		**12843**	**6638644**	**132621**
西药批发	30		3996	1876341	
中药批发	34		6634	3336477	86296
医疗用品及器材批发	48		2213	1425826	46326
矿产品、建材及化工产品批发	**353**	**20**	**12215**	**17271676**	**225932**
煤炭及制品批发	81		2046	2261093	87815
石油及制品批发	28		3364	5250017	
非金属矿及制品批发	26	1	735	296670	

购进、销售、库存总额

单位:万元

商品销售额	批发额		零售额	期末商品库存额	年末零售营业面积（万平方米）
		出口			
62585089	**44847286**	**632549**	**17737803**	**3339434**	**412.69**
45303060	**42963956**	**626877**	**2339104**	**2015476**	**79.83**
1213852	**1200703**	**82661**	**13149**	**127368**	**4.66**
194974	194787		187	52251	0.21
85651	85651			26652	0.45
140414	133386		7028	4106	0.26
50726	50146	2947	580	15231	0.02
6253	4922		1331	38	
256209	253198	76309	3011	331	2.86
479626	478613	3405	1013	28758	0.87
8761579	**8565445**	**32486**	**196134**	**182918**	**2.41**
256944	225232	134	31712	42488	0.29
150095	94342		55754	17166	0.15
6815476	6730507		84969	2122	1.46
37367	34674	4804	2693	3024	0.11
74598	73819		779	4667	0.04
66326	60967		5359	13961	0.21
1210930	1210930	7129		90808	0.01
149843	134975	20419	14868	8681	0.14
2668320	**2608502**	**151493**	**59818**	**395106**	**1.35**
282030	281970	105665	61	9574	0.15
181740	172446	41482	9294	32881	0.48
5860	1296		4564	4407	0.04
40096	28296		11800	10172	0.15
18353	14628	2842	3725	979	0.20
11006	7154		3852	3012	0.06
2105581	2079683		25899	332537	0.23
23653	23029	1505	624	1543	0.03
1379605	**1332928**	**9789**	**46676**	**144824**	**1.85**
147747	145691		2056	8657	0.08
90580	75864		14716	8479	
539141	519447	3665	19693	21593	0.86
333481	325860	5158	7621	93418	0.26
268657	266067	967	2590	12677	0.65
7324578	**7144350**	**43232**	**180228**	**548116**	**3.69**
2135623	2019691		115931	167944	1.19
3638223	3630315		7908	275159	1.26
1550733	1494344	43232	56389	105014	1.24
16877917	**15545133**	**134430**	**1332784**	**382582**	**50.75**
2381863	2337231		44632	47240	9.11
4243715	3134796		1108919	140615	31.66
320896	286396	14210	34500	9073	2.04

11-3 续表 1 (2016 年)

指 标	法人企业数(个)	个体(产业)单位数(个)	从业人员期末人数(人)	商品购进额	进口
金属及金属矿批发	98	2	2266	3926339	83058
建材批发	63	11	2402	750372	2724
化肥批发	8	4	283	713412	
农药批发	4		270	9987	4515
其他化工产品批发	45	2	849	4063785	47820
机械设备、五金产品及电子产品批发	**209**	**4**	**9343**	**6454877**	**17892**
农业机械批发	8		162	23431	
汽车批发	23		1748	1874393	
汽车零配件批发	18		471	101095	
摩托车及零配件批发	4		189	37189	
五金产品批发	19	2	447	213500	
电气设备批发	9	2	398	215454	1027
计算机、软件及辅助设备批发	31		930	192986	
通讯及广播电视设备批发	20		822	311104	14217
其他机械设备及电子产品批发	77		4176	3485726	2649
贸易经纪与代理	**4**		**42**	**25416**	
贸易代理	3		33	21636	
其他贸易经纪与代理	1		9	3780	
其他批发业	**24**	**2**	**744**	**192189**	**19327**
再生物资回收与批发	11	1	200	59326	
其他未列明批发业	13	1	544	132863	19327
按登记注册类型分					
内资企业	**895**	**2**	**62355**	**39818772**	**905709**
国有企业	11		1416	977542	
集体企业	6		105	47327	
股份合作企业	1		143	6535	
有限责任公司	595		46660	30701629	713438
国有独资公司	23		3091	4009333	14311
其他有限责任公司	572		43569	26692295	699127
股份有限公司	22	1	4780	4351125	
私营企业	258		7663	3655038	192272
私营独资企业	1		29	1755	
私营有限责任公司	251		7498	3615045	192272
私营股份有限公司	6		136	38237	
其他企业	2	1	1588	79577	
港、澳、台商投资企业	**3**	**1**	**207**	**3147635**	
港澳台商独资企业	3	1	207	3147635	
外商投资企业	**3**	**1**	**66**	**88831**	
中外合资经营企业	2	1	63	88831	
外资企业	1		3		
按控股情况分					
国有控股	87		11717	15847962	28549
集体控股	10		135	91303	
私人控股	642		39438	16876236	779073
港澳台商控股	3		92	3141354	

单位:万元

商品销售额	批发额	出口	零售额	期末商品库存额	年末零售营业面积(万平方米)
4063585	4025450	86482	38135	85469	2.89
893598	823600	3878	69997	23038	3.72
722612	711507		11105	15349	0.42
14180	13180		1000	3893	0.04
4237469	4212974	29861	24496	57905	0.88
6839296	**6340905**	**158881**	**498391**	**182914**	**14.64**
27079	19123		7956	3421	0.18
2002772	1665683	6162	337088	21629	2.93
110196	108270	20091	1926	14988	0.14
46726	40689		6037	6542	0.29
242927	229918	21860	13009	5674	0.54
222033	213326	37464	8707	5157	0.16
204802	190289		14513	20908	0.42
364361	355935	46066	8426	14553	0.49
3618400	3517671	27237	100728	90041	9.50
29685	**29685**	**7209**		**432**	**0.03**
25703	25703	3227		432	0.03
3982	3982	3982			
208229	**196306**	**6696**	**11923**	**51216**	**0.45**
63360	61333		2027	2755	0.20
144868	134972	6696	9896	48462	0.24
41311562	**38995281**	**545818**	**2316281**	**2004034**	**79.37**
1311403	1308938		2464	85780	0.14
52057	50787		1270	553	0.03
6565	6565			77	
32540247	31204569	316054	1335678	1321053	69.82
4394714	4011245	21506	383469	148204	38.52
28145533	27193325	294548	952209	1172848	31.30
3312463	2617072	4962	695391	242162	0.49
3909568	3632383	224803	277186	354190	8.69
15551	12279		3272	96	0.12
3852063	3596907	224803	255156	340551	7.88
41954	23197		18758	13543	0.70
179260	174967		4293	220	0.22
3162318	**3162318**	**76309**		**2071**	
3162318	3162318	76309		2071	
100357	**100357**	**4750**		**170**	**0.10**
95608	95608			121	0.10
4750	4750	4750		49	
15595797	14353787	84245	1242010	693137	39.56
99912	98642		1270	3404	0.08
17815218	16906281	361024	908937	788034	29.97
3154591	3154591	76309		887	

11-3 续表2 (2016年)

指标	法人企业数（个）	个体（产业）单位数（个）	从业人员期末人数（人）	商品购进额	进口
外商控股	1		3		
其他	158		9479	6924705	98087
按经营形式分					
独立门店	506	40	37007	20459508	149962
连锁总店	4		473	22525	
连锁门店	1	1	57	8737	
其他	390	1	25671	23129291	755747
按单位规模分					
大型	26		28729	18709474	85627
中型	297		21442	15709870	784120
小型	485		9687	8161507	35962
微型	93		1006	300709	
零售业	**1113**	**498**	**80279**	**14227927**	**610625**
按零售行业小类分					
综合零售	**119**	**187**	**28560**	**2523257**	**83082**
百货零售	61	70	16142	1442631	83082
超级市场零售	40	22	9298	539067	
其他综合零售	18	95	3120	541560	
食品、饮料及烟草制品专门零售	**78**	**35**	**4154**	**420065**	
粮油零售	8	2	151	23176	
糕点、面包零售	2	2	123	1678	
果品、蔬菜零售	18		694	29989	
肉、禽、蛋、奶及水产品零售	11	5	938	185042	
营养和保健品零售	2		65	553	
酒、饮料及茶叶零售	17	9	488	58571	
烟草制品零售		3	19	1386	
其他食品零售	20	14	1676	119672	
纺织、服装及日用品专门零售	**69**	**75**	**4117**	**394569**	**3771**
纺织品及针织品零售	9	5	352	36031	
服装零售	29	37	2261	228424	689
鞋帽零售	7	5	310	16622	
化妆品及卫生用品零售	9	11	448	34393	
钟表、眼镜零售	1	3	308	23417	
箱、包零售		1	4	689	
厨房用具及日用杂品零售	1	1	11	2221	
自行车零售		4	64	7080	
其他日用品零售	13	8	359	45693	3082
文化、体育用品及器材专门零售	**65**	**43**	**3402**	**378264**	
文具用品零售	6	5	98	16529	
体育用品及器材零售	9	4	958	42161	
图书、报刊零售	18		1104	77954	
珠宝首饰零售	10	28	779	181456	
工艺美术品及收藏品零售	6	4	237	27678	
乐器零售	6		70	13038	
照相器材零售	7	1	126	16078	

单位:万元

商品销售额	批发额	出口	零售额	期末商品库存额	年末零售营业面积(万平方米)
4750	4750	4750		49	
7634789	7470725	100550	164064	519498	9.86
22114210	20456854	249045	1657356	937065	58.78
23049	18596		4454	1210	0.19
9549	9549			183	
23156252	22478957	377832	677294	1077018	20.86
18703667	17177012		1526655	685739	32.44
16615549	16004662	458123	610888	912262	22.79
8670343	8501222	157369	169120	366279	20.02
315498	305880	11386	9618	40729	4.23
17282030	**1883330**	**5672**	**15398699**	**1323958**	**332.85**
4296259	**240906**	**865**	**4055353**	**205156**	**146.77**
2766711	107298		2659413	126615	89.15
808545	40017		768527	62798	48.93
721004	93591	865	627413	15743	8.69
480115	**181061**		**299054**	**29306**	**6.81**
25048	3326		21723	3272	0.53
3575	423		3151	936	0.21
35734	9192		26542	2740	0.91
196605	112268		84337	936	1.35
799			799	79	0.16
73934	21793		52141	14401	0.66
1796			1796	19	0.05
142624	34059		108565	6923	2.93
481422	**97579**		**383844**	**49989**	**10.95**
42719	22255		20464	2706	0.73
273587	38861		234726	32734	7.24
18792	5491		13301	2390	0.76
42289	20618		21671	6249	0.56
31269	343		30926	1362	0.16
1295			1295	6	0.04
2536			2536	69	0.05
7058			7058	93	0.17
61877	10009		51868	4379	1.25
461804	**137217**		**324587**	**123017**	**8.32**
20401	6765		13636	1645	0.10
63779	15227		48552	12122	0.54
89828	23791		66037	22093	4.67
202024	68059		133965	73696	2.30
43016	4084		38932	8413	0.34
18341	10025		8317	1775	0.17
20771	7587		13184	2555	0.12

11-3　续表 3

（2016 年）

指　　标	法人企业数（个）	个体(产业)单位数(个)	从业人员期末人数(人)	商品购进额	进口
其他文化用品零售	3	1	30	3372	
医药及医疗器材专门零售	**36**	**6**	**5933**	**298133**	**2160**
药品零售	29	6	5862	289923	2160
医疗用品及器材零售	7		71	8210	
汽车、摩托车、燃料及零配件专门零售	**360**	**34**	**21673**	**8015248**	**478006**
汽车零售	288	16	19462	7497529	458242
汽车零配件零售	18	4	838	148267	19764
摩托车及零配件零售	4	3	105	16692	
机动车燃料零售	50	11	1268	352760	
家用电器及电子产品专门零售	**289**	**43**	**8547**	**1557401**	**3311**
家用视听设备零售	27	7	563	113708	
日用家电设备零售	27	27	3133	601311	
计算机、软件及辅助设备零售	183	2	2937	389028	26
通信设备零售	14	7	1203	398468	303
其他电子产品零售	38		711	54887	2982
五金、家具及室内装饰材料专门零售	**62**	**72**	**2580**	**410916**	**911**
五金零售	35	11	1199	231203	
灯具零售	2	5	65	38285	
家具零售	13	37	986	95294	
涂料零售	1		17	532	
卫生洁具零售		1	6	790	
木质装饰材料零售	1		8	1504	
陶瓷、石材装饰材料零售	3	12	132	19912	
其他室内装饰材料零售	7	6	167	23396	911
货摊、无店铺及其他零售业	**35**	**3**	**1313**	**230074**	**39384**
互联网零售	14		659	64845	39384
生活用燃料零售	11		321	78194	
其他未列明零售业	10	3	333	87034	
按登记注册类型分					
内资企业	**1089**	**3**	**61265**	**11570800**	**569265**
国有企业	11	1	694	57084	
集体企业	9		399	44296	
股份合作企业	1		14	7211	
联营企业	1		64	4012	
其他联营企业	1		64	4012	
有限责任公司	727	1	42993	8397150	398043
国有独资公司	5		211	65002	
其他有限责任公司	722	1	42782	8332147	398043
股份有限公司	24		4984	560325	105680
私营企业	312	1	12052	2492280	65542
私营独资企业	9		112	15889	
私营有限责任公司	290		11494	2394343	65121
私营股份有限公司	13	1	446	82047	421

单位:万元

商品销售额	批发额	出口	零售额	期末商品库存额	年末零售营业面积（万平方米）
3645	1679		1965	717	0.08
336883	**29696**		**307187**	**30074**	**7.21**
326636	22033		304603	29197	7.12
10247	7663		2584	877	0.09
8514756	**405460**		**8109297**	**712314**	**85.85**
7923547	363998		7559549	684348	75.29
154366	10309		144057	11423	2.78
19340	9403		9938	3114	0.33
417503	21750		395754	13429	7.45
1762906	**541872**	**2521**	**1221034**	**155404**	**32.49**
143175	7055		136120	8780	2.43
630772	57195		573577	61379	20.42
469918	178992		290926	48061	6.81
449544	278866		170679	30067	2.16
69497	19764	2521	49733	7117	0.66
455988	**178022**	**2286**	**277966**	**10575**	**25.66**
241566	154007		87559	5291	1.66
38659	15839		22821	558	0.40
114183	3893	2286	110290	2576	22.17
658	658			23	0.01
1356			1356	9	0.07
1480			1480	25	0.01
22670			22670	935	0.62
35416	3626		31791	1158	0.72
491896	**71518**		**420378**	**8125**	**8.81**
302961	945		302016	3432	3.75
85402	12978		72425	729	1.26
103533	57596		45937	3964	3.80
13688308	**1633039**	**5672**	**12055270**	**1150451**	**259.02**
68640	19579		49061	3622	2.49
47198	856		46342	4283	0.86
7237	7215		22		0.35
4243			4243	15	0.20
4243			4243	15	0.20
10194623	1268239	5672	8926385	784605	191.52
67886	2810		65076	2225	0.61
10126737	1265428	5672	8861309	782380	190.91
701846	19300		682546	33867	15.30
2656161	317806		2338354	323797	47.74
24643	5973		18670	2597	0.56
2539936	250307		2289629	257512	45.88
91582	61527		30055	63687	1.31

11-3 续表 4 (2016 年)

指 标	法人企业数（个）	个体（产业）单位数（个）	从业人员期末人数（人）	商品购进额	进口
其他企业	4		65	8442	
港、澳、台商投资企业	**11**	**1**	**6857**	**640853**	**39384**
与港澳台商合资经营企业	3		625	186163	
港澳台商独资企业	6		5267	398185	39384
港澳台商投资股份有限公司	2	1	965	56505	
外商投资企业	**13**		**2612**	**350964**	**1976**
中外合资经营企业	4		714	99201	1976
外资企业	5		1491	91168	
外商投资股份有限公司	3		357	151189	
其他外商投资企业	1		50	9405	
按控股情况分					
国有控股	33		2553	516453	35278
集体控股	22		1255	284872	
私人控股	826		42497	7943240	247793
港澳台商控股	9		6512	626902	39384
外商控股	13		2612	350964	1976
其他	210		15246	2837395	286194
按经营形式分					
独立门店	884	480	53365	11646468	556404
连锁总店	35		15540	1448089	2160
连锁门店	20	8	5208	303410	
其他	174	10	6166	829960	52061
按单位规模分					
大型	22		21276	1994163	7294
中型	321		37059	7775880	513774
小型	479		10497	2317059	49262
微型	291		1843	472724	40294
按零售业态分					
有店铺零售	**1040**	**498**	**78596**	**13813105**	**568133**
食杂店	3	2	45	10026	
便利店	11	64	1600	299466	
折扣店	1	1	26	399	
超市	39	87	4127	321254	
大型超市	21	3	14949	903540	
仓储会员店	3		25	1955	
百货店	79	75	9638	1148746	83082
专业店	558	157	25853	5967464	84159
专卖店	263	80	19154	4730385	397793
家居建材商店	8	23	536	36198	
购物中心	10		574	204166	
厂家直销中心	44	6	2069	189507	3099
无店铺零售	**73**		**1683**	**414823**	**42492**

单位:万元

商品销售额	批发额	出口	零售额	期末商品库存额	年末零售营业面积（万平方米）
8361	45		8316	262	0.56
1349518	**2705**		**1346813**	**85812**	**24.06**
268024			268024	28792	0.87
1020403	2705		1017698	56040	20.30
61091			61091	979	2.90
395728	**969**		**394759**	**41704**	**12.74**
102773			102773	14610	2.78
127056	969		126087	11811	7.85
154805			154805	14710	1.97
11094			11094	573	0.14
584547	93597		490950	55334	10.12
423819	105204		318615	9578	4.71
8850810	1038883	5672	7811927	837071	170.21
1255757	2705		1253052	74710	23.45
395728	969		394759	41704	12.74
3919681	395355		3524326	258762	73.51
13535351	1482103	3151	12053248	1029326	238.82
2129344	97524		2031820	180233	57.05
424012	37629		386383	34312	20.33
1193324	266075	2521	927249	80087	16.66
3242728	250126		2992602	234954	86.25
8998394	475149	2521	8523245	782860	148.34
2611055	706411	2286	1904645	224470	45.25
578165	205027	865	373138	34876	14.90
16593173	**1670853**	**3386**	**14922319**	**1302623**	**325.71**
10401	3985		6415	399	0.06
320777	34634	865	286143	9591	5.55
849			849	20	0.06
376732	55358		321374	20101	9.98
1786177	12541		1773636	126930	74.13
2972	736		2236	1219	0.09
2014542	177952		1836590	59977	55.60
6512264	652853		5859411	586785	112.83
5060559	560238		4500321	473044	51.57
46681	3522		43159	2735	2.81
209058	143970		65088	6153	9.04
252163	25065	2521	227097	15670	3.98
688857	**212477**	**2286**	**476380**	**21336**	**7.15**

11-4 分县(市)区限额以上批发和零售业商品购销存总额

(2016年)

单位:万元

县(市)区	商品购进总额	#进口	商品销售额	批发额	#出口	零售额	期末商品库存总额
中原区	829651	47871	959189	556970	8561	402219	56852
二七区	2080170		2587849	848760	6902	1739089	167433
管城区	5005728	27378	5305144	3252694		2052450	538079
金水区	7441948	722002	9154125	4287237	304064	4866888	802238
上街区	282194		304284	256446	9180	47838	9914
惠济区	2460447	71403	2850292	1746432		1103860	347431
中牟县	7729672	8309	7814428	7468891	1201	345537	28002
巩义市	533219	983	581599	189031	1813	392568	35341
荥阳市	1211472		1253800	685914		567886	47571
新密市	1214956		1364637	760749		603888	39467
新郑市	4200858	6185	4617466	3794363	865	823103	54909
登封市	1822953		2149173	1373205		775968	43965
经开区	9099731	331282	10471510	8847356	20870	1624154	567345
高新区	3029242	2536	1920888	1023302	18904	897586	159951
郑东新区	6122255	196152	6381293	4952681	214124	1428612	422089
航空港实验区	4783493	102232	4869413	4803256	46066	66157	18849

11-5 分县(市)区限额以上批发和零售企业主要经济指标

(2016 年)

单位:万元

县(市)区	流动资产合计	#存货	固定资产原价	资产总计	所有者权益	#实收资本	主营业务收入
中原区	370235	68869	21424	445459	101710	48055	812498
二七区	461683	125690	82284	692811	40191	125062	1936790
管城区	1581381	388261	198644	1957571	489634	338715	4499689
金水区	4127073	704007	743351	5067668	936966	824443	7613038
上街区	36386	5929	3776	43898	14157	9289	261736
惠济区	1287408	307503	54252	1369349	185161	65016	2427453
中牟县	179660	23815	108528	343800	60594	69957	7496508
巩义市	102217	25900	30731	142272	55576	43574	309444
荥阳市	210183	34983	49559	510395	148305	81005	801408
新密市	287788	56503	159447	489785	234930	97794	945064
新郑市	363094	52840	63366	436022	61575	95738	2888591
登封市	329654	44384	140904	523077	230623	143180	1422121
经开区	4455897	529712	242017	5147068	1348726	439979	8740943
高新区	581369	143767	127261	1132437	314421	85003	1778999
郑东新区	1911157	383851	112532	2367261	666156	431538	5728733
航空港实验区	2481920	21971	25378	2590664	779597	536128	4175423

11-5 续表 (2016 年) 单位:万元

县(市)区	主营业务成本	主营业务税金及附加	管理费用	#税金	利润总额	应付职工薪酬	应缴增值税
中原区	772696	1079	14548	444	2844	12471	5359
二七区	1772290	5461	59501	1558	-15237	55479	21577
管城区	4166572	8103	74638	2125	58826	75578	75939
金水区	7068071	15075	240470	7120	100143	146247	83368
上街区	250281	466	2674	136	1867	2325	3040
惠济区	2306763	2549	20025	515	53381	23140	45609
中牟县	6321720	2308	18469	490	977563	35039	9303
巩义市	266281	3610	9200	617	21488	8656	2626
荥阳市	682624	2140	15606	821	24829	13376	10229
新密市	690561	27540	39871	1088	144099	18503	23214
新郑市	2811545	806	21590	1297	5147	27692	7304
登封市	1160793	19585	18230	5201	168897	20235	18432
经开区	7945224	153517	134017	4591	255655	112761	116750
高新区	1654306	1909	26115	335	53885	30676	15629
郑东新区	5545136	3900	51891	2325	50455	45144	44901
航空港实验区	4124389	1063	10162	1165	7367	5226	7738

11-6 限额以上批发和零售业法人企业财务状况

（2016 年）

单位：万元

指标	法人企业数（个）	执行《2006年企业会计准则》企业数（个）	年初存货	流动资产合计	应收帐款	存货	固定资产合计	固定资产原价
总计	**2014**	**1660**	**2911602**	**18767104**	**4194080**	**2917983**	**1544409**	**2163454**
批发业	**901**	**756**	**1755543**	**13595997**	**3652829**	**1800760**	**687635**	**991318**
农、林、牧产品批发	**44**	**38**	**118758**	**831536**	**118504**	**128717**	**56344**	**95340**
谷物、豆及薯类批发	8	8	52461	348773	7856	52209	13066	15023
种子批发	11	11	46722	102308	5408	34811	30344	43848
饲料批发	7	5	6603	21937	4904	3579	3490	3932
棉、麻批发	6	5	11122	91258	8596	12544	4258	25832
林业产品批发	2	2	108	642	52	11	4	5
牲畜批发	3	3	411	40481	775	37	3241	3816
其他农牧产品批发	7	4	1331	226136	90913	25527	1940	2883
食品、饮料及烟草制品批发	**65**	**47**	**146842**	**748971**	**50948**	**168977**	**162889**	**212235**
米、面制品及食用油批发	15	10	52584	140629	12191	48279	21488	27586
糕点、糖果及糖批发	4	4	12564	75633	1920	16454	6240	8473
果品、蔬菜批发	8	5	2060	9263	2225	2159	89867	95009
肉、禽、蛋、奶及水产品批发	6	4	2627	5758	1186	2032	3452	4154
盐及调味品批发	6	4	2221	14154	1663	1096	10883	12561
酒、饮料及茶叶批发	12	10	11742	41223	9187	11768	5078	5872
烟草制品批发	2	1	56557	394466	9943	79094	24428	56755
其他食品批发	12	9	6488	67846	12634	8094	1454	1826
纺织、服装及家庭用品批发	**64**	**52**	**540692**	**1335120**	**58452**	**357614**	**18107**	**18993**
纺织品、针织品及原料批发	16	12	12526	155171	4105	9195	6170	11063
服装批发	22	18	35659	103766	29261	31773	3935	5616
鞋帽批发	2		1204	6845	1096	4006	12	26
化妆品及卫生用品批发	4	3	8115	11578	824	8477	141	699
厨房、卫生间用具及日用杂货批发	3	3	904	3517	1129	936	44	132
灯具、装饰物品批发	1	1	3041	6219	72	3012	44	244
家用电器批发	13	13	477690	1035531	17354	298798	546	985
其他家庭用品批发	3	2	1553	12493	4610	1417	7215	228
文化、体育用品及器材批发	**26**	**24**	**94193**	**440671**	**69550**	**114503**	**33138**	**47943**
文具用品批发	6	5	9079	56123	17396	7235	398	666
体育用品及器材批发	2	1	6999	10539	249	8204	109	575
图书批发	5	5	3770	198544	26576	6894	22117	33451
首饰、工艺品及收藏品批发	4	4	66531	119878	6190	80369	4831	5314
其他文化用品批发	9	9	7813	55588	19140	11802	5683	7937
医药及医疗器材批发	**112**	**97**	**391891**	**3831593**	**2019391**	**458804**	**70578**	**106317**
西药批发	30	27	118623	1025462	521061	141608	13730	23522
中药批发	34	28	178325	1863047	972438	196427	44878	64020
医疗用品及器材批发	48	42	94944	943084	525893	120768	11970	18775
矿产品、建材及化工产品批发	**353**	**306**	**240762**	**4736368**	**938289**	**352550**	**301500**	**435117**
煤炭及制品批发	81	70	47626	679055	156914	89349	63761	76621
石油及制品批发	28	24	66208	664432	48370	95028	157015	239516
非金属矿及制品批发	26	23	4550	37992	5212	4059	10946	13330
金属及金属矿批发	98	86	61154	2181327	148677	84723	37268	56655

11-6 续表1 （2016年） 单位:万元

指标	法人企业数（个）	执行《2006年企业会计准则》企业数（个）	年初存货	流动资产合计	应收帐款	存货	固定资产合计	固定资产原价
建材批发	63	56	21250	574478	209441	20386	20354	26125
化肥批发	8	7	12508	88350	3016	14167	3148	4741
农药批发	4	3	3277	10328	5919	3225	1051	1547
其他化工产品批发	45	37	24189	500406	360740	41613	7957	16583
机械设备、五金产品及电子产品批发	**209**	**172**	**193544**	**1506916**	**379161**	**171996**	**39657**	**65388**
农业机械批发	8	7	3161	8940	3572	2939	1680	2068
汽车批发	23	17	23516	347689	43302	20151	6179	8885
汽车零配件批发	18	16	19006	46102	12512	14876	836	1970
摩托车及零配件批发	4	3	13126	25065	2053	10183	519	2302
五金产品批发	19	14	5389	49356	16526	4087	4217	4959
电气设备批发	9	8	4134	39604	6207	4315	2322	3889
计算机、软件及辅助设备批发	31	24	17638	77209	23662	20957	2746	4086
通讯及广播电视设备批发	20	17	16287	223502	21600	14871	535	1306
其他机械设备及电子产品批发	77	66	91287	689450	249728	79619	20623	35922
贸易经纪与代理	**4**	**2**	**442**	**3747**	**1202**	**417**	**138**	**234**
贸易代理	3	1	442	2871	625	417	130	188
其他贸易经纪与代理	1	1		876	577		9	47
其他批发业	**24**	**18**	**28419**	**161075**	**17333**	**47183**	**5283**	**9752**
再生物资回收与批发	11	9	2895	15672	3552	3386	4646	7249
其他未列明批发业	13	9	25524	145402	13780	43797	637	2503
内资企业	**895**	**750**	**1752991**	**13140707**	**3327860**	**1799731**	**686808**	**989807**
国有企业	11	8	51278	417652	19940	74638	42313	74508
集体企业	6	6	754	13255	591	190	1635	1821
股份合作企业	1	1	115	504	101	90	108	466
有限责任公司	595	503	1201720	10049343	2591676	1200157	401715	545487
国有独资公司	23	21	118544	1188982	219796	139196	78594	98130
其他有限责任公司	572	482	1083176	8860361	2371879	1060961	323121	447357
股份有限公司	22	19	174179	1151654	373687	206757	154038	234661
私营企业	258	211	324911	1500088	341615	317842	83990	130135
私营独资企业	1	1	27	409		43	764	820
私营有限责任公司	251	205	312059	1439778	333358	305374	80631	124929
私营股份有限公司	6	5	12824	59902	8258	12425	2595	4387
其他企业	2	2	35	8210	250	58	3009	2730
港、澳、台商投资企业	**3**	**3**	**1081**	**427240**	**312066**	**887**	**803**	**1336**
港、澳、台商独资经营企业	3	3	1081	427240	312066	887	803	1336
外商投资企业	**3**	**3**	**1471**	**28050**	**12904**	**143**	**24**	**175**
中外合资经营企业	2	2	1471	27365	12304	94	23	159
外资企业	1	1		685	600	49	1	15
按控股情况分								
国有控股	87	80	466772	4404497	1246839	596992	283989	424751
集体控股	10	10	1563	38394	840	255	3355	3698
私人控股	642	518	678982	5468866	1291142	743777	338876	446407
港澳台商控股	3	3	1081	427240	312066	887	803	1336
外商控股	1	1		685	600	49	1	15

11-6 续表 2 （2016 年） 单位:万元

指标	法人企业数（个）	执行《2006年企业会计准则》企业数（个）	年初存货	流动资产合计	应收帐款	存货	固定资产合计	固定资产原价
其他	158	144	607146	3256314	801343	458801	60611	115110
按经营形式分								
独立门店	506	412	915125	4469054	790817	780507	381611	536318
连锁总店	4	3	2064	5242	866	1524	4032	4441
连锁门店	1	1	83	5888	2884	134	26	37
其他	390	340	838271	9115813	2858262	1018596	301965	450521
按单位规模分								
大型	26	23	437395	3786434	1302584	575728	245189	365398
中型	297	258	781157	6564265	1582574	847883	254167	361826
小型	485	397	495108	3009851	732530	339635	174617	245451
微型	93	78	41882	235447	35141	37515	13662	18643
零售业	**1113**	**904**	**1156059**	**5171107**	**541250**	**1117223**	**856775**	**1172137**
综合零售	**119**	**100**	**113961**	**1139766**	**88713**	**114400**	**508660**	**677714**
百货零售	61	51	49557	890527	74854	56285	429247	559619
超级市场零售	40	35	60930	235087	11989	54219	74922	112762
其他综合零售	18	14	3474	14151	1871	3896	4491	5332
食品、饮料及烟草制品专门零售	**78**	**67**	**22896**	**81980**	**13127**	**28878**	**31992**	**34253**
粮油零售	8	6	2274	5955	1507	2575	1000	1098
糕点、面包零售	2	1	892	1477	500	874	31	178
果品、蔬菜零售	18	16	2258	12114	2972	2598	14528	15048
肉、禽、蛋、奶及水产品零售	11	10	1615	20735	3932	7474	8295	11400
营养和保健品零售	2	2	86	301	79	86		
酒、饮料及茶叶零售	17	13	12254	25697	1870	11673	6545	4583
其他食品零售	20	19	3516	15701	2267	3598	1593	1946
纺织、服装及日用品专门零售	**69**	**54**	**46668**	**129589**	**25082**	**49566**	**24760**	**30505**
纺织品及针织品零售	9	7	6943	13894	563	7432	165	384
服装零售	29	23	25005	83706	13930	28497	10154	13972
鞋帽零售	7	7	1422	4850	1426	2059	279	456
化妆品及卫生用品零售	9	5	6071	8523	821	6062	82	210
钟表、眼镜零售	1	1	2762	6774	3530	1263	388	1016
厨房用具及日用杂品零售	1		71	115	30	33	6	9
其他日用品零售	13	11	4394	11728	4781	4220	13686	14459
文化、体育用品及器材专门零售	**65**	**49**	**114087**	**208949**	**26800**	**122595**	**14080**	**22346**
文具用品零售	6	4	1538	5918	1963	1064	57	158
体育用品及器材零售	9	6	11665	18014	3621	10363	312	745
图书、报刊零售	18	16	18820	51862	12783	17550	10357	16137
珠宝首饰零售	10	9	69043	105302	5269	81352	3098	4744
工艺美术品及收藏品零售	6	4	8413	12779	928	7883	168	366
乐器零售	6	4	1499	6381	622	1273	29	75
照相器材零售	7	4	2334	6912	1154	2279	15	49
其他文化用品零售	3	2	774	1781	461	830	44	72
医药及医疗器材专门零售	**36**	**25**	**27819**	**159650**	**57799**	**29702**	**32764**	**42410**
药品零售	29	23	26707	149666	51585	28197	32687	42163
医疗用品及器材零售	7	2	1112	9983	6214	1505	77	247

11-6 续表3 （2016年） 单位:万元

指标	法人企业数（个）	执行《2006年企业会计准则》企业数（个）	年初存货	流动资产合计	应收帐款	存货	固定资产合计	固定资产原价
汽车、摩托车、燃料及零配件专门零售	**360**	**292**	**715762**	**2743309**	**168069**	**649242**	**181689**	**286108**
汽车零售	288	234	685076	2653997	155114	623091	154387	248516
汽车零配件零售	18	14	20309	42261	4316	16629	5112	6759
摩托车及零配件零售	4	2	2399	3917	1112	1783	790	988
机动车燃料零售	50	42	7979	43134	7528	7739	21400	29844
家用电器及电子产品专门零售	**289**	**240**	**99768**	**532866**	**122502**	**107272**	**31425**	**37892**
家用视听设备零售	27	23	8072	35839	2602	7975	5909	6832
日用家电设备零售	27	22	27043	152121	17333	33216	9787	10939
计算机、软件及辅助设备零售	183	154	38971	207755	64860	32760	4873	7419
通信设备零售	14	12	20764	86484	18346	28025	3086	4166
其他电子产品零售	38	29	4919	50667	19361	5295	7770	8536
五金、家具及室内装饰材料专门零售	**62**	**48**	**9704**	**116693**	**16863**	**8856**	**11426**	**15563**
五金零售	35	26	5860	34175	11653	6213	3401	5299
灯具零售	2	2	171	1107	6	93	1	2
家具零售	13	10	3091	73460	1032	1489	5961	7992
涂料零售	1	1	25	1156	446	24		
木质装饰材料零售	1			69		25		
陶瓷、石材装饰材料零售	3	3	118	1081	499	135	368	486
其他室内装饰材料零售	7	6	438	5646	3226	877	1697	1783
货摊、无店铺及其他零售业	**35**	**29**	**5396**	**58308**	**22296**	**6713**	**19979**	**25347**
互联网零售	14	12	547	14995	2323	1937	3715	4594
生活用燃料零售	11	10	890	27196	15508	825	14053	17300
其他未列明零售业	10	7	3958	16117	4465	3951	2211	3453
按登记注册类型分								
内资企业	**1089**	**882**	**1067280**	**4363233**	**467540**	**1024049**	**431811**	**611072**
国有企业	11	10	2551	12640	647	1459	5629	7124
集体企业	9	8	4120	9070	619	4162	1327	2418
股份合作企业	1		7	65			149	204
联营企业	1	1	124	162				
其他联营企业	1	1	124	162				
有限责任公司	727	590	752445	2949074	335507	699530	304507	420167
国有独资公司	5	5	1906	22995	9206	1209	954	1797
其他有限责任公司	722	585	750539	2926079	326301	698322	303554	418370
股份有限公司	24	23	41513	388362	24504	35935	54182	77620
私营企业	312	246	266459	1003684	106221	282944	64577	102080
私营独资企业	9	6	495	2056	893	166	2206	3186
私营有限责任公司	290	229	210717	914535	101442	213785	57632	92733
私营股份有限公司	13	11	55248	87094	3886	68993	4739	6161
其他企业	4	4	61	176	42	19	1439	1459
港、澳、台商投资企业	**11**	**10**	**40918**	**700123**	**68378**	**52000**	**411269**	**514865**
合资经营企业（港或澳、台资）	3	2	21119	52622	3192	26586	21482	28939
港、澳、台商独资经营企业	6	6	17908	605397	36979	22558	388455	483832

11-6 续表4 (2016 年) 单位:万元

指标	法人企业数(个)	执行《2006年企业会计准则》企业数(个)	年初存货	流动资产合计	应收帐款	存货	固定资产合计	固定资产原价
港、澳、台商投资股份有限公司	2	2	1891	42104	28208	2856	1332	2094
外商投资企业	**13**	**12**	**47862**	**107751**	**5333**	**41174**	**13695**	**46200**
中外合资经营企业	4	4	15888	30887	3471	15273	7870	28855
外资企业	5	5	13692	20008	475	10727	3185	11484
外商投资股份有限公司	3	2	17269	50454	1369	14596	2000	4622
其他外商投资企业	1	1	1014	6403	18	578	640	1239
按控股情况分								
国有控股	33	31	57996	140099	21282	44110	38421	58758
集体控股	22	19	8333	46177	2990	8096	9171	17943
私人控股	826	652	744625	3021169	339106	748863	262955	369810
港澳台商控股	9	8	33467	684220	67472	42481	395414	494342
外商控股	13	12	47862	107751	5333	41174	13695	46200
其他	210	182	263777	1171691	105068	232500	137118	185083
按经营形式分								
独立门店	884	711	925702	3678200	337334	895676	401875	574659
连锁总店	35	31	113278	948311	73384	98718	417629	523753
连锁门店	20	15	38966	141241	8327	38041	9423	34835
其他	174	147	78113	403356	122205	84789	27848	38889
按单位规模分								
大型	22	20	150940	1132469	118975	158821	431885	573562
中型	321	282	762604	2966721	230222	729437	295231	436445
小型	479	378	213866	902803	156983	199928	117202	146329
微型	291	224	28649	169114	35070	29037	12457	15801
按零售业态分								
有店铺零售	**1040**	**849**	**1136730**	**5032753**	**496798**	**1096537**	**849783**	**1162543**
食杂店	3	3	95	596	59	181	109	156
便利店	11	10	2713	5515	798	2878	1102	1318
折扣店	1		41	725	265	43		
超市	39	31	11036	35802	7814	15052	18630	20419
大型超市	21	19	81472	808162	37256	78591	414472	552400
仓储会员店	3	3	1206	3803	1197	1272	43	66
百货店	79	68	26947	277828	51905	30194	47185	76721
专业店	558	463	527379	2005224	209415	524046	168127	242764
专卖店	263	204	463523	1744444	158561	416459	137462	194427
家居建材商店	8	4	1001	5841	2564	965	1794	2591
购物中心	10	9	5723	59980	2353	5699	38086	39721
厂家直销中心	44	35	15595	84833	24609	21155	22775	31959
无店铺零售	**73**	**55**	**19329**	**138354**	**44452**	**20686**	**6991**	**9593**
电视购物	2	1	487	777	61	535	2	35
邮购	1	1	655	1457	624	57	1	4
网上商店	16	14	1693	20862	4350	2477	3945	4846
电话购物	1	1	250	1854	102	502		

11-6 续表5 (2016年) 单位:万元

指标	期末资产负债							
	累计折旧	本年折旧	在建工程	资产总计	流动负债合计	应付帐款	非流动负债合计	负债合计
总计	**645469**	**121676**	**193838**	**23259536**	**16715566**	**4394574**	**886910**	**17591215**
批发业	**326011**	**52097**	**130377**	**16535087**	**11488812**	**3435059**	**679716**	**12156480**
农、林、牧产品批发	**38996**	**3569**	**1771**	**1206071**	**561880**	**41921**	**63352**	**626070**
谷物、豆及薯类批发	1958	405	185	546580	200111	3940	59970	260081
种子批发	13504	2651	661	179499	42943	5021	77	43020
饲料批发	442	45		26267	12222	1080	100	12736
棉、麻批发	21574	425	925	155575	89410	4503	2864	92273
林业产品批发	1			1599	362	63	340	702
牲畜批发	575	-176		62786	16654	598		16654
其他农牧产品批发	943	219		233765	200178	26716	1	200604
食品、饮料及烟草制品批发	**50095**	**6958**	**11876**	**986180**	**521765**	**181286**	**54659**	**571728**
米、面制品及食用油批发	6144	2425	613	179124	138259	14852	39325	171475
糕点、糖果及糖批发	2256	409		85052	64266	9090		64351
果品、蔬菜批发	5142	1467	3910	106033	38689	10383	14119	52808
肉、禽、蛋、奶及水产品批发	702	198		12359	4812	1095		4812
盐及调味品批发	1678	375	7353	27195	7013	1775	188	7202
酒、饮料及茶叶批发	795	84		46887	39098	5703	1027	41453
烟草制品批发	33007	1930	1	452986	164699	129240		164699
其他食品批发	372	70		76544	64929	9149		64929
纺织、服装及家庭用品批发	**8013**	**548**		**1400899**	**1213136**	**83055**	**5367**	**1218502**
纺织品、针织品及原料批发	4893	797		187834	143110	6876	464	143573
服装批发	1681	89		108182	83581	31117	4503	88084
鞋帽批发	15	2		6957	6330	395		6330
化妆品及卫生用品批发	557	53		11719	9916	5403		9916
厨房、卫生间用具及日用杂货批发	87	-542		3966	3137	583		3137
灯具、装饰物品批发	200	1		6286	3578	1405		3578
家用电器批发	439	124		1052888	944693	33390		944693
其他家庭用品批发	141	24		23067	18792	3887	400	19192
文化、体育用品及器材批发	**14825**	**1733**	**8249**	**738062**	**369215**	**166897**	**6371**	**375586**
文具用品批发	268	24		57740	48950	31103	6	48957
体育用品及器材批发	466	59		10653	5241	1347		5241
图书批发	11334	1317	8249	433717	178476	112304	6081	184557
首饰、工艺品及收藏品批发	503	70		158462	90360	13213	256	90616
其他文化用品批发	2254	263		77491	46188	8931	27	46215
医药及医疗器材批发	**35738**	**19634**	**11551**	**4050350**	**3211503**	**1697420**	**33252**	**3218454**
西药批发	9792	1599	1591	1047693	847917	451439	522	848438
中药批发	19142	13686	8228	2016031	1527476	871329	24831	1526353
医疗用品及器材批发	6805	4349	1732	986626	836110	374652	7900	843663
矿产品、建材及化工产品批发	**147879**	**15003**	**82151**	**6136838**	**4121969**	**752649**	**429395**	**4570221**
煤炭及制品批发	13645	2972	373	996436	666142	217578	45467	718394
石油及制品批发	95968	6411	68165	1337453	1006428	106179	117408	1130616
非金属矿及制品批发	2384	543	4	67808	35795	5161	5087	40882
金属及金属矿批发	19398	3000	9826	2381823	1356274	114278	244439	1602650

11-6 续表6 （2016 年） 单位:万元

指标	期末资产负债							
	累计折旧	本年折旧	在建工程	资产总计	流动负债合计	应付帐款	非流动负债合计	负债合计
建材批发	5770	906		714820	506665	77475	8631	518650
化肥批发	1593	241		100389	78788	20138	7712	86501
农药批发	496	73		11584	2461	1402	299	2759
其他化工产品批发	8626	858	3783	526526	469417	210439	352	469769
机械设备、五金产品及电子产品批发	**25893**	**4126**	**13850**	**1793371**	**1298699**	**506630**	**85737**	**1383689**
农业机械批发	388	48		10824	7127	3444	1	7128
汽车批发	2868	458	25	374477	354644	87767	20218	374862
汽车零配件批发	1134	277		47852	32070	11551	268	32337
摩托车及零配件批发	1783	90		25820	21047	13920	900	21947
五金产品批发	742	188		201815	109351	48084	500	109853
电气设备批发	1567	62		47042	29559	5970		29559
计算机、软件及辅助设备批发	1341	187	609	85085	47269	15043		47269
通讯及广播电视设备批发	771	87		228469	154748	28355		153998
其他机械设备及电子产品批发	15299	2730	13216	771990	542885	292497	63851	606736
贸易经纪与代理	**102**	**12**		**3898**	**2350**	**871**		**2350**
贸易代理	64	8		3012	1784	419		1784
其他贸易经纪与代理	38	4		886	566	452		566
其他批发业	**4470**	**514**	**929**	**219418**	**188296**	**4330**	**1585**	**189881**
再生物资回收与批发	2603	341	4	23214	16314	7247	535	16849
其他未列明批发业	1867	173	925	196204	171982	–2918	1050	173032
内资企业	**325327**	**52240**	**130377**	**16061049**	**11089914**	**3243563**	**679716**	**11757582**
国有企业	32195	2161	8823	490961	193082	128869	5737	198819
集体企业	186	94		20222	2020	1120	1793	3813
股份合作企业	358	27		893	1385	165	1	1386
有限责任公司	165480	28822	28326	11856463	8238193	2117091	545213	8761249
国有独资公司	40194	5222	8964	2132784	1254585	286532	130403	1384988
其他有限责任公司	125286	23600	19362	9723679	6983607	1830559	414811	7376261
股份有限公司	80622	15529	81057	1622020	1104089	524101	64292	1174229
私营企业	46148	5608	12171	2058281	1550295	471965	62581	1616204
私营独资企业	56	4		1325	124	108	36	161
私营有限责任公司	44301	5404	12171	1953304	1477734	466888	62544	1543607
私营股份有限公司	1791	200		103652	72437	4969		72437
其他企业	339			12210	851	251	100	1884
港、澳、台商投资企业	**533**	**–145**		**445962**	**372862**	**181422**		**372862**
港、澳、台商独资经营企业	533	–145		445962	372862	181422		372862
外商投资企业	**151**	**2**		**28075**	**26035**	**10074**		**26035**
中外合资经营企业	136			27389	25508	9732		25508
外资企业	15	2		686	528	342		528
按控股情况分								
国有控股	161442	25580	87262	5945930	3946299	1412562	213359	4165590
集体控股	342	112		49585	26012	19608	1793	27804
私人控股	108516	17520	31307	6581293	4474190	1274190	363637	4840838
港澳台商控股	533	–145		445962	372862	181422		372862
外商控股	15	2		686	528	342		528

11-6 续表 7　　　　(2016 年)　　　　单位:万元

指标	期末资产负债							
	累计折旧	本年折旧	在建工程	资产总计	流动负债合计	应付帐款	非流动负债合计	负债合计
其他	55163	9029	11808	3511630	2668922	546935	100929	2748858
按经营形式分								
独立门店	176227	18261	55313	5973960	4272734	856807	295638	4574082
连锁总店	408	140		10927	4771	122		4771
连锁门店	12	3		5924	5605	3391		5605
其他	149365	33694	75064	10544276	7205703	2574739	384078	7572023
按单位规模分								
大型	133104	22309	78109	4920580	3623296	1547086	99252	3728396
中型	116412	20755	40839	7873080	5084124	1415360	480960	5542634
小型	71514	9167	10079	3438079	2531008	439031	96128	2631666
微型	4981	-133	1350	303348	250384	33582	3377	253784
零售业	**319458**	**69579**	**63461**	**6724450**	**5226754**	**959515**	**207194**	**5434735**
综合零售	**169383**	**32509**	**37432**	**1844436**	**1546582**	**497862**	**102533**	**1641672**
百货零售	130702	28771	34381	1422689	1167733	418848	51381	1211782
超级市场零售	37840	3043	2425	394023	367078	78002	49289	416214
其他综合零售	841	695	626	27724	11771	1012	1863	13676
食品、饮料及烟草制品专门零售	**5617**	**1094**	**2996**	**129807**	**65309**	**16042**	**2396**	**67949**
粮油零售	98	40	12	7959	4501	52	36	4694
糕点、面包零售	147			1508	2157	1203		2157
果品、蔬菜零售	520	387	2370	29937	13079	1336	413	13492
肉、禽、蛋、奶及水产品零售	3105	300	582	31486	15473	4284	263	15736
营养和保健品零售				301	22	22		22
酒、饮料及茶叶零售	1394	202	3	34642	16024	1259	177	16289
其他食品零售	353	165	30	23973	14051	7885	1508	15559
纺织、服装及日用品专门零售	**5745**	**1286**		**179588**	**132062**	**21999**	**5548**	**137610**
纺织品及针织品零售	219	32		14171	12377	4678	1571	13948
服装零售	3818	922		102379	81032	9843	3477	84509
鞋帽零售	177	38		5236	3472	417	59	3531
化妆品及卫生用品零售	128	18		8633	7985	524	26	8011
钟表、眼镜零售	627	136		8014	1677	584		1677
厨房用具及日用杂品零售	2	2		121	61			61
其他日用品零售	773	139		41033	25459	5953	414	25873
文化、体育用品及器材专门零售	**8467**	**1224**	**5557**	**270935**	**147239**	**34491**	**6687**	**154142**
文具用品零售	111	30		5985	3663	2066	50	3713
体育用品及器材零售	433	97		19536	17274	4651	5	17279
图书、报刊零售	5780	763	5557	76816	43355	24541	2042	45397
珠宝首饰零售	1838	307		136917	69215	277	4424	73640
工艺美术品及收藏品零售	198	10		15908	8140	749	66	8421
乐器零售	46	1		6508	2278	1189		2278
照相器材零售	34	14		7330	2654	440	100	2754
其他文化用品零售	28	3		1935	660	578		660
医药及医疗器材专门零售	**9646**	**2391**		**213762**	**155182**	**44806**	**17887**	**173069**
药品零售	9476	2265		202557	145826	39292	17887	163713
医疗用品及器材零售	170	126		11205	9356	5514		9356

11-6 续表 8　　　　(2016 年)　　　　单位:万元

指标	期末资产负债							
	累计折旧	本年折旧	在建工程	资产总计	流动负债合计	应付帐款	非流动负债合计	负债合计
汽车、摩托车、燃料及零配件专门零售	**104627**	**27911**	**14598**	**3233058**	**2612224**	**191758**	**64227**	**2685024**
汽车零售	94337	24009	14138	3092312	2552989	179406	63076	2624625
汽车零配件零售	1647	413		49398	39339	5816	95	39434
摩托车及零配件零售	198	59	39	4713	2336	479	189	2525
机动车燃料零售	8445	3430	421	86635	17561	6057	867	18440
家用电器及电子产品专门零售	**6469**	**1179**	**451**	**613199**	**401041**	**123868**	**3243**	**403479**
家用视听设备零售	923	96		42899	24875	1802	187	25062
日用家电设备零售	1152	322	18	174094	142473	27942	467	142946
计算机、软件及辅助设备零售	2548	483	432	240256	109354	40429	2524	111069
通信设备零售	1080	102		92974	95634	42446		95634
其他电子产品零售	765	177		62976	28704	11249	65	28768
五金、家具及室内装饰材料专门零售	**4137**	**383**		**156098**	**117454**	**9249**	**2815**	**120269**
五金零售	1899	159		45324	26833	7050	1223	28056
灯具零售	2	1		1107	52	39		52
家具零售	2031	204		99227	86112	687	461	86573
涂料零售				1156	555	554		555
木质装饰材料零售				115	35			35
陶瓷、石材装饰材料零售	119	12		1449	209	62	342	551
其他室内装饰材料零售	87	9		7720	3658	857	789	4447
货摊、无店铺及其他零售业	**5368**	**1602**	**2427**	**83570**	**49663**	**19440**	**1858**	**51521**
互联网零售	879	786		20241	14955	2577	793	15747
生活用燃料零售	3247	695	2427	44451	28911	14271	487	29399
其他未列明零售业	1242	121		18878	5797	2592	578	6375
按登记注册类型分								
内资企业	**183357**	**40581**	**27626**	**5411975**	**4185885**	**577015**	**204029**	**4390701**
国有企业	1495	46	422	19987	7086	407	113	7199
集体企业	1091	43	625	13513	8065	2907	852	8917
股份合作企业	55	9		214	197		28	225
联营企业				162	19		5	24
其他联营企业				162	19		5	24
有限责任公司	119583	26988	17799	3610443	2956276	461211	102207	3060180
国有独资公司	843	103	11	26103	15771	5258	387	16158
其他有限责任公司	118741	26885	17788	3584340	2940506	455953	101820	3044022
股份有限公司	23438	2563	911	564166	346541	24718	67913	414453
私营企业	37675	10930	7869	1201869	867647	87765	32911	899649
私营独资企业	980	159		5918	918	606	215	1145
私营有限责任公司	35103	9893	7869	1083627	815008	89081	28206	842291
私营股份有限公司	1592	877		112324	51721	-1921	4491	56212
其他企业	20	2		1621	55	6		55
港、澳、台商投资企业	**103596**	**27545**	**33504**	**1183169**	**889821**	**364295**		**889821**
合资经营企业(港或澳、台资)	7456	2729		78820	62912	18053		62912
港、澳、台商独资经营企业	95377	24354	25498	1049388	774296	302902		774296

11-6　续表 9　　　　（2016 年）　　　　单位:万元

指标	期末资产负债							
	累计折旧	本年折旧	在建工程	资产总计	流动负债合计	应付帐款	非流动负债合计	负债合计
港、澳、台商投资股份有限公司	762	463	8006	54961	52613	43341		52613
外商投资企业	**32505**	**1453**	**2331**	**129306**	**151048**	**18206**	**3165**	**154213**
中外合资经营企业	20985	106	2252	39521	52649	3610	133	52781
外资企业	8299	1241	79	26095	55132	14111	2461	57593
外商投资股份有限公司	2622	106		56603	37747	460	536	38284
其他外商投资企业	600			7086	5520	24	35	5555
按控股情况分								
国有控股	20337	2497	5832	216911	123670	27609	2088	125758
集体控股	8772	344	714	64584	53583	16499	11007	64591
私人控股	110747	27234	17017	3602432	2799262	350092	71162	2875266
港澳台商控股	98928	25634	33504	1148530	863268	361588		863268
外商控股	32505	1453	2331	129306	151048	18206	3165	154213
其他	48168	12416	4063	1562687	1235924	185522	119771	1351640
按经营形式分								
独立门店	176879	38055	34857	4610682	3568441	423376	176623	3745851
连锁总店	106125	26586	27355	1459617	1100385	402975	22023	1122408
连锁门店	25412	1335	508	187071	265436	50848	4297	269732
其他	11043	3603	741	467080	292493	82316	4251	296744
按单位规模分								
大型	141677	28810	41075	1692688	1447396	511744	25713	1473109
中型	141558	29723	20075	3708856	2969613	255964	146737	3111788
小型	32868	10495	2197	1127280	704041	167211	32579	741951
微型	3355	552	114	195625	105704	24596	2165	107887
按零售业态分								
有店铺零售	**316856**	**68398**	**63461**	**6569582**	**5124282**	**922700**	**205013**	**5330083**
食杂店	48	7		805	429	7		429
便利店	216	31	625	8182	5275	473	723	5998
折扣店				725	697	662		697
超市	1789	243	30	66699	29662	8339	2532	32040
大型超市	137929	27485	27898	1320392	1117822	374761	16983	1134806
仓储会员店	22	2		3852	1388	1115		1388
百货店	29865	4603	8377	370415	360851	114432	47007	400526
专业店	78213	18604	15230	2391413	1773906	229799	38187	1814487
专卖店	57157	12582	8103	2122618	1671018	161744	57535	1734432
家居建材商店	798	51		13942	11031	1027	1192	12223
购物中心	1636	716	544	150803	73402	9661	40394	113796
厂家直销中心	9184	4076	2654	119736	78801	20681	459	79261
无店铺零售	**2602**	**1181**		**154868**	**102472**	**36815**	**2180**	**104652**
电视购物	33	3		1467	18			18
邮购	3	3		1496	659	612		659
网上商店	901	797		26441	18554	4987	1601	20156
电话购物				1854	213	213		213

11-6 续表 10 （2016 年） 单位:万元

指标	所有者权益合计	实收资本						
			国家资本	集体资本	法人资本	个人资本	港澳台资本	外商资本
总计	**5668322**	**3434474**	**515533**	**44687**	**1537715**	**1180063**	**129136**	**27340**
批发业	**4378607**	**2330593**	**478027**	**39087**	**1081960**	**662647**	**65000**	**3872**
农、林、牧产品批发	**580001**	**377403**	**117723**	**26371**	**97821**	**100489**	**35000**	
谷物、豆及薯类批发	286499	120809	108737	172	10500	1400		
种子批发	136478	69392	8786		19639	40966		
饲料批发	13531	13300		400	6600	6300		
棉、麻批发	63301	90247		22935	17132	50180		
林业产品批发	897	100			100			
牲畜批发	46132	40800		2000	3000	800	35000	
其他农牧产品批发	33162	42755	200	864	40849	842		
食品、饮料及烟草制品批发	**414453**	**115019**	**51872**		**31143**	**32004**		
米、面制品及食用油批发	7649	41594	34051		1131	6413		
糕点、糖果及糖批发	20702	2900	700		300	1900		
果品、蔬菜批发	53225	27667			11597	16070		
肉、禽、蛋、奶及水产品批发	7547	7484			5974	1510		
盐及调味品批发	19993	9398	9235		113	50		
酒、饮料及茶叶批发	5434	5722			2347	3375		
烟草制品批发	288288	7886	7886					
其他食品批发	11615	12368			9681	2687		
纺织、服装及家庭用品批发	**182397**	**55434**	**10128**		**4929**	**40377**		
纺织品、针织品及原料批发	44260	29606	7360		849	21396		
服装批发	20098	8292			909	7383		
鞋帽批发	627	500			500			
化妆品及卫生用品批发	1803	1050				1050		
厨房、卫生间用具及日用杂货批发	830	1450			1170	280		
灯具、装饰物品批发	2708	3000				3000		
家用电器批发	108196	7767			1000	6767		
其他家庭用品批发	3875	3769	2768		500	501		
文化、体育用品及器材批发	**362476**	**93661**	**24250**	**150**	**44800**	**22389**		**2072**
文具用品批发	8783	7915				5843		2072
体育用品及器材批发	5411	1000			750	250		
图书批发	249160	15750	14700		550	500		
首饰、工艺品及收藏品批发	67846	52145			36900	15245		
其他文化用品批发	31276	16851	9550	150	6600	551		
医药及医疗器材批发	**831896**	**385973**	**45652**	**3637**	**203377**	**133307**		
西药批发	199255	163597	72		137328	26197		
中药批发	489678	168619	17946	3391	49203	98080		
医疗用品及器材批发	142963	53757	27635	246	16846	9030		
矿产品、建材及化工产品批发	**1566617**	**961635**	**120552**	**5430**	**611735**	**193918**	**30000**	
煤炭及制品批发	278042	171355	16780	452	83693	70430		
石油及制品批发	206838	58127	11360		35897	10870		
非金属矿及制品批发	26926	18250			4061	14189		
金属及金属矿批发	779173	508515	84630	4954	375502	43429		

11-6 续表 11 （2016 年） 单位:万元

指标	所有者权益合计	实收资本						
			国家资本	集体资本	法人资本	个人资本	港澳台资本	外商资本
建材批发	196170	127913			74776	23138	30000	
化肥批发	13888	19374	5300		7968	6106		
农药批发	8824	8200			1850	6350		
其他化工产品批发	56756	49901	2482	24	27988	19407		
机械设备、五金产品及电子产品批发	**409683**	**309781**	**87846**	**3000**	**85090**	**132045**		**1800**
农业机械批发	3696	2626			500	2126		
汽车批发	-385	37814			24597	13217		
汽车零配件批发	15514	6392			1951	4441		
摩托车及零配件批发	3873	3100			1800	1300		
五金产品批发	91962	52627	34750		873	17004		
电气设备批发	17482	14630	100			14530		
计算机、软件及辅助设备批发	37816	27078	2000		8891	16187		
通讯及广播电视设备批发	74471	69137	11500	3000	20016	34621		
其他机械设备及电子产品批发	165254	96377	39496		26462	28619		1800
贸易经纪与代理	**1548**	**1580**				**1580**		
贸易代理	1228	1279				1279		
其他贸易经纪与代理	319	301				301		
其他批发业	**29537**	**30107**	**20004**	**500**	**3066**	**6538**		
再生物资回收与批发	6365	3670		500	2460	710		
其他未列明批发业	23172	26437	20004		606	5828		
内资企业	**4303467**	**2258637**	**478027**	**39087**	**1077076**	**662647**		**1800**
国有企业	292142	25682	20334		5298	50		
集体企业	16409	14446		833	13612			
股份合作企业	-493	92	72			20		
有限责任公司	3095214	1790496	446133	37854	910032	394677		1800
国有独资公司	747796	276010	263757		12253			
其他有限责任公司	2347418	1514486	182377	37854	897779	394677		1800
股份有限公司	447792	70177	10958		23040	36179		
私营企业	442077	350244	30		118493	231721		
私营独资企业	1164	374				374		
私营有限责任公司	409697	295209	30		118402	176777		
私营股份有限公司	31215	54662			91	54571		
其他企业	10326	7500	500	400	6600			
港、澳、台商投资企业	**73100**	**69820**			**4820**		**65000**	
港、澳、台商独资经营企业	73100	69820			4820		65000	
外商投资企业	**2040**	**2137**			**64**			**2072**
中外合资经营企业	1881	2072						2072
外资企业	159	64			64			
按控股情况分								
国有控股	1780340	583717	454405		108954	20358		
集体控股	21781	22101		833	21117	150		
私人控股	1740455	1174244	1438	3002	632532	537272		
港澳台商控股	73100	69820			4820		65000	
外商控股	159	64			64			

11-6 续表 12 （2016 年） 单位:万元

指标	所有者权益合计	实收资本						
			国家资本	集体资本	法人资本	个人资本	港澳台资本	外商资本
其他	762772	480647	22184	35251	314473	104867		3872
按经营形式分								
独立门店	1399878	788567	117058	26567	265194	379749		
连锁总店	6157	5613	3		5560	50		
连锁门店	319	500				500		
其他	2972253	1535912	360966	12520	811206	282348	65000	3872
按单位规模分								
大型	1192184	244971	62389		164181	18401		
中型	2330446	1342793	312540	7743	636161	347478	35000	3872
小型	806413	635559	95711	31320	251081	227447	30000	
微型	49565	107269	7387	24	30537	69321		
零售业	**1289715**	**1103881**	**37507**	**5600**	**455756**	**517416**	**64136**	**23468**
综合零售	**202764**	**214588**	**4767**	**924**	**79161**	**50681**	**61106**	**17950**
百货零售	210907	137049	4759	798	31036	27462	59760	13233
超级市场零售	-22191	69449			44103	19284	1345	4717
其他综合零售	14048	8090	8	126	4021	3934		
食品、饮料及烟草制品专门零售	**61857**	**33296**	**936**		**17269**	**13843**		**1248**
粮油零售	3265	2253	800		1193	260		
糕点、面包零售	-649	138				138		
果品、蔬菜零售	16445	10492			4749	4495		1248
肉、禽、蛋、奶及水产品零售	15750	5652	136		2546	2969		
营养和保健品零售	279	100			100			
酒、饮料及茶叶零售	18353	6343			2805	3538		
其他食品零售	8414	8318			5876	2442		
纺织、服装及日用品专门零售	**41978**	**28314**		**100**	**8306**	**19015**	**893**	
纺织品及针织品零售	223	421			30	391		
服装零售	17870	9990			2604	6493	893	
鞋帽零售	1706	1502			602	900		
化妆品及卫生用品零售	622	838			470	368		
钟表、眼镜零售	6337	3000			3000			
厨房用具及日用杂品零售	60	10				10		
其他日用品零售	15160	12554		100	1600	10854		
文化、体育用品及器材专门零售	**116793**	**103635**	**4500**	**260**	**65409**	**33466**		
文具用品零售	2273	2831			1307	1524		
体育用品及器材零售	2257	3488			1150	2338		
图书、报刊零售	31419	12945	4500	132	2353	5960		
珠宝首饰零售	63277	69789		129	52648	17012		
工艺美术品及收藏品零售	7486	6250			3797	2453		
乐器零售	4230	3889			1716	2173		
照相器材零售	4576	4092			2388	1704		
其他文化用品零售	1275	352			50	302		
医药及医疗器材专门零售	**40693**	**27365**	**849**		**20789**	**5728**		
药品零售	38844	25308	849		20263	4197		
医疗用品及器材零售	1849	2057			526	1531		

11-6 续表 13 (2016 年) 单位:万元

指标	所有者权益合计	实收资本						
			国家资本	集体资本	法人资本	个人资本	港澳台资本	外商资本
汽车、摩托车、燃料及零配件专门零售	**548034**	**445579**	**21360**	**3841**	**170073**	**243958**	**2077**	**4270**
汽车零售	467687	405402	11200	3821	157925	226108	2077	4270
汽车零配件零售	9964	7717			4337	3380		
摩托车及零配件零售	2188	300			70	230		
机动车燃料零售	68195	32161	10160	20	7741	14240		
家用电器及电子产品专门零售	**209719**	**188438**	**105**	**255**	**68159**	**119869**	**50**	
家用视听设备零售	17837	14499	5	5	3086	11403		
日用家电设备零售	31148	25953			23704	2250		
计算机、软件及辅助设备零售	129188	114336	100	250	31031	82905	50	
通信设备零售	-2661	7706			2940	4766		
其他电子产品零售	34208	25943			7398	18546		
五金、家具及室内装饰材料专门零售	**35829**	**42194**	**630**	**219**	**20115**	**21230**		
五金零售	17269	15281	600	86	5123	9472		
灯具零售	1055	1020			19	1001		
家具零售	12654	23006	30	133	13912	8932		
涂料零售	601	601				601		
木质装饰材料零售	80	10				10		
陶瓷、石材装饰材料零售	898	114				114		
其他室内装饰材料零售	3272	2161			1061	1100		
货摊、无店铺及其他零售业	**32048**	**20474**	**4360**		**6476**	**9628**	**10**	
互联网零售	4494	5951	1260		1904	2778	10	
生活用燃料零售	15052	8791	3000		4381	1410		
其他未列明零售业	12502	5732	100		192	5440		
按登记注册类型分								
内资企业	**1021274**	**995542**	**37507**	**5600**	**436425**	**515960**	**50**	
国有企业	12789	9700	9498		203			
集体企业	4595	2666	608	338	1609	110		
股份合作企业	-11	78				78		
联营企业	138	133		133				
其他联营企业	138	133		133				
有限责任公司	550264	604219	26555	4953	312834	259827	50	
国有独资公司	9946	7700	3600		4100			
其他有限责任公司	540318	596519	22955	4953	308734	259827	50	
股份有限公司	149712	121088	846	26	12006	108209		
私营企业	302221	256773		150	109723	146900		
私营独资企业	4773	2539			364	2174		
私营有限责任公司	241336	202539		150	72145	130243		
私营股份有限公司	56112	51695			37213	14482		
其他企业	1566	886			50	836		
港、澳、台商投资企业	**293348**	**76179**			**11393**	**700**	**64086**	
合资经营企业(港或澳、台资)	15908	5590			3393		2197	
港、澳、台商独资经营企业	275093	62589				700	61889	

11-6 续表 14 (2016 年) 单位:万元

指标	所有者权益合计	实收资本	国家资本	集体资本	法人资本	个人资本	港澳台资本	外商资本
港、澳、台商投资股份有限公司	2348	8000			8000			
外商投资企业	**-24907**	**32161**			**7938**	**756**		**23468**
中外合资经营企业	-13260	12762			4628			8135
外资企业	-31498	15333						15333
外商投资股份有限公司	18319	3566			2810	756		
其他外商投资企业	1531	500			500			
按控股情况分								
国有控股	91153	48505	34164		8123	6219		
集体控股	-7	11012	608	1695	8579	130		
私人控股	727166	646253	2305	1234	287042	355623	50	
港澳台商控股	285263	72589			8800	700	63089	
外商控股	-24907	32161			7938	756		23468
其他	211048	293362	430	2671	135275	153988	997	
按经营形式分								
独立门店	864831	827034	27139	5384	344461	421072	11935	17044
连锁总店	337209	108072	500		46019	9363	52190	
连锁门店	-82661	35389	5000		22426	1540		6424
其他	170336	133386	4868	216	42851	85441	10	
按单位规模分								
大型	219579	130891	2300		53419	6860	52070	16242
中型	597068	573332	23260	1671	262346	266826	12005	7225
小型	385329	324539	11917	3801	112078	196693	50	
微型	87738	75119	30	129	27913	47038	10	
按零售业态分								
有店铺零售	**1239500**	**1062865**	**33247**	**5450**	**442628**	**493947**	**64126**	**23468**
食杂店	376	176			176			
便利店	2184	1143	8	46	736	353		
折扣店	27	27				27		
超市	34659	26547		80	5866	20602		
大型超市	185587	123811			22872	21885	61106	17950
仓储会员店	2463	1111				1111		
百货店	-30111	61306	4759	798	40495	15255		
专业店	576926	469713	21180	4226	215684	223427	927	4270
专卖店	388186	306573	7200	300	106149	191604	1320	
家居建材商店	1718	3590			1070	2520		
购物中心	37007	38850			36578	1500	773	
厂家直销中心	40476	30017	100		13004	15664		1248
无店铺零售	**50215**	**41017**	**4260**	**150**	**13127**	**23470**	**10**	
电视购物	1449	601			601			
邮购	837	500				500		
网上商店	6285	7451	1260		2404	3778	10	
电话购物	1642	500			500			

11-6 续表15 (2016年) 单位:万元

指标	营业收入	主营业务收入	营业成本	主营业务成本	营业税金及附加	主营业务税金及附加	其他业务利润
总计	**52262786**	**51838436**	**47719153**	**47539251**	**253835**	**249110**	**235352**
批发业	**39439569**	**39302393**	**36263444**	**36137554**	**209195**	**207293**	**43903**
农、林、牧产品批发	**886201**	**874798**	**828624**	**822626**	**822**	**750**	**5289**
谷物、豆及薯类批发	181231	178783	176518	176518	104	104	2791
种子批发	86793	84549	63158	62221	121	85	856
饲料批发	47708	47708	44686	44686	90	90	
棉、麻批发	54016	48361	50374	46182	118	86	1459
林业产品批发	5798	5798	5076	5076	17	16	
牲畜批发	88942	87887	85265	84395	236	234	183
其他农牧产品批发	421712	421712	403547	403547	134	134	
食品、饮料及烟草制品批发	**8412366**	**8407782**	**6912980**	**6909935**	**145341**	**145329**	**2755**
米、面制品及食用油批发	186929	185373	167064	166308	618	617	1800
糕点、糖果及糖批发	126176	125761	119041	119041	277	277	
果品、蔬菜批发	6808814	6808814	5680254	5680254	1841	1834	
肉、禽、蛋、奶及水产品批发	25178	25178	20797	20797	258	258	
盐及调味品批发	32412	32269	20773	20717	583	579	26
酒、饮料及茶叶批发	56295	56264	49311	49278	114	114	
烟草制品批发	1044074	1043372	736813	736029	141378	141378	
其他食品批发	132490	130751	118927	117511	272	272	928
纺织、服装及家庭用品批发	**2329452**	**2325309**	**2200090**	**2197458**	**2608**	**2607**	**2178**
纺织品、针织品及原料批发	257564	257016	247649	247556	114	113	345
服装批发	165224	165184	141636	141265	653	653	
鞋帽批发	6044	6044	5118	5118	13	13	913
化妆品及卫生用品批发	35202	33210	31805	31722	21	21	
厨房、卫生间用具及日用杂货批发	9711	9572	7658	7531	14	14	916
灯具、装饰物品批发	9408	9407	8565	8565	14	14	1
家用电器批发	1824680	1823294	1737506	1735566	1763	1763	4
其他家庭用品批发	21619	21583	20153	20135	16	16	
文化、体育用品及器材批发	**1126113**	**1122655**	**1057293**	**1056474**	**1774**	**1773**	**2731**
文具用品批发	140157	140157	133389	133389	82	82	
体育用品及器材批发	77558	77419	71497	71339	94	94	
图书批发	385546	383616	349704	349289	831	831	1453
首饰、工艺品及收藏品批发	285103	285103	275052	275052	65	65	
其他文化用品批发	237750	236360	227651	227406	701	701	1278
医药及医疗器材批发	**6508181**	**6498601**	**6016872**	**6010479**	**14628**	**14628**	**19135**
西药批发	1856196	1854405	1716493	1716307	4328	4328	555
中药批发	3286425	3280314	3058367	3053866	7085	7085	18448
医疗用品及器材批发	1365560	1363882	1242013	1240306	3214	3214	131
矿产品、建材及化工产品批发	**14286942**	**14220203**	**13584531**	**13549307**	**36618**	**34917**	**6025**
煤炭及制品批发	2044697	2037766	1756021	1751860	20707	20005	1841
石油及制品批发	3691870	3664072	3526590	3513522	2505	1999	243
非金属矿及制品批发	276624	275125	251359	250807	3187	3051	
金属及金属矿批发	3497144	3467208	3379632	3362202	4765	4415	3271

11-6 续表 16 (2016 年) 单位:万元

指标	营业收入	主营业务收入	营业成本	主营业务成本	营业税金及附加	主营业务税金及附加	其他业务利润
建材批发	626249	626197	562576	562575	3908	3907	103
化肥批发	611437	611266	606966	606966	173	173	171
农药批发	13767	13764	11263	11263	30	30	
其他化工产品批发	3525155	3524805	3490124	3490111	1344	1338	397
机械设备、五金产品及电子产品批发	**5685944**	**5649256**	**5479949**	**5408259**	**6251**	**6136**	**5788**
农业机械批发	23332	23332	18330	18330	460	460	
汽车批发	1735451	1703979	1687145	1615746	1265	1253	3426
汽车零配件批发	99233	99233	89092	89092	301	301	212
摩托车及零配件批发	39424	39424	37567	37567	55	55	
五金产品批发	110981	109374	98193	98131	496	396	738
电气设备批发	64600	64593	58726	58726	58	58	
计算机、软件及辅助设备批发	184258	184242	173311	173297	171	171	
通讯及广播电视设备批发	318654	317992	302061	302050	286	286	326
其他机械设备及电子产品批发	3110011	3107088	3015523	3015321	3161	3157	1086
贸易经纪与代理	**27158**	**27158**	**25799**	**25799**	**63**	**63**	
贸易代理	23176	23176	22019	22019	63	63	
其他贸易经纪与代理	3982	3982	3780	3780			
其他批发业	**177213**	**176633**	**157306**	**157218**	**1091**	**1091**	**3**
再生物资回收与批发	48120	48115	33292	33286	1005	1005	
其他未列明批发业	129093	128517	124015	123932	85	85	3
内资企业	**36607454**	**36470494**	**33448095**	**33322237**	**208951**	**207052**	**43720**
国有企业	1106181	1103766	788853	787735	141839	141661	2234
集体企业	48876	47288	37931	37816	372	341	
股份合作企业	5657	5611	5332	5332	6	6	46
有限责任公司	29226508	29117899	26988775	26874374	47804	46483	39241
国有独资公司	3774489	3754029	3693510	3680595	1945	1587	5286
其他有限责任公司	25452019	25363871	23295265	23193779	45860	44896	33956
股份有限公司	2881206	2861387	2624414	2616421	5009	4680	379
私营企业	3327326	3322843	2992170	2989940	13859	13819	1821
私营独资企业	10631	10631	7773	7773	49	49	
私营有限责任公司	3279248	3275481	2949513	2947997	13620	13580	1821
私营股份有限公司	37447	36732	34884	34169	191	191	
其他企业	11700	11700	10621	10621	61	61	
港、澳、台商投资企业	**2734275**	**2734058**	**2722517**	**2722485**	**181**	**178**	**183**
港、澳、台商独资经营企业	2734275	2734058	2722517	2722485	181	178	183
外商投资企业	**97841**	**97841**	**92832**	**92832**	**63**	**63**	
中外合资经营企业	93091	93091	88247	88247	63	63	
外资企业	4750	4750	4585	4585			
按控股情况分							
国有控股	13568987	13489175	12765623	12678581	152067	151230	13602
集体控股	96631	94743	85136	84994	434	402	
私人控股	16338498	16300744	14312783	14284103	46894	45919	6708
港澳台商控股	2734275	2734058	2722517	2722485	181	178	183
外商控股	4750	4750	4585	4585			

11-6 续表 17 （2016 年） 单位:万元

指标	营业收入	主营业务收入	营业成本	主营业务成本	营业税金及附加	主营业务税金及附加	其他业务利润
其他	6696428	6678923	6372800	6362806	9619	9564	23410
按经营形式分							
独立门店	19151657	19069787	17190544	17099002	42379	41006	15025
连锁总店	22015	22015	17417	17417	256	256	
连锁门店	6780	6780	5953	5953	20	20	
其他	20259117	20203811	19049531	19015183	166540	166011	28878
按单位规模分							
大型	17130424	17063619	15141326	15051462	155637	155132	18140
中型	14500700	14459893	13654900	13633938	31827	30934	16962
小型	7566839	7544669	7233218	7224244	21188	20714	6626
微型	241607	234212	234001	227909	543	513	2175
零售业	**12823216**	**12536043**	**11455708**	**11401697**	**44640**	**41817**	**191449**
综合零售	**2214422**	**2036707**	**1724327**	**1712482**	**17053**	**15269**	**142415**
百货零售	1624868	1498575	1259053	1258227	13300	12193	107929
超级市场零售	541532	491332	425554	415190	3144	2648	34484
其他综合零售	48022	46801	39720	39065	609	429	2
食品、饮料及烟草制品专门零售	**345011**	**339298**	**298910**	**295619**	**2024**	**1722**	**146**
粮油零售	20320	19794	19176	17052	21	8	44
糕点、面包零售	1112	1112	985	985	2	2	
果品、蔬菜零售	34418	34178	25653	25398	501	501	
肉、禽、蛋、奶及水产品零售	177394	173279	162938	162641	662	374	103
营养和保健品零售	799	799	606	606			
酒、饮料及茶叶零售	46762	46743	40475	40475	359	358	
其他食品零售	64206	63395	49077	48461	479	479	
纺织、服装及日用品专门零售	**302833**	**300598**	**257803**	**256226**	**1107**	**1081**	**2035**
纺织品及针织品零售	30376	30376	27587	27587	70	70	204
服装零售	180512	178912	150828	150828	618	618	1687
鞋帽零售	10746	10667	9367	9307	31	29	
化妆品及卫生用品零售	21213	20676	18470	16953	57	34	16
钟表、眼镜零售	22033	22032	18261	18261	92	92	
厨房用具及日用杂品零售	542	542	475	475	2	2	
其他日用品零售	37412	37394	32816	32816	237	237	129
文化、体育用品及器材专门零售	**326621**	**322593**	**267892**	**266118**	**2362**	**2338**	**1878**
文具用品零售	12096	12096	11118	11118	62	62	21
体育用品及器材零售	49546	49202	38408	38348	237	236	60
图书、报刊零售	82524	79786	64594	62907	399	383	653
珠宝首饰零售	115517	114612	96221	96200	1547	1547	884
工艺美术品及收藏品零售	33349	33334	26552	26552	72	67	
乐器零售	15702	15676	14151	14146	24	23	94
照相器材零售	15687	15687	14765	14765	16	16	166
其他文化用品零售	2200	2200	2082	2082	5	5	
医药及医疗器材专门零售	**289455**	**274223**	**216857**	**207140**	**1756**	**1643**	**1535**
药品零售	280838	265607	209236	199518	1710	1597	1290
医疗用品及器材零售	8616	8616	7622	7622	46	46	245

11-6 续表 18 (2016 年) 单位:万元

指标	营业收入	主营业务收入	营业成本	主营业务成本	营业税金及附加	主营业务税金及附加	其他业务利润
汽车、摩托车、燃料及零配件专门零售	**7446407**	**7375955**	**7009801**	**6989757**	**12674**	**12399**	**38729**
汽车零售	6955481	6890289	6599291	6582734	8358	8184	37411
汽车零配件零售	132099	131560	120983	120967	351	350	521
摩托车及零配件零售	6303	6295	5357	5357	50	50	9
机动车燃料零售	352524	347811	284170	280698	3915	3814	789
家用电器及电子产品专门零售	**1415097**	**1405445**	**1257402**	**1253976**	**5950**	**5789**	**3494**
家用视听设备零售	112001	111115	85603	85069	2880	2780	
日用家电设备零售	458885	455123	390794	390789	1169	1169	2029
计算机、软件及辅助设备零售	394665	391366	362059	359319	1042	1014	66
通信设备零售	391639	390106	370969	370938	308	298	1382
其他电子产品零售	57907	57734	47977	47862	550	529	17
五金、家具及室内装饰材料专门零售	**236105**	**235464**	**205232**	**204643**	**1130**	**1106**	**362**
五金零售	175318	175280	158738	158738	336	336	298
灯具零售	771	771	685	685	1	1	
家具零售	38523	37959	27356	27043	647	627	65
涂料零售	558	558	532	532			
木质装饰材料零售	1480	1480	1332	1332	2	2	
陶瓷、石材装饰材料零售	5102	5102	3760	3757	72	72	
其他室内装饰材料零售	14354	14314	12828	12555	72	69	
货摊、无店铺及其他零售业	**247266**	**245761**	**217485**	**215737**	**585**	**470**	**855**
互联网零售	114168	113568	98722	98418	111	106	
生活用燃料零售	74200	74158	67346	65911	388	277	
其他未列明零售业	58898	58034	51418	51409	86	86	855
按登记注册类型分							
内资企业	**11161961**	**10979050**	**10090904**	**10039620**	**37651**	**35000**	**94176**
国有企业	55235	53289	46425	44098	474	312	924
集体企业	46140	42138	36925	36639	747	459	
股份合作企业	6537	6537	6453	6453	33	33	
联营企业	4243	4243	3814	3814	75	75	
其他联营企业	4243	4243	3814	3814	75	75	
有限责任公司	8104115	7970626	7294954	7269874	27776	26098	74826
国有独资公司	59590	59175	55401	55374	97	80	383
其他有限责任公司	8044525	7911452	7239553	7214500	27679	26017	74442
股份有限公司	613482	589918	538719	525167	2518	2495	1832
私营企业	2323730	2303819	2156410	2146370	6019	5518	16595
私营独资企业	18652	17995	15891	15763	179	170	
私营有限责任公司	2224968	2206012	2073710	2065105	5500	5071	16580
私营股份有限公司	80110	79812	66808	65503	339	277	15
其他企业	8480	8480	7205	7205	10	10	
港、澳、台商投资企业	**1309429**	**1213004**	**1044776**	**1042071**	**6377**	**6279**	**94135**
合资经营企业(港或澳、台资)	260448	254530	237345	234767	372	366	2300
港、澳、台商独资经营企业	1004543	920290	776577	776577	5673	5581	84963

11-6 续表 19 （2016 年） 单位:万元

指标	营业收入	主营业务收入	营业成本	主营业务成本	营业税金及附加	主营业务税金及附加	其他业务利润
港、澳、台商投资股份有限公司	44439	38184	30854	30727	332	332	6872
外商投资企业	**351826**	**343989**	**320029**	**320005**	**612**	**539**	**3138**
中外合资经营企业	101895	98755	92399	92399	88	87	2947
外资企业	106336	101869	88623	88623	407	343	
外商投资股份有限公司	132501	132307	128437	128436	91	84	192
其他外商投资企业	11094	11059	10570	10548	25	25	
按控股情况分							
国有控股	520270	509554	450879	443848	2131	1893	4745
集体控股	274690	264362	246019	245391	2084	1058	2420
私人控股	7505488	7394651	6828678	6791920	22866	21869	66325
港澳台商控股	1228866	1133628	973223	970665	6255	6162	94135
外商控股	351826	343989	320029	320005	612	539	3138
其他	2942077	2889860	2636881	2629868	10693	10297	20686
按经营形式分							
独立门店	9764525	9608187	8935526	8894214	31173	28508	87847
连锁总店	1931685	1813108	1541508	1529630	9350	9342	93781
连锁门店	259907	249379	204376	204122	1022	907	8508
其他	867100	865369	774299	773731	3095	3060	1313
按单位规模分							
大型	2524652	2364216	2048377	2032964	10320	10309	131629
中型	7489216	7385587	6867602	6845732	22446	20679	55359
小型	2287726	2265763	2064438	2048221	9605	8576	3947
微型	521624	520477	475291	474780	2270	2253	515
按零售业态分							
有店铺零售	**12368848**	**12082328**	**11034496**	**10980837**	**44268**	**41456**	**191342**
食杂店	7291	7291	6408	6408	63	63	
便利店	12445	12432	10558	10558	116	116	
折扣店	335	335	316	316			
超市	129390	125662	110925	106611	1358	873	22
大型超市	1470316	1330078	1126111	1120359	7922	7806	126544
仓储会员店	2809	2809	2676	2676	4	4	
百货店	658294	625146	522362	520746	8245	7066	15773
专业店	5411347	5352160	4928210	4905804	18831	17876	27078
专卖店	4274118	4226864	3973164	3956061	6697	6663	19567
家居建材商店	13055	12667	9666	9109	277	273	85
购物中心	181331	179835	162463	161730	239	200	1189
厂家直销中心	208119	207049	181638	180461	516	516	1085
无店铺零售	**454368**	**453716**	**421212**	**420860**	**372**	**361**	**108**
电视购物	1049	1049	883	883	2	2	
邮购	2798	2798	2199	2199	15	15	
网上商店	125681	125082	108747	108443	144	139	
电话购物	107	107	87	87			

11-6 续表20 （2016 年） 单位:万元

指标	损益及分配								
	销售费用	管理费用	税金	财务费用	利息收入	利息支出	资产减值损失	公允价值变动收益	投资收益
总计	**1427830**	**757006**	**29828**	**244302**	**53064**	**150881**	**20122**	**-2790**	**33129**
批发业	**812235**	**374031**	**17456**	**155399**	**48383**	**113766**	**14604**	**-803**	**21421**
农、林、牧产品批发	**10389**	**22492**	**803**	**13676**	**10030**	**20312**	**420**	**-206**	**13184**
谷物、豆及薯类批发	1266	2587	46	8979	7958	15974	32		10513
种子批发	6846	14563	251	780	28	897	388	-206	1611
饲料批发	526	999	225	396					
棉、麻批发	596	1686	36	692	65	565			88
林业产品批发	92	171	1	35					
牲畜批发	701	1404	62	-234	65				12137
其他农牧产品批发	362	1082	182	3027	1914	2876			-11165
食品、饮料及烟草制品批发	**196750**	**60128**	**1929**	**-452**	**8144**	**3666**	**222**		**-130**
米、面制品及食用油批发	20167	6284	52	2735	1628	2429	100		-187
糕点、糖果及糖批发	947	2381	76	-175	723	407	19		
果品、蔬菜批发	124495	11415	22	1571	12	309	92		
肉、禽、蛋、奶及水产品批发	1893	624	7	170	-9	50	37		
盐及调味品批发	3065	3899	113	60	-22	13			
酒、饮料及茶叶批发	3018	2069	69	466		321	-19		
烟草制品批发	32436	31453	1381	-5508	5428	-101	-7		92
其他食品批发	10730	2002	210	230	383	238	1		-35
纺织、服装及家庭用品批发	**53368**	**14272**	**245**	**8235**	**1697**	**6661**	**490**		**-5962**
纺织品、针织品及原料批发	7497	3006	68	2362	324	174	6		-6174
服装批发	9236	6751	55	1341	-38	1228			
鞋帽批发	691	139		-1	-1	1			
化妆品及卫生用品批发	2616	615	9	4					
厨房、卫生间用具及日用杂货批发	2005	154	3	14	7	19	2		
灯具、装饰物品批发	400	392		-19	19		480		
家用电器批发	30338	2491	106	4286	1383	5197	2		152
其他家庭用品批发	586	725	5	248	3	42			60
文化、体育用品及器材批发	**29423**	**14663**	**152**	**2018**	**747**	**2271**	**1827**	**-1151**	**2108**
文具用品批发	4540	823	29	113	1	28			
体育用品及器材批发	3975	911	42	4	2	4			94
图书批发	15003	9436	4	494	745	1074	2123		5328
首饰、工艺品及收藏品批发	3178	912	64	628	-30	585	-708	-1151	-3665
其他文化用品批发	2727	2581	13	779	29	580	412		350
医药及医疗器材批发	**151698**	**112657**	**2112**	**52431**	**5201**	**30053**	**6710**	**543**	**242**
西药批发	58273	37788	1337	12486	60	5852	2341	543	44
中药批发	66682	49361	663	27700	5088	22233	1960		198
医疗用品及器材批发	26743	25508	113	12245	54	1967	2409		
矿产品、建材及化工产品批发	**199710**	**95122**	**9085**	**59741**	**19457**	**43754**	**4530**	**11**	**8893**
煤炭及制品批发	82610	20929	2735	21309	1087	11516	623		-109
石油及制品批发	68161	27695	2057	465	4751	3870	-39		5177
非金属矿及制品批发	3772	4017	424	1142	86	113			
金属及金属矿批发	20162	17141	2551	19606	10622	18619	39		2946

11-6 续表21 （2016年） 单位:万元

指标	损益及分配								
	销售费用	管理费用	税金	财务费用	利息收入	利息支出	资产减值损失	公允价值变动收益	投资收益
建材批发	11254	13853	896	7558	1826	7357	3632		799
化肥批发	2125	1879	149	1090	386	1435			11
农药批发	742	1283	10	65	7	65	12		
其他化工产品批发	10884	8327	263	8508	692	780	263	11	69
机械设备、五金产品及电子产品批发	**165897**	**50403**	**2887**	**10183**	**2978**	**6806**	**405**		**2847**
农业机械批发	1518	1327	26	60	9	10			
汽车批发	97354	9423	561	−1623	2366	574	−579		
汽车零配件批发	3446	2183	37	−7	43	176	−27		
摩托车及零配件批发	902	1199	7	299	75	114			
五金产品批发	3687	2955	164	553	21	254	10		3
电气设备批发	3796	1728	30	129	−27	97			
计算机、软件及辅助设备批发	3062	5604	178	435	54	383	42		2840
通讯及广播电视设备批发	7447	3953	289	2441	70	38			
其他机械设备及电子产品批发	44685	22031	1597	7896	367	5160	960		3
贸易经纪与代理	**511**	**627**	**118**	**56**		**32**			
贸易代理	413	542	117	64		32			
其他贸易经纪与代理	98	85	1	−8					
其他批发业	**4490**	**3667**	**125**	**9511**	**130**	**212**			**240**
再生物资回收与批发	1577	1454	62	1619	102	125			240
其他未列明批发业	2913	2213	63	7892	27	87			
内资企业	**807131**	**370344**	**17411**	**148810**	**46959**	**111605**	**14604**	**−796**	**9285**
国有企业	35623	35653	1615	−4403	6293	86	−47		
集体企业	569	721	49	1442	−1	3			45
股份合作企业	266	79	9	21		21			
有限责任公司	563596	235091	11792	117220	29669	84246	14042	−590	8890
国有独资公司	39043	29058	1118	23956	10213	24543	7700		16838
其他有限责任公司	524553	206034	10674	93264	19457	59703	6342	−590	−7948
股份有限公司	71413	47128	1172	14878	8955	20442	529	−206	6831
私营企业	135653	51601	2724	19633	2043	6808	80		−6482
私营独资企业	65	112	15	151					
私营有限责任公司	134646	50861	2705	19323	2100	6592	80		−6482
私营股份有限公司	941	628	4	159	−57	215			
其他企业	12	72	50	19					
港、澳、台商投资企业	**692**	**3269**	**44**	**6542**	**1424**	**2161**		**−7**	**12136**
港、澳、台商独资经营企业	692	3269	44	6542	1424	2161		−7	12136
外商投资企业	**4412**	**418**	**1**	**47**					
中外合资经营企业	4326	377		47					
外资企业	86	42	1						
按控股情况分									
国有控股	217749	133956	5419	52171	26211	49124	10044	−1151	18787
集体控股	685	941	50	1461	−1	3			43
私人控股	470428	174133	9171	54126	14700	31424	2532		−12274
港澳台商控股	692	3269	44	6542	1424	2161		−7	12136
外商控股	86	42	1						

11-6 续表 22 (2016 年) 单位:万元

指标	损益及分配								
	销售费用	管理费用	税金	财务费用	利息收入	利息支出	资产减值损失	公允价值变动收益	投资收益
其他	122595	61692	2771	41098	6050	31054	2028	355	2729
按经营形式分									
独立门店	416691	155914	9438	51721	10085	28170	4276	−1133	−4057
连锁总店	1981	836	12	113	−10		37		198
连锁门店	326	331	5	32		30			
其他	393238	216950	8002	103533	38309	85565	10291	330	25280
按单位规模分									
大型	427436	124954	3964	33146	18322	26355	8479	543	11697
中型	312289	172846	8905	82721	23250	64694	5531	−1339	6339
小型	67882	71023	4455	37428	5881	22001	424	−7	3385
微型	4629	5209	132	2104	930	715	171		
零售业	**615594**	**382974**	**12372**	**88903**	**4681**	**37115**	**5517**	**−1987**	**11707**
综合零售	**212641**	**176758**	**5907**	**18345**	**238**	**2879**	**4331**		**18**
百货零售	110221	157923	5343	16915	245	2462	3078		18
超级市场零售	101420	16839	503	1218	−8	401	1253		
其他综合零售	1000	1997	61	213	2	16			
食品、饮料及烟草制品专门零售	**16243**	**6791**	**303**	**1485**	**150**	**526**	**66**		
粮油零售	155	251	10	79	1	44			
糕点、面包零售	144	147							
果品、蔬菜零售	887	1641	77	687	2	391			
肉、禽、蛋、奶及水产品零售	2358	1010	142	304	34	3	52		
营养和保健品零售	72	63							
酒、饮料及茶叶零售	1564	1485	53	106	114	88			
其他食品零售	11064	2194	21	308		1	14		
纺织、服装及日用品专门零售	**30822**	**9389**	**222**	**1416**	**44**	**917**	**58**	**1**	**3**
纺织品及针织品零售	1690	816	14	57		28			
服装零售	21940	5817	171	1003	15	723	42		
鞋帽零售	720	599	6	46	3			1	
化妆品及卫生用品零售	1422	659	10	100	1	1	16		3
钟表、眼镜零售	3191	112	12	3	24	27			
厨房用具及日用杂品零售	8	16		7		7			
其他日用品零售	1851	1370	10	200		131			
文化、体育用品及器材专门零售	**19869**	**16362**	**771**	**5943**	**531**	**2647**	**141**	**−1989**	**−1792**
文具用品零售	121	401	43	4		3			
体育用品及器材零售	7890	1758	29	73	−1	1	80	45	32
图书、报刊零售	6531	6845	421	51	10	15	146		
珠宝首饰零售	4868	3177	246	5351	522	2610	−91	−2038	−2024
工艺美术品及收藏品零售	144	2117	5	434			6	4	200
乐器零售	35	1449	18	23		17			
照相器材零售	227	540	9	7		3			
其他文化用品零售	54	76		1					
医药及医疗器材专门零售	**35661**	**17369**	**261**	**2901**	**27**	**2170**	**65**		**154**
药品零售	35467	16838	247	2897	24	2169	65		154
医疗用品及器材零售	194	531	14	4	2	1			

11-6 续表23 （2016年） 单位：万元

指标	损益及分配								
	销售费用	管理费用		财务费用			资产减值损失	公允价值变动收益	投资收益
			税金		利息收入	利息支出			
汽车、摩托车、燃料及零配件专门零售	**194235**	**99938**	**3319**	**50553**	**3331**	**25706**	**598**	**1**	**11843**
汽车零售	167446	91754	2675	49168	3241	25068	596		11318
汽车零配件零售	4750	3506	219	914	92	406			446
摩托车及零配件零售	264	497	4	41		41			
机动车燃料零售	21775	4182	421	430	−3	192	2	1	79
家用电器及电子产品专门零售	**82162**	**42084**	**1217**	**5318**	**302**	**653**	**348**		**662**
家用视听设备零售	3625	7543	179	1974	10	75			
日用家电设备零售	51432	12073	413	745	−27	85	37		209
计算机、软件及辅助设备零售	7548	15367	444	1155	73	311	17		452
通信设备零售	18011	3612	114	1260	251	69			
其他电子产品零售	1546	3488	67	185	−5	113	294		
五金、家具及室内装饰材料专门零售	**11050**	**7034**	**139**	**1898**	**10**	**1290**			**800**
五金零售	7225	3164	71	223	2	166			
灯具零售		46							
家具零售	3390	3338	61	1370	7	945			800
涂料零售	16	8							
木质装饰材料零售	4	1							
陶瓷、石材装饰材料零售	178	250	1	259		179			
其他室内装饰材料零售	238	226	6	45					
货摊、无店铺及其他零售业	**12912**	**7249**	**233**	**1043**	**48**	**328**	**−89**		**19**
互联网零售	7784	2820	61	568	28	127			19
生活用燃料零售	1837	1938	133	393	8	201	−89		
其他未列明零售业	3291	2491	39	82	12	1			
按登记注册类型分									
内资企业	**509507**	**283252**	**8042**	**77787**	**4308**	**35092**	**1168**	**−1987**	**10655**
国有企业	1698	2124	272	286	11	114	2	1	
集体企业	895	921	147	309					
股份合作企业	19	37							
联营企业	24	174							
其他联营企业	24	174							
有限责任公司	406167	214730	6105	48120	3201	23139	1157	5	623
国有独资公司	1899	1543	29	171	5	171	−77		
其他有限责任公司	404269	213187	6076	47950	3196	22967	1233	5	623
股份有限公司	29138	20308	175	7247	45	1110			9616
私营企业	71412	44803	1339	21813	1050	10730	10	−1993	416
私营独资企业	356	374	65	132		6			
私营有限责任公司	69910	42153	1230	18075	760	9703	113	45	2195
私营股份有限公司	1146	2275	44	3607	290	1021	−103	−2038	−1779
其他企业	154	155	4	11					
港、澳、台商投资企业	**74197**	**95789**	**4216**	**9557**	**110**	**829**	**11**		**−222**
合资经营企业（港或澳、台资）	11104	3875	145	814	52	767	11		−222
港、澳、台商独资经营企业	51968	87110	3976	8644	43	62			

11-6 续表 24 （2016 年） 单位:万元

指标	损益及分配								
	销售费用	管理费用	税金	财务费用	利息收入	利息支出	资产减值损失	公允价值变动收益	投资收益
港、澳、台商投资股份有限公司	11125	4805	94	99	15				
外商投资企业	**31891**	**3933**	**114**	**1559**	**263**	**1195**	**4338**		**1275**
中外合资经营企业	10082	1002	58	569	1	397	1466		
外资企业	19302	1648	33	1037	58	796	2816		
外商投资股份有限公司	2164	1129	23	-16	162	2	56		1275
其他外商投资企业	343	154		-31	42				
按控股情况分									
国有控股	30863	12784	770	2228	71	2333	73	1	3
集体控股	4466	12301	358	657	-371	644	255		
私人控股	329344	159741	4657	50806	3009	21985	64	-1988	900
港澳台商控股	68763	93680	4071	8759	58	62			
外商控股	31891	3933	114	1559	263	1195	4338		1275
其他	150268	100535	2402	24894	1650	10897	787		9530
按经营形式分									
独立门店	363003	218091	7136	71212	4393	32414	3775	-1987	11259
连锁总店	151511	127616	4594	11651	23	1386	188		162
连锁门店	65023	10649	98	1695	28	371	1308		-254
其他	36057	26619	543	4345	236	2944	247		540
按单位规模分									
大型	237371	140622	5104	13576	-16	1721	4172		8
中型	291662	179489	4731	63877	4140	32106	1284	-2034	11466
小型	73996	50580	2146	9293	504	3004	10	47	232
微型	12566	12284	391	2158	53	284	51		3
按零售业态分									
有店铺零售	**601531**	**374041**	**12120**	**87593**	**4610**	**36447**	**5525**	**-1987**	**11610**
食杂店	105	123	19	22		18			
便利店	460	738	12	73		6			
折扣店		37							
超市	6087	4941	169	321	35	131		1	
大型超市	153625	112832	4101	10994	-231	1148	4127		
仓储会员店	33	82		-1	2				
百货店	56713	59206	1373	7374	226	1602	204		18
专业店	216317	112738	3810	35671	2187	15595	357	50	2734
专卖店	150395	70817	2105	30743	2068	16444	542	-2038	8858
家居建材商店	815	372	13	249	9	216			
购物中心	11909	4863	355	661	199	549			
厂家直销中心	5072	7292	163	1485	116	738	295		
无店铺零售	**14063**	**8933**	**252**	**1311**	**71**	**668**	**-8**		**98**
电视购物	84	60							
邮购		229	13		1				
网上商店	8574	2883	93	541	28	127			19
电话购物		17	1						

11-6 续表 25 （2016 年） 单位:万元

指标	营业利润	营业外收入		营业外支出	利润总额	应交所得税	人工成本及增值税		从事批发和零售业活动的从业人员平均人数(人)
			政府补助				应付职工薪酬	应交增值税	
总计	**1926654**	**50058**	**12580**	**16939**	**1911208**	**183773**	**632548**	**491018**	**119351**
批发业	**1675208**	**37811**	**10640**	**10093**	**1675498**	**123441**	**316871**	**274240**	**50232**
农、林、牧产品批发	**22330**	**5501**	**3852**	**1021**	**24832**	**711**	**12759**	**1477**	**1542**
谷物、豆及薯类批发	2258	2632	2090	1	4889	215	1522	223	215
种子批发	1888	2265	1559	899	3756	267	7627	36	740
饲料批发	1011	11	11		232	16	601	92	155
棉、麻批发	664	362		8	−291	1	662	−43	106
林业产品批发	407				407		97	160	30
牲畜批发	13707	7			13334	207	1410	211	112
其他农牧产品批发	2396	224	192	113	2506	7	840	798	184
食品、饮料及烟草制品批发	**1098442**	**7227**	**4663**	**893**	**1103480**	**31635**	**95510**	**54572**	**11531**
米、面制品及食用油批发	−8974	6332	4465	557	−4489	746	11543	2057	1422
糕点、糖果及糖批发	3627	231		16	3843	773	964	1033	225
果品、蔬菜批发	989147	109		7	989248	146	22917	103	5817
肉、禽、蛋、奶及水产品批发	1399	15		16	1398	479	1170	302	302
盐及调味品批发	4032	22		8	4034	1008	4385	1327	541
酒、饮料及茶叶批发	1318	54		82	1290	41	1681	749	381
烟草制品批发	107599	388	175	182	107805	28206	48188	47504	1844
其他食品批发	293	77	23	26	351	235	4662	1497	999
纺织、服装及家庭用品批发	**42357**	**952**	**284**	**182**	**43127**	**13082**	**17493**	**16652**	**3346**
纺织品、针织品及原料批发	−9058	486	257	37	−8608	51	2457	128	438
服装批发	5939	55	27	78	5916	1068	4662	1884	1272
鞋帽批发	84				84	21	126	20	30
化妆品及卫生用品批发	142	1			143	43	1364	167	403
厨房、卫生间用具及日用杂货批发	−124	11		11	−123	25	291	99	69
灯具、装饰物品批发	−425			12	−437		462	119	72
家用电器批发	45848	379		11	46216	11852	7715	14146	966
其他家庭用品批发	−49	19		33	−63	23	415	90	96
文化、体育用品及器材批发	**20121**	**1563**	**39**	**45**	**20275**	**1823**	**8639**	**3430**	**1789**
文具用品批发	1210				278	13	920	982	116
体育用品及器材批发	1171				1171	316	1131	785	266
图书批发	13283	722	12	36	13537	276	2851	−132	861
首饰、工艺品及收藏品批发	1207	427	27	9	1625	402	1007	291	270
其他文化用品批发	3249	414			3663	816	2731	1504	276
医药及医疗器材批发	**155118**	**2871**	**1126**	**2955**	**154901**	**32640**	**54284**	**97492**	**10764**
西药批发	25675	273	152	1443	24502	6325	16233	28478	3531
中药批发	75730	1887	957	1245	76245	20009	21302	50433	5035
医疗用品及器材批发	53713	710	17	268	54154	6306	16749	18581	2198
矿产品、建材及化工产品批发	**317751**	**15629**	**427**	**2351**	**307002**	**35131**	**72990**	**68480**	**11585**
煤炭及制品批发	143350	312	19	64	143123	12083	10087	17925	1737
石油及制品批发	71661	12745	5	1997	70319	10286	31820	20224	3295
非金属矿及制品批发	13147	23	22	6	11734	951	3332	5307	681
金属及金属矿批发	59767	941	100	180	49432	6768	12463	12362	2255

11-6 续表 26　　(2016 年)　　单位:万元

指标	营业利润	营业外收入	政府补助	营业外支出	利润总额	应交所得税	人工成本及增值税 应付职工薪酬	应交增值税	从事批发和零售业活动的从业人员平均人数(人)
建材批发	24399	43	8	41	24344	2941	9275	8844	2404
化肥批发	-784	685	187		-73	177	760	-232	149
农药批发	372	31	31		402	32	819	166	256
其他化工产品批发	5839	850	56	63	7720	1893	4435	3885	808
机械设备、五金产品及电子产品批发	**17600**	**4039**	**237**	**2635**	**23013**	**6563**	**51939**	**30699**	**8923**
农业机械批发	1636	2		10	1628	198	679	257	162
汽车批发	-13987	921	12	568	-13214	-1663	12330	10449	1661
汽车零配件批发	4184	68	23	67	4134	996	2431	1822	475
摩托车及零配件批发	-597	35		19	-647	2	611	446	197
五金产品批发	6119	16	16	3	5731	497	2351	573	415
电气设备批发	163	65	11	4	224	36	1607	139	325
计算机、软件及辅助设备批发	1673	860	34	373	4980	385	4217	1244	931
通讯及广播电视设备批发	2611	114		10	2718	833	4184	2903	776
其他机械设备及电子产品批发	15800	1957	141	1581	17459	5280	23530	12867	3981
贸易经纪与代理	**102**				**102**	**16**	**157**	**93**	**46**
贸易代理	74				74	10	115	92	37
其他贸易经纪与代理	28				28	7	42		9
其他批发业	**1388**	**30**	**13**	**11**	**-1233**	**1838**	**3101**	**1346**	**706**
再生物资回收与批发	9413	5	5		6862	1626	915	882	191
其他未列明批发业	-8025	25	8	11	-8095	212	2185	464	515
内资企业	**1661937**	**37093**	**10640**	**10092**	**1661508**	**122844**	**314657**	**271876**	**50106**
国有企业	109916	1781	970	721	109763	29163	53021	48628	2365
集体企业	7887	13			2572	175	376	45	112
股份合作企业	-47				-47	3	343	53	143
有限责任公司	1312006	17808	6824	4911	1303151	57102	197633	149716	36576
国有独资公司	-3316	7663	5032	281	4065	1081	19636	5583	3126
其他有限责任公司	1315322	10145	1793	4630	1299086	56022	177997	144133	33450
股份有限公司	121862	16361	2345	3932	134976	24298	31240	36898	3570
私营企业	109408	1130	501	528	110980	12103	31882	36501	7291
私营独资企业	2481				2481		148	137	29
私营有限责任公司	106282	1129	501	522	107859	11861	31196	35657	7132
私营股份有限公司	645			6	640	242	539	708	130
其他企业	904				114		162	35	49
港、澳、台商投资企业	**13204**	**719**		**1**	**13921**	**588**	**1621**	**1490**	**91**
港、澳、台商独资经营企业	13204	719		1	13921	588	1621	1490	91
外商投资企业	**68**				**68**	**9**	**594**	**874**	**35**
中外合资经营企业	32				32		573	874	32
外资企业	36				36	9	21		3
按控股情况分									
国有控股	300366	25898	7582	3437	309993	65019	127548	114436	11324
集体控股	8043	51		1	2764	175	484	114	143
私人控股	1263638	6745	1669	5429	1254826	31133	128895	108329	29171
港澳台商控股	13204	719		1	13921	588	1621	1490	91
外商控股	36				36	9	21		3

11-6 续表27 （2016年） 单位:万元

指标	营业利润	营业外收入	政府补助	营业外支出	利润总额	应交所得税	人工成本及增值税		从事批发和零售业活动的从业人员平均人数(人)
							应付职工薪酬	应交增值税	
其他	89921	4399	1389	1226	93958	26518	58302	49871	9500
按经营形式分									
独立门店	1331260	13621	5803	5286	1317028	45372	139135	100133	26873
连锁总店	1573	1		3	1571	251	1621	952	447
连锁门店	119				119	32	161	1167	22
其他	342257	24190	4837	4804	356781	77786	175954	171988	22890
按单位规模分									
大型	1295173	16346	1343	3578	1308576	68422	153005	138671	19215
中型	246638	14440	8056	5057	238537	32401	116896	99573	20567
小型	136965	4857	436	1374	130388	22140	42882	33850	9507
微型	−3568	2169	805	84	−2004	479	4088	2146	943
零售业	**251446**	**12246**	**1940**	**6846**	**235711**	**60332**	**315676**	**216778**	**69119**
综合零售	**70953**	**2537**	**157**	**1248**	**64490**	**30966**	**89538**	**64076**	**23117**
百货零售	68834	1136	14	2262	69072	28814	54457	49889	13707
超级市场零售	−2489	1204	33	−1014	−8483	1973	33144	12685	8815
其他综合零售	4608	198	110	1	3901	179	1937	1502	595
食品、饮料及烟草制品专门零售	**19409**	**428**	**25**	**13**	**15547**	**1158**	**11273**	**4424**	**3333**
粮油零售	638	31	3	25	178	3	447	217	124
糕点、面包零售	−167	2		2	−168	5	249	17	81
果品、蔬菜零售	5051	105	22	34	5122	60	2859	1294	691
肉、禽、蛋、奶及水产品零售	9985	254		1	6375	252	2853	1008	779
营养和保健品零售	59				59		123		48
酒、饮料及茶叶零售	2773	18		5	2981	473	1677	1629	376
其他食品零售	1071	19		−53	1000	366	3066	260	1234
纺织、服装及日用品专门零售	**3619**	**454**	**11**	**86**	**3796**	**1258**	**12493**	**4830**	**3248**
纺织品及针织品零售	156			4	151	22	1203	324	367
服装零售	1641	389	11	55	2023	923	7082	2875	1654
鞋帽零售	−17	3		3	−16	25	781	193	263
化妆品及卫生用品零售	491	48		9	528	31	879	177	286
钟表、眼镜零售	374	6		13	366	92	1258	766	290
厨房用具及日用杂品零售	35				35		20		8
其他日用品零售	938	9		2	709	166	1270	496	380
文化、体育用品及器材专门零售	**10272**	**1068**	**91**	**536**	**6556**	**1340**	**12317**	**5147**	**2925**
文具用品零售	390	597	11	1	282	28	390	69	74
体育用品及器材零售	1178	156		4	1009	3	2647	287	941
图书、报刊零售	3958	195		507	3646	333	6239	433	1063
珠宝首饰零售	382	80	80	2	−27	922	1698	3648	440
工艺美术品及收藏品零售	4229	3		20	1452	27	635	479	196
乐器零售	20	29		2	46	23	283	197	70
照相器材零售	131	8			129	2	379	27	115
其他文化用品零售	−16			1	20	2	47	7	26
医药及医疗器材专门零售	**13997**	**435**		**282**	**14295**	**2770**	**20121**	**9827**	**5659**
药品零售	13777	435		281	14076	2757	19868	9485	5588
医疗用品及器材零售	220			1	219	13	252	342	71

11-6 续表28 (2016年) 单位：万元

指标	营业利润	营业外收入	政府补助	营业外支出	利润总额	应交所得税	人工成本及增值税		从事批发和零售业活动的从业人员平均人数(人)
							应付职工薪酬	应交增值税	
汽车、摩托车、燃料及零配件专门零售	**91116**	**4052**	**86**	**3492**	**88940**	**16531**	**118320**	**110121**	**20323**
汽车零售	50850	3755	86	3323	56538	9300	108438	93237	18414
汽车零配件零售	2040	118		27	1867	177	4312	7151	787
摩托车及零配件零售	94				94	37	304	156	68
机动车燃料零售	38132	180		142	30441	7016	5267	9578	1054
家用电器及电子产品专门零售	**22494**	**2315**	**1230**	**1152**	**21500**	**4651**	**38891**	**15329**	**7805**
家用视听设备零售	10376	52	1		9862	2320	1917	1785	451
日用家电设备零售	2845	1105	901	856	3093	275	17756	7808	2782
计算机、软件及辅助设备零售	7927	752	222	162	7274	1214	11314	3152	2819
通信设备零售	-2522	287		126	-2452	215	4924	1303	1066
其他电子产品零售	3868	120	105	7	3724	626	2980	1281	687
五金、家具及室内装饰材料专门零售	**10498**	**41**	**11**	**27**	**12388**	**534**	**6924**	**1739**	**1671**
五金零售	5593	17	11	20	5570	167	3904	1133	958
灯具零售	10				10		89	60	21
家具零售	3222	25		7	5745	82	2165	262	522
涂料零售	1				1		102		17
木质装饰材料零售	141				141	71	16	15	8
陶瓷、石材装饰材料零售	587				587	151	252	133	36
其他室内装饰材料零售	944				335	63	396	137	109
货摊、无店铺及其他零售业	**9089**	**915**	**331**	**10**	**8198**	**1125**	**5799**	**1286**	**1038**
互联网零售	5172	278	252	5	4361	516	2667	463	522
生活用燃料零售	2388	149			1723	293	1369	264	317
其他未列明零售业	1530	488	79	4	2114	316	1764	558	199
按登记注册类型分									
内资企业	**181403**	**11888**	**1932**	**4646**	**166514**	**33754**	**276786**	**188447**	**59819**
国有企业	3618	1		3	2843	680	3090	809	550
集体企业	6343	5		1	2486	127	1230	122	401
股份合作企业	-6	5			-1		28	5	14
联营企业	157						188		64
其他联营企业	157						188		64
有限责任公司	121730	9025	1311	3392	114640	26437	203038	162173	42447
国有独资公司	556	18		1	573	255	1404	436	197
其他有限责任公司	121175	9007	1311	3391	114068	26182	201634	161737	42250
股份有限公司	26997	925	311	335	23875	2811	18230	8834	4782
私营企业	21619	1928	310	915	21726	3696	50781	16496	11497
私营独资企业	1720				1710	23	383	292	111
私营有限责任公司	17679	1822	219	896	16364	3253	48850	12860	10994
私营股份有限公司	2220	106	91	19	3652	420	1547	3345	392
其他企业	945				945	3	202	9	64
港、澳、台商投资企业	**79304**	**221**		**1722**	**78787**	**26386**	**26262**	**25875**	**6573**
合资经营企业(港或澳、台资)	6706	51		672	6085	1749	5344	3531	651
港、澳、台商独资经营企业	75375	165		1003	75522	24637	18194	20891	4974

11-6 续表 29 （2016 年） 单位:万元

指标	营业利润	营业外收入	政府补助	营业外支出	利润总额	应交所得税	人工成本及增值税		从事批发和零售业活动的从业人员平均人数(人)
							应付职工薪酬	应交增值税	
港、澳、台商投资股份有限公司	-2777	6		48	-2820		2724	1453	948
外商投资企业	**-9261**	**137**	**9**	**477**	**-9590**	**193**	**12628**	**2456**	**2727**
中外合资经营企业	-3711	64		-573	-3073	-22	2623	370	821
外资企业	-7496	52	9	1019	-8463	68	6799	1350	1507
外商投资股份有限公司	1914	20		29	1905	147	3005	736	349
其他外商投资企业	32	1		1	40		201		50
按控股情况分									
国有控股	23526	607	41	148	22223	4822	14810	9465	2313
集体控股	11328	281		60	7807	1085	6262	20517	1307
私人控股	118293	7151	828	2993	114549	20989	186094	96597	41580
港澳台商控股	78989	207		1142	79039	26224	24155	24750	6224
外商控股	-9261	137	9	477	-9590	193	12628	2456	2727
其他	28571	3863	1063	2026	21683	7019	71727	62993	14968
按经营形式分									
独立门店	156776	7904	340	4567	143938	28066	205775	162206	42921
连锁总店	89733	1934	901	2423	89121	27814	64321	38752	15697
连锁门店	-19015	870	34	-1012	-17185	922	21610	4171	5032
其他	23952	1538	665	867	19837	3530	23970	11649	5469
按单位规模分									
大型	75627	2875	929	1546	75363	29930	84864	40928	21248
中型	78126	6417	560	4644	73268	17254	180362	145480	35509
小型	80676	2446	304	624	70199	10756	43682	26899	10513
微型	17016	509	147	33	16881	2392	6769	3471	1849
按零售业态分									
有店铺零售	**241903**	**11602**	**1536**	**6796**	**226799**	**59050**	**308453**	**214588**	**67662**
食杂店	571				571	146	120	76	32
便利店	500	9			513	38	941	120	301
折扣店	-18				-30		30		3
超市	5759	249		533	4646	616	7781	926	2231
大型超市	60111	1583	42	1024	57796	26229	56415	27175	15011
仓储会员店	15				15	4	85	4	25
百货店	8658	850	126	173	5291	4410	27748	33366	6530
专业店	101927	3652	190	3387	83154	16558	114742	64971	23417
专卖店	48885	4482	1065	1569	55347	9698	87730	81023	17324
家居建材商店	1676	5		13	755	109	1526	133	262
购物中心	1998	115		26	1676	80	3495	4285	826
厂家直销中心	11821	657	114	72	17067	1163	7840	2509	1700
无店铺零售	**9543**	**645**	**405**	**49**	**8912**	**1282**	**7223**	**2190**	**1457**
电视购物	21				17	4	62		18
邮购	354				354	46	61	197	15
网上商店	5801	278	252	5	4991	566	2848	489	567
电话购物	2				2		42	1	5

11-7 限额以上住宿和餐饮业法人企业财务状况

(2016 年)

单位:万元

指标	法人企业数(个)	执行《2006年企业会计准则》企业数(个)	年初存货	流动资产合计	应收帐款	存货	固定资产合计	固定资产原价
总计	**448**	**345**	**31621**	**873833**	**43780**	**33502**	**469052**	**875970**
住宿业	**248**	**200**	**21700**	**611345**	**25743**	**23765**	**352491**	**683515**
按住宿行业小类分								
旅游饭店	135	104	12916	521015	22289	14907	245268	527097
一般旅馆	101	87	8666	88560	3311	8734	105394	153974
其他住宿业	12	9	118	1770	144	125	1829	2443
按登记注册类型分								
内资企业	**243**	**195**	**14921**	**460047**	**24855**	**17037**	**313869**	**583525**
国有企业	25	18	3102	39839	4189	2877	73696	150017
集体企业	4	3	1532	10731	112	709	7302	18149
有限责任公司	145	116	7062	244920	14526	9529	189954	315451
国有独资公司	5	3	421	8763	310	417	21822	41152
其他有限责任公司	140	113	6640	236157	14216	9112	168132	274299
股份有限公司	7	5	165	31971	915	151	7891	26193
私营企业	62	53	3060	132586	5111	3771	35025	73715
私营有限责任公司	60	51	3039	132522	5099	3761	34978	73086
私营股份有限公司	2	2	20	64	13	10	47	628
港、澳、台商投资企业	**5**	**5**	**6779**	**151299**	**888**	**6728**	**38622**	**99990**
与港澳台商合资经营企业	4	4	6577	148144	843	6528	35943	81491
与港澳台商合作经营企业	1	1	202	3155	45	200	2679	18499
按控股情况分								
国有控股	51	39	5828	118621	7571	7416	151518	336234
集体控股	9	6	1612	11940	498	838	11472	25212
私人控股	148	124	5489	295673	13258	7411	121275	191699
港澳台商控股	3	3	6191	140092	477	6164	35010	66092
其他	37	28	2582	45019	3939	1936	33216	64278
按经营形式分								
独立门店	214	173	20619	581132	24956	22692	337267	652786
连锁总店(总部)	2	2	17	1342		13	1674	2860
连锁门店	20	16	631	18476	670	626	11086	20426
其他	12	9	434	10395	117	434	2464	7444
按单位规模分								
大型	3	3	2437	203026	4554	2273	49292	97455
中型	40	32	11195	236145	11068	11003	176004	359131
小型	184	150	7498	170988	9937	10414	124067	222729
微型	21	15	570	1186	184	75	3129	4200
按星级分								
五星	14	13	3247	284578	5840	3089	93378	201264
四星	22	19	3939	99877	4310	3548	51498	120828
三星	43	32	7526	54167	5517	9361	47445	115864

11-7 续表1 （2016年） 单位：万元

指标	法人企业数（个）	执行《2006年企业会计准则》企业数（个）	年初存货	流动资产合计	应收帐款	存货	固定资产合计	固定资产原价
二星	9	6	515	4142	338	532	14617	22827
其他	160	130	6474	168582	9738	7235	145552	222732
餐饮业	**200**	**145**	**9921**	**262488**	**18037**	**9737**	**116560**	**192455**
按餐饮业行业小类分								
正餐服务	187	133	7033	233192	15568	8265	89607	134302
快餐服务	9	8	2565	17340	250	1200	18948	43612
其他餐饮业	4	4	323	11956	2219	272	8005	14541
餐饮配送服务	1	1	105	4664	1894	174	1819	2011
其他未列明餐饮业	3	3	218	7291	326	98	6186	12530
按登记注册类型分								
内资企业	**195**	**141**	**7697**	**246070**	**17875**	**9025**	**101632**	**158403**
集体企业	1		48	386	17	73	2548	3351
股份合作企业	1	1	6	134		6	479	777
有限责任公司	109	86	5102	176041	7033	6353	71863	114650
股份有限公司	4	3	850	14520	905	517	1041	1721
私营企业	80	51	1692	54989	9920	2076	25701	37905
私营独资企业	5	3	129	3689	3023	116	2532	2840
私营合伙企业	1			87			4	4
私营有限责任公司	70	44	1483	50097	6723	1816	20991	32724
私营股份有限公司	4	4	79	1115	173	144	2174	2337
港、澳、台商投资企业	**1**	**1**	**56**	**458**	**16**	**40**	**757**	**1639**
外商投资企业	**4**	**3**	**2168**	**15960**	**146**	**671**	**14171**	**32413**
按控股情况分								
国有控股	2	2	427	1541	134	361	963	2297
集体控股	1		48	386	17	73	2548	3351
私人控股	159	114	4713	169989	14607	4625	71842	105706
港澳台商控股	1	1	56	458	16	40	757	1639
外商控股	4	3	2168	15960	146	671	14171	32413
其他	33	25	2510	74155	3117	3967	26279	47050
按经营形式分								
独立门店	167	122	5182	138094	7647	4684	74247	106223
连锁总店（总部）	7	5	2951	38786	473	1330	20311	47866
连锁门店	8	5	149	1542	124	189	566	1252
其他	18	13	1640	84065	9793	3534	21437	37115
按单位规模分								
大型	2	2	2384	5695	235	938	11367	28426
中型	17	12	2185	138281	10356	3694	49569	77872
小型	159	111	4965	94619	7196	4870	45574	71643
微型	22	20	388	23893	250	236	10050	14514

11-7 续表 2 (2016 年) 单位:万元

指标	期末资产负债							
	累计折旧	本年折旧	在建工程	资产总计	流动负债合计	应付帐款	非流动负债合计	负债合计
总计	**408335**	**40497**	**104288**	**1685824**	**1005031**	**63681**	**306001**	**1313574**
住宿业	**332362**	**31106**	**85603**	**1182048**	**705847**	**40702**	**237079**	**945577**
按住宿行业小类分								
旅游饭店	282081	24307	31551	894105	534145	28613	158997	695669
一般旅馆	49667	6734	53207	282612	167461	11275	78082	245666
其他住宿业	614	65	845	5332	4241	814		4241
按登记注册类型分								
内资企业	**270994**	**28158**	**52433**	**954635**	**527764**	**33388**	**178284**	**708698**
国有企业	76321	4303	39024	160794	44041	6909	35734	79775
集体企业	10847	435	576	21904	14969	141	1247	17897
有限责任公司	126789	16781	7231	515748	286120	20386	100525	386768
国有独资公司	20374	1187	843	38206	23892	569	256	24148
其他有限责任公司	106415	15594	6388	477542	262228	19816	100269	362620
股份有限公司	18348	972	300	47602	14739	938	1092	15831
私营企业	38689	5666	5303	208588	167895	5015	39687	208428
私营有限责任公司	38108	5644	5303	206243	167550	4990	39608	208005
私营股份有限公司	581	21		2345	344	24	79	423
港、澳、台商投资企业	**61368**	**2948**	**33169**	**227413**	**178083**	**7314**	**58795**	**236878**
与港澳台商合资经营企业	45549	2627	21875	211037	174505	6920	34570	209075
与港澳台商合作经营企业	15820	322	11295	16376	3578	393	24225	27803
按控股情况分								
国有控股	185761	8933	60365	354262	137124	12737	62968	200093
集体控股	13991	657	671	27453	18520	953	1411	21612
私人控股	70465	12913	7376	509515	325496	14438	111314	437780
港澳台商控股	31083	2692	13593	193947	166792	6519	34570	201363
其他	31062	5910	3598	96871	57914	6055	26816	84730
按经营形式分								
独立门店	316858	29476	85013	1119532	668037	37711	235742	906429
连锁总店(总部)	1185	500		8607	10927	6	60	10987
连锁门店	9340	891	14	38945	21889	2424	32	21920
其他	4980	239	576	14964	4995	560	1246	6240
按单位规模分								
大型	48163	5411	1438	259309	168717	5220	37170	205887
中型	183127	12499	38855	507712	313967	18442	117809	433457
小型	99954	13020	45264	410366	218145	16400	81004	300119
微型	1117	175	46	4661	5018	640	1096	6114
按星级分								
五星	107886	9888	19868	428593	298711	5598	110258	408969
四星	69330	3578	3067	173801	82331	4438	15774	98106
三星	68625	6420	19790	136760	84678	11139	27521	112200

11-7 续表3 (2016年) 单位:万元

指标	期末资产负债							
	累计折旧	本年折旧	在建工程	资产总计	流动负债合计	应付帐款	非流动负债合计	负债合计
二星	8256	746	131	19784	7121	1332	1742	9709
其他	78266	10473	42746	423111	233006	18194	81783	316593
餐饮业	**75973**	**9392**	**18685**	**503776**	**299184**	**22980**	**68922**	**367997**
按餐饮业行业小类分								
正餐服务	44738	6783	17385	426789	239861	14017	59232	298985
快餐服务	24664	1918	1300	56169	40099	6787	9289	49389
其他餐饮业	6571	691		20818	19224	2175	400	19624
餐饮配送服务	227	14		7102	1832	917		1832
其他未列明餐饮业	6344	677		13716	17392	1258	400	17792
按登记注册类型分								
内资企业	**56849**	**7956**	**17385**	**456834**	**259290**	**16116**	**59478**	**318659**
集体企业	803	803	1916	4855	9253	381		9253
股份合作企业	298	18		889	734			734
有限责任公司	42823	4741	14573	295680	174653	11352	56073	230783
股份有限公司	680	406	152	57144	17700	495		17700
私营企业	12246	1989	745	98266	56951	3888	3405	60190
私营独资企业	308	44	13	11887	5550	55	143	5692
私营合伙企业				91	32			32
私营有限责任公司	11775	1802	731	82994	50385	3671	1279	51498
私营股份有限公司	163	143		3296	984	162	1983	2968
港、澳、台商投资企业	**881**	**332**		**1836**	**1974**	**150**		**1974**
外商投资企业	**18242**	**1103**	**1300**	**45106**	**37921**	**6714**	**9444**	**47365**
按控股情况分								
国有控股	1334	67		4413	5994	376		5994
集体控股	803	803	1916	4855	9253	381		9253
私人控股	33941	4030	5892	320126	177538	9142	43431	220812
港澳台商控股	881	332		1836	1974	150		1974
外商控股	18242	1103	1300	45106	37921	6714	9444	47365
其他	20771	3056	9577	127440	66505	6218	16047	82601
按经营形式分								
独立门店	32018	5231	7346	292863	184763	10384	17795	202489
连锁总店(总部)	27555	2174	1715	81078	73391	9056	9236	82627
连锁门店	686	272		2786	1632	155	166	1799
其他	15713	1714	9625	127049	39398	3384	41725	81083
按单位规模分								
大型	17059	1666	1300	35235	30674	1916	2443	33117
中型	28338	3365	10338	255864	135695	7224	28002	163745
小型	26111	4294	2667	168697	116286	13281	11776	127905
微型	4464	66	4380	43981	16530	559	26700	43230

11-7 续表 4 （2016 年） 单位：万元

指标	所有者权益合计	实收资本						
			国家资本	集体资本	法人资本	个人资本	港澳台资本	外商资本
总计	**372250**	**485066**	**119570**	**8860**	**174569**	**132478**	**46186**	**3402**
住宿业	**236472**	**340388**	**114038**	**7585**	**111032**	**62658**	**45074**	**1**
按住宿行业小类分								
旅游饭店	198436	263489	103018	5108	72405	47244	35715	
一般旅馆	36946	74227	10994	2362	37510	14000	9359	1
其他住宿业	1091	2672	27	115	1117	1414		
按登记注册类型分								
内资企业	**245937**	**265043**	**94406**	**7198**	**100770**	**62658**	**11**	**1**
国有企业	81018	60791	57359		3432			
集体企业	4007	3573		3573				
有限责任公司	128980	149037	30829	2474	73552	42171	11	1
国有独资公司	14058	27000	22000		5000			
其他有限责任公司	114922	122037	8829	2474	68552	42171	11	1
股份有限公司	31771	10246	6219	152	720	3155		
私营企业	161	41397		1000	23066	17332		
私营有限责任公司	-1762	41383		1000	23062	17322		
私营股份有限公司	1922	14			4	10		
港、澳、台商投资企业	**-9465**	**75345**	**19632**	**386**	**10262**		**45064**	
与港澳台商合资经营企业	1962	61978	10918	386	10262		40411	
与港澳台商合作经营企业	-11427	13367	8714				4653	
按控股情况分								
国有控股	154170	140708	107804	100	26384		6419	
集体控股	5841	7471	419	5562	1400	90		
私人控股	71736	112773	106	1118	51334	60204	11	1
港澳台商控股	-7416	54916	5622	386	10262		38645	
其他	12141	24521	88	419	21651	2364		
按经营形式分								
独立门店	213102	319389	111938	6598	94580	61208	45064	1
连锁总店（总部）	-2380	150			40	100	10	
连锁门店	17025	18741	2000	2	15751	988		
其他	8724	2108	100	985	661	362		
按单位规模分								
大型	53422	74120	24572		10262	10000	29286	
中型	74256	139839	64257	3499	33877	22428	15778	
小型	110247	124575	24791	3932	66594	29248	11	1
微型	-1453	1854	419	154	298	983		
按星级分								
五星	19624	111769	36574	386	15562	16200	43047	
四星	75695	49828	18177		26001	5650		
三星	24560	59190	19335	3413	28389	6036	2017	

11-7 续表5 （2016年） 单位:万元

指标	所有者权益合计	实收资本						
			国家资本	集体资本	法人资本	个人资本	港澳台资本	外商资本
二星	10074	8130	7038	152	227	713		
其他	106518	111471	32914	3634	40852	34059	11	1
餐饮业	**135779**	**144678**	**5532**	**1276**	**63537**	**69821**	**1112**	**3402**
按餐饮业行业小类分								
正餐服务	127805	121025	5532	1276	47614	64492	1112	1000
快餐服务	6780	17451			14436	613		2402
其他餐饮业	1194	6202			1486	4716		
餐饮配送服务	5270	4100				4100		
其他未列明餐饮业	−4076	2102			1486	616		
按登记注册类型分								
内资企业	**138175**	**140165**	**5532**	**1276**	**63537**	**69821**		
集体企业	−4398	1000			500	500		
股份合作企业	155	78				78		
有限责任公司	64897	104926	5532	1276	52487	45631		
股份有限公司	39444	1650			905	745		
私营企业	38076	32511			9645	22866		
私营独资企业	6194	843			477	366		
私营合伙企业	58	30				30		
私营有限责任公司	31496	31427			9137	22289		
私营股份有限公司	328	211			30	181		
港、澳、台商投资企业	**−138**	**1112**					**1112**	
外商投资企业	**−2258**	**3402**						**3402**
按控股情况分								
国有控股	−1581	1500	1500					
集体控股	−4398	1000			500	500		
私人控股	99314	73787	32		21635	52121		
港澳台商控股	−138	1112					1112	
外商控股	−2258	3402						3402
其他	44840	63877	4000	1276	41402	17200		
按经营形式分								
独立门店	90374	76010	1532	1276	25931	45160	1112	1000
连锁总店（总部）	−1549	19038			14637	2000		2402
连锁门店	988	1044			539	505		
其他	45966	48586	4000		22430	22156		
按单位规模分								
大型	2118	15975			14237			1738
中型	92118	61874	532	800	29436	31106		
小型	40792	59649	5000	476	14804	36596	1112	1663
微型	751	7179			5060	2119		

11-7 续表 6 （2016 年） 单位:万元

指标	营业收入	主营业务收入	营业成本	主营业务成本	营业税金及附加	主营业务税金及附加	其他业务利润
总计	**676991**	**659437**	**282510**	**270575**	**17791**	**17300**	**7211**
住宿业	**365036**	**358909**	**118728**	**114485**	**9852**	**9587**	**6964**
按住宿行业小类分							
旅游饭店	265416	261054	83583	79592	7084	6879	6150
一般旅馆	92035	90271	32447	32196	2598	2542	814
其他住宿业	7585	7585	2697	2697	170	165	
按登记注册类型分							
内资企业	**337681**	**333065**	**113468**	**109245**	**9333**	**9067**	**5929**
国有企业	56964	55799	15725	15234	1253	1252	2547
集体企业	7459	7459	2359	2359	162	162	
有限责任公司	189858	187034	63454	60232	5179	5001	1924
国有独资公司	9643	9643	1836	1836	206	206	34
其他有限责任公司	180214	177391	61618	58396	4973	4795	1890
股份有限公司	18656	18656	6343	6343	744	744	32
私营企业	64744	64117	25587	25076	1994	1908	1426
私营有限责任公司	64068	63442	25255	24744	1976	1890	1426
私营股份有限公司	675	675	332	332	18	18	
港、澳、台商投资企业	**27355**	**25844**	**5260**	**5241**	**520**	**520**	**1035**
与港澳台商合资经营企业	24629	23118	4932	4913	489	489	1035
与港澳台商合作经营企业	2726	2726	328	328	30	30	
按控股情况分							
国有控股	122902	120062	41444	37986	2984	2885	3244
集体控股	11372	11372	3962	3962	256	256	32
私人控股	167431	165654	58974	58223	4912	4762	2295
港澳台商控股	21459	19948	4475	4455	432	432	1035
其他	41873	41873	9874	9859	1268	1252	359
按经营形式分							
独立门店	334523	329350	110605	106515	9051	8811	6689
连锁总店（总部）	1585	1585	457	457	93	93	
连锁门店	21352	20424	4964	4811	528	516	275
其他	7575	7550	2702	2702	181	167	
按单位规模分							
大型	38582	36590	8112	7668	764	764	1547
中型	157615	155786	45850	42981	4196	4190	2037
小型	166617	164318	63778	62854	4834	4580	3348
微型	2223	2214	988	983	58	53	32
按星级分							
五星	59895	58710	12982	12969	1440	1440	1144
四星	72528	72310	27126	26527	2271	2266	6
三星	63979	61657	24232	21360	1804	1659	2127

11-7 续表7 （2016年） 单位:万元

指标	营业收入	主营业务收入	营业成本	主营业务成本	营业税金及附加	主营业务税金及附加	其他业务利润
二星	10972	10972	6032	6032	267	267	1840
其他	157663	155260	48357	47597	4070	3955	1847
餐饮业	**311955**	**300528**	**163782**	**156090**	**7939**	**7713**	**247**
按餐饮业行业小类分							
正餐服务	190704	189739	102143	100980	5649	5423	223
快餐服务	99416	88979	46194	41045	1828	1828	
其他餐饮业	21835	21811	15445	14064	462	462	25
餐饮配送服务	6412	6411	5923	4652	65	65	1
其他未列明餐饮业	15423	15400	9522	9412	397	397	24
按登记注册类型分							
内资企业	**234653**	**233664**	**125582**	**123038**	**6535**	**6309**	**247**
集体企业	846	846	784	784	17	17	
股份合作企业	1228	1228	1008	1008	5	5	5
有限责任公司	148790	148034	79916	77520	3960	3900	219
股份有限公司	7878	7878	3686	3686	155	155	
私营企业	75911	75678	40188	40040	2399	2233	24
私营独资企业	10414	10214	7408	7278	320	320	
私营合伙企业	386	386	48	48	8	8	
私营有限责任公司	63378	63356	31762	31762	2018	1852	24
私营股份有限公司	1733	1722	970	951	54	54	
港、澳、台商投资企业	**1806**	**1806**	**676**	**676**	**33**	**33**	
外商投资企业	**75496**	**65059**	**37524**	**32375**	**1371**	**1371**	
按控股情况分							
国有控股	3835	3795	1884	1852	191	191	8
集体控股	846	846	784	784	17	17	
私人控股	163080	162689	92751	90349	4627	4401	57
港澳台商控股	1806	1806	676	676	33	33	
外商控股	75496	65059	37524	32375	1371	1371	
其他	66892	66333	30163	30053	1701	1701	183
按经营形式分							
独立门店	165273	164750	92570	91408	5084	4862	211
连锁总店(总部)	104272	93379	46954	41805	1947	1947	9
连锁门店	6369	6369	3677	3677	120	120	
其他	36041	36030	20582	19200	788	784	28
按单位规模分							
大型	82671	82671	37630	37630	1688	1688	
中型	74019	73742	34215	32911	1799	1799	69
小型	152616	141465	90668	84279	4377	4150	179
微型	2649	2649	1269	1269	76	76	

11-7 续表 8 (2016 年) 单位:万元

指标	损益及分配								
	销售费用	管理费用	税金	财务费用	利息收入	利息支出	资产减值损失	公允价值变动收益	投资收益
总计	**223764**	**166824**	**4859**	**18301**	**637**	**6641**	**3439**	**29**	**741**
住宿业	**131773**	**120496**	**3252**	**11837**	**383**	**4400**	**223**		**158**
按住宿行业小类分									
旅游饭店	97051	90906	2587	8530	267	4037	215		158
一般旅馆	31827	27293	654	3250	116	362	9		
其他住宿业	2895	2298	10	58					
按登记注册类型分									
内资企业	**118071**	**105593**	**2772**	**9638**	**380**	**3379**	**223**		**158**
国有企业	24539	17858	464	447	126	40			73
集体企业	2754	1167	203	392		385			
有限责任公司	64605	65966	1600	4526	262	1470	223		85
国有独资公司	3192	4912	333	-6	124	82	-1		
其他有限责任公司	61413	61054	1267	4531	138	1389	224		85
股份有限公司	5336	4228	104	-42		-77			
私营企业	20838	16375	402	4317	-9	1561			
私营有限责任公司	20647	16291	393	4297	-9	1542			
私营股份有限公司	190	84	9	20		19			
港、澳、台商投资企业	**13702**	**14903**	**479**	**2199**	**4**	**1020**			
与港澳台商合资经营企业	11024	13426	394	1301	4	122			
与港澳台商合作经营企业	2678	1477	86	898		898			
按控股情况分									
国有控股	45143	42562	1235	998	405	743	204		158
集体控股	4167	2075	232	429		386			
私人控股	56979	48035	917	6254	7	2098	9		
港澳台商控股	9188	12376	332	1518	4	340			
其他	16295	15449	536	2638	-33	832	11		
按经营形式分									
独立门店	116204	112006	3021	11650	365	4314	218		73
连锁总店(总部)	2466	197	16	22		9			
连锁门店	9291	7159	211	89	19	37	2		85
其他	3811	1134	4	76		39	3		
按单位规模分									
大型	12993	21049	123	1559	34	373			
中型	56540	54340	1925	6816	319	2743	214		158
小型	60845	44501	1199	3448	30	1283	9		
微型	1394	606	5	14					
按星级分									
五星	25058	28003	932	5024	8	2259	-1		
四星	23029	18891	556	2359	222	137	198		122
三星	23557	20617	711	1186	61	90	11		36

11-7 续表 9 （2016 年） 单位:万元

指标	损益及分配								
	销售费用	管理费用		财务费用			资产减值损失	公允价值变动收益	投资收益
			税金		利息收入	利息支出			
二星	3053	1812	88	15	41	3			
其他	57076	51175	965	3253	51	1911	16		
餐饮业	**91991**	**46328**	**1608**	**6465**	**254**	**2241**	**3216**	**29**	**583**
按餐饮业行业小类分									
正餐服务	54828	28199	1095	5769	100	1954	8	29	323
快餐服务	34464	14657	255	420	132	9	2958		
其他餐饮业	2700	3473	257	276	22	279	250		260
餐饮配送服务	89	886	94	-19	19		250		260
其他未列明餐饮业	2611	2586	163	295	3	279			
按登记注册类型分									
内资企业	**67674**	**32646**	**1522**	**6054**	**125**	**2238**	**258**	**29**	**583**
集体企业	286	355	56	697	70				
股份合作企业	5	187	9						
有限责任公司	41648	22163	1023	3456	78	1845	256	10	260
股份有限公司	4215	1295		971					130
私营企业	21519	8646	435	930	-23	394	3	19	193
私营独资企业	855	371	91	370		230		19	
私营合伙企业	203	107							
私营有限责任公司	20126	7955	331	426	-24	150	3		193
私营股份有限公司	336	213	13	134	1	14			
港、澳、台商投资企业	**1350**								
外商投资企业	**22968**	**13681**	**86**	**411**	**129**	**3**	**2958**		
按控股情况分									
国有控股	1666	556		12	1				
集体控股	286	355	56	697	70				
私人控股	40292	23354	1230	4171	51	2228	255	29	583
港澳台商控股	1350								
外商控股	22968	13681	86	411	129	3	2958		
其他	25431	8381	236	1175	4	10	4		
按经营形式分									
独立门店	40672	23797	1070	4928	104	2083	7	29	323
连锁总店（总部）	40833	15386	133	588	132	152	2956		
连锁门店	936	747	5	22					
其他	9551	6398	400	927	18	6	253		260
按单位规模分									
大型	33153	7705	51	534		6	2958		
中型	25621	12508	622	3500	46	1757	255		583
小型	31746	23763	930	2377	211	478	4	29	
微型	1472	2351	5	54	-3				

11-7　续表 10　　　　　　　　　　　　(2016 年)　　　　　　　　　　　　单位:万元

指标	营业利润	营业外收入	政府补助	营业外支出	利润总额	应交所得税	人工成本及增值税		从事住宿和餐饮业活动的从业人员平均人数(人)
							应付职工薪酬	应交增值税	
总计	**-32128**	**4067**	**361**	**4146**	**-29908**	**4455**	**150761**	**12333**	**39416**
住宿业	**-25362**	**2462**	**53**	**2985**	**-23369**	**2316**	**94609**	**6357**	**22212**
按住宿行业小类分									
旅游饭店	-19480	1513	19	2939	-19052	1640	72722	4589	16392
一般旅馆	-5348	940	35	44	-3827	613	20183	1644	5374
其他住宿业	-533	8		2	-490	62	1703	125	446
按登记注册类型分									
内资企业	**-16134**	**2259**	**53**	**2955**	**-14314**	**2221**	**87531**	**5829**	**20560**
国有企业	-2738	778		217	-1997	173	20570	847	3868
集体企业	626	6		4	628	1	2025	106	433
有限责任公司	-11688	417	53	304	-9421	1175	47780	3458	11637
国有独资公司	-462	34		8	-432	8	3885	241	629
其他有限责任公司	-11226	383	53	296	-8989	1167	43895	3217	11008
股份有限公司	2215	285		1	2363	672	2933	210	822
私营企业	-4549	773		2429	-5887	201	14223	1208	3800
私营有限责任公司	-4580	773		2429	-5917	200	14063	1199	3742
私营股份有限公司	31				31	2	159	9	58
港、澳、台商投资企业	**-9228**	**203**		**30**	**-9055**	**94**	**7078**	**528**	**1652**
与港澳台商合资经营企业	-6544	203		29	-6370	94	6056	453	1412
与港澳台商合作经营企业	-2684	0		1	-2685		1021	75	240
按控股情况分									
国有控股	-7908	1275	3	296	-5961	534	37884	2614	8015
集体控股	651	7		9	534	5	3148	170	769
私人控股	-7913	936	49	2562	-9216	1363	36437	2572	9274
港澳台商控股	-6531	199		28	-6361	94	5123	397	1201
其他	-3660	45	2	90	-2365	320	12017	603	2953
按经营形式分									
独立门店	-22784	2318	45	2967	-20880	2000	87151	5435	20282
连锁总店(总部)	-1650			2	-1651	1	630	3	103
连锁门店	-596	42	8	10	-580	304	5011	841	1231
其他	-331	102		7	-258	11	1817	78	596
按单位规模分									
大型	-5896	339		51	-5607		12215	648	2209
中型	-7856	1628	35	2568	-7984	1329	42416	3031	9067
小型	-10942	491	18	366	-8951	983	39415	2665	10702
微型	-667	4			-826	4	562	13	234
按星级分									
五星	-12610	112		2465	-14887	94	16473	684	3451
四星	-1260	1244	3	112	573	928	16709	1785	4105
三星	-5203	573		45	-3498	186	17336	1104	4804

11-7 续表 11　　(2016 年)　　单位:万元

指标	营业利润	营业外收入	政府补助	营业外支出	利润总额	应交所得税	人工成本及增值税		从事住宿和餐饮业活动的从业人员平均人数(人)
							应付职工薪酬	应交增值税	
二星	-38	19		101	-223	30	1638	29	527
其他	-6251	515	51	263	-5334	1077	42452	2755	9325
餐饮业	**-6766**	**1605**	**308**	**1161**	**-6539**	**2139**	**56153**	**5976**	**17204**
按餐饮业行业小类分									
正餐服务	-6423	1067	308	277	-5847	1833	39326	1972	10948
快餐服务	-1104	523		874	-1465	183	14934	1823	5673
其他餐饮业	761	15		10	773	124	1892	2181	583
餐饮配送服务	749	3		1	750	123	124	1016	285
其他未列明餐饮业	12	13		9	23	1	1768	1166	298
按登记注册类型分									
内资企业	**-3097**	**1454**	**308**	**396**	**-2255**	**1985**	**43947**	**4120**	**12144**
集体企业	-1293	145		1	-1149		445	16	130
股份合作企业	27			23	4		241	2	25
有限责任公司	-1531	768	207	222	-1362	1340	25593	3040	7059
股份有限公司	-2314	46		16	-2283	2	2061	125	457
私营企业	2014	496	101	136	2535	643	15609	937	4473
私营独资企业	1099			89	920	15	809	1	304
私营合伙企业	21				21		122	8	31
私营有限责任公司	867	496	101	47	1582	618	14060	924	3970
私营股份有限公司	27				12	10	618	4	168
港、澳、台商投资企业	**-253**				**-253**		**295**	**14**	**47**
外商投资企业	**-3416**	**151**		**765**	**-4031**	**155**	**11910**	**1843**	**5013**
按控股情况分									
国有控股	-474	23		3	-454	27	957	130	289
集体控股	-1293	145		1	-1149		445	16	130
私人控股	-918	649	128	193	-482	1153	33143	2846	9170
港澳台商控股	-253				-253		295	14	47
外商控股	-3416	151		765	-4031	155	11910	1843	5013
其他	-412	638	180	200	-170	805	9403	1128	2555
按经营形式分									
独立门店	-1900	837	120	197	-1416	1564	34010	1253	9054
连锁总店(总部)	-4372	537		951	-4787	248	16242	1927	6042
连锁门店	934	8	8		875	31	828	30	298
其他	-1428	223	180	13	-1212	296	5073	2766	1810
按单位规模分									
大型	-997	462		-103	-432		12489	1352	5142
中型	-2138	711	180	48	-1082	952	15250	1791	4063
小型	-1060	417	120	1216	-2384	1147	27438	2802	7787
微型	-2571	15	8		-2641	41	976	32	212

11-8 限额以上住宿和餐饮业

（2016 年）

指　标	法人企业（个）	个体（产业）单位数（个）	从业人员期末人数（人）	营业额	客房收入
总计	**448**	**750**	**61185**	**1434472**	**324002**
住宿业	**248**	**97**	**25835**	**502292**	**287238**
按住宿业行业小类分					
旅游饭店	135	33	18453	350253	179827
一般旅馆	101	61	6893	143751	100783
其他住宿业	12	3	489	8288	6628
按登记注册类型分					
内资企业	**243**	**11**	**22052**	**389725**	**205213**
国有企业	25	3	3884	60934	27736
集体企业	4		446	7459	2799
有限责任公司	145	6	12738	230403	125435
国有独资公司	5		609	9750	5121
其他有限责任公司	140	6	12129	220653	120314
股份有限公司	7	1	872	20545	7353
私营企业	62		3912	66773	39786
私营有限责任公司	60		3854	66098	39260
私营股份有限公司	2		58	675	526
其他企业		1	200	3612	2104
港、澳、台商投资企业	**5**		**1806**	**27313**	**9534**
与港澳台商合资经营企业	4		1534	24586	8243
与港澳台商合作经营企业	1		272	2726	1291
按控股情况分					
国有控股	51		7842	123447	55387
集体控股	9		781	11492	5403
私人控股	148		9577	170821	99293
港澳台商控股	3		1318	21416	6743
其他	37		2911	43533	25728
按经营形式分					
独立门店	214	91	22996	437256	247844
连锁总店	2		118	1652	1534
连锁门店	20	3	1349	25681	18484
其他	12	3	1372	37703	19377
按单位规模分					
大型	3		2311	38657	13236
中型	40		9158	160190	72593
小型	184		10650	169526	104820
微型	21		310	2335	1904
按星级分					
五星	14	2	3978	76523	32204
四星	22	1	4254	77710	33059
三星	43	2	4884	67039	30303
二星	9	11	732	31929	23175
一星		4	93	4258	3898

经营情况

单位:万元

			客房数(间)	床位数(个)	餐位数(位)	年末餐饮营业面积(万平方米)
餐费收入	商品销售额收入	其他收入				
974004	**73761**	**62706**	**48865**	**84364**	**276720**	**129.88**
156389	**19938**	**38726**	**43354**	**74005**	**74563**	**50.94**
122909	15772	31744	25012	41346	51664	31.64
32481	3999	6489	16622	29640	21997	18.36
1000	167	493	1720	3019	902	0.93
136079	**15958**	**32476**	**36408**	**61398**	**68584**	**47.41**
21482	4081	7635	4656	8737	9927	4.86
2468	40	2151	562	1204	1612	1.01
79240	7451	18277	21629	35877	41149	28.94
3206	314	1108	761	1229	1434	1.06
76034	7136	17168	20868	34648	39715	27.89
7994	3265	1933	1612	2838	2896	1.91
23447	1121	2419	7672	12352	12718	10.47
23345	1106	2388	7402	11814	12118	10.33
102	15	32	270	538	600	0.14
1447		61	277	390	282	0.22
11624	**1297**	**4858**	**1505**	**2280**	**2023**	**0.69**
10302	1297	4745	1270	1990	1659	0.50
1322		113	235	290	364	0.19
41913	7199	18949	9369	16033	20184	9.67
3397	54	2638	1191	2567	3242	2.48
57462	6320	7747	18942	31648	32871	26.37
8975	1297	4402	1087	1770	1531	0.40
14148	1142	2514	5181	8434	9519	6.23
136477	19073	33863	36741	62504	69605	46.01
63	55		203	290	12	0.01
3171	535	3492	4208	7809	2889	2.84
16678	276	1372	2202	3402	2057	2.08
18870	1605	4946	1306	1998	1989	1.41
56754	9912	20932	10832	18016	25454	16.86
49891	4459	10357	22279	38357	38219	24.12
380	37	15	1353	2081	1685	2.75
34383	2796	7140	3598	5380	6738	5.92
29743	5275	9634	5251	8923	14749	8.63
22681	5202	8853	6725	11691	16269	9.16
7675	651	428	1582	2754	3016	2.05
	213	147	161	313		

11-8 续表 （2016 年）

指　　标	法人企业（个）	个体（产业）单位数（个）	从业人员期末人数（人）	营业额	客房收入
其他	160	77	11894	244833	164600
餐饮业	**200**	**653**	**35350**	**932181**	**36763**
按餐饮业行业小类分					
正餐服务	187	625	28863	788227	35807
快餐服务	9	8	5613	106657	
饮料及冷饮服务		6	132	5730	
茶馆服务		2	60	1328	
咖啡馆服务		4	72	4402	
其他餐饮业	4	14	742	31567	956
小吃服务		12	110	9213	
餐饮配送服务	1		290	6412	
其他未列明餐饮业	3	2	342	15942	956
按登记注册类型分					
内资企业	195		12281	237568	24915
集体企业	1		120	846	448
股份合作企业	1		95	1228	
有限责任公司	109		6988	151031	14430
股份有限公司	4		496	7947	2149
私营企业	80		4582	76516	7888
私营独资企业	5		305	9996	511
私营合伙企业	1		33	386	
私营有限责任公司	70		4052	64617	7238
私营股份有限公司	4		192	1517	140
港、澳、台商投资企业	**1**		**49**	**1918**	
外商投资企业	**4**		**4746**	**75496**	
按控股情况分					
国有控股	2		296	3835	
集体控股	1		120	846	448
私人控股	159		9212	165122	19023
港澳台商控股	1		49	1918	
外商控股	4		4746	75496	
其他	33		2653	67765	5444
按经营形式分					
独立门店	167	610	26134	758740	31574
连锁总店	7	1	5851	104315	350
连锁门店	8	29	1154	25535	
其他	18	13	2211	43590	4839
按单位规模分					
大型	2		4945	82671	
中型	17		4009	75937	13195
小型	159		7970	153705	11657
微型	22		152	2670	63

单位:万元

			客房数(间)	床位数(个)	餐位数(位)	年末餐饮营业面积(万平方米)
餐费收入	商品销售额收入	其他收入				
61908	5801	12525	26037	44944	33791	25.17
817614	**53823**	**23980**	**5511**	**10359**	**202157**	**78.94**
692006	49517	10896	5446	10269	176729	72.51
93817	2054	10787			22699	4.70
4342	1388				675	0.34
1276	52				235	0.18
3066	1336				440	0.16
27449	864	2297	65	90	2054	1.39
8457	755	1			1041	0.40
6412						0.10
12581	109	2297	65	90	1013	0.89
189614	12334	10706	4587	8630	69215	29.27
349	33	16	120	170	500	0.07
42	1048	138			70	0.02
123718	6656	6227	2273	4603	47531	18.72
2911	204	2683	622	1268	1832	0.68
62593	4393	1642	1572	2589	19282	9.78
9377	96	13	127	213	2246	0.76
386					35	0.05
51481	4277	1621	1379	2270	16246	8.35
1349	21	8	66	106	755	0.63
1875	**43**				**428**	**0.27**
65039	**15**	**10442**			**15251**	**3.54**
3795		40			1400	0.49
349	33	16	120	170	500	0.07
129665	8121	8313	3347	6268	48956	23.22
1875	43				428	0.27
65039	15	10442			15251	3.54
55804	4180	2337	1120	2192	18359	5.50
667029	50049	10089	4189	7733	160281	67.21
91465	2055	10446	112	224	26363	5.36
24381	1073	81			7083	2.23
34740	647	3365	1210	2402	8430	4.14
80970	1701				21076	3.96
50331	2867	9545	1828	3197	16371	7.44
122658	7811	11579	2659	5233	45704	18.71
2569	13	25	100	200	1743	2.97

11-9 分县(市)区限额以上住宿和餐饮业法人财务状况

(2016 年)

单位:万元

县(市)区	流动资产合计	存货	固定资产原价	资产合计	所有者权益	实收资本	主营业务收入
中原区	183038	2288	23927	233579	16099	50661	34751
二七区	85380	7160	56638	171724	9591	56308	71203
管城区	16354	575	11073	36009	9905	13319	10016
金水区	201918	7732	148910	455486	68108	137694	237914
上街区	1537	107	767	3438	2108	1654	4396
惠济区	75137	3635	59315	160065	79342	63090	27735
中牟县	7290	955	15800	24258	5059	9446	8799
巩义市	8213	3462	14349	31083	14074	11063	18699
荥阳市	25378	314	19726	92753	62815	4310	18511
新密市	75162	430	11522	99608	-2190	18161	22385
新郑市	12276	624	3680	22165	7751	7938	8629
登封市	26960	2947	31055	75775	17683	25043	63789
经开区	6353	608	6679	15483	7151	10940	9703
高新区	12263	319	5007	17438	5546	5550	6396
郑东新区	118543	1708	28313	191349	38119	48407	82918
航空港实验区	18030	639	32292	55611	31087	21483	33595

11-9 续表

(2016 年)

单位:万元

县(市)区	主营业务成本	主营业务税金及附加	销售费用	管理费用	税金	营业利润	利润总额	应付职工薪酬
中原区	11145	694	13321	14682	276	-5588	-5479	10561
二七区	31320	2135	21931	17889	609	-3682	-3965	16281
管城区	3142	330	4803	3518	131	-2021	-2007	2712
金水区	89470	5851	103368	58498	1321	-19051	-16003	57599
上街区	2900	96	458	549	8	374	374	896
惠济区	6937	571	11697	9684	59	-1776	-1301	9725
中牟县	3988	203	2729	1874	34	-311	-445	2843
巩义市	10347	546	3031	2284	317	2506	3779	3111
荥阳市	7982	341	8393	2973	48	-1752	-1857	4132
新密市	8803	1117	3220	3229	108	4328	2045	3802
新郑市	3787	303	2558	2308	89	-735	-951	2502
登封市	43427	1842	8322	5957	623	1380	1215	7758
经开区	2879	264	4846	2635	82	-928	-918	2266
高新区	2222	109	1433	1545	303	387	388	1677
郑东新区	23715	2002	29485	29259	409	-5471	-5259	21254
航空港实验区	18512	896	4169	9939	443	210	476	3643

11-10 分县(市)区限额以上住宿和餐饮业经营情况

(2016 年)

单位:万元

县(市)区	营业额	客房收入	餐费收入	商品销售额收入	其他收入
中原区	87531	15795	63652	5089	2996
二七区	151814	38172	96276	7579	9787
管城区	21647	7485	12819	957	386
金水区	290826	64233	192854	7523	26215
上街区	18067	2741	12830	2338	158
惠济区	48454	10368	31105	2427	4554
中牟县	21653	4437	15328	1406	482
巩义市	110491	24049	82493	2929	1021
荥阳市	100476	17663	68795	8962	5055
新密市	71543	12202	49743	7305	2293
新郑市	150015	7406	130874	11694	41
登封市	164963	42691	107779	11279	3214
经开区	12977	5671	6827	254	225
高新区	6612	1942	2784	195	1691
郑东新区	134970	58026	70746	2758	3439
航空港实验区	42435	11121	29099	1067	1149

11-11 限额以上批发、零售贸易业商品销售类值

单位:万元

指　　标	批发业				零售业			
	销售额		零售额		销售额		零售额	
	2016 年	2015 年	2016 年	2015 年	2016 年	2015 年	2016 年	2015 年
合计	**39434487**	**32970697**	**2424295**	**2117422**	**15973658**	**14583709**	**15212494**	**14043709**
粮油、食品类	8507508	5021665	128377	118926	1060164	959263	1044716	952534
#粮油类	1176693	371423	27952	22175	208992	177854	205128	175655
肉禽蛋类	325461	247653	10310	9418	196997	170290	195586	169137
水产品类	1547655	6470	13185	49	29435	26415	29434	26415
蔬菜类	3071011	2504950	41735	48639	83519	74386	83516	74386
干鲜果品类	2222722	1763895	30962	33361	191796	183964	190217	182533
饮料类	16790	19091	3060	8910	237582	204242	229356	198109
烟酒类	1445550	1456723	91349	89456	272226	228006	255584	214631
服装、鞋帽、针纺织品类	339215	346760	15911	18657	1530156	1472522	1510581	1455022
服装类	237000	235342	12037	15292	1141905	1108144	1127340	1094864
鞋帽类	66441	58686	3253	2739	253650	244433	252073	242523
针纺织品类	35775	52733	621	626	134601	119945	131168	117635
化妆品类	29352	27025	12022	10724	448117	467107	447847	466977
金银珠宝类	458917	397232	143186	95529	297435	309617	296893	307859
日用品类	82724	83557	30952	25028	687756	610822	685130	608791
#儿童玩具类	195				25870	26090	25223	25633
五金、电料类	215765	41747	64112	4993	306998	230473	165174	134613
体育、娱乐用品类	8008	3012			68757	63093	61013	55654
#照相器材类	4353				12640	7811	12640	7737
书报杂志类	349591	333804	13136	12398	70078	65007	67876	63593
电子出版物及音像制品类	361	132		127	19544	14163	19543	14162
家用电器和音像器材类	1659736	1505560	24063	5527	870399	835126	865194	831520
中西药品类	6069174	5361352	273095	212251	330632	279415	325385	279109
#西药类	3851405	3174854	105909	91236	164092	133994	163722	133773
中草药及中成药类	777444	681835	10641	5753	56208	51645	51207	51519
文化办公用品类	468048	415716	17248	17288	530612	453693	486193	422800
#计算机及其配套产品	119001	100736	8999	6017	228499	146968	205413	131750
家具类					137237	116962	135398	114364
通讯器材类	209274	206916	33339	24406	491067	340680	287373	253121
煤炭及制品类	2222983	1915700	67436	66161	35404	37434	35404	37434
木材及制品类	7894	37266			2558	585		
石油及制品类	6439538	5321729	1022211	1007941	428123	377396	417684	359626
化工材料及制品类	1613298	1912680			76650	71276		
#化肥类	610642	664965			47935	48405		
金属材料类	3249223	3473298			3255	3017		
建筑及装潢材料类	657501	236718	41745	29010	96684	77760	91448	73978
机电产品及设备类	852959	767373	47608	39339	57298	66570	40360	43983
#农机类	16251	15824			473	500		
汽车类	2164926	1895259	368011	314155	7612198	7084678	7463911	6962045
种子饲料类	520817	561015			15372	14052		
棉麻类	232162	295985			244	738	219	323
其他类	1613174	1334346	27436	16599	287113	200012	280213	193460

11-12 全市批发、零售贸易企业年销售额前50名排序

(2016年)

单位:万元

序号	批发企业		零售企业	
	单位名称	销售额	单位名称	销售额
1	郑州亿人万邦农产品有限公司	6780692	郑州丹尼斯百货有限公司	917728
2	黄河国际贸易(郑州)有限公司	3076380	大商集团郑州新玛特购物广场有限公司	318652
3	河南能源化工集团国龙物流有限公司	2563465	郑州之星汽车销售服务有限公司	243720
4	河南延长石油销售有限公司	2153303	郑州维纳斯信息科技有限公司	233204
5	国药控股河南股份有限公司	1502963	郑州郑德宝汽车销售服务有限公司	232520
6	河南省烟草公司郑州市公司	1194612	大商集团(郑州)商贸有限公司	192029
7	海马汽车销售有限公司	1104648	永辉超市河南有限公司	181380
8	华润河南医药有限公司	1032272	郑州利星汽车有限公司	175154
9	中国石油化工股份有限公司河南郑州石油分公司GJZB	971747	河南苏宁云商销售有限公司	162344
10	河南弘力环保科技有限公司	797152	河南世纪联华超市有限公司	154004
11	河南盛世欣兴格力贸易有限公司	757961	河南中油联合石油天然气销售有限公司	147390
12	河南九州通医药有限公司	722520	郑州华盛佳和商业投资有限公司	143659
13	郑州航空港区兴瑞实业有限公司	646310	河南永乐生活电器有限公司	143132
14	郑州日产汽车销售有限公司	642743	河南张仲景大药房股份有限公司	141280
15	郑州嘉瑞供应链管理有限公司	511608	河南丰之元汽车销售服务有限公司	139826
16	中国石油天然气股份有限公司河南销售分公司	498049	河南中德宝汽车销售服务有限公司	131704
17	河南省新华书店发行集团有限公司	496524	郑州中升汇迪汽车销售服务有限公司	122333
18	天脊集团河南农资有限公司	490389	河南豫海汽车销售有限公司	121073
19	河南中钢网电子商务有限公司	475438	郑州世纪鸿图丰田汽车销售服务有限公司	116256
20	河南阳光国际贸易有限公司	460487	河南华润万家生活超市有限公司	115608
21	河南裕隆金属材料有限公司	422552	郑州市优行商贸有限公司	109736
22	河南智盛通讯器材有限公司	341193	河南兰德路华汽车销售服务有限公司	103042
23	中国石油天然气股份有限公司河南郑州销售分公司	338340	郑州新融农牧贸易有限公司	102182
24	河南欣豫国际浆纸有限公司	334967	郑州宝莲祥汽车销售服务有限公司	100915
25	河南省医药有限公司	331740	大商集团河南超市连锁发展有限公司	98420
26	民生集团河南医药有限公司	316672	郑州鹏龙万通汽车销售有限公司	96228
27	河南迪信通商贸有限公司	302471	河南亚立石油化工有限公司矿区分公司	93875
28	河南维沃通商贸有限公司	287222	河南长江汽车销售服务有限公司GJZB	93675
29	河南省金利福珠宝有限公司	281417	河南省国美电器有限公司	93428
30	河南惠泽物资供销有限公司	271732	河南天行健汽车服务有限公司	92625
31	中原裕阔商贸有限公司	271516	河南天道汽车贸易服务有限公司	90695
32	河南康信医药有限公司	266957	河南安吉汽车销售有限公司	89882
33	郑州铁路煤炭运销有限公司	244673	河南裕华江南汽车销售有限公司	89036
34	河南汇通甲醇有限公司	239544	河南新纪元汽车销售服务有限公司	87112
35	河南省信成医药有限公司	205029	郑州永达和谐汽车销售服务有限公司	86619
36	河南同舟棉业有限公司	197229	郑州保福利汽车销售有限公司	84762
37	郑州亿融易建供应链管理有限公司	196723	郑州市豫北机电设备有限公司	77145
38	河南省国药医药开发有限公司	183172	河南合众汇金实业有限公司	76144
39	登封颖源铝矾土有限公司	174573	郑州聚龙实业发展有限公司	75798
40	河南金汇国际贸易有限公司	160927	河南新盛和汽车销售公司	75620
41	河南华丰集团有限公司	158329	河南骏驰实业有限公司	75598
42	河南华益药业有限责任公司	155679	河南万通一汽贸易有限公司	74812
43	中铝河南国际贸易有限公司	152252	河南省中大门网络科技有限公司	74186
44	河南省迪康医药有限责任公司	150948	郑州新纪元汽车销售有限公司	71978
45	河南平瑞供应链管理有限公司	145734	河南恒业汽车销售服务有限公司	71191
46	郑州市旭中煤业有限公司	142627	河南东城天道汽车销售服务公司	70693
47	河南中电建物贸有限公司	136738	河南瑞华汽车销售有限公司	70314
48	河南张仲景医药物流有限公司	134679	河南合众明德汽车销售服务有限公司	69366
49	河南省万隆医药有限公司	132040	河南众通商务有限公司	68930
50	河南新华物资集团有限公司	131033	河南通孚祥汽车销售服务有限公司	68400

主要统计指标解释

社会消费品零售总额 指企业(单位、个体户)通过交易直接售给个人、社会集团非生产、非经营用的实物商品金额,以及提供餐饮服务所取得的收入金额。个人包括城乡居民和入境人员,社会集团包括机关、社会团体、部队、学校、企事业单位、居委会或村委会等。

商品购进额 指从本企业以外的单位和个人购进(包括从国外直接进口)作为转卖或加工后转卖的商品金额(含增值税)。本指标反映批发和零售业从国内外市场上购进商品的总价。

商品购进包括:(1)从工农业生产者、批发和零售业企业、住宿和餐饮业企业、出版社或报社的出版发行部门和其他服务业企业购进的商品;(2)从机关团体、事业单位购进的商品;(3)从海关、市场管理部门购进的缉私和没收的商品;(4)从居民收购的废旧商品等。

不包括:(1)企业为本单位自身经营用,不是作为转卖而购进的商品,如材料物资、包装物、低值易耗品、办公用品等;(2)未通过买卖行为而收入的商品,如接受其他部门移交的商品、借入的商品、收入代其他单位保管的商品、其他单位赠送的样品、加工回收的成品等;(3)经本单位介绍,由买卖双方直接结算,本单位只收取手续费的业务;(4)销售退回和买方拒付货款的商品;(5)商品溢余。

商品销售额 指对本单位以外的单位和个人出售的商品金额(包括售给本单位消费用的商品,含增值税),本指标反映批发和零售业在国内市场上销售商品以及出口商品的总量。

商品销售包括:(1)售给城乡居民和社会集团消费用的商品;(2)售给农业、工业、建筑业、运输邮电业、服务业、公用事业等国民经济各行业用于生产、经营用的商品,包括售予批发和零售业作为转卖或加工后转卖的商品;(3)对国(境)外直接出口的商品。

商品销售不包括:(1)未通过买卖行为付出的商品,如随机构变动移交给其他企业单位的商品、借出的商品、归还受其他单位委托代保管的商品、付出的加工原料和赠送给其他单位的样品等;(2)经本单位介绍,由买卖双方直接结算,本单位只收取手续费的业务;(3)购货退回的商品;(4)商品损耗和损失;(5)出售本单位自用的废旧物资。

期末商品库存额 对于批发和零售业法人单位和个体经营户,是指取得所有权的全部商品金额(含增值税);对于批发和零售业产业活动单位,是指期末实际在库且归属法人具有所有权的全部商品金额(含增值税)。这个指标反映批发和零售业的商品库存情况,以及对市场商品供应的保证程度。

库存商品包括:(1)存放在本单位(如门市部、批发站、采购站、经营处)的仓库、货场、货柜和货架中的商品;(2)挑选、整理、包装中的商品;(3)已记入购进而尚未运到本单位的商品,即发货单或银行承兑凭证已到而货未到的商品;(4)寄放他处的商品,如因购货方拒绝付款而暂时存在购货方的商品;(5)委托其他单位代销(未作销售或调出)尚未售出的商品;(6)代其他单位购进尚未交付的商品。

库存商品不包括:(1)所有权不属于本单位的商品,如商品已作销售但买方尚未取走的商品,代替他人保管、运输、加工的商品,代其他单位销售(未做购进或调入)而未售出的商品;(2)委托外单位加工的商品(包括本单位所属加工厂和其他生产单位加工生产尚未收回成品的商品);(3)外贸企业代理其他单位从国外进口,尚未付给订货单位的商品;(4)代国家储备部门保管的商品。

连锁总店(总部) 负责连锁企业资源(商号、商誉、经营模式、服务标准、管理模式等等)的开发、配置、控制或使用等功能的企业核心管理机构。连锁经营是指经营同类商品或服务,使用统一商号的若干店铺,在同一总店(总部)的管理下,采取统一采购或特许经营等方式,实现规模效益的组织形式,包括直营连锁、特许连锁和自愿连锁三种形式。

十二、对外经济贸易和旅游

12-1 对外经济贸易

单位:万美元

项　目	2015 年	2016 年	2016 年比 2015 年±%
全市进出口总值	**5702633**	**5502878**	**-3.5**
#全市进口总值	2578048	2332904	-9.5
全市出口总值	3124586	3169974	1.5
#国内企业	383144	373387	-2.5
外资企业	2741442	2796587	2.0
新批外资企业	58	72	24.0
合同外资额	125514	426930	240.1
实际利用外商直接投资	382661	403305	5.4

12-2 分县(市)、区进出口总值

单位:万美元

县(市)区	2015 年	2016 年	2016 年比 2015 年±%
合　计	**5702633**	**5502878**	**-3.5**
中原区	27990	20362	-27.3
二七区	11879	10402	-12.4
管城区	78072	81637	4.6
金水区	197911	170235	-14.0
上街区	8281	3909	-52.8
惠济区	5181	5262	1.6
中牟县	21123	27447	29.9
巩义市	54959	38719	-29.5
荥阳市	9691	10932	12.8
新密市	8726	5115	-41.4
新郑市	6886	7863	14.2
登封市	5139	4434	-13.7
经开区	290772	360747	24.1
高新区	58581	56598	-3.4
郑东新区	84333	84010	-0.4
航空港实验区	4833109	4619418	-4.4

12-3 分县(市)、区实际使用外资表

单位:万美元

名 称	2015 年	2016 年	2016 年比 2015 年±%
合 计	**382661**	**403305**	**5.4**
中原区	17375	21136	21.6
二七区	22790	20300	-10.9
管城区	9881	13542	37.1
金水区	29039	30823	6.1
上街区	8261	8860	7.3
惠济区	10765	16090	49.5
中牟县	5351	5630	5.2
巩义市	30090	32205	7.0
荥阳市	15565	16500	6.0
新密市	19895	21130	6.2
新郑市	18370	19841	8.0
登封市	1955	10728	448.7
经开区	52578	55138	4.9
高新区	27537	29087	5.6
郑东新区	62709	48929	-22.0
航空港实验区	50500	53366	5.7

12-4 向各大洲出口总额

单位:万美元

地 区	2015 年	2016 年	2016 年比 2015 年±%
出口总值	**3124586**	**3169974**	**1.5**
亚洲	909164	940691	3.5
非洲	58531	52976	-9.5
欧洲	442520	919039	107.7
拉丁美洲	145144	125347	-13.6
北美洲	1485611	1073425	-27.7
大洋州	83616	58439	-30.1

12-5　出口总额分类

单位:万美元

类　　别	2015 年	2016 年	2016 年比 2015 年±%
总计	**3124586**	**3169974**	**1.5**
动物类	10868	12142	11.7
植物类	454	611	34.6
食品、饮料、烟草及制品	15774	25516	61.8
矿产品	5121	4066	-20.6
化学工业及相关工业的产品	34184	33826	-1.0
塑料、橡胶及其制品	1357	1078	-20.5
皮革制品	433	257	-40.8
木及木制品	2941	2138	-27.3
木浆及其制品	1532	1247	-18.6
纺织原料及纺织制品	26997	23037	-14.7
鞋、帽、羽毛及其制品	38430	30246	-21.3
贱金属及其制品	123086	110222	-10.5
机械、电气、图象、声音录放设备	81115	76864	-5.2
交通运输设备	75922	78975	4.0
光学、计量、医疗设备、精密仪器	5442	7198	32.3
杂制品	5424	3990	-26.4

12-6　与郑州市建立友好关系的城市

国　　家	城　　市	建立时间
日本	埼玉市	1981.10
美国	里士满市	1994.9
罗马尼亚	克卢日・纳波卡市	1995.5
韩国	晋州市	2000.7
俄罗斯	萨马拉市	2000.8
纳米比亚	马林塔尔市	2001.8
约旦	伊尔比德市	2002.2
巴西	若茵维莱市	2003.11
德国	什未林市	2006.4
保加利亚	舒门市	2007.4
白俄罗斯	莫吉廖夫市	2014.60

12-7 旅 游

指　　标	单 位	2015 年	2016 年	2016 年比 2015 年±%
海内外游客	**万人次**	**8674.4**	**8933.6**	**3.0**
#国际旅游人数	万人次	47.3	48.1	1.6
国内旅游人数	万人次	8627.1	8885.5	3.0
旅游外汇收入	亿美元	1.8	1.9	5.6
国内旅游收入	亿元	992.5	1040.8	4.9
旅游总收入	亿元	1004.2	1053.9	4.9
国际国内旅行社	家	218.0	290.0	33.0
星级宾馆	个	40.0	38.0	-5.0

注:以上数据不含巩义市。

12-8 郑州市出口企业30强

（2016年）

单位：万美元

序号	企 业 名 称	出口额	比上年±%
1	鸿富锦精密电子郑州有限公司	27048866	1.0
2	郑州宇通客车股份有限公司	672638	4.9
3	河南裕展精密科技有限公司	196321	-
4	河南明泰铝业有限公司	186500	13.5
5	郑州明泰实业有限公司	163752	2.2
6	中平能化国际贸易有限公司	141446	-1.7
7	郑州喜万年食品有限公司	132607	70.1
8	华润肉类食品（河南）有限公司	119182	14.8
9	河南商博通供应链管理有限公司	77914	-
10	中铁隧道装备制造有限公司	51957	203.3
11	河南省通用机械进出口有限公司	49057	-9.3
12	河南方正博研实业有限公司	47059	-21.1
13	河南省金昌威电子有限公司	42655	-
14	河南省创酷通信技术有限公司	41456	-
15	河南万达铝业有限公司	40035	-27.1
16	郑州名扬窗饰材料有限公司	38194	21.2
17	中铁七局集团有限公司	37361	4.1
18	富鼎精密工业（郑州）有限公司	35795	-3.3
19	河南中孚实业股份公司	35510	-21.6
20	河南东方丝绸进出口有限公司	29726	-16.9
21	河南中烟工业公司	29591	65.1
22	中国磨料磨具进出口公司	27632	-41.0
23	河南信太通讯科技有限公司	26316	-
24	郑州旭飞光电科技有限公司	26253	-9.0
25	河南悦源贸易有限公司	26238	-1.6
26	中国河南国际合作集团有限公司	25463	-17.4
27	郑州日产汽车有限公司	25095	41.0
28	郑州煤矿机械集团有限责任公司	23833	158.2
29	河南永阳进出口贸易有限公司	23789	3.0
30	圣戈班陶瓷材料（郑州）有限公司	22918	17.7

主要统计指标解释

进出口总额 海关进出口总额指实际进出我国国境的货物总金额。包括对外贸易实际进出口货物，来料加工装配进出口货物，国家间、联合国及国际组织无偿援助的物资和赠送品，华侨、港澳台同胞、外籍华人的捐赠品的金额。租赁期满归承租人所有的租赁货物，进料加工进出口货物，边境地方贸易及边境地区小额贸易进出口货物（边民互市贸易除外），中外合资企业、中外合作经营企业、外商独资经营企业进出口货物和公用物品，到、离岸价格在规定限额以上的进出口货样和广告品（无商业价值、无使用价值和免费提供出口的除外），从保税仓库提取在中国境内销售的进口货物，以及其他进出口货物。进出口总额用以观察一个国家在对外贸易方面的总规模。我国规定出口货物按离岸价格统计，进口货物按到岸价格统计。

出口总值 指在对外贸易中实际离开我国口岸或边境直接出口或转口的商品，包括来料加工装配（工缴费）和补偿贸易出口。

进口总值 指在对外贸易中实际到达我国口岸或边境的进口商品。

利用外资 是指我国各级政府、部门、企业、中国银行和其他单位通过对外借款、吸收外商直接投资和外商其他投资方式，从国外和港澳台地区筹措的资金。

利用外资协议金额 是指在一定时期内，经主管部门批准的与境外政府、部门、银行、企业和国际组织新签订的借款或投资协议（合同）资金总额。包括大陆与港、澳、台同胞及华侨签订的协议金额。它是反映全国及各地区、各部门同境外发生借贷关系和利用外资规模、方式、来源、用途及其效益的重要统计指标。利用外资金额包括我国各级政府、部门、企业和其他经济组织的对外借款（政府贷款、国际金融组织贷款、出口信贷、外国银行商业贷款、对外发行债券股票），吸收外商直接投资（合资、合作、外商独资经营和合作开发），以及外商补偿贸易、加工装配、国际租赁等其他境外现汇、设备、技术投资。其计量单位都折算成美元统计。

外商直接投资 是指外国企业和经济组织或个人（包括华侨、港澳台胞以及我国在境外注册的企业）按我国有关政策、法规，用现汇、实物、技术等在我国境内开办外商独资企业、与我国境内的企业或经济组织共同举办中外合资经营企业、合作经营企业或合作开发资源的投资（包括外商投资收益的再投资）以及经政府有关部门批准的项目投资总额内，企业从境外借入的资金。

对外承包工程 指各对外承包公司以招标议标承包方式承揽的下列业务：1. 承包国外工程建设项目；2. 承包我国对外经援项目；3. 承包我国驻外机构的工程建设项目；4. 承包我国境内利用外资进行建设的工程项目；5. 与外国承包公司合营或联合承包工程项目时我国公司分包部分；6. 对外承包兼营的房屋开发业务。对外承包工程的营业额是以货币表现的本期内完成的对外承包工程的工作量，包括以前年度签订的合同和本年度新签订的合同在报告期内完成的工作量。

旅游人数 包括入境国际旅游者人数、出境居民人数和国内旅游者人数。1. 入境国际旅游者人数：指来我国参观、访问、旅行、探亲、访友、休养、考察、参加会议和从事经济、科技、文化、教育、体育、宗教等活动的外国人、华侨、港澳和台湾同胞的人数。不包括外国在我国的常驻机构，如使领馆、通讯社、企业办事处的工作人员；来我国常住的外国专家、留学生以及在岸逗留不过夜人员。2. 出境居民人数：指大陆居民因公务活动或私人事务短期出境的人数。公务活动出境居民人数包括在国际交通工具上的中国服务员工，因私出境居民人数不包括在国际交通工具上的中国服务员工，因私出境居民人数不包括在国际交通工具上的中国服务员工。3. 国内旅游者人数：指我国大陆居民和在我国常住 1 年以上的外国人、华侨、港澳台同胞离开常住地在境内其他地方的旅游设施内至少停留一夜，最长不超过 6 个月的人数。

旅游外汇收入 指国内各部门为来我国旅游的外国人、华侨、港澳和台湾同胞提供商品和劳务而获得的外汇收入。包括供应商品、饮食和提供住宿、交通、邮电文化娱乐、导游等各项服务所得到的全部外汇收入。

对外借款 指通过对外正式签订借款协议，从境外筹措的资金，包括外国政府贷款、国际金融组织贷款、外国银行商业贷款、出口信贷以及对外发行债券等。1996 年及以前还包括对外发行股票。该指标是我国利用外资的重要部分。

十三、财政金融

13-1 金融机构信贷收支

（2016 年底）

单位：万元

项　　目	合计	2016 年比年初	2016 年比年初±%	市区	中牟县	巩义市	荥阳市	新密市	新郑市	登封市	上街区
各项存款	**190007395**	**20644663**	**12.19**	**164461550**	**5200325**	**3690107**	**3629199**	**3837783**	**6187200**	**3001230**	**1418977**
境内存款	189943772	20644806	12.19	164402056	5200199	3688340	3628997	3837693	6185368	3001119	1418702
住户存款	62976278	6021404	10.57	47005045	3196472	2520624	2181698	2811136	3064382	2196921	909676
活期存款	28021661	3923162	16.28	21494608	1597285	985596	827461	1066398	1294026	756286	356279
定期及其他存款	34954617	2098242	6.39	25510437	1599187	1535028	1354237	1744738	1770356	1440635	553398
非金融企业存款	78685607	6382342	8.83	72003460	1322091	712820	1030051	741810	2333191	542183	394357
活期存款	38082528	5645773	17.41	33225089	964731	423782	833681	632940	1735081	267224	195957
定期及其他存款	40603078	736569	1.85	38778371	357360	289038	196371	108871	598110	274959	198399
广义政府存款	31846375	4417267	16.10	29043918	681627	454817	417247	264814	757917	226035	113658
财政性存款	1822096	−1778390	−49.39	1651228	27987	6704	38189	27897	19054	51036	20390
机关团体存款	30024279	6195657	26.00	27392690	653640	448113	379058	236917	738863	174999	93267
非银行业金融机构存款	16435512	3823792	30.32	16349633	9	80		19932	29879	35980	1011
境外存款	63622	−143	−0.22	59494	126	1767	202	89	1832	111	275
各项贷款	**154223852**	**27629045**	**21.82**	**140056202**	**2538879**	**2075541**	**1873164**	**1776984**	**4582367**	**1320714**	**803200**
境内贷款	154216582	27628092	21.83	140048971	2538867	2075541	1873164	1776958	4582367	1320714	803181
住户贷款	49769896	14481783	41.04	44257517	1286284	447588	1136176	476109	1905407	260814	469341
短期贷款	8808672	−299138	−3.28	7396676	400667	146237	207367	166098	421813	69814	16309
消费贷款	3334660	244163	7.90	3187623	29913	24076	17467	17453	39110	19018	3864
经营贷款	5474012	−543301	−9.03	4209053	370753	122161	189900	148645	382703	50797	12445
中长期贷款	40961224	14780921	56.46	36860842	885617	301351	928809	310011	1483594	191000	453032
消费贷款	36797792	14116972	62.24	33376968	548568	281142	868776	259890	1314267	148182	408556
经营贷款	4163432	663948	18.97	3483874	337049	20209	60033	50121	169326	42818	44476
非金融企业及机关团体贷款	104446686	13156310	14.41	95791454	1252583	1627953	736988	1300848	2676959	1059900	333840
短期贷款	30902911	810684	2.69	26661773	525545	942877	436305	628261	1296118	412033	166682
中长期贷款	67546899	10210719	17.81	63136094	726046	682884	300580	672587	1380842	647866	165408
票据融资	5298762	1615010	43.84	5298762							450
融资租赁	585855	585455	146363.69	585855							
各项垫款	112258	−65558	−36.87	108970	992	2192	104				1300
非银行业金融机构贷款		−10000	−100.00								
境外贷款	7270	952	15.07	7231	12			27			19

13-2 中资全国性四家行信贷收支

（2016 年底）

单位:万元

项目	合计	市区	中牟县	巩义市	荥阳市	新密市	新郑市	登封市	上街区
各项存款	**54724361**	**45719917**	**1241476**	**1729260**	**1218914**	**1646275**	**1945079**	**1223439**	**707235**
境内存款	54686296	45685900	1241350	1727555	1218712	1646187	1943261	1223332	706960
个人存款	25933423	20090978	621391	1155955	832882	1330088	998276	903853	517089
#活期储蓄存款	12736479	10078408	368449	487605	394976	550896	510784	345360	222321
定期储蓄存款	9941905	7363459	195953	541724	357515	654935	391929	436389	248710
结构性存款	123966	110118	1798	3715	2160	3540	1805	830	3470
单位存款	25787518	22716446	619951	570520	385830	296167	915106	283500	188865
#活期存款	13489201	11347656	370337	347173	303783	259206	712101	148945	152466
定期存款	4609253	4245265	102042	92767	22783	14625	93635	38136	11814
保证金存款	1077057	879104	11424	81079	23287	13100	52424	16638	4096
结构性存款	519536	404536	110000		5000				
国库定期存款	247000	246000		1000					
非存款类金融机构存款	2718355	2632476	9	80		19932	29879	35980	1006
境外存款	38065	34017	126	1706	202	88	1819	107	275
各项贷款	**50105615**	**44310612**	**489722**	**1011798**	**925126**	**781117**	**2057441**	**529799**	**501297**
境内贷款	50102402	44307438	489710	1011798	925126	781091	2057441	529799	501278
短期贷款	4609298	3783545	16468	366696	59011	145573	164468	73539	59784
个人贷款及透支	842542	757112	8028	15506	11414	20236	16862	13384	3346
#个人消费贷款	660831	592408	7372	11834	9785	13815	13591	12026	2413
单位贷款及透支	3766756	3026432	8440	351190	47597	125337	147606	60154	56438
经营贷款及透支	3291092	2561950	8440	351190	44597	125337	139425	60154	56438
固定资产贷款	83779	80779			3000				
贸易融资	391885	383704					8181		
中长期贷款	42358428	37391212	473242	643210	866011	635518	1892973	456261	440994
个人贷款	21294196	18922663	326049	233338	623402	183978	903337	101429	351566
#个人消费贷款	20437676	18173172	323557	227433	611524	179433	827559	94999	314810
单位贷款	21064231	18468549	147193	409873	242609	451540	989636	354832	89428
经营贷款	2871797	2619518		37399	23994		50391	140495	2688
固定资产贷款	18057468	15735965	147193	356574	218614	451540	939245	208337	86740
并购贷款	101530	79630		15900				6000	
贸易融资	33436	33436							
票据融资	3117845	3117845							
各项垫款	16832	14836		1892	104				500
境外贷款	3213	3174	12			27			19

13-3 农村合作金融机构(农信、农商)信贷收支表

(2016 年底)

单位:万元

项　　目	合　计	市　区	中牟县	巩义市	荥阳市	新密市	新郑市	登封市	上街区
各项存款	**14575284**	**6083463**	**2016674**	**1030834**	**959266**	**1057166**	**2483758**	**944123**	**89561**
境内存款	14575284	6083463	2016674	1030834	959266	1057166	2483758	944123	89561
个人存款	10701983	4280748	1542189	837126	796039	780201	1587568	878112	59231
#活期储蓄存款	4423734	2016287	868102	303221	185521	219707	556939	273957	18051
定期储蓄存款	6229608	2233008	672579	523351	609155	560488	1026872	604155	41120
结构性存款	29486	29486							
单位存款	3840301	1769715	474485	193708	163227	276965	896190	66011	30330
#活期存款	3175837	1454342	466074	141010	155432	229862	685742	43375	16058
定期存款	562351	294086	646	24726	4549	24559	197045	16740	14186
保证金存款	84582	3756	7765	27972	3246	22544	13403	5896	86
非存款类金融机构存款	33000	33000							
各项贷款	**7031481**	**2601769**	**911498**	**663524**	**499687**	**646075**	**1125649**	**583279**	**63821**
境内贷款	7031481	2601769	911498	663524	499687	646075	1125649	583279	63821
短期贷款	5043505	2007468	580751	501522	375977	420454	872888	284445	63592
个人贷款及透支	1640249	734086	220709	97259	158161	106471	285702	37861	7162
#个人消费贷款	27812	18134		7150		1098	562	868	530
单位贷款及透支	3373256	1273382	360042	384263	217816	313983	587186	236584	56430
非存款类金融机构贷款	30000			20000				10000	
中长期贷款	1986984	594301	329755	162002	123710	225621	252761	298834	229
个人贷款	766267	365862	104002	26947	65739	55232	94955	53530	229
#个人消费贷款	488261	305890	51951	20070	24518	13553	49461	22818	50
单位贷款	1220717	228439	225753	135055	57971	170389	157806	245304	
各项垫款	992		992						

13-4 财 政

（2016 年）

单　　位	郑州市	市本级	中原区	二七区	管城区	金水区	上街区	惠济区
一般公共预算收入	**10111833**	**6129260**	**284919**	**295023**	**240825**	**525325**	**103970**	**163262**
税收收入	**7232643**	**4222671**	**263635**	**280292**	**230767**	**479679**	**80259**	**156082**
增值税	1693913	931644	57881	63393	53913	129212	24432	30623
国内增值税	754331	387047	23878	19740	27919	45501	13528	11246
国有企业增值税	68768	40098	8356	591	472	2567	1566	268
集体企业增值税	4775	1409	14	273	447	280	196	122
股份制企业增值税	509044	258843	11083	11210	18567	29050	7294	5969
联营企业增值税	67	27			15	12		
港澳台和外商投资企业增值税	92543	50568	2041	5638	2410	5905	1238	1913
私营企业增值税	16590	7050	8	97	88	547	1394	121
其他增值税	50343	20754	2267	1383	2710	6951	1169	2292
增值税税款滞纳金、罚款收入	2828	1225	58	64	134	576	71	23
残疾人就业增值税退税	-12074	-1922	-231	-331	-66	-1208	-345	-44
软件增值税退税	-9936	-9570	-21	-3		-340		-2
宣传文化单位增值税退税	-3458	-1973		-24		-1461		
资源综合利用增值税退税	-9325	-1886	-1389	-77		-171	-212	-14
其他增值税退税	-771	-409	-9			-114		
免抵调增增值税	14847	7824	454	154	2267	46	654	24
营改增试点国内增值税划出（地方）	-19310	-19310						
营改增试点国内增值税划入（地方）	49400	34319	1247	765	875	2861	503	574
改征增值税（项）	939582	544597	34003	43653	25994	83711	10904	19377
改征增值税（目）	954715	553470	34731	44311	26444	85214	11076	19666
改征增值税税款滞纳金、罚款收入	249	175	5	4	4	21	5	3
改征增值税国内退税	-369	-369						
营改增试点改征增值税划出（地方）	-23629	-17295	-733	-662	-454	-1524	-177	-292
营改增试点改征增值税划入（地方）	8616	8616						
营业税	1296282	823218	36301	45983	32991	58246	13632	24310
金融保险业营业税（地方）	309580	283497		145	8	2450	1211	
一般营业税	1122820	620291	39812	51476	36546	63055	13757	26783
营业税税款滞纳金、罚款收入	2931	1669	202	201	5	101	9	91
营业税划出（地方）	-218497	-161687	-3713	-5839	-3568	-7360	-1345	-2564
营业税划入（地方）	79448	79448						
企业所得税	1249327	842671	30941	38214	38454	75577	7826	23320
个人所得税（款）	344802	233604	16465	11998	17276	26897	1731	3118
个人所得税（项）	344263	233307	16440	11979	17264	26811	1723	3110
储蓄存款利息所得税	17	8					6	1
其他个人所得税	344246	233299	16440	11979	17264	26811	1717	3109
个人所得税税款滞纳金、罚款收入	539	297	25	19	12	86	8	8
资源税	31361			297		1	403	
城市维护建设税	397160	208810	22691	23642	19835	40487	4466	12846
房产税	188567	84143	11120	19193	11622	30936	3337	4262
印花税	129615	68022	7115	7987	5869	16303	1164	4503
城镇土地使用税	197132	60495	8412	11681	10263	11781	7214	7466
土地增值税	700723	258571	57195	56308	40536	89019	6833	45718
车船税（款）	81349	58007				4	2312	
耕地占用税（款）	153830	53578	15514	1596	8	1216	1185	-84
契税（款）	768072	599908					5724	
烟叶税（款）	495							
非税收入	**2879190**	**1906589**	**21284**	**14731**	**10058**	**45646**	**23711**	**7180**
专项收入	1026389	928029	100	40	17	3402	5039	113

收 入

单位:万元

经开区	高新区	郑东新区	航空港实验区	中牟县	巩义市	荥阳市	新密市	新郑市	登封市
504678	**340116**	**770175**	**329620**	**416156**	**383698**	**372152**	**308469**	**653118**	**235656**
415916	**292379**	**722894**	**231871**	**292964**	**204195**	**284418**	**155095**	**441236**	**141350**
81846	63802	98203	29467	67174	63712	57097	65031	99482	50319
62885	35702	13848	5916	16866	53945	23130	52656	36856	42019
5913	616	87	1	1553	3240	1569	3873	1944	2671
84	50	2		40	328	587	278	679	122
46829	30569	9508	2612	7722	39862	20915	46997	26355	25177
						7			6
6542	3871	1531	2691	6229	429	658	1029	3312	11173
40	1349	1683	22	435	3947	207	492	2008	196
180	1548	406	413	1067	4164	1127	1051	2285	3123
56	90	34	5	22	335	79	127	62	52
-12			-9	-384	-2776	-413	-2714	-1032	-608
-45	-4517	-40							
		-244							
-2			-38	-255	-21	-3062	-253	-302	-1683
		-143					-239		
1041	874	525			2331	308	363	422	
2259	1252	499	219	437	2106	1148	1652	1123	1790
18961	28100	84355	23551	50308	9767	33967	12375	62626	8300
19465	28878	84993	24029	50944	9977	34407	12626	63380	8469
6	19	40	4	4	4	4	1	17	2
-56	-129								
-454	-668	-678	-482	-640	-214	-444	-252	-771	-171
27667	32846	119273	37045	40473	17868	64139	25101	94173	19847
8		59019	12	4140	3735	2651	2498	6348	2897
33863	36657	70712	38812	38172	15294	73596	24120	99938	19980
8	56	156	166	87	70	188	113	176	19
-6212	-3867	-10614	-1945	-1926	-1231	-12296	-1630	-12289	-3049
40792	40115	84094	41843	35999	14172	43448	20994	60127	17584
8296	6741	30276	4688	11144	3501	4544	3206	8398	2920
8293	6733	30218	4684	11142	3493	4519	3188	8375	2912
								2	
8293	6733	30218	4684	11142	3493	4519	3188	8373	2912
3	8	58	4	2	8	25	18	23	8
					13444	1268	3950	2672	9326
92259	26640	29032	14299	9635	9366	12874	8295	16998	7215
16107	10044	21806	17745	4441	5611	2298	2128	5934	3542
11692	7289	12657	20568	3014	3753	3320	2214	5124	1227
18901	11740	16174	10329	13447	27214	11336	5288	13665	8870
31469	41004	159176	26821	27431	5682	43123	7825	58469	4013
		680		2384	9577	1357	1783	2036	3889
26854	6334	15163	5227	24177	28221	2393	1969	16909	7148
60033	45824	136360	23839	53645	2074	37221	7311	57234	4955
									495
88762	**47737**	**47281**	**97749**	**123192**	**179503**	**87734**	**153374**	**211882**	**94306**
38640	11265	11090	24970	12156	9359	12398	20323	14523	20890

13-4 续表 1 （2016 年）

单　　位	郑州市	市本级	中原区	二七区	管城区	金水区	上街区	惠济区
排污费收入(项)	10155	1613					283	
水资源费收入	15452	10554	5	3			114	86
教育费附加收入(项)	178185	140813				17	2012	15
地方教育附加收入	59717	47284					671	
文化事业建设费收入	3931	230	95	36	17	3362	6	1
残疾人就业保障金收入	12877	9572					179	
教育资金收入	433951	420623					953	
农田水利建设资金收入	307925	297263					762	
育林基金收入	338	3		1		23		11
森林植被恢复费	2188							
水利建设专项收入	122							
其他专项收入(项)	1548	74					59	
行政事业性收费收入	403970	165016	5240	6964	6209	21622	4162	2947
公安行政事业性收费收入	33374	31111					11	
法院行政事业性收费收入	72827	33024	2636	5364	3419	13755	648	2071
司法行政事业性收费收入	2811	1108	616		16	362	26	347
外交行政事业性收费收入	6	6						
工商行政事业性收费收入	198							
商贸行政事业性收费收入	360	360						
财政行政事业性收费收入	2108	1773	2	19	2	79	11	12
人口和计划生育行政事业性收费收入	11155	4512	72	408		1939		79
质量监督检验检疫行政事业性收费收入	3698	2023						
安全生产行政事业性收费收入	661	358						
档案行政事业性收费收入	33					33		
人防办行政事业性收费收入	25169	15818					2091	
文化行政事业性收费收入	10	9						
教育行政事业性收费收入	32631	13365	1045	209		1628		287
科技行政事业性收费收入	8	8						
发展与改革(物价)行政事业性收费收入	-13	-13						
国土资源行政事业性收费收入	67545	24634	174	8	5	140	747	2
建设行政事业性收费收入	90670	22847	213	27		1806	326	39
环保行政事业性收费收入	911	489					4	
交通运输行政事业性收费收入	156	38					10	
工业和信息产业行政事业性收费收入	2	2						
农业行政事业性收费收入	153					49		
林业行政事业性收费收入	65							18
水利行政事业性收费收入	463	43						3
卫生行政事业性收费收入	45976	4751	45	354	2557	1578	286	81
食品药品监管行政事业性收费收入	1085	1038						
民政行政事业性收费收入	1563	656	5	10	1	91	2	1
人力资源和社会保障行政事业性收费收入	4661	4263	2	24		108		7
仲裁委行政事业性收费收入	2429	2429						
党校行政事业性收费收入	115	26				46		
其他行政事业性收费收入	3140	338	430	541	209	8		
罚没收入	173020	114299	1370	1979	941	3874	1176	1733
一般罚没收入	173020	114299	1370	1979	941	3874	1176	1733
公安罚没收入	78425	56335					769	

单位:万元

经开区	高新区	郑东新区	航空港实验区	中牟县	巩义市	荥阳市	新密市	新郑市	登封市
			90	1066	1616	1144	1625	714	2094
33		85		703	633	731	1165	85	1373
38591	11259	10992	6034	5769	5008	6207	5126	9022	4196
				1923	1667	2056	1710	3005	1401
16	6	13		96	15	6	3	1	63
				126	416	319	639	1223	403
			9423			1000	5424		5951
			9423			800	4339		4761
				285	4		2	9	
				2188					
									122
						135	290	464	526
36940	4764	4435	12859	12588	8304	67391	19015	77304	7208
				45	1502	152	37	27	489
12991	2260		632	2081	1524	1075	2644	2776	1810
				167	44	28	9	58	30
				198					
15	1	12	5	52	72		44	9	33
3259	207	455	591	3932	33	50	22	100	8
				182	438	208	237	193	417
					82	133		88	
11269	832		1026	2210	829	1370	162	1606	1083
						1			
123	1300	1287	950	1860	1351	3459	2596	4816	2015
			4784	17	669	39513	528	723	385
9270	163	2680	674	1458	996	1675	1205	59875	203
				60	45	5	107	7	194
					27	2	7	72	
				63	2	21	6		12
				2		45			
11		1				4	357		56
			4195	68	168	19509	9597	6815	167
					11			36	
2	1			139	341	130	94	83	10
					170	4	18	20	45
						7			36
			2	54			1345		215
9658	1219	4254	6790	13420	5318	5347	7768	10998	4797
9658	1219	4254	6790	13420	5318	5347	7768	10998	4797
				3825	2003	2043	3540	7547	2363

13-4　续表 2　（2016 年）

单　　位	郑州市	市本级	中原区	二七区	管城区	金水区	上街区	惠济区
检察院罚没收入	670	71	12		2	310		95
法院罚没收入	5610	770	256	459	242	1363	44	105
工商罚没收入	2995	705	36	342	202	110	15	61
新闻出版罚没收入	166	19				138	2	
技术监督罚没收入	269	79	15	19			1	2
海关罚没收入	130	130						
食品药品监督罚没收入	1094	191	13	34	68	206	1	77
卫生罚没收入	357	68	8	2	18	39	7	2
检验检疫罚没收入	29							
交通罚没收入	2697	824	194		1	32	21	
审计罚没收入	926					36		
物价罚没收入	601	235	1			239		
其他一般罚没收入	79051	54872	835	1123	408	1401	316	1391
国有资本经营收入	391096	345797	210	1975		4267		2
利润收入	37158	22087						
股利、股息收入	6603	746	210	1375		4267		
产权转让收入	342533	322964						
其他国有资本经营收入	4802			600				2
国有资源（资产）有偿使用收入	624395	236515	13965	3336	1984	12481	13153	1322
利息收入	40906	18226	361	735	352	1215	2938	238
国库存款利息收入	8185	5056	231	182	112	357	122	176
财政专户存款利息收入	1027							
其他利息收入	31694	13170	130	553	240	858	2816	62
非经营性国有资产收入	54398	18397	12907	2106	397	11266	4279	481
行政单位国有资产出租、出借收入	5669	1648	423	1359		1458	278	480
行政单位国有资产处置收入	7504	2640	1088	5	21			1
事业单位国有资产处置收入	10333	8274	129		376	1255		
其他非经营性国有资产收入	30892	5835	11267	742		8553	4001	
出租车经营权有偿出让和转让收入	6167	6167						
矿产资源专项收入	2077	8						
排污权出让收入	16	16						
其他国有资源（资产）有偿使用收入	520831	193701	697	495	1235		5936	603
捐赠收入	4245	684		372	907			413
其他收入（款）	141315	3532		65			181	650
主管部门集中收入	40							40
其他收入（项）	141275	3532		65			181	610
政府性基金收入	**8358981**	**5966515**					**59271**	
政府住房基金收入	114760	112717	399					
上缴管理费用	5062	5062						
计提公共租赁住房资金	76529	76529						
公共租赁住房租金收入	31599	31126	399					
其他政府住房基金收入	1570							
国有土地使用权出让收入	7358178	5125410					56879	
土地出让价款收入	6926218	4899896					15492	
补缴的土地价款	212355	184469					11914	
划拨土地收入	207819	114163					29473	
缴纳新增建设用地土地有偿使用费	-95939	-74612						
其他土地出让收入	107725	1494						
城市公用事业附加收入	29875	19868						
国有土地收益基金收入	172678	126842						
农业土地开发资金收入	24401	11615						
城市基础设施配套费收入	704081	628411					1930	
污水处理费收入	20948	17702					462	
散装水泥专项资金收入	869	128						
新型墙体材料专项基金收入	43376	32618						
彩票发行机构和彩票销售机构的业务费用	4067	3921						
其他政府性基金收入	508							

单位:万元

经开区	高新区	郑东新区	航空港实验区	中牟县	巩义市	荥阳市	新密市	新郑市	登封市
			71		52	6		68	54
82	63		141	417	732	176	565	411	70
				20	665	201	193	186	259
					7				
				26	22	11	24	20	50
			17						
	20	26	14	10	24	49	177	138	106
	1			101	13	14	7	47	31
						8	21		
				66	519	198	432	213	197
				172	24	540	146		8
				98					28
9576	1135	4228	6547	8685	1257	2101	2663	2368	1631
2964		18037	4050		20951	575	72		17247
		18037	4050						15071
							5		
2964					19502		67		
					1449	575			2176
560	30488	8962	896	83698	117183	1358	6732	103285	29383
190	466	5587	896	6334	2798	1143	1104	3106	2356
178	194	624	434	568	121	795	86	305	74
					391		633		3
12	272	4963	462	5766	2286	348	385	2801	2279
326		3375			22		3831	688	24
287		541			2			8	13
39		6			8		3628	112	1
		2482			12		203	83	1
		346						485	9
					113	215	7		1734
44	30022			77364	114250		1790	99491	25269
	1	96		1	28		1134	224	482
			658	1272	18358	665	96745	5548	14299
			658	1272	18358	665	96745	5548	14299
69811	**65300**	**152653**	**252156**	**1000069**	**26618**	**604140**	**97233**	**515111**	**90024**
		407	47526	57	2		1585		
			16807						
		407	30719	57			17		
					2		1568		
			166387	929937	18994	565554	84757	494799	81848
			163736	907746	9072	547186	75112	396651	75063
			12185	12104	290	186	402	2835	155
			1576	18588	9632	22142	3130	9882	809
			−11110	−12950		−3960	−207	−4075	−135
				4449			6320	89506	5956
	1300			357	3781	2060	900	2108	801
			3975	19101	194	12906	1792	10078	1765
			2705	4055	174	2761	1546	3269	981
69811	64000	152653	79089	43180	2510	17908	6571		3571
				675	597		365	1147	
					110	179	206	152	94
				2764	110	2772	1096	3558	458
					146				
					2				506

13-5 财 政

（2016 年）

单　　位	郑州市	市本级	中原区	二七区	管城区	金水区	上街区	惠济区
一般公共预算支出	**13215255**	**7999731**	**288446**	**294324**	**237831**	**500914**	**133423**	**145295**
一般公共服务支出	**968633**	**342978**	**51819**	**54958**	**46919**	**69099**	**22982**	**26471**
人大事务	10705	3482	895	582	542	582	447	517
政协事务	9514	3255	598	629	449	594	357	463
政府办公厅(室)及相关机构事务	432270	125307	24260	34438	29526	35469	13085	14559
发展与改革事务	20064	10299	444	423	726	287	293	250
统计信息事务	14242	3823	1573	848	249	834	212	687
财政事务	47541	13763	2708	2021	3024	1962	1063	1470
税收事务	7347	4357					562	55
审计事务	16963	6237	460	1506	331	553	316	406
海关事务	394	394						
人力资源事务	21836	10276	1403	866	160	2551	69	536
纪检监察事务	20042	8047	945	954	756	729	395	709
商贸事务	28765	18447	1024	811	672	416	744	1173
知识产权事务	431	362					38	
工商行政管理事务	37356	9303	3603	2457	2473	3607	761	1465
质量技术监督与检验检疫事务	16041	8097	456	333	368	336	152	351
民族事务	1602	1027	108	32	44	10	32	44
宗教事务	977	92	12	109	146	155	16	47
港澳台侨事务	261	123					46	
档案事务	4039	1142	201	220	208	197	103	165
民主党派及工商联事务	2385	1287	12	130	68	122	59	83
群众团体事务	17589	8509	508	672	1275	1205	293	251
党委办公厅(室)及相关机构事务	30518	9387	1156	672	719	1834	637	1827
组织事务	13233	1903	983	1237	1023	2926	783	452
宣传事务	15262	5255	949	1481	513	423	1227	753
统战事务	3487	976	231	245	239	352	101	204
其他共产党事务支出(款)	25141	4263	6569	2256	3408	6023	1191	4
其他一般公共服务支出(款)	170628	83565	2721	2036		7932		
国防支出	9912	1877	475		338	90		280

支 出

单位:万元

经济区	高新区	郑东新区	航空港实验区	中牟县	巩义市	荥阳市	新密市	新郑市	登封市
403373	**356693**	**649021**	**644713**	**700712**	**582699**	**563986**	**478031**	**838414**	**451449**
42227	**30141**	**45025**	**61408**	**52958**	**72806**	**52412**	**39840**	**82335**	**53056**
18	40	12		719	501	672	653	549	564
				588	544	662	523	432	420
36214	17697	23577	15526	34050	19163	23887	17237	44981	16308
417	1335	47	1125	1383	1117	1495	958	1478	911
496	313	328	243	664	1069	1115	956	1316	896
2156	1284	666	2059	3096	3332	5098	3687	4399	1918
1043		1784	758	539			1802		32
	604	2152		1944	618	1760	678	1631	523
			394						
262	870	1220	667	179	2296	771	241	2326	162
128	708	815	919	1764	1130	967	907	1844	895
92	1758	8994	1664	414	1140	911	694	1942	377
					31				
180		120	50	2246	1735	2852	1740	2743	2371
		431	430	649	1104	1443	703	1360	689
		8		28		209	15	43	10
		24		93	18	2	74	76	137
						70	22		
				204	213	523	202	414	247
				36	85	145	54	240	64
505		755	70	777	194	484	643	1944	834
	869	2309	229	1185	3861	2092	1542	2910	2696
		18		1218	198	991	539	497	483
4	3	16	1	819	261	1374	525	1002	680
				238	117	181	127	234	242
483				104			1318		5
229	4660	1749	37273	21	34079	4708	4000	9974	21592
80			182	3054	706	442	210	2130	310

13-5 续表1 （2016 年）

单 位	郑州市	市本级	中原区	二七区	管城区	金水区	上街区	惠济区
现役部队(款)	862	862						
国防动员	7862	1015	426			90		280
其他国防支出(款)	1188		49		338			
公共安全支出	531015	310755	8427	8777	9240	13535	8119	7516
武装警察	30404	22051	625			1152	165	455
公安	340984	225037				2005	5587	612
国家安全	244	244						
检察	45301	17551	2853	2288	2494	2761	731	1474
法院	75333	26213	3433	5661	5556	6056	965	3878
司法	22854	6040	1516	808	1190	1539	547	1097
监狱	4459	4459						
强制隔离戒毒	9126	9116						
其他公共安全支出(款)	2310	44		20		22	124	
教育支出	1555258	686348	63684	57612	41496	90590	26157	34160
教育管理事务	21201	4839	565	270	615	136	637	1547
普通教育	1104010	413373	50480	48193	32881	79986	20572	25692
职业教育	173494	144623	18	205	77	13	1530	397
成人教育	687	209		9	4		1	168
广播电视教育	2272	1684						
特殊教育	5596	2857	33	323	297	344		
进修及培训	18784	8634	606	128	277	183	118	468
教育费附加安排的支出	152851	85347	9544	6201	4926	7597	2295	4828
其他教育支出(款)	76363	24782	2438	2283	2419	2331	1004	1060
科学技术支出	217190	157660	2101	2426	4381	10039	2701	691
科学技术管理事务	27219	21624	229	202	365	249	231	127
基础研究	1452	1446		6				
应用研究	268	78			30			
技术研究与开发	141066	106412	1593	1892	2393	5791	2384	438
科技条件与服务	20331	12673	136	150	50	1363		100
社会科学	143	143						

单位:万元

经济区	高新区	郑东新区	航空港实验区	中牟县	巩义市	荥阳市	新密市	新郑市	登封市
80			182	3051	265	442	210	1773	310
				3	441			357	
21495	5245	9746	15302	30467	27995	27065	26102	32981	20036
13839		3594	3335	1175	803	735	652	2000	591
1664		5357	4508	21193	16372	18252	17802	21589	12535
			4						
900	1250	395	3832	3070	2409	2762	2518	2588	1802
4915	3995	400	3464	3651	5803	2687	3866	4509	3055
177			159	1092	1320	2545	1264	2240	1656
					10				
				286	1278	84		55	397
42257	39015	94046	34063	102374	86261	91182	76093	106127	93174
5	771	170	648	6183	813	903	1534	2216	943
20581	26842	83686	22308	85459	73298	77124	63424	71236	62292
				3573	5092	6327	4127	4649	2863
	5			99	174	5	9	9	
						588			
		10		198	233	376	307	404	224
			4	1882	1301	1777	1713	955	742
19722	11245	9903	8486	4552	5008	3797	4377	9022	5357
1949	152	277	2617	428	342	285	602	17636	20753
18966	30494	21476	13186	5831	8107	7452	2925	10307	2569
3	432	19767	5	267	298	308	364	2825	130
	130	8							
	20					160			
10922	25734	1263	1427	5123	3956	1314	2194	6459	1117
1368	606	200	10050		50	5212	20	510	67

13-5 续表 2 （2016 年）

单　　位	郑州市	市本级	中原区	二七区	管城区	金水区	上街区	惠济区
科学技术普及	4426	2164	107	112	112	176	55	26
科技交流与合作	405	405						
科技重大项目	1210	1210						
其他科学技术支出(款)	20670	11505	36	64	1431	2460	31	
文化体育与传媒支出	126172	56265	1153	1340	1199	3799	820	552
文化	35348	16881	1027	1241	789	2286	383	478
文物	29097	19712	31	4	360	1	122	28
体育	8954	6129		70		20	16	45
新闻出版广播影视	23853	10756	1			95	277	
其他文化体育与传媒支出(款)	28920	2787	94	25	50	1397	22	1
社会保障和就业支出	859040	420512	32719	39368	18853	46445	14530	14992
人力资源和社会保障管理事务	48963	29175	445	511	1653	1154	3649	1095
民政管理事务	60058	12389	8387	8904	5401	6176	2081	1693
财政对社会保险基金的补助	233733	126621	1896	1422	1788	19479		1468
行政事业单位离退休	215148	99256	11611	14660	3056	368	7001	7141
企业改革补助	10878	10868						
就业补助	36668	26701	466	1492	230	1605	58	171
抚恤	57763	7406	4437	4595	3140	7070	757	1912
退役安置	74298	61970	1079	2169	923	3653	94	500
社会福利	32874	14613	2582	2772	1388	3977	328	77
残疾人事业	18306	5347	664	1405	434	723	277	554
自然灾害生活救助	752	124		12	9		4	6
红十字事业	1890	716	79	79	99	101		54
最低生活保障	29662	1801	777	565	358	1050	173	248
临时救助	5481	2448	65	148	154	99	57	16
特困人员供养	6034	450	25	114	15	32	25	26
其他生活救助	1765	8	22	263	69	30	16	26
其他社会保障和就业支出(款)	24767	20619	184	257	136	928	10	5
医疗卫生与计划生育支出	865525	270729	25854	29799	25385	37952	14232	15239
医疗卫生与计划生育管理事务	22365	4780	1881	1106	875	903	680	1086
公立医院	153618	45142			8	2000	5000	175

单位:万元

经济区	高新区	郑东新区	航空港实验区	中牟县	巩义市	荥阳市	新密市	新郑市	登封市
				156	158	393	255	363	349
			1210						
6673	3572	238	494	285	3645	65	92	150	906
875	1528	451	1001	23714	6940	8280	3202	10427	8481
543	1441	210	202	1571	2109	2910	1060	2708	1905
	25	4	787	321	3183	874	735	1820	1906
270	60			105	190	1966	54	246	113
				1445	1241	2471	1244	5579	744
62	2	237	12	20272	217	59	109	74	3813
3717	7664	17093	12885	34974	56599	36321	57749	44414	41564
123	203	244	2492	2111	1237	3018	2574	766	1575
328	124	5166	134	5133	1001	2795	1842	2978	1278
893	472	1462	4274	6793	37377	12627	10154	6484	7624
121			1	8701	3376	2467	26162	18194	13155
	53						10		
658	251	562	34	127	1584	857	1043	1834	500
579	814	2886	1551	4210	5232	4259	5130	4627	4988
71	100	421	137	371	609	765	701	903	561
	282	2147	180	1535	527	1141	1005	1086	1843
139	260	240	804	1035	657	1710	2377	2166	957
		74		36	55	159	129	124	94
	8	2		34	33	54	52	423	166
261	10	466	1064	3204	3481	4882	3825	3299	5999
	46	190	180	413	191	514	596	287	493
96		86	268	335	583	841	1401	805	1382
	4	4		215	145	63	117	268	523
448	5037	3143	1766	721	511	169	631	170	426
7603	10441	19823	23935	64988	101399	85489	69858	75596	49005
156	514	32	1020	2243	448	2377	330	3960	1696
				11197	37573	29686	2335	18197	2305

13-5　续表 3　　　　　　（2016 年）

单　位	郑州市	市本级	中原区	二七区	管城区	金水区	上街区	惠济区
基层医疗卫生机构	80063	11084	1599	2625	5952	1590	823	493
公共卫生	101063	25729	5844	5726	5489	9868	1780	2277
医疗保障	417419	163050	9425	13584	8901	13933	4112	8843
中医药	1095	124	117	5	217	109	10	5
计划生育事务	59470	6816	5907	5684	2951	8363	1428	1679
食品和药品监督管理事务	27613	12049	778	1064	951	935	399	661
其他医疗卫生与计划生育支出(款)	2819	1955	303	5	41	251		20
节能环保支出	623943	523632	2751	3899	2927	5076	1031	1680
环境保护管理事务	25845	9388	755	620	504	677	441	1486
环境监测与监察	1815	730			123			
污染防治	193515	158516	1996	3138	2290	4271	137	127
自然生态保护	12499	100		10	10	8		30
退耕还林	3018	12					13	22
能源节约利用(款)	372727	352060		131		120		
污染减排	6995	608						15
可再生能源(款)	3683	2204						
循环经济(款)	845							
能源管理事务	7							
其他节能环保支出(款)	2994	14					440	
城乡社区支出	4667556	3631064	63766	60813	62512	187753	18770	16113
城乡社区管理事务	226692	107593	12719	13412	11738	16251	9674	6419
城乡社区规划与管理(款)	13599	4534	29		179		717	
城乡社区公共设施	3732341	3294791	10423	13262	37039	120941	2131	2666
城乡社区环境卫生(款)	223199	79758	18540	19559	12536	35631	5623	7008
建设市场管理与监督(款)	268	43		46				20
其他城乡社区支出(款)	471457	144345	22055	14534	1020	14930	625	
农林水支出	634535	112631	3215	5647	4457	5901	2230	13556
农业	245990	28593	1076	2230	2092	3051	781	4373
行政运行	9095	2834	699	120	1062	112	401	178
一般行政管理事务	1066	91	33				147	575

单位:万元

经济区	高新区	郑东新区	航空港实验区	中牟县	巩义市	荥阳市	新密市	新郑市	登封市
33	698	1915	6935	5087	14300	11408	14367	9387	1348
233	1905	5215	973	8197	10418	4645	9685	5654	5751
5622	5250	9517	13799	27500	33119	31535	37863	31376	34178
	26			51	38	96	80	15	228
1187	1524	2383		6400	4577	3831	3907	5369	2558
372	514	564	1207	4313	835	1808	1281	1638	901
	10	197	1		91	103	10		40
2332	2397	2422	14357	21424	18226	12489	6927	13336	10545
762	285	350	862	337	1542	3073	3407	1486	2129
30			645	382	580				
1516	1881	2007	10634	3465	5639	2395	2197	5820	3524
				629	865	4431	786	3548	2082
			12	240	1055	220	200	394	862
	231	65		14974	675	1594	337	2088	748
10				134	5226	776			236
			2204	1256	124				99
									845
				7					
14					2520				20
137855	141497	309958	302312	160233	60968	116785	85466	169646	33667
2056	8535	30961	2568	7543	3414	6871	3677	23187	4194
8	799	173	55	2478	1505	2727	1124		306
124571	5927	248889	284901	34110	30673	16769	69656	85032	14848
10930	3464	10055	14465	14232	8796	6172	7997	1024	6323
21					159				
269	122772	19880	323	101870	16421	84246	3012	60403	7996
6135	4380	10434	2142	86489	49816	53979	71493	145244	79877
2572	1244	3464	822	31671	23237	18216	26078	82381	22211
				343	273	414	279	919	1461
				115	35	56			14

13-5　续表 4　(2016 年)

单　位	郑州市	市本级	中原区	二七区	管城区	金水区	上街区	惠济区
机关服务	2036							
事业运行	22535	7475		138		790		716
农垦运行	65	65						
科技转化与推广服务	9644	2896			45	163	8	88
病虫害控制	4224	1116	4	25	13	11	3	103
农产品质量安全	5473	4217				301	22	43
执法监管	576	458						75
统计监测与信息服务	214	200					2	
农业行业业务管理	2850	263		21				5
防灾救灾	1281	186	1		8	7	3	15
农业结构调整补贴	119							
农业生产支持补贴	47901	3515	226	2	265	185	11	919
农业组织化与产业化经营	10796	1488		133	535	1167	76	1145
农产品加工与促销	458	20						10
农村公益事业	20986							10
农业资源保护修复与利用	3626	992				112		60
农村道路建设	7254	31		545				
成品油价格改革对渔业的补贴	32					2		
对高校毕业生到基层任职补助	944	3	3		8	31		308
其他农业支出	94815	2743	110	1246	156	170	108	123
林业	74784	15338	220	1256	634	1919	3	7890
行政运行	4878	1516						709
一般行政管理事务	410			2	1			44
机关服务	427							
林业事业机构	9267	5250		34				
森林培育	15817	295		1154	263	1167		719
林业技术推广	85	45						
森林资源管理	1359	1289						
森林资源监测	56	56						
森林生态效益补偿	1783	42						
林业自然保护区	11							

单位:万元

经济区	高新区	郑东新区	航空港实验区	中牟县	巩义市	荥阳市	新密市	新郑市	登封市
							2036		
		57		3035	2951	2550	2468	2412	
485	15	12		1996	563	1312	608	1194	771
21	14	3	28	282	373	260	204	1653	177
133	1	25		177	148	317	38	15	195
				5	2	3	25	3	5
					6			3	3
				689	118	309	363	501	581
20	20	64	80	90	190	233	189	172	187
						119			
762	544	1570	384	8565	4925	7603	7461	7871	6353
35	644	327	301	675	315	997	137	3888	240
		20			428				
				3847	307	1301	4535	2439	8547
5				1016	272	540	95	75	464
31					3216	348	2294		820
				10		17			3
		3			178	202	140		71
1080	6	1383	29	10826	8937	1635	5206	61236	2319
61	6	4372	90	9568	2495	2891	9614	16744	6212
				503	136	398	235	147	1234
				96	68	29	40	50	80
							427		
		3686		143	899	780	293	1126	742
	6	16		2067	722	718	123	8008	581
					6	2		10	22
						30		40	
56									
				18	351	156	553	60	603
					11				

13-5 续表 5 （2016 年）

单 位	郑州市	市本级	中原区	二七区	管城区	金水区	上街区	惠济区
动植物保护	52	26						
湿地保护	3117	322						2782
林业执法与监督	687	321						
林业工程与项目管理	14428	4400				55		
林业产业化	1362	95			150			80
林业政策制定与宣传	40	40						
林区公共支出	106	1						
林业贷款贴息	369	369						
成品油价格改革对林业的补贴	4							
林业防灾减灾	1609	504	1	3	7		3	56
其他林业支出	18917	767	219	63	213	697		3500
水利	143676	40186	32	266	277	139	318	633
行政运行	6419	2912			109			371
一般行政管理事务	197	121					40	
机关服务	1807							
水利行业业务管理	1364	163						
水利工程建设	21639	2980						
水利工程运行与维护	13961	13432						
长江黄河等流域管理	345	345						
水利前期工作	182	130						
水利执法监督	72							
水土保持	1254						45	
水资源节约管理与保护	2712	1592						
防汛	2998	639		110	58	10	7	26
抗旱	269	37						
农田水利	39970	1486		105	50		70	222
水利技术推广	1							
江河湖库水系综合整治	269							
大中型水库移民后期扶持专项支出	4691	638					10	

单位:万元

经济区	高新区	郑东新区	航空港实验区	中牟县	巩义市	荥阳市	新密市	新郑市	登封市
			14	4	6	4	4		8
						13			
				63	69	70	114	20	30
						500	6263	2550	660
				175			80	480	302
		1		26			49		30
						4			
5		1	34	401	110	101	21	5	397
		668	42	6072	117	86	1412	4248	1523
338	25	323	202	25875	7195	14699	9076	17846	27134
		90		501	129	412	111	828	1046
			110	5	18				13
					261	1281	265		
				310		5	757		129
147				3076	20	658	30	2120	12755
42					72		356	40	61
						52			
							72		
				32	250	173	490	100	164
				757			363		
10		43	7	164	236	379	1175	130	64
			10	11	12	33	40	50	86
		68		8694	4105	8745	3756	5232	7505
					1				
					269				
				559		1191	384	322	1587

13-5 续表6 （2016 年）

单 位	郑州市	市本级	中原区	二七区	管城区	金水区	上街区	惠济区
水资源费安排的支出	5823	1717	12	45	40	2	74	11
水利建设移民支出	8769							
农村人畜饮水	3130	154					72	3
其他水利支出	27804	13840	20	6	20	127		
南水北调	26876	12149	109	143	147		1	
扶贫	54831	721		4	283	3	313	3
农业综合开发	8093	192		18	51	40	83	10
农村综合改革	62455	6786	697	986	596	748	325	616
普惠金融发展支出	12166	5872		159	62		406	31
目标价格补贴	480	12				1		
其他农林水支出(款)	5184	2782	1081	585	315			
交通运输支出	494607	347498	506	849	393	1670	1530	1300
公路水路运输	231087	111274	468	669	393	1008	872	1202
行政运行	4807	1820	386	94	393	55	459	515
一般行政管理事务	1925	798	73				249	150
机关服务	1725			174				
公路新建	3827							
公路改建	63431	14416		52		72	18	43
公路养护	23798	5098	9			352	10	299
公路路政管理	2668	25					43	
公路和运输安全	703	137						
公路运输管理	3832	17		336		378	10	138
公路客货运站(场)建设	605							
航务管理	11	8						
海事管理	318	281				16		6
口岸建设	15000	15000						
取消政府还贷二级公路收费专项支出	1790							
其他公路水路运输支出	106647	73674		13		135	83	51
铁路运输	31486	31486						
民用航空运输	40000	40000						
成品油价格改革对交通运输的补贴	24573	20485					653	

单位:万元

经济区	高新区	郑东新区	航空港实验区	中牟县	巩义市	荥阳市	新密市	新郑市	登封市
1	25		59	523	633	502	706		1558
				8769					
138			16	263	298	829	551		960
		122		2211	891	439	20	9024	1206
				1630		4738		7909	50
9		6	53	7950	6881	2293	10116	11525	14739
				400	1907	3177	724	755	736
936	2639	2257	954	8588	6845	6916	15366	6551	7435
				581	695	1049	509	1530	1272
		12		210	161		10	3	83
2219	466		21	16	400				5
46759	119	89	437	50272	15594	10228	9177	38821	16769
15010	13		407	48418	12798	7922	7179	25246	13638
			158	242	32	344	128	190	149
			90						655
				1		1550			
				2009	784	486			548
	13			31708	5448	1909	1798	933	7034
2				11557	1756	602	1409	2075	631
				680	769		305	846	
			137	24	6				536
			17	881		1005	225		842
					605				
					3				
					5				10
15000									
									1790
8			5	1316	3390	2026	3314	21202	1443
31486									
				626	620	670	1022	195	302

13-5 续表 7 (2016 年)

单 位	郑州市	市本级	中原区	二七区	管城区	金水区	上街区	惠济区
对城市公交的补贴	21002	18000					435	
对农村道路客运的补贴	423						31	
对出租车的补贴	2555	2480					26	
成品油价格改革补贴其他支出	593	5					161	
邮政业支出	1440	435	38	180		659		81
车辆购置税支出	36581	29628					5	17
车辆购置税用于公路等基础设施建设支出	28389	28011						
车辆购置税用于农村公路建设支出	6543	23						17
车辆购置税用于老旧汽车报废更新补贴支出	380	380						
车辆购置税其他支出	1269	1214					5	
其他交通运输支出(款)	129440	114190				3		
资源勘探信息等支出	386506	284323	10608	2344	2519	11255	1250	641
资源勘探开发	30097	13248	178	180	242	2852	204	111
制造业	15089	13789	1300					
建筑业	248	248						
工业和信息产业监管	55778	30588	5333	983	678	830	277	
安全生产监管	17851	5651	1036	945	822	1038	311	410
国有资产监管	3542	2129			157			
支持中小企业发展和管理支出	136634	106029	761	236	620	6185	458	120
其他资源勘探信息等支出(款)	127267	112641	2000			350		
商业服务业等支出	100685	52250	99	1365	704	1620	5144	1309
商业流通事务	37837	12105	66	549	614	687		488
旅游业管理与服务支出	18168	4660	19	16	88	133		621
涉外发展服务支出	10397	8198	14	100	2	100		
其他商业服务业等支出(款)	34283	27287		700		700	5144	200
金融支出	31749	24985		424			225	
金融部门行政支出	22	17					5	
金融部门监管支出	42	11						
金融发展支出	28375	24757		424				
其他金融支出(款)	3310	200					220	

单位:万元

经济区	高新区	郑东新区	航空港实验区	中牟县	巩义市	荥阳市	新密市	新郑市	登封市
				626	615	221	742	76	287
						392			
						49			
					5	8	280	119	15
263	83	89		12	4	8	4	11	8
	23			338	1218	1628	972	370	2405
					246		73		59
	23			332	972	1628	899	331	2341
				6				39	5
			30	878	954			12999	416
32944	25979	47751	83154	16736	14544	8936	8171	6447	18732
4321	4523	539	3140	535	2926	1675	4747	1281	1918
	1750								
2337	1209			10880		2493	121	2916	679
110	517	657	20	376	1249	2038	851	1769	1355
274						600	401		255
24902	2368		78196	4635	10369	1042	2051	481	3647
1000	15612	46555	1798	310		1088			10878
2490	231	1432	624	1676	8429	1963	907	23425	1794
1800	45	1084	624	675	461	802	621	20367	402
		169		590	6396	1159	136	3008	1342
	100			211	1572		150	50	
690	86	179		200		2			50
114	716		14	500	5126	85	188	59	157
3			14						
11					31				
100	516			500	2210	80	188	59	157
	200				2885	5			

13-5 续表 8 （2016 年）

单　　位	郑州市	市本级	中原区	二七区	管城区	金水区	上街区	惠济区
援助其他地区支出	10433	9868						
国土海洋气象等支出	59962	17782	1511	1257	54	1228	680	997
国土资源事务	58609	16990	1511	1257	54	1228	667	995
地震事务	601	531					13	2
气象事务	752	261						
住房保障支出	484430	290470	18922	14897	10105	11474	9806	6679
保障性安居工程支出	367698	231224	11765	9588	5797	6320	7904	4996
住房改革支出	98270	43715	4754	5309	4308	5154	1887	1683
城乡社区住宅	18462	15531	2403				15	
粮油物资储备支出	24468	12587	836	1031	912	888	110	48
粮油事务	9944	1643	187	451	418	888	110	48
物资事务	234	9			64			
粮油储备	14290	10935	649	580	430			
其他支出(类)	41253	14253		5873	693	111	904	
债务付息支出	522383	431264		1645	4744	2389	2202	3071
政府性基金支出	**7948803**	**3530579**	**545243**	**234607**	**244597**	**477778**	**59615**	**385807**
国家电影事业发展专项资金相关支出	1412	131	160	126	234	321		2
大中型水库移民后期扶持基金支出	3452	5		40				
小型水库移民扶助基金相关支出	1056	47	4					
国有土地使用权出让相关支出	7312963	3010593	544265	233944	243928	477087	57165	385580
城市公用事业附加相关支出	18508	9050						
国有土地收益基金相关支出	77844	47982	54					
农业土地开发资金相关支出	9194	6533						
新增建设用地土地有偿使用费相关支出	9289							
城市基础设施配套费相关支出	478178	435541					1925	
污水处理费相关支出	2574							
大中型水库库区基金相关支出	16							
散装水泥专项资金相关支出	329	324						
新型墙体材料专项基金相关支出	1681	1637					14	
旅游发展基金支出	106		3	16				17
彩票发行销售机构业务费安排的支出	2292	2146						
彩票公益金相关支出	29581	16590	757	481	420	370	511	208
其他政府性基金相关支出	295				15			

单位:万元

	经济区	高新区	郑东新区	航空港实验区	中牟县	巩义市	荥阳市	新密市	新郑市	登封市
						565				
	86	1439	674	6829	6466	3396	6356	1337	15562	3336
	86	1439	674	6829	6413	3153	6313	1250	15508	3270
						31	15	9		
					53	212	28	78	54	66
	32747	46181	64169	60125	7431	34242	28800	13799	26209	11596
	32514	46181	60470	57790	4966	24981	25635	6893	19740	7889
			3699	2335	2447	8766	3165	6906	6469	3707
	233				18	495				
		221			3123	909	1114	972	862	1076
					2757	909	281	972	701	579
									161	
		221			366		833			497
	1490	6		12757	12864	12	3269		1039	2235
	3201	8999	4432		15138	10059	11339	3615	33447	3470
	999348	**421738**	**1099994**	**374562**	**992895**	**51177**	**667424**	**102105**	**565103**	**91873**
			131			131	120	120	60	7
			5		380	675	370	393	405	1184
						168	50	417	150	220
	882320	356343	992986	288686	970450	40565	631247	89182	550193	78764
		1300				3598	2060	650	2349	801
	44007			3975	8503	194	12906	600	7605	
	3828			2705		174	607	1280	600	
					433	623	613	1405	592	5623
	69162	63999	106752	79089	10748	2509	17909	6345		3201
					410	597			1567	
						16				
									5	
						15		10	5	
						17	19	34		
						146				
	31	96	120	107	1696	1716	1518	1669	1572	2073
					275		5			

主要统计指标解释

财政收入 国家财政参与社会产品分配所取得的收入,是实现国家职能的财力保证。财政收入所包括的内容几经变化,目前主要包括:增值税、营业税、企业所得税、企业所得税退税、外商投资企业和外国企业所得税、个人所得税、资源税、固定资产投资方向调节税、城市维护建设税、房产税、印花税、城镇土地使用税、土地增值税、车船使用税、屠宰税、筵席税、农业税、农业特产税、牧业税、耕地占用税、契税、国有资产经营收益、国有企业计划亏损补贴、行政性收费收入、罚没收入、土地和海域有偿使用收入、专项收入、其他收入。

财政支出 国家财政将筹集起来的资金进行分配使用,以满足经济建设和各项事业的需要,主要包括:基本建设支出、企业挖潜改造资金、简易建筑费、地质勘探费、科技三项费用、流动资金、支援农村生产支出、农业综合开发支出、农林水利气象等部门的事业费、工业交通等部门的事业费、流通部门事业费、文体广播事业费、教育事业费、科学事业费、卫生经费、税务统计财政审计等部门的事业费、抚恤和社会福利救济费、行政事业单位离退休经费、社会保障补助支出、国防支出、行政管理费、外交外事支出、武装警察部队支出、公检法司支出、城市维护费、政策性补贴支出、支援不发达地区支出、土地和海域开发建设支出、专项支出、其他支出、总预备费。

中央财政收入和地方财政收入 按财政体制划分的中央本级收入和地方本级收入。1994 年分税制财政体制以后,属于中央财政的收入包括关税、海关代征消费税和增值税,消费税,中央企业所得税,地方银行和外资银行及非银行金融企业所得税,铁道、银行总行、保险总公司等集中缴纳的营业税、所得税、利润和城市维护建设税,增值税的 75% 部分,海洋石油资源税和证券(印花)税 50% 部分。属于地方财政的收入包括营业税,地方企业所得税,个人所得税,城镇土地使用税,固定资产投资方向调节税,城镇维护建设税,房产税,车船使用税,印花税,屠宰税,农牧业税,农业特产税,耕地占用税,契税,增值税 25% 部分,证券交易税(印花税)的 50% 部分和除海洋石油资源税以外的其他资源税。

中央财政支出和地方财政支出 根据政府在经济和社会活动中的不同职责,划分中央和地方政府的责权,按照政府的责权划分确定的支出。中央财政支出包括国防支出,武装警察部队支出,中央级行政管理费和各项事业费,重点建设支出以及中央政府调整国民经济结构、协调地区发展,实施宏观调控的支出。地方财政支出主要包括地方行政管理和各项事业费,地方统筹的基本建设、技术改造支出,支援农村生产支出,城市维护和建设经费,价格补贴支出等。

信贷资金 国家银行用于发放贷款的资金叫信贷资金。中国人民银行信贷资金的来源有各项存款、对国际金融机构负债、流通中货币、银行自有资金及当年结益等。信贷资金的运用有各项贷款、黄金占款、外汇占款、财政借款及在国际金融机构中的资产等。

各项存款 企业、机关、团体或居民根据可以收回的原则,把货币资金存入银行或其他信用机构保管并取得一定利息的一种信用活动形式。根据存款对象的不同可划分为企业存款、财政存款、机关团体存款、基本建设存款,城镇储蓄存款、农村存款等科目。它是银行信贷资金的主要来源。

贷款 银行或其他信用机构根据必须归还的原则,按一定利率,为企业、个人等提供资金的一种信用活动形式。我国银行贷款分为流动资金贷款、固定资产贷款、城乡个体工商户贷款以及农业贷款等科目。

十四、教育、文化、卫生、体育、科技和民政

14-1 教育事业主要综合指标

（2016 年）

单位:所、人

指标	数值	指标	数值
平均每万人拥有各类学校数(个)	**1.62**	**小学五年巩固率(%)**	**100.60**
高等学校	0.06	**小学学生缀学率(%)**	**0.01**
中等职业学校	0.13	**初中学生毛入学率(%)**	**112.30**
技工学校	0.03	**初中三年巩固率(%)**	**103.70**
普通中学	0.44	**初中学生缀学率(%)**	**110.6**
普通小学	0.96	**初中毕业生升学率(%)**	**109.80**
平均每万人各类学校在校生数(人)	**2950.25**	**平均每万人各类学校教职工数(人)**	**217.58**
高等学校	1155.87	#专任教师	166.56
中等职业学校	295.78	#高等学校	62.53
技工学校	94.10	中等职业学校	15.53
普通中学	547.46	技工学校	3.61
普通小学	855.53	普通中学	46.69
小学适龄儿童净入学率(%)	**100.00**	普通小学	41.57

14-2 学校教育基本情况

(2016 年)

单位:所、人

项目	全市								
		市区	县(市)	中牟县	巩义市	荥阳市	新密市	新郑市	登封市
各类学校教育合计数									
学校数	1574	778	796	109	108	90	165	147	177
毕业生数	788963	598546	186593	23842	22009	25970	29910	41470	43392
招生数	764418	570117	186036	26157	22184	34301	27314	42411	33669
在校学生数	2868821	2066540	779017	115299	93539	113164	120768	170228	166019
教职工数	210715	142941	67774	8077	10977	9788	12598	12890	13444
#专任教师	161967	108944	53123	6605	8625	7855	9771	9915	10352
研究生培养单位	(9)	(9)							
招生数	8265	8265							
在校生数	23274	23274							
毕业生数	3824	3824							
高等学校									
学校数	56	56							
#普通本专科学校	56	56							
毕业生数	313851	313851							
#普通本专科学校	234404	234404							
成人本专科学校	79447	79447							
招生数	369689	369689							
#普通本专科学校	278814	278814							
成人本专科学校	90875	90875							
在校学生数	1100697	1100697							
#普通本专科学校	889323	889323							
成人本专科学校	211374	211374							
教职工数	60800	60800							
#专任教师	46153	46153							
中等职业学校									
学校数	123	82	41	7	3	5	7	8	11
毕业生数	85607	63033	22574	2326	899	2647	2174	9712	4816
招生数	108848	73831	35017	5509	1221	3418	1965	13675	11270
在校学生数	287614	206485	81139	9835	3554	7971	5355	32729	21695
教职工数	15098	10186	4912	478	313	783	601	1616	1121
#专任教师	11161	7358	3903	425	292	623	484	1116	963
技工学校									
学校数	25	17	8			4		4	
毕业生数	18457	12030	6427			3579		2848	
招生数	49113	20742	28371			15490		12881	
在校学生数	91503	42971	48532			28262		20270	
教职工数	3512	2329	1183			802		381	
#专任教师	2285	1448	837			558		279	
普通中学									
学校数	424	213	211	26	35	25	39	34	52
#高中	118	79	39	4	7	4	7	9	8
初中	306	134	172	22	28	21	32	25	44

14-2 续表　　　　(2016 年)　　　　单位:所、人

项　目	全市	市区	县(市)	中牟县	巩义市	荥阳市	新密市	新郑市	登封市
毕业生数	164895	86295	78600	9916	12230	10455	14655	11231	20113
#高中	59016	31203	27813	3791	4547	4019	5533	5110	4813
初中	105879	55092	50787	6125	7683	6436	9122	6121	15300
招生数	185155	96658	88497	13080	12934	10858	15773	14997	20855
#高中	64640	36963	27677	3320	5082	3409	5289	5984	4593
初中	120515	59695	60820	9760	7852	7449	10484	9013	16262
在校学生数	532350	277537	254813	35815	37766	31047	47426	39926	62833
#高中	188370	104929	83441	11645	13424	11003	16896	15964	14509
#初中	343980	172608	171372	24170	24342	20044	30530	23962	48324
教职工数	45403	23360	22043	2976	3732	2939	3764	3616	5016
#专任教师	39860	20113	19747	2616	3463	2768	3442	3180	4278
小学									
学校数	932	402	530	75	69	55	118	100	113
毕业生数	116614	60231	56383	9262	7981	6642	10890	7961	13647
招生数	151875	82869	69006	13058	9203	7927	11526	14489	12803
在校学生数	831919	438119	393800	69546	52106	45762	67837	77179	81370
教职工数	40419	21684	18735	2428	3195	2479	3906	3442	3285
#专任教师	38040	20273	17767	2328	3022	2408	3628	3301	3080
特殊教育学校									
学校数	13	7	6	1	1	1	1	1	1
毕业生数	107	72	35	12			17	6	
招生数	278	116	162	19	47	26	15	44	11
在校学生数	1421	688	733	103	113	122	150	124	121
教职工数	431	233	198	27	21	35	51	33	31
#专任教师	388	208	180	26	15	35	44	31	29
工读学校									
学校数	1	1							
毕业生数	1	1							
招生数	43	43							
在校学生数	43	43							
教职工数	120	120							
#专任教师	21	21							
幼儿园	20	20							
幼儿园数	(1516)	(729)	(787)	(116)	(114)	(104)	(161)	(139)	(153)
入园幼儿数	(116381)	(54791)	(61590)	(13324)	(10602)	(5933)	(8875)	(12416)	(10440)
离园幼儿数	(113385)	(50110)	(63275)	(8667)	(9722)	(7484)	(13278)	(11505)	(12619)
在园幼儿数	(368270)	(182966)	(185304)	(31267)	(30754)	(23163)	(31636)	(34492)	(33992)
教职工数	44932	24229	20703	2168	3716	2750	4276	3802	3991
#专任教师	24059	13370	10689	1210	1833	1463	2173	2008	2002

注:1. 标注“( )”为不计合计数中

2. 高等教育为省教育厅反馈数据,只有合计数。

14-3 全市教育部门

(2016 年)

类别	总计	国家财政性教育经费	公共财政预算安排的教育经费	公共财政教育收入	教育事业费	教育费附加
总计	**15772567**	**14891982**	**14767130**	**12799548**	**10768628**	**1445843**
普通高等学校	**1574423**	**1278497**	**1250768**	**1147223**	**1047556**	**84506**
中等职业学校	**791750**	**771807**	**771787**	**692184**	**636401**	**55783**
中等专业学校	157169	147087	147087	141372	137484	3888
职业高中	579563	570203	570183	504599	464426	40173
成人中等专业学校	55017	54517	54517	46213	34491	11722
普通中学	**6310798**	**6109743**	**6075871**	**5219649**	**4284168**	**664649**
普通高中	2328014	2154763	2153363	1874304	1611406	199928
普通初中	3982785	3954981	3922508	3345345	2672761	464721
普通小学	**5627007**	**5577357**	**5535786**	**4724318**	**3844553**	**581682**
特殊教育学校	**71764**	**71222**	**71222**	**56860**	**54313**	**2548**
幼儿园	**908974**	**623136**	**613836**	**557720**	**515242**	**42477**
教育行政单位	**139559**	**138136**	**129589**	**114555**	**106629**	**7926**
教育事业单位	**345633**	**319425**	**315611**	**284378**	**277107**	**6272**

教育经费总收入

单位:千元

其他公共财政教育收入	其他	政府性基金预算安排的教育经费	捐赠收入	事业收入	其中:学费	其他教育经费
1967583	**1964612**	**124852**	**2185**	**784743**	**591566**	**93657**
103544	**100574**	**27729**		**259257**	**220850**	**36670**
79603	**79603**	**20**		**19943**	**7970**	
5715	5715			10082	7068	
65584	65584	20		9360	902	
8304	8304			500		
856222	**856222**	**33873**	**209**	**185810**	**98588**	**15036**
279058	279058	1400		170229	96050	3022
577163	577163	32472	209	15581	2538	12014
811468	**811468**	**41571**	**1976**	**9672**	**5629**	**38002**
14362	**14362**			**468**		**73**
56116	**56116**	**9300**		**284506**	**258530**	**1331**
15035	**15035**	**8545**				**1424**
31233	**31233**	**3814**		**25087**		**1121**

14-4 分县(市)区教育部门

(2016 年)

类　别	总计	国家财政性教育经费	公共财政预算安排的教育经费	公共财政教育收入	教育事业费	教育费附加
总计	**15772567**	**14891982**	**14767130**	**12799548**	**10768628**	**1445843**
市本级	4489891	4045008	4014489	3520747	3163262	337106
中原区	781027	729552	729078	572457	477023	95435
二七区	597922	589605	588855	461386	399380	62007
管城区	413575	408167	407770	357325	289211	49264
金水区	867950	864184	863467	764487	573264	75071
上街区	276787	266674	265425	210506	128693	22118
惠济区	336438	334228	333533	268290	227726	40564
中牟县	1026768	1010335	999238	920870	875352	45518
巩义市	1022330	867174	862617	753526	703448	50078
荥阳市	970651	925126	860349	828057	790173	37884
新密市	917838	885749	884153	705292	661775	43517
新郑市	1060833	1035152	1028625	865352	824131	41221
登封市	892512	850630	849344	686627	633379	53247
经开区	380338	366757	366729	324978	212568	112410
高新区	422877	420285	420156	392492	195978	196514
郑东新区	973212	960259	960209	834062	365032	99030
航空港实验区	341619	333094	333094	333094	248234	84860

教育经费收入

单位:千元

其他公共财政教育收入	其他	政府性基金预算安排的教育经费	捐赠收入	事业收入	其中:学费	其他教育经费
1967583	**1964612**	**124852**	**2185**	**784743**	**591566**	**93657**
493742	490771	30519	65	405921	295932	38897
156621	156621	474		9851	9732	41624
127469	127469	750		7085	4908	1232
50446	50446	397		5408	4523	
98980	98980	717		2750	2750	1015
54919	54919	1249	120	5972	3735	4022
65242	65242	696		2209	2043	
78369	78369	11097		16433	12602	
109091	109091	4557		155156	122453	
32292	32292	64777		44928	27512	597
178861	178861	1597		32088	27486	
163273	163273	6527	159	24479	24150	1042
162718	162718	1286		41732	33120	150
41751	41751	28		13581	3469	
27664	27664	130		2591	2591	
126147	126147	50	1841	6034	6034	5078
				8525	8525	

14-5 全市教育部门

（2016 年）

类　别	总计	事业性经费支出	个人部分	工资福利支出	对个人和家庭的补助支出
总计	**15956429**	**15903301**	**8406588**	**6565089**	**1841500**
普通高等学校	**1573180**	**1531920**	**517694**	**383794**	**133900**
中等职业学校	**789353**	**789353**	**421179**	**295822**	**125357**
中等专业学校	157484	157484	93427	34610	58817
职业高中	576562	576562	293985	234825	59160
成人中等专业学校	55305	55305	33766	26386	7380
普通中学	**6332535**	**6331673**	**3465983**	**2684449**	**781533**
普通高中	2324467	2323795	1215236	961405	253831
普通初中	4008068	4007878	2250746	1723044	527702
普通小学	**5795417**	**5786900**	**3332835**	**2630392**	**702443**
特殊教育学校	**71342**	**71342**	**49781**	**38004**	**11777**
幼儿园	**905549**	**903060**	**452354**	**408080**	**44274**
教育行政单位	**139451**	**139451**	**48758**	**33528**	**15230**
教育事业单位	**349603**	**349603**	**118005**	**91020**	**26985**

教育经费支出

单位:千元

公用部分	商品和服务支出	其他资本性支出	专项公用支出	专项项目支出	基本建设支出	其它支出
6702108	**3529323**	**3172786**	**1456556**	**1716229**	**794605**	**53128**
920826	**385425**	**535401**	**435615**	**99786**	**93400**	**41260**
368174	**217955**	**150219**	**107425**	**42793**		
64057	36547	27511	19582	7929		
282578	173814	108763	86002	22762		
21539	7595	13944	1841	12103		
2467539	**1331477**	**1136063**	**454471**	**681592**	**398151**	**862**
940315	607441	332873	199003	133871	168244	672
1527224	724035	803189	255469	547721	229907	190
2153392	**1117743**	**1035650**	**305142**	**730507**	**300672**	**8517**
21561	**16546**	**5015**	**4650**	**366**		
450706	**248515**	**202191**	**46907**	**155284**		**2489**
90693	**71884**	**18808**	**18597**	**211**		
229217	**139779**	**89439**	**83749**	**5690**	**2381**	

14-6 分县(市)区教育部门

（2016 年）

类　别	总计	事业性经费支出	个人部分	工资福利支出	对个人和家庭的补助支出
总计	**15956429**	**15903301**	**8406588**	**6565089**	**1841500**
市本级	4484646	4443386	1862252	1360130	502123
中原区	780307	780307	454627	363473	91154
二七区	619798	618860	423183	319359	103824
管城区	413575	413502	215310	181771	33539
金水区	897223	897223	456516	393551	62964
上街区	279822	279822	148485	103736	44749
惠济区	336438	336438	189413	137839	51573
中牟县	1000131	1000131	478862	363870	114992
巩义市	997783	997783	647663	509082	138581
荥阳市	970650	970467	626855	570513	56342
新密市	921952	921279	697713	483200	214513
新郑市	1060308	1060304	672596	484766	187830
登封市	892303	892303	631647	555992	75656
经开区	378863	377734	175727	141563	34164
高新区	454980	454980	151877	118452	33426
郑东新区	1125990	1117122	351098	272367	78731
航空港实验区	341661	341661	222764	205424	17340

教育经费支出

单位:千元

公用部分	商品和服务支出	其他资本性支出	专项公用支出	专项项目支出	基本建设支出	其它支出
6702108	**3529323**	**3172786**	**1456556**	**1716229**	**794605**	**53128**
2353816	1298916	1054900	810881	244019	227317	41260
325680	279232	46449	9593	36856		
195677	117660	78017	72573	5444		938
179342	86839	92503	56552	35951	18850	73
324556	194465	130091	48818	81273	116152	
71642	31943	39699	18878	20821	59696	
147025	87755	59270	47311	11959		
521269	191906	329363	52441	276922		
350120	278181	71939	49733	22206		
343612	125812	217799	29309	188490		183
223566	116269	107297	27373	79924		673
387708	258809	128899	68220	60679		3
258066	159410	98656	28442	70214	2590	
202007	49766	152242	43198	109044		1129
303102	35047	268055	11674	256381		
396023	187161	208862	56850	152012	370000	8868
118897	30151	88746	24711	64035		

14-7　艺术表演团体情况

（2016 年）

县(市)区	机构数(个)	从业人员(人)	专业技术人员	演出场次(场)	国内演出场次	农村演出场次	国内演出观众人次(千人次)	本年收入(千元)	本年支出(千元)
总计	**17**	**1829**	**1317**	**4560**	**4533**	**3339**	**5575**	**327457**	**306991**
省本级	6	1133	948	1658	1641	1043	2733	260989	242340
郑州市	11	696	369	2902	2892	2296	2842	66468	64651
市本级	4	402	267	649	639	229	596	46374	45604
中牟县	1	55	4	453	453	403	177	3518	3518
巩义市	1	39	29	230	230	200	320	3048	2986
荥阳市	1	33	19	354	354	354	675	2575	2575
新密市	2	50	28	260	260	220	154	1430	1430
新郑市	1	62	21	456	456	390	350	6127	5998
登封市	1	55	1	500	500	500	570	3396	2540

14-8　艺术表演场馆基本情况

（2016 年）

县(市)区	机构数(个)	从业人员(人)	#专业技术人员	座席数(个)	演(映)出场次(场)	艺术演出场次	观众人次(千人次)	艺术演出观众人次	实际使用建筑面积(平方米)	演(映)出业务用房	本年收入(千元)	本年支出(千元)
总计	**12**	**435**	**41**	**8599**	**1072**	**290**	**801**	**286**	**49058**	**15921**	**66511**	**67492**
省本级	2	209	14	3975	770	182	615	188	17263	7658	50398	51183
郑州市	10	226	27	4624	302	108	186	98	31795	8263	16113	16309
市本级	7	162	20	1724	100	80	100	80	21906	5063	10606	11685
巩义市	1	15	3								502	502
新密市	1	13		1700	200	26	85	17	1500	1500	1200	1200
新郑市	1	36	4	1200	2	2	1	1	8389	1700	3805	2922

14-9　公共图书馆情况

（2016 年）

县(市)区	机构数(个)	从业人员(人)		年末总藏量(千册)		书刊文献外借(千册次)	总流通人次(千人次)	为读者举办各种活动(次)			实际使用公用房屋建筑面积(平方米)		阅览室坐席数(个)
			#专业技术人员		图书			举办展览	组织各类讲座	举办培训班		阅览室面积	
总计	**15**	**572**	**404**	**6607**	**5251**	**3477**	**8304**	**228**	**273**	**768**	**155133**	**36926**	**8431**
省本级	2	220	174	3683	2840	1799	2544	145	62	627	38864	14606	2074
郑州市	13	352	230	2924	2411	1678	5760	83	211	141	116269	22320	6357
市本级	1	195	181	1183	953	438	4016	5	51	7	82589	13708	3544
中原区	1	14	9	128	125	114	122	5	18	18	2000	500	240
二七区	1	12	1	66	65	159	121	1	15	40	1146	1000	165
管城区	1	6	1	86	84	25	165	6	5	2	2500	460	120
金水区	1	26	6	98	95	246	279	6	26	12	2000	900	351
上街区	1	12		200	168	209	213	15	22	26	3000	720	300
惠济区	1	8	1	92	90	81	100	3	10	3	1500	280	180
中牟县	1	7	1	99	82	34	139	1	2	4	1670	520	260
巩义市	1	12	5	209	162	80	180	10	15	10	11700	1330	397
荥阳市	1	26	12	265	207	48	87	7	6	3	2100	300	300
新密市	1	11	2	221	160	96	147	10	12	4	2000	700	100
新郑市	1	18	8	196	160	123	178	8	25	8	3258	1758	300
登封市	1	5	3	80	60	23	12	6	4	4	806	144	100

14-10　群众艺术馆、文化馆(站)情况

（2016 年）

县(市)区	机构数(个)	从业人员(人)		举办展览个数(个)	举办训练班次(次)		组织文艺活动(次)	
			#专业技术人员			培训人次(千人次)		参加人次(千人次)
合计	**14**	**342**	**172**	**130**	**2816**	**120**	**1241**	**865**
群众艺术馆	**2**	**98**	**86**	**34**	**117**	**23**	**342**	**339**
省本级	1	49	41	18	17	2.7	242	284
市本级	1	49	45	16	100	20	100	55
文化馆	**12**	**244**	**86**	**96**	**2699**	**97**	**899**	**526**
中原区	1	22	2	5	365	12	40	20
二七区	1	18	13	20	100	15.3	100	89
管城区	1	37	6	15	315	12.7	240	105
金水区	1	21	3	8	1365	31.1	160	8
上街区	1	8	7	6	48	2.9	65	4
惠济区	1	21	7	5	411	12.6	30	25
中牟县	1	16	2	3	6	0.9	12	7
巩义市	1	30	17	6	18	0.6	165	220
荥阳市	1	25	5	5	24	1.3	15	31
新密市	1	19	7	6	14	0.9	10	4
新郑市	1	19	14	12	30	6	50	4
登封市	1	8	3	5	3	0.7	12	9

14-11　博物馆基本情况

（2016 年）

县(市)区	机构数（个）	从业人员（人）	藏品数（件）	#一级品	展览（次）	观众人数（千人次）
总　计	**31**	**1098**	**223939**	**727**	**99**	**5147**
省本级	4	584	104178	583	29	1727
郑州市	27	514	119761	144	70	3420
市本级	18	384	23854	80	47	2686
上街区	1	12				15
巩义市	1	34	16002	19	6	214
荥阳市	1	17	12400	4	2	
新密市	2	10	3747	8	7	67
新郑市	1	23	62877	33	4	305
登封市	3	34	881		4	133

注:博物馆统计包含民办博物馆。

14-12　文物保护管理单位情况

（2016 年）

县(市)区	机构数（个）	从业人员（人）	藏品数（件）	#一级品	展览（次）	观众人数（千人次）
总　计	**10**	**419**	**2993**	**5**	**1**	**1466**
市本级	2	41	108		1	400
中牟县	1		970	2		
巩义市	4	325	1813	3		1066
荥阳市	1	29		4		
新密市	2	24	102			

14-13　等级运动员、社会指导员人数

单位:人

人员分类	2015 年	#女	2016 年	#女
等级运动员				
二级运动员	369	120	426	122
社会体育指导员				
当年发展人数	4101	2531	3781	2510

14-14　体育彩票发行情况

项　　目	单位	2015 年	2016 年
体育彩票销售点	个	1783	1877
体育彩票销售收入	万元	239200	280760

14-15 卫生事业基本情况

(2016 年)

指标	机构数(个)	实有床位数(个)	人员数(人)	卫生技术人员(人)	执业(助理)医师	执业医师	注册护士	药师(士)	技师(士)	其他	其他技术人员(人)	管理人员(人)	工勤人员(人)
总计	**3964**	**85929**	**119051**	**94955**	**33251**	**29824**	**46575**	**4141**	**4933**	**6055**	**5735**	**5643**	**7565**
市区	1375	64391	87444	72695	25060	23658	36988	3067	3575	4005	4476	4252	5401
中原区	221	8120	11844	9971	3687	3404	4856	411	533	484	555	629	607
二七区	244	19904	23917	20875	6968	6737	11504	724	854	825	894	819	1256
管城区	333	6505	10584	8088	3201	2876	3520	325	521	521	673	503	1189
金水区	345	27861	37753	31158	10120	9721	16052	1480	1532	1974	2244	2106	2107
上街区	94	897	1243	1046	429	369	419	59	53	86	21	46	84
惠济区	138	1104	2103	1557	655	551	637	68	82	115	89	149	158
六县(市)	2589	21538	31607	22260	8191	6166	9587	1074	1358	2050	1259	1391	2164
中牟县	362	3161	4300	3057	1098	826	1331	164	183	281	194	95	410
巩义市	652	3407	6348	4844	1848	1395	2120	223	288	365	178	182	424
荥阳市	381	2591	4746	3286	1125	792	1277	151	181	552	129	266	475
新密市	393	4707	5801	4072	1470	1133	1843	222	280	257	187	270	239
新郑市	404	4255	5642	3783	1425	1132	1642	163	177	376	317	390	348
登封市	397	3417	4770	3218	1225	888	1374	151	249	219	254	188	268
医院	**218**	**76017**	**89391**	**74836**	**24578**	**23272**	**39152**	**3348**	**3765**	**3993**	**4479**	**4579**	**5497**
综合医院	102	48770	57092	48385	15665	14911	25902	1985	2363	2470	2787	2739	3181
中医医院	51	13022	14766	12340	4584	4263	5650	825	583	698	711	727	988
中西医结合医院	4	325	357	260	142	111	79	9	9	21	30	29	38
专科医院	60	13850	17121	13803	4177	3978	7493	527	808	798	950	1081	1287
口腔医院	3	40	321	238	130	120	85	3	2	18	16	38	29
眼科医院	6	520	703	511	168	156	231	20	23	69	50	68	74
耳鼻喉科医院	2	180	215	161	47	41	100	6	8		35	11	8
肿瘤医院	2	3097	3027	2688	796	791	1596	68	132	96	132	70	137
心血管病医院	3	1446	2058	1729	530	510	854	60	71	214	92	167	70
胸科医院	1	1104	1312	1146	352	343	713	45	28	8	80	44	42
妇产(科)医院	6	337	963	537	193	169	284	21	34	5	155	96	175
儿童医院	1	2192	2822	2423	597	592	1335	100	243	148	49	173	177
精神病医院	4	778	598	458	135	130	241	25	27	30	48	56	36
传染病医院	2	1270	1378	1173	313	308	650	55	57	98	38	110	57
皮肤病医院	3	140	177	145	53	44	72	11	9		9	11	12
骨科医院	8	1314	1532	1257	435	407	668	51	67	36	60	67	148
康复医院	4	740	660	524	177	157	225	26	54	42	52	27	57
整形外科医院	1	34	322	95	32	29	59	2	2		58	33	136
美容医院	4	100	291	158	57	45	68	7	11	15	36	44	53
其他专科医院	10	558	742	560	162	136	312	27	40	19	40	66	76
护理院	1	50	55	48	10	9	28	2	2	6	1	3	3
基层医疗卫生机构	**3584**	**6472**	**19919**	**13275**	**6461**	**4547**	**4585**	**611**	**567**	**1051**	**451**	**275**	**765**
社区卫生服务中心(站)	222	1425	4069	3611	1531	1302	1458	185	209	228	129	137	192
社区卫生服务中心	70	1330	3030	2634	1053	861	1003	164	204	210	113	115	168
社区卫生服务站	152	95	1039	977	478	441	455	21	5	18	16	22	24
卫生院	100	4923	5568	4746	1932	1104	1488	285	278	763	320	95	407
乡镇卫生院	100	4923	5568	4746	1932	1104	1488	285	278	763	320	95	407

14-15 续表 （2016 年）

指标	机构数（个）	实有床位数（个）	人员数（人）	卫生技术人员（人）	执业（助理）医师	执业医师	注册护士	药师（士）	技师（士）	其他	其他技术人员（人）	管理人员（人）	工勤人员（人）
中心卫生院	27	1744	1787	1574	680	397	483	103	87	221	62	35	116
乡卫生院	73	3179	3781	3172	1252	707	1005	182	191	542	258	60	291
村卫生室	2394		6524	1371	982	359	389						
门诊部	33	124	667	533	259	222	188	27	52	7	2	43	89
综合门诊部	10	120	347	285	120	111	109	16	35	5		15	47
中医门诊部	9		106	78	46	43	15	10	7			8	20
专科门诊部	14	4	214	170	93	68	64	1	10	2	2	20	22
诊所、卫生所、医务室	835		3091	3014	1757	1560	1062	114	28	53			77
诊所	734		2612	2552	1467	1284	918	99	22	46			60
卫生所、医务室	101		479	462	290	276	144	15	6	7			17
专业公共卫生机构	**135**	**3440**	**8713**	**6571**	**2128**	**1948**	**2819**	**177**	**509**	**938**	**648**	**621**	**873**
疾病预防控制中心	16		1601	1030	526	459	100	26	127	251	119	199	253
省属	1		388	274	162	162		4		108	44	26	44
省辖市（地区）属	1		166	96	40	39	3	1	2	50	12	37	21
地辖市属	11		858	546	259	204	85	17	99	86	50	97	165
县属	1		90	58	36	28	6	4	12		3	19	10
其他	2		99	56	29	26	6		14	7	10	20	13
专科疾病防治院（所、站）	2	177	281	208	101	98	45	4	28	30	16	28	29
专科疾病防治所（站、中心）	2	177	281	208	101	98	45	4	28	30	16	28	29
职业病防治所（站、中心）	2	177	281	208	101	98	45	4	28	30	16	28	29
健康教育所（站、中心）	3		31	9	3	2	3			3	7	10	5
妇幼保健院（所、站）	15	3263	4889	4264	1295	1234	2375	130	294	170	251	104	270
省属	1	1652	2248	2000	585	582	1130	48	156	81	108	48	92
省辖市（地区）属	1	610	1133	988	289	289	603	38	53	5	85	3	57
地辖市属	11	801	1298	1098	365	316	534	40	75	84	32	51	117
县属	1	200	210	178	56	47	108	4	10		26	2	4
其他	1												
妇幼保健院	9	3263	4804	4204	1263	1205	2359	130	287	165	250	87	263
妇幼保健所	6		85	60	32	29	16		7	5	1	17	7
急救中心（站）	3		110	61	13	12	38	1		9	8	30	11
采供血机构	1		423	273	28	28	143	1	35	66	44	18	88
卫生监督所（中心）	16		592	382						382	31	124	55
省属	1		72	49						49	10	6	7
省辖市（地区）属	1		72	71						71			1
地辖市属	13		420	244						244	21	111	44
县属	1		28	18						18		7	3
计划生育技术服务机构	79		786	344	162	115	115	15	25	27	172	108	162
其他卫生机构	**27**		**1028**	**273**	**84**	**57**	**19**	**5**	**92**	**73**	**157**	**168**	**430**
医学科学研究机构	4		109	45	4	4				41	46	10	8
医学在职培训机构	4		98	64	33	25	12	3	4	12	9	8	17
临床检验中心（所、站）	2		600	129	30	24			87	12	74	18	379
统计信息中心	1		13	1	1	1					7	5	
其他	16		208	34	16	3	7	2	1	8	21	127	26

14-16　医疗机构门诊服务情况

（2016 年）

类　别	总诊疗人次数（人次）	门、急诊人次	门诊人次	急诊人次	死亡人数	观察室留观病例数（例）	死亡人数（人）	健康检查人数（人）	急诊死亡率（%）	观察室病死率（%）
总　计	**81349295**	**76666152**	**73137081**	**3529071**	**1850**	**397907**	**43**	**3281243**	**0.05**	**0.01**
医　院	**42608158**	**39917726**	**37267599**	**2650127**	**1786**	**291285**	**43**	**1777692**	**0.07**	**0.01**
综合医院	28428621	26483052	24772348	1710704	1296	126971	13	1149034	0.08	0.01
中医医院	8491029	8255945	7952535	303410	381	6404	30	361163	0.13	0.47
中西医结合医院	182585	93665	92287	1378				675		
专科医院	5503571	5082942	4448307	634635	109	157680		266620	0.02	
口腔医院	166179	166179	166179							
眼科医院	419512	419512	413920	5592						
耳鼻喉科医院	34559	34559	34559							
肿瘤医院	468870	465132	465132					10238		
心血管病医院	802037	670319	523687	146632	82			36088	0.06	
胸科医院	87265	87265	87265							
妇产(科)医院	180683	167296	167002	294		53		8656		
儿童医院	1796057	1796057	1387783	408274	21	151872			0.01	
精神病医院	253079	253079	247493	5586						
传染病医院	406020	402836	378838	23998	3	5555		153042	0.01	
皮肤病医院	48290	48103	48103							
骨科医院	472596	283848	254371	29477		1		1844		
康复医院	233288	168244	161181	7063	3	120		55697	0.04	
整形外科医院	8850	8850	8850							
美容医院	30370	30370	30366	4						
其他专科医院	95916	81293	73578	7715		79		1055		
护理院	2352	2122	2122			230		200		
基层医疗卫生机构	**31935229**	**30103598**	**29576241**	**527357**	**51**	**96588**		**1362105**	**0.01**	
社区卫生服务中心(站)	5548119	5141657	4928512	213145	3	27066		560409		
社区卫生服务中心	3950124	3614793	3425892	188901	3	17488		475958		
社区卫生服务站	1597995	1526864	1502620	24244		9578		84451		
卫生院	9203739	8936873	8622661	314212	48	69522		702482	0.02	
乡镇卫生院	9203739	8936873	8622661	314212	48	69522		702482	0.02	
中心卫生院	2846690	2632334	2394164	238170	2	36496		335668		
乡卫生院	6357049	6304539	6228497	76042	46	33026		366814	0.06	
村卫生室	13198861	12082553	12082553							
门诊部	269753	263368	263368					99214		
诊所、卫生所、医务室	3714757	3679147	3679147							
诊所	3432322	3399596	3399596							
卫生所、医务室	282435	279551	279551							
专业公共卫生机构	**3900757**	**3739677**	**3388090**	**351587**	**13**	**10034**		**141446**		
专科疾病防治院(所、站)	71374	20462	20462					42547		
妇幼保健院(所、站)	3699588	3589420	3367628	221792	13	10034		98899	0.01	
内:妇幼保健院	3643087	3532919	3311127	221792	13	10034		88942	0.01	
急救中心(站)	129795	129795		129795						
其他机构	**2905151**	**2905151**	**2905151**							
临床检验中心	2905151	2905151	2905151							

14-17 诊所、卫生所、

(2016 年)

指标名称	合计	按管理类别分		按经济类型分				
		非营利性	营利性	国有	集体办	联营	私营	其他
机构总数(个)	**866**	**125**	**741**	**78**	**26**	**3**	**681**	**78**
总人员数(人)	**3757**	**867**	**2890**	**495**	**225**	**5**	**2666**	**366**
卫生技术人员	3545	789	2756	475	195	5	2549	321
执业医师	1781	425	1356	266	100	3	1246	166
执业助理医师	234	35	199	8	17		188	21
注册护士	1249	255	994	152	60	1	922	114
药剂师(士)	141	29	112	25	4	1	102	9
技师(士)	80	33	47	16	11		43	10
内:检验师(士)	54	26	28	13	9		27	5
其他卫生技术人员	60	12	48	8	3		48	1
工勤技能人员	167	69	98	20	30		91	26
床位数(门诊部)	**124**	**120**	**4**	**120**				**4**
房屋建筑面积(㎡)	**128666**	**33797**	**94869**	**22405**	**7076**	**165**	**84674**	**14346**
总收入(万元)	**15827.9**	**2543.5**	**13284.4**	**905.3**	**827.8**	**42.0**	**11485.0**	**2567.8**
#医疗收入	12698.4	2223.7	10474.7	685.8	755.7	24.0	8960.7	2272.2
药品收入	5732.9	855.1	4877.8	434.5	141.8	16.5	4528.0	612.1
总支出(万元)	**14585.9**	**2550.5**	**12035.4**	**1012.6**	**775.5**	**40.0**	**10535.9**	**2221.9**
#人员经费	8270.2	1627.8	6642.4	512.4	612.2	22.0	5529.7	1593.9
药品支出	4948.2	847.8	4100.4	461.1	138.6	16.5	3824.8	507.2
诊疗人次数	**3982227**	**484416**	**3497811**	**257717**	**93813**	**6000**	**3150972**	**473725**
#出诊人次数	41995	4074	37921	2381	1080		32227	6307
出院人数(门诊部)	**1686**	**1686**		**1686**				

医务室基本情况

按设置/主办单位分			按诊所类别分				
政府办	社会办	私人办	普通	中医	中西医结合	口腔	其他
11	**121**	**734**	**456**	**134**	**21**	**95**	**127**
61	**793**	**2903**	**1626**	**391**	**73**	**411**	**588**
52	735	2758	1595	390	70	394	563
27	398	1356	828	188	33	190	320
3	32	199	93	18	4	64	18
19	235	995	600	116	24	131	190
2	29	110	41	49	9		15
1	29	50	18	2			8
1	22	31	14	2			7
	12	48	15	17		9	12
9	49	109	31	1	3	17	25
	120	**4**					
1560	**32246**	**94860**	**51528**	**12871**	**2435**	**11777**	**21243**
174.1	**2543.6**	**13110.2**	**7603.4**	**1601.8**	**318.5**	**1646.1**	**1931.1**
143.3	2126.6	10428.5	5589.0	1273.0	238.7	1496.5	1450.6
88.6	753.2	4891.1	3305.0	736.4	122.1	289.6	891.2
149.8	**2419.2**	**12016.9**	**6802.2**	**1381.4**	**279.5**	**1456.0**	**1891.8**
75.2	1546.6	6648.4	3467.6	719.1	150.3	866.5	855.1
60.1	776.4	4111.7	2816.3	568.8	114.8	225.4	841.0
63131	**432229**	**3486867**	**2442689**	**535026**	**100487**	**279308**	**354964**
	3964	38031	21958	4641	400	4399	4212
	1686						

14-18　医疗卫生机构住院服务情况

（2016 年）

机构分类	入院人数（人）	出院人数（人）	死亡	住院病人手术人次数（人次）	每百门急诊的入院人数（人）	死亡率（%）
总　计	**2723330**	**2710476**	**7311**	**800774**	**4.50**	**0.27**
医　院	**2379855**	**2368942**	**7142**	**752071**	**5.96**	**0.30**
综合医院	1646460	1637491	5461	578495	6.22	0.33
中医医院	331860	332284	1130	47759	4.02	0.34
中西医结合医院	8121	7413		1995	8.67	
专科医院	393309	391660	550	123822	7.74	0.14
口腔医院	18	18		18	0.01	
眼科医院	32675	32398		39234	7.79	
耳鼻喉科医院	4612	4587		4121	13.35	
肿瘤医院	122281	122104	183	22541	26.29	0.15
心血管病医院	35644	35419	104	753	5.32	0.29
胸科医院	20534	20571	65	6286	23.53	0.32
妇产(科)医院	7631	6803		2998	4.56	
儿童医院	76539	76468	20	10513	4.26	0.03
精神病医院	7851	7896	2		3.10	0.03
传染病医院	19760	19795	148	2506	4.91	0.75
皮肤病医院	1310	1256			2.72	
骨科医院	36007	35842	9	21369	12.69	0.03
康复医院	9399	9389	19	42	5.59	0.20
整形外科医院	2660	2660		2660	30.06	
美容医院	1690	1685		841	5.56	
其他专科医院	14698	14769		9940	18.08	
护理院	105	94	1		4.95	1.06
基层医疗卫生机构	**175270**	**174296**	**31**		**1.23**	**0.02**
社区卫生服务中心(站)	25874	25521	21		0.50	0.08
社区卫生服务中心	25812	25469	21		0.71	0.08
社区卫生服务站	62	52				
卫生院	147710	147089	10		1.65	0.01
乡镇卫生院	147710	147089	10		1.65	0.01
中心卫生院	57672	57397	4		2.19	0.01
乡卫生院	90038	89692	6		1.43	0.01
门诊部	1686	1686				
专业公共卫生机构	**168205**	**167238**	**138**	**48703**	**4.66**	**0.08**
专科疾病防治院(所、站)	999	987	1	57	4.88	0.10
妇幼保健院(所、站)	167206	166251	137	48646	4.66	0.08
内:妇幼保健院	167206	166251	137	48646	4.73	0.08

14-19 医疗机构运营情况(床位利用)

(2016 年)

机构分类	实有床位(张)	实际开放总床位(床日)	平均开放病床数(张)	实际占用总床日数(床日)	出院者占用总床日数(床日)	病床周转次数(次)	病床工作日(日)	病床使用率(%)	出院者平均住院日(日)
总　计	**85929**	**29546681**	**80950**	**27830585**	**27523738**	**33.5**	**343.8**	**94.19**	**10.2**
医　院	**76017**	**26076741**	**71443**	**25142845**	**24874975**	**33.1**	**351.9**	**96.42**	**10.5**
综合医院	48770	16733847	45846	16197578	16066810	35.7	353.3	96.80	9.8
中医医院	13022	4363373	11954	4031595	3896909	27.7	337.2	92.40	11.8
中西医结合医院	325	112510	308	125789	115641	24.0	408.1	111.80	15.6
专科医院	13850	4857521	13308	4784503	4792356	29.4	359.5	98.50	12.2
口腔医院	40	14600	40	780	780	0.5	19.5	5.34	43.3
眼科医院	520	161127	441	113099	110297	73.4	256.2	70.19	3.4
耳鼻喉科医院	180	65700	180	33834	34070	25.5	188.0	51.50	7.4
肿瘤医院	3097	1128068	3091	1603213	1624707	39.5	518.7	142.12	13.3
心血管病医院	1446	523291	1434	368784	365361	24.7	257.2	70.47	10.3
胸科医院	1104	404064	1107	424628	424133	18.6	383.6	105.09	20.6
妇产(科)医院	337	63777	175	26701	26210	38.9	152.8	41.87	3.9
儿童医院	2192	769070	2107	691780	695054	36.3	328.3	89.95	9.1
精神病医院	778	280038	767	294097	297513	10.3	383.3	105.02	37.7
传染病医院	1270	418399	1146	366477	363605	17.3	319.7	87.59	18.4
皮肤病医院	140	51120	140	20145	18391	9.0	143.8	39.41	14.6
骨科医院	1314	478944	1312	485177	488471	27.1	369.8	101.30	13.7
康复医院	740	262828	720	201288	195006	13.0	279.5	76.59	20.8
整形外科医院	34	10220	28	8760	3650	95.0	312.9	85.71	1.4
美容医院	100	32550	89	19768	19591	18.9	221.7	60.73	11.6
其他专科医院	558	193725	531	125972	125517	27.8	237.3	65.03	8.5
护理院	50	9490	26	3380	3259	3.6	130.0	35.62	34.7
基层医疗卫生机构	**6472**	**2235393**	**6124**	**1420607**	**1317638**	**28.5**	**232.0**	**63.55**	**7.6**
社区卫生服务中心(站)	1425	467609	1281	276158	247368	19.9	215.6	59.06	9.7
社区卫生服务中心	1330	451870	1238	270638	247203	20.6	218.6	59.89	9.7
社区卫生服务站	95	15739	43	5520	165	1.2	128.0	35.07	3.2
卫生院	4923	1767784	4843	1144449	1070270	30.4	236.3	64.74	7.3
乡镇卫生院	4923	1767784	4843	1144449	1070270	30.4	236.3	64.74	7.3
中心卫生院	1744	631192	1729	420102	403767	33.2	242.9	66.56	7.0
乡卫生院	3179	1136592	3114	724347	666503	28.8	232.6	63.73	7.4
门诊部	124								
专业公共卫生机构	**3440**	**1234547**	**3382**	**1267133**	**1331125**	**49.4**	**374.6**	**102.64**	**8.0**
专科疾病防治院(所、站)	177	64782	177	25683	90465	5.6	144.7	39.65	91.7
妇幼保健院(所、站)	3263	1169765	3205	1241450	1240660	51.9	387.4	106.13	7.5
内:妇幼保健院	3263	1169765	3205	1241450	1240660	51.9	387.4	106.13	7.5

14-20 医疗卫生机构收入与支出

（2016 年）

单位:万元

类　别	总收入	财政补助收入	科教项目收入	上级补助收入	医疗收入/事业收入	总支出	医疗业务成本/医疗支出/事业支出	公共卫生支出	科教项目支出	管理费用	财政项目补助支出	总支出中:人员支出
总　计	**4696626**	**275677**	**10036**	**10219**	**4334012**	**4437358**	**3777875**	**33952**	**6888**	**382406**	**138676**	**1186166**
医　院	**4198661**	**197881**	**9950**		**3939719**	**4010169**	**3467258**		**6841**	**363800**	**124790**	**1068536**
综合医院	2926103	127917	4993		2761535	2823083	2459317		2281	247472	87307	726723
中医医院	528976	37585	3606		476845	498026	417309		3415	53762	17741	161383
中西医结合医院	5363				5257	3758	2501			249		1631
专科医院	738148	32379	1351		696011	684276	587886		1144	62037	19742	178613
口腔医院	4569				3759	4920	3168			1146		1902
眼科医院	22801	44			22751	9049	6836			1189	44	1918
耳鼻喉科医院	4499				4499	4766	3302			962		1157
肿瘤医院	278110	11866	236		262858	252148	229385		110	15675	6901	52108
心血管病医院	65671	1004	48		64398	70415	60313		35	6917	375	16706
胸科医院	62038	3713	334		57737	60900	54302		157	5430	1012	16240
妇产(科)医院	14347				14335	15635	5815			6461		4570
儿童医院	108388	3829	157		102115	101346	92865		55	5447	2764	33927
精神病医院	14820	1904	5		12911	15730	13485			1537	561	7083
传染病医院	52139	7907	544		43112	50096	36669		718	5035	7279	14419
皮肤病医院	4142				4142	3265	1276		6	627		998
骨科医院	76333	1725	27		73668	72417	64862		54	6832	417	20797
康复医院	15037	388			14626	10763	7897		10	1023	388	3775
整形外科医院	1394				1394	1255	1069					
美容医院	2966				2966	1588	614			436		482

14-20 续表 （2016 年） 单位:万元

类别	总收入	财政补助收入	科教项目收入	上级补助收入	医疗收入/事业收入	总支出	医疗业务成本/医疗支出/事业支出	公共卫生支出	科教项目支出	管理费用	财政项目补助支出	总支出中:人员支出
其他专科医院	10894				10738	9983	6029			3318		2531
护理院	72				72	1026	246			280		186
基层医疗卫生机构	**231631**	**55552**		**10219**	**158850**	**215632**	**137639**	**33952**			**2503**	**81529**
社区卫生服务中心(站)	71481	23455		1295	46334	66000	46569	17365			357	24461
社区卫生服务中心	59056	19581		1199	37967	55629	37866	16043			242	21716
社区卫生服务站	12425	3874		96	8367	10371	8703	1322			115	2744
卫生院	118144	32098		1751	83072	111197	91071	16587			2146	39659
乡镇卫生院	118144	32098		1751	83072	111197	91071	16587			2146	39659
中心卫生院	39772	11883		514	27153	35627	28584	5650			948	13658
乡卫生院	78372	20214		1237	55919	75570	62487	10936			1199	26001
村卫生室	26170			7174	16738	23862						9146
门诊部	2727				2651	2775						2212
诊所、卫生所、医务室	13109				10056	11798						6052
诊所	11699				9019	10484						5474
卫生所、医务室	1410				1037	1314						578
专业公共卫生机构	**239045**	**22244**	**85**		**208155**	**187585**	**157669**		**47**	**15976**	**11383**	**34700**
专科疾病防治院(所、站)	6271	2690			3581	5991	5448			506	37	1686
妇幼保健院(所、站)	230647	17427	85		204574	179461	152110		47	15470	9325	31604
内:妇幼保健院	228487	15797	85		204060	177279	151401		47	15386	8183	30734
急救中心(站)	2127	2127				2133	112				2021	1410
其他机构	**27288**				**27288**	**23972**	**15308**			**2631**		**1401**
临床检验中心	27288				27288	23972	15308			2631		1401

14-21 村卫生室基本情况

（2016 年）

类　别	合计	按设置/主办单位分					按行医方式分		
		村办	乡医院设点	联合办	私人办	其他	中医为主	西医为主	中西医结合
机构数(个)	2394	1458	154	219	267	296	67	1611	716
执业(助理)医师(人)	1006	620		109	143	134	25	657	324
注册护士(人)	389	211		47	68	63	10	229	150
乡村医生和卫生员(人)	5153	3282	266	435	510	660	125	3278	1750
乡村医生	4829	3108	255	434	430	602	114	3059	1656
#以中医、中西医结合或民族医为主的人数	537	415	16	38	29	39	22	251	264
当年考核合格的乡村医生数	3948	2503	213	403	363	466	96	2416	1436
卫生员	324	174	11	1	80	58	11	219	94
年内培训人次数	22310	15412	430	1317	2479	2672	485	14784	7041
总收入(万元)	26170.3	16611.5	1855.3	2088.9	2323.1	3291.6	635.4	16504.5	9030.4
#上级补助收入	7173.5	4963.4	348.1	835.0	306.3	720.7	120.7	4443.2	2609.6
村或集体补助收入	20.2	16.8	0.3		2.2	0.9	2.2	17.5	0.5
医疗收入	16737.5	10591.2	1204.4	1098.9	1562.3	2280.8	442.2	10582.9	5712.4
药品收入	12707.4	8282.0	996.3	872.3	1020.9	1535.9	353.9	7871.7	4481.8
总支出(万元)	23862.3	15566.9	1600.9	1906.8	1754.2	3033.6	559.6	14823.0	8479.7
#人员经费	9145.8	6067.5	603.7	766.3	750.5	957.8	194.7	5872.4	3078.7
药品支出	13029.3	8376.4	978.0	1036.2	946.6	1692.1	349.9	7992.7	4686.7
诊疗人次数(次数)	13198861	8450082	694912	1088074	1131994	1833799	358845	8452037	4387979
#出诊人次数	1116308	827824	33657	87680	91248	75899	131000	663506	321802

14-22 分县(市)区医疗机构收入与支出

(2016 年)

单位:万元

地 区	总收入	财政补助收入	科教项目收入	上级补助收入	医疗收入/事业收入	总费用/支出	医疗业务成本/医疗支出/事业支出	公共卫生支出	科教项目支出	管理费用	财政项目补助支出	总费用中:人员经费
总 计	**4696626**	**275677**	**10036**	**10219**	**4334012**	**4437358**	**3777875**	**33952**	**6888**	**382406**	**138676**	**1186166**
中原区	336969	18039	244	426	312162	321875	254226	2358	97	40789	8918	96626
二七区	1538309	52132	3057	721	1467609	1439167	1301720	3198	2243	94989	27354	333939
管城区	282947	20182	126	659	258730	276687	214582	3129	106	34544	11451	76640
金水区	1878057	117255	6606	1232	1720905	1763149	1497662	7205	4435	165751	66669	487031
上街区	28473	3214		198	24748	26633	24854	212		800	158	1437
惠济区	39000	2837		273	35283	40951	31081	1192	2	4293	981	18525
中牟县	104324	24954		1142	77120	96290	69498	3387	3	3991	16267	24674
巩义市	99179	6963	1	1676	86708	96854	76613	2739	1	8134	126	33584
荥阳市	80599	7052		799	72024	77857	64007	2020		3610	2419	26130
新密市	100023	8940		1207	88347	95225	77153	3473		4871	1911	28717
新郑市	134481	7956		1175	124427	134135	112830	2603		14358	1314	36451
登封市	74264	6154	2	710	65950	68536	53647	2435	1	6276	1107	22411

14-23 科技事业发展情况

指　　标	单位	2010年	2011年	2012年	2013年	2014年	2015年	2016年
完成科技成果	项	198	213	310	447	511	576	
国际水平	项	12	18	31	41	45	46	
国内先进水平或国内领先水平	项	186	195	279	406	466	530	
获国家和省科技进步奖	项	26	38	141	139	142	147	137
国家	项		4	4	4	8	12	8
省	项	26	34	37	35	34	36	30
市	项		92	100	100	100	99	99
各类科研计划	项	842	1214	1472	1416	1237	1007	909
国家级	项	84	91	101	65	25	1	
省级	项	134	194	221	297	263	334	188
市级	项	624	929	1150	1054	949	672	721
高新技术企业数	家	223	274	332	387	362	465	625
技贸机构技术合同成交额	亿元	43.03	55.1	65.06	90.85	110.91	130.12	150.24

14-24 专利申请和授权情况

指　　标	单位	2010年	2011年	2012年	2013年	2014年	2015年	2016年
专利申请量	件	8203	10997	16254	20259	24307	26046	37411
#发明专利	件	2455	3019	4257	6038	8267	8452	12304
实用新型	件	3784	5922	7944	9574	10781	12883	19627
外观专利	件	1964	2056	4053	4647	5259	4711	5480
专利授权量	件	5677	6141	9065	10372	12316	16125	17884
#发明专利	件	554	888	1228	1205	1265	1869	2388
实用新型	件	3399	3826	6041	6905	8182	10441	11519
外观专利	件	1724	1427	1796	2262	2859	3815	3977

14-25　民政事业中收养性单位情况

指　　标	单位	2015 年	2016 年
各种收养性社会福利单位总数	个	92	97
#优抚类收养性单位	个	3	3
福利类收养性单位	个	85	88
#社会福利院	个	3	2
儿童福利院	个	3	3
城镇收养性老年福利机构	个	50	51
农村收养性老年福利机构	个	29	32
工作人员	人	3039	3172
床位数	张	16161	16773
年底收养人数	人	8384	8882

14-26　民政事业中社保及扶贫情况

指　　标	单位	2010 年	2011 年	2012 年	2013 年	2014 年	2015 年	2016 年
城市居民最低生活保障金标准	元	300	340	380	430	470	520	550
农村居民最低生活保障金标准	元	160	180	200	240	260	290	320

14-27　社会福利彩票及捐赠情况

指　　标	单位	2010 年	2011 年	2012 年	2013 年	2014 年	2015 年	2016 年
社会福利彩票销售额	亿元	7.5	11.3	13.8	14.7	15.4	15.2	15.1
社会福利资金筹集额	万元	4049.5	4788.6	10082.4	10159.0	9337.0	12973.1	9199.0
接受社会捐赠额	万元	641.7	77.6	0.7	93.1	86.5	476.6	409.1
捐赠接收工作站、点数	个	107	110	109	114	118	126	127

14-28 结婚及离婚登记情况

项　目	单位	2010 年	2011 年	2012 年	2013 年	2014 年	2015 年	2016 年
结婚登记	**对**	**83594**	**94275**	**99522**	**100531**	**98036**	**88996**	**84308**
内地居民登记结婚	对	83562	94226	99480	100492	97996	88964	84273
#初婚人数	人	151647	166279	178566	188849	181060	162699	150828
#再婚人数	人	15541	22271	20478	12135	14932	15229	17788
涉外结婚	对	32	49	42	39	40	32	35
离婚登记	**对**	**15606**	**19281**	**22879**	**29269**	**28433**	**31032**	**37173**
内地居民	对	15602	19276	22871	29260	28427	31026	37166
华侨、港澳台居民登记离婚	对	4	5	8	9	6	6	7

14-29 分县(市、区)最低生活保障情况

(2016 年)

指　标	最低生活保障人数(人)	#城镇	农村	最低生活保障保障金(万元)	#城镇	农村
郑州市	93551	18644	74907	32194.8	10754.9	21439.9
中原区	1689	1689		1049.3	1049.3	
二七区	2170	2170		1310.9	1310.9	
管城区	1427	1427		833.8	833.8	
金水区	2183	2183		1403.4	1403.4	
上街区	750	750		300.7	300.7	
惠济区	647	647		421.5	421.5	
中牟县	7988	875	7113	2128.4	477.6	1650.8
巩义市	18427	1571	16856	3953.7	690.8	3262.9
荥阳市	17288	1007	16281	4864.9	507.1	4357.8
新密市	14395	861	13534	4255.8	465.8	3790.0
新郑市	11229	2167	9062	4347.7	1399.5	2948.2
登封市	9047	2363	6684	5200.3	1336.3	3864.0
经开区	585	11	574	188.6	9.1	179.5
高新区	426	426		217.9	217.9	
郑东新区	983	262	721	476.3	215.4	260.9
航空港实验区	4317	235	4082	1241.6	115.8	1125.8

14-30 规模以上工业企业 R&D 人员情况

(2016 年)

类别	有 R&D 活动企业个数(个)	有科技机构企业个数(个)	R&D 人员合计(人)	#参加项目人员	管理和服务人员	#女性	#研究人员
总计	**540**	**394**	**44569**	**42162**	**2407**	**8590**	**14979**
按企业规模分组							
大型	48	43	23624	22467	1157	4056	7619
中型	174	137	11343	10743	600	2607	3844
小型	314	212	9292	8646	646	1910	2726
微型	3	2	143	139	4	12	30
按隶属关系分组							
中央	18	14	3255	2854	401	709	1491
省(自治区、直辖市)	13	9	4677	4400	277	370	1329
地(区、市、州、盟)	39	31	5719	5356	363	991	2229
县(区、市、旗)	42	32	4192	4018	174	804	960
街道	1	1	22	12	10	2	12
镇	15	14	1499	1483	16	135	213
乡	4	4	106	106		6	21
村委会	5	5	173	172	1	39	43
其他	402	284	24759	23594	1165	5529	7921
按登记注册类型分组							
内资企业	498	367	34302	32421	1881	5935	10900
国有企业	8	6	2762	2554	208	598	1117
集体企业	4	3	95	94	1	17	29
有限责任公司	280	205	16159	15024	1135	2583	4796
国有独资公司	6	6	444	386	58	77	207
其他有限责任公司	274	199	15715	14638	1077	2506	4589
股份有限公司	69	55	11055	10694	361	1888	3850
私营企业	137	98	4231	4055	176	849	1108
私营独资企业	10	9	198	189	9	40	56
私营有限责任公司	112	78	3116	2977	139	605	857
私营股份有限公司	15	11	917	889	28	204	195
港、澳、台商投资企业	24	15	6444	6246	198	1993	2294
合资经营企业(港或澳、台资)	8	6	493	426	67	146	142
合作经营企业(港或澳、台资)	1	1	107	107		61	51
港、澳、台商独资经营企业	13	6	5733	5605	128	1775	2070
港、澳、台商投资股份有限公司	1	1	44	41	3	3	22

14-30 续表 1 (2016 年)

类　别	有 R&D 活动企业个数(个)	有科技机构企业个数(个)	R&D 人员合计(人)	#参加项目人员	管理和服务人员	#女性	#研究人员
其他港澳台投资企业	1	1	67	67		8	9
外商投资企业	17	12	3656	3328	328	657	1025
中外合资经营企业	9	7	2431	2390	41	376	459
外资企业	3	2	586	425	161	93	279
外商投资股份有限公司	3	3	437	311	126	156	212
其他外商投资企业	2		202	202		32	75
按国民经济行业大类分组							
采矿业	2	2	2231	2020	211	30	474
煤炭开采和洗选业	2	2	2231	2020	211	30	474
制造业	531	387	39944	37823	2121	8293	13024
农副食品加工业	25	18	975	866	109	181	237
食品制造业	21	15	1609	1269	340	489	681
酒、饮料和精制茶制造业	5	4	196	162	34	60	54
烟草制品业	2	2	604	528	76	64	247
纺织业	8	6	185	156	29	73	52
纺织服装、服饰业	7	8	269	252	17	144	72
木材加工和木、竹、藤、棕、草制品业	1		56	56		10	4
家具制造业	2	3	96	94	2	8	26
造纸和纸制品业	9	5	329	316	13	96	68
印刷和记录媒介复制业	7	3	213	205	8	63	95
文教、工美、体育和娱乐用品制造业	6	4	175	172	3	39	53
化学原料和化学制品制造业	25	17	1089	988	101	281	411
医药制造业	26	14	1354	1227	127	638	516
橡胶和塑料制品业	11	10	373	324	49	96	93
非金属矿物制品业	118	92	4674	4499	175	820	1169
黑色金属冶炼和压延加工业	6	5	190	182	8	23	47
有色金属冶炼和压延加工业	14	14	2476	2403	73	450	400
金属制品业	19	16	1112	1091	21	244	235
通用设备制造业	44	32	2817	2572	245	422	961
专用设备制造业	61	45	3288	3197	91	405	1152
汽车制造业	27	15	6120	6009	111	678	2133
铁路、船舶、航空航天和其他运输设备制造业	10	6	1204	1029	175	353	439
电气机械和器材制造业	29	21	1625	1542	83	298	541

14-30 续表 2 （2016 年）

类　别	有 R&D 活动企业个数(个)	有科技机构企业个数（个）	R&D 人员合计（人）	#参加项目人员	管理和服务人员	#女性	#研究人员
计算机、通信和其他电子设备制造业	18	11	7047	6909	138	2007	2519
仪器仪表制造业	29	20	1828	1739	89	348	799
废弃资源综合利用业	1	1	40	36	4	3	20
电力、热力、燃气及水生产和供应业	6	5	2227	2152	75	262	721
电力、热力生产和供应业	4	3	2134	2119	15	235	674
燃气生产和供应业	1	1	78	19	59	17	39
水的生产和供应业	1	1	15	14	1	10	8
按经济成分分组							
公有经济	63	49	10049	9249	800	1564	3499
非公有经济	476	345	34353	32746	1607	7021	10720
按企业控股情况分组							
国有控股	51	39	9781	8985	796	1512	3436
集体控股	12	10	268	264	4	52	63
私人控股	388	287	22137	21223	914	3980	6661
港澳台商控股	20	12	6078	5888	190	1836	2179
外商控股	12	9	2688	2376	312	516	667
其他	56	37	3450	3259	191	689	1213
按地区分组							
中原区	18	15	3208	2883	325	251	814
二七区	12	11	2478	2348	130	486	961
管城区	8	8	3486	3382	104	394	1267
金水区	9	5	708	544	164	126	341
上街区	24	22	892	834	58	182	312
惠济区	9	7	650	513	137	178	275
中牟县	27	17	1413	1343	70	298	484
巩义市	37	48	3367	3242	125	528	511
荥阳市	41	41	2577	2566	11	250	465
新密市	57	36	2010	1988	22	311	413
新郑市	77	55	2724	2645	79	770	818
登封市	48	28	2520	2327	193	499	543
经开区	43	28	6408	6085	323	1590	2639
高新区	103	56	8007	7620	387	1558	3033
郑东新区	4	2	925	729	196	90	340
航空港实验区	22	15	3029	2946	83	1074	1003

14-30 续表 3 （2016 年）

类别	R&D 人员						
	#全时人员	非全时人员	折合全时当量合计（人年）	#研究人员	基础研究人员	应用研究人员	试验发展人员
总计	**29085**	**15484**	**31964**	**10740**	**5**	**327**	**31631**
按企业规模分组							
大型	15390	8234	16655	5360		169	16485
中型	7796	3547	8372	2846		69	8303
小型	5814	3478	6659	1957	5	89	6565
微型	49	94	111	25			111
按隶属关系分组							
中央	2306	949	2145	983		63	2083
省（自治区、直辖市）	1621	3056	2806	812		55	2751
地（区、市、州、盟）	4516	1203	4024	1576		17	4007
县（区、市、旗）	2312	1880	3340	704		103	3237
街道	12	10	16	9			16
镇	694	805	969	157			969
乡	86	20	89	14			89
村委会	74	99	112	26			112
其他	17428	7331	18295	5907	5	90	18200
按登记注册类型分组							
内资企业	21611	12691	23981	7702	5	258	23718
国有企业	1964	798	1684	686		18	1665
集体企业	44	51	79	22			79
有限责任公司	9030	7129	11444	3450		218	11226
国有独资公司	323	121	238	109		10	227
其他有限责任公司	8707	7008	11206	3341		208	10998
股份有限公司	8150	2905	7761	2721		6	7755
私营企业	2423	1808	3014	823	5	15	2994
私营独资企业	145	53	145	41			145
私营有限责任公司	1752	1364	2234	625	5	15	2213
私营股份有限公司	526	391	635	157			635
港、澳、台商投资企业	5487	957	4570	1625		13	4556
合资经营企业（港或澳、台资）	280	213	420	123		10	410
合作经营企业（港或澳、台资）	96	11	107	51			107
港、澳、台商独资经营企业	5027	706	3996	1442		3	3993
港、澳、台商投资股份有限公司	24	20	9	4			9

14-30 续表4 (2016年)

类 别	#全时人员	非全时人员	R&D人员折合全时当量合计（人年）	#研究人员	基础研究人员	应用研究人员	试验发展人员
其他港澳台投资企业	60	7	38	5			38
外商投资企业	1951	1705	3246	862		57	3190
中外合资经营企业	1374	1057	2197	382			2197
外资企业	220	366	501	237		57	444
外商投资股份有限公司	175	262	347	168			347
其他外商投资企业	182	20	202	75			202
按国民经济行业大类分组							
采矿业	256	1975	1236	262		36	1200
煤炭开采和洗选业	256	1975	1236	262		36	1200
制造业	27487	12457	29317	9518	5	234	29078
农副食品加工业	502	473	719	182			719
食品制造业	783	826	1319	559		62	1257
酒、饮料和精制茶制造业	39	157	129	38			129
烟草制品业	76	528	285	116		6	279
纺织业	99	86	145	40		1	145
纺织服装、服饰业	132	137	224	64			224
木材加工和木、竹、藤、棕、草制品业	50	6	56	4			56
家具制造业	43	53	78	24			78
造纸和纸制品业	234	95	266	53			266
印刷和记录媒介复制业	172	41	175	76			175
文教、工美、体育和娱乐用品制造业	118	57	114	36		15	99
化学原料和化学制品制造业	772	317	880	329			880
医药制造业	1043	311	1139	442		61	1078
橡胶和塑料制品业	239	134	292	74			292
非金属矿物制品业	2411	2263	3307	829		10	3297
黑色金属冶炼和压延加工业	129	61	148	38			148
有色金属冶炼和压延加工业	1297	1179	2190	341			2190
金属制品业	660	452	915	183			915
通用设备制造业	1828	989	1711	520			1711
专用设备制造业	2349	939	2501	878		54	2447
汽车制造业	4826	1294	3965	1454		7	3957
铁路、船舶、航空航天和其他运输设备制造业	855	349	953	374			953
电气机械和器材制造业	1235	390	1308	437	5	8	1295

14-30 续表5 （2016年）

类　别	#全时人员	非全时人员	R&D人员折合全时当量合计（人年）	#研究人员	基础研究人员	应用研究人员	试验发展人员
计算机、通信和其他电子设备制造业	6057	990	5070	1804			5070
仪器仪表制造业	1507	321	1390	602		11	1379
废弃资源综合利用业	31	9	40	20			40
电力、热力、燃气及水生产和供应业	1306	921	1244	408		58	1186
电力、热力生产和供应业	1284	850	1156	363		46	1110
燃气生产和供应业	12	66	78	39		10	68
水的生产和供应业	10	5	10	5		2	8
按经济成分分组							
公有经济	5377	4672	6397	2258		136	6260
非公有经济	23672	10681	25400	7931	5	191	25204
按企业控股情况分组							
国有控股	5228	4553	6193	2212		136	6056
集体控股	149	119	204	46			204
私人控股	14834	7303	15840	4847	5	112	15723
港澳台商控股	5257	821	4228	1515		13	4214
外商控股	1109	1579	2477	573		57	2420
其他	2472	978	2856	996		9	2846
按地区分组							
中原区	741	2467	1926	504		48	1878
二七区	1664	814	1568	624		18	1549
管城区	2954	532	2294	827		1	2294
金水区	333	375	550	267		57	493
上街区	707	185	645	230			645
惠济区	312	338	480	205			480
中牟县	1081	332	1044	358			1044
巩义市	1687	1680	3007	436		15	2992
荥阳市	1196	1381	1710	345			1710
新密市	778	1232	1637	337			1637
新郑市	1877	847	1985	589	5	82	1898
登封市	1232	1288	1389	317		28	1362
经开区	5334	1074	4809	2002		53	4756
高新区	6232	1775	6002	2218		20	5982
郑东新区	344	581	483	175		6	478
航空港实验区	2577	452	2267	750			2267

14-31　规模以上工业企业全部 R&D 项目情况

(2016 年)

类　　别	项目数(项)	参加项目人员(人)	全部项目经费内部支出(万元)
总计	**3205**	**42162**	**927349.7**
按企业规模分组			
大型	1166	22467	583356.0
中型	903	10743	192797.8
小型	1119	8646	148834.6
微型	10	139	2061.8
按隶属关系分组			
中央	368	2854	58349.5
省(自治区、直辖市)	270	4400	47264.2
地(区、市、州、盟)	340	5356	170901.7
县(区、市、旗)	284	4018	102947.7
街道	2	12	118.0
镇	96	1483	16490.0
乡	9	106	1942.2
村委会	6	172	2319.9
其他	1823	23594	526717.0
按登记注册类型分组			
内资企业	2784	32421	691958.9
国有企业	173	2554	26413.7
集体企业	7	94	508.5
有限责任公司	1540	15024	368451.8
国有独资公司	79	386	8282.6
其他有限责任公司	1461	14638	360169.2
股份有限公司	662	10694	236114.1
私营企业	402	4055	60470.8
私营独资企业	21	189	2899.9
私营有限责任公司	314	2977	40693.4
私营股份有限公司	67	889	16877.5
港、澳、台商投资企业	206	6246	124510.5
合资经营企业(港或澳、台资)	49	426	6812.4
合作经营企业(港或澳、台资)	12	107	1496.6
港、澳、台商独资经营企业	137	5605	111830.7
港、澳、台商投资股份有限公司	4	41	527.0

14-31 续表1 (2016年)

类 别	项目数（项）	参加项目人员（人）	全部项目经费内部支出(万元)
其他港澳台投资企业	4	67	3843.8
外商投资企业	208	3328	110580.8
中外合资经营企业	76	2390	75969.2
外资企业	106	425	18629.0
外商投资股份有限公司	18	311	11329.0
其他外商投资企业	8	202	4653.6
按国民经济行业大类分组			
采矿业	68	2020	24300.0
煤炭开采和洗选业	68	2020	24300.0
制造业	2949	37823	874867.5
农副食品加工业	85	866	14058.7
食品制造业	178	1269	37021.2
酒、饮料和精制茶制造业	10	162	1361.2
烟草制品业	177	528	7943.5
纺织业	24	156	1867.1
纺织服装、服饰业	19	252	2879.7
木材加工和木、竹、藤、棕、草制品业	5	56	640.2
家具制造业	4	94	1650.9
造纸和纸制品业	17	316	6250.8
印刷和记录媒介复制业	43	205	4424.7
文教、工美、体育和娱乐用品制造业	20	172	1804.3
化学原料和化学制品制造业	116	988	28425.1
医药制造业	149	1227	23099.0
橡胶和塑料制品业	34	324	6179.3
非金属矿物制品业	355	4499	93762.1
黑色金属冶炼和压延加工业	17	182	7232.4
有色金属冶炼和压延加工业	85	2403	71438.5
金属制品业	105	1091	13938.7
通用设备制造业	247	2572	39170.8
专用设备制造业	305	3197	63062.3
汽车制造业	311	6009	223655.8
铁路、船舶、航空航天和其他运输设备制造业	58	1029	15575.5
电气机械和器材制造业	197	1542	55811.5
计算机、通信和其他电子设备制造业	176	6909	128179.6

14-31 续表2 （2016年）

类　别	项目数（项）	参加项目人员（人）	全部项目经费内部支出（万元）
仪器仪表制造业	206	1739	24924.6
废弃资源综合利用业	6	36	510.0
电力、热力、燃气及水生产和供应业	181	2152	27882.7
电力、热力生产和供应业	173	2119	27355.2
燃气生产和供应业	3	19	481.5
水的生产和供应业	5	14	46.0
按经济成分分组			
公有经济	825	9249	161960.8
非公有经济	2373	32746	765089.4
按企业控股情况分组			
国有控股	796	8985	158126.7
集体控股	29	264	3834.1
私人控股	1714	21223	488993.8
港澳台商控股	168	5888	121554.3
外商控股	173	2376	79759.5
其他	318	3259	74781.8
按地区分组			
中原区	145	2883	38512.1
二七区	155	2348	24301.1
管城区	139	3382	128027.5
金水区	125	544	19022.1
上街区	93	834	12590.1
惠济区	41	513	12354.3
中牟县	142	1343	40658.1
巩义市	149	3242	78158.6
荥阳市	214	2566	32608.7
新密市	113	1988	40276.0
新郑市	284	2645	59193.4
登封市	153	2327	78385.8
经开区	328	6085	131823.4
高新区	798	7620	130090.0
郑东新区	181	729	10985.7
航空港实验区	138	2946	90063.3

14-32 规模以上工业企业

（2016 年）

类　　别	R&D 经费内部支出合计（万元）	按活动类型分组			按支出用途分组			
		基础研究支出	应用研究支出	试验发展支出	经常费支出	#人员劳务费	资产性支出	#土建工程
总计	**1002866.9**	**151.6**	**9265.5**	**993449.8**	**839134.3**	**291419.7**	**163732.6**	**1611.2**
按企业规模分组								
大型	632826.3		6372.4	626453.9	535536.9	187792.4	97289.4	1111.6
中型	206195.0		1602.7	204592.3	175801.7	61552.5	30393.3	284.7
小型	161351.5	151.6	1290.4	159909.5	126081.4	41244.8	35270.1	214.8
微型	2116.1			2116.1	1336.3	750.7	779.8	0.1
按隶属关系分组								
中央	69627.4		2720.0	66907.4	64842.0	27655.8	4785.4	42.6
省（自治区、直辖市）	64843.3		916.8	63926.5	52154.0	17395.8	12689.3	119.0
地（区、市、州、盟）	178145.1		532.0	177613.1	168239.0	74335.7	9906.1	122.6
县（区、市、旗）	110641.6		1487.2	109154.4	76511.4	17511.0	34130.2	272.2
街道	222.2			222.2	159.5	98.8	62.7	2.7
镇	17115.0			17115.0	13890.1	4565.5	3224.9	0.2
乡	1942.2			1942.2	1678.7	640.2	263.5	
村委会	2331.8			2331.8	1668.6	681.1	663.2	
其他	557620.3	151.6	3609.5	553859.2	459613.0	148456.5	98007.3	1051.9
按登记注册类型分组								
内资企业	752380.7	151.6	6074.2	746154.9	629761.1	226058.6	122619.6	1530.1
国有企业	26858.0		237.2	26620.8	26059.2	7959.5	798.8	33.5
集体企业	680.7			680.7	616.6	344.3	64.1	
有限责任公司	412138.3		5780.0	406358.3	324109.5	104252.3	88028.8	658.8
国有独资公司	9094.2		63.8	9030.4	6911.0	1574.8	2183.2	3.5
其他有限责任公司	403044.1		5716.2	397327.9	317198.5	102677.5	85845.6	655.3
股份有限公司	245612.1		25.5	245586.6	224502.6	96439.7	21109.5	131.6
私营企业	67091.6	151.6	31.5	66908.5	54473.2	17062.8	12618.4	706.2
私营独资企业	3171.0			3171.0	2778.3	777.5	392.7	5.9
私营有限责任公司	43400.9	151.6	31.5	43217.8	35230.7	11241.3	8170.2	32.9
私营股份有限公司	20519.7			20519.7	16464.2	5044.0	4055.5	667.4
港、澳、台商投资企业	130856.4		384.9	130471.5	115817.0	37742.8	15039.4	
合资经营企业（港或澳、台资）	7340.4		335.4	7005.0	6637.9	2673.9	702.5	
合作经营企业（港或澳、台资）	1574.1			1574.1	1427.8	726.7	146.3	
港、澳、台商独资经营企业	117475.3		49.5	117425.8	103719.6	34055.1	13755.7	
港、澳、台商投资股份有限公司	620.5			620.5	492.7	155.3	127.8	

R&D 经费情况

	按资金来源分组			R&D 经费外部支出合计（万元）				
#仪器设备	政府资金	企业资金	其他资金		对境内研究机构支出	对境内高等学校支出	对境内企业支出	对境外支出
162121.4	**20383.4**	**979400.4**	**3083.1**	**23447.8**	**7770.8**	**5057.8**	**7886.9**	**2732.3**
96177.8	8788.9	624020.5	16.9	11077.9	3289.3	2409.5	3255.0	2124.1
30108.6	5964.5	198406.4	1824.1	8501.6	2571.8	1053.5	4326.0	550.3
35055.3	5600.0	154509.4	1242.1	3868.3	1909.7	1594.8	305.9	57.9
779.7	30.0	2086.1						
4742.8	4190.6	65419.9	16.9	1895.2	879.0	649.8	366.4	
12570.3	93.0	64655.7	94.6	3853.2	1935.2	1481.8	435.8	0.4
9783.5	4599.0	173443.2	102.9	3620.3	885.5	556.1	40.0	2138.7
33858.0	1840.1	107870.5	931.0	4489.2	115.3	250.3	4013.6	110.0
60.0		222.2						
3224.7	154.2	16960.8						
263.5		1942.2						
663.2		2331.8						
96955.4	9506.5	546176.1	1937.7	9589.9	3955.8	2119.8	3031.1	483.2
121089.5	19194.1	730993.5	2193.1	19868.4	7439.5	4888.9	5397.8	2142.2
765.3	2355.6	24502.4		3745.3	2149.2	1233.9	362.2	
64.1		680.7						
87370.0	7269.5	402842.5	2026.3	9920.3	2839.1	2509.6	4543.8	27.8
2179.7	1005.6	8088.6		123.5	123.5			
85190.3	6263.9	394753.9	2026.3	9796.8	2715.6	2509.6	4543.8	27.8
20977.9	7929.5	237522.8	159.8	5384.4	2263.9	863.4	142.7	2114.4
11912.2	1639.5	65445.1	7.0	818.4	187.3	282.0	349.1	
386.8		3171.0		149.3		149.3		
8137.3	1514.5	41879.4	7.0	599.1	187.3	62.7	349.1	
3388.1	125.0	20394.7		70.0		70.0		
15039.4	335.0	129734.3	787.1	79.7	71.3		8.4	
702.5	315.0	7025.4		17.4	9.0		8.4	
146.3		787.0	787.1					
13755.7	20.0	117455.3		37.3	37.3			
127.8		620.5		25.0	25.0			

14-32 续表 1 (2016 年)

类　别	R&D 经费内部支出合计（万元）	按活动类型分组			按支出用途分组			
		基础研究支出	应用研究支出	试验发展支出	经常费支出	#人员劳务费	资产性支出	#土建工程
其他港澳台投资企业	3846.1			3846.1	3539.0	131.8	307.1	
外商投资企业	119251.8		2806.4	116445.4	93178.2	27539.0	26073.6	81.1
中外合资经营企业	81125.7			81125.7	59988.6	17647.3	21137.1	12.7
外资企业	19576.4		2806.4	16770.0	16570.5	4053.3	3005.9	7.0
外商投资股份有限公司	13577.4			13577.4	12239.1	3833.6	1338.3	61.4
其他外商投资企业	4972.3			4972.3	4380.0	2004.8	592.3	
按国民经济行业大类分组								
采矿业	40146.8		679.6	39467.2	27635.8	10769.0	12511.0	119.0
煤炭开采和洗选业	40146.8		679.6	39467.2	27635.8	10769.0	12511.0	119.0
制造业	933651.3	151.6	7193.7	926306.0	787573.2	275348.8	146078.1	1275.4
农副食品加工业	15497.6			15497.6	13775.8	3952.4	1721.8	155.5
食品制造业	41962.5		2831.9	39130.6	35297.1	11174.2	6665.4	61.0
酒、饮料和精制茶制造业	1627.6			1627.6	1315.3	854.7	312.3	1.0
烟草制品业	16208.8		1031.0	15177.8	15704.2	10898.4	504.6	0.8
纺织业	2975.3		624.0	2351.3	2221.1	720.4	754.2	3.3
纺织服装、服饰业	3341.0			3341.0	3039.9	1581.0	301.1	5.5
木材加工和木、竹、藤、棕、草制品业	640.2			640.2	640.2	243.9		
家具制造业	1829.8			1829.8	1316.3	380.2	513.5	
造纸和纸制品业	7594.7			7594.7	4366.0	1071.4	3228.7	2.1
印刷和记录媒介复制业	4481.8			4481.8	4229.2	1206.9	252.6	
文教、工美、体育和娱乐用品制造业	1834.7		187.8	1646.9	1544.4	559.1	290.3	0.8
化学原料和化学制品制造业	30127.5			30127.5	23657.8	5974.4	6469.7	73.4
医药制造业	24236.2		510.0	23726.2	20606.8	7966.6	3629.4	8.1
橡胶和塑料制品业	6737.3			6737.3	4753.2	1417.8	1984.1	4.8
非金属矿物制品业	97062.0		44.9	97017.1	68537.0	18394.0	28525.0	107.8
黑色金属冶炼和压延加工业	7246.1			7246.1	6283.7	523.0	962.4	
有色金属冶炼和压延加工业	82655.3			82655.3	56104.6	12871.9	26550.7	674.2
金属制品业	14121.9			14121.9	12773.6	3589.1	1348.3	0.3
通用设备制造业	43996.1			43996.1	36675.8	12663.5	7320.3	2.4
专用设备制造业	65978.2		1351.5	64626.7	60468.8	20596.7	5509.4	10.5
汽车制造业	226804.3		437.7	226366.6	217294.3	86859.0	9510.0	14.1
铁路、船舶、航空航天和其他运输设备制造业	16441.8			16441.8	15418.5	6901.5	1023.3	64.7
电气机械和器材制造业	59106.6	151.6	64.1	58890.9	35522.2	9053.4	23584.4	72.6

	按资金来源分组			R&D 经费外部支出合计（万元）				
#仪器设备	政府资金	企业资金	其他资金		对境内研究机构支出	对境内高等学校支出	对境内企业支出	对境外支出
307.1		3846.1						
25992.5	854.3	118294.6	102.9	3499.7	260.0	168.9	2480.7	590.1
21124.4	772.0	80353.7		2658.2			2450.7	207.5
2998.9		19576.4		418.9	260.0	158.9		
1276.9	45.0	13429.5	102.9	40.0		10.0	30.0	
592.3	37.3	4935.0		382.6				382.6
12392.0		40146.8		1072.5	160.8	697.6	214.1	
12392.0		40146.8		1072.5	160.8	697.6	214.1	
144802.7	19814.8	910753.4	3083.1	19615.1	5835.7	3601.5	7445.6	2732.3
1566.3	438.1	14796.8	262.7	51.0	20.1	30.2	0.3	0.4
6604.4	636.7	41325.8		479.3	190.4	258.9	30.0	
311.3	30.0	1597.6						
503.8		16191.9	16.9	781.9	403.3	237.2	141.4	
750.9		2975.3		0.6			0.6	
295.6	31.2	3309.8		27.3		27.3		
		640.2						
513.5	3.0	1826.8						
3226.6	72.0	7518.9	3.8	91.0	91.0			
252.6	140.0	4341.8						
289.5	77.0	1757.7						
6396.3	393.2	28947.2	787.1	412.2	179.2	231.0	2.0	
3621.3	994.5	23241.7		2872.7	974.4	147.6	77.1	1673.6
1979.3	327.5	5669.1	740.7	162.0		161.0	1.0	
28417.2	2755.2	94306.8		2370.2	1022.2	1170.4	120.1	57.5
962.4	80.0	7166.1		320.0	260.0	60.0		
25876.5	531.0	82124.3		624.0	255.0	70.0	299.0	
1348.0	530.4	13361.1	230.4	18.0	18.0			
7317.9	1361.6	42539.9	94.6	844.1	239.1	596.0	9.0	
5498.9	1048.4	64929.8		589.6	45.0	88.3	73.7	382.6
9495.9	5013.9	220877.5	912.9	8491.3	1280.8	229.0	6380.0	601.5
958.6	1733.6	14708.2		527.0	260.7	86.3	180.0	
23511.8	1305.1	57801.5		229.6	155.5	66.1	8.0	

14-32　续表 2　　　　　　　　　　　　　　　　　　　　　　　　　　　　　（2016 年）

类　别	R&D 经费内部支出合计（万元）	按活动类型分组			按支出用途分组			
		基础研究支出	应用研究支出	试验发展支出	经常费支出	#人员劳务费	资产性支出	#土建工程
计算机、通信和其他电子设备制造业	134349.8			134349.8	120449.2	43397.7	13900.6	3.4
仪器仪表制造业	26029.2		110.8	25918.4	25159.2	12253.4	870.0	4.1
废弃资源综合利用业	765.0			765.0	419.0	244.2	346.0	5.0
电力、热力、燃气及水生产和供应业	28690.8		1392.2	27298.6	23547.3	5222.6	5143.5	216.8
电力、热力生产和供应业	27719.0		1026.6	26692.4	22578.4	4484.5	5140.6	216.8
燃气生产和供应业	865.8		335.4	530.4	865.8	672.0		
水的生产和供应业	106.0		30.2	75.8	103.1	66.1	2.9	
按经济成分分组								
公有经济	192389.9		4121.0	188268.9	168177.2	61638.4	24212.7	393.5
非公有经济	810099.0	151.6	5144.5	804802.9	670579.1	229702.0	139519.9	1217.7
按企业控股情况分组								
国有控股	188210.5		4121.0	184089.5	164272.9	60615.8	23937.6	388.4
集体控股	4179.4			4179.4	3904.3	1022.6	275.1	5.1
私人控股	514726.6	151.6	880.2	513694.8	427870.7	152965.5	86855.9	1119.1
港澳台商控股	128228.0		384.9	127843.1	113302.5	36195.7	14925.5	
外商控股	87673.3		2806.4	84866.9	63118.9	13966.1	24554.4	71.2
其他	79471.1		1073.0	78398.1	66287.0	26574.7	13184.1	27.4
按地区分组								
中原区	55263.2		1045.2	54218.0	41065.7	15319.3	14197.5	131.5
二七区	29148.8		237.2	28911.6	26537.7	7317.2	2611.1	33.5
管城区	128276.7		624.0	127652.7	124270.1	56135.1	4006.6	0.8
金水区	20067.0		2806.4	17260.6	17431.3	4842.5	2635.7	
上街区	13966.1			13966.1	12859.9	5449.4	1106.2	21.4
惠济区	14745.5			14745.5	13336.9	4039.7	1408.6	62.2
中牟县	43807.8			43807.8	39085.2	15865.6	4722.6	15.4
巩义市	89529.3		31.5	89497.8	61992.6	13183.7	27536.7	734.9
荥阳市	33326.7			33326.7	25365.4	10113.2	7961.3	10.4
新密市	41153.8			41153.8	27876.6	6476.6	13277.2	
新郑市	63014.5	151.6	734.6	62128.3	46675.7	14210.9	16338.8	283.7
登封市	80516.6		789.4	79727.2	62288.9	11710.8	18227.7	259.6
经开区	138243.3		1819.0	136424.3	129532.3	47909.0	8711.0	15.0
高新区	134784.9		147.2	134637.7	109396.6	46006.8	25388.3	40.2
郑东新区	21933.9		1031.0	20902.9	21305.0	14458.5	628.9	0.8
航空港实验区	94710.8			94710.8	79736.4	18302.1	14974.4	1.8

	按资金来源分组			R&D 经费外部支出合计（万元）				
#仪器设备	政府资金	企业资金	其他资金		对境内研究机构支出	对境内高等学校支出	对境内企业支出	对境外支出
13897.2	992.5	133357.3						
865.9	1299.9	24695.3	34.0	719.0	441.0	137.9	123.4	16.7
341.0	20.0	745.0		4.3		4.3		
4926.7	568.6	28122.2		2760.2	1774.3	758.7	227.2	
4923.8	435.7	27283.3		2760.2	1774.3	758.7	227.2	
	100.0	765.8						
2.9	32.9	73.1						
23819.2	5582.2	186663.7	144.0	9526.6	3831.7	2298.0	3370.5	26.4
138302.2	14801.2	792358.7	2939.1	13921.2	3939.1	2759.8	4516.4	2705.9
23549.2	5542.2	182618.9	49.4	9486.6	3811.7	2278.0	3370.5	26.4
270.0	40.0	4044.8	94.6	40.0	20.0	20.0		
85736.8	13439.6	498484.8	2802.2	10520.2	3181.9	2275.4	4364.0	698.9
14925.5	235.0	127993.0		139.9	131.5		8.4	
24483.2	118.0	87452.4	102.9	609.9	260.0	168.9	30.0	151.0
13156.7	1008.6	78428.5	34.0	2651.2	365.7	315.5	114.0	1856.0
14066.0	249.6	55013.6		1167.3	160.8	752.2	254.3	
2577.6	2285.5	26863.3		3778.5	2162.6	1244.7	371.2	
4005.8	2600.4	125676.3		1230.2	506.1	291.6	8.4	424.1
2635.7	94.0	19973.0		98.9		98.9		
1084.8	831.1	13135.0		141.0	43.0	86.0	12.0	
1346.4	112.0	14443.2	190.3	126.0	86.0	10.0	30.0	
4707.2	933.1	42874.7		6723.0	150.0	15.0	6380.6	177.4
26801.8	206.3	89323.0		1053.0	312.0	307.8	433.2	
7950.9	320.1	33006.6		270.2		270.1	0.1	
13277.2	244.1	40909.7		67.4	37.3			30.1
16055.1	2443.7	60570.8		1479.9	999.7	460.2	20.0	
17968.1	1210.1	78389.2	917.3	1301.9	408.1	866.4		27.4
8696.0	2882.6	135328.2	32.5	2992.7	1135.8	0.2	0.3	1856.4
25348.1	4850.0	128856.2	1078.7	1736.4	1136.1	215.0	168.4	216.9
628.1		21917.0	16.9	781.9	403.3	237.2	141.4	
14972.6	1120.8	92742.6	847.4	499.5	230.0	202.5	67.0	

14-33　规模以上工业企业办科技机构情况

（2016 年）

指标名称	机构数（个）	企业在境外设立的研发机构数（个）	机构人员合计（人）	#博士毕业	硕士毕业	机构经费支出（万元）	仪器和设备原价（万元）	#进口
总计	**478**	**5**	**28445**	**437**	**2840**	**587805.6**	**378127.4**	**71177.1**
按企业规模分组								
大型	54		16374	138	1439	411913.8	174029.2	51032.6
中型	172	1	6565	141	856	111567.6	120370.6	10925.3
小型	250	4	5394	157	541	62178.0	82494.9	9219.2
微型	2		112	1	4	2146.2	1232.7	
按隶属关系分组								
中央	26		2448	39	452	53536.3	66539.4	9745.8
省（自治区、直辖市）	15		1175	48	277	22572.2	37822.5	2954.4
地（区、市、州、盟）	34		5079	73	744	163730.3	46301.9	14434.9
县（区、市、旗）	37		2645	61	170	44451.8	30458.6	1366.5
街道	1		30			230.0	1020.0	120.0
镇	16		679	1	9	10065.3	6376.9	
乡	4		47	1	4	1093.1	97.0	
村委会	5		123	1	16	1048.9	1325.2	
其他	340	5	16219	213	1168	291077.7	188185.9	42555.5
按登记注册类型分组								
内资企业	443	4	20348	398	2589	449473.2	303482.2	41418.1
国有企业	7		1219	35	277	17251.4	27842.3	635.5
集体企业	3		33		2	511.0	304.5	40.0
有限责任公司	244	4	8559	165	939	194372.8	119270.8	18659.8
国有独资公司	14		451	4	118	6691.5	23898.4	2898.2
其他有限责任公司	230	4	8108	161	821	187681.3	95372.4	15761.6
股份有限公司	76		8331	141	1166	210699.4	113654.5	16856.6
私营企业	113		2206	57	205	26638.6	42410.1	5226.2
私营独资企业	9		165	7	14	2300.0	2528.0	29.5
私营有限责任公司	89		1611	38	133	14324.4	27778.3	5196.7
私营股份有限公司	15		430	12	58	10014.2	12103.8	
港、澳、台商投资企业	20	1	5772	9	88	63514.3	38871.4	27236.9
合资经营企业（港或澳、台资）	7		434	2	33	3559.2	8898.8	55.4
合作经营企业（港或澳、台资）	1		107		29	1496.6	903.4	6.3
港、澳、台商独资经营企业	9	1	5199	4	22	57591.3	28723.7	27155.2
港、澳、台商投资股份有限公司	1		7	2	3	7.2	259.5	
其他港澳台投资企业	2		25	1	1	860.0	86.0	20.0
外商投资企业	15		2325	30	163	74818.1	35773.8	2522.1

14-33 续表1 (2016年)

指标名称	机构数（个）	企业在境外设立的研发机构数（个）	机构人员合计（人）	#博士毕业	硕士毕业	机构经费支出（万元）	仪器和设备原价（万元）	#进口
中外合资经营企业	8		1758	5	115	43216.4	12440.2	78.5
外资企业	3		438	14	17	19431.5	16887.1	2310.5
外商投资股份有限公司	4		129	11	31	12170.2	6446.5	133.1
按国民经济行业大类分组								
采矿业	3		152	11	32	1989.0	1451.5	296.5
煤炭开采和洗选业	3		152	11	32	1989.0	1451.5	296.5
制造业	468	5	27702	400	2659	580535.7	373186.1	70740.6
农副食品加工业	21		621	27	74	4673.5	4749.9	154.5
食品制造业	21		977	40	120	36402.7	27412.0	153.6
酒、饮料和精制茶制造业	4		71	1	10	846.9	416.2	
烟草制品业	2		133	2	26	11044.1	8260.7	6525.9
纺织业	6		124	2	10	1360.1	9454.7	5591.7
纺织服装、服饰业	8		277	4	11	1851.7	2301.9	337.7
家具制造业	3		78	3	15	682.7	301.5	
造纸和纸制品业	5		118	2	6	582.6	1676.0	166.0
印刷和记录媒介复制业	5		100	1	6	1371.3	4837.0	
文教、工美、体育和娱乐用品制造业	4		114	1	4	648.8	599.9	
化学原料和化学制品制造业	22		902	29	89	18264.9	12154.2	130.5
医药制造业	20	2	1077	45	230	14134.3	18058.8	1099.8
橡胶和塑料制品业	10	1	211	5	19	3280.8	2417.8	188.0
非金属矿物制品业	105		2688	54	292	30704.0	54832.1	4765.7
黑色金属冶炼和压延加工业	6		131	3	5	3785.4	3993.1	2330.5
有色金属冶炼和压延加工业	14		1826	37	161	38501.0	28879.4	1026.4
金属制品业	22	1	678	9	45	11355.1	23213.2	804.0
通用设备制造业	36		1190	18	135	16072.3	29675.3	2644.5
专用设备制造业	55		2300	25	217	38835.6	41221.8	1153.0
汽车制造业	15	1	5266	35	786	216415.4	32830.0	13934.9
铁路、船舶、航空航天和其他运输设备制造业	6		718	18	119	12286.1	10734.4	39.7
电气机械和器材制造业	32		1085	13	37	30887.9	17734.8	438.3
计算机、通信和其他电子设备制造业	22		5818	20	91	70598.9	32474.3	28874.9
仪器仪表制造业	23		1171	5	148	15899.6	4807.1	381.0

14-33 续表 2 (2016 年)

指标名称	机构数（个）	企业在境外设立的研发机构数（个）	机构人员合计（人）	#博士毕业	硕士毕业	机构经费支出（万元）	仪器和设备原价（万元）	#进口
废弃资源综合利用业	1		28	1	3	50.0	150.0	
电力、热力、燃气及水生产和供应业	7		591	26	149	5280.9	3489.8	140.0
电力、热力生产和供应业	4		389	26	121	5178.1	2067.8	140.0
燃气生产和供应业	2		189		21	32.2	322.0	
水的生产和供应业	1		13		7	70.6	1100.0	
按经济成分分组								
公有经济	66	1	4723	104	877	104865.3	117646.5	12939.8
非公有经济	412	4	23722	333	1963	482940.3	260480.9	58237.3
按企业控股情况分组								
国有控股	56	1	4595	97	866	102610.6	116344.7	12431.9
集体控股	10		128	7	11	2254.7	1301.8	507.9
私人控股	335	3	14132	256	1575	330012.9	167743.0	25992.4
港澳台商控股	17	1	5559	9	48	60951.1	31964.2	27230.6
外商控股	11		1783	28	60	51215.1	35749.3	2476.6
其他	49		2248	40	280	40761.2	25024.4	2537.7
按地区分组								
中原区	18		1079	18	174	13930.6	36918.6	1244.8
二七区	11		1108	42	251	19260.3	14504.6	1946.3
管城区	8		3428	32	536	126091.5	22612.2	13320.1
金水区	7		480	15	28	18206.6	14261.6	92.0
上街区	24		764	30	151	12003.1	15604.9	1067.4
惠济区	8		283	14	42	12406.0	6885.1	121.1
中牟县	18	1	904	3	155	32238.9	6192.5	383.6
巩义市	49	1	2602	29	67	47842.9	43370.7	7638.6
荥阳市	44		1302	13	100	21470.0	17391.8	2326.2
新密市	40		884	12	49	7250.6	15094.9	750.6
新郑市	57		1748	67	178	32141.2	38023.7	283.8
登封市	28		567	36	84	5781.5	8434.8	808.7
经开区	46	1	6140	41	400	125549.8	31915.4	9366.1
高新区	96	2	4310	40	485	67898.2	68350.4	2797.5
郑东新区	2		156	2	28	11774.4	10300.5	7350.6
航空港实验区	22		2690	43	112	33960.0	28265.7	21679.7

14-34 规模以上工业企业自主知识产权保护情况

（2016 年）

类 别	专利申请数（件）	#发明专利(件)	期末有效发明专利数（件）	#已被实施	#境外授权	专利所有权转让及许可数（项）	专利所有权转让及许可收入（万元）	发表科技论文（篇）	期末拥有注册商标（件）	境外注册	形成国家或行业标准（项）
总计	**5527**	**1674**	**3040**	**1456**	**25**	**98**	**16.6**	**1786**	**3963**	**953**	**166**
按企业规模分组											
大型	2523	849	1219	670	3	4		1435	2761	940	77
中型	1468	417	923	361	18	81	12.0	255	612	10	67
小型	1527	401	880	423	4	13	4.6	88	588	3	22
微型	9	7	18	2				8	2		
按隶属关系分组											
中央	961	334	495	207	16	4		446	63	17	53
省（自治区、直辖市）	695	397	623	347	2	62		870	24		4
地（区、市、州、盟）	768	271	242	153		17		70	1926	903	28
县（区、市、旗）	766	130	262	101	1			64	112		11
街道											
镇	130	16	20	12				8	80		7
乡	5								4		
村委会			11						3		
其他	2202	526	1387	636	6	15	16.6	328	1751	33	63
按登记注册类型分组											
内资企业	4990	1557	2771	1312	23	95	4.6	1753	3094	888	155
国有企业	773	446	740	381		4		827	6		8
集体企业	3	1							1		
有限责任公司	2511	646	1163	481	7	86	4.6	729	474	21	74
国有独资公司	94	38	21	17				62	22	1	16
其他有限责任公司	2417	608	1142	464	7	86	4.6	667	452	20	58
股份有限公司	1261	369	560	291	15	5		159	2361	865	65
私营企业	442	95	308	159	1			38	252	2	8
私营独资企业	1		12	12					3		
私营有限责任公司	365	78	228	87	1			36	165		6
私营股份有限公司	76	17	68	60				2	84	2	2
港、澳、台商投资企业	144	52	129	67	1			20	44		9
合资经营企业(港或澳、台资)	91	37	41	33				7	38		
合作经营企业(港或澳、台资)	8	5	13	12	1			13	1		9
港、澳、台商独资经营企业	45	10	73	20					5		
其他港澳台投资企业			2	2							
外商投资企业	393	65	140	77	1	3	12.0	13	825	65	2

14-34 续表 1 （2016 年）

类别	专利申请数（件）	#发明专利(件)	期末有效发明专利数（件）	#已被实施	#境外授权	专利所有权转让及许可数（项）	专利所有权转让及许可收入（万元）	发表科技论文（篇）	期末拥有注册商标（件）	境外注册	形成国家或行业标准（项）
中外合资经营企业	191	21	52	6	1				191		
外资企业	71		15	15				1	1		2
外商投资股份有限公司	56	13	17					12	620	65	
其他外商投资企业	75	31	56	56		3	12.0		13		
按国民经济行业大类分组											
采矿业	8		3	3				96	1		
煤炭开采和洗选业	8		3	3				96	1		
制造业	4682	1247	2460	1131	25	98	16.6	883	3959	953	161
农副食品加工业	99	9	66	27		2		3	56		3
食品制造业	173	23	84	42				31	1297	95	4
酒、饮料和精制茶制造业	19	2	37	22				134	55		1
烟草制品业	456	129	154	47				158	26	10	17
纺织业	3	1	12	5				8	3		1
纺织服装、服饰业	10							1	13		
家具制造业	125		14						1		
造纸和纸制品业	9	2	1	1							
印刷和记录媒介复制业	24	11	26	1				2	4		
文教、工美、体育和娱乐用品制造业	168	1	6	6					48		1
化学原料和化学制品制造业	53	43	68	29	1			14	54	2	11
医药制造业	242	90	132	44				19	371		6
橡胶和塑料制品业	57	7	51	26				8	15		
非金属矿物制品业	379	133	262	183	4	3	4.6	42	149	3	23
黑色金属冶炼和压延加工业			7	7					3		
有色金属冶炼和压延加工业	86	38	70	9	13			18	5		4
金属制品业	130	26	69	43				31	33		5
通用设备制造业	345	70	275	118				75	116		11
专用设备制造业	639	191	419	133	6	3	12.0	117	87	6	21
汽车制造业	733	186	183	105				95	1343	835	28
铁路、船舶、航空航天和其他运输设备制造业	108	42	107	104		4		68	4		4
电气机械和器材制造业	236	59	140	108	1	8		42	33		9
计算机、通信和其他电子设备制造业	213	93	105	6		62		7	148		

14-34 续表 2 （2016 年）

类　别	专利申请数（件）	#发明专利(件)	期末有效发明专利数（件）	#已被实施	#境外授权	专利所有权转让及许可数（项）	专利所有权转让及许可收入（万元）	发表科技论文（篇）	期末拥有注册商标（件）	境外注册	形成国家或行业标准（项）
仪器仪表制造业	375	91	172	65		16		10	95	2	12
电力、热力、燃气及水生产和供应业	837	427	577	322				807	3		5
电力、热力生产和供应业	833	427	576	322				793	3		5
燃气生产和供应业	3		1					3			
水的生产和供应业	1							11			
按经济成分分组											
公有经济	2069	810	1249	614	18	4		1398	344	17	61
非公有经济	3458	864	1791	842	7	94	16.6	388	3619	936	105
按企业控股情况分组											
国有控股	2061	806	1243	610	18	4		1397	342	17	61
集体控股	8	4	6	4				1	2		
私人控股	2645	716	1369	649	6	22	12.0	350	2862	871	86
港澳台商控股	84	16	82	28				3	6		
外商控股	144	18	74	16	1			13	628	65	2
其他	585	114	266	149		72	4.6	22	123		17
按地区分组											
中原区	29	7	68	60	2			138	26	1	
二七区	711	417	669	386		4		817	16		9
管城区	506	141	99	51				157	1163	835	19
金水区	87	5	48	31				2	37		2
上街区	48	26	34	13	12			24	27		4
惠济区	76	21	36	10		2		20	620	65	
中牟县	215	28	17	11				2	202		3
巩义市	176	42	197	93	4			14	45	1	5
荥阳市	338	33	148	66		5		7	39		11
新密市	50	19	60	23					3		
新郑市	260	55	215	72		6	4.6	42	811	30	4
登封市	326	102	85	43				50	7		2
经开区	659	157	348	207	4	62		148	140	7	22
高新区	1247	381	774	322	3	19	12.0	192	663	4	63
郑东新区	462	137	165	49				163	25	10	17
航空港实验区	337	103	77	19				10	139		5

14-35 规模以上工业企业新产品开发、生产及销售

(2016 年)

类　别	新产品开发项目数(项)	新产品开发经费支出(万元)	新产品产值(万元)	新产品销售收入(万元)	出口
总计	**2452**	**726762.9**	**35627317.1**	**33300671.5**	**25852675.4**
按企业规模分组					
大型	694	420827.1	33875300.2	31618141.1	25767235.7
中型	770	167185.0	1025738.3	967075.6	53785.7
小型	969	135951.2	719237.5	708657.3	31654.0
微型	13	2422.9	7041.1	6797.5	
按隶属关系分组					
中央	197	46776.3	1113785.7	1101230.9	38785.9
省(自治区、直辖市)	118	32252.7	249944.6	250974.3	15918.4
地(区、市、州、盟)	305	169068.7	2897808.8	2800635.2	273223.5
县(区、市、旗)	223	71323.2	830681.6	711332.4	4220.7
街道	1	94.2			
镇	91	15593.7	91315.0	88461.2	2750.9
乡	9	1942.2	1912.0	1912.0	395.5
村委会	6	2331.8	41914.5	39158.3	
其他	1496	387003.4	30399954.9	28306967.2	25517380.5
按登记注册类型分组					
内资企业	2177	621975.1	7154883.2	7049382.6	779420.3
国有企业	58	18887.9	153139.7	152894.3	4100.0
集体企业	6	565.7	2841.1	2668.5	
有限责任公司	1176	321609.6	3391086.7	3315744.3	474791.7
国有独资公司	69	8854.8	42457.1	41733.9	
其他有限责任公司	1107	312754.8	3348629.6	3274010.4	474791.7
股份有限公司	576	221008.6	3198760.6	3186459.5	280820.5
私营企业	361	59903.3	409055.1	391616.0	19708.1
私营独资企业	19	2814.3	21743.5	19507.9	2155.4
私营有限责任公司	278	36700.8	152533.8	145426.6	5434.1
私营股份有限公司	64	20388.2	234777.8	226681.5	12118.6
港、澳、台商投资企业	101	17041.8	27230422.1	25140233.6	25033871.0
合资经营企业(港或澳、台资)	37	3581.6	82987.0	82440.9	7797.3
合作经营企业(港或澳、台资)	12	1574.1	2030.7	1207.8	64.0
港、澳、台商独资经营企业	47	7837.5	27142792.7	25053973.2	25026009.7

14-35 续表 1 （2016 年）

类　别	新产品开发项目数（项）	新产品开发经费支出（万元）	新产品产值（万元）	新产品销售收入（万元）	出口
港、澳、台商投资股份有限公司	1	202.5	1741.7	1741.7	
其他港澳台投资企业	4	3846.1	870.0	870.0	
外商投资企业	168	87369.3	1242011.8	1111055.3	39384.1
中外合资经营企业	69	60755.0	888472.4	780990.7	38707.0
外资企业	76	13778.9	220509.1	219972.9	336.1
外商投资股份有限公司	15	7863.1	132420.3	109493.5	341.0
其他外商投资企业	8	4972.3	610.0	598.2	
按国民经济行业大类分组					
采矿业	24	13113.3	42369.3	37528.6	
煤炭开采和洗选业	24	13113.3	42369.3	37528.6	
制造业	2383	703676.7	35376780.9	33054976.0	25852675.4
农副食品加工业	81	9783.1	125460.1	124696.4	41.0
食品制造业	135	29764.0	380821.7	372497.0	8112.1
酒、饮料和精制茶制造业	11	1696.4	15885.2	10604.7	
烟草制品业	56	7435.2	712298.6	715708.8	20719.1
纺织业	22	2148.0	23477.4	23279.3	984.4
纺织服装、服饰业	16	4092.5	56916.7	51365.2	
家具制造业	3	1150.4	7072.8	6156.9	
造纸和纸制品业	12	5421.0	36114.0	35654.0	
印刷和记录媒介复制业	23	2714.2	39133.7	39498.3	
文教、工美、体育和娱乐用品制造业	12	1184.0	7427.1	6067.0	540.3
化学原料和化学制品制造业	103	24522.9	115537.1	116486.9	4192.2
医药制造业	138	20868.5	112692.7	109294.9	415.0
橡胶和塑料制品业	34	6721.3	47801.4	47163.8	12095.7
非金属矿物制品业	292	71242.8	283137.2	264995.3	18789.4
黑色金属冶炼和压延加工业	17	7246.1	12078.1	12078.1	2082.3
有色金属冶炼和压延加工业	54	56898.5	787079.7	681886.7	38.5
金属制品业	82	10290.6	99991.1	95174.3	5142.7
通用设备制造业	225	39559.7	385309.2	480113.7	82934.1
专用设备制造业	256	55051.9	642523.3	622774.2	36970.1
汽车制造业	298	221313.6	2996424.3	2924566.9	297691.1
铁路、船舶、航空航天和其他运输设备制造业	56	16373.5	122277.0	122745.0	

14-35　续表 2　　(2016 年)

类　　别	新产品开发项目数(项)	新产品开发经费支出(万元)	新产品产值(万元)	新产品销售收入(万元)	出口
电气机械和器材制造业	176	57598.5	672708.2	608397.5	7146.4
计算机、通信和其他电子设备制造业	91	25278.4	27586124.3	25474993.3	25352664.1
仪器仪表制造业	189	25101.1	108490.0	108777.8	2116.9
废弃资源综合利用业	1	220.5			
电力、热力、燃气及水生产和供应业	39	9596.2	208166.9	208166.9	
电力、热力生产和供应业	34	9416.4	206119.0	206119.0	
燃气生产和供应业			2047.9	2047.9	
水的生产和供应业	5	179.8			
按经济成分分组					
公有经济	473	120797.3	2161725.1	2142141.0	93634.4
非公有经济	1973	605588.9	33465592.0	31158530.5	25759041.0
按企业控股情况分组					
国有控股	441	116575.6	2120545.8	2106448.6	93634.4
集体控股	32	4221.7	41179.3	35692.4	
私人控股	1524	466149.3	4280030.8	4175305.3	312478.5
港澳台商控股	70	14127.9	27198094.7	25108021.6	25026009.7
外商控股	134	59482.9	809669.4	687190.4	677.1
其他	245	65828.8	1177797.1	1188013.2	419875.7
按地区分组					
中原区	105	28431.8	230667.4	229058.9	11214.5
二七区	44	22486.1	238454.8	238030.7	
管城区	139	127420.7	2364321.6	2336823.4	263838.9
金水区	93	14020.2	238889.5	238388.0	71.8
上街区	64	6516.7	74018.6	68773.1	1896.2
惠济区	31	8277.6	131482.6	115099.7	300.0
中牟县	130	39218.9	442047.1	439964.9	36374.1
巩义市	127	70264.6	893372.0	780748.4	10363.9
荥阳市	223	34423.0	212723.8	208469.7	3070.7
新密市	88	33823.5	105096.8	103887.3	572.3
新郑市	225	42912.4	216037.9	225455.2	13040.2
登封市	82	47100.8	273782.3	268671.4	60
经开区	243	96281.7	1604036.2	1585445.1	926431.6
高新区	707	127261.2	1194476.3	1205432.3	104581.9
郑东新区	63	13452.4	724674.6	727369.2	20719.1
航空港实验区	82	14494.6	26683235.6	24529054.2	24460140.2

14-36 规模以上工业企业政府相关政策落实情况

（2016 年）

单位：万元

类　别	使用来自政府部门的研发资金	研究开发费用加计扣除减免税	高新技术企业减免税
总计	**20927.3**	**35281.2**	**77507.1**
按企业规模分组			
大型	8788.9	25746.0	58805.6
中型	6392.5	6880.8	11976.5
小型	5715.9	2654.4	6725.0
微型	30.0		
按隶属关系分组			
中央	4190.6	1781.0	2951.0
省(自治区、直辖市)	93.0	602.8	3168.5
地(区、市、州、盟)	4599.0	7426.5	48679.8
县(区、市、旗)	2240.1	598.6	1073.4
镇	154.2		53.9
其他	9650.4	24872.3	21580.5
按登记注册类型分组			
内资企业	19738.0	31064.7	75041.9
国有企业	2355.6	496.1	988.6
有限责任公司	7315.8	17413.2	14556.9
国有独资公司	1005.6	92.9	45.1
其他有限责任公司	6310.2	17320.3	14511.8
股份有限公司	8399.1	11430.9	58678.3
私营企业	1667.5	1724.5	818.1
私营有限责任公司	1542.5	1700.2	495.7
私营股份有限公司	125.0	24.3	322.4
港、澳、台商投资企业	335.0	2421.8	801.4
合资经营企业(港或澳、台资)	315.0	86.2	47.5
合作经营企业(港或澳、台资)		89.7	636.7
港、澳、台商独资经营企业	20.0	2245.9	117.2
外商投资企业	854.3	1794.7	1663.8

14-36 续表1 （2016年） 单位:万元

类　别	使用来自政府部门的研发资金	研究开发费用加计扣除减免税	高新技术企业减免税
中外合资经营企业	772.0	1330.1	1490.9
外商投资股份有限公司	45.0	406.0	
其他外商投资企业	37.3	58.6	172.9
按国民经济行业大类分组			
制造业	20358.7	34861.5	77480.6
农副食品加工业	438.1	48.0	105.4
食品制造业	636.7	573.2	44.7
酒、饮料和精制茶制造业	30.0		
纺织业			64.5
纺织服装、服饰业	31.2		
家具制造业	3.0		
造纸和纸制品业	72.0	94.0	
印刷和记录媒介复制业	140.0	112.0	309.7
文教、工美、体育和娱乐用品制造业	77.0		
化学原料和化学制品制造业	793.2	89.7	641.8
医药制造业	1032.1	901.1	6490.2
橡胶和塑料制品业	327.5	85.0	121.2
非金属矿物制品业	2803.5	581.5	2217.1
黑色金属冶炼和压延加工业	80.0		14.2
有色金属冶炼和压延加工业	531.0	188.1	382.6
金属制品业	530.4	3068.0	894.2
通用设备制造业	1361.6	805.1	1173.2
专用设备制造业	1078.4	4220.3	7499.1
汽车制造业	5013.9	19098.3	49584.8
铁路、船舶、航空航天和其他运输设备制造业	1733.6	278.6	1214.1
电气机械和器材制造业	1333.1	58.0	710.7
计算机、通信和其他电子设备制造业	992.5	2328.0	1366.5
仪器仪表制造业	1299.9	2332.6	4646.6
废弃资源综合利用业	20.0		

14-36 续表 2 （2016 年） 单位:万元

类　别	使用来自政府部门的研发资金	研究开发费用加计扣除减免税	高新技术企业减免税
电力、热力、燃气及水生产和供应业	568.6	419.7	26.5
电力、热力生产和供应业	435.7	354.0	
燃气生产和供应业	100.0	65.7	26.5
水的生产和供应业	32.9		
按经济成分分组			
公有经济	5582.2	4048.8	7860.6
非公有经济	15345.1	31232.4	69646.5
按企业控股情况分组			
国有控股	5542.2	4048.8	7825.8
集体控股	40.0		34.8
私人控股	13983.5	25364.9	62631.6
港澳台商控股	235.0	2311.6	143.7
外商控股	118.0	466.5	143.4
其他	1008.6	3089.4	6727.8
按地区分组			
中原区	249.6	580.4	2942.8
二七区	2315.5	753.0	778.3
管城区	2600.4	5693.1	44040.3
金水区	94.0		50.7
上街区	831.1	208.1	485.2
惠济区	112.0	435.1	45.5
中牟县	933.1	2897.0	444.0
巩义市	246.2	1511.3	990.5
荥阳市	357.7	172.4	804.9
新密市	244.1		56.6
新郑市	2843.7	927.3	2621.9
登封市	1246.5	381.6	88.8
经开区	2882.6	15977.7	12476.1
高新区	4850.0	3379.0	11203.4
航空港实验区	1120.8	2365.2	478.1

14-37 规模以上工业企业技术获取和技术改造情况

（2016 年）

单位:万元

类　别	引进境外技术经费支出	引进境外技术的消化吸收经费支出	购买境内技术经费支出	技术改造经费支出
总计	**2951.3**	**86.2**	**406.1**	**140921.1**
按企业规模分组				
大型	1154.5		312.5	134758.9
中型	392.0			3440.9
小型	1404.8	86.2	93.6	2719.1
微型				2.2
按隶属关系分组				
中央	973.0			96194.3
省(自治区、直辖市)			312.5	1880.3
地(区、市、州、盟)				16312.4
县(区、市、旗)				8562.2
镇				1379.9
村委会				12.4
其他	1978.3	86.2	93.6	16579.6
按登记注册类型分组				
内资企业	2587.4	86.2	406.1	140056.1
国有企业				5488.2
集体企业				117.2
有限责任公司	1404.8		26.8	102287.6
国有独资公司				1.0
其他有限责任公司	1404.8		26.8	102286.6
股份有限公司	1182.6		312.5	21915.6
私营企业		86.2	66.8	10247.5
私营有限责任公司		86.2	66.8	1201.9
私营股份有限公司				9045.6
外商投资企业	363.9			865.0
中外合资经营企业	181.5			

14-37 续表1 （2016年） 单位:万元

类　别	引进境外技术经费支出	引进境外技术的消化吸收经费支出	购买境内技术经费支出	技术改造经费支出
外资企业				865.0
其他外商投资企业	182.4			
按国民经济行业大类分组				
采矿业				1459.6
煤炭开采和洗选业				1459.6
制造业	2951.3	86.2	406.1	131167.1
农副食品加工业				35.0
食品制造业				131.6
烟草制品业				90088.3
纺织业		86.2		86.2
家具制造业				155.3
造纸和纸制品业				161.4
文教、工美、体育和娱乐用品制造业				26.5
化学原料和化学制品制造业				107.1
医药制造业				414.8
非金属矿物制品业	1355.0		23.0	1466.6
黑色金属冶炼和压延加工业				865.0
有色金属冶炼和压延加工业				10400.8
金属制品业				2606.0
通用设备制造业	209.6			1497.2
专用设备制造业	1205.2		383.1	169.2
汽车制造业	181.5			17545.4
铁路、船舶、航空航天和其他运输设备制造业				5144.0
电气机械和器材制造业				230.3
计算机、通信和其他电子设备制造业				18.0
仪器仪表制造业				18.4

14-37 续表2 （2016年） 单位:万元

类别	引进境外技术经费支出	引进境外技术的消化吸收经费支出	购买境内技术经费支出	技术改造经费支出
电力、热力、燃气及水生产和供应业				8294.4
电力、热力生产和供应业				8294.4
按经济成分分组				
公有经济	1154.5		312.5	106519.7
非公有经济	1796.8	86.2	93.6	34401.4
按企业控股情况分组				
国有控股	1154.5		312.5	106402.5
集体控股				117.2
私人控股	1614.4	86.2	93.6	32878.8
外商控股				865.0
其他	182.4			657.6
按地区分组				
中原区			312.5	1460.6
二七区				5088.5
管城区				16701.2
金水区				35.0
上街区			23.0	1206.2
中牟县	181.5			26.9
巩义市	49.8	86.2	70.6	13258.8
荥阳市	1355.0			2370.9
新密市				1317.6
新郑市				237.0
登封市				8316.1
经开区	182.4			100.0
高新区	1182.6			741.6
郑东新区				90036.1
航空港实验区				24.6

14-38 建筑业企业 R&D 人员情况

（2016 年）

类　别	有 R&D 活动企业个数(个)	有科技机构企业个数（个）	R&D 人员合计（人）	#参加项目人员	管理和服务人员	#女性	#研究人员
总计	**23**	**21**	**6449**	**5977**	**472**	**1289**	**1961**
按企业规模分组							
大型	18	16	6367	5897	470	1274	1937
中型	5	5	82	80	2	15	24
按隶属关系分组							
中央	8	6	4632	4530	102	988	1340
省（自治区、直辖市）	2	1	549	543	6	134	57
地（区、市、州、盟）	4	6	304	294	10	67	112
其他	9	8	964	610	354	100	452
按登记注册类型分组							
内资企业	23	21	6449	5977	472	1289	1961
国有企业	2	4	157	147	10	36	60
有限责任公司	15	14	5243	5178	65	1099	1548
国有独资公司	3	1	508	507	1	102	154
其他有限责任公司	12	13	4735	4671	64	997	1394
股份有限公司	3	1	594	545	49	138	125
私营企业	3	2	455	107	348	16	228
私营有限责任公司	2	1	419	71	348	4	220
私营股份有限公司	1	1	36	36		12	8

14-38 续表 1 （2016 年）

类 别	有 R&D 活动企业个数(个)	有科技机构企业个数(个)	R&D 人员合计(人)	#参加项目人员	管理和服务人员	#女性	#研究人员
按国民经济行业大类分组							
建筑业	23	21	6449	5977	472	1289	1961
房屋建筑业	11	12	1386	980	406	243	622
土木工程建筑业	10	5	5025	4959	66	1040	1329
建筑安装业	2	4	38	38		6	10
按经济成分分组							
公有经济	13	10	5583	5463	120	1195	1587
非公有经济	10	11	866	514	352	94	374
按企业控股情况分组							
国有控股	13	10	5583	5463	120	1195	1587
私人控股	10	10	866	514	352	94	374
其他		1					
按地区分组							
中原区	3	7	301	291	10	60	97
二七区	5	2	404	355	49	46	122
管城区	2	3	181	180	1	33	71
金水区	7	6	955	549	406	131	496
中牟县	2		44	44		6	12
经开区	2	1	4182	4182		894	1128
高新区	1	1	346	340	6	107	27
郑东新区	1	1	36	36		12	8

14-38 续表 2 （2016 年）

类别	#全时人员	非全时人员	R&D 人员折合全时当量合计（人年）	#研究人员	基础研究人员	应用研究人员	试验发展人员
总计	**3170**	**3279**	**5646**	**1648**	**30**	**480**	**5136**
按企业规模分组							
大型	3109	3258	5597	1634	30	480	5087
中型	61	21	49	13			49
按隶属关系分组							
中央	2285	2347	4433	1257		10	4423
省（自治区、直辖市）	378	171	436	48		292	144
地（区、市、州、盟）	138	166	154	54		1	153
其他	369	595	622	288	30	177	416
按登记注册类型分组							
内资企业	3170	3279	5646	1648	30	480	5136
国有企业	12	145	58	20		1	58
有限责任公司	2750	2493	5077	1484		276	4801
国有独资公司	457	51	429	122		90	339
其他有限责任公司	2293	2442	4648	1362		186	4463
股份有限公司	347	247	334	54		204	130
私营企业	61	394	176	90	30		147
私营有限责任公司	37	382	166	87	20		147
私营股份有限公司	24	12	10	2	10		

14-38 续表 3 （2016 年）

类 别	#全时人员	非全时人员	R&D 人员折合全时当量合计（人年）	#研究人员	基础研究人员	应用研究人员	试验发展人员
按国民经济行业大类分组							
建筑业	3170	3279	5646	1648	30	480	5136
房屋建筑业	739	647	917	409	30		888
土木工程建筑业	2397	2628	4695	1230		480	4215
建筑安装业	34	4	34	8			34
按经济成分分组							
公有经济	2896	2687	5173	1456		480	4693
非公有经济	274	592	472	192	30		443
按企业控股情况分组							
国有控股	2896	2687	5173	1456		480	4693
私人控股	274	592	472	192	30		443
其他							
按地区分组							
中原区	47	254	217	70			217
二七区	245	159	233	45		101	132
管城区	157	24	119	46			119
金水区	501	454	684	359	20	177	488
中牟县	40	4	36	9			36
经开区	1961	2221	4113	1099			4113
高新区	195	151	233	18		202	31
郑东新区	24	12	10	2	10		

14-39　建筑业全部 R&D 项目情况

(2016 年)

类　　别	项目数（项）	参加项目人员（人）	全部项目经费内部支出（万元）
总计	**259**	**5977**	**118074.7**
按企业规模分组			
大型	244	5897	117442.3
中型	15	80	632.4
按隶属关系分组			
中央	146	4530	83793.8
省(自治区、直辖市)	44	543	26285.2
地(区、市、州、盟)	14	294	1868.0
其他	55	610	6127.7
按登记注册类型分组			
内资企业	259	5977	118074.7
国有企业	10	147	1414.9
有限责任公司	208	5178	101152.5
国有独资公司	64	507	19589.9
其他有限责任公司	144	4671	81562.6
股份有限公司	18	545	13929.0
私营企业	23	107	1578.3
私营有限责任公司	5	71	1542.3
私营股份有限公司	18	36	36.0
按国民经济行业大类分组			
建筑业	259	5977	118074.7
房屋建筑业	99	980	21547.7
土木工程建筑业	153	4959	96200.0
建筑安装业	7	38	327.0
按经济成分分组			
公有经济	205	5463	114365.8
非公有经济	54	514	3708.9
按企业控股情况分组			
国有控股	205	5463	114365.8
私人控股	54	514	3708.9
按地区分组			
中原区	27	291	3805.6
二七区	42	355	13220.7
管城区	6	180	903.5
金水区	34	549	16037.3
中牟县	9	44	411.4
经开区	111	4182	70291.2
高新区	12	340	13369.0
郑东新区	18	36	36.0

14-40 建筑业企业

（2016 年）

类　别	R&D经费内部支出合计	按活动类型分组			按支出用途分组			
		基础研究支出	应用研究支出	试验发展支出	经常费支出	#人员劳务费	资产性支出	#土建工程
总计	**118099.8**	**688.5**	**16351.6**	**101059.7**	**105047.2**	**39481.3**	**13052.6**	**16.0**
按企业规模分组								
大型	117466.3	688.5	16351.6	100426.2	104436.8	39178.4	13029.5	14.9
中型	633.5			633.5	610.4	302.9	23.1	1.1
按隶属关系分组								
中央	83797.7		37.6	83760.1	72053.4	32627.1	11744.3	0.6
省(自治区、直辖市)	26296.1		14338.4	11957.7	25545.4	4178.5	750.7	4.5
地(区、市、州、盟)	1872.4		0.2	1872.2	1794.1	545.0	78.3	5.0
其他	6133.6	688.5	1975.4	3469.7	5654.3	2130.7	479.3	5.9
按登记注册类型分组								
内资企业	118099.8	688.5	16351.6	101059.7	105047.2	39481.3	13052.6	16.0
国有企业	1414.7		0.2	1414.5	1396.3	447.7	18.4	0.1
有限责任公司	101156.3		5935.2	95221.1	89192.7	35926.0	11963.6	0.8
国有独资公司	19589.7		3938.4	15651.3	17633.4	2404.4	1956.3	
其他有限责任公司	81566.6		1996.8	79569.8	71559.3	33521.6	10007.3	0.8
股份有限公司	13944.6		10416.2	3528.4	13143.1	2877.3	801.5	9.4
私营企业	1584.2	688.5		895.7	1315.1	230.3	269.1	5.7
私营有限责任公司	1547.8	652.5		895.3	1296.8	224.1	251.0	5.3
私营股份有限公司	36.4	36.0		0.4	18.3	6.2	18.1	0.4

R&D 经费情况

单位:万元

	按资金来源分组			R&D 经费外部支出合计	对境内研究机构支出	对境内高等学校支出	对境内企业支出
#仪器设备	政府资金	企业资金	其他资金				
13036.6	**33.8**	**117913.6**	**152.4**	**399.6**	**13.5**	**198.9**	**187.2**
13014.6	25.3	117288.6	152.4	399.6	13.5	198.9	187.2
22.0	8.5	625.0					
11743.7		83797.7		147.7			147.7
746.2		26296.1					
73.3	31.6	1688.4	152.4	33.7	2.4	31.3	
473.4	2.2	6131.4		218.2	11.1	167.6	39.5
13036.6	33.8	117913.6	152.4	399.6	13.5	198.9	187.2
18.3	15.5	1246.8	152.4	26.6		26.6	
11962.8	8.5	101147.8		164.1	11.1	4.1	148.9
1956.3		19589.7		147.7			147.7
10006.5	8.5	81558.1		16.4	11.1	4.1	1.2
792.1	9.5	13935.1		7.1	2.4	4.7	
263.4	0.3	1583.9		201.8		163.5	38.3
245.7	0.3	1547.5		191.5		153.2	38.3
17.7		36.4		10.3		10.3	

14-40 续表 1 (2016 年)

类别	R&D 经费内部支出合计	按活动类型分组			按支出用途分组			
		基础研究支出	应用研究支出	试验发展支出	经常费支出	#人员劳务费	资产性支出	#土建工程
按国民经济行业大类分组								
建筑业	118099.8	688.5	16351.6	101059.7	105047.2	39481.3	13052.6	16.0
房屋建筑业	21561.5	688.5		20873.0	19250.9	6115.7	2310.6	10.8
土木工程建筑业	96211.4		16351.6	79859.8	85478.5	33148.2	10732.9	5.2
建筑安装业	326.9			326.9	317.8	217.4	9.1	
按经济成分分组								
公有经济	114380.4		16351.6	98028.8	101691.2	37829.8	12689.2	5.2
非公有经济	3719.4	688.5		3030.9	3356.0	1651.5	363.4	10.8
按企业控股情况分组								
国有控股	114380.4		16351.6	98028.8	101691.2	37829.8	12689.2	5.2
私人控股	3719.4	688.5		3030.9	3356.0	1651.5	363.4	10.8
按地区分组								
中原区	3805.1			3805.1	3784.5	1435.9	20.6	
二七区	13220.9		3976.2	9244.7	13219.6	1438.0	1.3	0.1
管城区	908.0			908.0	823.1	433.4	84.9	4.9
金水区	16046.3	652.5	1975.4	13418.4	15602.1	4539.4	444.2	5.6
中牟县	412.0			412.0	409.0	238.2	3.0	0.5
经开区	70291.2			70291.2	58561.4	28619.8	11729.8	
高新区	13379.9		10400.0	2979.9	12629.2	2770.4	750.7	4.5
郑东新区	36.4	36.0		0.4	18.3	6.2	18.1	0.4

单位:万元

	按资金来源分组			R&D经费外部支出合计	对境内研究机构支出	对境内高等学校支出	对境内企业支出
#仪器设备	政府资金	企业资金	其他资金				
13036.6	33.8	117913.6	152.4	399.6	13.5	198.9	187.2
2299.8	11.7	21549.8		373.0	13.5	172.3	187.2
10727.7	15.5	96043.5	152.4	26.6		26.6	
9.1	6.6	320.3					
12684.0	15.5	114212.5	152.4	174.3		26.6	147.7
352.6	18.3	3701.1		225.3	13.5	172.3	39.5
12684.0	15.5	114212.5	152.4	174.3		26.6	147.7
352.6	18.3	3701.1		225.3	13.5	172.3	39.5
20.6	15.5	3637.2	152.4	147.7			147.7
1.2		13220.9		26.6		26.6	
80.0	9.5	898.5		22.3	13.5	8.8	
438.6	8.8	16037.5		192.7		153.2	39.5
2.5		412.0					
11729.8		70291.2					
746.2		13379.9					
17.7		36.4		10.3		10.3	

14-41 建筑业企业办科技机构情况

(2016 年)

类 型	机构数(个)	企业在境外设立的研发机构数(个)	机构人员合计(人)	#博士毕业	硕士毕业	机构经费支出(万元)	仪器和设备原价(万元)	#进口
总计	**48**	**2**	**2284.0**	**52.0**	**150.0**	**28226.8**	**21822.3**	**105.5**
按企业规模分组								
大型	41	2	2028.0	51.0	139.0	26058.5	21442.4	105.5
中型	7		256	1	11	2168	380	
按隶属关系分组								
中央	23		1249.0		60.0	17592.9	14021.0	
省(自治区、直辖市)	1	2	9.0		4.0	13.0	8.3	
地(区、市、州、盟)	12		455.0	40.0	56.0	2305.4	2475.5	105.5
其他	12		571.0	12.0	30.0	8315.5	5317.5	
按登记注册类型分组								
内资企业	48	2	2284.0	52.0	150.0	28226.8	21822.3	105.5
国有企业	5		730.0	16.0	21.0	4339.8	867.0	
有限责任公司	37		1290.0	23.0	103.0	22197.7	19004.7	0.5
国有独资公司	1		37.0		2.0	10577.3	131.1	
其他有限责任公司	36		1253.0	23.0	101.0	11620.4	18873.6	0.5
股份有限公司	3	2	162.0	8.0	21.0	918.0	312.0	105.0
私营企业	3		102.0	5.0	5.0	771.3	1638.6	
私营有限责任公司	2		42.0	1.0	2.0	447.3	826.0	
私营股份有限公司	1		60.0	4.0	3.0	324.0	812.6	
按国民经济行业大类分组								
建筑业	48	2	2284.0	52.0	150.0	28226.8	21822.3	105.5
房屋建筑业	24		1015.0	35.0	72.0	17642.0	19062.9	105.5
土木工程建筑业	18	2	464.0	16.0	60.0	4963.1	2384.5	
建筑安装业	6		805.0	1.0	18.0	5621.7	374.9	
按经济成分分组								
公有经济	31	2	1549.0	26.0	94.0	21195.4	15941.7	0.5
非公有经济	17		735.0	26.0	56.0	7031.4	5880.6	105.0
按企业控股情况分组								
国有控股	31	2	1549.0	26.0	94.0	21195.4	15941.7	0.5
私人控股	16		726.0	26.0	52.0	7018.4	5872.3	105.0
其他	1		9.0		4.0	13.0	8.3	
按地区分组								
中原区	8		846.0	1.0	18.0	17357.8	2509.4	
二七区	4		118.0	21.0	5.0	265.0	1165.0	
管城区	5		297.0	13.0	37.0	969.8	1575.8	105.0
金水区	19		678.0	13.0	36.0	6838.8	15298.5	0.5
经开区	10		141.0		45.0	1336.8	451.0	
高新区	1	2	144.0		6.0	1134.6	10.0	
郑东新区	1		60.0	4.0	3.0	324.0	812.6	

14-42 建筑业企业政府相关政策落实情况

(2016年)

单位:万元

类　别	使用来自政府部门的研发资金	研究开发费用加计扣除减免税	高新技术企业减免税
总计	**245.1**	**486.3**	**421.6**
按企业规模分组			
大型	58.0	447.3	215.0
中型	187.1	39.0	206.6
按隶属关系分组			
中央		153.7	215.0
地(区、市、州、盟)	155.5	39.0	34.5
其他	89.6	293.6	172.1
按登记注册类型分组			
内资企业	245.1	486.3	421.6
国有企业	23.4		
有限责任公司	187.1	486.3	349.0
国有独资公司		153.7	
其他有限责任公司	187.1	332.6	349.0
股份有限公司	21.2		72.6
私营企业	13.4		
按国民经济行业大类分组			
建筑业	245.1	486.3	421.6
房屋建筑业	110.8	153.7	99.5
土木工程建筑业	23.4	293.6	
建筑安装业	110.9	39.0	322.1
按经济成分分组			
公有经济	33.4	447.3	215.0
非公有经济	211.7	39.0	206.6
按企业控股情况分组			
国有控股	33.4	447.3	215.0
私人控股	211.7	39.0	206.6
按地区分组			
中原区	24.9	153.7	
二七区			215.0
管城区	31.2		
金水区	189.0	332.6	134.0
郑东新区			72.6

14-43 建筑业企业自主知识产权保护情况

（2016 年）

单位:件

类别	专利申请数	#发明专利	期末有效发明专利数	#已被实施
总计	**737**	**64**	**327**	**305**
按企业规模分组				
大型	674	44	280	260
中型	63	20	47	45
按隶属关系分组				
中央	594	20	168	164
省（自治区、直辖市）	20	6	18	18
地（区、市、州、盟）	30	9	42	29
其他	93	29	99	94
按登记注册类型分组				
内资企业	737	64	327	305
国有企业	92	16	21	13
有限责任公司	581	36	280	273
国有独资公司	39	4	14	14
其他有限责任公司	542	32	266	259
股份有限公司	32	6	16	14
私营企业	32	6	10	5
私营有限责任公司	29	3	7	5
私营股份有限公司	3	3	3	
按国民经济行业大类分组				
建筑业	737	64	327	305
房屋建筑业	509	16	131	120
土木工程建筑业	65	13	123	112
建筑安装业	135	33	70	70
建筑装饰和其他建筑业	28	2	3	3
按经济成分分组				
公有经济	629	32	269	255
非公有经济	108	32	58	50
按企业控股情况分组				
国有控股	629	32	269	255
私人控股	108	32	58	50
按地区分组				
中原区	88	15	50	48
二七区	24	4	45	32
管城区	31	6	4	4
金水区	516	25	189	185
上街区	2			
中牟县	6		1	1
经开区	18	2	21	21
高新区	41	8	14	14
郑东新区	11	4	3	

14-44 服务业企业 R&D 人员情况

(2016 年)

类别	有 R&D 活动企业个数(个)	有科技机构企业个数(个)	R&D 人员合计(人)	#参加项目人员	管理和服务人员	#女性	#研究人员
总计	**53**	**37**	**4140**	**3965**	**175**	**965**	**1879**
按企业规模分组							
大型	17	14	2452	2408	44	628	1182
中型	36	23	1688	1557	131	337	697
按隶属关系分组							
中央	7	4	1350	1349	1	338	654
省(自治区、直辖市)	7	4	310	280	30	111	163
地(区、市、州、盟)	2	2	152	152		6	80
县(区、市、旗)	2	1	151	117	34	18	78
其他	35	26	2177	2067	110	492	904
按登记注册类型分组							
内资企业	53	37	4140	3965	175	965	1879
国有企业	2	2	221	221		61	116
有限责任公司	31	20	2574	2503	71	577	1146
国有独资公司	5	1	192	192		90	101
其他有限责任公司	26	19	2382	2311	71	487	1045
股份有限公司	10	6	728	685	43	144	345
私营企业	10	9	617	556	61	183	272
私营合伙企业	1	1	38	35	3	19	18
私营有限责任公司	7	6	518	463	55	148	227
私营股份有限公司	2	2	61	58	3	16	27
按国民经济行业大类分组							
交通运输、仓储和邮政业	1		5	5		1	3
信息传输、软件和信息技术服务业	22	15	1551	1442	109	309	636
互联网和相关服务	3	4	190	184	6	53	66
软件和信息技术服务业	19	11	1361	1258	103	256	570

14-44 续表 1 （2016 年）

类　别	有 R&D 活动企业个数(个)	有科技机构企业个数（个）	R&D 人员合计（人）	#参加项目人员	管理和服务人员	#女性	#研究人员
租赁和商务服务业	1	1	9	9		2	5
科学研究和技术服务业	25	19	2487	2424	63	619	1190
研究和试验发展	6	2	323	271	52	70	137
专业技术服务业	17	16	2131	2127	4	545	1037
科技推广和应用服务业	2	1	33	26	7	4	16
水利、环境和公共设施管理业	2		30	30		7	16
水利管理业	1		6	6		1	3
生态保护和环境治理业	1		24	24		6	13
卫生和社会工作	1	1	38	35	3	19	18
文化、体育和娱乐业	1	1	20	20		8	11
按经济成分分组							
公有经济	16	8	1824	1757	67	460	899
非公有经济	37	29	2316	2208	108	505	980
按企业控股情况分组							
国有控股	13	7	1605	1602	3	422	786
集体控股	3	1	219	155	64	38	113
私人控股	28	24	1961	1856	105	444	821
其他	9	5	355	352	3	61	159
按地区分组							
中原区	5	5	553	552	1	95	285
二七区	2	2	48	48		6	25
管城区	1		139	105	34	15	74
金水区	9	12	1211	1176	35	363	564
惠济区	2	1	175	175		57	91
荥阳市	1		12	12		2	3
新郑市	1		24	24		6	13
经开区	5	4	317	314	3	75	107
高新区	23	11	1347	1252	95	274	577
郑东新区	4	2	314	307	7	72	140

14-44 续表 2 （2016 年）

类 别	#全时人员	非全时人员	R&D 人员折合全时当量合计（人年）	#研究人员	基础研究人员	应用研究人员	试验发展人员
总计	**3345**	**795**	**2453**	**1126**	**21**	**210**	**2222**
按企业规模分组							
大型	1871	581	1449	710	14	198	1237
中型	1474	214	1004	416	7	12	985
按隶属关系分组							
中央	884	466	657	324	14	117	526
省（自治区、直辖市）	271	39	204	107	7	85	111
地（区、市、州、盟）	137	15	117	62			117
县（区、市、旗）	136	15	121	62			121
其他	1917	260	1354	570		8	1346
按登记注册类型分组							
内资企业	3345	795	2453	1126	21	210	2222
国有企业	199	22	162	85	14	100	48
有限责任公司	1970	604	1444	650	7	102	1335
国有独资公司	165	27	150	79		89	61
其他有限责任公司	1805	577	1294	571	7	13	1274
股份有限公司	639	89	401	191			401
私营企业	537	80	446	200		8	438
私营合伙企业	34	4	29	14			29
私营有限责任公司	448	70	388	173		8	380
私营股份有限公司	55	6	29	13			29
按国民经济行业大类分组							
交通运输、仓储和邮政业	1	4	2	1			2
信息传输、软件和信息技术服务业	1367	184	936	390		1	935
互联网和相关服务	171	19	129	44			129
软件和信息技术服务业	1196	165	807	346		1	806

14-44 续表 3 （2016 年）

类 别	#全时人员	非全时人员	R&D 人员折合全时当量合计（人年）	#研究人员	基础研究人员	应用研究人员	试验发展人员
租赁和商务服务业	8	1	7	4			7
科学研究和技术服务业	1890	597	1451	702	21	210	1221
研究和试验发展	284	39	197	83	7	3	187
专业技术服务业	1588	543	1235	609	14	198	1023
科技推广和应用服务业	18	15	19	10		8	11
水利、环境和公共设施管理业	27	3	12	6			12
水利管理业	5	1	4	2			4
生态保护和环境治理业	22	2	8	5			8
卫生和社会工作	34	4	29	14			29
文化、体育和娱乐业	18	2	16	9			16
按经济成分分组							
公有经济	1294	530	993	499	21	202	769
非公有经济	2051	265	1460	627		8	1452
按企业控股情况分组							
国有控股	1103	502	852	426	14	202	636
集体控股	191	28	141	72	7		134
私人控股	1732	229	1233	523		8	1225
其他	319	36	227	104			227
按地区分组							
中原区	444	109	321	166		15	306
二七区	43	5	31	16			31
管城区	125	14	111	59			111
金水区	804	407	636	302	7	92	537
惠济区	157	18	137	71		3	134
荥阳市	5	7	10	2			10
新郑市	22	2	8	5			8
经开区	285	32	216	75			216
高新区	1185	162	827	362	14	99	714
郑东新区	275	39	155	68		1	154

14-45 服务业企业全部 R&D 项目情况

（2016 年）

类别	项目数（项）	参加项目人员（人）	全部项目经费内部支出（万元）
总计	**542**	**3965**	**62323.6**
按企业规模分组			
大型	364	2408	48847.6
中型	178	1557	13476.0
按隶属关系分组			
中央	271	1349	28497.9
省（自治区、直辖市）	25	280	1483.0
地（区、市、州、盟）	19	152	1665.5
县（区、市、旗）	5	117	5366.7
其他	222	2067	25310.5
按登记注册类型分组			
内资企业	542	3965	62323.6
国有企业	88	221	9481.7
有限责任公司	325	2503	35620.6
国有独资公司	14	192	1758.3
其他有限责任公司	311	2311	33862.3
股份有限公司	76	685	9583.3
私营企业	53	556	7638.0
私营合伙企业	4	35	1437.0
私营有限责任公司	44	463	5994.8
私营股份有限公司	5	58	206.2
按国民经济行业大类分组			
交通运输、仓储和邮政业	1	5	18.0
道路运输业	1	5	18.0
信息传输、软件和信息技术服务业	123	1442	19608.2
互联网和相关服务	18	184	1654.2
软件和信息技术服务业	105	1258	17954.0
租赁和商务服务业	1	9	80.0
商务服务业	1	9	80.0
科学研究和技术服务业	404	2424	40548.2
研究和试验发展	24	271	2127.1
专业技术服务业	373	2127	38300.2
科技推广和应用服务业	7	26	120.9
水利、环境和公共设施管理业	8	30	332.0
水利管理业	1	6	30.4
生态保护和环境治理业	7	24	301.6
卫生和社会工作	4	35	1437.0
卫生	4	35	1437.0
文化、体育和娱乐业	1	20	300.2
新闻和出版业	1	20	300.2
按经济成分分组			
公有经济	299	1757	35967.2
非公有经济	243	2208	26356.4
按企业控股情况分组			
国有控股	291	1602	30580.1
集体控股	8	155	5387.1
私人控股	171	1856	21964.9
其他	72	352	4391.5
按地区分组			
中原区	112	552	8865.6
二七区	8	48	432.6
管城区	3	105	5256.6
金水区	165	1176	19330.8
惠济区	23	175	2603.6
荥阳市	1	12	106.3
新郑市	7	24	301.6
经开区	30	314	2890.8
高新区	175	1252	17699.4
郑东新区	18	307	4836.3

14-46 服务业企业

（2016 年）

类别	R&D经费内部支出合计	按活动类型分组			按支出用途分组			
		基础研究支出	应用研究支出	试验发展支出	经常费支出	#人员劳务费	资产性支出	#土建工程
总计	**70733.2**	**198.7**	**14512.2**	**56022.3**	**68177.9**	**47070.5**	**2555.3**	**11.1**
按企业规模分组								
大型	56663.9	190.1	14379.8	42094.0	54740.8	37580.7	1923.1	8.7
中型	14069.3	8.6	132.4	13928.3	13437.1	9489.8	632.2	2.4
按隶属关系分组								
中央	36323.4	190.1	14208.5	21924.8	34825.2	21103.8	1498.2	
省(自治区、直辖市)	1854.2	8.6	216.4	1629.2	1760.0	980.8	94.2	8.8
地(区、市、州、盟)	1666.1			1666.1	1567.3	1267.9	98.8	
县(区、市、旗)	5366.7			5366.7	5366.7	5042.1		
其他	25522.8		87.3	25435.5	24658.7	18675.9	864.1	2.3
按登记注册类型分组								
内资企业	70733.2	198.7	14512.2	56022.3	68177.9	47070.5	2555.3	11.1
国有企业	17066.1	190.1	14030.9	2845.1	15567.9	11111.0	1498.2	
有限责任公司	36283.6	8.6	394.0	35881.0	35981.2	23140.5	302.4	9.9
国有独资公司	1774.0		254.0	1520.0	1765.5	1039.4	8.5	8.5
其他有限责任公司	34509.6	8.6	140.0	34361.0	34215.7	22101.1	293.9	1.4
股份有限公司	9582.9			9582.9	8996.5	7274.1	586.4	0.2
私营企业	7800.6		87.3	7713.3	7632.3	5544.9	168.3	1.0
私营合伙企业	1437.0			1437.0	1437.0	251.1		
私营有限责任公司	6155.7		87.3	6068.4	5987.4	5171.0	168.3	1.0
私营股份有限公司	207.9			207.9	207.9	122.8		
按国民经济行业大类分组								
交通运输、仓储和邮政业	18.0			18.0	18.0	2.5		
信息传输、软件和信息技术服务业	19609.4		7.5	19601.9	18741.8	15745.2	867.6	1.2
互联网和相关服务	1654.1			1654.1	1527.2	1241.7	126.9	
软件和信息技术服务业	17955.3		7.5	17947.8	17214.6	14503.5	740.7	1.2

R&D 经费情况

单位:万元

	按资金来源分组			R&D 经费外部支出合计			
#仪器设备	政府资金	企业资金	其他资金		对境内研究机构支出	对境内高等学校支出	对境内企业支出
2544.2	**1835.9**	**68634.6**	**262.7**	**2171.6**	**586.8**	**100.1**	**1484.7**
1914.4	1184.7	55341.9	137.3	663.6	268.3	83.3	312.0
629.8	651.2	13292.7	125.4	1508.0	318.5	16.8	1172.7
1498.2	938.5	35247.6	137.3	508.1	268.3	83.3	156.5
85.4	221.4	1630.5	2.3	48.4	8.1	16.8	23.5
98.8		1666.1					
		5366.7		15.6	15.6		
861.8	676.0	24723.7	123.1	1599.5	294.8		1304.7
2544.2	1835.9	68634.6	262.7	2171.6	586.8	100.1	1484.7
1498.2	259.4	16669.4	137.3	196.0		39.5	156.5
292.5	997.9	35276.9	8.8	1121.7	309.6	60.6	751.5
	594.6	1177.1	2.3	44.6	4.3	16.8	23.5
292.5	403.3	34099.8	6.5	1077.1	305.3	43.8	728.0
586.2	491.8	9091.1		514.0	276.5		237.5
167.3	86.8	7597.2	116.6	339.9	0.7		339.2
		1437.0					
167.3	16.8	6022.3	116.6	339.9	0.7		339.2
	70.0	137.9					
		18.0					
866.4	586.3	19014.3	8.8	1659.7	314.7	16.8	1328.2
126.9		1654.1		171.3	8.0		163.3
739.5	586.3	17360.2	8.8	1488.4	306.7	16.8	1164.9

14-46 续表 1 （2016 年）

类别	R&D 经费内部支出合计	按活动类型分组			按支出用途分组			
		基础研究支出	应用研究支出	试验发展支出	经常费支出	#人员劳务费	资产性支出	#土建工程
租赁和商务服务业	80.0			80.0	80.0	70.2		
科学研究和技术服务业	48948.1	198.7	14504.7	34244.7	47268.9	30605.2	1679.2	1.4
研究和试验发展	2480.4	8.6	37.6	2434.2	2334.5	1192.8	145.9	1.4
专业技术服务业	46314.0	190.1	14379.8	31744.1	44782.9	29309.2	1531.1	
科技推广和应用服务业	153.7		87.3	66.4	151.5	103.2	2.2	
水利、环境和公共设施管理业	332.0			332.0	332.0	281.4		
水利管理业	30.4			30.4	30.4	22.0		
生态保护和环境治理业	301.6			301.6	301.6	259.4		
卫生和社会工作	1437.0			1437.0	1437.0	251.1		
文化、体育和娱乐业	308.7			308.7	300.2	114.9	8.5	8.5
按经济成分分组								
公有经济	43972.4	198.7	14424.9	29348.8	42292.3	27759.1	1680.1	8.8
非公有经济	26760.8		87.3	26673.5	25885.6	19311.4	875.2	2.3
按企业控股情况分组								
国有控股	38414.8	190.1	14424.9	23799.8	36817.5	22658.5	1597.3	8.5
集体控股	5557.6	8.6		5549.0	5474.8	5100.6	82.8	0.3
私人控股	22177.1		87.3	22089.8	21365.8	15765.8	811.3	2.3
其他	4583.7			4583.7	4519.8	3545.6	63.9	
按地区分组								
中原区	9792.5		509.3	9283.2	9792.5	6629.3		
二七区	624.8			624.8	591.9	340.0	32.9	
管城区	5256.6			5256.6	5256.6	4944.8		
金水区	19542.5	8.6	296.2	19237.7	19470.6	11591.1	71.9	8.8
惠济区	2610.9		37.6	2573.3	2610.9	1955.8		
荥阳市	106.3			106.3	76.3	41.0	30.0	
新郑市	301.6			301.6	301.6	259.4		
经开区	2939.3			2939.3	2785.1	822.2	154.2	1.1
高新区	24722.1	190.1	13661.6	10870.4	22863.6	16735.6	1858.5	1.0
郑东新区	4836.6		7.5	4829.1	4428.8	3751.3	407.8	0.2

单位:万元

	按资金来源分组			R&D经费外部支出合计			
#仪器设备	政府资金	企业资金	其他资金		对境内研究机构支出	对境内高等学校支出	对境内企业支出
		80.0					
1677.8	1049.6	47644.6	253.9	511.9	272.1	83.3	156.5
144.5	435.7	1928.1	116.6	3.8	3.8		
1531.1	613.9	45562.8	137.3	508.1	268.3	83.3	156.5
2.2		153.7					
		332.0					
		30.4					
		301.6					
		1437.0					
	200.0	108.7					
1671.3	1159.9	42672.9	139.6	556.5	276.4	100.1	180.0
872.9	676.0	25961.7	123.1	1615.1	310.4		1304.7
1588.8	1138.5	37136.7	139.6	552.7	272.6	100.1	180.0
82.5	21.4	5536.2		3.8	3.8		
809.0	581.5	21479.0	116.6	1050.3	300.8		749.5
63.9	94.5	4482.7	6.5	564.8	9.6		555.2
	40.0	9615.2	137.3	209.5		53.0	156.5
32.9		624.8					
		5256.6					
63.1	465.9	19076.6		427.6	272.1		155.5
	394.6	2216.3					
30.0		106.3					
		301.6					
153.1	2.9	2936.4		15.6	15.6		
1857.5	489.2	24109.8	123.1	1382.7	294.8	30.3	1057.6
407.6	443.3	4391.0	2.3	136.2	4.3	16.8	115.1

14-47 服务业企业办科技机构情况

（2016 年）

类型	机构数（个）	企业在境外设立的研发机构数（个）	机构人员合计（人）	#博士毕业	硕士毕业	机构经费支出（万元）	仪器和设备原价（万元）	#进口
总计	**67**	**1**	**2406.0**	**37.0**	**489.0**	**30963.6**	**22216.1**	**1414.0**
按企业规模分组								
大型	27		1052	17	297	21350	15152.7	1414
中型	40	1	1354	20	192	9614	7063	
按隶属关系分组								
中央	15		474.0	11.0	125.0	7590.6	9152.5	1414.0
省（自治区、直辖市）	11		160.0	10.0	54.0	1986.1	1403.1	
地（区、市、州、盟）	4		109.0		39.0	608.1	1007.9	
县（区、市、旗）	1		53.0		1.0	398.1	4.4	
其他	36	1	1610.0	16.0	270.0	20380.7	10648.2	
按登记注册类型分组								
内资企业	67	1	2406.0	37.0	489.0	30963.6	22216.1	1414.0
国有企业	4		130.0	8.0	78.0	4785.2	1258.7	
有限责任公司	37	1	1313.0	19.0	228.0	14159.6	11575.1	1414.0
国有独资公司	1		20.0			385.0	50.0	
其他有限责任公司	36	1	1293.0	19.0	228.0	13774.6	11525.1	1414.0
股份有限公司	14		417.0	8.0	112.0	3760.8	7414.7	
私营企业	12		546.0	2.0	71.0	8258.0	1967.6	
私营合伙企业	3		28.0		1.0	1437.0	131.3	
私营有限责任公司	7		409.0	2.0	54.0	6652.2	516.4	
私营股份有限公司	2		109.0		16.0	168.8	1319.9	
按国民经济行业大类分组								
信息传输、软件和信息技术服务业	24	1	1001.0	9.0	117.0	6768.4	2503.8	
互联网和相关服务	9		270.0	1.0	5.0	2036.2	238.1	
软件和信息技术服务业	15	1	731.0	8.0	112.0	4732.2	2265.7	
租赁和商务服务业	1		53.0		14.0	40.9	144.1	
科学研究和技术服务业	38		1304.0	28.0	357.0	22332.3	19386.9	1414.0
研究和试验发展	3		18.0	1.0	5.0	81.7	67.9	
专业技术服务业	33		1245.0	27.0	350.0	21988.0	19085.5	1414.0
科技推广和应用服务业	2		41.0		2.0	262.6	233.5	
卫生和社会工作	3		28.0		1.0	1437.0	131.3	
文化、体育和娱乐业	1		20.0			385.0	50.0	
按经济成分分组								
公有经济	21		550.0	12.0	166.0	8073.9	10221.2	1414.0
非公有经济	46	1	1856.0	25.0	323.0	22889.7	11994.9	
按企业控股情况分组								
国有控股	19		540.0	11.0	163.0	8053.4	10210.9	1414.0
集体控股	2		10.0	1.0	3.0	20.5	10.3	
私人控股	35	1	1541.0	15.0	216.0	17933.8	4215.0	
其他	11		315.0	10.0	107.0	4955.9	7779.9	
按地区分组								
中原区	16		605.0	12.0	146.0	9945.3	13925.2	1414.0
二七区	8		50.0	9.0	35.0	655.6	1300.7	
金水区	15		483.0	2.0	70.0	9467.3	1437.4	
惠济区	1		158.0	3.0	55.0	1695.4	62.5	
经开区	6		200.0	1.0	4.0	2433.8	278.9	
高新区	18	1	824.0	9.0	124.0	5695.2	4240.4	
郑东新区	3		86.0	1.0	55.0	1071.0	971.0	

14-48 服务业企业政府相关政策落实情况

（2016 年）

单位：万元

类　别	使用来自政府部门的研发资金	研究开发费用加计扣除减免税	高新技术企业减免税
总计	**2579.0**	**4624.1**	**11762.3**
按企业规模分组			
大型	1430.2	3086.7	5613.6
中型	1148.8	1537.4	6148.7
按隶属关系分组			
中央	967.8	1778.3	2472.9
省（自治区、直辖市）	511.1	444.7	1563.2
地（区、市、州、盟）		33.8	194.9
县（区、市、旗）		41.1	40.8
其他	1100.1	2326.2	7490.5
按登记注册类型分组			
内资企业	2579.0	4624.1	11762.3
国有企业	259.4	418.5	1467.5
有限责任公司	1619.4	2667.6	7504.0
国有独资公司	654.6	9.7	324.6
其他有限责任公司	964.8	2657.9	7179.4
股份有限公司	563.4	258.8	852.1
私营企业	136.8	1279.2	1938.7
私营有限责任公司	16.8	687.3	1364.1
私营股份有限公司	120.0	591.9	574.6
按国民经济行业大类分组			
信息传输、软件和信息技术服务业	1070.4	1297.5	3766.3
互联网和相关服务		89.8	285.0
软件和信息技术服务业	1070.4	1207.7	3481.3
科学研究和技术服务业	1308.6	3241.0	7991.9
研究和试验发展	515.4	58.6	427.3
专业技术服务业	793.2	3182.4	7564.6
水利、环境和公共设施管理业		85.6	4.1
水利管理业		59.9	4.1
生态保护和环境治理业		25.7	
文化、体育和娱乐业	200.0		
按经济成分分组			
公有经济	1328.9	1827.2	3010.4
非公有经济	1250.1	2796.9	8751.9
按企业控股情况分组			
国有控股	1227.8	1827.2	3008.7
集体控股	101.1		1.7
私人控股	703.1	1843.5	6082.0
其他	547.0	953.4	2669.9
按地区分组			
中原区	40.0	1565.4	2289.5
二七区	150.0	229.3	1442.5
金水区	624.9	1392.1	3006.6
惠济区	394.6	9.7	160.4
新郑市		25.7	
经开区	2.9	97.1	244.2
高新区	782.6	777.6	2831.4
郑东新区	584.0	527.2	1787.7

14-49 服务业企业自主知识产权保护情况

（2016 年）

类别	专利申请数（件）	#发明专利	期末有效发明专利数	#已被实施
总计	**720**	**315**	**1050**	**580**
按企业规模分组				
大型	479	244	903	481
中型	241	71	147	99
按隶属关系分组				
中央	330	178	843	425
省（自治区、直辖市）	42	19	71	46
地（区、市、州、盟）	19	10	22	18
其他	329	108	112	89
按登记注册类型分组				
内资企业	720	315	1050	580
国有企业	274	143	749	359
有限责任公司	274	115	225	155
国有独资公司	14	4	9	9
其他有限责任公司	260	111	216	146
股份有限公司	140	50	46	42
私营企业	32	7	30	24
私营有限责任公司	32	7	28	22
私营股份有限公司			2	2
按国民经济行业大类分组				
信息传输、软件和信息技术服务业	170	62	78	59
互联网和相关服务	80	26	8	4
软件和信息技术服务业	90	36	70	55
科学研究和技术服务业	526	252	971	520
研究和试验发展	107	35	40	36
专业技术服务业	417	217	929	484
科技推广和应用服务业	2		2	
水利、环境和公共设施管理业	24	1	1	1
水利管理业	19			
生态保护和环境治理业	5	1	1	1
按经济成分分组				
公有经济	411	213	872	443
非公有经济	309	102	178	137
按企业控股情况分组				
国有控股	402	208	861	443
集体控股	9	5	11	
私人控股	212	65	104	84
其他	97	37	74	53
按地区分组				
中原区	74	22	324	324
二七区	107	34	55	34
金水区	107	56	111	73
惠济区	13		5	5
新郑市	5	1	1	1
经开区	29	8	22	22
高新区	366	180	484	80
郑东新区	19	14	48	41

主要统计指标解释

普通高等学校 指按照国家规定的设置标准和审批程序批准举办的，通过全国普通高等学校统一招生考试，招收高中毕业生为主要培养对象，实施高等教育的全日制大学、独立设置的学院和高等专科学校、高等职业学校和其他机构。

中等职业学校 指实施中等职业教育的学校，招生对象是初中毕业生和具有初中同等学历的人员，基本学制为三年制。

成人高等学校 指按照国家有关规定审批，招收通过全国成人高教统一招生考试的具有高中毕业或同等学历的在职从业人员，利用脱产、半脱产、业余或函授等多种形式对其实施高等学历教育，培养高等教育专科或本科毕业水平的专门人才，修业年限、课程设置和总学时数均按高等学历教育要求付诸实施的学校。

等级运动员人数 指经考核正式批准授予等级运动员称号的人数。运动员等级分为国际级运动健将、运动健将、一级运动员、二级运动员、三级运动员、少年级运动员。

文化事业机构 指从事专业文化工作和专业文化工作服务的独立建制的单位。不包括这些单位另外举办独立核算的其他机构和各部门的业余文化组织。

研究与试验发展（R&D） 指在科学技术领域，为增加知识总量，以及运用这些知识去创造新的应用进行的系统的创造性的活动，包括基础研究、应用研究、试验发展三类活动。国际上通常采用 R&D 活动的规模和强度指标反映一国的科技实力和核心竞争力。

R&D **人员** 指参与研究与试验发展项目研究、管理和辅助工作的人员，包括项目（课题）组人员，企业科技行政管理人员和直接为项目（课题）活动提供服务的辅助人员。反映投入从事拥有自主知识产权的研究开发活动的人力规模。

R&D **经费内部支出合计** 指调查单位用于内部开展 R&D 活动（基础研究、应用研究和试验发展）的实际支出。包括用于 R&D 项目（课题）活动的直接支出，以及间接用于 R&D 活动的管理费、服务费、与 R&D 有关的基本建设支出以及外协加工费等。不包括生产性活动支出、归还贷款支出以及外单位合作或委托外单位进行 R&D 活动而转拨给对方的经费支出。

R&D **经费内部支出中政府资金** 指 R&D 经费内容支出中来自政府部门的各类资金，包括财政科学技术拨款、科学基金、教育等部门事业费及政府部门预算外资金的实际支出。

R&D **经费内部支出中企业资金** 指 R&D 经费内部支出中来自本企业的自有资金和接受其他企业委托而获得的经费，以及科研院所、高校等事业单位从企业获得的资金的实际支出。

艺术表演团体 指从事戏曲、音乐、舞蹈、杂技等专业艺术表演，有独立帐户，实行单独核算的团体，不包括半工半艺、半农半艺和民间职业剧团。

艺术表演场馆 指由各级文化主管部门、文化单位和其他部门（除部队系统处）举力的，具有观众厅设备，经常供专业艺术表演团体演出，并在工商、税务部门登记，公开售票的营业场所。

卫生机构 指从卫生、民政、工商行政、机构编制管理部门取得《医疗机构执业许可证》或法人单位登记证书，为社会提供医疗保健、疾病控制、卫生监督服务或从事医学科研和医学在职培训等工作的单位。

医院 包括综合医院、中医医院、中西医结合医院、民族医院、各类专科医院和护理院，不包括专科疾病防治院、妇幼保健院和疗养院。

实有床位数 指年底固定实有床位数，包括正规床、简易床、监护床、超过半年加床、正在消毒和修理床位、因扩建或大修而停用床位。不包括产科新生儿床、接产室待产床、库存床、观察床、临时加床和病人家属陪侍床。

卫生技术人员 包括执业医师、执业助理医师、注册护士、药师(士)、检验及影像技师(士)、卫生监督员和见习医(药、护、技)师(士)等卫生专业人员。不包括从事管理工作的卫生技术人员(如院长、副院长、党委书记等)。

十五、产业集聚区

15-1 产业集聚区主要经济指标

指标名称	规上工业主营业务收入			规上工业平均用工人数			固定资产投资	
	2015 年（千元）	2016 年（千元）	增减（%）	2015 年（千元）	2016 年（千元）	增减（%）	2016 年（千元）	增减（%）
郑州高新技术产业集聚区	37359727	34601098	-7.4	40398	41446	2.6	350.5	15.1
郑州经济技术产业集聚区	100799688	113670910	12.8	53326	55379	3.9	389.1	-5.8
郑州航空港产业集聚区	264517906	266581286	0.8	254667	230430	-9.5	628.5	19.8
郑州市白沙产业集聚区	2904758	2567224	-11.6	6129	5055	-17.5	159.4	-7.4
郑州市中牟汽车产业集聚区	27940271	31990264	14.5	16392	24458	49.2	165.2	59.1
郑州上街装备产业集聚区	16070756	16275233	1.3	7008	6580	-6.1	25.3	-33.8
郑州马寨产业集聚区	15614131	15864319	1.6	13685	13235	-3.3	36.4	28.7
新郑新港产业集聚区	18027304	36671941	103.4	16286	25496	56.6	119.9	28.7
新密市产业集聚区	30870702	31936295	3.5	27592	24451	-11.4	145.8	-2.6
登封市产业集聚区	22786635	21917089	-3.8	16544	16682	0.8	92.1	0.2
荥阳市产业集聚区	39239327	39956642	1.8	29573	30598	3.5	106.2	28.1

15-2 产业集聚区法人单位数

（2016 年）

单位:个

名　　称	合计	工业	建筑业	房地产业	批发和零售业	批发业	零售业	住宿和餐饮业	住宿业	餐饮业	重点服务业
合　计	**1696**	**714**	**237**	**177**	**214**	**135**	**79**	**39**	**21**	**18**	**315**
郑州高新技术产业集聚区	456	143	95	32	42	33	9	3	1	2	141
郑州经济技术产业集聚区	495	127	111	45	90	62	28	9	7	2	113
郑州航空港产业集聚区	156	51	3	35	21	13	8	15	9	6	31
郑州市白沙产业集聚区	69	13	7	26	11	2	9	2	1	1	10
郑州市中牟汽车产业集聚区	87	54	6	10	7	5	2	5	2	3	5
郑州上街装备产业集聚区	38	36	2								
郑州马寨产业集聚区	115	88	3	10	9	2	7	1	1		4
新郑新港产业集聚区	98	73	7	5	7	3	4	3		3	3
新密市产业集聚区	61	42	3	8	7	7					1
登封市产业集聚区	68	52			11	4	7				5
荥阳市产业集聚区	53	35		6	9	4	5	1		1	2

15-3 商务中心区和特色商业区主要经济指标

（2016 年）

名　称	规划面积（万平方米）	固定资产投资完成额（万元）	增加值（万元）	服务业法人企业从业人员（人）
合　计	**2891**	**3226800**	**2662153**	**128294**
商务中心区合计	**710**	**496900**	**1114135**	**24188**
郑东新区中央商务区	710	496900	1114135	24188
特色商业区合计	**2181**	**2729900**	**1548018**	**104106**
郑州市中原区特色商业区	200	144100	349156	15573
郑州市二七区特色商业区	217	227700	205716	14498
郑州市管城回族区特色商业区	224	369900	352742	40499
郑州市金水区特色商业区	98	488100	214199	12632
郑州市上街区通航特色商业区	316	341100	19390	1999
郑州市惠济区特色商业区	168	343200	100568	4172
中牟县特色商业区	217	217800	73187	1974
荥阳市特色商业区	116	86200	22189	730
新密市特色商业区	151	38100	73799	2422
新郑市特色商业区	254	232400	52088	5100
登封市特色商业区	220	241300	84983	4507

15-4 商务中心区和特色商业区规上法人单位数

（2016 年）

单位：个

项目	合计	房地产业	批零业	批发业	零售业	住餐业	住宿业	餐饮业	重点服务业
合　计	**581**	**90**	**292**	**77**	**215**	**52**	**27**	**25**	**139**
按商务中心区分组	**87**	**9**	**30**	**27**	**3**	**9**	**3**	**6**	**39**
郑东新区中央商务区	87	9	30	27	3	9	3	6	39
按特色商业区分组	**494**	**81**	**262**	**50**	**212**	**43**	**24**	**19**	**100**
中原区特色商业区	38	6	6	4	2	7	4	3	19
二七区特色商业区	87	22	36	6	30	13	10	3	16
管城回族区特色商业区	55	4	25	6	19	4	3	1	16
金水区特色商业区	160	9	129	23	106				20
上街区通航特色商业区	19	7	4	4					6
惠济区特色商业区	21	2	12		12	1	1		2
中牟县特色商业区	17	4	6		6	1	1		5
荥阳市特色商业区	13	8	7	1	6	4	2	2	6
新密市特色商业区	17	6	7	2	5	2	1	1	1
新郑市特色商业区	12	1	9	1	8				2
登封市特色商业区	55	12	21	3	18	11	2	9	7

十六、统计工作大事记

元月

1.1 日,郑州市统计局干部职工参加了由郑州市委宣传部等九家单位共同主办的 2016 年元旦长跑活动,大家以健康的体魄迎接新年的到来,以饱满的热情投身到工作中。

2.12 日,郑州市召开统计设计管理工作年报暨统计基层基础建设培训会议。总结了 2015 年全市统计设计管理工作,传达贯彻全省 2015 年年报和 2016 年定期统计报表制度视频会议精神。各县(市、区)分管局长、统计设计管理负责人以及负责“双基”业务骨干参加了会议。

3.13 日,郑州市统计局召开交通运输邮电业部门年报会议,市交通运输委员会、市公安局、市邮政管理局、市邮政局等相关部门和航空通讯等有关单位统计负责人参加会议。总统计师张庆华出席了会议。

4.13 日,郑州市统计局召开全市文化“妇儿”监测暨社会事业统计培训工作会议。首次与市委宣传部和市妇儿工委联合召开部门统计会议,编印了《郑州市部门统计数据报告制度》,重点强调了往年易错、易混的统计指标以及变化的统计指标,各有关市直单位进行了现场答疑和交流。

5.14 日,郑州市统计局召开全市文化、健康、社会、妇儿统计培训会议,对年报工作进行安排部署,对一套表平台进行操作培训,各县(市、区)社科统计人员参加了会议。

6.15 日,郑州市统计局召开 2015 年度中央财政部门决算布置暨培训会。对 2015 年统计系统中央财政经费的支出情况进行了总结,对部门决算的经办人员进行了报表讲解和软件培训。

7.18 日,郑州市人民政府印发《关于公布 2014 年政府决策研究优秀成果的通报》(郑政文〔2015〕220 号),郑州市统计局撰写的《关于郑州市全面建成小康社会统计分析与对策研究》获优秀成果。该课题由万永生局长主持,主要由综合处承担完成。

8.18 日,国家统计局人口和就业司就业处调研员贾毓慧、副处长吴珊,河南省统计局副局长王世炎、人口和就业处处长孙斌育一行莅临郑州市统计局,开展就业失业统计调查调研座谈会。郑州市局、部分县区统计局负责人、业务骨干和一线调查员 30 余人参加了座谈会,主要围绕创新创业与就业失业的关系、调查指标的设置、调查项目与国情、社情的结合、调查员的选调培训及薪酬等方面畅所欲言。郑州市统计局副局长江滨同志主持会议。

9.20 日,郑州市统计局和省统计局举办了羽毛球和乒乓球友谊赛,主客双方 20 余名队员参加了比赛,丰富了干部职工的业余文化生活,增进了统计系统之间的交流沟通。

10.22 日,郑州市统计局召开全市统计系统 2015 年经济运行分析会。各专业分析了 2015 年经济形势,部分县区进行了典型发言,局有关领导进行了点评,万永生局长对全年经济形势和下阶段工作进行了总结。

11.25 日,在春节来临之际,郑州市统计局副调研员郭莉带领驻村工作队队员,到所驻经济技术开发区明湖办事处岔河社区进行走访慰问,并向村民们致以新春的祝福。

12.25 日,郑州市委书记吴天君在统计专报《研发活动统计报表制度主要内容摘抄》上作出重要批示:“要研究指导我市这一问题的解决,确保不拉全面建成小康社会和现代化的后腿。”

13.26 日,郑州市政府副市长黄卿对“研发统计专报”情况进行电话询问,详细了解了全市 R&D 核算有关情况并给予重要批示。

14.26、27 两日,省会各大新闻媒体对郑州市统计局撰写的《郑州经济发展亮点纷呈》和《新跨越　新突破　新成就—十二五郑州经济社会发展综述》进行了连续报道,国内各大网站纷纷转载,形成对全市 2015 年和“十二五”期间经济社会发展取得巨大成就宣传的高潮。26 日和 27 日,郑州日报分别在头版以《郑州生产总值同比增长 10.1%》和《郑州经济发展挑起全省大梁》为题目刊载,26 日郑州日报二版头条以《是什么支撑了郑州的 10.1%》为题刊载。同时河南日报、郑州晚报、大河报、河南商报均予以特别报道。

15.28 日,由中共郑州市委主办刊物《郑州工作》2016 年第 1 期全文刊登郑州市统计局党组书记、局长万永生同志署名文章《新跨越　新突破　新成就》。本文用综合实力跃上新台阶、结构调整取得新突破、开放创新形成新格局、城乡面貌发生新变化、民生质量得到新提升、社会事业取得新发展等“六个新”对全市“十二五”期间经济社会发展取得的巨大成就进行了全面总结。

16.28 日,郑州市统计局局长万永生一行,来到航空港区三官庙办事处耿庄进行春节慰问,听取了我局常驻帮扶干部闫胜民的工作汇报,并对开展基层群众工作进行了语重心长的指导。万局长一行到计划生育先进户、困难户家庭进行走访慰问,了解基层群众的所想所盼,同时也把组织的温暖和关怀送到困难群众的心坎上。

17.28 日,郑州市统计局开展节日慰问,党组书记、局长万永生代表局党组向我局困难党员和困难职工致以节日的问候并发放了慰问金,希望大家过上一个祥和、温暖的春节,并祝愿大家新春快乐,阖家幸福。

二月

1.2 日,郑州市统计局举行老干部迎新春茶话会。万永生局长代表局党组向老干部致以新年的问候,并向老干部们解读了国家、省、市经济社会发展情况,通报了一年来统计工作取得的成绩。

2.2 日—5 日,郑州市统计局在春节前开展了一系列迎新春文体活动,活跃干部职工的业余文化生活。

3.15 日,郑州市统计局召开全市统计系统"四上"单位统计入库工作会议,安排部署 2016 年度"四上"单位统计入库工作。市统计局党组书记、局长万永生参加会议并作重要讲话。

4.15 日,郑州市统计局集体学习了感动中国十大人物——王宽事迹。

5.19 日,郑州市统计局编印完成《新跨越新突破新成就——"十二五"郑州经济社会发展成就》一书。

6.22 日,郑州市绩效考核工作领导小组在市政府办公厅副主任史根有的带领下,对郑州市统计局 2015 年度综合目标实施完成情况进行实地考核。郑州市统计局局长万永生对 2016 年郑州市统计局综合目标完成情况进行全面总结。

7.23 日,河南省统计局社会科技处副处长王梦轩一行,到郑州新郑市润弘制药股份有限公司、好想你枣业股份有限公司,对企业研发填报情况和规上工业研发一套表报送情况进行走访调研。

8.24 日,郑州市统计局制作了《图说"十二五"》宣传折页为"两会"服务。

9.26 日,郑州市统计局召开全市统计工作暨党风廉政建设工作会议,贯彻落实省统计工作会议精神,总结全市 2015 年统计工作暨党风廉政建设工作,安排部署 2016 年全市统计工作暨党风廉政建设重点任务。郑州市各县(市、区)、开发区统计局局长、纪检组长,郑州市局副县级以上领导、各单位(部门)副主任科员以上人员 90 余人参加会议。郑州市局党组书记、局长万永生,纪检组长王停军分别做了重要讲话。

三月

1.1 日,郑州市统计局组织市、县两级统计机构干部 200 余人,在 13 个分会场收听收看河南省统计局部署落实专项整改工作视频会议,贯彻国家统计局落实中央专项巡视反馈意见整改工作会议精神。郑州市统计局党组书记、局长万永生参加会议。

2.1 日—3 日,郑州市统计局对全市电子信息行业集聚区域航空港区,汽车行业代表企业东风风神、宇通客车等企业进行实地调研,了解企业 2016 年度生产经营情况,为全面掌握郑州市工业经济发展打下基础。

3.3 日,郑州市统计局贯彻落实省统计局专项治理工作方案要求,下发了《关于开展"数据造假、以数谋私"专项治理的通知》,在全市集中开展专项治理工作,进一步提高统计数据质量,提高政府统计公信力。

4.3 日,郑州市统计局举行了"统计合唱团"启动仪式。

5.4 日,为庆祝第 106 个国际"三八"妇女节,活跃丰富女干部、职工的精神文化生活,郑州市统计局妇委会精心组织了始祖山登山活动。

6.6 日,郑州市统计局与郑州市妇联联合举办了《全市妇女儿童发展规划(2011—2020 年)》宣传暨"三八"妇女维权周活动。

7.7 日—9 日,郑州市统计局到新郑市、二七区、上街区、新密市、登封市、航空港区等县(市、区)督查规模以上工业企业研发上报工作。

8.9 日,济源市统计局副局长李稳柱一行 3 人到郑州市统计局就财务管理工作经验进行座谈。韩彦北副局长出席座谈会。

9.11 日,郑州市统计局在荥阳万山开展学雷锋义务植树活动。

10.14 日,郑州市召开全市依法加强统计工作座谈交流会,总结交流 2015 年全市统计入库工作。市委常委、常务副市长孙金献出席会议并讲话。

11.22 日，郑州市召开全市工业统计工作会议。郑州市统计局副局长江滨出席会议并讲话。

12.22 日，郑州市统计局举办 2016 年第一期素能提升讲坛，河南省社会科学院刘道兴副院长结合五大发展理念、经济新常态、供给侧结构性改革等内容精彩授课。

13.23 日，郑州市统计局以“十年树木百年树人，共同关注孩子成长”为主题举办了 2016 年第一期读书分享会。

14.24 日，郑州市统计局召开全市能源统计工作暨一季度能源核算联审会议。

15.24 日，郑州市召开《2016 郑州农村发展报告》编辑研讨会，全体主编和农业专家参加了会议。

16.24 日，郑州市统计局召开处室负责人会议，全面贯彻落实全省“三公”统计工作会议精神，安排布置郑州市“三公”统计工作，并对如何进一步做好和规范“三公”统计工作进行研究讨论。郑州市统计局局长万永生、总经济师芦珊参加会议并做重要讲话。

17.29 日，郑州市统计局编印发行《郑州市统计科研课题汇编》。

18.29 日，郑州市委常委、常务副市长孙金献听取郑州市统计局党组书记、局长万永生关于一季度经济运行情况的汇报，并要求统计部门今后要更加密切关注经济形势，做好预警预测，进一步服务好经济发展大局，服务好各级党委政府，服务好社会公众。

四月

1.3 月 28 日—4 月 1 日，郑州市统计局党组书记、局长万永生一行先后到登封市、新密市、中牟县、荥阳市调研“四上”单位统计入库工作。

2.1 日，郑州市直机关工委和郑州市妇联联合召开会议，表彰 2015 年度郑州市直优秀妇委会及优秀妇委会干部。郑州市统计局荣获“郑州市直优秀妇委会”。

3.1 日，《2015 年郑州市国民经济和社会发展统计公报》在郑州日报发布。

4.5 日，郑州市人民政府妇女儿童工作委员会和郑州市人力资源和社会保障局联合发文，对 2015 年郑州市妇女儿童工作进行了表彰。郑州市统计局荣获先进集体，李疆同志荣获先进个人。

5.6 日，郑州市统计局领导赵广程一行调研新郑市“四上”单位统计入库和农业普查前期准备工作。新郑市市委常委、常务副市长彭立，新郑市统计局局长刘德智陪同调研。

6.6 日，郑州市统计局总统计师张庆华一行到二七区调研服务业统计工作。

7.7 日，郑州市统计局召开全市“四上”单位入库工作会议，进一步贯彻落实“全市依法加强统计工作座谈交流会”精神，加强基层统计和名录库管理人员队伍建设，布置“四上”单位统计入库培训。局领导赵广程到会并作重要讲话。

8.8 日—13 日，郑州市统计局党组书记、局长万永生一行先后到高新区、二七区、经开区、管城区、郑东新区、航空港区、中原区、惠济区等县区调研“四上”单位统计入库和农业普查准备工作。

9.12 日，郑州市统计局投资处先后到中牟县、金水区和惠济区对投资项目的入库情况进行实地核查。

10.14 日，郑州市市直机关工委党组成员钟孝君一行到郑州市统计局调研指导机关党建工作。副局长孙玉平同志参加了座谈会，副调研员郭莉同志全面汇报了我局党建工作的情况、取得的实效以及我局党建工作的亮点。

11.17 日，郑州市统计局召开一季度 GDP 核算联审会议。

12.17 日—29 日，为贯彻落实“全市依法加强统计工作座谈交流会”精神和市委常委、常务副市长孙金献工作要求，郑州市统计局在中共郑州市委党校举办“四上”单位统计入库业务培训班，共分四期，每期两个班，共计培训人员 800 余人。在开班仪式上，河南省统计局普查中心主任顾俊龙、郑州市统计局局长万永生莅临培训班并做重要讲话。

13.20 日，郑州市文明办下发《关于表彰 2015 年度郑州市精神文明建设信息工作先进集体、先进个人的决定》（郑文明办〔2016〕37 号），郑州市统计局荣获精神文明建设信息工作先进集体。

14.21 日，在全省社科文统计工作会议上，郑州市统计局社科处作了《夯实基础是做好科技统计之根本》的典型发言。

15.21 日，郑州市统计局召开了 2016 年第一季度经济形势分析会。

16.22 日，郑州市统计局召开 2016 年度工作目标签订会，对 2015 年度全局工作目标完成情况进行了总结，表彰了先进处室（单位）和先进个人。重点对新修订的《2016 年度工作目标考核和个人绩效考核实施方案》进行了解读和说明，明确了《郑州市统计局工作纪律制度规定》，全局各部门负责人向局长递交了《2016 年度工作目标责任书》。局全体干部职工参加了会议，万永生局长做了重要讲话。

17.28 日，国家统计局召开“三新”专项统计工作动员部署会议，郑州市统计局副县级以上领导，局各专业外、调查队、中心负责人收听收看了视频会议。

18.28 日，在全省服务业统计工作暨季度数据联审会议上，郑州市统计局服务业处以《围绕中心 全面做好服务业统计工作》为主题在大会上做典型发言，介绍工作经验。

19.29 日，郑州市统计局召开全市统计法治工作会议。郑州市统计局党组书记、局长万永生参加会议并讲话。

20.29 日，郑州市统计局召开“两学一做”学习教育动员会，局党组书记、局长万永生做动员讲话。

21.29 日，郑州市委常委、常务副市长孙金献对市信用办上报的关于《2016 年第一季度郑州市企业信用信息数据报送情况通报》作出批示：“加大力度，健全机构，资源共享。”

五月

1.4 日，郑州市统计局第一党支部组织了“两学一做”学习教育集中学习讨论会，第一支部党员及万永生局长、韩彦北副局长、芦珊总经济师参加了此次支部学习讨论。

2.4 日，《郑州统计概要—2016》编印完成。

3.5 日—10 日，郑州市信用办会同市政府督查室、市发改委、市文明办，共同对郑州市社会信用体系建设工作开展情况进行专项督查。

4.5 日，郑州市市长马懿对郑州市统计局呈报的统计分析《郑州市 2015 年全省县(市)目标考核位次缘何下滑》作出批示：“分送吴书记、胡书记、孙市长、王部长、黄市长”。

5.6 日，郑州市市长马懿、副市长张俊峰分别对郑州市统计局呈报的两篇统计分析做出批示。马懿市长对统计分析《一季度郑州经济实现开门红》批示：“永生同志：企业效益指标，应提供”；张俊峰副市长对统计分析《中部六省会城市经济发展比较分析》批示：“请对照全国省会城市的国土面积、经济总量、财政收入、人口进行分析，看郑州”。

6.6 日，郑州市统计局举办第二期统计素能提升讲坛，河南省社科院院长张占仓以《河南省供给侧结构性改革的难点与对策》为主题精彩授课。

7.4 日—12 日，郑州市统计局开展劳动工资统计专项执法检查。

8.2016 年第 4 期《郑州工作》全文刊登了郑州市信用办主任、市统计局局长万永生署名文章《打造“信用郑州”与全市社会经济发展同频共振》。

9.11 日，郑州市委常委、常务副市长孙金献对市统计局呈报的《关于贯彻落实“全市依法加强统计工作座谈交流会”的情况报告》，作出批示：“很好！统计工作队伍建设是基础，业务能力素质是关键、是保障。相信我市新时期的统计工作有这么一支基础专业队伍，加之不断培训提高其能力和素养，定能支撑全市统计工作提升到一个新的台阶和水平。”

10.12 日，郑州市公共机构节能领导小组召开了“十二五”期间郑州市公共机构节能工作先进单位表彰大会，郑州市统计局被授予“先进单位”荣誉称号。

11.16—17 日，郑州市统计局在郑州市第六届直属机关运动会游泳比赛中荣获男女混合接力赛二等奖及多项个人奖项。

12.20 日，郑州市统计局特邀荆门市园林局到郑州市园博会现场进行实地勘选地块，郑州市统计局园博会邀展工作圆满完成。

13.20 日，郑州市直机关工委在市委党校举行了“两学一做”电视知识竞赛初赛。郑州市统计局彭霄、李疆、侯彬等 3 名同志参加竞赛活动，并取得总分第二名的优异成绩。

14.22 日，郑州市成功举办中国(郑州)国际旅游城市市长论坛大会，郑州市统计局参加服务保障工作。

15.23 日，郑州市副市长黄卿对工业处撰写的《4 月份郑州市工业生产增速回落》作出批示：“五月份务必密切监测、提前预警，特别重点企业、重点县区。请两级统计部门和工信部门高度关注。”

16.24 日，郑州市召开全市普查中心系统工作会议，传达全省普查中心系统工作会议精神，总结 2015 年度主要工作，安排部署 2016 年工作任务。郑州市统计局副局长孙玉平出席会议并做重要讲话。

17.26 日，郑州市统计局荣获第六届直属机关运动会拔河比赛乙组第三名的好成绩。

18. 30 日—31 日，郑州市统计局召开全市 GDP 核算年报培训工作会议。

19. 31 日，郑州市政府召开郑州农村发展报告 2016 编辑工作会议。

六月

1. 1 日—3 日，河南省统计局贸易外经处副处长董军一行三人莅郑检查指导工作，检查组深入登封市四个乡镇办，对部分企业原始凭证、企业明细账、一套表平台上报数据的一致性进行核实，并对企业统计工作中不规范行为给予明确指正。郑州市统计局总统计师张庆华陪同。

2. 8 日，郑州市文明办、市信用办联合郑州市发改委、郑州市建委、郑州市规划局等单位，在郑州日报、郑州信用网、郑州文明网等主流媒体同时发布了“郑州市第二批诚信建设红黑榜”名单。

3. 10 日，郑州市统计局邀请著名儿童文学作家王钢，为全局人员讲解了《阅读与成长》。

4. 11 日，郑州市第六届直属机关运动会登山比赛在登封嵩山举行。我局 10 名运动员参加了此项比赛，并荣获 2 个一等奖和 3 个三等奖。

5. 13 日，河南省统计局贸易处处长孙磊莅郑调研 E 贸易工作。郑州市统计局总统计师张庆华陪同。

6. 14 日，河南省统计局社科文处处长李贵峰一行莅郑指导“四众”平台企业专项统计调查工作。郑州市统计局副局长江滨陪同。

7. 16 日，郑州市统计局召开了全市“四众”平台企业专项统计调查工作会议。全市各大专院校和技工学校负责创业创新平台管理人员、基金公司相关负责人等近 60 人参加了此次会议。

8. 16 日，国家统计局投资司、数管中心共同组织召开了高分国家统计遥感应用示范系统(一期)项目总结会，贾海司长出席会议并发表讲话。

9. 17 日，郑州市统计局召开创建省级文明单位标兵动员会。

10. 19 日—21 日，郑州市统计局召开全市工业企业统计业务知识培训会议。

11. 22 日，郑州市统计局纪检组长王停军一行，深入港区三官庙办事处耿家村看望驻村党员干部并实地进行调研，为村党支部送来党章、党员处分条例等党员学习书籍。

12. 24 日，郑州市统计局召开了纪念建党 95 周年暨“七一”表彰大会。局党组成员、纪检组长王停军同志宣读了《关于表彰 2015 年度先进基层党组织、优秀共产党员和优秀党务工作者的决定》，对 3 个先进基层党支部、5 名先进党务工作者、17 名优秀共产党员进行表彰。党组成员、副局长孙玉平作了《自觉保持党的纯洁性　永葆党的生机活力》的党课报告。

13. 24 日，为深入开展“两学一做”专题教育活动，郑州市统计局组织党员赴全国爱国主义教育示范基地金寨开展主题教育活动。

14. 25 日，市直机关工委下发《关于表彰先进基层党组织、优秀党务工作者和优秀共产党员的决定》(郑直〔2016〕42 号)，郑州市统计局机关党委被评为“先进基层党组织”，闫婷婷同志被评为“优秀党务工作者”，丁文方、李万勇等 2 位同志评为“优秀共产党员”。

15. 29 日，河南省统计局社科处李贵峰处长莅临郑州市调查“四众”专项统计工作。郑州市统计局副局长韩彦北陪同。

七月

1. 1 日，郑州市统计局副局长祝遵刚到退休老党员阴志诚家中走访慰问，同庆党的生日，感受党的温暖。

2. 1 日，郑州市统计局组织全体党员集中收听收看庆祝中国共产党成立 95 周年大会直播。

3. 6 日，郑州市统计局以“如何读懂和获取统计数据”为主题，与郑州市人民政府网、新浪河南联合开展在线访谈，郑州市统计局领导赵广程及综合处、核算处专业人员与网民进行在线交流。

4. 6 日—15 日，郑州市统计局纪检组长王停军先后赴上街区、中牟县、登封市、惠济区和郑东新区统计局调研统计党风政风行风及作风建设情况，对全市统计政风行风和郑州市局作风建设开展座谈，现场发放《郑州市统计局处、室、队、中心党风廉政建设测评表》，请基层一线同志打分测评。

5. 8 日，郑州市发改委副主任王敏、信息中心主任安亚宁一行，到郑州市统计局就市信用服务中心移交一事进行对接沟通。

6. 8 日，郑州市统计局召开全市普查中心系统业务工作会议。郑州市统计局副局长孙玉平参加会议并讲话。

7.12 日，郑州市统计局党组中心组认真学习贯彻习近平总书记在中国共产党成立 95 周年大会上的讲话，尤其是对讲话指出的“三个长期坚持永不动摇”、“不忘初心、继续前进”开展了集中学习讨论。

8.15 日，郑州市人民政府办公厅发文（郑政办文〔2016〕30 号），郑州市统计局荣获 2015 年度全市综合文稿工作先进单位。

9.18 日，郑州市统计局召开上半年经济形势分析会。

10.19 日，郑州市统计局邀请郑州大学旅游管理学院薛建红教授为全局干部职工讲授礼仪知识。

11.19 日，郑州市统计局召开全市二季度 GDP 数据联审会。

12.18 日—19 日，河南省地调队副队长朱怀安一行对郑州市电子商务平台企业、非公有制企业人才状况进行检查指导。郑州市统计局副局长孙玉平陪同调研。

13.21 日，郑州市第三次全国农业普查试点动员暨培训会议在荥阳市召开。河南省农普办常务副主任陆洁、郑州市人民政府副秘书长冯卫平、郑州市统计局局长万永生、荥阳市人民政府市长王新亭出席会议并讲话。

14.24 日，郑州市第三次农业普查试点工作进入清查摸底和入户登记阶段。郑州市农业普查领导小组副组长、市统计局局长万永生随同入户进行现场指导。

15.26 日，在“八一”建军节到来之际，郑州市统计局群众工作队来到岔河社区，走访慰问现役军人家属、复转军人。

16.27 日，河南省农普办主任王贵斌莅临荥阳市广武镇孙寨村，调研指导郑州市第三次农业普查综合试点入户登记工作。

17.28 日，国家统计局党组书记、局长宁吉喆一行莅临河南调研当前经济形势和统计调查工作。河南省政府秘书长郭洪昌，河南省统计局局长王世炎，国家统计局河南调查总队总队长贾志鹏，郑州市委副书记、代市长程志明，郑州市委常委、常务副市长孙金献，郑州经济技术开发区管委会常务副主任史占勇，郑州经济技术开发区副主任孙兵，郑州市统计局局长万永生陪同调研。

18.28 日，郑州市第三次农业普查专项试点入户登记工作在惠济区老鸦陈街道杜庄村进行。省农普办常务副主任陆洁、郑州市统计局局长万永生到试点现场指导。

19.28 日，郑州市统计局举办全市统计系统普法培训工作会议，市、县（市、区）、乡（镇、街道办事处）三级政府统计机构共计 260 余人参加了会议。河南省统计局梁景予处长进行了授课，郑州市统计局党组书记、局长万永生出席会议并讲话。

八月

1.2 日，河南省统计局社科文处李贵峰处长一行莅郑调研，了解企业关于开展国有文化企业“双效统一”指导意见的需求情况。

2.3 日，河南省统计局副巡视员方国根、工业处处长孙磊一行到郑州市调研工业经济形势。郑州市统计局局长万永生、调研员江滨陪同。

3.3 日—4 日，河南省统计局普查中心副主任吴少卿一行莅郑核查“四区”单位入库工作情况。郑州市统计局副局长孙玉平陪同检查。

4.4 日，河南省统计局社科文处李贵峰处长一行莅郑调研，到河南日报报业集团有限公司，围绕国有文化企业落实“双效统一”情况进行了专题调研座谈。

5.4 日，市委第四督导组李书英一行莅临郑州市统计局开展“两学一做”学习教育督导调研。郑州市统计局党组书记、局长万永生汇报了我局“两学一做”学习教育开展情况。督导组对“两学一做”应知应会知识进行随机抽考。

6.5 日，郑州市统计局召开了懒政怠政为官不为问责年活动动员大会。局党组书记、局长万永生主持会议并作了动员讲话。

7.8 日，郑州市委副书记、市长程志明对郑州市统计局报送的统计信息《全市 1—7 月主要经济指标初步完成情况》做出批示：“请跃华（市委常委、统战部长、市工业经济领导小组组长）、黄卿（副市长）同志阅研，务必采取管用措施，迅速扭转工业下滑局面”。随后，副市长黄卿也对该信息做出批示：“建议近几天安排调研督导，同时请工信、统计两部门密切关注，做好分析监测与服务保障工作，争取三、四季度迅速扭转被动局面，努力完成全年目标”。

8.11 日，郑州市统计局召开上半年全市工业统计数据联审会议。郑州市统计局调研员江滨出席会议。

9.17 日,郑州市统计局服务业统计处到登封市开展规模以上服务业业务知识培训。

10.18 日,郑州市统计局召开全市投资数据联审会议。

11.19 日,郑州市统计局召开党风党纪专题民主生活会。党组成员及人事、纪检、办公室等部门的同志列席会议。

12.20 日,郑州市统计局组织召开统计法治工作交流观摩会议。局党组成员、副局长祝遵刚出席会议。

13.24 日,郑州市统计局纪检组长王停军、副局长祝遵刚及机关党委委员一行深入荥阳市高村乡韩常村,开展文明单位结对帮扶"清洁家园行动"和"关爱留守儿童志愿服务"活动。

14.25 日,市直机关工委举行公共文明基本常识演讲比赛初赛。郑州市统计局毛媛媛同志以《做一个文明传播者》为题代表我局参加比赛。

九月

1.6 日,郑州市统计局参加郑州市市直机关公共文明基本常识知识竞赛。

2.为响应"世界无车日"活动的号召,8 日,郑州市统计局举办了"绿色出行、从我做起"为主题的健步走选拔赛活动,80 余名干部职工参加了活动。

3.13 日,郑州市统计局召开全市研发投入和文化及相关产业数据联审会议。

4.13 日,郑州市统计局召开工作会议,各县(市、区)统计局局长,各开发区统计负责人,市局相关业务处(室)分管领导及负责人参加会议。

5.13 日—14 日,郑州市召开全市农普办第三次主任会议,总结交流试点工作、农业普查工作进展情况,传达学习全省农业普查办公室主任会议精神,安排部署我市第三次全国农业普查下阶段工作。郑州市农普办常务副主任孙玉平到会并讲话。

6.14 日,郑州市统计局副局长祝遵刚一行来到了中原区中心敬老院福佑山庄,为敬老院的老人们送去了月饼等慰问品,送去了浓浓的节日问候和祝福。

7.20 日,郑州市统计局、国家统计局郑州调查队共同举办了第七届"中国统计开放日"集中宣传活动。郑州市局局长万永生、调查队队长连林昌亲临活动现场,宣传统计开放日知识,回答市民提问,发放宣传物品。市内多家媒体对此次活动进行了采访,郑州市局副局长、市农普办常务副主任孙玉平回答了记者提问。

8.21 日—23 日,第九届中部省会城市经济形势座谈会在长沙召开,郑州市统计局副县级干部赵广程及有关处室负责同志参加了会议。

9.27 日,郑州市统计局印发《关于开展三公统计督查工作的通知》,成立"三公统计"工作联合检查组,抽取专业处、走访县(市、区)统计局跟踪问效,推进"三公统计"制度不断完善。

10.7 日—28 日,郑州市统计局开展集聚区经济形势调研和督导。

十月

1.10 日,郑州市农普办召开全体人员会议。郑州市农普办业务指导组、综合协调组、宣传报道组、数据处理组、后勤保障组围绕第三次农业普查实施方案省级培训、"两员"选聘、"四落实"督查迎检宣传、PDA 增购、经费缺口等情况进行了汇报。郑州市农普办常务副主任孙玉平出席会议并对下一步工作做了具体安排。

2.3 日—10 日,郑州市统计局到顺丰、圆通、安得物流、普洛斯仓储等快递及辅助企业开展快递业数据质量专项抽查工作。

3.12 日,郑州市组织召开 2016 年人口抽样调查工作布置会,传达全省人口抽样调查工作会议精神,安排部署 2016 年郑州市人口抽样调查工作。郑州市统计局副局长孙玉平出席会议并讲话。

4.12 日、13 日、22 日,郑州市统计局联合督查组随机抽查固定资产投资、服务业、国民经济核算三个专业,对"三公统计"制度执行情况进行跟踪检查。

5.13 日,郑州市农普公益广告正式亮相郑州东站。

6.19 日,宜昌市统计局局长吴辉庆一行到我局开展业务交流。郑州市统计局党组书记、局长万永生参加专题座谈会。

7.20 日,郑州市统计局召开郑州市全国体育产业专项调查部署暨业务培训会议。

8.19 日—20 日,河南省第三次全国农业普查领导小组第一督查组组长、省发改委副主任郭玮一行莅临郑州,对郑州市第三次农业普查工作进行督导检查。

9.21 日,郑州市统计局召开 2016 年第三季度经济形势分析会。

10.22 日,郑州市第三次全国农业普查实施方案培训班在嵩山饭店举行。郑州市农普办常务副主任、市统计局副局长孙玉平同志出席培训班开班仪式并作讲话。

11.26 日,由国家统计局总经济师李晓超率队的国务院第三次全国农业普查督查组莅临郑州市督导检查农业普查工作。国务院农普办常务副主任、国家统计局农村司司长张淑英,国家统计局农村司调研员郝安民等参加督查。河南省统计局局长王世炎,河南省统计局副巡视员、河南省农普办主任王贵斌,郑州市委常委、常务副市长王跃华,郑州市统计局局长万永生陪同督查。

12.24 日—29 日,郑州市统计局在湖南大学举办全市统计系统干部业务素能提升研修班。

十一月

1.2 日,河南省统计局法规处刘祥生副处长一行莅临郑州,调研督导服务型行政执法工作,并实地检查新郑市试点工作开展情况。

2.1 日—3 日,郑州市统计局彭霄、徐端两位同志代表河南省统计局在北京参加全国统计建模大赛复赛,获最高奖项一等奖。

3.11 日,郑州市统计局承办的全市公务员第 28 期大讲堂在市总工会礼堂举行。郑州大学旅游管理学院薛建红教授以“礼仪—您亮丽的职业名片”为主题精彩授课。

4.11 日,郑州市召开全市第三次全国农业普查清查摸底工作会议,安排布置农业普查清查摸底工作和 11、12 月份重点工作。市农普办常务副主任孙玉平出席会议并讲话。

5.11 日,郑州市召开第三次农业普查领导小组会议,安排部署三农普市级督查工作。市政府副秘书长翟政出席会议并讲话。

6.11 日,郑州市统计局召开三季度工业统计数据联审会议。郑州市统计局调研员江滨参加了会议并作了重要讲话。

7.13 日,郑州市人民政府对 2015 年度政府决策研究成果进行通报。由郑州市统计局党组书记、局长万永生主持的课题《郑州市“十二五”经济社会发展综合研究》获政府决策研究优秀成果。郑州市统计局参与政府研究室主持课题《关于中部六省省会城市产业结构比较研究》同时获奖。

8.15 日,2016 年度郑州市统计局统计人员岗位知识培训班举行,本次培训以“在职学习,随岗培训;自学为主,面授为辅”为原则,开设《统计报告与演示》、《Excel 在统计工作中的应用技巧》两门课程作为公共必修课。

9.15 日,河南省统计局贸易外经处副处长赵清贤一行莅临郑州经开区调研中大门和云书网双十一的交易情况。

10.15 日,河南省统计局服务业处王予荷处长一行莅临郑州,调研郑州服务业经济运行情况,了解新兴服务业发展新亮点及对服务业发展的影响。

11.22 日,国家统计局贸易外经统计司副巡视员王智、贸易外经司外经处主任科员付媛莅临郑州调研外经贸工作,河南省统计局贸易外经处处长赵杨、副处长赵清贤陪同调研。

12.22 日,郑州市局召开全市基本单位名录库年报工作会议,安排部署全市 2016 年基本单位年报和 2017 年定报工作。市统计局副局长孙玉平到会并作重要讲话。

13.22 日,河南省统计局人口处副处长王玉珍一行对上街区人口抽样调查国家样本点进行了事后质量抽查。郑州市统计局副局长孙玉平及郑州市局人口处相关人员陪同抽查。

14.24 日,郑州市农普办和郑州市委宣传部联合召开全市第三次全国农业普查宣传工作会议,传达全省农业普查宣传工作会议精神,总结交流农普宣传工作经验,安排部署全市第三次农业普查宣传工作。郑州市统计局局长、市农普办主任万永生、市委宣传部副部长裴保顺出席会议并讲话。

15.《郑州统计年鉴—2016》经过精心编辑、设计、印制,于 11 月出版发行。

16.24 日,郑州市统计局、郑州市发改委、郑州市交通委等相关部门组成联合调研组,赴经开区调研交通物流业发展情况。

17.25 日,郑州市统计局召开全市统计系统办公室工作会议,对 2016 年全市统计系统办公室工作进行全面总结,安排部署2017年办公室工作任务,表彰2016年度政务信息报送先进单位,并邀请省统计局办公室作政务信息写作辅导讲座。郑州市局副局长韩彦北出席会议并讲话。

18.28日,郑州市统计局印发《关于成立郑州市2016年年报工作领导小组的通知》,决定成立郑州市2016年年报工作领导小组。

19.30日,郑州市统计局召开2016年统计年报工作会议,贯彻落实河南省统计局2016年年报定报会议精神,安排部署今年年报和明年定报工作。

20.中共郑州市委政策研究室印发《关于表彰全市调查研究先进单位和先进个人暨优秀调研成果的决定》(郑研文〔2016〕25号),郑州市统计局综合处荣获郑州市调查研究先进单位。同时,由党组书记、局长万永生主持的课题《郑州离小康社会越来越近》、《郑州市"十二五"经济社会发展实现新跨越》荣获优秀调研成果一等奖;局领导赵广程同志主持的课题《郑州市"十三五"经济增长动力研究》荣获优秀调研成果二等奖。

21.30日,郑州市统计局完成本局招录人员网上报名资格审核。郑州市统计局2016年公务员招录职位计划为行政编制2人,经济类和法律类各1人。从11月25日到30日,经过统一的申报时限和严格的资格审核,通过报名资格审核的经济类人员有479人,法律类人员有28人,审核通过比例创历年新高。

十二月

1.2日,郑州市统计局到郑东新区,对河南圆方人力资源管理有限公司、郑州市轨道交通有限公司两家企业实地走访调研。

2.6日,郑州市统计局召开全市重点企业研发及文化产业、健康服务业统计培训会议。市统计局副局长韩彦北到会并发表重要讲话。

3.8日,郑州市统计局收听收看河南省第三次全国农业普查清查摸底视频会议。全省会议结束后,郑州市农普办召开全市视频会议,郑州市农普办常务副主任孙玉平安排部署下一阶段农业普查工作。

4.15日,郑州市召开第三次全国农业普查宣传组组长会议。市农普办副主任、宣传报道组组长孟玲武出席会议并讲话。

5.16日,在全省贸易统计年报工作会议上,郑州市统计局贸易处受省局贸易处指定,以《积极适应经济发展新常态,创新开展服务型贸易统计》为主题,在大会上做典型发言,介绍先进工作经验。

6.为弘扬法治精神,营造学法敬法守法社会氛围,在国家宪法日(12月4日)、《中华人民共和国统计法》颁布纪念日(12月8日)和第三次全国农业普查的标准时点(12月31日)来临之际,郑州市统计系统开展普法系列宣传活动,取得预期效果。

7.15日,郑州市人民政府办公厅下发《关于进一步做好第三次全国农业普查工作的通知》(郑政办明电〔2016〕397号),就做好郑州市第三次全国农业普查工作再次作出安排部署。

8.17日,郑州市农普办设计制作的《农业普查　今天到俺家》动画MV和《农业普查　惠及农家》动画宣传片,登陆各大门户网站、客户端、微博。

9.20日,郑州市第三次全国农业普查领导小组办公室常务副主任孙玉平同志做客新浪微博,以"农业普查今天到咱家"为主题与网友进行互动交流。

10.21日,郑州市第三次全国农业普查领导小组办公室常务副主任孙玉平、业务副主任刘杰,走进郑州人民广播电台新闻频道FM98.6直播间,做客"阳光热线"访谈节目,就我市第三次全国农业普查的相关情况与广大听众朋友进行交流。

11.21日—22日,郑州市统计局召开全市贸易业统计年报布置会议,郑州市统计局总统计师张庆华参会并讲话。

12.22日,郑州市依法行政工作考核组对郑州市统计局行政执法工作进行年度工作考核。

13.22日—23日,郑州市统计局召开2016年度全市研发暨企业创新调查年报培训工作会议。

14.26日,郑州市统计局召开廉政谈话和双节廉政教育会议。局党组书记、局长万永生为与会党员干部上廉政教育党课。

15.26日,郑州市农普办召开全市第三次全国农业普查办公室主任会议。通报全市农普工作进展及清查摸底督查情况,审核、分析全市及各县(市、区)清查摸底数据,并对现场登记阶段工作任务进行部署。市农普办常务副主任孙玉平出席会议并讲话。

中国统计出版社最新图书简目
(仅供参考,以实际出版为准)

统计资料

中国统计年鉴
中国统计摘要
中国发展报告
中国经济普查年鉴2013
国际统计年鉴
金砖国家联合统计手册
中国—东盟国家统计手册
中国农村统计年鉴
中国县域统计年鉴
中国城市统计年鉴
中国对外直接投资统计公报
中国地区经济监测报告
中国贸易外经统计年鉴
中国零售和餐饮连锁企业统计年鉴
中国商品交易市场统计年鉴
大中型批发零售和住宿餐饮企业统计年鉴
中国农产品价格调查年鉴
中国住户调查年鉴
中国价格统计年鉴
中国能源统计年鉴
全国农产品成本收益资料汇编
中国环境统计年鉴
中国建筑业统计年鉴
国外资源、能源和环境统计资料汇编
中国工业统计年鉴
中国城乡建设统计年鉴
中国房地产统计年鉴
中国城市建设统计年鉴
中国科技统计年鉴
中国第三产业统计年鉴
中国证券期货统计年鉴
中国劳动统计年鉴
中国高技术产业统计年鉴
工业企业科技活动资料
中国社会统计年鉴
中国人口和就业统计年鉴
中国人才资源统计报告
中国教育经费统计年鉴
中国文化及相关产业统计年鉴
文化及相关产业统计概览
中国民政统计年鉴
中国民族统计年鉴
中国残疾人事业统计年鉴
中国妇女儿童状况统计资料(英)
中国乡镇街道行政区域简册
中国基本单位统计年鉴

省级综合统计年鉴系列

北京 天津 河北 山西 内蒙古
辽宁 吉林 黑龙江 上海 江苏
浙江 安徽 福建 江西 山东
河南 湖北 湖南 广东 广西 海南
重庆 四川 贵州 云南 西藏 陕西
甘肃 青海 宁夏 新疆
新疆生产建设兵团

中国统计出版社发行部电话:(010)63376907 63376908 同椿行书店电话:68783171 68783172
地址:北京市丰台区西三环南路甲6号 邮政编码:100073
网址:http://www.zgtjcbs.com

市(县)级综合统计年鉴系列

天津滨海新区 石家庄 唐山 邯郸 保定 沧州 邢台 廊坊 承德 衡水 秦皇岛 张家口 太原 大同 阳泉
长治 晋城 朔州 晋中 运城 忻州 临汾 呼和浩特 呼和浩特新城区 鄂尔多斯 包头 沈阳 大连 长春
延吉 四平 通化 哈尔滨 齐齐哈尔 黑龙江垦区 上海浦东新区 南京 无锡 徐州 常州 苏州 南通
连云港 淮安 盐城 扬州 镇江 泰州 宿迁 江阴 丹阳 杭州 宁波 温州 嘉兴 湖州 绍兴 金华
衢州 舟山 台州 丽水 合肥 安庆 马鞍山 福州 厦门 宁德 漳州 南昌 九江 上饶 新余 抚州 萍乡
赣州 吉安 景德镇 济南 青岛 潍坊 枣庄 日照 滕州 郑州 洛阳 平顶山 三门峡 商丘 信阳 济源 武汉
十堰 荆州 宜昌 荆门 咸宁 长沙 广州 深圳 惠州 东莞 南宁 柳州 桂林 来宾 海口 三亚 成都
贵阳 昆明 西安 安康 兰州 庆阳 银川 乌鲁木齐 兵团一师 兵团十师

调查年鉴系列

天津 山西 内蒙古 辽宁 吉林 上海 福建 江西 河南 湖北 湖南 广西 重庆 四川 云南 甘肃 宁夏 新疆

统计方法应用/实用手册

实用SAS统计分析教程　马克威统计分析与数据挖掘应用案例

乡镇统计人员岗位知识培训系列教材:辅助调查员岗位基础知识　乡镇统计人员岗位基础知识

县级统计人员岗位知识培训系列教材:Excel在统计工作中的应用　简明统计分析

EXCEL在基层统计工作中的应用　统计公文知识问答

统计通俗读物/统计科普图书

漫话诺贝尔经济学大师与数学情缘　魅力统计　漫话信息时代的统计学　统计使人更聪明

漫游数据王国　探访随机世界　新中国统计工作历史流变1949—1999　无处不在的统计

重点图书

新编英汉汉英统计大词典　中华医学统计百科全书

挑大学选专业2016—考研择校指南　挑大学选专业2016—高考志愿填报指南

中国统计出版社发行部电话:(010)63376907　63376908　同榻行书店电话:68783171　68783172

地址:北京市丰台区西三环南路甲6号　邮政编码:100073

网址:http://www.zgtjcbs.com